HISTOIRE-GÉOGRAPHIE GÉOPOLITIQUE & SCIENCES POLITIQUES

1re SPÉCIALITÉ

ACQUÉRIR DES CLÉS DE COMPRÉHENSION DU MONDE CONTEMPORAIN

Directeurs d'ouvrage

Franciane Allaire
Lycée Albert-Châtelet, Douai (59)

Anne Gasnier
Lycée Marguerite-Yourcenar, Le Mans (72)

Fanny Maillo-Viel
Cité scolaire Jacques Decour, Paris (75)

Michaël Navarro
INSPE de l'académie de Lyon
Université Lyon 1 (69)

Henri Simonneau
Lycée Bellevue, Albi (81)

Stéphane Vautier
Académie de Créteil

Auteurs

Pascal Boniface
Directeur de l'Institut de relations internationales et stratégiques (IRIS)

Lise Battais
Lycée de l'Arc, Orange (84)

Valérie Bodineau
INSPE de l'académie de Nantes (44)

Sonia Cerutti
Lycée Victor Hugo, Colomiers (31)

Thomas Deguffroy
Académie de Lille

Julien Dochez
Académie de Lille

Géraldine Féaux
Lycée Robert-Garnier, La Ferté-Bernard (72)

Thomas Gangneux
Lycée Descartes, Tours (37)

Nicolas Marichez
Lycée Anatole-France, Lillers (62)

Émilie Peckre
Lycée Léopold Sedar Senghor, Évreux (27)

Julien Picollier
Lycée Berthollet, Annecy (74)

Ludovic Vandoolaeghe
Lycée Robespierre, Arras (62)

hachette ÉDUCATION

Maquette intérieure : Delphine d'Inguimbert et Valérie Langlois
Maquette de couverture : Guylaine Moi
Mise en page : Delphine d'Inguimbert et Valérie Langlois
Iconographie : Laurence Blauwblomme et Sophie Suberbere
Cartographie et infographie : AFDEC
Édition : Philippe Decaux, Élise Ponce et Gaël Gauvin

Hachette Éducation s'engage pour la préservation de l'environnement

Depuis plusieurs années, nous mettons en place des **solutions innovantes et écoresponsables**, en concertation avec nos fournisseurs, **pour limiter notre empreinte carbone et diminuer l'utilisation du plastique**, en suivant **5 grands objectifs** :

1. **Optimiser les formats** la pagination et le grammage du papier ;
2. Utiliser du **papier certifié suivant l'un des 2 schémas de certification internationale, PEFC ou FSC** ;
3. **Supprimer peu à peu le pelliculage plastique** de nos couvertures ;
4. **Imprimer** nos ouvrages **en France ou en Europe** ;
5. Recycler 100% des ouvrages invendus.

PAPIER CERTIFIÉ

hachette s'engage pour l'environnement en réduisant l'empreinte carbone de ses livres. Celle de cet exemplaire est de :
1700 g éq. CO_2
Rendez-vous sur www.hachette-durable.fr

www.hachette-education.com

58, rue Jean Bleuzen, 92178 Vanves CEDEX
ISBN : 978-2-0162-8105-5
(ISBN à utiliser pour toute commande de l'ouvrage.)

Les ressources numériques
de votre manuel papier en accès direct

Pour apprendre et s'entraîner efficacement, en classe comme à la maison

Accédez rapidement et facilement aux ressources numériques de votre manuel grâce aux mini-liens et aux QR-codes, ou en vous rendant directement sur le site de la collection.

Retrouvez également ces ressources dans le manuel numérique !

Quelles ressources numériques se trouvent dans le manuel ?

- Des vidéos et des audios
- Des podcasts de révision
- Des cartes interactives et des schémas animés

Pour y accéder, c'est très simple

Recopier le mini-lien*
Dans votre navigateur, saisissez le mini-lien hachette-clic.
Vous accédez directement à la ressource !

Flasher le QR-code
Avec l'appareil photo de votre smartphone ou votre tablette, flashez le QR-code présent près de la ressource.
Vous y accéderez immédiatement !

Aller sur le site de la collection
Dans votre navigateur, saisissez l'adresse du site de la collection pour accéder à toutes les ressources numériques du manuel :

https:// lycee.hachette-education.com/hg-scpo/23-1re/

* Afin de respecter au mieux les principes de protection des données personnelles, certains liens vers des sites internet ne figurent pas dans le manuel des élèves. Ils sont cependant proposés dans la licence enseignant du manuel numérique.

Sommaire

Sommaire

Sommaire

THÈME 3 Étudier les divisions politiques du monde : les frontières

Sommaire

THÈME 4 S'informer, un regard critique sur les sources et modes de communication 250

GERMANY

Sommaire

THÈME 5 Analyser les relations entre États et religions

MARCHA
PARA
JESUS

Sommaire Méthode BAC

Dissertation

Étude critique de documents

Grand oral

Méthode BAC Dissertation

Durée de l'épreuve 2h

étape 1 Analyser le sujet et comprendre la problématique ➡ Méthode p. 90

1. Identifier les notions clés.

2. Délimiter les bornes spatiales et chronologiques du sujet.

- ✔ Quelle échelle ? (monde / continent / État / ville…)
- ✔ Quelle période ? Pourquoi ce bornage chronologique ?

Le sujet de la dissertation porte sur l'un des axes ou sur l'objet conclusif d'un thème.

Définissez l'adjectif « international ». Montrez qu'il n'est pas nécessairement synonyme de mondial.

Le sujet interroge le plus souvent sur la situation actuelle. Pourquoi sera-t-il cependant nécessaire de recourir à des connaissances historiques pour expliquer la puissance ?

Les **puissances internationales aujourd'hui** : **fondements traditionnels** et **formes indirectes**.

La puissance correspond à la capacité d'influer, de peser, voire de contraindre d'autres acteurs dans le monde. Quels pays semblent réunir ces caractéristiques de puissance ?

Quels sont les fondements traditionnels de la puissance ? Classez-les selon une organisation logique.

Quelles peuvent être les formes indirectes de la puissance internationale ? Pourquoi jouent-elles un rôle croissant ?

3. Comprendre les enjeux de la problématique : que faut-il démontrer ?

Problématique possible :

Comment les dynamiques traditionnelles de la puissance internationale se transforment-elles aujourd'hui à travers de nouvelles formes ?

étape 2 Préparer la dissertation ➡ Méthode p. 164

4. Organiser ses idées

- ✔ En les plaçant dans les grandes parties du plan ;
- ✔ En les hiérarchisant : idée générale, argument, exemple.

Organisez votre plan au brouillon sous forme visuelle : tableau, carte mentale…

Exemple 1

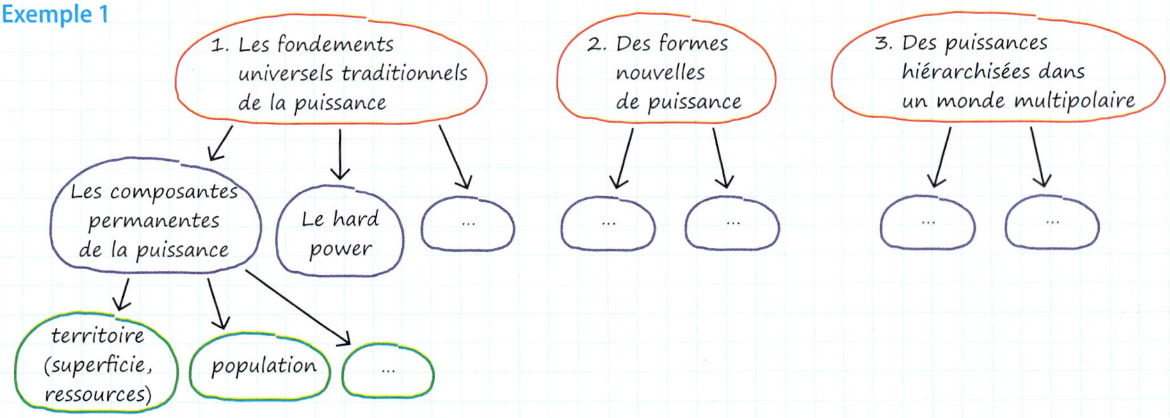

Exemple 2

Partie 1 : Les fondements traditionnels de la puissance	Partie 2 :	Partie 3 :
A. Les composantes permanentes – territoire – …	… …	… …

étape 3 Rédiger la dissertation ➡ Méthode p. 92-93

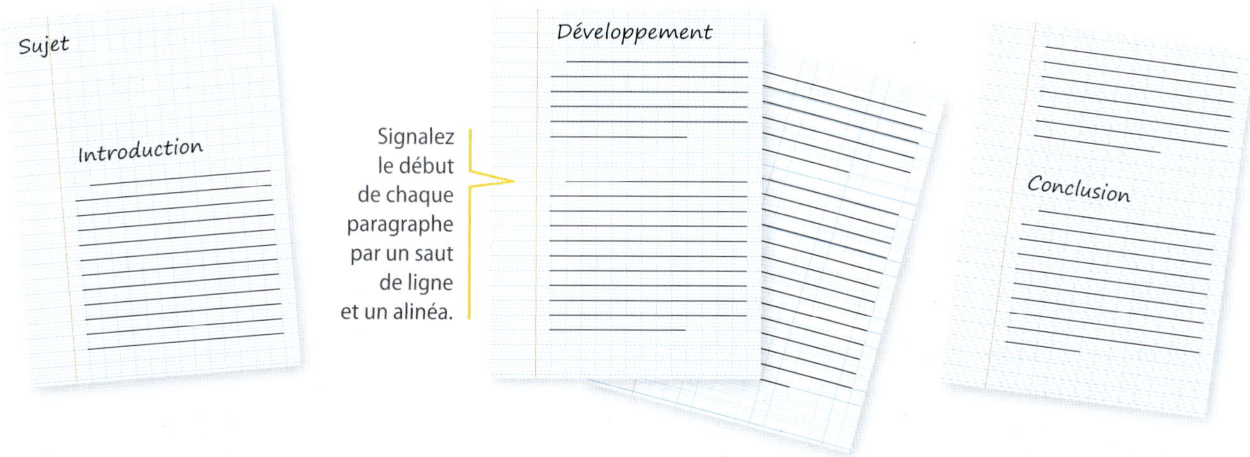

5. Rédiger l'introduction ➡ Méthode p. 238

- ✔ Amorcer la dissertation : en partant d'un événement, d'un fait d'actualité, d'un chiffre clé ou d'une citation ;
- ✔ Définir le sujet ;
- ✔ Formuler la problématique qui doit couvrir l'ensemble du sujet ;
- ✔ Annoncer le plan.

6. Rédiger les grandes parties de la dissertation

- ✔ Rédiger en suivant l'organisation mise en place dans l'étape 2 de la méthode ;
- ✔ Utiliser des connaissances et des exemples précis ;
- ✔ Soigner les liaisons entre les grandes parties ;
- ✔ En géographie ou géopolitique, illustrer la dissertation par des schémas. ➡ Méthode p. 239

Exemple : Pour illustrer les formes indirectes de la puissance :

Les BATX, un réseau chinois mondialisé

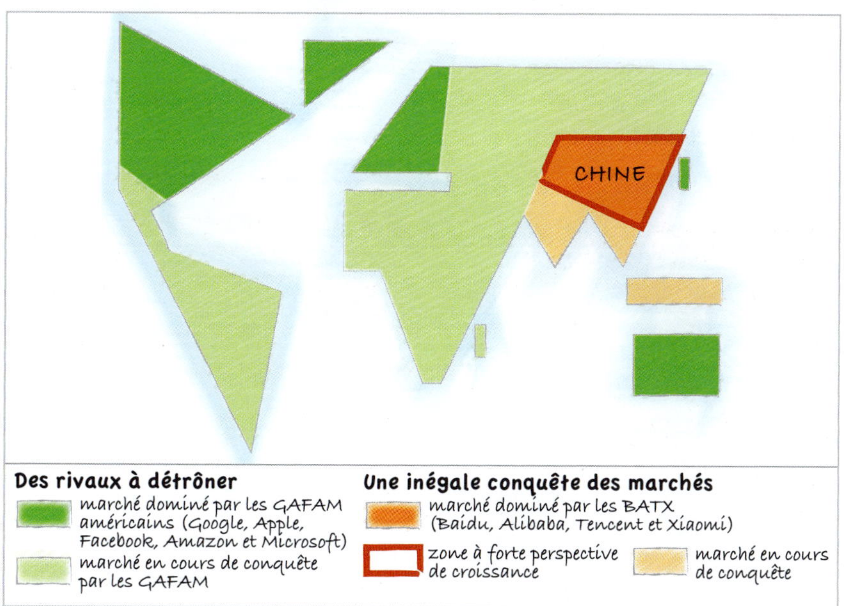

7. Rédiger la conclusion ➡ Méthode p. 307

- ✔ Rappeler l'apport de chaque partie à la réponse à la problématique ;
- ✔ Formuler une réponse finale à la problématique ;
- ✔ Proposer une ouverture en lien avec le sujet à travers un thème proche, une autre période ou un autre espace.

8. Relire attentivement la dissertation pour éviter les fautes d'orthographe. ➡ Méthode p. 374

Méthode BAC Étude critique de documents

Durée de l'épreuve 2h

Vous devez, en spécialité, réaliser l'étude critique d'un ou deux documents. Celle-ci comporte :

- un titre, qui indique le thème général du document ou des documents ;
- une consigne qui précise ce qu'il faut faire.

Le sujet porte sur les jalons.

étape 1 Préparer l'étude de documents (40 min)

1. Lire et comprendre le sujet et la consigne ➡ Méthode p. 94

- Lire attentivement le sujet et repérer les mots-clés de celui-ci.
- Analyser la consigne pour comprendre la démarche à adopter : le plus souvent, la consigne fournit les grandes lignes de l'étude critique de document(s).

2. Prendre connaissance du ou des documents

- Identifier le document de manière précise : nature, auteur, date, source, cadre spatial ou contexte historique, idée principale développée.
- Lire attentivement et plusieurs fois le texte.

3. Prélever les informations des documents et les confronter aux connaissances personnelles sur le sujet

- Surligner les notions clés, les arguments principaux, les exemples importants et définir l'idée principale du document en utilisant des couleurs différentes.
- Lister sur la feuille les idées principales évoquées, avec les notions, dates, lieux principaux, personnages… Ne noter que quelques mots à chaque fois, il ne faut pas rédiger au brouillon pour maîtriser son temps.
- Mentionner les limites du document proposé : aspects non évoqués, parti pris de l'auteur…

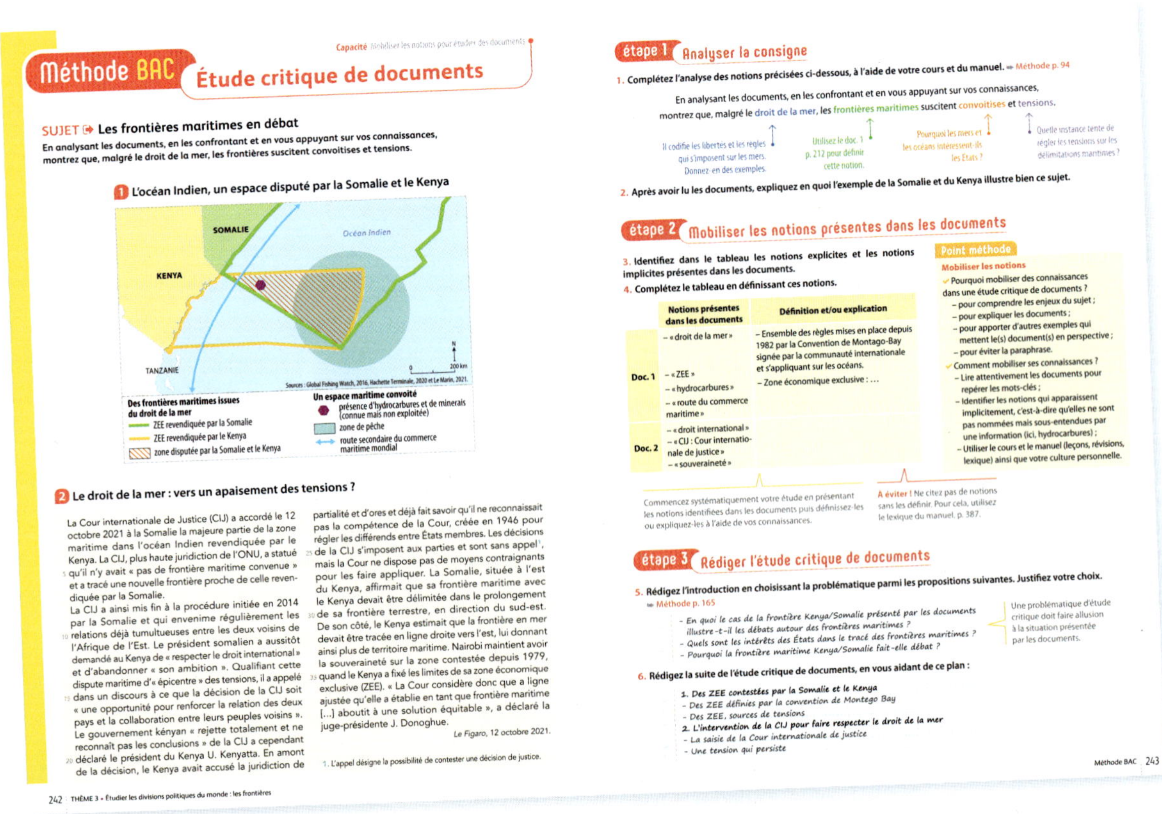

Capacité Mobiliser les notions pour étudier des documents

Méthode BAC Étude critique de documents

SUJET ➡ **Les frontières maritimes en débat**

En analysant les documents, en les confrontant et en vous appuyant sur vos connaissances, montrez que, malgré le droit de la mer, les frontières suscitent convoitises et tensions.

1 L'océan Indien, un espace disputé par la Somalie et le Kenya

2 Le droit de la mer : vers un apaisement des tensions ?

La Cour internationale de Justice (CIJ) a accordé le 12 octobre 2021 à la Somalie la majeure partie de la zone maritime dans l'océan Indien revendiquée par le Kenya. La CIJ, plus haute juridiction de l'ONU, a statué qu'il n'y avait « pas de frontière maritime convenue » et a tracé une nouvelle frontière proche de celle revendiquée par la Somalie.

La CIJ a ainsi mis fin à la procédure initiée en 2014 par la Somalie et qui envenime régulièrement les relations déjà tumultueuses entre les deux voisins de l'Afrique de l'Est. Le président somalien a aussitôt demandé au Kenya de « respecter le droit international » et d'abandonner « son ambition ». Qualifiant cette dispute maritime d'« épicentre » des tensions, il a appelé dans un discours à ce que la décision de la CIJ soit « une opportunité pour renforcer la relation des deux pays et la collaboration entre leurs peuples voisins ». Le gouvernement kényan « rejette totalement et ne reconnaît pas les conclusions » de la CIJ a cependant déclaré le président du Kenya U. Kenyatta. En amont de la décision, le Kenya avait accusé la juridiction de partialité et d'ores et déjà fait savoir qu'il ne reconnaissait pas la compétence de la Cour, créée en 1946 pour régler les différends entre États membres. Les décisions de la CIJ s'imposent aux parties et sont sans appel[1], mais la Cour ne dispose pas de moyens contraignants pour les faire appliquer. La Somalie, située à l'est du Kenya, affirmait que sa frontière maritime avec le Kenya devait être délimitée dans le prolongement de sa frontière terrestre, en direction du sud-est. De son côté, le Kenya estimait que la frontière en mer devait être tracée en ligne droite vers l'est, lui donnant ainsi plus de territoire maritime. Nairobi maintient avoir la souveraineté sur la zone contestée depuis 1979, quand le Kenya a fixé les limites de sa zone économique exclusive (ZEE). « La Cour considère donc que a ligne ajustée qu'elle a établie en tant que frontière maritime […] aboutit à une solution équitable », a déclaré la juge-présidente J. Donoghue.

Le Figaro, 12 octobre 2021.

1. L'appel désigne la possibilité de contester une décision de justice.

242 THÈME 3 • Étudier les divisions politiques du monde : les frontières

étape 1 Analyser la consigne

1. Complétez l'analyse des notions précisées ci-dessous, à l'aide de votre cours et du manuel. ➡ Méthode p. 94

En analysant les documents, en les confrontant et en vous appuyant sur vos connaissances, montrez que, malgré le droit de la mer, les frontières maritimes suscitent convoitises et tensions.

- droit de la mer : Il codifie les libertés et les règles qui s'imposent sur les mers. Donnez-en des exemples.
- frontières maritimes : Utilisez le doc. 1 p. 212 pour définir cette notion.
- convoitises : Pourquoi les mers et les océans intéressent-ils les États ?
- tensions : Quelle instance tente de régler les tensions sur les délimitations maritimes ?

2. Après avoir lu les documents, expliquez en quoi l'exemple de la Somalie et du Kenya illustre bien ce sujet.

étape 2 Mobiliser les notions présentes dans les documents

3. Identifiez dans le tableau les notions explicites et les notions implicites présentes dans les documents.

4. Complétez le tableau en définissant ces notions.

	Notions présentes dans les documents	Définition et/ou explication
Doc. 1	– « droit de la mer » – « ZEE » – « hydrocarbures » – « route du commerce maritime »	– Ensemble des règles mises en place depuis 1982 par la Convention de Montago-Bay signée par la communauté internationale et s'appliquant sur les océans. – Zone économique exclusive : …
Doc. 2	– « droit international » – « CIJ : Cour internationale de justice » – « souveraineté »	

Commencez systématiquement votre étude en présentant les notions identifiées dans les documents puis définissez-les ou expliquez-les à l'aide de vos connaissances.

À éviter ! Ne citez pas de notions sans les définir. Pour cela, utilisez le lexique du manuel, p. 387.

Point méthode

Mobiliser les notions

- Pourquoi mobiliser des connaissances dans une étude critique de documents ?
  - pour comprendre les enjeux du sujet ;
  - pour expliquer les documents ;
  - pour apporter d'autres exemples qui mettent le(s) document(s) en perspective ;
  - pour éviter la paraphrase.
- Comment mobiliser ses connaissances ?
  - Lire attentivement les documents pour repérer les mots-clés ;
  - Identifier les notions qui apparaissent implicitement, c'est-à-dire qu'elles ne sont pas nommées mais sous-entendues par une information (ici, hydrocarbures) ;
  - Utiliser le cours et le manuel (leçons, révisions, lexique) ainsi que votre culture personnelle.

étape 3 Rédiger l'étude critique de documents

5. Rédigez l'introduction en choisissant la problématique parmi les propositions suivantes. Justifiez votre choix. ➡ Méthode p. 165

- *En quoi le cas de la frontière Kenya/Somalie présenté par les documents illustre-t-il les débats autour des frontières maritimes ?*
- *Quels sont les intérêts des États dans le tracé des frontières maritimes ?*
- *Pourquoi la frontière maritime Kenya/Somalie fait-elle débat ?*

Une problématique d'étude critique doit faire allusion à la situation présentée par les documents.

6. Rédigez la suite de l'étude critique de documents, en vous aidant de ce plan :

1. Des ZEE contestées par la Somalie et le Kenya
- Des ZEE définies par la convention de Montego Bay
- Des ZEE, sources de tensions
2. L'intervention de la CIJ pour faire respecter le droit de la mer
- La saisie de la Cour internationale de justice
- Une tension qui persiste

Méthode BAC 243

étape 2 Rédiger l'étude de documents

1h20

4. Rédiger l'introduction ➡ Méthode p. 165

✔ L'introduction doit présenter le document de manière précise (voir étape 1.2) et poser la problématique sous-entendue par le sujet.

5. Rédiger la réponse aux questions

✔ Penser à s'appuyer sur le texte en citant entre guillemets le passage commenté ou à bien décrire tout document iconographique. S'appuyer sur son cours et sur les pages du manuel consacrées au thème étudié pour argumenter, justifier, voire critiquer le document.

Pour mobiliser vos connaissances, pensez à utiliser les pages « Révision » en fin de thème, notamment le schéma fléché.

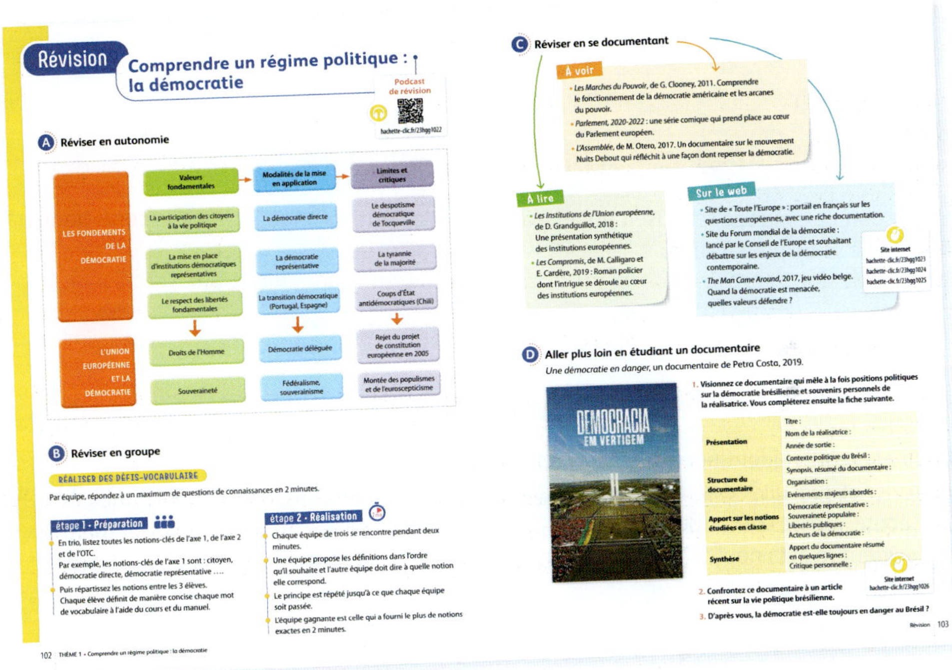

Révision **Comprendre un régime politique : la démocratie**

Podcast de révision
hachette-clic.fr/23hgg1022

A Réviser en autonomie

	Valeurs fondamentales	Modalités de la mise en application	Limites et critiques
LES FONDEMENTS DE LA DÉMOCRATIE	La participation des citoyens à la vie politique	La démocratie directe	Le despotisme démocratique de Tocqueville
	La mise en place d'institutions démocratiques représentatives	La démocratie représentative	La tyrannie de la majorité
	Le respect des libertés fondamentales	La transition démocratique (Portugal, Espagne)	Coups d'État antidémocratiques (Chili)
L'UNION EUROPÉENNE ET LA DÉMOCRATIE	Droits de l'Homme	Démocratie déléguée	Rejet du projet de constitution européenne en 2005
	Souveraineté	Fédéralisme, souverainisme	Montée des populismes et de l'euroscepticisme

B Réviser en groupe

RÉALISER DES DÉFIS-VOCABULAIRE

Par équipe, répondez à un maximum de questions de connaissances en 2 minutes.

étape 1 - Préparation

- En trio, listez toutes les notions-clés de l'axe 1, de l'axe 2 et de l'OTC.
  Par exemple, les notions-clés de l'axe 1 sont : citoyen, démocratie directe, démocratie représentative ….
- Puis répartissez les notions entre les 3 élèves.
  Chaque élève définit de manière concise chaque mot de vocabulaire à l'aide du cours et du manuel.

étape 2 - Réalisation

- Chaque équipe de trois se rencontre pendant deux minutes.
- Une équipe propose les définitions dans l'ordre qu'il souhaite et l'autre équipe doit dire à quelle notion elle correspond.
- Le principe est répété jusqu'à ce que chaque équipe soit passée.
- L'équipe gagnante est celle qui a fourni le plus de notions exactes en 2 minutes.

102 THÈME 1 • Comprendre un régime politique : la démocratie

C Réviser en se documentant

À voir
- *Les Marches du Pouvoir*, de G. Clooney, 2011. Comprendre le fonctionnement de la démocratie américaine et les arcanes du pouvoir.
- *Parlement, 2020-2022* : une série comique qui prend place au cœur du Parlement européen.
- *L'Assemblée*, de M. Otero, 2017. Un documentaire sur le mouvement Nuits Debout qui réfléchit à une façon dont repenser la démocratie.

À lire
- *Les Institutions de l'Union européenne*, de D. Grandguillot, 2018 : Une présentation synthétique des institutions européennes.
- *Les Compromis*, de M. Calligaro et E. Cardère, 2019 : Roman policier dont l'intrigue se déroule au cœur des institutions européennes.

Sur le web
- Site de « Toute l'Europe » : portail en français sur les questions européennes, avec une riche documentation.
- Site du Forum mondial de la démocratie : lancé par le Conseil de l'Europe et souhaitant débattre sur les enjeux de la démocratie contemporaine.
- *The Man Came Around*, 2017, jeu vidéo belge. Quand la démocratie est menacée, quelles valeurs défendre ?

Site internet
hachette-clic.fr/23hgg1023
hachette-clic.fr/23hgg1024
hachette-clic.fr/23hgg1025

D Aller plus loin en étudiant un documentaire

Une démocratie en danger, un documentaire de Petra Costa, 2019.

DEMOCRACIA EM VERTIGEM

1. Visionnez ce documentaire qui mêle à la fois positions politiques sur la démocratie brésilienne et souvenirs personnels de la réalisatrice. Vous compléterez ensuite la fiche suivante.

Présentation	Titre : Nom de la réalisatrice : Année de sortie : Contexte politique du Brésil :
Structure du documentaire	Synopsis, résumé du documentaire : Organisation : Evénements majeurs abordés :
Apport sur les notions étudiées en classe	Démocratie représentative : Souveraineté populaire : Libertés publiques : Acteurs de la démocratie :
Synthèse	Apport du documentaire résumé en quelques lignes : Critique personnelle :

Site internet
hachette-clic.fr/23hgg1026

2. Confrontez ce documentaire à un article récent sur la vie politique brésilienne.
3. D'après vous, la démocratie est-elle toujours en danger au Brésil ?

Révision 103

6. Rédiger la conclusion ➡ Méthode p. 376

✔ La conclusion doit répondre au sujet posé et dresser un bilan. Si on ne l'a pas fait auparavant, il faut présenter ici les limites du document étudié.

7. Soigner la présentation ➡ Méthode p. 96-97

✔ Il est essentiel de faire attention à l'orthographe, à la grammaire, au niveau de langue utilisé ; il faut donc toujours relire sa copie avant de la rendre.

✔ Il faut également prendre soin de la mise en forme, en commençant un nouveau paragraphe pour chaque idée, par exemple comme ceci :

N'oubliez pas de signaler les citations dans vos paragraphes par des guillemets.

Méthode BAC — Grand oral

Durée de l'épreuve 20 min

En Terminale, le jour du Grand oral, vous devrez réaliser une présentation orale à partir d'un travail de recherches.
Le Grand oral se prépare dès la classe de Première car mener des recherches documentaires et prendre la parole s'apprend et se travaille.

Reportez-vous également au sommaire des méthodes du Grand oral sur le rabat de l'ouvrage

étape 1 Choisir et construire sa question ➡ Méthode p. 98-99

Cette étape doit être menée sérieusement et avec l'aide de votre enseignant car elle conditionnera la qualité et l'efficacité de votre préparation.

étape 2 Se documenter et sélectionner des informations ➡ Méthode p. 100-101 et 170-171

- ✓ Délimiter le sujet et identifier les mots-clés ;
- ✓ Répertorier et consulter des sources fiables : sites institutionnels, sites des grands organismes internationaux, presse écrite, presse spécialisée… ;
- ✓ Vérifier l'identité et la neutralité de l'auteur ;
- ✓ Réaliser des fiches de lecture.

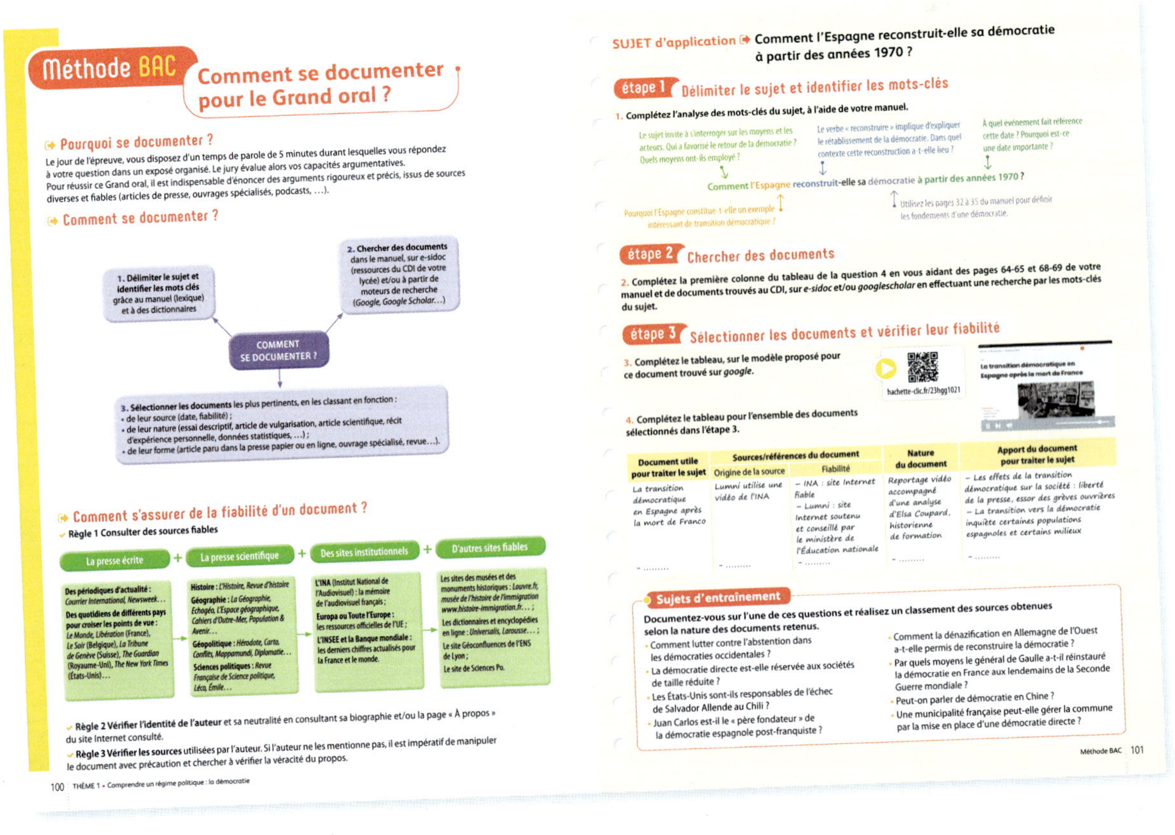

Méthode BAC — Comment se documenter pour le Grand oral ?

Pourquoi se documenter ?
Le jour de l'épreuve, vous disposez d'un temps de parole de 5 minutes durant lesquelles vous répondez à votre question dans un exposé organisé. Le jury évalue alors vos capacités argumentatives.
Pour réussir ce Grand oral, il est indispensable d'énoncer des arguments rigoureux et précis, issus de sources diverses et fiables (articles de presse, ouvrages spécialisés, podcasts, …).

Comment se documenter ?

COMMENT SE DOCUMENTER ?
1. **Délimiter le sujet et identifier les mots clés** grâce au manuel (lexique) et à des dictionnaires
2. **Chercher des documents** dans le manuel, sur e-sidoc (ressources du CDI de votre lycée) et/ou à partir de moteurs de recherche (*Google, Google Scholar*…)
3. **Sélectionner les documents** les plus pertinents, en les classant en fonction :
- de leur source (date, fiabilité) ;
- de leur nature (essai descriptif, article de vulgarisation, article scientifique, récit d'expérience personnelle, données statistiques, …) ;
- de leur forme (article paru dans la presse papier ou en ligne, ouvrage spécialisé, revue…).

Comment s'assurer de la fiabilité d'un document ?
✓ **Règle 1 Consulter des sources fiables**

La presse écrite	La presse scientifique	Des sites institutionnels	D'autres sites fiables
Des périodiques d'actualité : *Courrier International, Newsweek*… **Des quotidiens de différents pays pour croiser les points de vue :** *Le Monde, Libération* (France), *Le Soir* (Belgique), *La Tribune de Genève* (Suisse), *The Guardian* (Royaume-Uni), *The New York Times* (États-Unis)…	**Histoire :** *L'Histoire, Revue d'histoire* **Géographie :** *La Géographie, Echogéo, L'Espace géographique, Cahiers d'Outre-Mer, Population & Avenir*… **Géopolitique :** *Hérodote, Carto, Conflits, Mappamundi, Diplomatie*… **Sciences politiques :** *Revue Française de Science politique, Léco, Émile*…	**L'INA** (Institut National de l'Audiovisuel) : la mémoire de l'audiovisuel français ; **Europa ou Toute l'Europe :** les ressources officielles de l'UE ; **L'INSEE et la Banque mondiale :** les derniers chiffres actualisés pour la France et le monde.	Les sites des musées et des monuments historiques : *Louvre.fr, musée de l'histoire de l'immigration www.histoire-immigration.fr*… ; Les dictionnaires et encyclopédies en ligne : *Universalis, Larousse*… ; Le site Géoconfluences de l'ENS de Lyon ; Le site de Sciences Po.

✓ **Règle 2 Vérifier l'identité de l'auteur** et sa neutralité en consultant sa biographie et/ou la page « À propos » du site Internet consulté.
✓ **Règle 3 Vérifier les sources** utilisées par l'auteur. Si l'auteur ne les mentionne pas, il est impératif de manipuler le document avec précaution et chercher à vérifier la véracité du propos.

100 THÈME 1 • Comprendre un régime politique : la démocratie

SUJET d'application ➡ Comment l'Espagne reconstruit-elle sa démocratie à partir des années 1970 ?

étape 1 Délimiter le sujet et identifier les mots-clés

1. Complétez l'analyse des mots-clés du sujet, à l'aide de votre manuel.

Comment l'Espagne reconstruit-elle sa démocratie à partir des années 1970 ?
- Le sujet invite à s'interroger sur les moyens et les acteurs. Qui a favorisé le retour de la démocratie ? Quels moyens ont-ils employé ?
- Le verbe « reconstruire » implique d'expliquer le rétablissement de la démocratie. Dans quel contexte cette reconstruction a-t-elle lieu ?
- À quel événement fait référence cette date ? Pourquoi est-ce une date importante ?
- Pourquoi l'Espagne constitue-t-elle un exemple intéressant de transition démocratique ?
- Utilisez les pages 32 à 35 du manuel pour définir les fondements d'une démocratie.

étape 2 Chercher des documents

2. Complétez la première colonne du tableau de la question 4 en vous aidant des pages 64-65 et 68-69 de votre manuel et de documents trouvés au CDI, sur *e-sidoc* et/ou *googlescholar* en effectuant une recherche par les mots-clés du sujet.

étape 3 Sélectionner les documents et vérifier leur fiabilité

3. Complétez le tableau, sur le modèle proposé pour ce document trouvé sur *google*.

hachette-clic.fr/23hgg1021

La transition démocratique en Espagne après la mort de Franco

4. Complétez le tableau pour l'ensemble des documents sélectionnés dans l'étape 3.

Document utile pour traiter le sujet	Sources/références du document : Origine de la source	Sources/références du document : Fiabilité	Nature du document	Apport du document pour traiter le sujet
La transition démocratique en Espagne après la mort de Franco	Lumni utilise une vidéo de l'INA	– INA : site Internet fiable – Lumni : site Internet soutenu et conseillé par le ministère de l'Éducation nationale	Reportage vidéo accompagné d'une analyse d'Elsa Coupard, historienne de formation	– Les effets de la transition démocratique sur la société : liberté de la presse, essor des grèves ouvrières – La transition vers la démocratie inquiète certaines populations espagnoles et certains milieux
- ………	- ………	- ………	- ………	- ………

Sujets d'entraînement
Documentez-vous sur l'une de ces questions et réalisez un classement des sources obtenues selon la nature des documents retenus.
- Comment lutter contre l'abstention dans les démocraties occidentales ?
- La démocratie directe est-elle réservée aux sociétés de taille réduite ?
- Les États-Unis sont-ils responsables de l'échec de Salvador Allende au Chili ?
- Juan Carlos est-il le « père fondateur » de la démocratie espagnole post-franquiste ?
- Comment la dénazification en Allemagne de l'Ouest a-t-elle permis de reconstruire la démocratie ?
- Par quels moyens le général de Gaulle a-t-il réinstauré la démocratie en France aux lendemains de la Seconde Guerre mondiale ?
- Peut-on parler de démocratie en Chine ?
- Une municipalité française peut-elle gérer la commune par la mise en place d'une démocratie directe ?

Méthode BAC 101

étape 3 Construire son plan ➡ Méthode p. 244-245

- S'interroger sur les différents types de plans possibles ;
- Construire et structurer son plan en regroupant les idées par thème ;
- Rédiger l'introduction et la conclusion.

étape 4 Préparer son support ➡ Méthode p. 246-247

étape 5 Se préparer à prendre la parole le jour J ➡ Méthode p. 312-313 et 380-381

1. Mémoriser son oral en trouvant la technique la plus efficace.

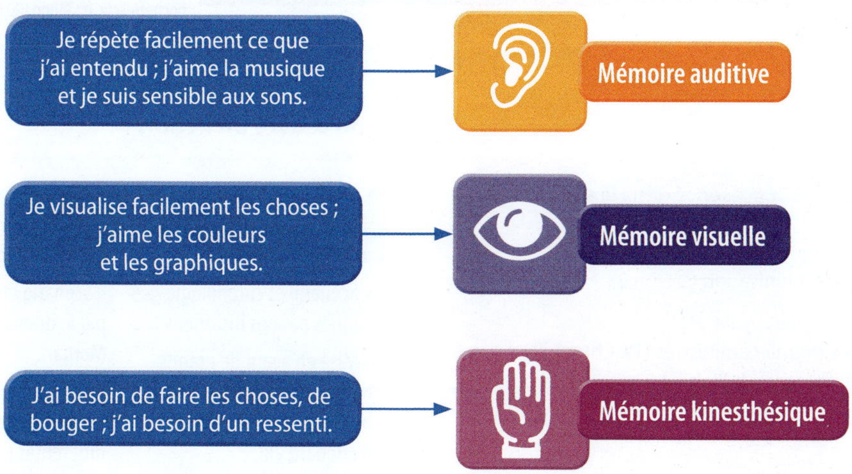

2. S'entraîner à prendre la parole.

	À adopter	À éviter
La posture	Tenez-vous droit, les pieds ancrés dans le sol.	Ne vous balancez pas de gauche à droite, ne gardez pas les mains dans les poches.
Le regard et les expressions du visage	Regardez le jury pour entrer en contact avec lui et souriez.	Ne regardez pas vos chaussures ou la fenêtre ou ne restez pas le regard posé sur vos notes.
Les gestes	– Levez le pouce, l'index et le majeur en annonçant « il y a trois idées à retenir » ; – Si vous comparez deux propositions, utilisez la main gauche pour parler d'une proposition et la main droite pour parler d'une autre proposition.	Évitez les gestes parasites liés au stress (jouer avec ses bijoux, craquer ses doigts…) et les tics de langage (« ben… », « du coup… », « en fait… »).

Introduction

Les séries sous l'œil de l'historien

L'exemple de la série *The Crown*

De nombreuses séries donnent à voir le passé. En mettant en scène des événements majeurs ou le destin de grandes personnalités, elles sont aussi le reflet d'une certaine perception de l'histoire. Ainsi, les séries peuvent devenir un objet d'étude pour l'historien.

1 *The Crown*, l'histoire du règne de la reine Élisabeth II

Depuis 2016, la série *The Crown* met en scène la vie de la reine du Royaume-Uni Élisabeth II et de sa famille, en mêlant réalité historique et fiction. Diffusée sur la plateforme de streaming Netflix, *The Crown* figure dans la liste des dix séries les plus visionnées à travers le monde.

La bande-annonce de la série :
hachette-clic.fr/23hgg1001

2 *The Crown*, une illustration des thèmes d'étude de l'historien

Les grands objets d'étude de l'historien	Leur présence dans la série
La périodisation du passé	• Les Trente Glorieuses (saisons 1 à 3) • La décolonisation (saison 2)
Les acteurs du passé	• La famille royale • Des premiers ministres (W. Churchill, M. Thatcher, T. Blair...) • Des chefs d'État étrangers (J. F. Kennedy, G. Pompidou...)
Les modes de vie et les transformations de la société	L'évolution des ... • ... modes musicales (rock, mouvement punk, pop) et vestimentaires • ... médias (presse people, télévision) • ... modes de vie (démocratisation du divorce)
La vie politique	• Les revendications indépendantistes de l'Irlande (saison 4) • La crise du monde ouvrier (saison 4)
Les relations internationales	• La décolonisation et le Commonwealth (saison 2) • La construction européenne (saison 3) • L'apartheid (saison 4)

3 *The Crown*, documentaire historique ou œuvre de fiction ?

Documentaire historique	Œuvre de fiction
• Scénario et chronologie vérifiés par des historiens • Mise en avant de grands moments de la royauté britannique : abdication d'Édouard VIII, couronnement d'Élisabeth II... • Reconstitution de décors et costumes par une historienne de l'art et son équipe de documentalistes.	• Scénario et réalisation par le dramaturge Peter Morgan. • Renouvellement du casting : trois actrices différentes jouent le rôle de la reine Élisabeth. • Des épisodes romancés : la vie privée du couple royal et leurs états d'âme. • Des évènements absents : la tentative d'enlèvement de la princesse Anne en mars 1974.

D'après *L'Histoire*, janvier 2021 et *Le Monde*, 19 septembre 2022.

4 Une série inscrite dans l'histoire du XXe siècle

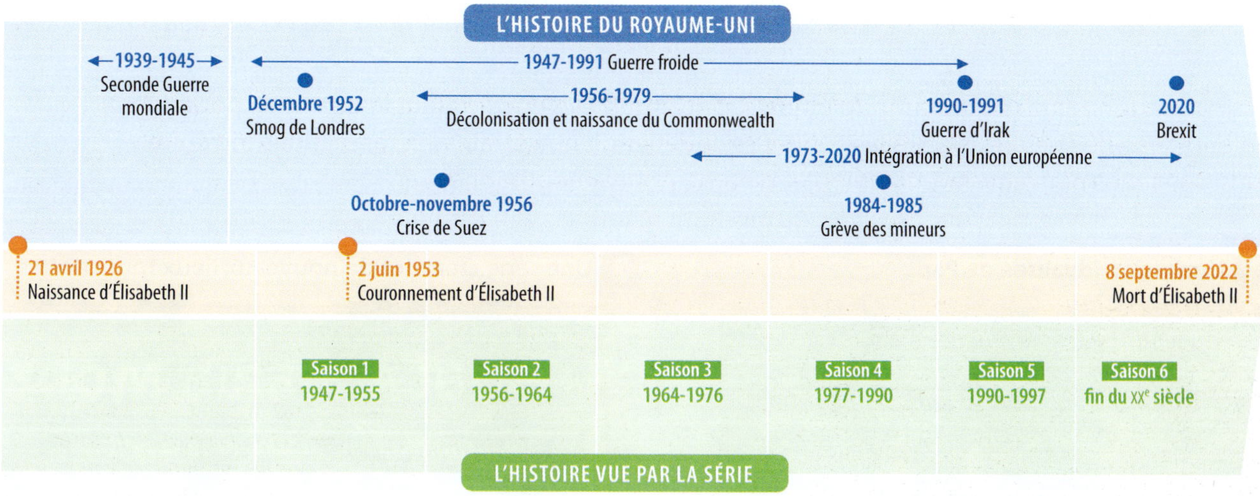

5 Les séries, une nouvelle version de l'histoire ?

L'œil de l'historien

Fixé en décembre 1952, l'épisode 4 de la première saison de *The Crown* évoque le smog épais et tenace qui a effectivement frappé Londres à l'époque. L'origine du brouillard enveloppant Londres est attribuée au charbon brûlé par les centrales thermiques. L'explication est conforme aux idées des chercheurs sur l'anthropocène qui affirment que les premières conséquences sur le climat sont visibles dès les années 1950. Or, cette explication nous semble davantage la mise en évidence rétrospective d'un phénomène que la société anglaise de 1952 n'a pas encore les moyens scientifiques de formuler. Elle témoigne des préoccupations de notre propre société, bousculée par les conséquences du changement climatique et qui s'interroge sur l'absence de véritables réactions de la part des gouvernements. La fiction offre un terreau propice à une réécriture du passé. On touche là à la manière dont l'histoire est réécrite par les auteurs-producteurs : convoquer des événements passés et les interpréter selon besoins et tensions du présent.

D'après Yohann Chanoir, *Le Grand continent*, 2020.

POUR COMPRENDRE

L'histoire est une discipline qui se consacre à l'étude et à la compréhension du passé. L'historien établit la chronologie des événements et les replace dans leur contexte. C'est ce que l'on nomme la périodisation.

1. Quel événement représenté dans le **document 1** symbolise le thème de la série ? Pourquoi cet événement peut-il intéresser l'historien ?

2. Repérez dans le **document 4** des périodes étudiées par l'historien. La périodisation de la série est-elle identique ? Justifiez votre réponse à l'aide d'un exemple.

L'historien reconstitue et comprend le passé grâce à des sources variées (écrites, orales, matérielles…). Il les confronte et cherche ainsi à établir la connaissance la plus objective possible du passé.

3. Comment des thèmes d'étude de l'historien sont-ils exploités dans la série ? **(doc. 2)**

4. Expliquez pourquoi *The Crown* relève davantage de la fiction que de l'œuvre historique. **(bande-annonce, doc. 3 et 5)**

Pour comprendre et restituer le passé, l'historien doit garder un regard neutre et critique sur ce qu'il étudie.

5. Expliquez, à l'aide de vos réponses précédentes, l'importance de la phrase surlignée dans le texte. **(doc. 5)**

Bilan

À l'aide des documents et de vos réponses, recopiez et complétez la première colonne du tableau de synthèse.

	L'histoire	La géographie	La géopolitique	La science politique
Objets d'étude	…	…	…	…
Outils	…	…	…	…
Acteurs	…	…	…	…
Démarches	…	…	…	…

Les séries sous l'œil du géographe

L'exemple de la série *Emily in Paris*

Les séries donnent à voir le monde et les sociétés qui y vivent. Par leurs lieux de production et leurs marchés de diffusion, elles sont aussi le reflet d'une certaine hiérarchie des territoires. Ainsi, les séries peuvent devenir un objet d'étude pour le géographe.

1 Une vision idéalisée de Paris

La bande-annonce de la série :

hachette-clic.fr/23hgg1002

2 Une série créatrice de nouveaux lieux touristiques

Devant la façade de cette boulangerie parisienne située dans le Quartier latin et rendue célèbre par la série, de nombreux touristes s'amusent à prendre des selfies en reproduisant les scènes jouées par leur héroïne.

3 Les effets territoriaux des séries

L'œil du géographe

Des territoires du monde entier se livrent une compétition pour attirer les tournages de séries. En France, Paris reste le pôle majeur de production de fictions françaises et de tournages de séries étrangères comme *Emily in Paris*. Le tournage de celle-ci, qui se déroule en extérieur et en studio, est facilité par Film Paris Region, agence chargée d'attirer et d'accompagner les producteurs dans la métropole et par Film France qui promeut le territoire national et ses lieux de tournage à l'étranger. La série diffuse à l'échelle mondiale une image romantique et touristique de la capitale.

Néanmoins, chaque région française dispose aujourd'hui de structures (bureaux d'accueil des tournages) et de politiques (fonds régionaux d'aide à la création) visant à rendre son territoire attractif. En Occitanie, les tournages de séries comme *Demain nous appartient* ou *Un si grand soleil* agissent comme des vitrines des villes concernées (Sète, Montpellier) ; les centaines de jours de tournage annuels entraînent des retombées économiques directes (logement, restauration) et indirectes (tourisme) sur le territoire. Les tournages s'accompagnent de transformations territoriales à toutes les échelles, contribuant à la mise en tourisme de nouveaux lieux et à la création de nouveaux espaces comme les studios de France Télévisions à Vendargues (en Occitanie) aménagés sur une friche logistique. Ces studios s'associent aux écoles locales pour former aux métiers de la production. Les tournages de séries renforcent ainsi la filière audiovisuelle sur le territoire régional.

Nicolas Marichez, « De l'ombre à la lumière : les effets des tournages de films et de séries sur les espaces en marge du Nord, du Pas-de-Calais et de Wallonie », 2023.

4 Une série inscrite dans le territoire parisien et une production audiovisuelle mondiale

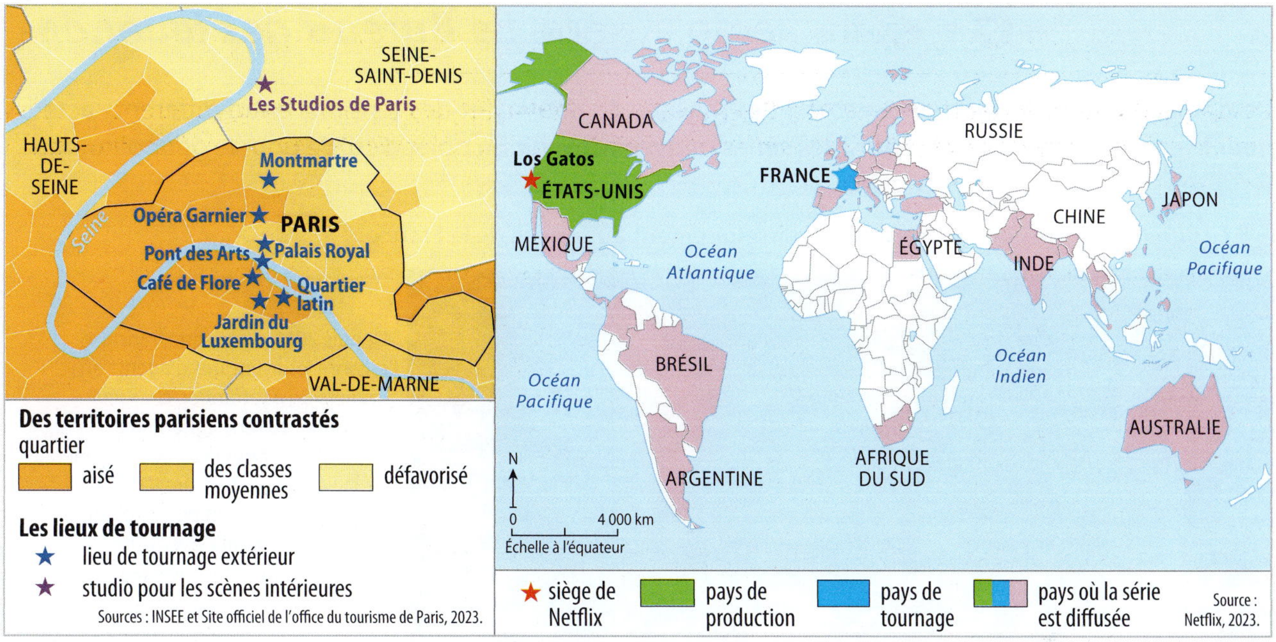

5 Les séries, une vision déformée de la géographie

L'œil du géographe

Les séries télévisées contribuent à la construction d'une image standardisée des espaces urbains. Ces images réduisent la ville à quelques espaces aux paysages à l'architecture verticale faite de verre et d'acier ou à des monuments iconiques, occultant ainsi le reste des espaces urbains. Cette écriture de la ville est subjective ; elle procède à des choix dictés par des aspects économiques (les séries sont des produits commerciaux) ou esthétiques. La mise en scène des espaces urbains efface des zones considérées comme non présentables de la ville.
Ainsi, le processus d'esthétisation de l'espace filmé met à l'écart une partie de l'espace urbain, une partie des populations et leurs cultures. Cette mise à l'écart peut être interprétée comme une forme de domination de certains espaces et de certaines populations sur d'autres. Ainsi, les séries télévisées peuvent apparaître comme des écritures de la géographie d'une ville mais cette écriture reste lacunaire puisqu'elle néglige de vastes espaces. Les séries télévisées apparaissent comme des miroirs déformants des sociétés et de leur espace.

D'après Pierre Denmat, « Les séries télévisées ou la réécriture de la ville : regards croisés entre Johannesburg et New York », *Annales de Géographie*, 2021.

POUR COMPRENDRE

Le géographe étudie l'espace comme lieu de vie des populations.

1. Selon la série, quels lieux symbolisent le cadre de vie des Parisiens ? **(bande-annonce et doc. 1)** Pourquoi peut-on parler de clichés ?

Le géographe étudie les phénomènes à plusieurs échelles (locale, régionale, mondiale). C'est ce que l'on nomme l'analyse multiscalaire.

2. Pourquoi ces espaces parisiens ont-ils été sélectionnés pour apparaître dans la série ? **(doc. 4)**

3. À quelle échelle peut-on étudier les territoires de réalisation et de diffusion de la série ? **(doc. 3 et 4)**

Le géographe s'interroge également sur les acteurs.

4. Quels acteurs participent à la production de séries en France ? **(doc. 3)**

Le géographe observe et décrit l'évolution des territoires.

5. Comment la réalisation et la diffusion de séries transforment-elles les territoires ? **(doc. 2 et 3)**

Le géographe doit garder un regard critique sur les questions qu'il étudie.

6. Expliquez, à l'aide de vos réponses précédentes, la phrase surlignée dans le texte. **(doc. 5)**

Bilan

À l'aide des documents et de vos réponses, complétez la deuxième colonne du tableau de synthèse, p. 23.

Introduction

Les séries sous l'œil du géopolitologue

L'exemple de la série *Le Bureau des légendes*

De nombreuses séries mettent en scène des rivalités de pouvoir et des tensions entre différents acteurs pour le contrôle d'un territoire. Ainsi, les séries peuvent devenir un objet d'étude pour le géopolitologue.

1 *Le Bureau des légendes*, un service de renseignement au service de la France

Depuis 2015, cette série française raconte les aventures d'agents en immersion à l'étranger, chargés d'obtenir des renseignements stratégiques pour la Direction générale de la Sécurité extérieure (DGSE) et le gouvernement français. Tels des espions, ces agents vivent sous une fausse identité, une « légende ».

La bande-annonce de la série :
hachette-clic.fr/23hgg1003

2 *Le Bureau des légendes*, une immersion au cœur des services de renseignement des États

LES SERVICES DE RENSEIGNEMENT

Missions

Protéger les intérêts vitaux de l'État (sécurité, défense, politique étrangère et politique économique) :
- en menant des enquêtes sur le terrain, à l'échelle nationale et internationale, par l'envoi d'agents.
- en collaborant avec des États alliés, des grandes entreprises, des armées, des ministères…
- en luttant contre les menaces des États hostiles, des mouvements terroristes, des organisations criminelles…

Moyens
- techniques : satellites, drones, avions, navires…
- humains : espions, analystes, hackers…

France

6 services (13 000 personnes) dont :
- la Direction générale de la Sécurité extérieure (DGSE), depuis 1982
- la Direction générale de la Sécurité intérieure (DGSI), depuis 2014

États-Unis

18 services (100 000 personnes) dont :
- l'agence centrale de renseignement (CIA), depuis 1947
- l'agence nationale de sécurité (NSA), depuis 1952

Russie

3 services (365 000 personnes) dont :
- le Service des renseignements extérieurs (SVR) qui succède au KGB, depuis 1954
- le Service fédéral de sécurité (FSB), depuis 1995

Sources : Ministères de l'Intérieur américain, français et russe, 2023.

3 *Le Bureau des légendes*, une mise en scène des relations et des tensions internationales

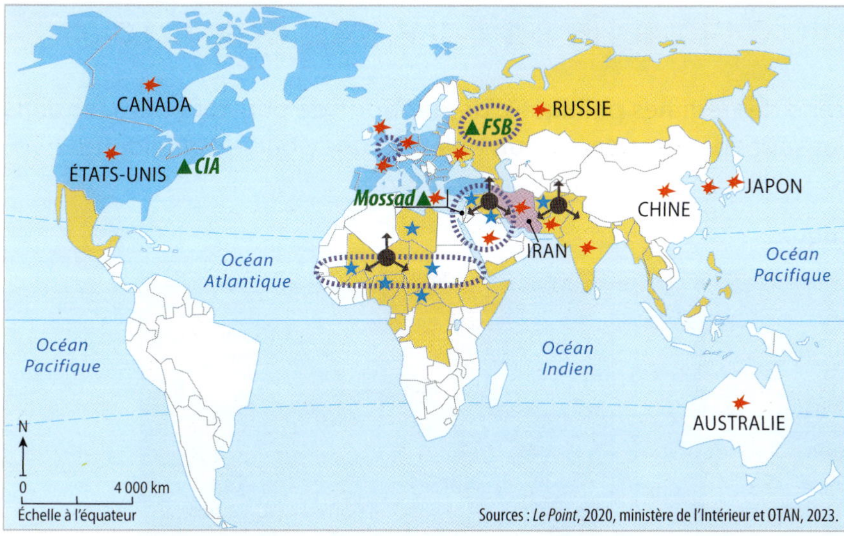

Sources : *Le Point*, 2020, ministère de l'Intérieur et OTAN, 2023.

Les intrigues du *Bureau des légendes*…

- terrain d'action de la série
- service de renseignement allié ou rival
- État surveillé car souhaitant se doter illégalement de l'arme nucléaire

… reflètent les grands enjeux géopolitiques du monde

- OTAN, alliance occidentale héritée de la guerre froide
- État en conflit
- attaque terroriste et/ou cyberattaque
- centre de mouvement terroriste internationalisé
- intervention militaire de la France et ses alliés depuis 2011

4 Un incident diplomatique mis en scène dans la série

En 2021, la NSA a mis sur écoute des responsables politiques européens. Les gouvernements français et allemand ont exigé des explications pour rétablir les liens de confiance.

5 Une certaine vision de la géopolitique

L'œil du géopolitologue

Les séries offrent des clés pertinentes pour saisir les nombreuses échelles de compréhension et d'analyse de la géopolitique. Ainsi, bien que fantastique, tout en faisant écho à des faits historiques, la série *Game of Thrones* réunit toutes les composantes de la géopolitique : les rapports de force reposant sur des intérêts stratégiques, économiques, politiques ou moraux, et se traduisant en jeux diplomatiques, entre tensions, négociations, alliances et/ou conflits.

D'autres séries plus réalistes, comme *Le Bureau des Légendes*, nous plongent dans les rouages de l'action extérieure de l'État et de ses services. Elles nous informent sur les enjeux géopolitiques, passés ou contemporains – terrorisme, nucléaire, espionnage, cyber –, ou à venir, en proposant une réflexion sur les potentielles conséquences des décisions géostratégique. Aussi ces séries nous rappellent que la réalité géopolitique résulte d'un mélange d'intérêts, de réflexions et d'actions complexes, reposant sur des femmes et des hommes qui en sont les protagonistes et acteurs.

Antoine Diacre, chercheur à l'IRIS, 2023.

POUR COMPRENDRE

Le géopolitologue analyse les relations entre des acteurs (États, armées, firmes transnationales…) sur et pour un territoire. L'influence sur les territoires est au cœur de la politique étrangère des États.

1. Quels éléments de la **bande annonce** et du **document 1** montrent que la série *Le Bureau des légendes* traite de politique étrangère ?

2. Comment le **document 2** illustre-t-il l'influence de la France au-delà de son propre territoire ?

Le géopolitologue étudie les rapports de force entre les acteurs. Il cherche à en comprendre les causes et les enjeux à plusieurs échelles, en les replaçant dans leur contexte.

3. À l'aide des **documents 2, 3 et 4**, identifiez et classez les acteurs étudiés par le géopolitologue.

4. Localisez les tensions mises en scène dans la série. Montrez que ces tensions se jouent à plusieurs échelles **(doc. 3)**.

Le géopolitologue s'appuie sur des sources diverses (cartes, rapports officiels, discours, presse…) pour confronter les points de vue sur une situation.

5. En quoi les **documents 2 et 4** illustrent-ils la nécessité de croiser les sources pour décrire les tensions ?

6. Expliquez, à l'aide de vos réponses précédentes, la phrase surlignée dans le texte. **(doc. 5)**

Bilan

À l'aide des documents et de vos réponses, complétez la troisième colonne du tableau de synthèse, p. 23.

Introduction

Les séries sous l'œil du politologue

L'exemple de la série *La Servante écarlate*

De nombreuses séries mettent en scène des régimes politiques, des rapports de pouvoir et des tensions qui bouleversent les sociétés. Ainsi, les séries peuvent devenir un objet d'étude pour le politologue.

1 *La Servante écarlate,* une série politique

Dans cette dystopie (récit de fiction décrivant une société imaginaire sombre), les droits fondamentaux ont été abolis par la République de Gilead, un régime autoritaire dirigé par des fanatiques religieux. Pour contrer la baisse de la fertilité à laquelle sont confrontés ces États-Unis fictifs, un groupe de femmes, vêtues de rouge écarlate, est contraint à la reproduction.

La bande-annonce de la série :
hachette-clic.fr/23hgg1004

2 *La Servante écarlate,* une illustration des objets d'étude du politologue

Les grands objets d'étude du politologue	Leur présence dans la série
L'état des droits fondamentaux	• Des libertés supprimées pour la grande majorité de la population : libertés d'expression, de déplacement, d'éducation, de propriété, … • Des populations opprimées : statut d'esclave pour les servantes qui portent le nom de leur maître ; peine de mort pour les homosexuels, …
Le fonctionnement de l'État	• Un pouvoir concentré entre les mains de quelques hommes • Une religion d'État
La répression politique	• Une surveillance permanente par les « Gardiens » et les « Yeux » (la police secrète de l'État) • Des formes variées de répression : exécutions publiques, mutilations, déportations des nuisibles aux « colonies », …
L'organisation de la société	• Une société hiérarchisée : les Commandants (hommes détenant le pouvoir) ; les Tantes (femmes assurant l'endoctrinement) ; les Servantes (assurant la reproduction)
Les formes de résistance et d'opposition au pouvoir en place	• Une résistance intérieure : le réseau *Mayday* • Une résistance extérieure : des réfugiés au Canada accueillant femmes et enfants ayant fui le régime

3 Une série qui rappelle la fragilité des droits acquis par les femmes : l'exemple de la France, des États-Unis et de l'Iran

LES COMBATS DES FEMMES

Les droits politiques

Droit de vote des femmes :
🇺🇸 1920 🇫🇷 1945 🇮🇷 1967

Première femme au sommet de l'État :
🇺🇸 2021 (Kamala Harris)
🇫🇷 1991 (Édith Cresson) 🇮🇷 aucune

Pourcentage de sièges occupés par des femmes au Parlement :
🇺🇸 21 🇫🇷 39 🇮🇷 5,5

L'égalité homme-femme

Loi sur la parité salariale homme/femme :
🇺🇸 1963 🇫🇷 1945
🇮🇷 absence de loi

Écart de revenu moyen homme/femme en 2022 :
🇺🇸 22 % 🇫🇷 30 % 🇮🇷 83 %

La sexualité

Autorisation de la pilule :
🇺🇸 1965 🇫🇷 1967
🇮🇷 1967 (accès à la pilule rendu de plus en plus difficile par le gouvernement pour contrer le ralentissement de la croissance démographique)

Autorisation de l'avortement :
🇺🇸 1973 (loi abrogée en 2022 par la Cour suprême : chaque État est libre d'autoriser ou non l'avortement)
🇫🇷 1975 🇮🇷 1977 (uniquement si la vie de la femme est en danger)

4 Une série devenue un signe de ralliement politique

En janvier 2023 à Londres, des militantes manifestent pour dénoncer la privation de libertés, la répression et les exécutions dont sont victimes les femmes en Iran depuis l'été 2022.

5 Les séries, un nouveau moyen de mobilisation ?

L'œil de la politologue

Les séries ne font pas que nous engourdir, au contraire, elles réveillent aussi nos consciences. Ces objets de distractions imposent, mine de rien et donc de manière redoutablement efficace, des débats sur des sujets brûlants peu abordés en famille, dans les médias ou par la sphère politique. Elles participent à façonner le monde de demain. Elles ne sont pas justes des fictions, des distractions. Elles font bouger les lignes entre la vision dominante et celles des minorités. Elles nous montrent ce qui est rarement montré, obligent à regarder ce que l'on ne veut pas voir. Ces séries se font parfois lanceuses d'alerte et bien plus que n'importe quel article, émission ou journal télévisé. Elles éclairent les risques du monde que nous sommes en train de construire ou de détruire : les thèmes du nationalisme, de l'écologie, des inégalités abondent dans les scénarios. Ces fictions, qui racontent le monde tel qu'il est mais aussi tel qu'il risque d'être, participent ainsi, à coup sûr, à façonner l'avenir. Elles peuvent aussi nous pousser à l'action.

D'après Virginie Martin, *Le charme discret des séries*, HumenSciences, 2021.

POUR COMPRENDRE

La science politique est une discipline qui analyse les régimes politiques et leur mode de fonctionnement.

1. Quels éléments de la bande-annonce et des documents 1 et 2 de la série font référence à un régime politique autoritaire ? Pourquoi ce type de régime politique intéresse-t-il le politologue ?

Le politologue étudie les décisions des gouvernements. Il s'intéresse aux acteurs de la vie politique d'un État et à leurs moyens de mobilisation et d'action. Il s'interroge sur les rapports de pouvoir au sein des sociétés.

2. Comment des objets d'étude du politologue sont-ils exploités dans la série ? **(doc. 2)**

3. Les moyens d'action des femmes sont-ils identiques dans la série et dans le monde réel ? **(doc. 2 et 4)** Comment le politologue peut-il expliquer cette situation ?

Le politologue analyse les débats de société et la prise en compte des revendications par les gouvernements. Il doit garder un regard neutre et critique en interrogeant des sources diverses pour croiser plusieurs points de vue sur une situation.

4. En quoi les documents 2, 3 et 4 illustrent-ils la nécessité de croiser les sources pour décrire les conditions des femmes dans le monde ?

5. Expliquez, à l'aide de vos réponses précédentes, l'importance de la phrase surlignée dans le texte pour le travail du politologue. **(doc. 5)**

Bilan

À l'aide des documents et de vos réponses, complétez la quatrième colonne du tableau de synthèse, p. 23.

THÈME 1

Comprendre un régime politique : la démocratie

Manifestations antigouvernementales à Téhéran (Iran), après le décès de Mahsa Amini en novembre 2022. Les manifestants demandent plus de démocratie et de droits pour les femmes.

Découverte Les démocraties aujourd'hui

MISSION ➪ Vous réaliserez une présentation orale en groupe pour répondre à la question : « Pourquoi une république n'est-elle pas nécessairement une démocratie ? »

1 Trois extraits de constitutions actuelles évoquant la démocratie

Article premier de la Constitution de la Cinquième République :
« La France est une République indivisible, laïque, démocratique et sociale. Elle assure l'égalité devant la loi de tous les citoyens sans distinction d'origine, de race ou de religion. Elle respecte toutes les croyances. »

Article premier de la Constitution de la République Populaire de Chine :
« La République populaire de Chine est un État socialiste de dictature démocratique populaire, dirigé par la classe ouvrière et basé sur l'alliance des ouvriers et des paysans. [...] Il est interdit à toute organisation ou tout individu de porter atteinte au régime socialiste. »

Article 2 de la Constitution de la Confédération suisse :
« La Confédération suisse protège la liberté et les droits du peuple et elle assure l'indépendance et la sécurité du pays. Elle favorise la prospérité commune, le développement durable, la cohésion interne et la diversité culturelle du pays. Elle veille à garantir une égalité des chances aussi grande que possible. Elle s'engage en faveur de la conservation durable des ressources naturelles et en faveur d'un ordre international juste et pacifique. »

2 Les chefs d'État actuels classés selon leur nombre d'années au pouvoir

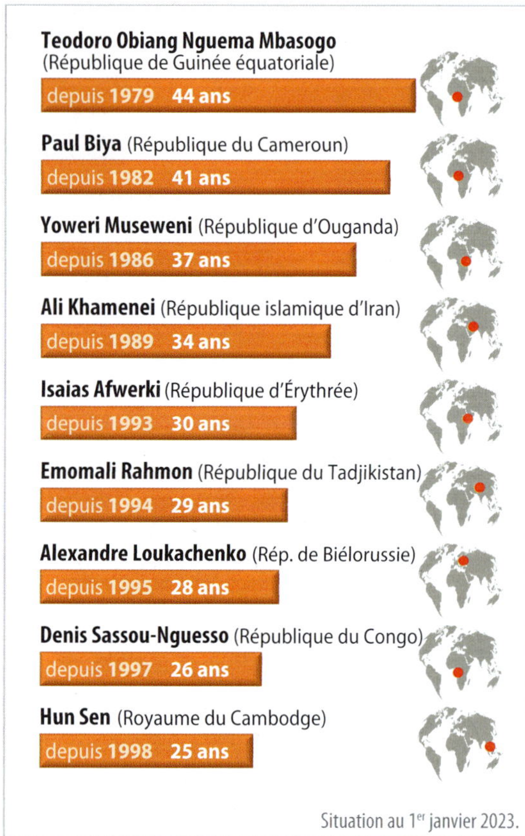

3 Des élections sans opposition

Tjeerd Royaards, *Cartooning for peace*, août 2020.

Alexandre Loukachenko, président de la Biélorussie depuis 28 ans, a remporté une nouvelle fois les élections présidentielles en 2020 avec 80,23 % des voix contre 9,9 % des voix pour sa seule concurrente de taille, Svetlana Tikhanovskaïa. Dans un mouvement de protestation inédit en Biélorussie, les opposants au président Loukachenko contestent l'annonce des résultats et doivent faire face à une importante répression policière.

Le parapluie, symbole de la lutte contre la répression politique à Hong Kong 4

Manifestation à Hong Kong en août 2019. Le parapluie symbolise la défense contre la police mais aussi contre la reconnaissance faciale dans les manifestations hostiles au gouvernement chinois.

ACTIVITÉ

étape 1

Rechercher les caractéristiques d'une démocratie

1. Je cherche trois États où …
- le vote aux élections est obligatoire ;
- s'exerce la démocratie directe, où les citoyens sont consultés directement dans les prises de décision, sans l'intermédiaire de représentants élus ;
- le président de la République a très peu de pouvoir.

2. Donnez selon vous trois éléments fondamentaux de toute démocratie aujourd'hui.

3. Pourquoi peut-on dire que dans une démocratie, le fondement du pouvoir appartient aux citoyens ?

étape 2

Faire une présentation orale pour répondre à la question

« Pourquoi une république n'est-elle pas nécessairement une démocratie ? »

Par groupe de trois, à l'aide des documents, répondez aux trois questions, qui articuleront votre argumentation :

4. Toutes les républiques ont-elles la même conception de la démocratie ? Précisez les différences qui peuvent exister. (doc. 1)

5. Le régime républicain permet-il nécessairement l'alternance politique ? (doc. 2 et 3) Expliquez comment certains chefs d'État peuvent rester plusieurs décennies au pouvoir.

6. Montrez que les manifestants de Hong Kong dénoncent la violation de la démocratie par les autorités de la République population de Chine. (doc. 4)

Organisez vos idées et faites en sorte que chacun des membres du groupe de trois puisse synthétiser ses idées en une minute.

POUR CONCLURE

1. Pourquoi la liberté des citoyens est-elle absolument nécessaire pour qualifier un régime de démocratique ?

2. À l'aide des différentes réponses, rédigez en quelques lignes une définition de la démocratie.

Repères

La démocratie, principes et réalités

Carte interactive
hachette-clic.fr/23hgg1005

1 La situation de la démocratie dans le monde en 2022

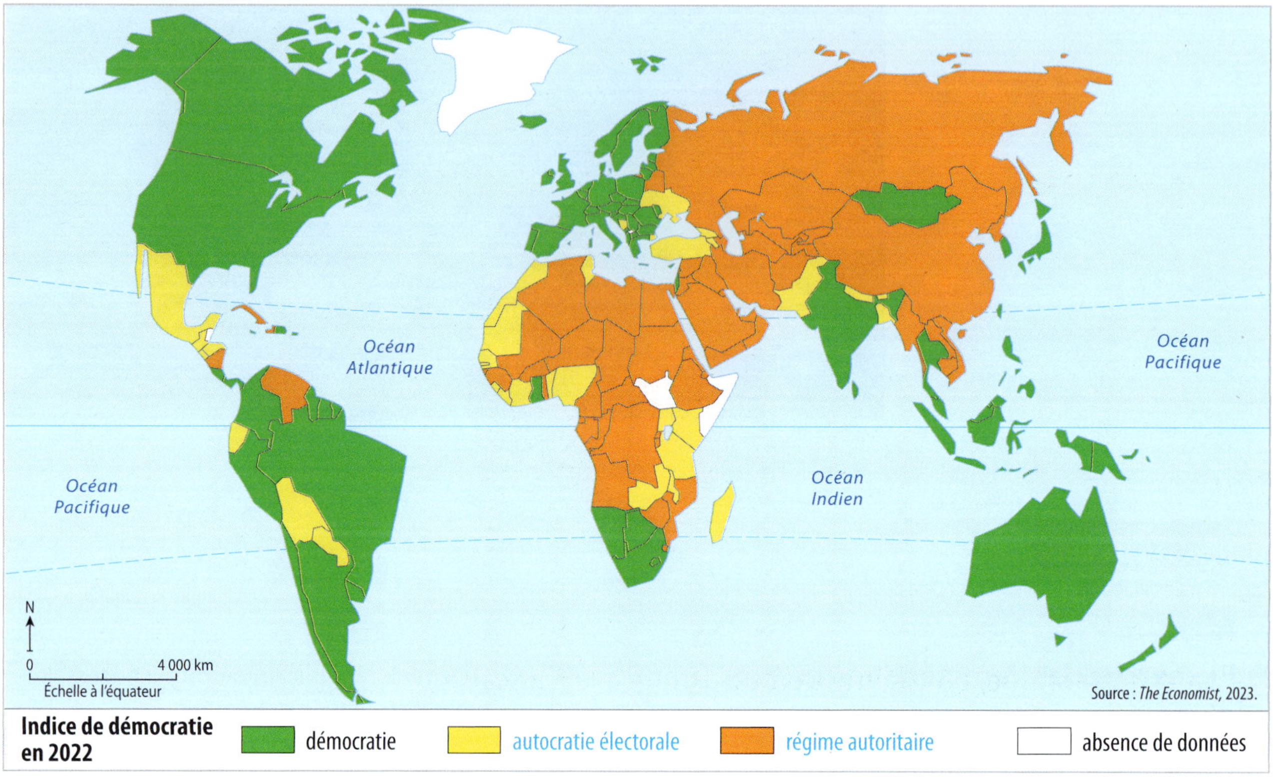

2 La population mondiale vivant en démocratie ou en dictature

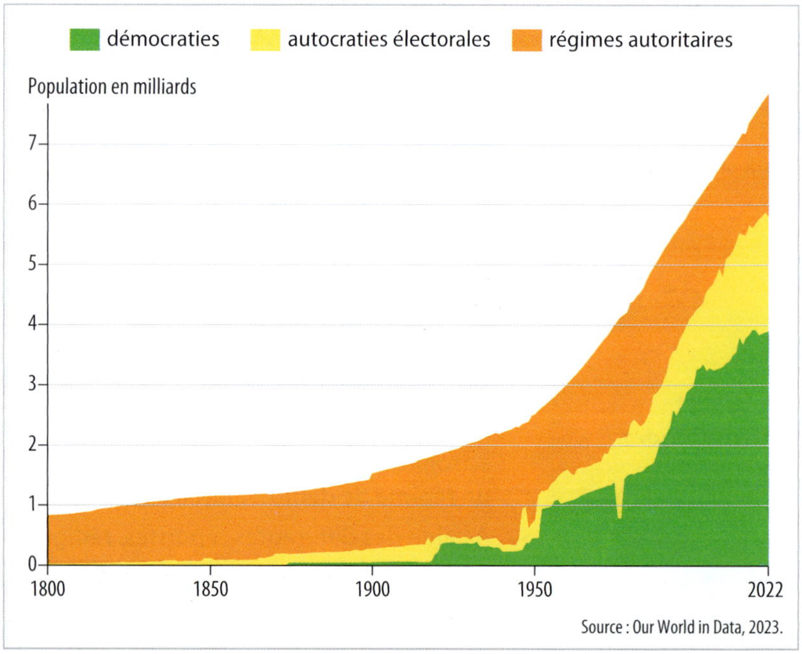

Vocabulaire

Autocratie électorale : régime dans lequel, malgré l'organisation régulière d'élections, toutes les conditions de la démocratie ne sont pas réunies (pas d'indépendance de la justice ou pas de liberté d'expression, importance de la corruption…)

Régime autoritaire : régime qui cherche à conserver le pouvoir en violant les principales libertés fondamentales, dont l'organisation d'élections libres.

Séparation des pouvoirs : principe selon lequel les pouvoirs de faire les lois (législatif), de les faire appliquer (exécutif) et de rendre la justice (judiciaire) ne peuvent être aux mains de la ou des mêmes personnes.

Souveraineté nationale : principe selon lequel l'autorité suprême d'un État appartient à l'ensemble de la nation. Les élections sont le mode d'expression de la volonté nationale, afin de désigner ses représentants.

3 La Déclaration universelle des droits de l'homme (1948), une base pour tout régime démocratique

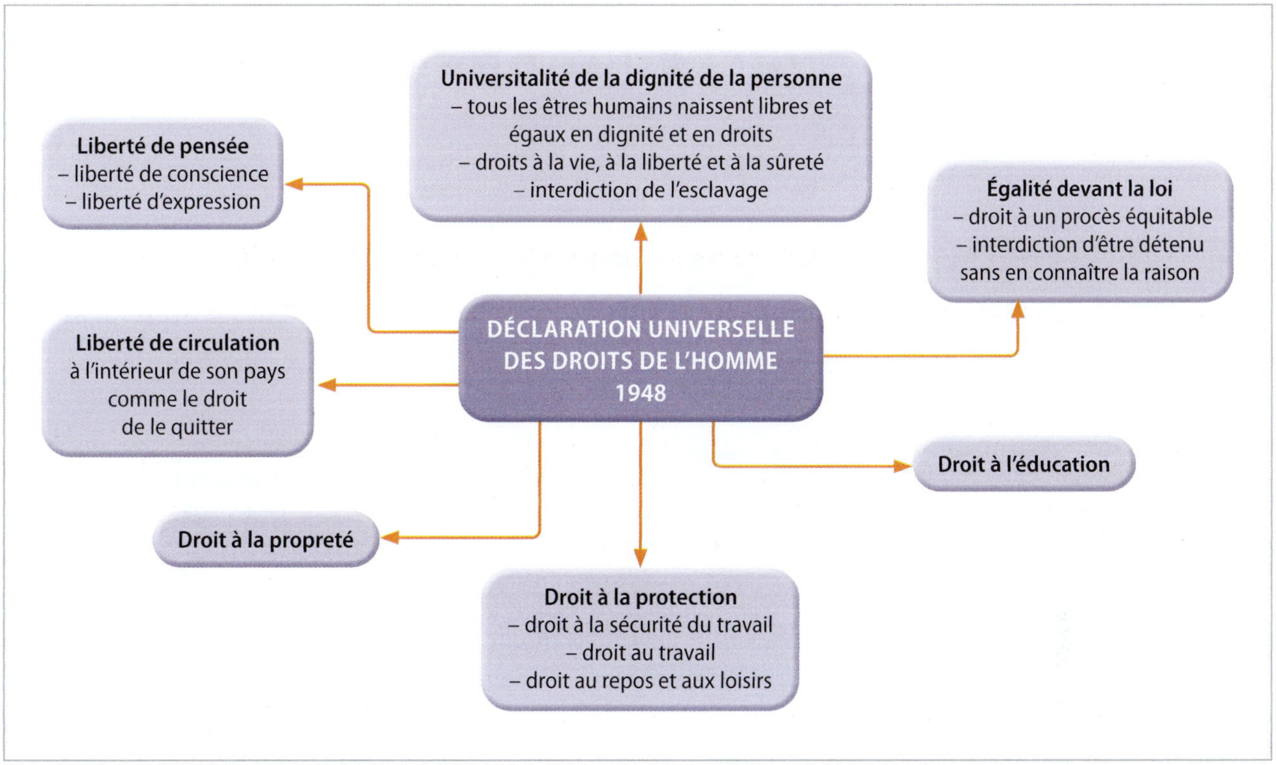

4 La Ve République, un régime démocratique à la française

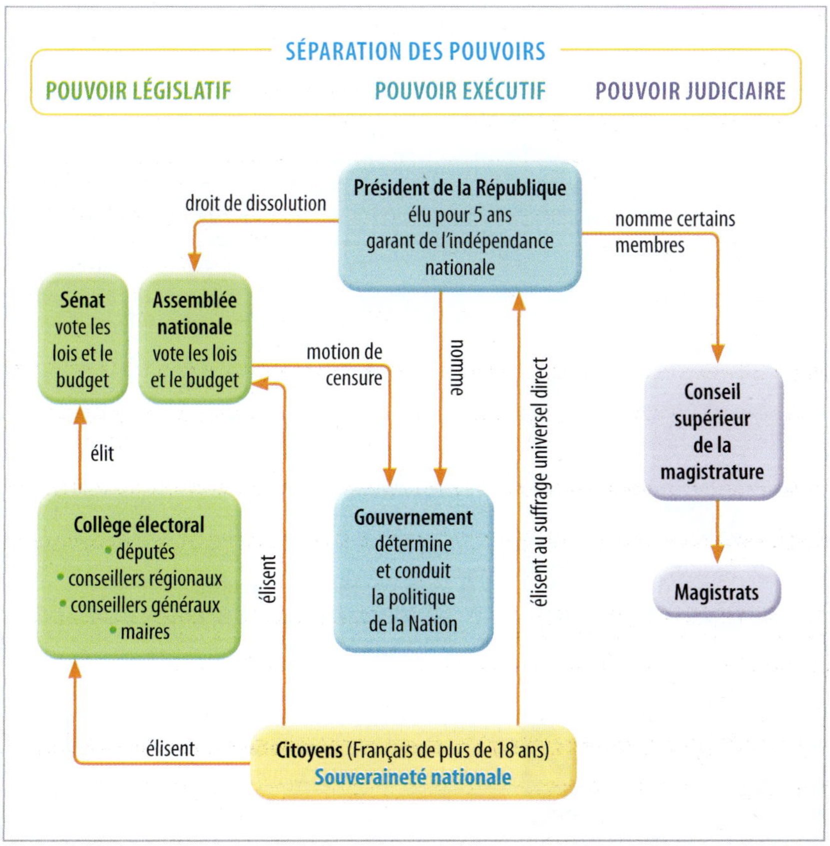

POUR COMPRENDRE

Tous les pays du monde ne sont pas démocratiques. Si les principes démocratiques apparaissent souvent dans les constitutions des pays, ils ne sont pas toujours respectés dans la réalité.

1. Montrez à partir des documents 1 et 2 que si la démocratie semble progresser dans le monde, une grande partie des pays ne respectent pas ses principes.

Les grands textes comme la Déclaration universelle des droits de l'homme ou la constitution de certains pays considèrent les principes démocratiques comme fondamentaux.

2. Comment les principes démocratiques se manifestent-ils concrètement ? (doc. 3 et 4)

Focus Corée du Nord / Corée du Sud : deux régimes antagonistes

En 1948, au lendemain de la Seconde Guerre mondiale, deux Corée déclarent leur indépendance : la République populaire démocratique de Corée au Nord, communiste, et la République de Corée, au Sud. Si durant la guerre froide, ces deux pays connaissent la dictature, leurs trajectoires ont divergé depuis la fin des années 1980. La Corée du Sud a connu une démocratisation alors que la Corée du Nord s'enferme dans une dictature.

▸ Quelles sont les caractéristiques de la démocratie et de la dictature dans les deux Corée ?

1950 – 1960 – 1970 – 1980 – 1990 – 2000 – 2010

- **1948** Création de la **Corée du Sud**
- **9 sept. 1948** La **République populaire démocratique de Corée** est proclamée. Kim Il-sung devient président
- **1950-1953** **Guerre de Corée**
- **1961-1979** **Dictature** de Park Chung-hee
- **1987** **Démocratisation** de la Corée du Sud, nouvelle Constitution
- **8 juil. 1994** **Mort de Kim Il-sung**. Son fils Kim Jong-il lui succède
- **17 déc. 2011** **Mort de Kim Jong-il**. Son fils **Kim Jong-un** lui succède
- **2012** **Élection** de Park Geun-hye à la présidence
- **2017** **Destitution** de Park Geun-hye
- **2018** **Élection** de Moon Jae-in, membre du parti démocrate

1 Une jeune démocratie de trente ans

L'âge de la démocratie sud-coréenne n'a pas toujours fait consensus. Son acte de naissance peut être daté de la révision constitutionnelle du 29 octobre 1987 ayant introduit le régime actuel, celui de la VIe République, rythmé tous les cinq ans par une élection présidentielle au suffrage universel direct. Le premier scrutin, organisé en décembre 1987, a permis à un membre de la junte militaire jusqu'alors au pouvoir de se maintenir à la tête de l'État, d'où l'existence d'une généalogie démocratique dissidente commençant au terme de son quinquennat. Six autres locataires de la Maison Bleue se sont depuis succédé, entraînant l'alternance entre majorité et opposition à trois reprises : 1997, 2007 et 2017. Loin de s'inscrire dans le cycle électoral régulier, la victoire du candidat progressiste Moon Jae-in en 2017 a été précipitée par un événement littéralement extraordinaire : la destitution de la présidente conservatrice Park Geun-hye. Votée par l'Assemblée nationale le 9 décembre 2016 et confirmée par la Cour constitutionnelle le 10 mars 2017, la déchéance de Park Geun-hye a fait suite aux rassemblements de masse provoqués par le scandale de corruption et de collusion au cœur duquel elle était impliquée. L'ampleur de ce mouvement de contestation populaire connu sous le nom de « révolution des bougies » a souvent été comparée à celle des manifestations de juin 1987 ayant conduit à l'instauration de la VIe République.

Justine Guichard, « La démocratie sud-coréenne à l'épreuve de la trentaine », *Pouvoirs*, 2018.

2 Manifestation demandant la destitution de l'ancienne présidente, Park Geun-hye

En 2016, suite à des scandales de corruption liés à des grandes entreprises coréennes et mettant en cause la présidente elle-même, des dizaines de milliers de personnes sont descendus dans la rue pour demander sa destitution.

3 Kim Jong-un, un dictateur à la tête de la Corée du Nord

Kim Jong-un avait moins de 30 ans lorsqu'il fut propulsé à la tête de la Corée du Nord à la suite de la mort soudaine de son père, en décembre 2011. Bien qu'héritier en titre depuis 2009, il était loin d'avoir en main les leviers du pouvoir dans ce régime monolithique. Bien sûr, les analystes étrangers voyaient en lui un symbole de la continuité de la lignée des Kim – son grand-père, Kim Il-sung, fondateur du pays en 1948, puis son père, Kim Jong-il, qui lui succéda en 1994 –, mais tous pensaient qu'il serait vite manipulé par la vieille garde. Certains reprenaient volontiers le vieux thème sur l'effondrement annoncé du régime, jugé « inévitable » voire « imminent » depuis 20 ans.

Six ans plus tard, non seulement celui-ci est toujours en place, mais le jeune dirigeant y a consolidé sa position. Après avoir éliminé avec force toute dissidence potentielle, il s'est même mué en chef de guerre, n'hésitant pas à défier les États-Unis.

Dans un rapport des Nations unies de 2014 sur les violations des droits de l'homme, la RPDC est accusée de crimes contre l'humanité. Selon Cheong Seong-chang, « Kim Jong-un a en fait procédé à moins de purges que son père au cours des 6 années écoulées (sans doute 200 personnes) », mais il s'y est employé de façon plus spectaculaire. Après avoir épuré la hiérarchie militaire, il a rajeuni la structure sclérosée du parti. Ainsi, en octobre 2017, il a renouvelé un quart des cadres des instances dirigeantes (bureau politique, commission militaire centrale). « Plus confiant dans l'appareil, il délègue davantage : toutes les décisions importantes sont discutées dans les plus hautes instances du parti alors que père avait le goût du secret et décidait avec ses plus proches collaborateurs », poursuit le chercheur.

Philippe Pons, « Kim Jong-un, le dictateur le plus énigmatique de la planète », *Le Monde*, 7 février 2018.

4 Une parade militaire en l'honneur de l'anniversaire du fondateur de la Corée du Nord, Kim Il-sung, 9 février 2018

ACTIVITÉ Préparer un oral

En deux minutes, expliquez comment ces deux républiques ont connu des évolutions politiques divergentes, et pourquoi leurs régimes sont radicalement différents.

Vous pouvez vous aider de ce tableau :

	Corée du Sud	Corée du Nord
Quelle est la fréquence des élections ?		
Comment le président accède-t-il au pouvoir ?		
Comment la société civile peut-elle se faire entendre ?		
Un président a-t-il déjà été destitué ?		

Bilan

À partir du cas coréen, présentez les caractéristiques d'une démocratie et celles d'une dictature.

Introduction

Leçon 1

La démocratie, les démocraties : quelles caractéristiques aujourd'hui ?

➤ Comment la démocratie se décline-t-elle sous plusieurs formes à travers le monde, selon des principes communs ?

A La lente constitution des démocraties modernes

- **La démocratie contemporaine repose sur un certain nombre de principes,** élaborés au cours des siècles mais rappelés en 1948 dans la Déclaration universelle des droits de l'homme, texte dont la portée n'est que symbolique mais qui énonce un certain nombre de droits fondamentaux nécessaires à la mise en place et au respect de la démocratie.
- **Ces principes sont la liberté des individus, la tenue d'élections libres, la séparation des pouvoirs, le multipartisme et le suffrage universel.** Bien que ces principes soient souvent officiellement reconnus dans les constitutions des États, la réalité est aujourd'hui bien différente, la démocratie n'étant réelle que dans une minorité d'États dans le monde. Par exemple, l'Arabie saoudite est une monarchie absolue dans laquelle le roi a tous les pouvoirs et les partis politiques sont interdits. De même, si la Corée du Nord s'intitule officiellement « république populaire démocratique de Corée », c'est une dictature.
- **Il n'existe pas un modèle de démocratie mais plusieurs,** selon l'histoire ou la culture de chaque État. Ainsi, la France a été marquée par son histoire ponctuée de révolutions et a connu cinq républiques, toutes suivant une organisation différente. Au contraire, les États-Unis d'Amérique sont restés fidèles à la Constitution appliquée depuis 1789 et corrigée par un certain nombre d'amendements. Mais démocratie n'est pas synonyme de **république** : dans le monde, de nombreuses démocraties sont aussi des **monarchies** : c'est le cas du Royaume-Uni, de la Belgique, de la Suède. Dans ces États, le souverain n'a cependant souvent qu'un rôle de représentation ou valide des décisions prises par les assemblées.

1 La transition démocratique en Afrique du Sud

Nelson Mandela et Frederik de Klerk reçoivent en 1993 le Prix Nobel de la paix pour l'abolition du régime de l'apartheid en Afrique du Sud.

B Des progrès sensibles à travers le monde

- **Depuis la Seconde Guerre mondiale, la démocratie fait des progrès partout dans le monde.** C'est surtout à la fin du XXe siècle que les progrès sont les plus visibles : en Europe de l'Est, les anciens pays satellites de l'URSS adoptent la démocratie libérale et adhèrent à l'Union européenne. En Corée du Sud, la transition démocratique se fait progressivement à partir de la fin des années 1980. L'Afrique du Sud se libéralise après la fin de l'**apartheid** en 1991. En revanche, la Tunisie, après a connu une transition démocratique avec les « révolutions arabes », connaît aujourd'hui une tendance à l'autoritarisme présidentiel.
- **Les progrès de la démocratie dans un État ne sont possibles que grâce à la mobilisation de la société civile** pour mettre fin à des régimes autoritaires ou défendre les principes démocratiques. Ainsi, en Allemagne de l'Est, la chute du mur de Berlin a été précédée de nombreuses manifestations dans tout le pays pour réclamer des élections libres. Au Burkina Faso, en 2014, Blaise Compaoré, président du pays depuis 27 ans, a été renversé à la suite de manifestations populaires contre sa tentative de modifier la constitution pour pouvoir rester au pouvoir. À l'automne 2022 en Iran, une partie importante de la population a manifesté pour plus de liberté pour les femmes.

Vocabulaire

Apartheid : « séparation » en afrikaans, système en vigueur en Afrique du Sud entre 1948 et 1991 dans lequel les populations étaient séparées en fonction de catégories raciales.

Monarchie : régime dans lequel le souverain est désigné de façon héréditaire.

République : régime dans lequel les citoyens sont représentés par des chefs d'État élus.

Société civile : ensemble des acteurs, des associations, des mouvements, des organisations, non gouvernementaux, animés par les citoyens d'un État.

C Une démocratie fragilisée par des pratiques autoritaires

- **Le développement de la démocratie n'empêche pas le maintien de nombreux régimes autoritaires à travers le monde.** La Corée du Nord de Kim Jong-un est une république dictatoriale, l'Eswatini ou le sultanat de Brunei sont des monarchies absolues. L'alternance politique n'est pas non plus possible dans de nombreux États : ainsi le président de la Guinée Équatoriale, Teodoro Obiang Nguema Mbasogo, est à la tête du pays depuis 1979.
- **La démocratie reste un principe à défendre, car elle connaît différentes crises :** d'une part un développement de l'abstentionnisme dans de nombreuses anciennes démocraties, mais aussi une fragilisation des principes dans certains États. De nombreux organismes pointent du doigt la dégradation du climat démocratique dans le monde, notamment autour de la liberté de la presse. En Russie, tous les partis politiques d'opposition ou les journaux indépendants ont progressivement dû quitter le pays. Reporter sans frontières dénonce ainsi une multiplication des attaques contre les journalistes. De même, les dernières élections aux États-Unis interrogent sur la bonne santé de la démocratie américaine, entre rôle controversé des réseaux sociaux et menaces de coup d'État en janvier 2021, au moment de la transmission du pouvoir au nouveau Président élu, Joe Biden.

2 La tentative de coup d'État aux États-Unis en 2021

Le 6 janvier 2021, des partisans de Donald Trump prennent d'assaut le Capitole pour contester l'élection de Joe Biden.

SCHÉMA BILAN

Schéma interactif
hachette-clic.fr/23hgg1006

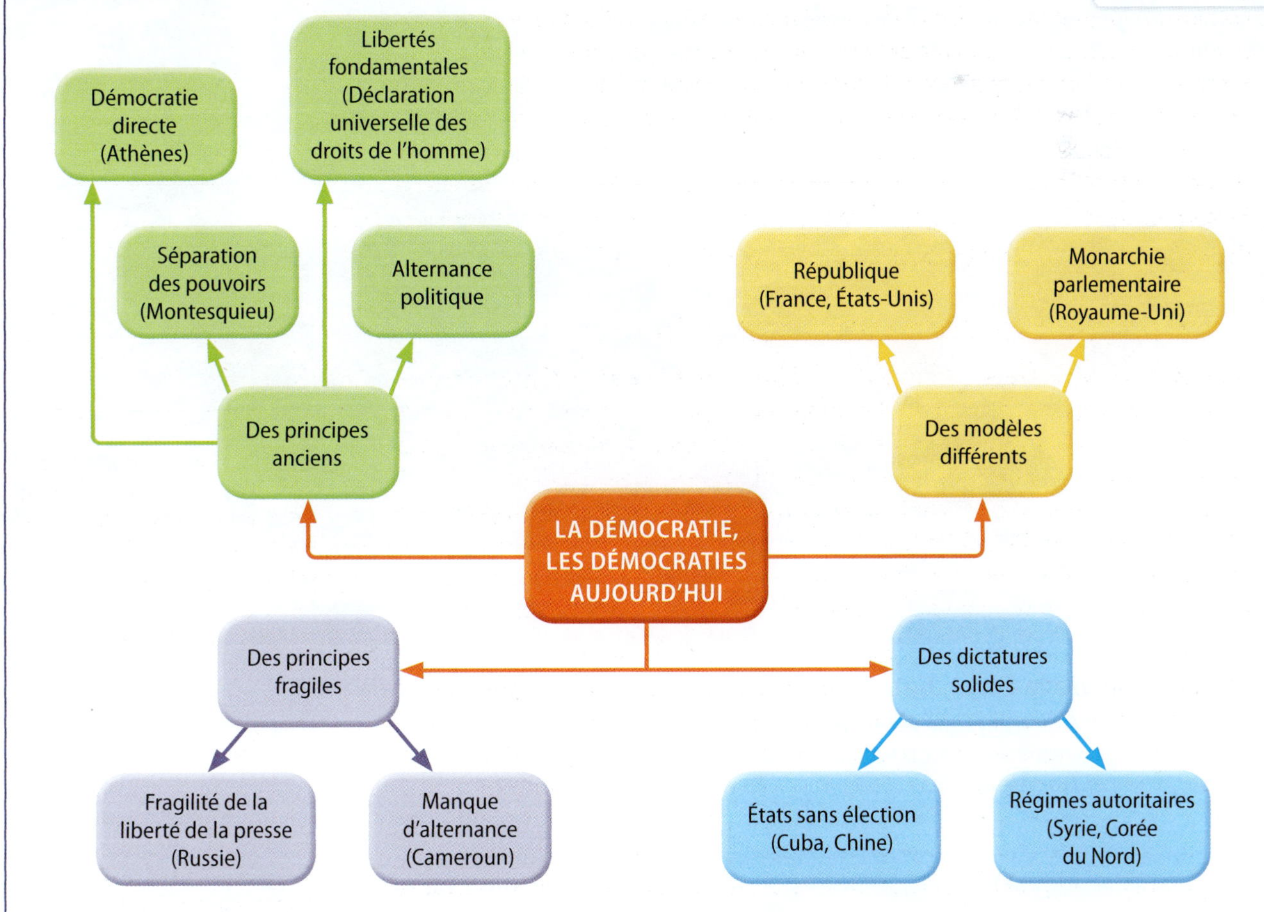

AXE 1

Penser la démocratie : démocratie directe et démocratie représentative

» Comment la conception de la démocratie a-t-elle évolué depuis l'Antiquité ?

1 La colline de la Pnyx, lieu central de la démocratie directe à Athènes

C'est sur la colline de la Pnyx que se réunit l'assemblée des citoyens, l'*Ecclésia*. Au premier plan se trouve encore la tribune sur laquelle les orateurs se plaçaient pour être entendus de tous.

– 600 av. J.-C. | – 550 | – 500 | – 450 | 1800 | 1825 | 1850

594-552 OLIGARCHIE | **552-509 TYRANNIE** | **508-404 DÉMOCRATIE** | **1815-1830 RESTAURATION**

- 594 **Réformes de Solon**
- 508 **Réforme de Clisthène**
- 488 **Création de l'ostracisme**
- 451 **Réforme de Périclès**
- 1819 B. Constant, « De la liberté des Anciens comparée à celle des Modernes »
- 1848 **Révolution** en France, introduction du suffrage universel masculin

2 **L'Assemblée nationale aujourd'hui, de multiples références à Athènes**

En France, en 2020, la tapisserie inspirée de l'œuvre de Raphaël, « L'École d'Athènes », a été restaurée et placée au-dessus de la tribune de l'Assemblée nationale, cœur de la démocratie représentative. Elle met en scène tous les grands intellectuels qui ont fait le prestige d'Athènes et de la Grèce dans l'Antiquité.

QUESTIONS

1. Pourquoi la colline de la Pnyx est-elle un lieu central de la démocratie athénienne ? **(doc. 1)**
2. Montrez que la démocratie française aujourd'hui revendique toujours des liens avec la démocratie antique. **(doc. 2)**

p. 42 > **JALON ①**
Une démocratie directe mais limitée : être citoyen à Athènes au Ve siècle avant J.-C.

p. 46 > **JALON ②**
Participer ou être représenté : Benjamin Constant, « liberté des Anciens, liberté des Modernes »

Étude La démocratie à Athènes au Ve siècle avant J.-C.

La cité d'Athènes au Ve siècle avant notre ère offre l'un des premiers exemples de démocratie à l'échelle d'un État. Si elle permet à l'ensemble des citoyens de participer à la vie politique, la démocratie athénienne est très différente de celle d'aujourd'hui, en donnant un poids important à la démocratie directe et au tirage au sort.

Comment les Athéniens de l'Antiquité conçoivent-ils la démocratie et la place du citoyen dans la cité ?

1 La cité d'Athènes, organisée autour de ses institutions

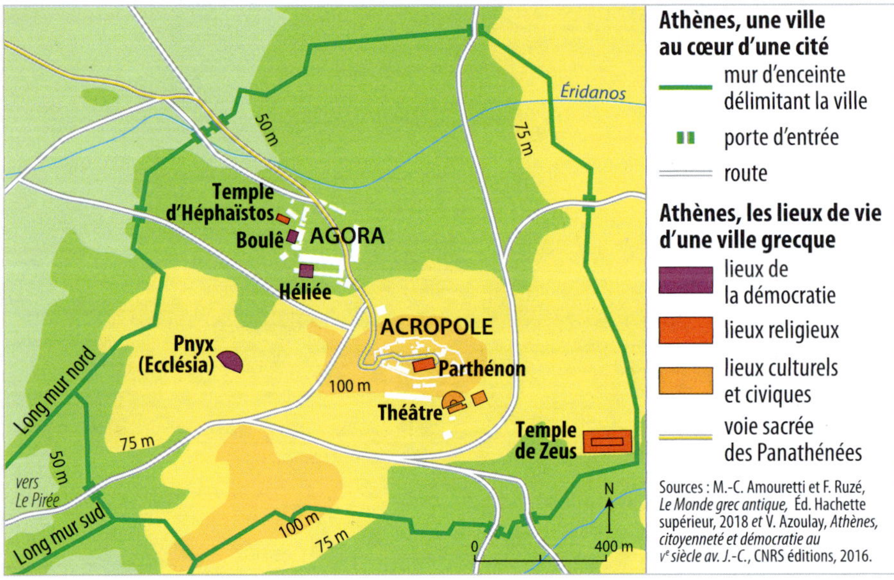

Sources : M.-C. Amouretti et F. Ruzé, *Le Monde grec antique*, Éd. Hachette supérieur, 2018 *et* V. Azoulay, *Athènes, citoyenneté et démocratie au Ve siècle av. J.-C.*, CNRS éditions, 2016.

2 La définition du citoyen selon Aristote

Le citoyen n'est pas citoyen du seul fait qu'il réside quelque part (le métèque et l'esclave ont, comme lui, le droit de résider). [...]

Le citoyen au sens strict, aucun caractère ne le définit mieux que la participation à l'exercice des pouvoirs de juge et de magistrat. [...] Dès lors, nous posons le principe que sont citoyens ceux qui participent ainsi au pouvoir. Telle est donc à peu près la définition du citoyen qui s'adapterait le mieux à tous qu'on appelle les citoyens. [...]

Or nous voyons que les constitutions diffèrent spécifiquement les unes des autres [...]. Par conséquent, le citoyen, lui aussi, est nécessairement différent suivant chaque constitution. C'est pourquoi le citoyen dont nous avons parlé existe surtout dans une démocratie ; dans les autres régimes, on peut le trouver, mais pas nécessairement. Dans certains États, il n'y a pas de peuple (*dèmos*), ni de sessions régulières de l'Assemblée, mais seulement des réunions sur convocation, et les procès sont répartis entre certains juges. [...]

La nature du citoyen ressort ainsi clairement de ces considérations : quiconque a la possibilité de participer au pouvoir délibératif ou judiciaire, nous disons dès lors qu'il est citoyen de cette cité concernée.

Aristote, *Les Politiques*, III, 1 1274b, IVe siècle avant J.-C., trad. J. Aubonnet, éd. Les Belles Lettres, 2002.

Aristote (384-322 av. J.-C.)

Né dans le royaume de Macédoine, il séjourne à Athènes en tant que métèque. Philosophe, élève de Platon, il étudie notamment dans *Les Politiques* le fonctionnement de la démocratie athénienne.

Vocabulaire

Métèque : étranger résidant à Athènes sans posséder les mêmes droits qu'un citoyen athénien.

Ostracisme : procédure permettant de bannir de la cité pour 10 ans des citoyens jugés dangereux pour la cité et la démocratie.

3 Le citoyen dans l'organisation politique de la cité

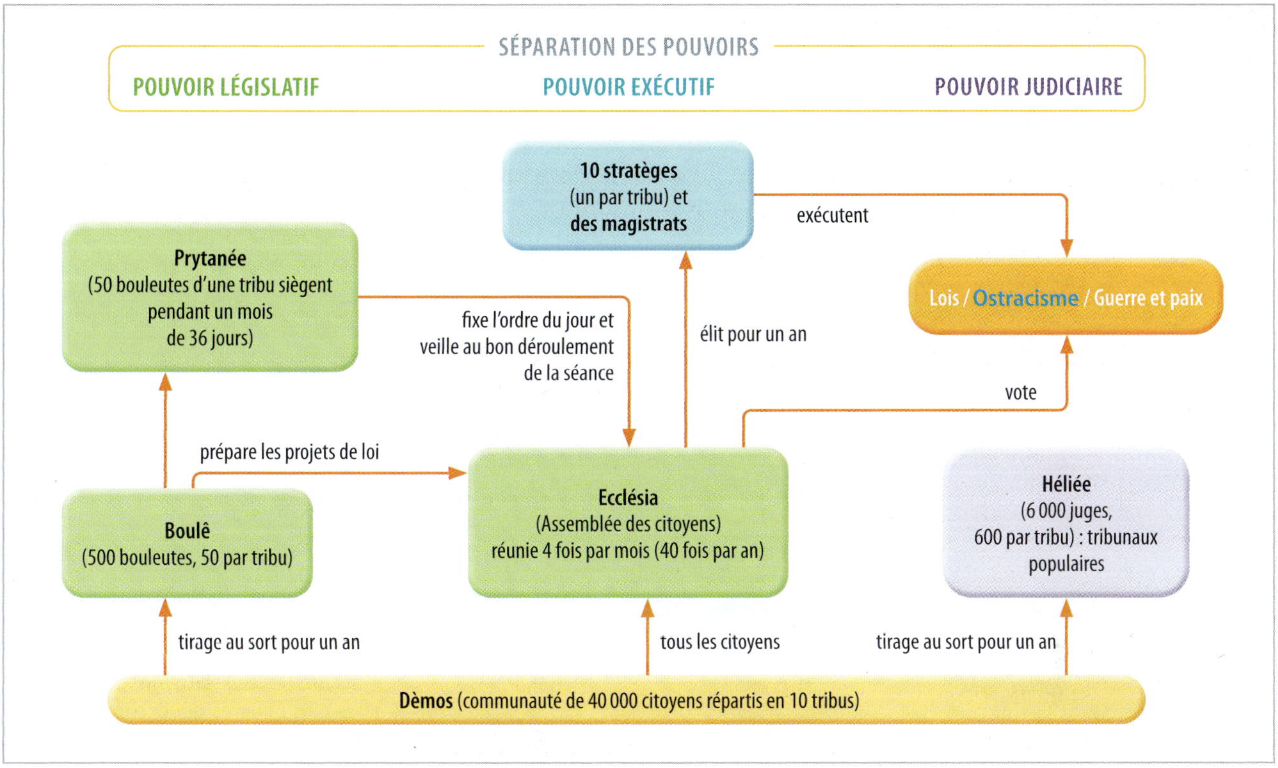

4 Le *klérotèrion*, instrument démocratique

Musée de l'Agora antique d'Athènes.

À partir de 403 av. J.-C., tous les jours, des membres de l'Héliée sont tirés au sort pour juger les affaires de la journée.

Site internet
« Le tirage au sort démocratique », explications du CNRS sur le fonctionnement du *Klérotèrion*, le Journal du CNRS, 21 août 2018.
hachette-clic.fr/23hgg1007

ACTIVITÉ

1. Donnez une définition de la démocratie selon sa conception antique. **(doc. 2)**

2. Quelle place occupent les citoyens dans les institutions démocratiques athéniennes ? **(doc. 1 et 3)**

3. Expliquez comment sont choisis les magistrats parmi les citoyens athéniens. **(doc. 3 et 4)**

Pour aller plus loin

Lisez l'introduction de ce livre pour prolonger votre bilan.
Claude Mossé, *Politique et société en Grèce ancienne : le « modèle » athénien*, Flammarion, 1999.

Bilan

Rédigez en une quinzaine de lignes un paragraphe argumenté répondant à la question : « **Comment les Athéniens de l'Antiquité conçoivent-ils la démocratie et la place du citoyen dans la cité ?** »

Vous pourrez évoquer successivement :
- Une définition de la démocratie à Athènes au Ve siècle avant notre ère ;
- La place du citoyen au sein de ces institutions démocratiques ;
- Les modes de sélections des magistrats.

Étude Athènes, une démocratie critiquée

Entre le VIe et IVe siècle avant J.-C., Athènes a connu une expérience démocratique. Les citoyens peuvent tous participer à la vie politique, peu importe leur statut social ou leur richesse. Mais cette participation de tous a provoqué de nombreux débats chez les auteurs grecs de l'époque.

Quelles sont les critiques adressées aux institutions démocratiques athéniennes ?

1 L'évolution de la population athénienne

		480 av. J.-C.	360 av. J.-C.
Citoyens		30 000	28 000
Non-citoyens	**Femmes et enfants de citoyens**	60 000	70 000
	Métèques	10 000	47 000
	Esclaves	35 000	80 000

Sources : C. Orrieux, P. Schmitt Pantel, *Histoire grecque*, PUF, 2004 et M. Kaplan, *Le monde grec*, Bréal, 1995.

Vocabulaire

Dicaste : juge des tribunaux populaires athéniens.

***Misthos* (*misthoi* au pluriel) :** compensations monétaires journalières accordées aux citoyens athéniens les plus pauvres qui occupaient une fonction publique.

2 Une participation réduite à la vie politique

La parole de l'historien

Périclès proposa à l'approbation de l'Assemblée la création de plusieurs indemnités. Défrayant les citoyens pour le temps passé à servir la cité, les *misthoi* étaient si étroitement associés à l'action de Périclès que Socrate, dans le *Gorgias*, pouvait confier à Calliclès : « J'entends répéter pour ma part que Périclès a rendu les Athéniens paresseux, lâches, bavards et avides d'argent, à cause d'abord de la rétribution qu'il a attachée à toute charge publique ». À l'évidence, le stratège joua un rôle pivot dans cette évolution qui permit aux citoyens les plus pauvres de participer au fonctionnement de la démocratie, sans redouter de perdre leurs moyens d'existence.

Encore faut-il évaluer cette rupture à sa juste mesure : tout d'abord, contrairement à ce qu'affirme Platon, le stratège n'instaura pas de rétribution pour toutes les charges publiques. Seuls les dicastes, les juges des tribunaux populaires, en bénéficièrent, ainsi que, probablement, les bouleutes : la participation à l'ecclésia ne fut pas indemnisée avant le début du IVe siècle. Ensuite, le montant du *misthos* ne suffisait pas, au départ, à compenser la perte de revenu des salariés les plus modestes. Non seulement les 6 000 dicastes n'étaient rétribués que lorsqu'ils siégeaient, ce qui n'arrivait pas tous les jours, mais la compensation financière était loin d'égaler le salaire quotidien d'un travailleur manuel, au moins trois fois plus élevé.

En dépit de ces limites, l'instauration de ces indemnités marqua le véritable coup d'envoi de la démocratisation de la cité.

Vincent Azoulay, *Périclès. La démocratie athénienne à l'épreuve du grand homme*, Armand Colin, 2015.

Périclès

(vers 495-429 av. J.-C.)

Personnage central du « siècle d'or athénien » à partir de 461 av. J.-C., élu stratège sans discontinuer entre 443 et 429 av. J.-C.

Il est à l'origine de réformes, sur la citoyenneté et le fonctionnement des institutions, qui permettent l'implantation durable de la démocratie.

Il transforme la Ligue de Délos en un empire athénien et est à l'origine de la reconstruction de l'Acropole. Son influence illustre l'originalité politique de la démocratie et ses limites.

3 Le tribunal de l'Héliée, le cœur de la justice populaire

Scène de vote au tribunal de l'Héliée. Coupe attique rouge, vers 480 av. J.-C., musée des Beaux-Arts, Dijon.

Le tribunal de l'Héliée est théoriquement composé de 6000 citoyens tirés au sort chaque année pour rendre la justice. C'est une justice sans appel. Il n'existe donc pas de juge professionnel.

Aristophane
(444-vers 385 av. J.-C.)

Poète comique athénien, ses pièces critiquaient les dérives de la démocratie à Athènes alors mise en difficulté dans la guerre du Péloponnèse.

4 Une critique de la justice populaire selon Aristophane

Dans cette comédie, Aristophane met en scène Philocléon, un citoyen athénien cupide et sévère qui aime siéger au tribunal de l'Héliée.

Ensuite, quand on m'a bien supplié et asséché de ma colère, j'entre et une fois dans l'enceinte du tribunal, je ne tiens aucun compte de toutes les promesses que j'ai pu faire, et je les écoute débiter tous les arguments possibles pour obtenir un acquittement. Croyez-moi : il n'y a pas un numéro qu'on ne fasse alors au dicaste. Voyez ! Quelles caresses ne fait-on pas alors au juge ? Les uns déplorent leur misère, et ajoutent des maux supposés à leurs maux réels, jusqu'à ce que leurs plaintes les égalent au mieux ; les autres nous racontent des histoires ; ceux-là disent quelque bon mot, pour me faire rire et désarmer ma rigueur. Si rien de tout cela ne me touche, ils amènent leurs enfants par la main, filles et garçons ; j'écoute, et, baissant la tête, ils bêlent tous ensemble. Le père, tremblant, me supplie comme un dieu de l'absoudre, par pitié pour eux : « Si tu aimes la voix d'un agneau, sois sensible à celle de ce petit garçon. » Si j'aime les petites truies, il tâche de me toucher par la voix de sa fille. Et nous alors, en sa faveur, nous relâchons un peu la rigueur de notre colère.

Aristophane, *les Guêpes*, 422 avant J.-C., trad. P. Thierry, éd. Gallimard La Pléiade, 1997.

ACTIVITÉ

Reproduisez et complétez le schéma à l'aide des documents :

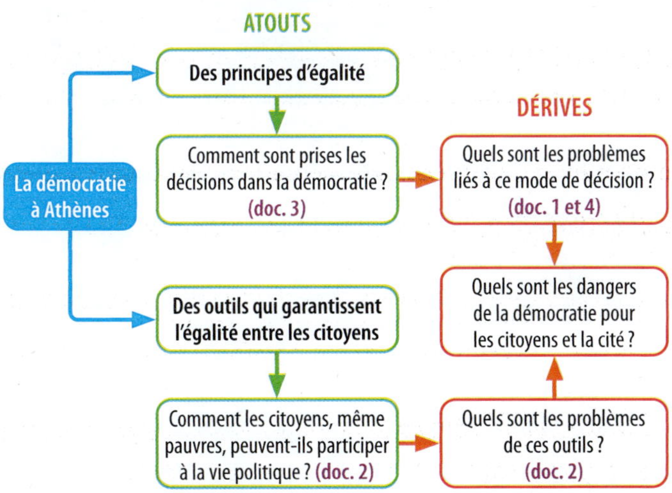

Bilan

Quelles sont les critiques adressées aux institutions démocratiques athéniennes ?

Rédigez une réponse à la problématique proposée en organisant votre réflexion selon le plan suivant :
– La citoyenneté athénienne ne concerne qu'une petite partie de la population de la cité ;
– La démocratie garantit l'égalité entre les citoyens par des outils et des pratiques ;
– La démocratie présente aussi des dérives possibles aux conséquences lourdes pour la cité et les citoyens.

Étude Benjamin Constant, une autre conception de la démocratie

Au XIXe siècle, la démocratie libérale apparaît en Europe et aux États-Unis. Benjamin Constant fait alors partie des intellectuels et des hommes politiques qui s'interrogent sur cette nouvelle forme de régime politique. Il la compare notamment à la démocratie qui existait jadis dans l'Antiquité. Pour lui, une nouvelle conception de la liberté différencie la démocratie antique de la démocratie de son temps.

Benjamin Constant (1767-1830)

Benjamin Constant est un homme politique français. Républicain engagé en 1795, il soutient le coup d'État de Napoléon avant de devenir député pendant la Restauration, chef de file de l'opposition libérale. En 1819, il donne au cercle de l'Athénée une conférence célèbre, « De la liberté des Anciens comparée à celle des Modernes ».

› Comment la question du mode de représentation implique-t-elle différentes conceptions de la démocratie ?

1 Benjamin Constant et la notion de liberté dans la démocratie

Demandez-vous d'abord, Messieurs, ce que de nos jours, un Anglais, un Français, un habitant des États-Unis de l'Amérique, entendent par les mots de liberté.
C'est pour chacun le droit de n'être soumis qu'aux lois, de ne pouvoir être ni arrêté, ni détenu, ni mis à mort, ni maltraité d'aucune manière, par l'effet de la volonté arbitraire d'un ou de plusieurs individus. C'est pour chacun le droit de dire son opinion, de choisir son industrie, et de l'exercer, de disposer de sa propriété, d'en abuser même ; d'aller, de venir [...], le droit de se réunir à d'autres individus [...]. Enfin, c'est le droit, pour chacun, d'influer sur l'administration du gouvernement [...]. Comparez maintenant à cette liberté celle des Anciens. Celle-ci consistait à exercer collectivement, mais directement, plusieurs parties de la souveraineté tout entière, à délibérer, sur la place publique, de la guerre et de la paix, [...] à voter les lois, à prononcer les jugements [...] ; mais en même temps [...] ils admettaient comme compatible avec cette liberté collective l'assujettissement complet de l'individu à l'autorité de l'ensemble. [...] Ainsi chez les Anciens, l'individu souverain presque habituellement dans les affaires publiques est esclave dans tous ses rapports privés. [...] Chez les Modernes, au contraire, l'individu, indépendant dans sa vie privée, n'est, même dans les États les plus libres, souverain qu'en apparence. [...]
Le danger de la liberté antique était qu'attentifs uniquement à s'assurer le partage du pouvoir social, les hommes ne fissent trop bon marché des droits et des jouissances individuelles. Le danger de la liberté moderne, c'est qu'absorbés dans la jouissance de notre indépendance privée, et dans la poursuite de nos intérêts particuliers, nous ne renoncions trop facilement à notre droit de partage dans le pouvoir public.

Benjamin Constant, *De la liberté des Anciens comparée à celle des Modernes*, discours de l'Athénée Royal, 1819.

2 La Chambre des députés, l'organe représentatif

Gravure de Thomas Allon, 1841.

La Chambre des députés pendant la monarchie de Juillet, vers 1840.

3 La nécessité du gouvernement représentatif selon Benjamin Constant

De là vient, Messieurs, la nécessité du système représentatif. Le système représentatif n'est autre chose qu'une organisation à l'aide de laquelle une nation se décharge sur quelques individus de ce qu'elle ne peut ou ne veut pas faire elle-même. Les individus pauvres font eux-mêmes leurs affaires ; les hommes riches prennent des intendants. C'est l'histoire des nations anciennes et des nations modernes. Le système représentatif est une procuration donnée à un certain nombre d'hommes par la masse du peuple, qui veut que ses intérêts soient défendus, et qui néanmoins n'a pas le temps de les défendre toujours lui-même. Mais à moins d'être insensés, les hommes riches qui ont des intendants examinent, avec attention et sévérité, si ces intendants font leur devoir, s'ils ne sont ni négligents, ni corruptibles, ni incapables ; et pour juger de la gestion de ces mandataires, les commettants qui ont de la prudence se mettent bien au fait des affaires dont-ils leur confient l'administration. De même, les peuples qui, dans le but de jouir de la liberté qui leur convient, recourent au système représentatif, doivent exercer une surveillance active et constante sur leurs représentants, et se réserver, à des époques qui ne soient pas séparées par de trop longs intervalles, le droit de les écarter s'ils ont trompé leurs vœux, et de révoquer les pouvoirs dont ils auraient abusé.

Benjamin Constant, *De la liberté des Anciens comparée à celle des Modernes*, discours de l'Athénée Royal, 1819.

4 Démocratie directe et démocratie représentative, deux conceptions de la démocratie

Principe de fonctionnement

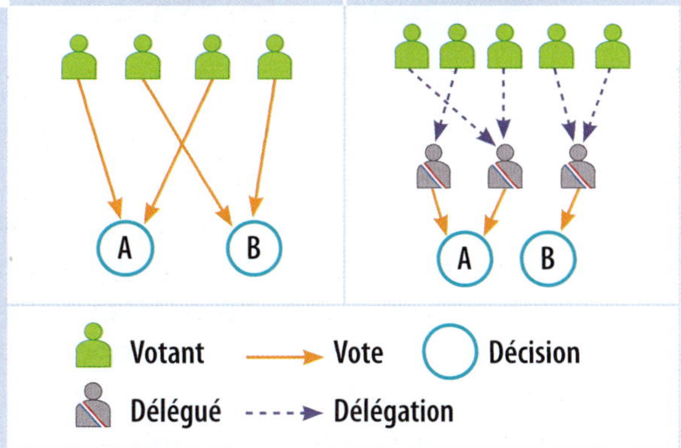

	Démocratie directe	Démocratie représentative
Avantages	– Les citoyens s'impliquent davantage dans la vie politique – Décision prise directement en fonction du vote des citoyens	– Les représentants élus sont légitimes pour appliquer un programme (délégation des citoyens) – Décision prise uniquement par les élus
Inconvénients	– Difficulté à réunir les citoyens à une grande échelle et de nombreuses fois – Difficulté à concilier libertés individuelles et exercice de la vie politique	– Les représentants peuvent prendre des décisions qui n'étaient pas prévues dans leur programme – Les représentants peuvent décider de ne pas appliquer une mesure prévue – Difficulté à prendre en compte l'ensemble des convictions d'un citoyen

PARCOURS 1 Rédiger un texte argumenté

Rédigez un texte d'une quinzaine de lignes pour répondre à la question : « **Comment la nouvelle conception de la liberté au XIXe siècle a-t-elle modifié la conception de la démocratie ?** »

Pour vous aider, vous pouvez adopter le plan :

1. La conception de la liberté des Anciens est différente de celle des Modernes. **(doc. 1 et 2)**

2. La liberté des Modernes a conduit le citoyen à être représenté dans la vie politique. **(doc. 3 et 4)**

PARCOURS 2 Réaliser une présentation orale

En 3 minutes et en binôme, répondez à la question : « **Pourquoi Benjamin Constant estime-t-il que la démocratie représentative est plus adaptée aux sociétés du XIXe siècle ?** »

– Le premier orateur utilisera les **documents 1 et 2** pour montrer la transformation de la conception de la liberté entre l'Antiquité et le XIXe siècle.

– Le second exploitera les **documents 3 et 4** pour analyser les avantages du gouvernement représentatif selon Benjamin Constant.

Pour aller plus loin

- Lisez l'article de l'Encyclopédie d'Histoire Numérique de l'Europe consacré à Benjamin Constant.
- Expliquez comment la nouvelle place de l'individu dans la société amène à une nouvelle forme de démocratie.

Site internet
hachette-clic.fr/23hgg1008

Étude GRAND FORMAT

Une critique de la démocratie représentative

Contexte ➜ L'existence d'assemblées représentatives ne signifie pas pour autant l'affirmation d'une démocratie réelle. Ainsi en France, pendant la monarchie de Juillet, entre 1830 et 1848, il existe une Chambre des députés et une Chambre des pairs. Pourtant, les députés ne sont pas élus au **suffrage universel** mais au **suffrage censitaire**, ce qui limite le nombre de citoyens. Ainsi, les représentants du peuple sont majoritairement issus des catégories les plus riches de la société, ce que souligne un caricaturiste comme Honoré Daumier.

➤ Quelle critique de la démocratie représentative Honoré Daumier fait-il dans ses gravures ?

« Un candidat », gravure d'Honoré Daumier, entre 1836 et 1838.

« Qui vous faut-il ? Un homme probe, consciencieux, un homme grave, un industriel, un homme qui n'ait pas besoin du gouvernement pour s'enrichir, un homme familiarisé avec les lois, qui les connaisse bien, par pratique, par une vieille pratique… Une vieille pratique des lois… Vous ne pouvez mieux choisir, prenez, mon honorable ami. »

1 « Un candidat » selon Honoré Daumier

Honoré Daumier (1808-1879)

Graveur et caricaturiste français, dont les œuvres commentaient la vie politique et sociale en France au XIXe siècle. Il est surtout connu pour ses caricatures d'hommes politiques.

Vocabulaire

Oligarchie : régime politique dans lequel la souveraineté appartient à un groupe restreint. Dans les sociétés antiques, ce sont souvent les plus riches qui détiennent le pouvoir politique. Au Moyen Âge, la noblesse détient la réalité du pouvoir : on parle d'aristocratie.

Suffrage censitaire : mode de suffrage dans lequel le droit de vote est réservé aux citoyens qui s'acquittent d'un impôt supérieur à un seuil, appelé cens.

Suffrage universel : mode de suffrage dans lequel le droit de vote est octroyé à tous les citoyens.

Mise en perspective

2 L'évolution du nombre d'électeurs en France entre 1820 et 1850

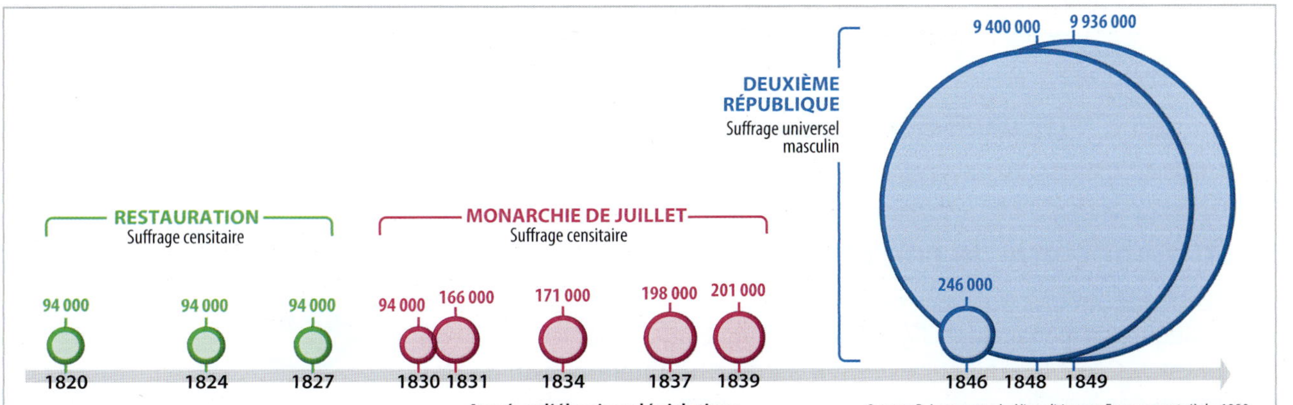

Source : P. Lagoueyte, *La Vie politique en France au XIXe siècle*, 1990.

3 Démocratie ou oligarchie ?

La parole du politologue

Pour penser une démocratie réelle, la première chose à faire est de se demander ce que peut être un régime où le peuple a véritablement le pouvoir. La démocratie, au sens politique, se caractérise d'abord par le fait que, d'une manière ou d'une autre, le pouvoir appartient à l'ensemble des citoyens, sans distinction de classe, de richesse ou de compétences. Or cette conception du rôle du peuple ne correspond pas entièrement à la réalité des démocraties libérales, et encore moins à leur histoire. Il faut en effet le rappeler : le mot démocratie a d'abord été un repoussoir pour les fondateurs des gouvernements représentatifs. En Angleterre, aux États-Unis ou en France, les révolutionnaires des XVIIe et XVIIIe siècles, nourris de l'esprit des Lumières et de ce qu'on allait plus tard appeler le libéralisme étaient bien des ennemis du despotisme et de la société d'ordres. Ils défendaient l'idée qu'un gouvernement n'était légitime que s'il reposait sur le consentement des gouvernés. Mais la plupart d'entre eux étaient aussi méfiants face au pouvoir du peuple, de la masse. D'où l'importance à leurs yeux de l'élection : bien employée, elle permettait de donner le pouvoir à un petit nombre de personnes, de préférence les plus éduquées, les plus riches, une aristocratie non plus de la naissance, mais du talent. Choisie par le peuple, cette élite pourrait gouverner pour lui, c'est-à-dire à la fois dans son intérêt, et à sa place. Certes, dans les régimes alors fondés, les citoyens jouent bien un rôle politique, puisqu'ils peuvent voter. Mais cette participation populaire a deux garde-fous. D'une part, on parle du peuple, mais ne sont d'abord habilités à voter qu'une petite partie des habitants : sont longtemps exclues les femmes, mais aussi les esclaves (puis aux États-Unis leurs descendants), les indigents, les domestiques, les aliénés, les prisonniers, souvent les militaires, les religieux, évidemment et jusqu'à aujourd'hui les étrangers. D'autre part, le rôle que le peuple est censé jouer dans ces systèmes est très borné : il s'agit uniquement d'arbitrer entre les élites en compétition pour le pouvoir.

Samuel Hayat, *Démocratie*, Anamosa, 2020.

ACTIVITÉ

Préparer l'analyse de l'image en se documentant

1. À l'époque où Honoré Daumier réalise ses gravures, combien de citoyens ont le droit de vote en France ? **(doc. 2)**

2. Dans la première moitié du XIXe siècle, à quelle fréquence ont lieu les élections législatives ? **(doc. 2)**

Analyser l'image

3. À l'aide de l'image et du texte, décrivez le profil type du candidat aux élections législatives selon Honoré Daumier. **(doc. 1 et 3)**

Dans l'image, soulignez les éléments qui montrent la richesse des personnages.

4. Faites des hypothèses sur le profil de ceux qui sont écartés du suffrage à cette époque. **(doc. 1)**

Porter un regard critique à l'aide d'un texte

5. Quels sont les deux « garde-fous » (l. 30) mis en place pour limiter la participation de l'ensemble de la population à la vie politique ? **(doc. 3)**

6. Selon Samuel Hayat, pourquoi ne peut-on pas parler de démocratie réelle au XIXe siècle ? **(doc. 3)**

Rédiger l'analyse de l'image

7. À partir de l'ensemble de vos réponses, montrez que cette gravure d'Honoré Daumier dénonce une conception réduite de la participation politique.

Axe 1

Leçon 2

Penser la démocratie : démocratie directe et démocratie représentative

» Comment l'idée de démocratie a-t-elle évolué au gré des contextes et des attentes sociales ?

A La démocratie, la cité et le citoyen

JALON 1 p. 42

Dans l'Antiquité grecque, Hérodote distingue trois principaux régimes politiques : la monarchie, l'oligarchie et la démocratie. **Athènes au Ve siècle avant J.-C. est le meilleur exemple d'une cité gouvernée selon des principes démocratiques.** L'échelle de la cité et le nombre restreint de citoyens (30 000) permettent aux Athéniens d'exercer leur souveraineté directement en participant aux institutions et en exerçant des magistratures.

JALON 1 p. 42

La démocratie athénienne est cependant restreinte : les femmes, les étrangers et les esclaves sont exclus de la citoyenneté, et seuls 10 % de la population exerce son droit de vote. Aristophane critique dans ses comédies la démocratie athénienne car seuls les plus puissants exercent réellement le pouvoir.

La disparition de la démocratie athénienne et l'établissement des royautés hellénistiques au IVe siècle avant J.-C. ne fait pas disparaître l'idée de démocratie dans la pensée politique. **Des pratiques démocratiques se retrouvent dans la République romaine** à travers le vote aux comices. Au XVIe siècle, si la majorité des gouvernements sont des monarchies féodales, un philosophe comme Machiavel, dans *Discours sur la première décade de Tite-Live*, s'interroge sur le choix à faire entre régime démocratique et régime aristocratique.

B La démocratie et l'individu, le renouveau du XIXe siècle

Le XVIIIe siècle marque un basculement dans la conception de la démocratie. Les philosophes des Lumières croient en l'émancipation de l'homme qui, grâce à la raison, peut être libre et atteindre ainsi le bonheur. Les révolutions américaine et française permettent de mettre en œuvre l'idéal démocratique tout en ouvrant la voie au libéralisme. La Déclaration des droits de l'homme et du citoyen (26 août 1789) affirme que désormais le peuple est souverain, que les individus sont libres et égaux en droits, et que le gouvernement représentatif permet de concilier la volonté générale tout en déléguant le pouvoir à des élites politiques capables d'administrer la nation.

JALON 2 p. 46

Benjamin Constant et Alexis de Tocqueville sont les premiers à faire la synthèse du libéralisme et de la démocratie, régime qui garantit et permet à l'homme de jouir au maximum de ses libertés individuelles et donc d'accéder au bonheur dans une société plus juste. Ils alertent néanmoins sur l'apathie des citoyens qui, préférant jouir de leurs libertés individuelles, se désintéressent des questions de société et délaissent la sphère publique au profit de l'État.

D'autres penseurs du XIXe siècle critiquent d'ailleurs la démocratie libérale, comme Karl Marx pour qui le libéralisme des droits de l'homme et du citoyen favorise l'égoïsme bourgeois au détriment du bien de la communauté.

Nicolas Machiavel (1469-1527)

Nicolas Machiavel est un grand penseur humaniste de la Renaissance. Théoricien de la politique, au service de la république de Florence, il a rédigé deux ouvrages majeurs qui ont fait sa renommée : *Le Prince* et *Discours sur la première décade de Tite-Live*. Pour Machiavel, le régime républicain permet de vivre à la fois libre et en sécurité.

Vocabulaire

Comices : dans la Rome républicaine, assemblées du peuple, auxquelles tous les citoyens peuvent participer. Il faut les distinguer du Sénat, où seules les familles les plus illustres peuvent siéger.

Oligarchie : régime politique dans lequel la souveraineté appartient à un groupe restreint. Dans les sociétés antiques, ce sont souvent les plus riches qui détiennent le pouvoir politique. Au Moyen Âge, la noblesse détient la réalité du pouvoir : on parle d'aristocratie.

Souveraineté : autorité suprême de laquelle dépendent tous les pouvoirs délégués. Dans une démocratie, la souveraineté est nationale, c'est-à-dire que tous les pouvoirs émanent des citoyens.

C Penser les démocraties dans notre société moderne

- **La démocratie moderne est liée aux réflexions sur le droit qui garantit nos libertés et notre égalité, et qui permet de les protéger et de limiter le pouvoir arbitraire de l'État.** L'État est reconnu comme une personne juridique dont le rôle et les pouvoirs sont délimités et encadrés par le droit : il ne peut en aucun cas s'élever au-delà des individus. Le droit, émanation de la loi, est au fondement de notre société démocratique, d'où l'importance qu'il soit issu de la volonté générale et de la délibération collective.
- **Le débat se positionne aujourd'hui sur l'exercice de la souveraineté.** Les démocraties populaires comme la Chine, héritières de la pensée marxiste, considèrent que le peuple est censé exercer directement le pouvoir dans des assemblées locales pour mettre un terme à la domination de l'élite bourgeoise. Le pouvoir est ainsi confisqué par le Parti communiste. Dans les démocraties libérales, rares sont les constitutions qui privilégient la démocratie directe. L'exercice du pouvoir est souvent délégué à des personnalités politiques, dont la gestion des affaires publiques devient la principale fonction. Dans les démocraties contemporaines, un débat agite l'opinion, entre confiance aux assemblées parlementaires élues ou action élargie du peuple sur la vie politique (référendums d'initiative populaire) comme en Suisse, modèle de démocratie directe moderne.

1 La Suisse, un des derniers pays à pratiquer la démocratie directe

Vote à main levée dans la commune d'Appenzell, en Suisse.

SCHÉMA BILAN

Schéma interactif
hachette-clic.fr/23hgg1009

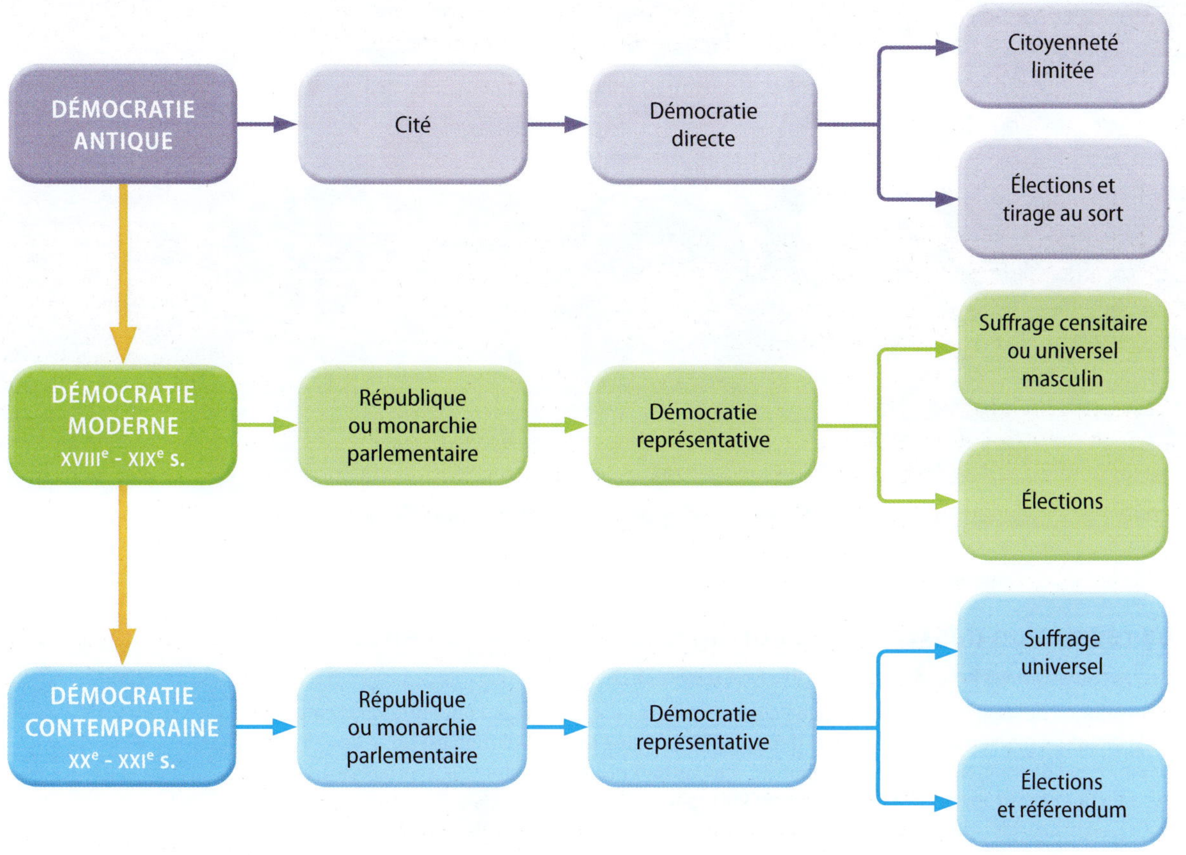

AXE 2

Avancées et reculs des démocraties

› Quelles sont les forces mais aussi les fragilités de la démocratie contemporaine ?

1 La révolution des Œillets au Portugal, le refus de la violence

Fresque commémorative de la révolution des Œillets au Portugal, Lisbonne, 2018.

La révolution des Œillets est le nom donné aux événements d'avril 1974 qui ont entraîné la chute de la dictature mise en place par Salazar depuis 1933. L'origine de la révolution est un **coup d'État** organisé par des militaires. Cette révolution se veut surtout pacifique, comme le symbolisent les œillets, et vise à apporter la démocratie au Portugal.

1830 1840 1970 1980

- **1835 (et 1840)** **Alexis de Tocqueville,** *De la démocratie en Amérique*
- **1968** Départ du pouvoir d'**António de Oliveira Salazar**, dictateur portugais
- **1970** **Arrivée au pouvoir de Salvador Allende** au Chili
- **1973** **Coup d'État de Pinochet** au Chili
- **1974** **Révolution des Œillets** au Portugal
- **1975** Mort de Franco, arrivée au pouvoir de Juan Carlos en Espagne

2 Le général Pinochet, figure de la chute de la démocratie chilienne

Photographie du général Pinochet quelques jours après le coup d'État, le 19 septembre 1973, instaurant une dictature au Chili.

QUESTIONS

1. Comment le **document 1** illustre-t-il une transition réussie de la dictature à la démocratie ?

2. En comparant les **documents 1 et 2**, montrez que l'armée peut avoir un rôle radicalement différent dans le processus de démocratisation.

Vocabulaire

Coup d'État : renversement du pouvoir par une personne ou un groupe d'individus investi d'une autorité, par exemple l'armée. Un coup d'État peut mettre fin à une dictature pour installer un régime démocratique, ou l'inverse.

p. 54 > **JALON ①**
L'inquiétude de Tocqueville : de la démocratie à la tyrannie ? Une analyse politique

p. 58 > **JALON ②**
Crise et fin de la démocratie : le Chili de 1970 à 1973

p. 64 > **JALON ③**
D'un régime autoritaire à la démocratie : le Portugal et l'Espagne de 1974 à 1982

Étude La « tyrannie de la majorité », un danger pour la démocratie ?

Alexis de Tocqueville, dans la première moitié du XIXe siècle, s'intéresse à la démocratie à partir des exemples des États-Unis d'Amérique. Il en tire la conclusion que dans une démocratie, la « tyrannie de la majorité », qui se passerait de l'intermédiaire de ses représentants, est un danger.

Pourquoi Alexis de Tocqueville voit-il « la tyrannie de la majorité » comme un danger pour la démocratie ?

Alexis de Tocqueville (1805-1859)

En 1831, Tocqueville, jeune magistrat, est envoyé aux États-Unis pour étudier le système pénitentiaire fédéral. Il est alors profondément marqué par la découverte de la démocratie américaine qui va lui inspirer les deux tomes de *De la démocratie en Amérique*. Ils lui valent la reconnaissance de ses pairs et lui ouvrent une carrière politique. Précurseur du raisonnement sociologique, Tocqueville réalise des travaux qui ont influencé la fondation de la science politique.

1 La « tyrannie de la majorité » chez Tocqueville

Je regarde comme impie et détestable cette maxime, qu'en matière de gouvernement, la majorité d'un peuple a le droit de tout faire, et pourtant je place dans les volontés de la majorité l'origine de tous les pouvoirs. Suis-je en contradiction avec moi-même ?

Il existe une loi générale qui a été faite ou du moins adoptée, non pas seulement par la majorité de tel ou tel peuple, mais pas la majorité de tous les hommes. Cette loi, c'est la justice. La justice forme donc la borne du droit de chaque peuple. [...]

Qu'est-donc qu'une majorité prise collectivement, sinon un individu qui a des opinions et le plus souvent des intérêts contraires à un autre individu qu'on nomme la minorité ? Or, si vous admettez qu'un homme revêtu de la toute-puissance peut en abuser pour ses adversaires, pourquoi n'admettez-vous pas la même chose contre une majorité ? [...]

Lorsqu'un homme ou un parti souffrent d'une injustice aux États-Unis, à qui voulez-vous qu'il s'adresse ? À l'opinion publique ? C'est elle qui forme la majorité ; au corps législatif ? Il représente la majorité et lui obéit aveuglément ; au pouvoir exécutif ? Il est nommé par la majorité et lui sert d'instrument passif ; à la force publique ? La force publique n'est autre chose que la majorité sous les armes ; au jury ? [...] Les juges eux-mêmes, dans certains États, sont élus par la majorité. Quelque inique[1] ou déraisonnable que soit la mesure qui vous frappe, il faut donc vous y soumettre.

Alexis de Tocqueville, *De la démocratie en Amérique*, tome I, 1835.

1. Inéquitable, injuste.

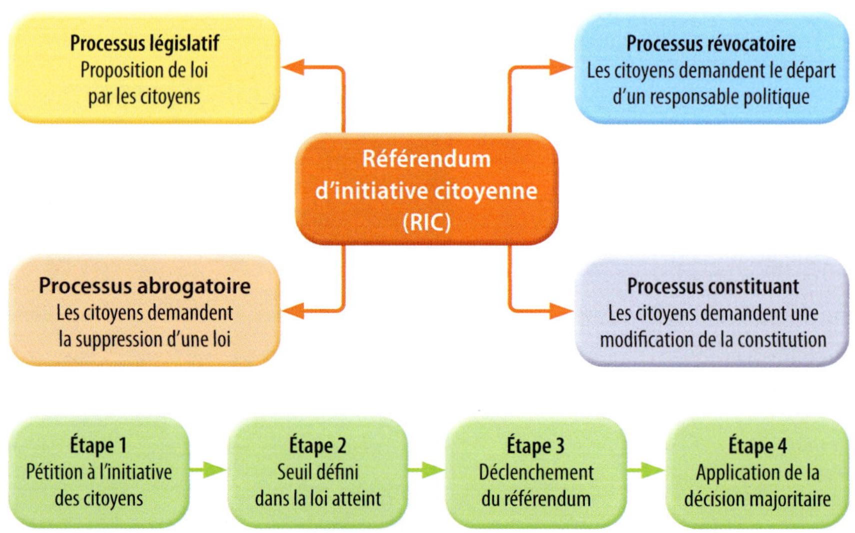

2 Le principe du référendum d'initiative citoyenne (RIC) en France

En 2019, la coordination nationale du mouvement des « Gilets Jaunes » propose la mise en place du RIC, qui doit permettre de ne pas passer par les représentants comme le propose l'article 3 de la Constitution.

3 La tentation de la « tyrannie de la majorité » de nos jours

La parole du politologue

Depuis plusieurs années, la démocratie libérale est fortement mise en cause en Europe sous la pression des forces politiques national-populistes qui revendiquent la qualification de « démocratie illibérale » comme c'est le cas actuellement en Hongrie avec le régime mis en place par Viktor Orbán. L'un des problèmes fondamentaux de la situation politique actuelle en Europe est que la montée des populismes s'accompagne d'une dissociation des deux composantes de la démocratie constitutionnelle et libérale au fondement de nos démocraties depuis la fin de la Seconde Guerre mondiale. Dans cette perspective, il est indispensable de revenir sur les liens qui unissent démocratie et libéralisme politique. Le régime politique démocratique repose certes sur la combinaison de la souveraineté du peuple et du principe majoritaire selon lequel les choix politiques opérés par les citoyens sont le résultat de décisions prises par la majorité. Néanmoins, les institutions dotées d'une légitimité démocratique directe ou indirecte ne sauraient avoir le monopole du bien public. En effet, la soumission à la sanction électorale peut conduire gouvernements et parlementaires à adopter des décisions de court terme, contraires à l'intérêt général. C'est le principe de base du constitutionnalisme libéral au fondement de nos démocraties depuis la fin de la Seconde Guerre mondiale : des institutions indépendantes doivent servir de garde-fou contre les excès d'un gouvernement même démocratiquement élu afin de protéger la minorité contre les risques de « tyrannie de la majorité ». […] Les élections ne sont plus utilisées dans certains pays pour changer de gouvernement mais pour changer de régime et favoriser l'évolution vers des régimes plus autoritaires. *In fine*, la logique des démocraties illibérales revient à donner un pouvoir sans borne à la « majorité », pourtant de plus en plus difficile à définir, incarnée par un leader charismatique prétendant détenir le monopole de la volonté générale du « peuple » pourtant si difficile à identifier.

Thierry Chopin, « Démocratie illibérale ou autoritarisme majoritaire ? Contribution à l'analyse des populismes en Europe », *Notre Europe*, février 2019.

4 L'argument majoritaire au service d'une tentative de coup d'État

Le 8 janvier 2023, à Brasilia, un manifestant brandit une pancarte sur laquelle est écrit : « Le pouvoir émane du peuple ». Une partie des émeutiers, favorables à Jair Bolsonaro, candidat battu aux élections, ont envahi les institutions démocratiques brésiliennes.

ACTIVITÉ

1. Selon Tocqueville, pourquoi la majorité peut-elle menacer la démocratie ? **(doc. 1)**

2. Comment la proposition de référendum d'initiative citoyenne cherche-t-elle à donner plus de pouvoir à la majorité dans un cadre légal ? **(doc. 2)**

3. Expliquez comment l'argument de la majorité peut servir des mouvements hostiles à la démocratie représentative. **(doc. 3 et 4)**

Bilan

Montrez à partir des documents proposés comment la « tyrannie de la majorité » évoquée par Alexis de Tocqueville menace encore aujourd'hui la démocratie représentative.

Vocabulaire

Tyrannie : gouvernement d'un seul individu guidé non pas par la raison mais par son seul intérêt selon la définition de Platon dans *La République*.

Étude Le « despotisme démocratique » et le développement de l'individualisme

Pour Alexis de Tocqueville, un autre danger des systèmes démocratiques est le « despotisme démocratique ».

Pourquoi Tocqueville craint-il que l'individualisme diminue l'intérêt des citoyens pour la vie démocratique ?

1 Le « despotisme démocratique » chez Alexis de Tocqueville

Je pense que l'espèce d'oppression dont les peuples démocratiques sont menacés ne ressemblera à rien de ce qui l'a précédée dans le monde ; nos contemporains ne sauraient en trouver l'image dans leurs souvenirs. [...] La chose est nouvelle, il faut donc tâcher de la définir, puisque je ne peux la nommer. Je veux imaginer sous quels traits nouveaux le despotisme pourrait se produire dans le monde : je vois une foule innombrable d'hommes semblables et égaux qui tournent sans repos sur eux-mêmes pour se procurer de petits et vulgaires plaisirs, dont ils emplissent leur âme. Chacun d'eux, retiré à l'écart, est comme étranger à la destinée de tous les autres. [...] Au-dessus de ceux-là s'élève un pouvoir immense et tutélaire, qui se charge seul d'assurer leur jouissance et de veiller sur leur sort. Il est absolu, détaillé, régulier, prévoyant et doux. Il ressemblerait à la puissance paternelle si, comme elle, il avait pour objet de préparer les hommes à l'âge viril ; mais il ne cherche, au contraire, qu'à les fixer irrévocablement dans l'enfance : il aime que les citoyens se réjouissent, pourvu qu'ils ne songent qu'à se réjouir. Il travaille volontiers à leur bonheur ; mais il veut en être l'unique agent et le seul arbitre ; il pourvoit à leur sécurité, prévoit et assure leurs besoins, facilite leurs plaisirs, conduit leurs principales affaires, dirige leur industrie, règle leurs successions, divise leurs héritages. [...]

C'est ainsi que tous les jours, il rend moins utile et plus rare l'emploi du libre arbitre ; qu'il renferme l'action de la volonté dans un plus petit espace, et dérobe peu à peu chaque citoyen jusqu'à l'usage de lui-même. [...] J'ai toujours cru que cette sorte de servitude, réglée, douce et paisible, dont je viens de faire le tableau, pourrait se combiner mieux qu'on ne l'imagine avec quelques-unes des formes extérieures de la liberté, et qu'il ne lui serait pas impossible de s'établir à l'ombre même de la souveraineté du peuple.

Alexis de Tocqueville, *De la démocratie en Amérique*, tome II, 1840.

2 Le rôle des députés français vu par la presse

Caricature de Piérick, janvier 2019.

3 Abstentionnisme et individualisme en France

La parole du politologue

Si l'abstention commence à monter à la fin des années 1980 dans beaucoup de pays européens, c'est parce que les systèmes de valeurs sont en évolution : à partir des générations d'après-guerre, une culture de l'individualisation, c'est-à-dire d'autonomie des individus dans tous les domaines de la vie, s'est développée.

Chacun veut faire des choix personnels et non pas dictés par d'autres, que ce soit le qu'en-dira-t-on, la famille, l'État, une religion... On est beaucoup moins conformiste et plus critique qu'autrefois. La culture du devoir et des principes intangibles à respecter s'estompe, au profit d'une culture des droits à protéger contre toutes les inégalités et discriminations.

Dans le domaine électoral, cela se traduit par une évolution du sens du vote. Il est moins perçu comme un devoir que le citoyen se doit d'accomplir à chaque élection (même s'il ne connaît pas les enjeux du débat politique) que comme un droit, une invitation à s'exprimer lorsqu'il comprend le sens de l'élection et estime qu'un candidat vaut davantage la peine d'être soutenu que les autres. Seules les générations âgées partagent encore largement la culture du devoir citoyen et votent par principe, même lorsqu'ils ne savent pas identifier un bon candidat. Alors que les jeunes générations ne se déplacent au bureau de vote que si elles veulent faire prévaloir une tendance plutôt qu'une autre, en fonction de leur réflexion. Il en est de même pour les catégories populaires qui se sentent moins obligées de voter qu'autrefois. Au total, le vote est aujourd'hui plus raisonné, moins conformiste, plus critique et plus volatile.

Pierre Bréchon, « La cause cachée de la montée de l'abstention », *The Conversation*, 2022.

4 Comment les Américains ont combattu l'individualisme

Les Américains ont combattu par la liberté l'individualisme que l'égalité faisait naître, et ils l'ont vaincu.

Les législateurs de l'Amérique n'ont pas cru que, pour guérir une maladie si naturelle au corps social dans les temps démocratiques et si funestes, il suffisait d'accorder à la nation tout entière une représentation d'elle-même ; ils ont pensé que, de plus, il convenait de donner une vie politique à chaque portion du territoire, afin de multiplier à l'infini, pour les citoyens, les occasions d'agir ensemble, et de leur faire sentir tous les jours qu'ils dépendent les uns des autres. C'était se conduire avec sagesse. [...]

On tire difficilement un homme de lui-même pour l'intéresser à la destinée de tout l'État, parce qu'il comprend mal l'influence que la destinée de l'État peut exercer sur son sort. Mais faut-il faire passer un chemin au bout de son domaine, il verra d'un premier coup d'œil qu'il se rencontre un rapport entre cette petite affaire publique et ses plus grandes affaires privées, et il découvrira, sans qu'on le lui montre, le lien étroit qui unit ici l'intérêt particulier à l'intérêt général. C'est donc en chargeant les citoyens de l'administration des petites affaires, bien plus qu'en leur livrant le gouvernement des grandes, qu'on les intéresse au bien public, et qu'on leur fait voir le besoin qu'ils ont sans cesse les uns des autres pour le produire.

On peut, par une action d'éclat, captiver tout à coup la faveur d'un peuple ; mais, pour gagner l'amour et le respect de la population qui vous entoure, il faut une longue succession de petits services rendus, de bons offices obscurs, une habitude constante de bienveillance et une réputation bien établie de désintéressement. Les libertés locales, qui font qu'un grand nombre de citoyens mettent du prix à l'affection de leurs voisins et de leurs proches, ramènent donc sans cesse les hommes les uns vers les autres, en dépit des instincts qui les séparent, et les forcent à s'entraider.

Alexis de Tocqueville, *De la démocratie en Amérique*, tome II, 1840.

5 La participation aux élections présidentielles aux États-Unis

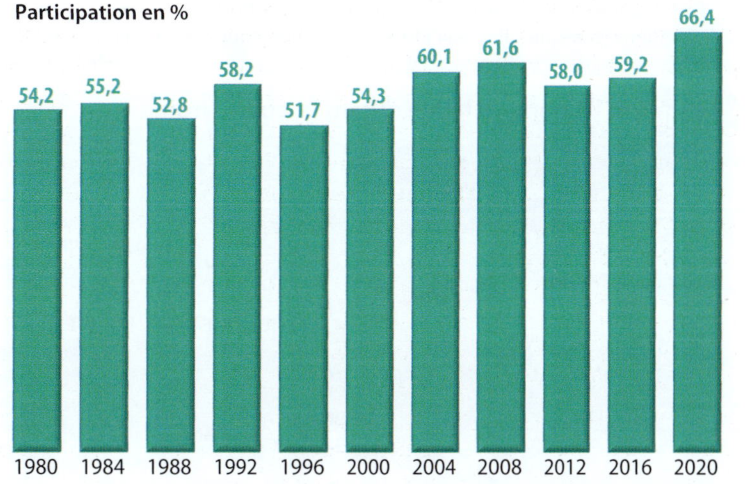

Source : Election Project, The American Presidency Project.

Vocabulaire

Despotisme : régime dirigé par une seule personne qui possède tous les pouvoirs. Par extension, Tocqueville définit le « despotisme démocratique » pour évoquer le cas où un gouvernement exerce tous les pouvoirs au nom du peuple et après que le peuple a abandonné tout contrôle sur le gouvernement.

PARCOURS 1 Rédiger un texte argumenté

Rédigez un texte d'une quinzaine de lignes en répondant à la question : « **Pourquoi Tocqueville craint-il que l'individualisme diminue l'intérêt des citoyens pour la vie démocratique ?** »

Vous montrerez :
- le risque que l'égalité n'affaiblisse les revendications des citoyens. **(doc. 1 et 3)**
- comment le modèle américain implique les citoyens à la décision politique. **(doc. 4 et 5)**
- quelles sont les formes de l'implication des citoyens américains. **(doc. 4 et 5)**

PARCOURS 2 Participer à un débat

Par groupe de deux, vous débattrez autour de la question : « **Le développement de l'individualisme éloigne-t-il les citoyens de la participation politique ?** »

- Le premier débatteur pourra s'appuyer sur les **documents 3, 4 et 5** pour montrer que le développement de l'individualisme ne remet pas pour autant en cause l'engagement politique.
- Le second débatteur montrera que l'individualisme éloigne les citoyens de la participation à la vie politique et stimule l'abstention. **(doc. 1, 2 et 3)**

Étude Le projet démocratique du Chili de Salvador Allende

Le projet politique et social de Salvador Allende à son arrivée au pouvoir en 1970 est ambitieux : réformer l'économie, répartir les richesses de façon égalitaire et s'appuyer sur les travailleurs dans la gestion du pays.

Quel est le projet démocratique de Salvador Allende à son arrivée au pouvoir en 1970 ?

1968 – 1969 – 1970 – 1971 – 1972 – 1973 – 1974

- **17 déc. 1969** Mise en place d'un programme d'**Unité populaire (UP)** qui regroupe 5 puis 6 partis de gauche
- **4 sept. 1970** **Élections présidentielles** : l'UP est en première place mais sans majorité absolue
- **4 nov. 1970** Entrée en fonction de **Salvador Allende comme président de la République**
- **Novembre 1971** Visite de **Fidel Castro au Chili**
- **1er déc. 1971** Début des « **marches des casseroles vides** »
- **11 sept. 1973** **Coup d'État militaire** et suicide de Salvador Allende

Salvador Allende (1908-1973)

Médecin et homme d'État socialiste, il est président de la République chilienne de 1970 à 1973. Il parvient au pouvoir à la tête d'une coalition de gauche, l'Unité populaire, lors d'élections démocratiques. Il se suicide à la suite d'un coup d'État militaire le 11 septembre 1973.

1 Le Chili et l'Amérique latine durant la guerre froide

2 Le programme socialiste, un parti marxiste-léniniste

1. Le parti socialiste, comme organisation marxiste-léniniste, pose la prise du pouvoir comme objectif stratégique à atteindre par cette génération, pour instaurer un État révolutionnaire qui libérerait le Chili de sa dépendance et du retard économique et culturel, et entamer la construction du socialisme.

2. La violence révolutionnaire est inévitable et légitime. Elle est le résultat nécessaire du caractère violent et répressif de l'État-classe. Elle constitue l'unique chemin qui mène à la prise du pouvoir politique et économique et à sa défense. […]

3. Les formes pacifiques ou légales de lutte […] ne conduisent pas en elles-mêmes au pouvoir. Le parti socialiste les considère comme des instruments limités d'action, intégrés au processus politique qui nous emmène à la lutte armée.

Convention du 22e congrès du parti socialiste chilien, 1967.

3 Les principales mesures mises en place par Salvador Allende

Pouvoir d'achat des salariés	Contrôle des entreprises	Réformes sociales
– Augmentation des salaires de 40 à 60 % – Blocage des prix	– Nationalisation de la production de cuivre, principale exportation du Chili – Nationalisation des grandes entreprises (300 sur 3 ans)	– Réforme du système de santé – Réforme du système d'éducation – Lait gratuit pour les bébés – Réforme agraire – Impôt sur les bénéfices – Moratoire sur le remboursement des dettes à l'étranger

4 Un soutien populaire à Salvador Allende

Manifestation en soutien à l'élection de Salvador Allende, le 12 septembre 1970.

Traduction : « Allende, si les momies t'attaquent, le peuple te défend ». Les « momies » sont les conservateurs soutenus par les États-Unis.

5 La démocratie au travail dans le Chili d'Allende

La parole de l'historien

Se met en place, bien que progressivement, une intéressante expérience de participation, de cogestion et de empowerment[1] des travailleurs. [...] Salvador Allende déclare le 1er mai 1971 : « Fortifier le pouvoir populaire et le consolider, revient à rendre plus puissants les syndicats, en les rendant conscients qu'ils constituent un des piliers fondamentaux du gouvernement ». Le système de cogestion tend effectivement à donner une place nouvelle et à intégrer davantage les syndicats et leurs dirigeants aux structures directives des entreprises et de l'État.

Parallèlement, le gouvernement Allende a tenté plusieurs réformes ambitieuses, dont la mise en place d'un système original de cogestion et participation des salariés au sein des entreprises de « l'Aire de propriété sociale »[2]. Tentative qui va être rapidement mise au service de la « bataille de la production », sous l'impulsion du Parti communiste notamment. L'absence d'un système de planification démocratique national et l'amplification des différenciations existantes au sein du salariat, dont une majorité reste exclue du secteur nationalisé, représentent une autre contradiction de cette tentative de démocratisation économique par « en haut ».

Franck Gaudichaud, « Quand l'État chilien se proposait de construire la démocratie économique », *Amérique Latine, histoire et mémoire*, Les Cahiers ALHIM, 2014.

1. Littéralement, « prise de pouvoir »
2. Ensemble des industries chiliennes nationalisées

PARCOURS 1 Rédiger un texte argumenté

1. Présentez le projet révolutionnaire de Salvador Allende dans un contexte de guerre froide en Amérique latine. (doc. 1 et 2)
2. Expliquez l'objectif des réformes mises en place par Salvador Allende. (doc. 3)
3. Montrez que les travailleurs chiliens sont le socle du projet démocratique de Salvador Allende. (doc. 4 et 5)

Bilan

Montrez à l'aide des documents que dans le contexte de la guerre froide, Salvador Allende souhaite instaurer un régime démocratique fondé sur des pouvoirs plus importants donnés aux travailleurs chiliens.

PARCOURS 2 S'exprimer à l'oral

En 3 minutes et en binôme, discutez l'affirmation : « **Le projet politique de Salvador Allende est à la fois révolutionnaire et démocratique** ».

– Le premier orateur utilisera les **documents 1 et 2** pour présenter le contexte de l'Amérique latine dans la guerre froide et le projet révolutionnaire de Salvador Allende.

– Le second orateur exploitera les **documents 3, 4 et 5** pour montrer comment la démocratie selon Salvador Allende s'appuie sur des réformes économiques et le soutien des travailleurs.

Étude Crise et chute de la démocratie chilienne

Malgré les grands espoirs que les ouvriers ont placés dans la politique de Salvador Allende, le président chilien fait face à une société chilienne divisée et à une crise économique et politique qui mène au coup d'État de 1973.

➤ Comment expliquer l'échec du projet démocratique de Salvador Allende au Chili ?

1 Le choix du rapprochement avec Cuba en pleine guerre froide

a. La visite de Fidel Castro au Chili

En novembre 1971, Fidel Castro fait un voyage diplomatique au Chili. Salvador Allende oriente ainsi un rapprochement de son gouvernement vers le bloc soviétique.

b. La réaction des États-Unis à l'élection d'Allende

L'élection d'Allende se présentait comme un défi à notre intérêt national. Nous ne pouvions accepter un second État communiste dans l'hémisphère occidental. Nous étions persuadés qu'à brève échéance le Chili d'Allende allait adopter une politique étrangère gênant les États-Unis, affaiblir la solidarité au sein de l'Organisation des États d'Amérique, faire cause commune avec Cuba et, tôt ou tard, établir des relations étroites avec l'Union soviétique.

D'après H. Kissinger, *À la Maison Blanche (1968-1973)*, Éd. Fayard, 1979.

2 La fin des prêts de la Banque mondiale auprès du Chili

Source : Banque mondiale, 2001.

Après l'élection d'Allende, les États-Unis et la Banque mondiale décident de limiter l'aide économique en faveur du pays. La baisse des aides provoque une profonde crise économique dans le pays.

3 Une politique particulièrement coûteuse

a. L'inflation, l'une des conséquences de la politique d'Allende

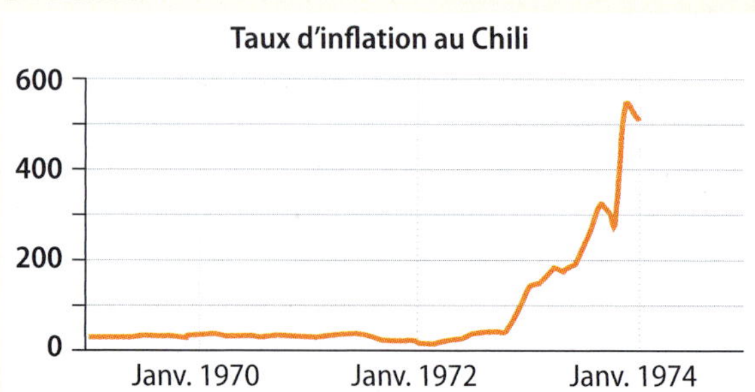

Sources : tradingeconomics.com et Instituto Nacional de Estadista.

Le coût de la politique d'Allende fait augmenter les prix des marchandises. Ainsi, progressivement, le président perd le soutien d'une partie de ses alliés politiques et de la population.

b. Les femmes manifestent contre la vie chère

Manifestation de femmes, Santiago, 1er mars 1973.

Dès 1971, des manifestations, dont les « marches des casseroles vides », sont organisées pour protester contre les difficultés d'approvisionnement et l'appauvrissement d'une partie de la population.

4 Le coup d'État du général Pinochet, le 11 septembre 1973

Le 11 septembre 1973, l'armée, dirigée par le général Augusto Pinochet, prend le contrôle du palais présidentiel de la Moneda. Salvador Allende se suicide à leur arrivée.

5 Le dernier discours de Salvador Allende

Compatriotes, il nous est possible de faire taire les radios, et je prendrai congé de vous. En ce moment sont en train de passer les avions, ils pourraient nous bombarder. Mais sachez que nous sommes là pour montrer que dans ce pays, il y a des hommes qui remplissent leurs fonctions jusqu'au bout. Moi je le ferai mandater par le peuple et en tant que président conscient de la dignité de ce dont je suis chargé. [...]

Le capital étranger, l'impérialisme, ont créé le climat qui a cassé les traditions [...]. Je voudrais m'adresser à la femme simple de notre terre, à la paysanne qui a cru en nous ; à l'ouvrière qui a travaillé dur et à la mère qui a toujours bien soigné ses enfants. Je m'adresse aux personnels de l'État, à ceux qui depuis des jours travaillent contre le coup d'État, contre ceux qui ne défendent que les avantages d'une société capitaliste. Je m'adresse à la jeunesse, à ceux qui ont chanté et ont transmis leur gaieté et leur esprit de lutte. Je m'adresse aux Chiliens, ouvriers, paysans, intellectuels, à tous ceux qui seront persécutés parce que dans notre pays le fascisme est présent déjà depuis un moment. Les attentats terroristes faisant sauter des ponts, coupant les voies ferrées, détruisant les oléoducs et gazoducs ; face au silence de ceux qui avaient l'obligation d'intervenir, l'Histoire les jugera [...].

Vive le Chili, vive le peuple, vive les travailleurs ! Ce sont mes dernières paroles, j'ai la certitude que le sacrifice ne sera pas vain et qu'au moins ce sera une punition morale pour la lâcheté et la trahison.

Salvador Allende, discours à la radio nationale, 11 septembre 1973.

ACTIVITÉ

Préparez une présentation orale d'environ trois minutes avec un support visuel pour répondre à la question : « **Comment expliquer l'échec du projet démocratique de Salvador Allende au Chili ?** ».

Aide

Organisez votre présentation selon une structure claire avec des illustrations qui soulignent votre propos :

1. Introduction
- Rappelez le contexte de l'arrivée au pouvoir de Salvador Allende en pleine guerre froide.
- Soulignez que son projet de transformation de la société était radical.

2. Développement
- Expliquez que la politique de Salvador Allende suscite des hostilités :
  - à l'extérieur du pays **(doc. 1 et 2)**
  - à l'intérieur du pays **(doc. 3 et 4)**
- Décrivez la fin de la présidence de Salvador Allende : **(doc. 4 et 5)**
  - qui renverse Salvador Allende ?
  - que devient Salvador Allende ?

Pour aller plus loin

Écoutez ce podcast de France Inter sur le rôle de la CIA dans le coup d'État de Pinochet.

Podcast
hachette-clic.fr/23hgg1010

Étude GRAND FORMAT

Mon ami Machuca, une jeunesse confrontée au coup d'État

Contexte ➪ Après avoir été élu président du Chili en 1970, le socialiste Salvador Allende tente de réformer son pays et en particulier son économie en misant sur le soutien des travailleurs. Mais ce projet démocratique divise le pays et affaiblit ses bases économiques. La crainte d'un basculement dans le camp communiste, en pleine guerre froide, pousse l'armée à organiser un coup d'État en septembre 1973.

➤ Comment le film *Mon ami Machuca* représente-t-il les divisions politiques et sociales du Chili de la fin de la présidence d'Allende ?

Présentation

Ce film est une fiction autobiographique d'Andrés Wood sorti en 2004. Il met en scène l'amitié de deux garçons que tout sépare, à Santiago du Chili, à la veille du coup d'État. Réunis sur les bancs d'une prestigieuse école privée qui intègre des enfants des bidonvilles, ils découvrent une face du Chili qu'ils ne connaissent pas et la violence de la vie politique chilienne en 1973.

Andrés Wood est un réalisateur, scénariste et producteur chilien, né le 14 septembre 1965 à Santiago du Chili. Il appartient à la génération des enfants qui ont connu l'Unité Populaire et le coup d'État. Entre 1984 et 1988, il étudie les sciences économiques à l'Université pontificale catholique du Chili. Sa conscience politique débute avec la projection clandestine du documentaire interdit de Patricio Guzmán : *La Bataille du Chili*.

Extrait
hachette-clic.fr/23hgg1011

1 Une mise en scène de la rue à Santiago du Chili à la veille du coup d'État

Entre pénurie et marché noir

Une manifestation en soutien à Allende

2 Des personnages représentatifs du Chili de 1973

LES 4 PRINCIPAUX PERSONNAGES DU FILM

Gonzalo Infante
Garçon de 11 ans, issu d'une famille aisée divisée entre partisans et opposants d'Allende, scolarisé à la prestigieuse école catholique de Saint Patrick.

Pedro Machuca
Enfant des bidonvilles, qui bénéficie d'une bourse et peut intégrer l'école catholique de Saint Patrick.

Silvana
Voisine de Pedro, farouchement partisane d'Allende, elle est déscolarisée et vend des drapeaux à la sauvette lors des manifestations organisées dans la ville.

Le père MacEnroe
Directeur de l'école Saint Patrick, il lance une initiative de coopérative agricole pour permettre l'intégration d'élèves issus des bidonvilles.

Mise en perspective

3 Faire disparaître les traces de la présidence d'Allende

Le 17 septembre 1973, un partisan du coup d'État de Pinochet efface les slogans « Vive la liberté » sur les murs de l'Université du Chili à Santiago.

4 La rue, théâtre des tensions chiliennes

La parole de la spécialiste

La rue chilienne est le théâtre du conflit national qui aboutit, en septembre, à l'instauration du régime dictatorial du général Augusto Pinochet. Côté cour, la gauche, la classe ouvrière et les Jeunesses communistes croient, depuis l'accession au pouvoir de Salvador Allende, en l'avènement d'une société plus juste. Côté jardin, la bourgeoisie apeurée soutient le retour à l'ordre prôné par Pinochet.

Au Chili, depuis le départ d'Augusto Pinochet en 1989, aucun cinéaste ne s'était frotté à la fiction pour traiter de cette période de fièvre politique, pendant laquelle les deux camps s'affrontaient par manifestations interposées. Sans doute fallait-il attendre que les enfants de cette période aient les moyens de faire des films. Âgé de 39 ans, le Chilien Andrés Wood, qui en avait 8 en 1973, est le premier à franchir le pas. Dans *Mon ami Machuca*, il met en scène l'éveil au monde de Gonzalo, un préadolescent d'extraction bourgeoise, pendant ces quelques mois. [...]

Dans ce film d'inspiration autobiographique, cette amitié fragile et peu probable, mais non moins réelle, est présentée comme le fruit de la politique d'Allende. Machuca n'aurait jamais rencontré Gonzalo si le directeur de leur école, un prêtre progressiste, n'avait pas décidé d'enrôler ses élèves, contre l'avis de leurs parents, dans un programme de coopérative agricole destinée à financer la scolarité d'une poignée d'enfants des bidonvilles. Le coup d'État de Pinochet et l'institutionnalisation subséquente de la violence politique brisent cette expérience sociale et, avec elle, de manière dramatique, les ferments de cette relation humaine.

Isabelle Regnier, « Chili, 1973 : l'éveil au monde politique d'un préadolescent », *Le Monde*, 18 janvier 2005.

ACTIVITÉ

Préparer l'analyse du film en se documentant

1. Qui est Andrés Wood ?

2. Quel est le contexte du Chili en septembre 1973 ?

Analyser des séquences du film

3. Regardez la séquence de 22'03 à 26'19. Que cherche à montrer le réalisateur dans cette succession de manifestations anti et pro-Allende ?

4. Regardez la séquence de 39'14 à 40'25. Comment cette courte séquence souligne-t-elle que les pénuries ne touchent pas tout le monde de la même façon ?

5. Regardez la séquence de 1'27'27 jusque 1'51'46. Quelles sont les conséquences du coup d'État pour les différents protagonistes ?

Porter un regard critique sur le film

6. Comment le réalisateur met-il en scène l'omniprésence des fresques et des graffiti politiques ? **(doc. 1 et 3)**

7. Quelles divisions du Chili le film présente-t-il ? **(doc. 2 et 4)**

Rédigez la critique du film

8. En tant que critique de cinéma, vous devez présenter *Mon ami Machuca*.
Après avoir résumé le film, expliquez comment le réalisateur reconstitue l'ambiance du Chili de septembre 1973.
Enfin, donnez votre avis personnel sur le film, en soulignant ses forces et ses faiblesses.

Repères

La fin de la dictature au Portugal et en Espagne

A Le Portugal de Salazar

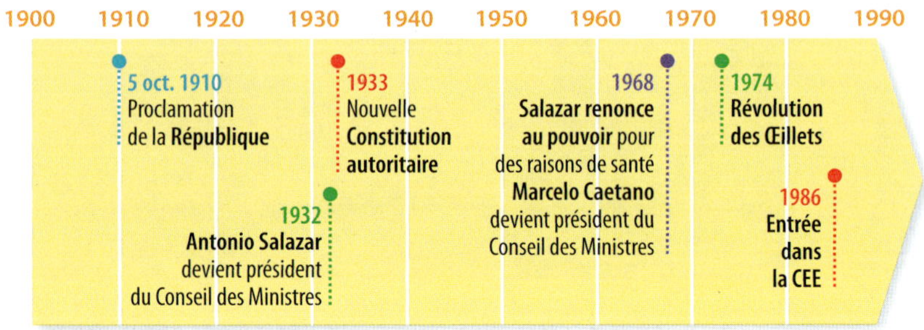

Antonio de Oliveira Salazar
(1889-1970)

Antonio de Oliveira Salazar fut président du Conseil des Ministres du Portugal de 1932 à 1968. Il est la figure centrale de l'État nouveau (l'*Estado novo*) et dirige le pays d'une main de fer jusqu'en 1968, au moment où il se retire du Portugal à la suite d'un accident vasculaire cérébral. Son successeur, Marcelo Caetano, reste au pouvoir jusqu'à la révolution des Œillets en 1974.

1 Un empire colonial conservé par la force

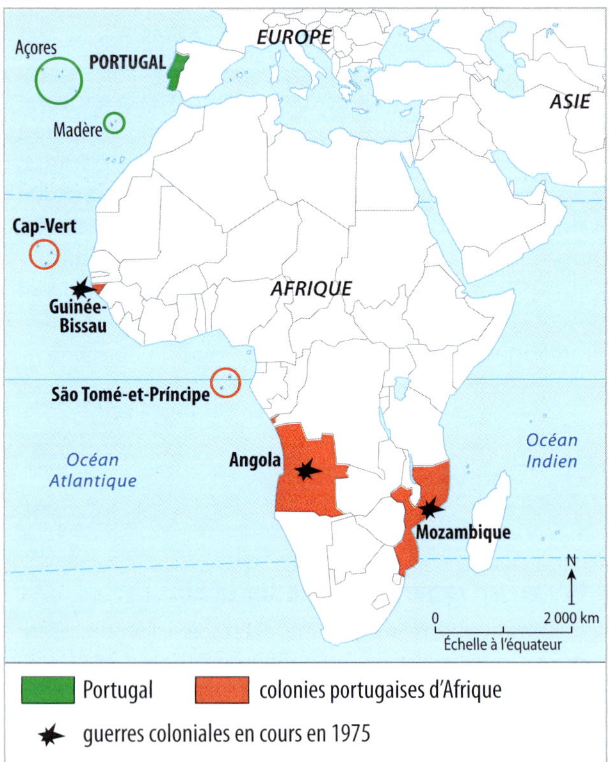

Le Portugal est le dernier Etat européen à conserver des colonies en Afrique au début des années 1970.

2 L'émigration portugaise vers la France

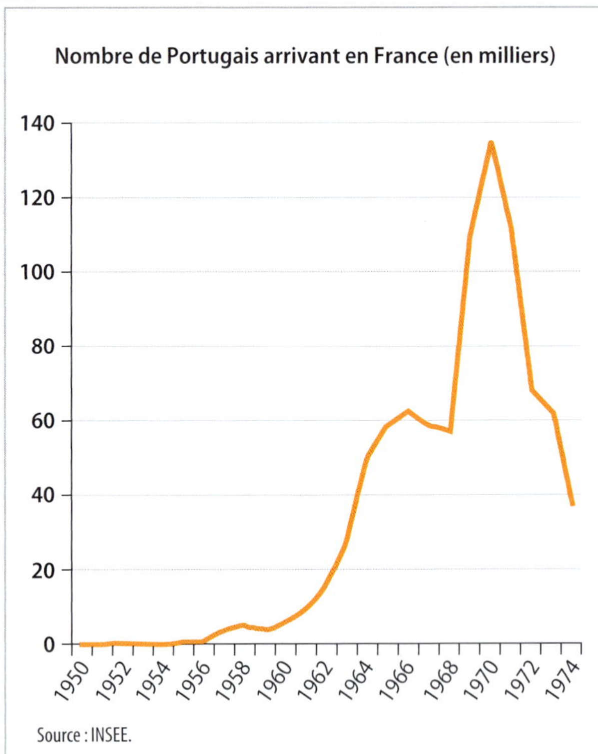

De nombreux Portugais cherchent du travail en France et fuient la dictature pour des raisons politiques ou pour échapper au service militaire.

Vocabulaire

Émigration : fait de quitter son pays d'origine pour vivre dans un autre pays. Les raisons peuvent être nombreuses : économiques, politiques, religieuses ou autres.

B L'Espagne à la mort de Franco

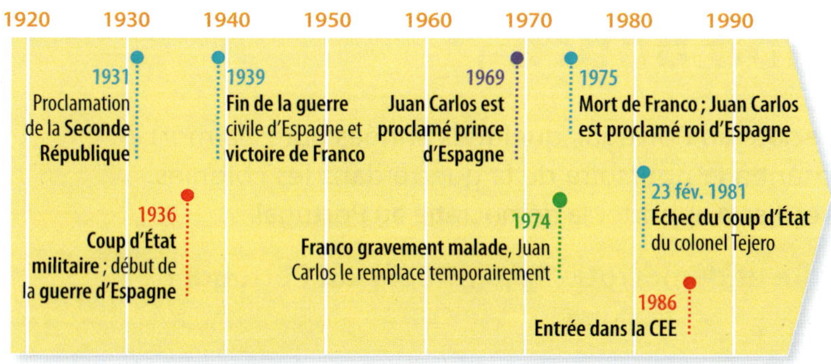

Francisco Franco

(1892-1975)

Militaire et homme d'État espagnol, il s'installe à la tête de l'Espagne à la fin de la guerre civile en 1939. Il prend le titre de Caudillo (guide) et met en place une dictature. Il reste au pouvoir jusqu'à sa mort, en 1975.

Juan Carlos

Né en 1938

Il appartient à la branche espagnole de la dynastie des Bourbons. En 1975, il devient roi d'Espagne et bénéficie d'une grande popularité pour son entreprise de démocratisation du pays.

3 La Constitution espagnole de 1978

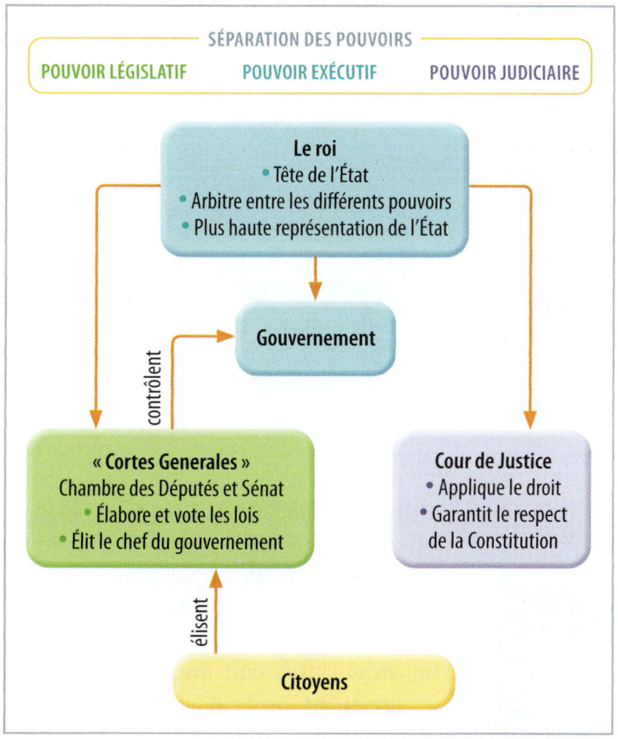

Cette nouvelle constitution a été adoptée par référendum à 88 % des voix. Le roi y est garant de la démocratie.

4 La liberté des communautés autonomes

L'article 2 de la Constitution reconnaît des libertés aux différentes provinces qui composent l'Espagne, contrairement à la situation qui prévalait durant la dictature franquiste. Chaque communauté peut ainsi mettre en avant ses différences culturelles et historiques, comme le catalan en Catalogne ou le basque dans le Pays basque.

POUR COMPRENDRE

Depuis le milieu des années 1920, le Portugal vit sous la dictature. Depuis 1932, Antonio de Oliveira Salazar est l'homme fort du régime. Mais suite à sa démission en 1968 et à son décès deux ans plus tard, le régime dictatorial au pouvoir connaît des difficultés.

1. Expliquez ce qui fragilise la dictature portugaise au début des années 1970. (doc. 1 et 2)

Francisco Franco, arrivé au pouvoir en 1936, exerce une dictature féroce en Espagne jusqu'à sa mort en 1975. Lui succède le roi Juan Carlos, qui décide d'entamer une transition de l'Espagne vers la démocratie.

2. Quelles réformes permettent la démocratisation du pouvoir en Espagne ? (doc. 3 et 4)

Étude La révolution des Œillets au Portugal, une transition douce ?

Le 25 avril 1974, un coup d'État militaire éclate au Portugal, quelques années après la mort du dictateur Salazar. Les insurgés s'opposent à la poursuite de la guerre dans les colonies. Cette révolution se veut surtout pacifique et vise à apporter la démocratie au Portugal.

› Comment la transition entre dictature et démocratie s'opère-t-elle au Portugal ?

1 L'armée à l'initiative du renversement de la dictature

Les généraux Francisco da Costa Gomes (à gauche) et Antonio de Spinola (à droite), répondent aux questions de la presse internationale suite au renversement de la dictature, 1er mai 1974.

2 Une révolution qui se veut pacifique

Ici le poste de commandement du Mouvement des Forces Armées. Les Forces Armées portugaises appellent tous les habitants de Lisbonne à retourner dans leurs maisons, y demeurer avec le plus grand calme. En espérant sincèrement que la gravité de l'heure que nous vivons ne soit tristement marquée par un quelconque accident personnel, c'est pourquoi nous faisons appel au bon sens des forces militaires pour que soit évité tout affrontement avec les Forces Armées. Un tel affrontement, non seulement inutile, ne pourra conduire qu'à de graves préjudices individuels qui endeuilleront et créeront des divisions entre les Portugais, ce qu'il faut éviter à tout prix. Malgré la vive préoccupation de ne pas faire couler la moindre goutte de sang de quelque Portugais que ce soit, nous faisons appel à l'esprit civique et professionnel des médecins, en espérant leur venue dans les hôpitaux, pour apporter leur aide, souhaitant que cela ne soit sincèrement pas nécessaire.

Communiqué du Mouvement des Forces Armées, prononcé le 25 avril 1974 à la radio. Cité par Ch. Canto, *Bulletin de l'Institut Pierre Renouvin*, 2007.

3 Les œillets, symboles de fraternisation et de paix entre la population et l'armée

Des militaires se mêlent à la population à Lisbonne, 25 avril 1974.

4 Le témoignage d'un émigré portugais vivant en France

Ce qu'on voyait du régime au Portugal, c'était un régime qui durait, durait, durait on n'en voyait pas la fin. Parce que la dictature, elle existait depuis 48 ans. [...] Les gens ici en France ne comprenaient pas comment on pouvait concevoir qu'un régime autoritaire et qui crée beaucoup de misère... entre autres l'émigration, c'est un produit du régime fasciste... comment ça a pu tenir pendant 48 ans. [...]

Et donc quand c'est arrivé, et un de mes collègues est venu me dire qu'il y avait un coup d'État au Portugal, qu'il y avait des mouvements et tout ça, en somme j'y ai pas cru évidemment, je croyais que c'était un canular ! [...] Dans le doute, j'ai quand même téléphoné à des amis et on m'a confirmé que c'était vrai [...]. La confirmation, c'est le 1er mai. Quand il y a eu la grande manifestation du 1er Mai après, il y a eu les exilés, entre autres les plus connus comme Álvaro Cunhal, du Parti communiste, Mário Soares, du Parti socialiste. Ils sont tous rentrés au Portugal, ceux qui étaient exilés et bon après... Le 25 avril, c'était ça, parce que, en gros, le 25 Avril ça s'est passé après !

Propos de J. M. recueillis et transcrits par S. Gonçalves. I. Muzart-Fonseca Dos Santos, « Les œillets de la mémoire », *Matériaux pour l'histoire de notre temps*, Éd. Association des amis de la BDIC et du musée, 2005.

5 Le retour de Mário Soares au Portugal, le retour de la démocratie

Mário Soares, au centre, lors d'une manifestation à Lisbonne. Il devient Premier ministre lors des élections de 1976 puis président de la République de 1986 à 1996.

Vidéo : La révolution des Œillets vue de France, JT du 28 avril 1974, ORTF.

hachette-clic.fr/23hgg1012

Vocabulaire

Mouvement des Forces Armées (MFA) : en portugais Movimento das Forças Armadas. Mouvement révolutionnaire issu de l'armée qui fait tomber la dictature en 1974. Le MFA est principalement composé de jeunes capitaines de l'armée de terre ayant servi dans les guerres coloniales portugaises. Ils s'opposent à ces dernières et au régime dictatorial. Le mouvement est à l'origine de la révolution des Œillets qui ramène la démocratie au Portugal.

PARCOURS 1 Rédiger un texte argumenté

1. Présentez les principaux acteurs de la révolution des Œillets. Quelle est leur fonction au sein de l'État portugais ? **(doc. 1, 2 et 3)**

2. Expliquez pourquoi il est possible de qualifier la révolution des Œillets de transition pacifique vers la démocratie. **(doc. 2 et 3)**

3. Quel rôle jouent les exilés portugais dans le retour de la démocratie dans le pays ? **(doc. 4 et 5)**

Bilan

À l'aide des documents, montrez comment la transition de la dictature à la démocratie s'opère de façon pacifique au Portugal.

PARCOURS 2 Réaliser une présentation orale

Par groupe de trois et à l'oral, présentez le caractère pacifique de la révolution des Œillets au Portugal.

Aide

- Décrivez le contexte portugais au début des années 1970 (vous pouvez consulter les repères de la page 64).
- Présentez les acteurs de cette révolution.
- Évoquez le rôle des exilés dans le retour de la démocratie.

Étude Le roi au secours de la démocratie espagnole

La mort de Franco en 1975 ouvre une période de démocratisation en Espagne, sous l'autorité du roi Juan Carlos Ier. Cependant, le 23 février 1981, une tentative de coup d'État éclate, au moment où le colonel Tejero prend le Parlement espagnol en otage.

Comment l'échec du coup d'État montre-t-il la force du processus de démocratisation en Espagne ?

1974 – 1975 – 1976 – 1977 – 1978 – 1979 – 1980 – 1981 – 1982

- **20 nov. 1975** **Mort de Franco**
- **4 mai 1976** Création du journal *El País*, le plus grand quotidien espagnol
- **15 déc. 1976** Vote par **référendum de la loi pour la réforme politique**, approuvée par 94 % des votants
- **29 déc. 1978** **Adoption de la Constitution**
- **23 fév. 1981** **Tentative de coup d'État** par le colonel Tejero

1 Le colonel Tejero prend le Parlement en otage

Tentative de coup d'État le 23 février 1981 par le colonel Tejero.

2 Allocution télévisée du roi Juan Carlos

En m'adressant à tous les Espagnols, dans ces circonstances extraordinaires que nous vivons en ce moment, je demande à tous la plus grande sérénité et la confiance, et je donne connaissance du fait que j'ai transmis à tous les capitaines généraux des régions militaires, zones maritimes et régions aériennes l'ordre suivant : « devant la situation créée par les événements du Palais des Congrès, et pour éviter une quelconque confusion, je confirme que j'ai ordonné aux autorités civiles et militaires, et au Conseil des Chefs d'État-Major que soient prises toutes les mesures nécessaires pour maintenir l'ordre constitutionnel, dans le cadre de la législation en vigueur ».

Toute mesure de caractère militaire qui, éventuellement, aurait à être prise devra être approuvée par le Conseil des Chefs d'État-Major. La Couronne, symbole de la permanence et de l'unité de la Patrie, ne peut tolérer d'aucune manière les actions des personnes qui prétendent interrompre par la force le processus démocratique que la Constitution, votée par le peuple espagnol, détermina par référendum.

Juan Carlos Ier, 24 février 1981, cité dans J. Villégier et C. Mollo, *Tiempos nuevos*, Éd. Hatier, 1988.

3 La Une du journal *El País*, le lendemain du coup d'État

∞

EL PAIS

DIRECTOR: JUAN LUIS CEBRIAN — DIARIO INDEPENDIENTE DE LA MAÑANA — MADRID, MARTES 24 DE FEBRERO DE 1981

Redacción, Administración y Talleres: Miguel Yuste, 40. Madrid-17 / Teléfono 754 38 00 / Precio: 25 pesetas / Año VI. Número 1.494

EDICION ESPECIAL

El general Milans del Bosch decreta el estado de excepción en la Región Militar de Valencia

Golpe de Estado

El País, con la Constitución

El palacio del Congreso de los Diputados, donde un grupo de hombres armados se ha hecho fuerte y retiene a los parlamentarios y miembros del Gobierno.

El Gobierno y el Parlamento, rehenes de un grupo de guardias civiles

Fuerzas de la Guardia Civil, al parecer dirigidas por un teniente coronel, irrumpieron a las 18,23 de la tarde de ayer en el hemiciclo del Congreso de los Diputados, donde estaba celebrándose la votación de investidura. Los congresistas fueron obligados a arrojarse al suelo, primero, y después a colocar las manos sobre los bancos de sus escaños. Adolfo Suárez y el teniente general Gutiérrez Mellado fueron los únicos que trataron de resistirse a la invasión del Congreso por fuerza armada. Las Cámaras de RTVE pudieron grabar los 35 primeros minutos de la ocupación, que al parecer fue seguida por el Rey desde el palacio de la Zarzuela. El teniente general Milans del Bosch ha decretado el toque de queda en la III Región Militar (Valencia), mientras se cree que fuerzas militares han entrado en RTVE. El capitán general Milans del Bosch ha dicho que asume todo el poder hasta que se defina el Rey.

A las 18.30 horas, numerosos efectivos de la Guardia Civil, aproximadamente veinte, entraron empuñando armas automáticas en el hemiciclo de las Cortes, en el momento en que el secretario de la Cámara llamaba a los diputados para que expresasen su voto sobre la investidura de Leopoldo Calvo Sotelo. La sesión se interrumpió inmediatamente y la sala quedó ocupadas por las fuerzas de la Guardia Civil.

La votación se desarrollaba con normalidad cuando comenzaron a oírse gritos y ruidos anormales en los pasillos del palacio de las Cortes. Inmediatamente entraron en el hemiciclo las fuerzas de la Guardia Civil, entre ellos, el teniente coronel Tejero, procesado por la *operación Galaxia*, uno de cuyos números apuntó hacia la Mesa, mientras los demás tomaban posiciones en la sala. La votación se interrumpió y los que mandaban las fuerzas conminaron a todos los presentes, diputados, público y periodistas, a arrojarse al suelo. Inmediatamente sonaron varios disparos, con todos los presentes ya en el suelo, al parecer dirigidos al aire.

El Gobierno permaneció sentado en el banco azul, mientras un número de la Guardia Civil tomaba posición en la tribuna de Prensa, recomendando calma e indicando a las cámaras de televisión y los reporteros de radio que cortaran la comunicación.

Minutos después de permanecer todos en el suelo se avisó que podían sentarse todos en su sitio, con las manos visibles y en silencio. Desde el centro del hemiciclo, un oficial de la Guardia Civil indicó que debía guardarse la calma y esperar todos en su sitio hasta que la autoridad competente, «por supuesto, militar» llegase e indicase lo que fuera procedente.

Mientras tanto, se produjo un momentaneo forcejeo alrededor del vicepresidente para la Defensa, teniente general Gutiérrez Mellado, que al parecer se resistía a las Fuerzas de la Guardia Civil, aunque la intención de éstas no pudo aclararse.

Un miembro de las fuerzas que ocupaban el Palacio de Congresos, al bajar la escalerilla, dio una fuerte palmada en el hombro del presidente Suárez, quien reaccionó cogiéndole el brazo al que había hecho ese gesto, que se desprendió de él y siguió su camino adelante. El presidente Suárez fue sacado de la sala por las fuerzas ocupantes, cuando se levantó afirmando que tenía la legitimidad popular.

Pasa a página última

¡Viva la Constitución!

En la hora de un atentado alevoso contra el pueblo español a manos de unos hombres armados que pretenden por la fuerza sustituir la soberanía de los ciudadanos, EL PAIS sale a la calle en defensa de la ley y de la Constitución. La rebelión debe ser abortada; sus culpables, detenidos, juzgados severamente y condenados para ejemplar escarmiento de la Historia. Los españoles deben sumarse a la gran protesta nacional e internacional y movilizar por todos los medios a su alcance la voluntad popular en defensa de la legalidad.

El golpe de Estado llevado a cabo por destacamentos de la Guardia Civil, precedente a la declaración de Milans, es un atentado contra la Constitución, aprobada en referéndum por el pueblo español en diciembre de 1978, y una humillación para la dignidad y la madurez de una de las más antiguas naciones del mundo occidental. El golpe de Estado ilumina, por lo demás, buena parte de los acontecimientos de la etapa de la transición y los sitúa en su adecuada perspectiva. La *operación Galaxia* no fue una *charla de café*, sino uno de los hilos de la madeja conspirativa que quedó al descubierto.

Pasa a página última

Une du journal El País le 24 février 1981.
Traduction : « Coup d'État, El País, avec la Constitution »

4 L'échec du coup d'État et le succès de Juan Carlos

La parole de l'historien

Ce que l'on connaît du coup d'État provient de trois types de sources : les images, le son et la presse du moment ; la procédure judiciaire contre les militaires factieux ; les mémoires des protagonistes. […] Cette journée révèle le profond malaise et les dysfonctionnements de la vie politique et sociale mais son déroulement repose sur quelques personnalités assez maladroites. Le renversement de la situation dramatique – il faut imaginer l'ensemble du gouvernement et du Parlement retenu en otage – tiendra à l'action parfaitement maîtrisée du roi Juan Carlos. Il obtient par la résolution de cette crise une légitimation historique et populaire qui lui vaudra une popularité durable.

Reprenons les trois sources, et d'abord celle des images, du son et de la presse. À l'image d'un Parlement sous la menace d'un garde civil bien peu civil, jouant le matamore avec son pistolet, succèdent rapidement celles des chars qui patrouillèrent dans les rues de Valence, où le capitaine-général Milans del Bosch, partie prenante du complot, a décrété l'état d'urgence. Dans la nuit, à 1h20 du matin, l'image sera celle du roi, en uniforme de capitaine-général, montrant ainsi qu'il exerce l'autorité militaire ultime du pays conformément à la Constitution. Son discours est centré sur la défense de ladite Constitution et il agit comme l'un de ses organes en incarnant la « Couronne ». […] Dans l'émotion du moment, on a trop peu prêté attention au calibrage extrême de ce très bref message d'une minute et demie ! Le roi n'a cessé de se placer dans le cadre constitutionnel. Il a sauvé la démocratie et la Constitution de 1978 par le rôle que celle-ci lui avait dévolu.

D'après Benoît Pellistrandi, *Histoire de l'Espagne. Des guerres napoléoniennes à nos jours*, Éd. Perrin, 2013.

5 Juan Carlos à la télévision

Le 24 février 1981, dans la nuit, Juan Carlos, revêtu de l'autorité que lui confèrent son titre et son uniforme de capitaine-général, intervient à la télévision pour défendre la Constitution de 1978 et, à travers elle, la démocratie espagnole.

ACTIVITÉ

1. Comment le roi Juan Carlos réagit-il au coup de force du colonel Tejero ? **(doc. 1, 2 et 5)**

2. Expliquez pourquoi l'allocution de Juan Carlos permet le retour au calme en Espagne. **(doc. 3 et 4)**

3. Montrez que le coup d'État manqué de 1981 souligne le fait qu'en Espagne, Juan Carlos incarne à la fois la monarchie et la démocratie. **(doc. 2, 4 et 5)**

Pour aller plus loin

Faites une recherche documentaire sur *L'Anatomie d'un instant*, de Javier Cercas, Actes Sud, 2010. Dans ce livre, ce grand écrivain espagnol reconstitue la tentative de coup d'État de 1981.

Axe 2

Leçon 3 Avancées et reculs des démocraties

Quels sont les progrès et les limites de la démocratisation à travers le monde ?

A Les débats sur la nature de la démocratie

- **Au lendemain de la guerre d'indépendance américaine et de la Révolution française, l'idée de démocratie se diffuse lentement partout en Europe.** Des philosophes français comme Benjamin Constant ou Alexis de Tocqueville s'interrogent sur les principes de représentativité à mettre en avant, ou au contraire aux dangers de la démocratie pour les nations et les citoyens.

- **Ainsi, dans *De la démocratie en Amérique*, Tocqueville évoque deux écueils majeurs de la démocratie** : la tyrannie de la majorité et le despotisme démocratique. La tyrannie de la majorité consiste à négliger les positions minoritaires ; le despotisme démocratique est la tendance pour les citoyens à laisser les représentants gouverner seul en se désintéressant de la vie politique.

JALON 1 p. 54

- **Toutes ces réflexions restent d'actualité.** Aujourd'hui, l'abstention des citoyens est le reflet d'une forme de désintéressement de la vie politique. Le fonctionnement démocratique des institutions est parfois remis en cause : en France, manifestations des Gilets Jaunes entre 2018 et 2020, et demande de mise en place du référendum d'initiative citoyenne (RIC).

1 Le Hirak en Algérie, des revendications démocratiques
Manifestation à Alger, le 9 avril 2021.

B Les progrès de la démocratie dans le monde

- **Depuis la fin de la Seconde Guerre mondiale, la démocratie n'a eu de cesse de se développer dans le monde.** Les pays issus de la décolonisation ont adopté des constitutions inspirées des principes démocratiques, même si la démocratisation est un processus lent. En Europe, le Portugal et l'Espagne ont connu une démocratisation au milieu des années 1970 avec la disparition des dictateurs. De même, en Grèce, la dictature des colonels prend fin en 1974. Ces pays européens sont entrés dans les années suivantes dans la CEE.

JALON 3 p. 64

- **La fin de la guerre froide ouvre une nouvelle phase de démocratisation dans l'ancien bloc soviétique.** Les démocraties populaires d'Europe de l'Est organisent des élections libres. La fin du conflit entre les États-Unis et l'URSS mène aussi à une libéralisation de la vie politique en Amérique latine où les États-Unis soutenaient les dictateurs anticommunistes, de même qu'en Afrique du Sud avec la fin de l'apartheid.

- **Depuis le début du XXIe siècle, la démocratisation de la vie politique connaît une progression plus lente.** Le bilan du Printemps arabe, entre 2010 et 2012, est plus mitigé. La Tunisie a connu une transition vers la démocratie, aujourd'hui remise en cause. D'autres pays comme l'Égypte sont restés des régimes autoritaires en proie à d'importantes tensions internes. D'autres pays arabes connaissent des mouvements populaires forts en faveur de la démocratie, comme le Hirak en Algérie en 2019.

Vocabulaire

Apartheid : « séparation » en afrikaans, système en vigueur en Afrique du Sud entre 1948 et 1991 dans lequel les populations étaient séparées en fonction de catégories raciales.

Démocratie populaire : régime communiste dont le parti au pouvoir estime défendre les intérêts du peuple. Contrairement à son nom, ce n'est pas une démocratie formelle (avec des élections libres).

Dictature des colonels : en Grèce, nom donné à la période de dictature militaire entre 1967 et 1974 suite à un coup d'État.

Hirak : mouvement populaire algérien s'élevant contre le projet d'un 5e mandat présidentiel pour Abdelaziz Bouteflika. Les revendications ont ensuite porté sur des réformes politiques démocratiques dans le pays.

Printemps arabe : ensemble de contestations populaires, d'ampleur et d'intensité variables selon les régions, qui se sont produites dans le monde arabe à partir de décembre 2010. Son nom fait référence au Printemps des peuples de 1848, pour son aspiration à plus de liberté et de démocratie.

C La démocratie reste souvent fragile

JALON 2 p. 58

L'instauration durable de la démocratie reste un processus fragile. En effet, dans la seconde moitié du XXe siècle, de nombreux gouvernements démocratiquement élus ont été renversés par des coups d'État. C'est le cas de celui de Salvador Allende au Chili en 1973. Durant la guerre froide, de nombreux dictateurs ont ainsi été soutenus par les États-Unis ou l'URSS afin de contrer l'influence de l'idéologie adverse. Beaucoup d'États africains tels que la République démocratique du Congo ou l'Éthiopie ont connu une très forte instabilité politique marquée par la succession de coups d'État et de régimes autoritaires. Par ailleurs, de nombreux coups d'État participent également au retour de la dictature comme au Myanmar, quand en février 2021, l'armée renverse le gouvernement démocratique.

La tenue d'élections libres n'empêche pas les pratiques antidémocratiques. Par exemple, en Russie, l'opposition au régime ne peut pas s'exprimer librement. Les médias ne sont pas libres et de nombreux opposants sont arrêtés. Au sein de l'Union européenne, des pays comme la Hongrie ou la Pologne ont été condamnés pour ne pas respecter les libertés judiciaires fondamentales.

Enfin, y compris dans les démocraties dites historiques, le fonctionnement des institutions est critiqué pour le manque de représentation des citoyens. En France, de nombreuses manifestations dénoncent le manque de représentation des minorités ou des classes populaires qui ne se sentent pas incarnées par les institutions.

2 Le retour de la dictature militaire au Myanmar

Manifestation à Bangkok, en Thaïlande, contre le coup d'État militaire, février 2021.

SCHÉMA BILAN

Schéma interactif
hachette-clic.fr/23hgg1013

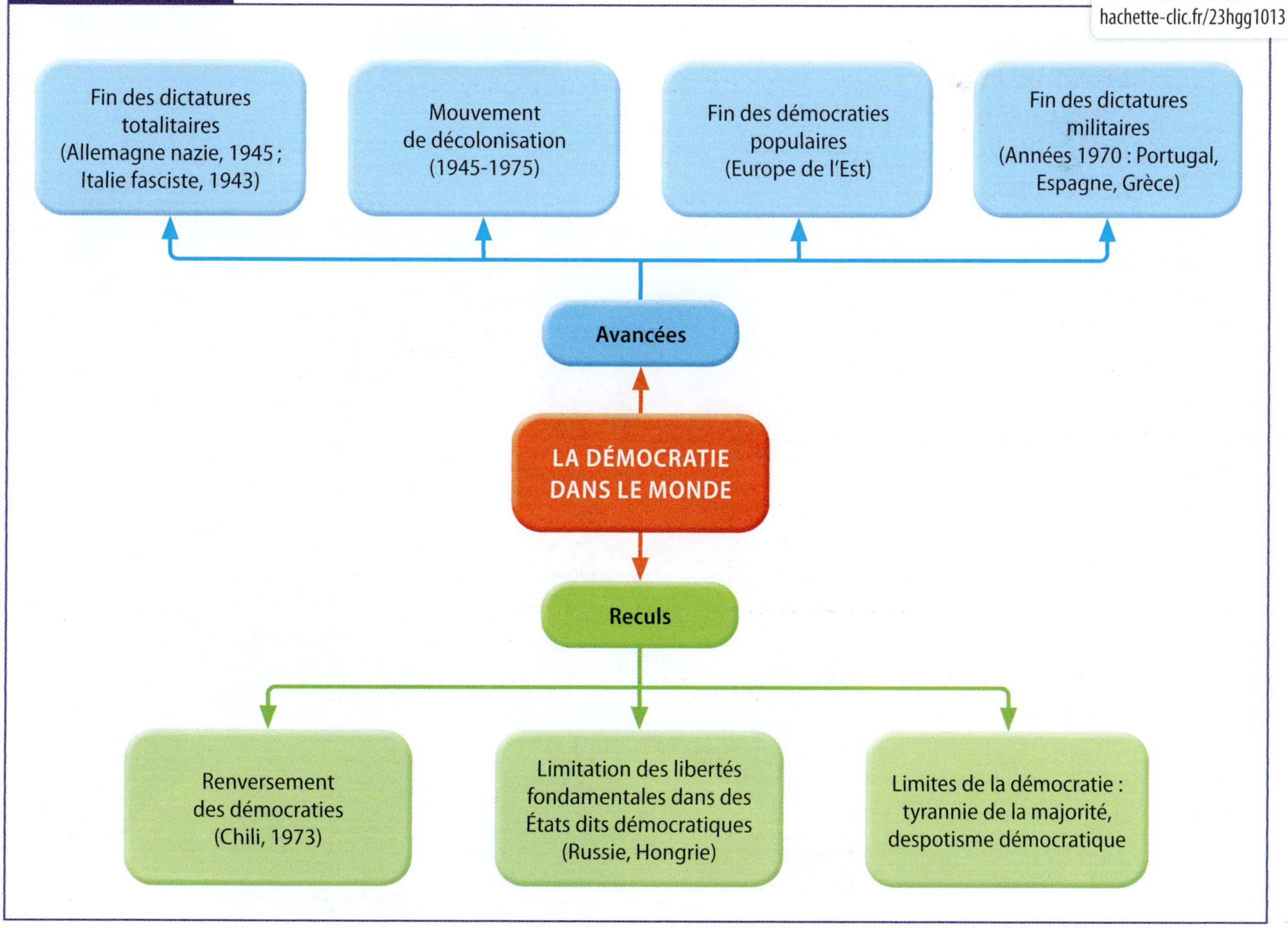

OBJET DE TRAVAIL CONCLUSIF

L'Union européenne et la démocratie

Comment la démocratie s'incarne-t-elle dans l'Union européenne ?

Campagne de sensibilisation du Conseil de l'Europe en 2022 **1**

« Démocratie ici - Démocratie maintenant. Une campagne destinée aux jeunes pour revitaliser la démocratie. »

1950 · 1960 · 1970 · 1980 · 1990 · 2000 · 2010 · 2020

- **1957** Fondation de la **Communauté économique européenne** (CEE)
- **1979** Premières élections européennes au **suffrage universel direct**
- **1992** **Traité de Maastricht :** fondation de l'Union européenne, entrée en vigueur en 1993
- **2005** **Rejet par référendum du traité** établissant une Constitution pour l'Europe
- **2012** Droit à l'**initiative citoyenne européenne** (ICE)
- **2016** Référendum britannique conduisant au **Brexit**
- **2022** Décision concernant la transparence de la publicité à caractère politique

2 Roberta Metsola s'adresse au Parlement européen

Présidente du Parlement européen, Roberta Metsola demande en novembre 2022 des sanctions contre le pouvoir iranien qui réprime des manifestations démocratiques.

QUESTIONS

1. Comment cette campagne publicitaire témoigne-t-elle à la fois du bon fonctionnement de la démocratie européenne et de la difficulté à mobiliser les citoyens ? **(doc. 1)**

2. Montrez que ce Parlement est au cœur de la démocratie représentative européenne. **(doc. 2)**

p. 76 > **JALON ①**
Le fonctionnement de l'Union européenne : démocratie représentative et démocratie déléguée

p. 84 > **JALON ②**
L'Union européenne face aux citoyens et aux États : les remises en question depuis 1992

Repères
L'Union européenne, une institution démocratique

1 La citoyenneté européenne donne des droits

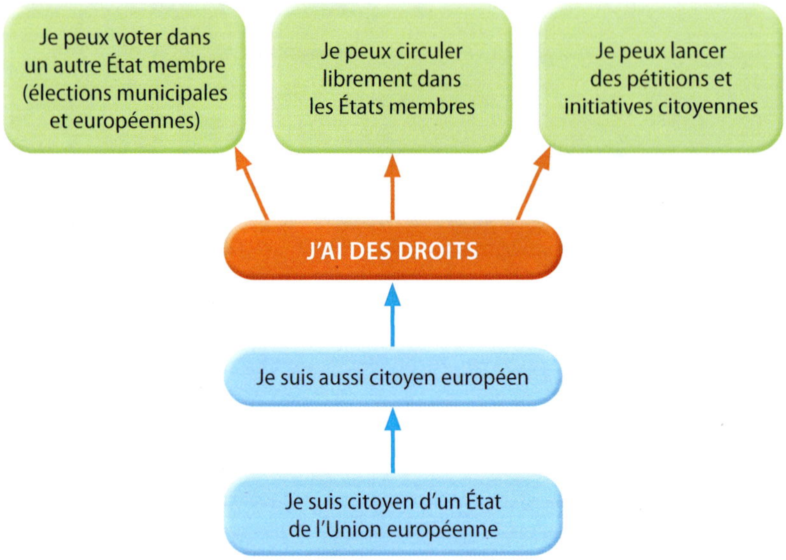

La citoyenneté européenne est une citoyenneté de superposition : elle ne remplace pas la citoyenneté nationale, elle s'y ajoute en donnant de nouveaux droits.

Source : touteleurope.eu, 2023.

Vocabulaire

Commission européenne : organe de décision central dans l'UE. Elle est composée de 27 membres (un par État) chargés de représenter l'intérêt général de l'Union.

Conseil de l'Union européenne : institution qui rassemble les 27 chefs d'État de l'Union européenne ou leurs ministres qui a pour but de coordonner les politiques de l'UE.

Erasmus : programme d'échange universitaire permettant notamment aux étudiants européens d'étudier un semestre dans un État membre de l'UE ou participant au programme.

Espace Schengen : espace de libre circulation des personnes entre les États signataires des accords de Schengen (1995).

Parlement européen : organe législatif de l'Union européenne. Il est élu au suffrage universel direct tous les cinq ans.

Carte interactive
hachette-clic.fr/23hgg1014

2 Une Union européenne à géométrie variable

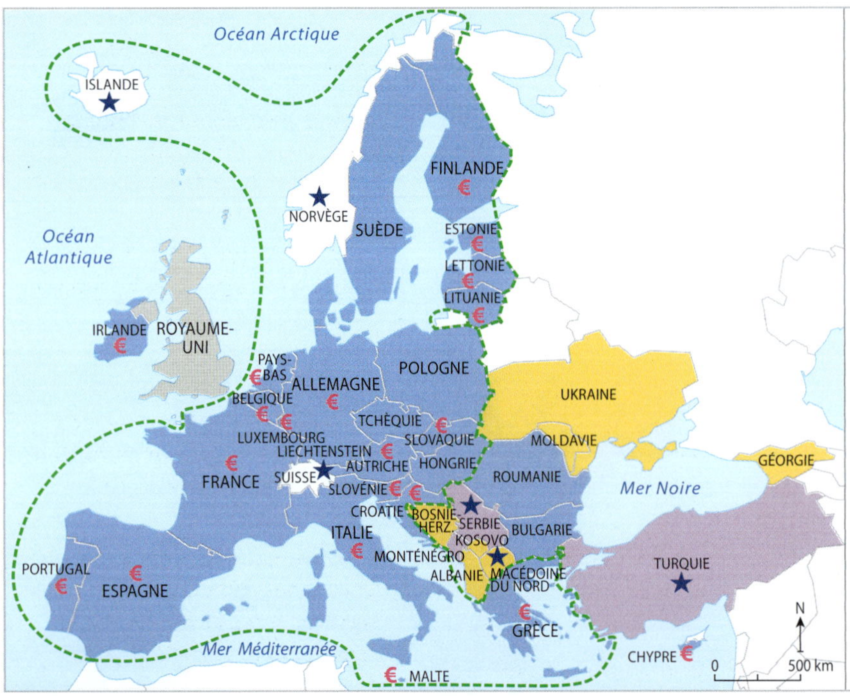

Une Union européenne en mouvement
- État membre de l'Union européenne
- État candidat ayant entamé des négociations d'adhésion
- candidat reconnu ou déclaré
- ancien membre

Des compétences déléguées
- € État membre de la zone euro
- espace Schengen
- ★ État hors Union européenne bénéficiant du programme éducatif Erasmus

Source : Union européenne, 2023.

3 Le fonctionnement de la démocratie européenne

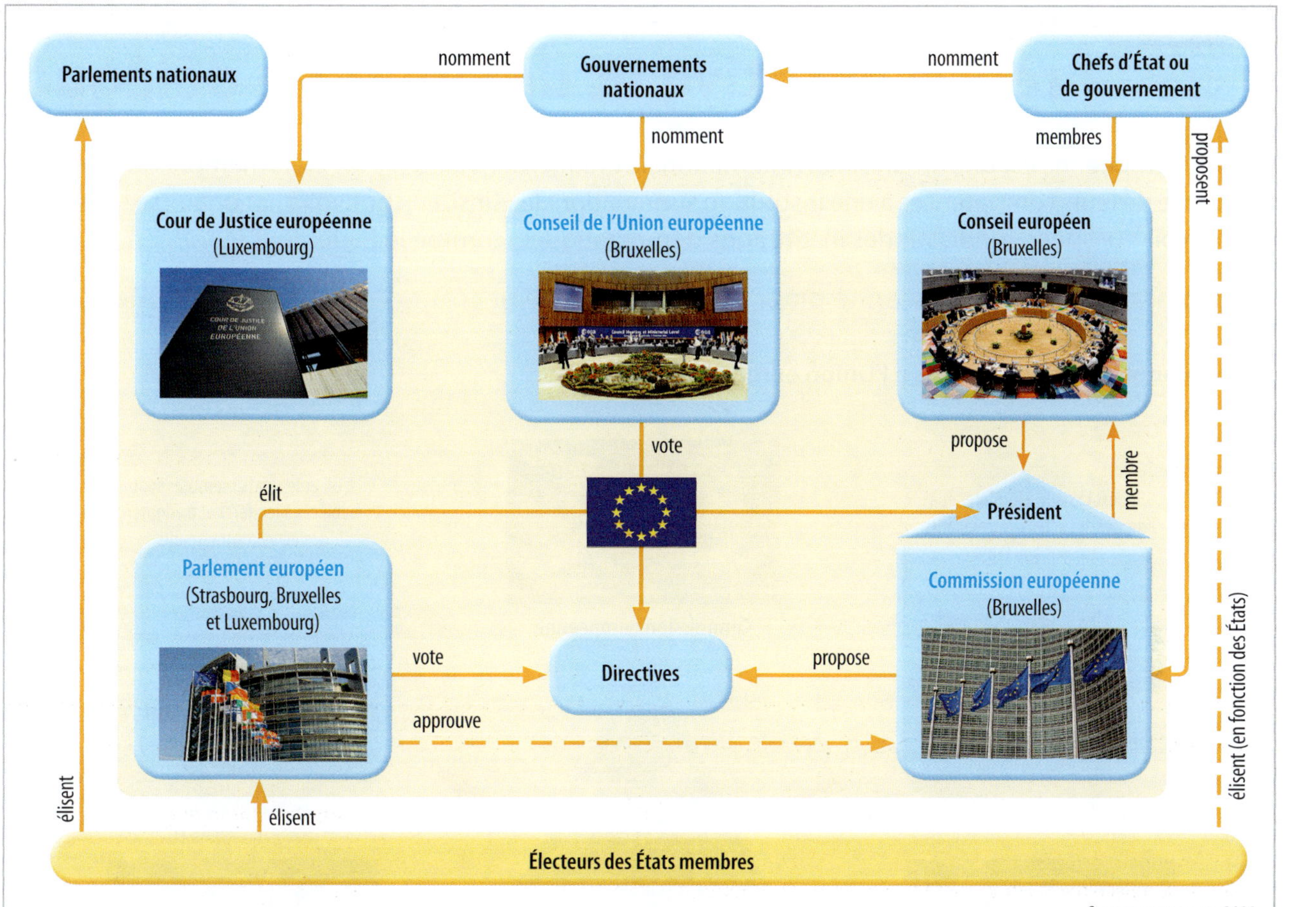

Source : europa.eu, 2023.

4 Un exemple de pratique démocratique, l'Initiative citoyenne européenne (ICE)

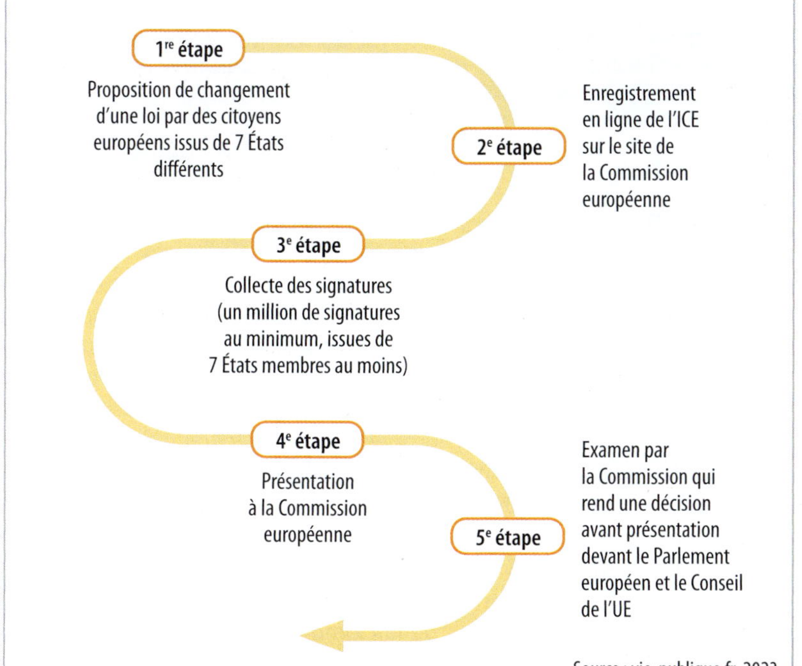

Source : vie-publique.fr, 2023.

POUR COMPRENDRE

Le modèle politique de l'Union européenne est inspiré de la démocratie libérale et représentative.

1. Montrez que la démocratie européenne applique les grands principes de séparation des pouvoirs. (doc. 3)

L'Union européenne cherche aujourd'hui à impliquer de façon plus étroite les citoyens européens dans le processus de décision politique.

2. Expliquez comment le citoyen européen peut participer directement à la vie politique européenne. (doc. 1 à 4)

Étude L'Union européenne, entre démocratie représentative et démocratie déléguée

L'Union européenne est une organisation internationale unique, dans laquelle les États membres ont délégué une partie de leurs compétences à une institution supranationale. Ainsi, aux pouvoirs nationaux se superpose un pouvoir européen fondé sur des institutions démocratiques, comme le Parlement européen.

➤ Comment l'Union européenne place-t-elle le citoyen au cœur de son fonctionnement ?

1 Les compétences déléguées à l'Union européenne

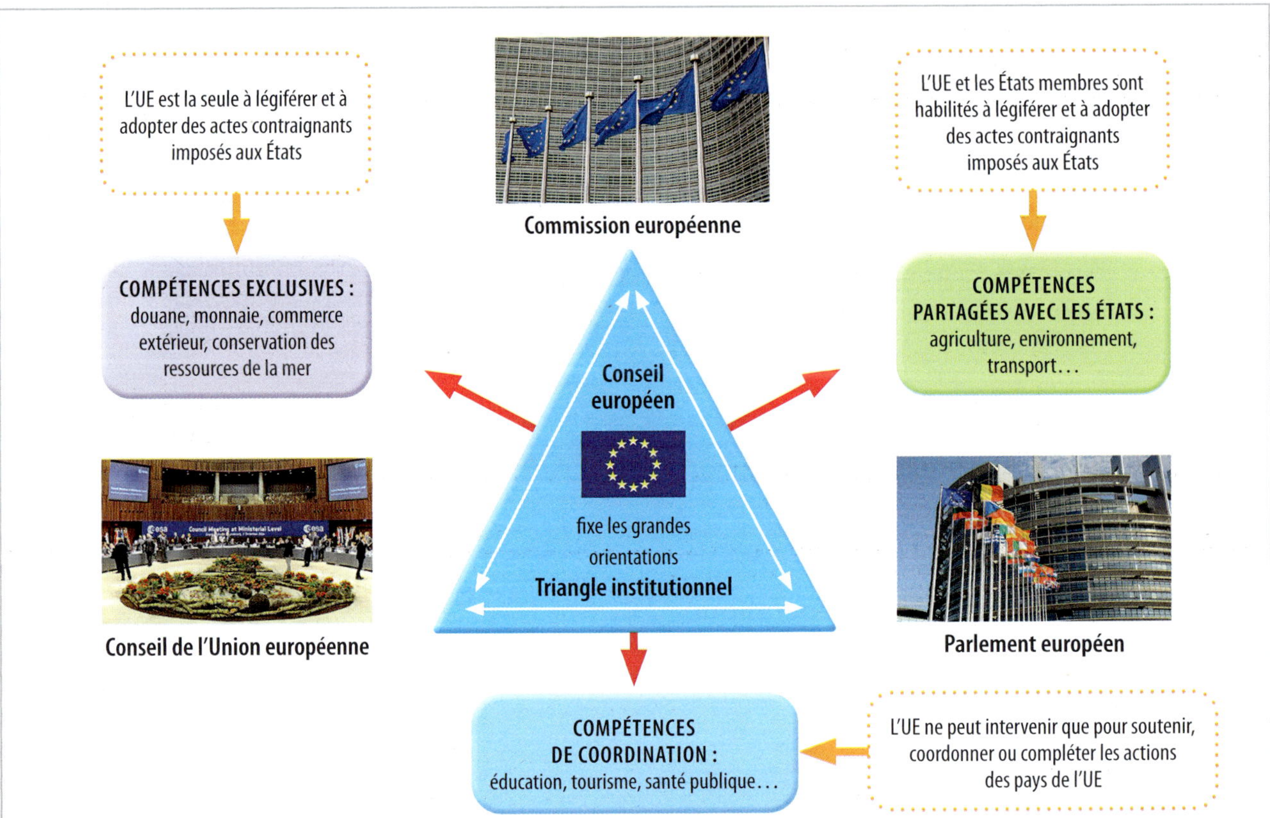

Source : Union européenne, 2023.

2 Les modalités d'élection des membres du Parlement

Voter aux prochaines élections européennes, c'est poursuivre l'effort des fondateurs de l'Union européenne en faveur de la paix et de la prospérité. Seule institution de l'UE élue au suffrage universel direct, […] le Parlement peut être considéré comme « la voix des citoyens » dans l'UE : conjointement avec le Conseil de l'UE […] il décide des actes législatifs qui ont un impact sur le quotidien des Européens, comme la sécurité alimentaire et la protection des consommateurs, l'environnement et la plupart des secteurs de l'économie. Le Parlement vote le budget annuel de l'UE établi avec le Conseil. […] Le Parlement exerce un contrôle démocratique sur les institutions de l'Union (approbation de la Commission européenne par exemple).

L'approbation du Parlement européen est aussi nécessaire pour la plupart des accords internationaux passés par l'UE. […] De plus, depuis 2014, le scrutin européen a un impact décisif sur la désignation du Président de la Commission européenne : selon le traité de Lisbonne, le président de l'exécutif européen peut désormais être la tête de liste du parti majoritaire aux élections européennes. Au moment du vote, les électeurs choisissent donc non seulement une liste de députés, mais ils expriment aussi leur préférence pour un candidat à la présidence de la Commission.

gouvernement.fr, 2023.

3 Les députés européens, pivots de la représentativité

Entretien avec Sylvie Guillaume (Présidente de la délégation française des Socialistes et démocrates (S&D).

Vidéo : toutel'europe.eu, 2020. À partir de 8'44"

hachette-clic.fr/23hgg1015

Vocabulaire

Démocratie déléguée : système politique dans lequel une partie de la souveraineté d'un État est déléguée, transférée, à une instance supranationale.

4 Des réformes encore indispensables

Alain Lamassoure, ancien député européen et ministre délégué aux Affaires Européennes, est le président du conseil scientifique de la Fondation Schuman, un centre de recherches sur les questions européennes.

La recherche angoissée de l'équilibre entre unité et diversité, traité après traité, n'a pas permis d'échapper à la loi de la pesanteur qui continue de pencher en faveur des souverainetés nationales. [...] Le Président du Conseil n'incarne pas plus l'Union que la Présidente de la Commission n'exerce le pouvoir européen. Le premier est le Secrétaire général de l'Olympe, plus que son Jupiter. Et malgré ses exceptionnelles qualités, pour les citoyens européens Ursula von der Leyen[1] reste une haut-fonctionnaire internationale, mais elle n'est pas leur chef : ils ne l'ont pas élue. [...]
Le grand rééquilibrage au profit des institutions proprement européennes ne pourra venir que de la légitimité populaire. Exercée directement, donc par le Parlement européen. Les avancées démocratiques, spectaculaires mais encore insuffisantes, obtenues par le Parlement depuis vingt ans permettent d'espérer que les principaux partis qui le composent pourront s'accorder. [...] Le surcroît de légitimité passe par l'harmonisation du mode d'élection des députés européens dans les 27 États membres, en combinant représentation proportionnelle et choix personnel des citoyens. Enfin, pour que la nouvelle légitimité du Parlement se transmette au chef de l'exécutif, la prochaine campagne européenne doit s'organiser autour des candidats de chaque famille politique à la présidence de la Commission, de façon à ce que, pour tout le monde, il soit clair que le vainqueur est issu d'un choix populaire.

Alain Lamassoure, « Le Conseil européen : un «souverain» auto-proclamé à la dérive », *Question d'Europe*, 2020.

1. Ursula von der Leyen est présidente de la Commission européenne depuis 2019.

5 Les panels de citoyens

Ces panels regroupent 200 citoyens européens choisis de façon aléatoire. Ils réfléchissent ensemble à de grandes thématiques européennes, comme l'économie, la démocratie ou le développement durable.

ACTIVITÉ

1. Expliquez pourquoi l'élection des membres du Parlement européen est un enjeu majeur du fonctionnement démocratique européen. **(doc. 1, 2 et 3)**
2. À l'aide des **documents 3 et 4**, montrez que les députés européens sont le pilier de la démocratie représentative. **(doc. 3 et 4)**
3. Comment l'influence des citoyens a-t-elle été renforcée au fil du temps ? **(doc. 4 et 5)**

Bilan

À partir des documents proposés, montrez comment l'Union européenne associe dans son fonctionnement démocratie représentative et **démocratie déléguée**.

Étude GRAND FORMAT

La démocratie, une valeur au cœur de l'Union européenne

Contexte Au mois de septembre 2021, Ursula von der Leyen, la présidente de la Commission européenne, tient un discours qui fait le bilan de l'action de la Commission tout en présentant les grandes lignes de sa politique pour l'année à venir. Elle réaffirme dans ce discours les valeurs démocratiques que porte l'Union européenne.

Quelles sont les valeurs démocratiques au cœur du projet européen ?

Ursula von der Leyen

Née en 1958

Après avoir été successivement ministre de la Famille, du Travail puis de la Défense en Allemagne, elle devient le 1er décembre 2019 présidente de la Commission européenne.

Le discours d'Ursula von der Leyen

1 Un attachement fondamental à la démocratie

Mesdames et Messieurs les députés,

Les sociétés bâties sur la démocratie et des valeurs partagées ont un fondement stable. Elles font confiance à l'humain. C'est ainsi que peuvent se développer de nouvelles idées, ainsi qu'advient le changement, ainsi qu'est vaincue l'injustice. La confiance dans ces valeurs partagées a rassemblé nos pères et mères fondateurs au lendemain de la Seconde Guerre mondiale. […]

Ces valeurs sont le fruit de l'héritage culturel, religieux et humaniste de l'Europe. Elles sont constitutives de notre âme, constitutives de ce que nous sommes aujourd'hui. Elles sont consacrées par nos traités européens. Et tous, nous avons pris l'engagement de les respecter au moment d'adhérer en tant qu'États libres et souverains à cette Union. Nous sommes déterminés à défendre ces valeurs. Cette détermination ne faiblira jamais. Nos valeurs sont garanties par notre ordre juridique, et les arrêts de la Cour de justice de l'Union européenne veillent à les faire prévaloir. Ces arrêts sont contraignants. Et nous veillons à ce qu'ils soient suivis d'effet.

Défendre nos valeurs, c'est aussi défendre la liberté. La liberté d'être qui on est, de dire ce qu'on veut, d'aimer qui on veut. Mais être libre veut aussi dire être libéré de la peur. […]

Permettez-moi pour finir d'évoquer une liberté qui donne voix à toutes les autres, et c'est la liberté des médias. Des journalistes, femmes et hommes, sont attaqués pour la simple raison qu'ils font leur travail. Certains sont menacés et passés à tabac, d'autres sont tragiquement assassinés. Au sein même de notre Union européenne. Je veux rappeler quelques noms. Daphné Caruana Galizia[1]. Jan Kuciak[2]. Peter de Vries[3]. Ils n'ont pas tous la même histoire. Mais ils ont une chose en commun : ils se sont tous battus pour le droit à l'information. Et ils en sont morts.

L'information est un bien public. Nous devons défendre celles et ceux qui nous éclairent : les femmes et les hommes journalistes. C'est pourquoi nous avons présenté aujourd'hui une recommandation pour une meilleure protection des journalistes. Et nous devons stopper tous ceux qui menacent la liberté des médias. Les médias ne sont pas des entreprises comme les autres. Leur indépendance est essentielle. Voilà pourquoi l'Europe a besoin d'une loi qui garantisse cette indépendance. L'année prochaine, nous présenterons précisément une telle loi sur la liberté des médias[4]. Parce que, quand nous défendons la liberté de nos médias, c'est aussi notre démocratie que nous défendons.

Source : Commission européenne, 15 septembre 2021.

1. Journaliste d'investigation maltaise, a été assassinée le 16 octobre 2017, alors qu'elle enquête sur la corruption à Malte.
2. Journaliste d'investigation slovaque, a été assassiné le 21 février 2018 alors qu'il enquêtait sur des affaires de corruption dans les milieux d'affaire et politiques.
3. Journaliste néerlandais, a été assassiné le 6 juillet 2021, alors qu'il enquête sur les groupes criminels mafieux dans le pays.
4. Le 16 septembre 2022, la Commission européenne a adopté un ensemble de lois visant à protéger le pluralisme et l'indépendance des médias dans l'UE.

Vocabulaire

Cour de justice de l'Union européenne : institution de l'Union européenne dont le rôle consiste à assurer « le respect du droit dans l'interprétation et l'application » des traités.

Conseil de l'Europe : organisation intergouvernementale qui regroupe 46 États dont les 27 États membres de l'UE. Son rôle consiste à défendre les libertés fondamentales et l'État de droit en Europe.

État de droit : système institutionnel dans lequel un État doit respecter des principes fondamentaux édictés par la loi et protégeant les citoyens.

Mise en perspective

2 Le fonctionnement de la justice européenne

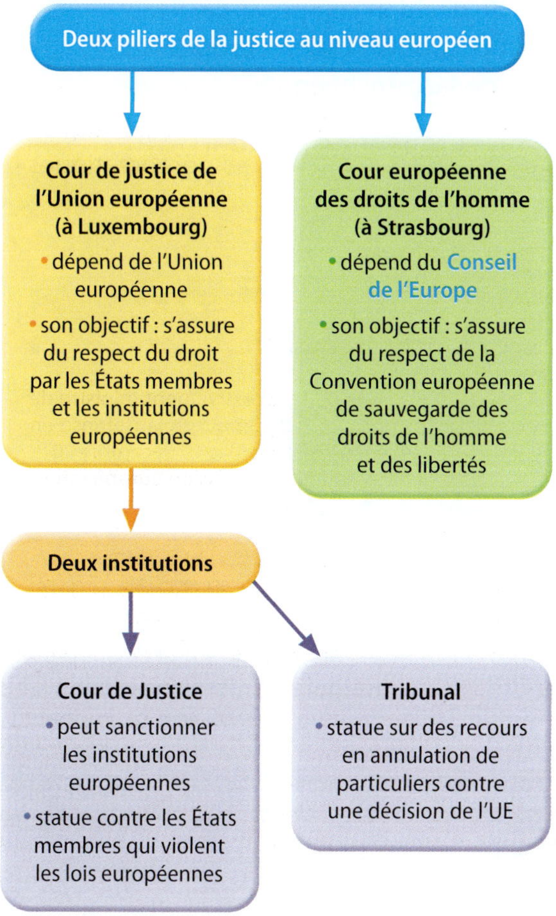

Source : vie-publique.fr, 2023.

3 L'ouverture d'une procédure d'infraction contre la Hongrie et la Pologne sur la question des droits fondamentaux, 7 juillet 2021

À l'été 2021, l'Union Européenne a formellement engagé des procédures d'infraction contre des gouvernements hongrois et polonais qui ont pris des décisions allant à l'encontre du respect des droits fondamentaux des citoyens européens.

La Présidente Ursula von der Leyen, Parlement européen, le 7 juillet 2021 :

L'égalité et le respect de la dignité et des droits de l'homme sont des valeurs fondamentales de l'UE, consacrées à l'article 2 du traité sur l'Union européenne. La Commission utilisera tous les instruments à sa disposition pour défendre ces valeurs.

La Commission ouvre des procédures d'infraction contre la Hongrie et la Pologne dans les domaines de l'égalité et de la protection des droits fondamentaux. En ce qui concerne la Hongrie, les procédures portent sur la loi récemment adoptée qui interdit ou limite en particulier l'accès aux contenus accessibles aux personnes de moins de 18 ans promouvant ou représentant des divergences par rapport à l'identité personnelle correspondant au sexe à la naissance, un changement de sexe ou l'homosexualité, et sur l'obligation de faire figurer un avertissement sur un livre pour enfants abordant des thèmes LGBTIQ. En ce qui concerne la Pologne, la Commission estime que les autorités polonaises n'ont pas répondu de manière complète et appropriée à ses demandes concernant la nature et l'impact des résolutions relatives aux zones dites « sans idéologie LGBT » qui ont été adoptées par plusieurs régions et municipalités polonaises.

Les deux États membres disposent maintenant de deux mois pour répondre aux arguments avancés par la Commission, faute de quoi cette dernière pourra décider de leur adresser un avis motivé et, à l'étape suivante, de saisir la Cour de justice de l'Union européenne.

Source : Commission européenne, 2021.

ACTIVITÉ

Préparer l'analyse du discours en se documentant

1. Comment fonctionne la démocratie déléguée développée par l'Union européenne ?

Vous pouvez utiliser votre manuel (p. 76-77), ou faire des recherches au CDI.

2. Qu'est-ce qu'un État de droit ?

Enrichissez la définition grâce à cet article de viepublique.fr

Site internet
hachette-clic.fr/23hgg1016

Analyser le discours

3. Pourquoi Ursula van der Leyen estime-t-elle indispensable de réaffirmer l'attachement de l'Union européenne à la démocratie ? **(doc. 1)**

4. Présentez les récentes atteintes à l'État de droit au sein de l'Union européenne. **(doc. 1 et 3)**

Porter un regard critique sur le discours

5. De quels moyens dispose Ursula von der Leyen pour répondre aux atteintes à l'État de droit au sein de l'Union européenne ? **(doc. 2 et 3)**

Montrez comment l'Union européenne réagit concrètement quand des États européens ne respectent pas les principes de l'État de droit.

Étude Un processus de décision complexe

L'**élargissement** de l'Union européenne a rendu le processus de décision complexe, car il faut prendre en compte la position des 27 États souverains. C'est pourquoi l'Union européenne a mis en place un certain nombre de réformes depuis le traité de Maastricht en 1992.

Comment le processus de décision au sein de l'Union européenne prend-il en compte la multiplicité des acteurs ?

1 Le processus de décision européen

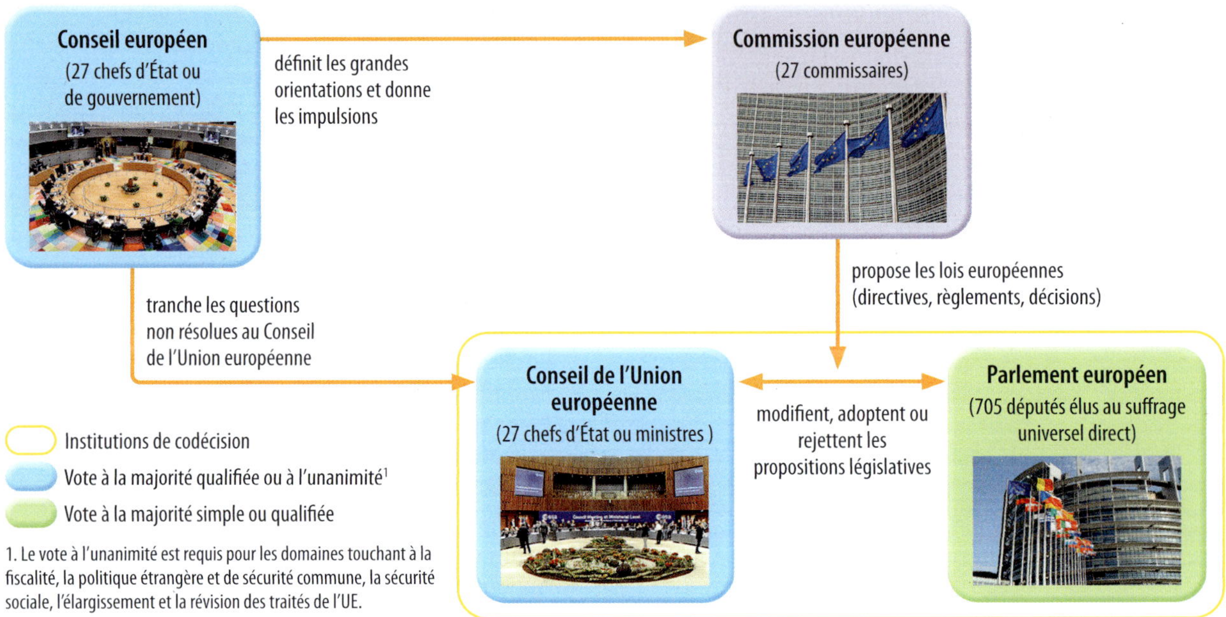

1. Le vote à l'unanimité est requis pour les domaines touchant à la fiscalité, la politique étrangère et de sécurité commune, la sécurité sociale, l'élargissement et la révision des traités de l'UE.

Source : touteleurope.eu, 2023.

2 Surmonter les blocages institutionnels

Podcast : France Culture, 2019.

hachette-clic.fr/23hgg1017

3 L'influence des citoyens

Au printemps 2019, de nombreux citoyens ont manifesté contre la volonté du Parlement européen de légiférer sur le droit d'auteur dans le domaine du numérique, ce qui aurait mis en péril les publications contre celles de Youtube ou de Wikipédia.

« Les eurodéputés se prononcent, ce mardi 26 mars, sur ce texte censé adapter le droit d'auteur au numérique. Pour le président de Wikimédia France, cette « directive copyright » et les filtres qu'elle vise à instaurer mettent la circulation de l'information en péril. [...]

Samedi 23 mars 2019, des dizaines de milliers d'Allemands ont manifesté [...] ; ils rejoignent ainsi les protestations portées par de grandes plateformes comme Google, qui y voit une menace pour son modèle, car Google News et YouTube seront directement concernés par cette directive, et d'autres défenseurs d'un Internet libre. [...] Le mouvement Wikimédia invite les eurodéputés à rejeter ces articles. Nous enjoignons aussi les internautes à les contacter. La version allemande de Wikipédia a fermé ses portes durant vingt-quatre heures le 21 mars dernier, et de grands rassemblements ont donc eu lieu à travers l'Europe samedi 23 mars. Nous croyons encore qu'un rejet est possible. On aurait aimé que les eurodéputés nous répondent. Beaucoup d'entre eux se sont offusqués de recevoir beaucoup d'appels et de mails. »

Télérama, 2019.

4 Réagir aux critiques

En 2016, la représentation en France de la Commission européenne a lancé « Les Décodeurs de l'Europe », un service en ligne qui propose de clarifier les idées reçues sur l'Union européenne.

5 Les modalités d'élection des membres du Parlement

Deux ans après l'ouverture de la période de réflexion lancée à la suite des « non » français et néerlandais au référendum sur le traité constitutionnel en 2005, l'idée d'un traité simplifié apparaît comme la solution pour sortir du blocage institutionnel. Depuis l'entrée en vigueur du traité de Lisbonne, l'Union est régie par deux traités : le traité sur l'Union européenne (TUE) et le traité sur le fonctionnement de l'Union européenne (TFUE).

[...] Depuis le 1er novembre 2014, la majorité qualifiée se définit comme étant égale à au moins 55 % des membres du Conseil, et représentant des États membres réunissant au moins 65 % de la population de l'Union. Une minorité de blocage doit inclure au moins quatre membres du Conseil. [...]

Le renforcement du rôle des Parlements nationaux : le traité prévoit un mécanisme de contrôle renforcé du respect du principe de subsidiarité. Ce mécanisme permet aux Parlements nationaux de faire échouer des propositions de la Commission qui ne respecteraient pas ce principe.

La clarification de la répartition des compétences entre l'Union et les États membres : le nouveau texte énumère la liste des domaines relevant des compétences exclusives, des compétences partagées et des compétences d'appui.

La possibilité d'initiative citoyenne : les citoyens européens acquièrent le droit d'inviter la Commission européenne, dans le cadre de ses attributions, à soumettre une proposition appropriée au Parlement européen et au Conseil de l'Union européenne. Il est nécessaire de recueillir l'approbation d'un million de citoyens de l'Union, ressortissants d'un quart des États membres. Il faut également que l'acte juridique demandé soit « nécessaire aux fins de l'application des traités ».

Source : touteleurope.eu, 2023.

Vocabulaire

Élargissement : processus par lequel l'Union européenne accompagne et accueille les pays qui souhaitent devenir États membres.

Principe de subsidiarité : principe fondamental dans le fonctionnement de l'Union qui exclut l'intervention de l'Union lorsqu'une question peut être réglée efficacement par les États membres eux-mêmes.

Référendum : vote qui permet à l'ensemble des citoyens d'approuver ou de rejeter une mesure proposée par le pouvoir exécutif. La réponse peut-être « oui » ou « non ».

Traité constitutionnel : traité qui devait mettre en place une constitution à l'échelle de l'Union européenne, mais qui a été abandonné suite aux référendums français et néerlandais en 2005.

PARCOURS 1 Rédiger un paragraphe argumenté

Construisez un paragraphe d'une quinzaine de lignes en répondant à la question : « **Comment le processus de décision au sein de l'Union européenne prend-il en compte la multiplicité des acteurs ?** »

Aide Présentez :

- Les étapes de l'adoption d'un texte de loi au sein de l'Union européenne. **(doc. 1)**
- Les blocages qui existent. **(doc. 2 et 3)**
- Les solutions de l'Union européenne pour les surmonter. **(doc. 4 et 5)**

PARCOURS 2 Réaliser une présentation orale

En trois minutes et en binôme, vous montrerez que le système de prise de décision au sein de l'Union européenne est complexe mais qu'il est capable d'évoluer.

- Le premier orateur expliquera le mode de fonctionnement de la prise de décision au sein de l'Union européenne.
- Le second montrera les blocages et les réformes dans le processus de prise de décision.

Étude La construction de la citoyenneté européenne

Depuis la construction d'une Europe politique avec le traité de Maastricht en 1992, la question de la citoyenneté européenne est centrale. Elle doit permettre de placer le citoyen au cœur du projet européen.

Comment la citoyenneté européenne sert-elle le projet européen ?

1 Le passeport européen, une idée ancienne

Réuni à Rome les 3 au 4 décembre 1975, le Conseil européen convient de l'instauration d'un modèle de passeport uniforme pouvant être délivré à partir de 1978. Le 23 juin 1981, les représentants des gouvernements des Dix adoptent un premier modèle de passeport uniforme. Et c'est au Conseil européen de Fontainebleau, les 25 et 26 juin 1984, que François Mitterrand, président de la République française et président en exercice de la Communauté, présente à la presse un exemplaire du passeport européen.

Mis en circulation à partir du 1er janvier 1985, les premiers passeports européens, de format unique et de couleur grenat, combinent les signes de reconnaissance nationale et communautaire. Ainsi, la mention « Communauté européenne » figure-t-elle dans la ou les langues de l'État qui émet le passeport sur la couverture duquel figure également le nom de l'État membre. Mais le coût, la durée de validité et les conditions d'octroi du passeport européen restent en revanche de compétence nationale. Le passeport européen constitue néanmoins un signe de reconnaissance et un document d'identité commun à tous les citoyens de la Communauté européenne. Il est introduit progressivement au fur et à mesure du remplacement des passeports nationaux.

Source : cvce.eu, 2023.

2 Anniversaire du traité de Maastricht (6 février 2022)

Vidéo : *L'INA éclaire l'actu*, INA, 2022.

hachette-clic.fr/23hgg1018

Cette vidéo revient sur la signature du traité de Maastricht en 1992 et sur les enjeux de la citoyenneté européenne.

3 L'espace Schengen, la circulation comme rapprochement

Ce principe de libre circulation et de séjour des citoyens européens sur l'ensemble du territoire de l'Union s'est donc d'abord construit autour de l'idée selon laquelle l'économie européenne serait plus performante si les travailleurs pouvaient occuper un emploi dans un autre État membre que le leur.

La libre circulation des travailleurs impose le respect des principes de non-discrimination et d'égalité de traitement. Par conséquent, tout citoyen qui recherche un emploi dans un autre État membre doit avoir accès à l'Office national pour l'emploi de ce pays, bénéficier du même accompagnement et des mêmes aides qu'un ressortissant de l'État membre d'accueil. Il a le droit de séjourner dans ce pays le temps nécessaire à la recherche d'emploi et au recrutement.

De même, quel que soit son statut (salarié, indépendant, saisonnier...), il bénéficie du même traitement en ce qui concerne les conditions de travail, de rémunération, de licenciement, ou encore les avantages fiscaux et sociaux. Il bénéficie également des mêmes droits syndicaux que les travailleurs nationaux.

Autre dimension économique intégrée assez rapidement au principe de la libre circulation des personnes, le droit d'établissement implique l'installation durable d'un ressortissant de l'UE dans un autre État membre pour y exercer une activité économique.

Au-delà des seuls travailleurs, tout citoyen de l'UE a également le droit de se rendre dans n'importe quel pays de l'UE pour y vivre, y étudier, y rechercher un emploi ou y prendre sa retraite. Ce droit s'assortit cependant de certaines conditions, notamment de ressources.

touteleurope.eu, janvier 2023.

4 Le corps européen de solidarité, une autre façon d'envisager la citoyenneté

5 Le programme Erasmus

Au cours de 1 200 événements organisés à travers le monde, et près de 500 en France, les Erasmus Days 2020 permettront d'informer sur les « opportunités offertes par l'Europe en matière d'éducation, de formation et solidarité ». L'Espagne est le premier pays d'envoi et d'accueil d'étudiants participant au programme Erasmus, un « passeport » existant depuis presque 30 ans.

Avec la devise « changer des vies et ouvrir des esprits », le programme Erasmus fêtera en 2017 trois décennies de succès, et à ce jour, 3,3 millions d'Européens ont profité de cette plateforme pour poursuivre leurs études et vivre des expériences dans d'autres pays de l'UE [...]. Financé à hauteur de 14,7 milliards d'euros par la Commission européenne pour la période 2014-2020, Erasmus est aussi axé sur les partenariats scolaires, la formation professionnelle, l'éducation des adultes et le sport et englobe la traditionnelle mobilité des étudiants et des professeurs ainsi que la coopération stratégique des institutions et la création d'instruments innovants. [...]

En définitive, il s'agit de « diffuser l'idée de l'Europe partout dans le monde, en améliorant l'image de l'éducation, de la formation et en prenant en compte les objectifs d'emploi, la réduction du taux d'abandon scolaire et l'augmentation des diplômés de l'éducation supérieure », a expliqué le directeur du service espagnol pour l'internationalisation de l'éducation (SEPIE), qui a lui-même fait son Erasmus à Poitiers lorsqu'il était jeune. Pablo Martin Gonzalez [...] affirme qu'étudier à l'étranger avec une bourse Erasmus, en plus d'être une expérience enrichissante à de nombreux niveaux [...] réduit de moitié les chances d'être au chômage pour une longue période et augmente la probabilité d'occuper des postes à responsabilité dans les entreprises.

« L'Espagne demeure la destination Erasmus n°1 », *Euractiv Espagne*, mars 2016.

PARCOURS 1 Rédiger un texte argumenté

1. Quels sont les avantages apportés par la citoyenneté européenne aux habitants de l'UE ? **(doc. 1, 2 et 3)**

2. Expliquez pourquoi les mobilités ont favorisé la construction de la citoyenneté européenne. **(doc. 3, 4 et 5)**

3. Montrez la place particulière que le programme Erasmus occupe au sein de l'UE. **(doc. 5)**

Bilan

Montrez que l'UE s'emploie à faire de la citoyenneté européenne un outil de promotion du modèle européen.

PARCOURS 2 Réaliser un tableau de synthèse

Remplissez le tableau à l'aide des documents et de vos réponses.

La citoyenneté européenne

Des principes fondateurs	Des droits
–	– ....
–	– ....
–	– ....

Étude PROJET DÉBAT

Les limites du fonctionnement de l'Union européenne

L'Union européenne s'est profondément consolidée après la fin de la guerre froide, avec le traité de Maastricht en 1992 et l'élargissement jusqu'à 28 pays. Mais elle connaît au début du XXIe siècle une véritable remise en question qui se manifeste par exemple par le rejet du projet de Constitution en 2005 et par le référendum en faveur du Brexit en 2016.

Comment expliquer la montée de la méfiance des citoyens européens vis-à-vis de l'Union européenne ?

A L'Union européenne face à l'abstention et au repli national

1 La participation aux élections européennes de 2019

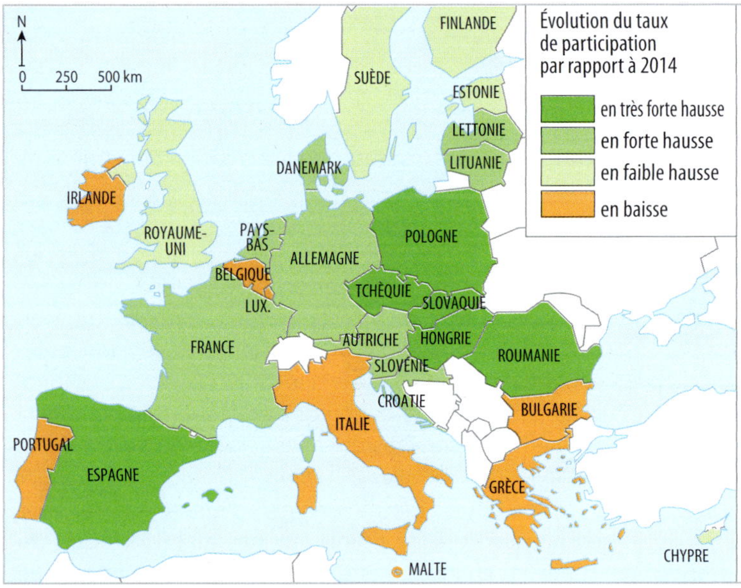

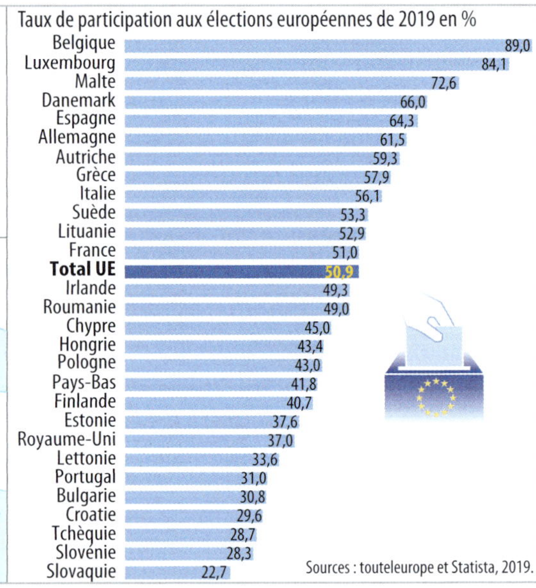

Sources : touteleurope et Statista, 2019.

2 L'évolution de l'abstention

Malgré toutes les critiques qui sont émises contre le déficit démocratique de l'Union et la technocratie de la Commission, l'opinion n'est pas massivement anti-européenne. […] Cette élection des députés européens, organisée tous les cinq ans depuis 1979, n'a jamais beaucoup mobilisé les corps électoraux des différents pays. Lors du premier scrutin, le taux d'abstention dans les neuf pays alors membres de la Communauté économique européenne (selon le nom de l'Union jusqu'en 1993) était de 38 % ; en 2009 et 2014 il a atteint un pic de 57,4 %. […] Dans beaucoup de pays de l'Est de l'Europe, l'abstention est aussi très forte lors des élections législatives. L'abstention aux européennes ne traduit pas qu'un manque de mobilisation pour les enjeux européens. Elle est le signe d'une culture politique dans laquelle la politisation est plutôt faible et où l'importance de l'expression électorale du citoyen n'est pas bien établie.

Comment expliquer la baisse de l'abstention en 2019 (- 8,4 points) ? Mon hypothèse est double. On a assisté ces dernières années à une contestation et un affaiblissement général des grands partis de gouvernement. Cet affaiblissement a pu générer pendant un temps une montée de l'abstention, les déçus ne sachant pas toujours très bien vers quel parti se diriger. Mais on assiste aujourd'hui assez souvent à l'émergence d'une nouvelle offre politique (parfois populistes de droite ou de gauche, parfois centristes). Le vote sanction ne s'exprime plus seulement par de l'abstention mais par le choix d'un autre camp.

Pierre Bréchon, *Abstention aux élections européennes de 2019 : la divine surprise*, Revue politique, 2019.

3 La question de la souveraineté nationale, un enjeu central

Un vent de souverainisme souffle sur la campagne présidentielle française. Le phénomène peut légitimement surprendre, étant donné l'implication de la France dans des décennies de construction européenne. Il suffit pourtant, pour s'en persuader, de constater l'extraordinaire récurrence du thème de la souveraineté dans les déclarations de tous les candidats à l'élection présidentielle, ou presque.

La question est centrale bien sûr dans les discours des tenants « officiels » de ce courant idéologique, comme Florian Philippot ou François Asselineau. Mais ils ne sont pas les seuls à voir dans la construction européenne (et ses inévitables délégations de pouvoir à des instances supranationales) une menace sur la capacité des Français à décider de leur destin. Leurs homologues d'extrême droite Nicolas Dupont-Aignan, Marine Le Pen ou Éric Zemmour partagent le même point de vue, divergeant seulement sur la nécessité d'un « Frexit ». [...] Nombre de candidats, qu'ils revendiquent ou non l'étiquette de « souverainistes », qu'ils soient de droite ou de gauche, axent en effet leur campagne sur une volonté de « restauration » de la souveraineté. Tous [...] prennent implicitement position sur un souverainisme évalué selon l'échelle de l'État-nation et participent ainsi à imposer la question de son devenir dans le cadre de l'UE comme l'un des principaux clivages politiques de la campagne. [...]

Les partisans du souverainisme soulignent que, face à l'absence d'un « peuple européen », d'une unité de ces peuples, toute démocratie européenne est impossible.

Marion Dupont, « L'insolente santé du souverainisme », *Le Monde*, 11 février 2022.

4 Les États de l'Union européenne sont-ils toujours souverains ?

Podcast :
L'Europe en 3 minutes.
Une émission
de Vincent Lequeux.
touteleurope.eu, 2020.

hachette-clic.fr/23hgg1019

5 Le Brexit, une rupture majeure dans la construction européenne

« Nous voulons récupérer notre pays », manifestation pour le Brexit à Londres, 23 juin 2018.

Le 23 juin 2016, les Britanniques valident la sortie du Royaume-Uni de l'UE à l'issue d'un référendum mis en place par le Premier Ministre David Cameron, pourtant hostile au Brexit. Les partisans du Brexit dénoncent le poids trop important de l'UE dans la politique britannique.

Vocabulaire

Euroscepticisme : attitude critique à l'égard de l'intégration européenne et à l'Union européenne basée notamment sur un doute quant à sa viabilité ou son utilité.

Frexit : mot formé sur le modèle de Brexit pour évoquer le retrait de la France de l'Union européenne envisagé par certains politiciens.

Souverainisme : doctrine politique qui défend la supériorité de l'autorité des États sur celle de l'Union européenne.

ACTIVITÉ

1. Montrez que l'abstention est très variable selon les pays et selon les années. **(doc. 1 et 2)**

2. Expliquez pourquoi l'abstention est le signe d'une démocratie européenne encore en construction. **(doc. 1 et 2)**

3. Dans quelle mesure la montée du souverainisme montre-t-elle que les citoyens manquent de confiance dans le projet politique européen ? **(doc. 3, 4 et 5)**

Bilan

Montrez que l'**euroscepticisme** prend de multiples formes dans l'Union européenne.

B L'Union européenne face aux populismes

6 L'arrivée au pouvoir de « Fratelli d'Italia »

Après la Suède[1], c'est au tour de l'Italie de placer une coalition de droite et d'extrême droite au pouvoir, menée par Giorgia Meloni. De quoi susciter les inquiétudes de Bruxelles, qui redoute de voir la troisième puissance européenne ébranler le fragile équilibre des 27. Le séisme qui a frappé l'Italie après la victoire de Giorgia Meloni aux législatives se fait sentir aux quatre coins de l'Europe. « Les Italiens ont offert une leçon d'humilité à l'Union européenne qui, par la voix de Mme Von Der Leyen, prétendait leur dicter leur vote. Aucune menace d'aucune sorte ne peut arrêter la démocratie : les peuples d'Europe relèvent la tête et reprennent leur destin en main ! », a tweeté le député européen Jordan Bardella, président du Rassemblement national en France. Même enthousiasme chez le dirigeant du parti d'extrême droite espagnol Vox, Santiago Abascal ou au parti du Premier ministre hongrois, Viktor Orban.
Faut-il s'attendre à des relations compliquées comme avec la Hongrie et la Pologne ? Difficile à dire tant Giorgia Meloni a porté un double discours à l'endroit de l'Union européenne. La dirigeante politique a en effet cherché, d'un côté, à mettre en garde Bruxelles qu'elle allait défendre les intérêts italiens. Et d'un autre, elle a nuancé ses élans europhobes vis-à-vis de la Commission européenne [...] rappelant qu'elle n'était nullement favorable à une sortie de l'euro, ni à un « Italexit ». En revanche, Giorgia Meloni ne donnera probablement pas son feu vert à une réforme des traités européens, comme le souhaite Paris.

D'après A. Mazoue, « Victoire de Giorgia Meloni en Italie : une nouvelle claque pour l'UE », *france24.com*, septembre 2022.

1. En septembre 2022, le parti d'extrême droite « les Démocrates de Suède » a remporté les élections.

7 Viktor Orban définit la « démocratie illibérale »

Les élections européennes [de 2019] seront déterminantes pour nous, nous devrons montrer, dans ces élections, qu'il existe une alternative à la démocratie libérale, qui s'appelle la démocratie chrétienne, et qu'il est possible de renverser l'élite libérale pour la remplacer par une élite chrétienne. [...] Affirmons tranquillement que la démocratie chrétienne n'est pas libérale. La démocratie libérale est libérale, mais la démocratie chrétienne, par définition, ne l'est pas. Elle est, si vous voulez, « illibérale ». Nous pouvons le démontrer dans quelques questions importantes, et très concrètement dans trois cas : la démocratie libérale soutient le multiculturalisme, la démocratie chrétienne donne la priorité à la culture chrétienne, ce qui relève d'une pensée « illibérale » ; la démocratie libérale soutient la migration, la démocratie chrétienne est contre, ce qui est une pensée clairement « illibérale » ; et la démocratie libérale soutient les modèles de famille à géométrie variable, alors que la démocratie chrétienne soutient le modèle de famille traditionnel, ce qui est aussi une pensée « illibérale ».

Discours de Viktor Orban (Premier ministre de Hongrie), 28 juillet 2018.

8 Manifestation contre une législation anti-LGBT en Pologne

Manifestation en soutien à la communauté LGBT, Varsovie, 19 juin 2021. Depuis 2019, plusieurs régions de Pologne ont signé une charte « anti-idéologie LGBT ». Sous la pression de l'Union européenne, nombreuses sont celles qui ont choisi de renoncer à cette politique.

ACTIVITÉ

1. Dans quelle mesure la montée des populismes remet-elle en question les libertés fondamentales défendues par l'Union européenne ? **(doc. 6, 7 et 8)**

2. Définissez la « démocratie illibérale » selon Viktor Orban. **(doc. 7)**

3. Quelles oppositions se développent face aux attaques contre les libertés fondamentales défendues par l'Union européenne ? **(doc. 8)**

Bilan

Montrez que la montée des populismes fragilise le modèle démocratique défendu par l'Union européenne.

Vocabulaire

LGBT : sigle qui désigne les personnes lesbiennes, gays, bisexuelles, transgenres.

Populisme : discours politique tendant à opposer le peuple aux élites politiques, économiques ou médiatiques, fondé sur une critique du système représentatif.

PROJET Organiser un débat

Capacité S'approprier un questionnement et en exprimer clairement les enjeux à l'oral

MISSION ➡ À partir de vos réponses aux questions pages 85 et 86, menez un débat sur le sujet : « L'Union européenne manque-t-elle de légitimité démocratique ? »

étape 1 Préparer le débat

Dans ce sujet qui peut vite devenir technique, veillez à simplifier vos arguments.

1. Analysez le sujet du débat afin d'en cerner les enjeux : « **L'Union européenne manque-t-elle de légitimité démocratique ?** »

2. Listez les informations qui répondent directement au sujet à partir des activités précédentes et classez-les en fonction du point de vue à défendre.

Point de vue 1 : OUI car l'UE n'est pas assez soutenue par les citoyens	**Point de vue 2 : NON** car l'UE est soutenue par les citoyens
- développement de l'abstention *- montée des mouvements populistes hostiles à l'UE* *- …*	*- participation élevée aux élections dans certains pays* *- manifestations de soutien à la démocratie européenne* *- …*

Dans votre manuel, au CDI, sur Internet, cherchez des exemples précis qui donneront du poids à votre démonstration.

3. Appropriez-vous votre point de vue en complétant votre argumentaire par des recherches personnelles.

étape 2 Mener le débat

N'hésitez pas à relancer le débat sur un nouvel aspect.
Cherchez à rebondir sur les arguments de l'adversaire.
Restez cordial !

4. Distribuez les rôles des participants au débat et lancez le débat.

- **Les contradicteurs :** ils exposent leur point de vue et cherchent à convaincre.
- **Le (la) président(e) de séance :** il (elle) anime le débat, distribue la parole et présente les règles :
  - *respecter la prise de parole de l'autre*
  - *lever la main pour demander la parole*
  - *utiliser des arguments scientifiques*
- **Le (la) secrétaire de séance :** il (elle) prend en note le contenu du débat et rédige une synthèse.

étape 3 Réaliser une trace écrite du débat

Utilisez un code couleur pour repérer les arguments.
Soyez synthétique : ne transcrivez pas tout !

5. Le (la) secrétaire de séance prend en note le débat.
Il (elle) peut aussi s'appuyer sur le document qui récapitule les arguments de chaque contradicteur sous forme d'une carte mentale, d'un tableau ou d'un texte rédigé.

6. Faites le bilan personnel de votre débat : quels arguments vous ont paru les plus convaincants ? Les contradicteurs sont-ils parvenus à vous rallier à leur position ? Quelle est votre position finale personnelle ?

OTC

Leçon 4 L'Union européenne et la démocratie

➤ Pourquoi l'Union européenne constitue-t-elle un modèle démocratique unique au monde ?

A Un modèle fondé sur le principe de la démocratie déléguée

- **L'Union européenne est une union volontaire d'États fondée par le traité de Maastricht (1992).** Les pays membres acceptent de déléguer une partie de leur souveraineté selon trois modalités. Certaines compétences sont exclusivement du ressort de l'Union (monnaie, douanes...). D'autres sont partagées entre l'Union et les États, selon le principe de subsidiarité (transports, agriculture...). Enfin, dans des domaines comme l'éducation ou la santé, l'Union appuie et coordonne l'action des États.
- **La légitimité de cette démocratie déléguée repose sur le Conseil européen.** Devenu une institution à part entière avec le traité de Lisbonne (2007), il regroupe les chefs d'États et de gouvernements décidant des grandes orientations de l'Union européenne. Le Conseil de l'Union européenne représente les gouvernements et doit concilier les intérêts nationaux avec les politiques de l'Union. Les décisions du Conseil s'appuient sur le vote à la majorité qualifiée.
- **La Commission européenne propose les textes législatifs et veille à leur application.** Elle représente l'intérêt général de l'Union et exécute le budget. Elle est composée de 27 représentants (un pour chaque État membre), désignés par le Conseil européen. Leur mandat de 5 ans coïncide avec celui du Parlement car c'est lui qui approuve ou rejette la Commission après audition des candidats.

1 Promouvoir la mobilité étudiante, le programme Erasmus

Les « Erasmus Day », organisés en octobre, cherchent à promouvoir la mobilité étudiante en Europe.

B Un modèle fondé aussi sur le principe de la démocratie représentative

- **Le Parlement européen incarne cette démocratie représentative.** Sa légitimité repose sur son élection au suffrage universel direct depuis 1979. Élus tous les 5 ans, les 705 députés européens représentent les citoyens de l'Union européenne. Ils sont investis d'un pouvoir législatif, partagé avec le Conseil de l'Union européenne, et de contrôle qui s'est accru depuis les années 1990 avec le traité de Maastricht (1992) et le traité de Lisbonne (2007).

JALON 1 p. 76

- **Le mode de désignation par élection des présidents des institutions se généralise.** Le président du Conseil européen est élu, à la majorité qualifiée, pour deux ans et demi (renouvelable une fois) par les chefs d'États et de gouvernement. Il représente l'Union européenne à l'étranger. Depuis 2004, le président de la Commission européenne est également élu par le Parlement, confortant sa légitimité. Depuis décembre 2019, Ursula von der Leyen est présidente de la Commission européenne et Charles Michel remplit la fonction de président du Conseil Européen.
- **Les droits des citoyens se sont renforcés avec la création d'une citoyenneté européenne.** Le droit de vote et d'éligibilité aux élections municipales et européennes pour les citoyens habitants dans un autre État membre, de même que la liberté de circulation des personnes ou les programmes d'échanges étudiants (Erasmus) visent à renforcer le sentiment d'appartenance. Le droit d'initiative citoyenne permet aux citoyens de faire des propositions législatives.

JALON 1 p. 82

Vocabulaire

Démocratie déléguée : système politique dans lequel une partie de la souveraineté d'un État est déléguée, transférée, à une instance supranationale.

Majorité qualifiée : suffrage prenant en compte une double majorité : celle des États (au moins 55 % des voix du Conseil) et celle des citoyens (au moins 65 % de la population).

Principe de subsidiarité : principe fondamental dans le fonctionnement de l'Union qui exclut l'intervention de l'Union lorsqu'une question peut être réglée efficacement par les États membres eux-mêmes.

C Mais des remises en question et une défiance croissante

- **L'abstention croissante aux élections du Parlement européen montre un désintérêt des électeurs.** La complexité des processus de décision, le manque de visibilité des députés européens et la méconnaissance des institutions expliquent en partie cette désaffection. L'abstention a atteint 50 % lors des élections européennes de 2019. Par ailleurs, les élections européennes se font avec des partis nationaux mais la politique de l'UE dépasse les enjeux nationaux. Beaucoup de citoyens ignorent à quels groupes politiques européens appartiennent les députés.
- **La non-ratification du traité établissant une constitution pour l'Europe constitue un tournant.** L'échec des référendums organisés en France et aux Pays-Bas a révélé des fractures profondes sur le modèle démocratique souhaité dans une UE considérablement élargie. Le traité de Lisbonne, qui remplace le traité rejeté, est signé par le Conseil européen en 2007. La création d'un ministre des Affaires étrangères et le terme « constitution » ont été abandonnés.
- **La montée de courants « eurosceptiques » traduit une crise de confiance dans le fonctionnement des institutions.** JALON 2 p. 84 En 2016, après une intense campagne, le Royaume-Uni a voté par référendum pour une sortie de l'Union européenne, effective le 31 janvier 2020, même si de nombreuses problématiques, comme la question de la pêche, restent en suspens. Par ailleurs, plusieurs gouvernements européens, que ce soit en Hongrie, en Pologne ou en Italie sont aujourd'hui eurosceptiques et montrent de la défiance à l'égard des institutions européennes. Malgré les réformes pour renforcer la légitimité démocratique des institutions, les discours contre l'Union européenne portés par des partis nationalistes et populistes se développent en Europe.

2 Le Brexit en janvier 2020
Un partisan du Brexit manifeste à Londres le jour de la sortie effective du Royaume-Uni de l'Union européenne, le 31 janvier 2020.

SCHÉMA BILAN

Schéma interactif
hachette-clic.fr/23hgg1020

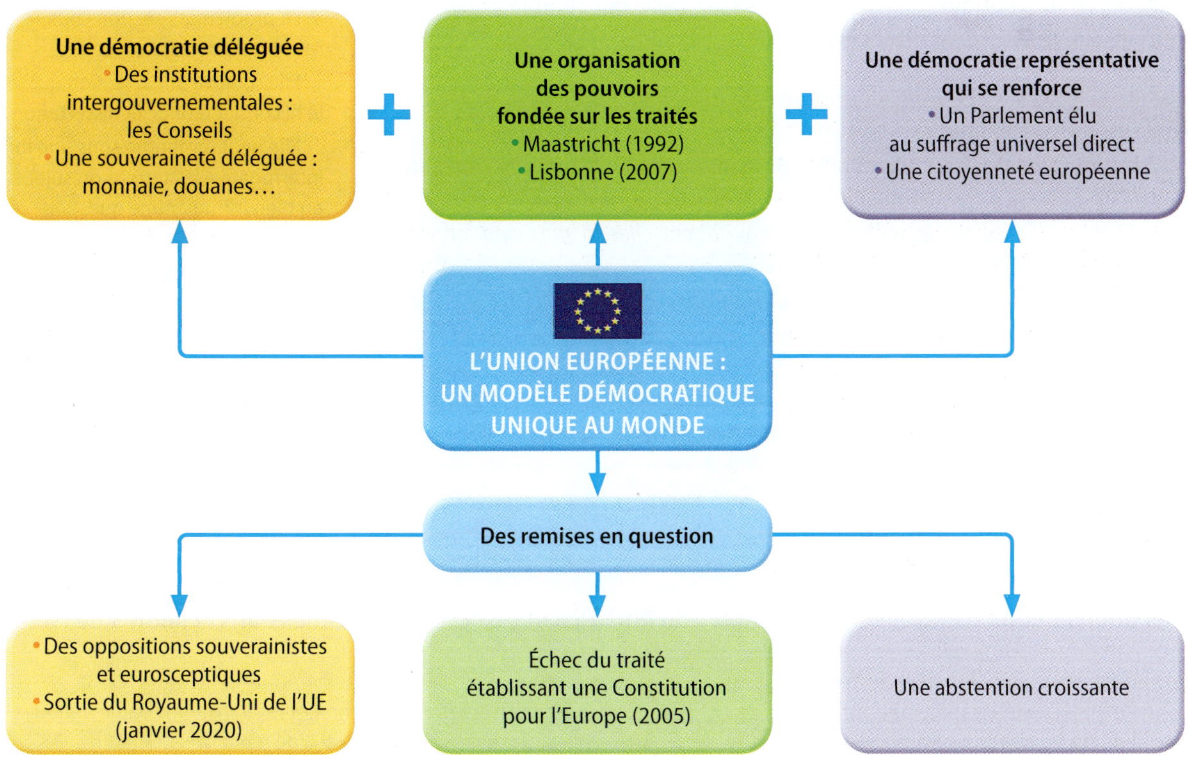

Méthode BAC Dissertation

Capacités Analyser le sujet - Élaborer une problématique

SUJET ➜ Les citoyens dans les démocraties de l'Antiquité à nos jours

étape 1 Analyser le sujet

1. Complétez l'analyse du sujet ci-dessous à l'aide de votre cours et du manuel.

Les citoyens dans les démocraties de l'Antiquité à nos jours

- **citoyens** : Indiquez quels sont les différents types de citoyens dans une démocratie / Qu'est-ce qu'un citoyen ?
- **dans les** : Étudiez les citoyens (leur place et leur implication) DANS le régime
- **démocraties** : Recopiez la définition de la démocratie (p. 384). Remarquez ici le pluriel : réunissez également les définitions des différents types de démocraties : directes, représentatives et déléguées
- **Antiquité** : Indiquez le siècle de l'apparition de la 1re démocratie
- **nos jours** : Indiquez à quelle date vous terminez votre étude / Après l'Antiquité, il faut attendre l'époque moderne pour voir ressurgir de nouveaux régimes démocratiques. Citez des exemples de démocraties modernes.

Point méthode

Analyser le sujet

- Recopier intégralement le sujet au milieu d'une feuille de brouillon ;
- Entourer les mots-clés du sujet et les définir ;
- Noter les exemples vus en cours ou dans vos lectures personnelles pour illustrer le propos ;
- Trouver ce que l'on veut que vous étudiiez. Cela permettra d'établir la problématique.

étape 2 Élaborer la problématique

2. Parmi les problématiques suivantes, choisissez celle qui semble convenir le mieux au sujet et justifiez votre choix.

Proposition 1 : *Qui est citoyen dans une démocratie et que fait-il dans ce régime politique depuis l'Antiquité ?*

Proposition 2 : *Comment les citoyens agissent-ils dans une démocratie de l'Antiquité à nos jours ?*

Proposition 3 : *Comment les démocraties envisagent-elles la participation des citoyens à la vie politique depuis l'Antiquité ?*

Proposition 4 : *Où les citoyens peuvent-ils participer à la vie politique dans les démocraties depuis l'Antiquité ?*

Pour sélectionner la problématique qui convient, procédez par élimination.

Point méthode

Élaborer une problématique

- La problématique doit couvrir l'ensemble du sujet ;
- Elle soulève une question qui sera le fil conducteur de la dissertation ;
- Elle peut reprendre sous une forme interrogative les termes du sujet, ou bien formuler une question avec d'autres termes ;
- La problématique doit soulever un problème, parfois un paradoxe, et induit une démonstration logique.

Sujet d'entraînement

Les transitions démocratiques : rôle des acteurs, déroulement et limites

Vous pourrez vous appuyer sur les exemples du Portugal et de l'Espagne étudiés dans le jalon 3 de l'Axe 2.

Pour analyser ce sujet, aidez-vous du cours p. 70-71 sur les avancées des démocraties.

Pourquoi la problématique « Comment les transitions démocratiques peuvent-elles s'opérer ? » permet-elle de répondre au sujet ?

SUJET ➜ Comment caractériser la démocratie ?

Vous pourrez en décrire les principes fondateurs, les modes de fonctionnement et les limites en vous appuyant sur les exemples étudiés au cours de l'année.

étape 1 Mobiliser des connaissances en analysant le sujet

1. Répondez aux questions en les appliquant aux termes du sujet : « démocratie ; principes fondateurs ; modes de fonctionnement ; limites. »

des acteurs	des dates	des lieux / espaces	des critères	des causes	des déroulements / processus	des conséquences	des notions
qui ?	quand ? quel contexte ?	où ? quels types ?	quels points communs ? spécificités ?	pourquoi ?	comment ? quelles dynamiques ?	quelles conséquences ?	quel vocabulaire important en lien avec le sujet ?

étape 2 Maîtriser et sélectionner les connaissances pour rédiger la dissertation

2. Sélectionnez dans la liste suivante les informations en lien avec le sujet et repérez celles qui sont hors-sujet.

Respect des libertés fondamentales ; séparation des pouvoirs ; police politique ; propagande ; démocratie représentative ; alternance politique ; démocratie déléguée ; démocratie directe ; république ; monarchie ; constitution ; abstentionnisme ; Déclaration des droits de l'Homme ; droit de vote ; régime autoritaire ; justice arbitraire ; parlement ; transition démocratique ; démocratie participative ; etc.

Pour éviter le hors-sujet, relisez régulièrement le sujet et interrogez-vous sur l'intérêt de l'information pour y répondre.

Point méthode

Mobiliser des connaissances
- ✔ Utiliser le cours (notions clés, études, fiche de révision) ;
- ✔ Utiliser le manuel (lexique, cours, documents) ;
- ✔ Utiliser la culture personnelle (notamment des faits d'actualité).

3. Reportez dans le tableau les informations sélectionnées dans la question 2 et complétez-les par d'autres connaissances.

	Connaissances
1re partie : Les droits du citoyen	– Respect des libertés fondamentales – ....
2e partie : Les formes de participation du citoyen	– ....
3e partie : Les limites de la démocratie pour les citoyens	– ....

4. Sur le modèle proposé pour le premier paragraphe, rédigez un autre paragraphe en lien avec les droits du citoyen.

La démocratie contemporaine repose sur un certain nombre de principes, dont le premier est le respect des libertés fondamentales. Élaborée au cours des siècles, cette notion est rappelée en 1948 dans la Déclaration universelle des droits de l'homme. En effet, ce texte de référence énonce un certain nombre de droits fondamentaux nécessaires à la mise en place et au respect de la démocratie. Ces principes sont la liberté des individus, la tenue d'élections libres, la séparation des pouvoirs, le multipartisme et le suffrage universel. Bien que ces principes soient souvent officiellement reconnus dans les constitutions des États, la réalité est aujourd'hui bien différente : la démocratie n'est réelle que dans un peu moins de la moitié des États dans le monde.

Méthode BAC Dissertation

Capacité Comprendre l'organisation d'une dissertation

SUJET ➜ Quelles sont les forces et les faiblesses du fonctionnement démocratique de l'Union européenne ?

étape 1 Analyser le sujet

Recopiez le sujet au brouillon et identifiez les notions clés en les entourant.

1. Complétez l'analyse du sujet à l'aide de votre cours et du manuel.

Listez dans un tableau au brouillon les forces et les faiblesses avec pour chacune un exemple illustratif précis vu en cours.

Définissez la démocratie déléguée, fondement spécifique du fonctionnement démocratique de l'Union européenne.

Quelles sont les **forces** et les **faiblesses** du **fonctionnement démocratique** de l'**Union européenne** ?

Quelles sont les institutions permettant le fonctionnement démocratique de l'Union européenne ?

2. Comment la problématique proposée ci-dessous reformule-t-elle le sujet en l'enrichissant ? Pourquoi convient-elle pour répondre au sujet ?

Problématique proposée :
Pourquoi le fonctionnement démocratique qu'a progressivement construit l'UE est-il à la fois un modèle et un objet de débats depuis 1992 ?

étape 2 Comprendre l'organisation d'une dissertation

3. Identifiez les choix faits pour amorcer et définir les enjeux du sujet (deux premiers paragraphes de l'introduction). D'autres choix d'amorce étaient-ils possibles ?

Les élections européennes qui se tiennent tous les 5 ans dans chacun des pays composant l'Union illustrent à la fois les forces et les faiblesses du fonctionnement démocratique de l'UE. Elles permettent en effet aux citoyens d'un État membre de pouvoir élire leurs représentants au Parlement européen, mais elles parviennent difficilement à mobiliser. Près d'un électeur sur deux s'est ainsi abstenu en 2019, illustrant la crise de confiance que traverse l'UE en raison du désintérêt de certains citoyens européens et de la montée de l'euroscepticisme.

Commencez l'introduction par une amorce.

Instituée en 1992 au traité de Maastricht, l'UE est une union volontaire d'États européens qui acceptent de lui déléguer une partie de leur souveraineté.
Les différents traités depuis 1992 ont d'ailleurs permis de créer un modèle démocratique unique au monde permettant notamment une plus grande représentativité et implication des citoyens dans le processus de prise de décision.
Ce modèle souffre cependant de défiances et de remises en question de la part de citoyens mais aussi de dirigeants politiques voire de gouvernements de certains États membres.

Définissez les termes du sujet et ses enjeux.

Pourquoi le fonctionnement démocratique qu'a progressivement construit l'UE est-il à la fois un modèle et un objet de débats depuis 1992 ?

Annoncez la problématique (elle doit couvrir l'ensemble du sujet et constituer le fil directeur de la dissertation)

Il s'agira dans un premier temps d'analyser l'UE comme étant un modèle démocratique unique au monde, avant de montrer que, malgré des dispositifs pour renforcer le fonctionnement démocratique, celui-ci est critiqué. Enfin, nous verrons pourquoi le fonctionnement démocratique de l'UE fait débat.

Annoncez le plan adopté dans la dissertation.

4. Sur le modèle de la rédaction de la première partie, rédigez le reste de la dissertation en vous aidant du plan détaillé proposé.

En premier lieu, l'Union européenne constitue un fonctionnement démocratique unique au monde, tant dans son organisation que dans la place qu'il laisse aux citoyens.

En effet, l'Union européenne représente un modèle démocratique mixte. L'UE est de fait d'abord un modèle fondé sur le principe de la démocratie déléguée, incarné par le Conseil européen et le Conseil de l'Union européenne. Ainsi, l'UE est une union volontaire d'États fondée par le traité de Maastricht signé en 1992. Les 27 États membres acceptent de déléguer une partie de leur souveraineté dans certains domaines. En conséquence, certaines compétences (monnaie, douane, commerce extérieur, gestion des ressources maritimes…) sont exclusivement du ressort de l'Union. D'autres sont partagées entre l'Union et les États (transport, agriculture…). La légitimité de cette démocratie déléguée repose sur le Conseil européen, qui réunit les chefs d'État élus par leurs concitoyens et fixe les grandes orientations pour le fonctionnement de l'UE. Le Conseil de l'Union européenne, quant à lui, représente les gouvernements et doit concilier les intérêts nationaux avec les politiques de l'Union. L'UE est également un modèle fondé sur le principe de démocratie représentative car, depuis 1979, les élections européennes permettent aux citoyens d'élire pour une durée de 5 ans leurs députés européens pour siéger au Parlement européen. Ce dernier permet aux représentants élus démocratiquement par les citoyens de légiférer à l'échelle de l'UE, par exemple dans le contrôle des Gafam (Google, Amazon, Facebook, Apple, Microsoft) dont l'influence est telle que les États seuls sont impuissants.

Mais le fonctionnement de l'Union européenne permet également aux gouvernements des États membres de consulter directement leurs citoyens. C'est ainsi que le gouvernement français a consulté les citoyens en organisant un referendum sur le Traité établissant une Constitution pour l'Europe le 30 mai 2005. Le non à ce référendum a conduit à la prise en compte de certains aménagements dans le Traité de Lisbonne de 2007. Ainsi, le fonctionnement démocratique de l'UE est unique au monde. Cependant, si cette singularité apparaît comme une force, on reproche parfois à ce fonctionnement démocratique sa grande complexité.

Commencez chaque partie par une petite phrase d'introduction en indiquant le contenu.

Organisez chaque partie en paragraphes. Chaque paragraphe doit s'appuyer sur un argument. Il doit être expliqué et illustré d'exemples.

Utilisez des connecteurs logiques pour faire progresser la démonstration.

Terminez chaque partie par une petite phrase de conclusion qui apporte une réponse partielle à la problématique et marque la transition avec la partie suivante.

Plan détaillé des parties 2 et 3

Partie 2 : Un fonctionnement démocratique complexe qui peine à intéresser et à impliquer les citoyens	**Partie 3 :** Le fonctionnement démocratique de l'Union européenne fait débat
– Des mesures pour créer une Union européenne au service des citoyens. – Des citoyens peu investis dans le fonctionnement démocratique de l'UE.	– Un modèle de fonctionnement démocratique de plus en plus remis en question. – L'UE se réforme pour essayer de renforcer la légitimité démocratique.

5. Repérez dans le premier paragraphe de la conclusion les références à chacune des trois parties.

Le fonctionnement de l'Union européenne a été bâti sur des principes démocratiques pluriels et uniques au monde. Les institutions de l'UE reposent à la fois sur des principes de délégation et de représentativité qui conduisent à créer un fonctionnement complexe, parfois peu compréhensible des citoyens européens. Ces derniers se mobilisent donc peu pour faire vivre la démocratie européenne comme en témoigne la hausse de l'abstention aux élections européennes. Ce désintérêt, associé à la défiance croissante de certains citoyens et de gouvernements souverainistes, conduisent à une crise du fonctionnement démocratique. Pour y faire face, des réformes ont été engagées pour renforcer la démocratie représentative et instaurer des formes de démocratie participative.
En définitive, les différents traités européens et les réformes engagées depuis 1992 ont permis d'instaurer un fonctionnement de plus en plus démocratique de l'UE. Toutefois, le bilan reste mitigé face à la poussée de l'euroscepticisme et le désintérêt des citoyens européens.
Malgré ces limites, l'UE reste un territoire où la démocratie se maintient même si, au sein de ses États membres, des tendances illibérales apparaissent, ouvrant alors le débat de la fragilité des démocraties européennes.

Rappelez les apports de chaque partie à la problématique.

Donnez une réponse définitive, qui reste cependant nuancée.

Terminez votre conclusion par une ouverture (facultatif).

Méthode BAC Étude critique de documents

SUJET ➜ Les modalités de la transition démocratique en Espagne et au Portugal

En analysant les documents, en les confrontant et en vous appuyant sur vos connaissances, montrez le rôle des grands acteurs des transitions démocratiques en Espagne et au Portugal.

1 La transition démocratique en Espagne

En 1969, le général Franco désigne le prince Juan Carlos pour lui succéder à sa mort en tant que roi d'Espagne.

2 Mário Soares (1924-2017), un acteur essentiel de la transition démocratique au Portugal

Né à Lisbonne le 7 décembre 1924, Mário Soares est considéré comme le père de la démocratie portugaise, qu'il avait contribué à fonder après la révolution des Œillets du 25 avril 1974.

C'est sous la conduite d'un de ses anciens professeurs de lycée, Álvaro Cunhal, futur dirigeant du Parti communiste portugais – qui deviendra son adversaire –, qu'il fait ses premiers pas dans la politique. En 1945, le PCP crée une organisation pour la jeunesse universitaire, dont Mário Soares devient le principal responsable. Un an après, il est arrêté pour la première fois. Et le sera à douze reprises. Influencé par les thèses de certains intellectuels libéraux et républicains, il prend ses distances à l'égard du Parti communiste. En 1964, il fonde l'Action socialiste portugaise. Déporté, en mars 1968, à Sao Tomé-et-Principe, en raison de ses propos contre la guerre coloniale, Mário Soares bénéficie d'une mesure de grâce, puis s'exile en France pendant quatre ans. Lorsque la révolution des Œillets éclate, le 25 avril 1974, Mário Soares revient à Lisbonne, où il est reçu par une foule en liesse. Le 29 avril, il se rend à l'aéroport pour accueillir le leader des communistes portugais, Álvaro Cunhal, également en exil. Il est nettement vainqueur aux élections pour l'Assemblée constituante du 25 avril 1975. Le 25 novembre, les officiers modérés du Conseil de la révolution prennent le contrôle de la situation. Le Parti communiste est écarté du gouvernement. Le 25 avril 1976, le Parti socialiste remporte les législatives et Mário Soares devient dirigeant du premier gouvernement constitutionnel du Portugal après la dictature.

D'après J. Rebelo, « Mário Soares, Le père de la démocratie portugaise, est mort », *Le Monde*, 7 janvier 2017.

étape 1 Comprendre le sujet et la consigne

1. Complétez l'analyse du sujet ci-dessous à l'aide de votre cours et du manuel.

Listez les personnages, mais également les autres grands acteurs (groupes, partis, institutions…) ayant contribué à ces transitions démocratiques.

En vous aidant de votre cours p. 70-71, donnez une définition à la transition démocratique.

Quels sont les points communs et les différences entre les transitions démocratiques en Espagne et au Portugal ?

Les modalités de la transition démocratique en Espagne et au Portugal

En analysant les documents, en les confrontant et en vous appuyant sur vos connaissances, montrez le rôle des grands acteurs des transitions démocratiques en Espagne et au Portugal. Portez un regard critique sur les documents en soulignant leurs atouts et leurs limites pour traiter pleinement le sujet.

Point méthode

Comprendre le sujet et la consigne

- ✓ Identifier les notions-clés ;
- ✓ Comprendre les enjeux de la consigne : que faut-il démontrer ? Un plan d'analyse est-il fourni ou faut-il le construire ? Dans ce cas, vous vous aiderez des notions-clés et des documents pour en dégager les grandes orientations.

étape 2 Élaborer une problématique

2. Choisissez parmi les problématiques suivantes celle(s) qui correspond(ent) le mieux au sujet.

Proposition 1 : En quoi les documents proposés à l'étude illustrent-ils les modalités des transitions démocratiques en Espagne et au Portugal ?

Proposition 2 : En quoi les modalités de la transition démocratique en Espagne diffèrent-elles de celles du Portugal ?

Proposition 3 : Comment ces documents permettent-ils d'appréhender les transitions démocratiques en Espagne et au Portugal ?

Proposition 4 : Quelles sont les modalités de la transition démocratique en Espagne et au Portugal ?

Proposition 5 : En quoi les documents proposés à l'étude illustrent-ils les points communs entre les transitions démocratiques espagnole et portugaise ?

Proposition 6 : Pourquoi doit-on porter un regard critique sur ces documents pour traiter la transition démocratique en Espagne et au Portugal ?

Sélectionnez uniquement les problématiques faisant référence aux documents.

Point méthode

Élaborer une problématique

- Élaborer une problématique qui couvre l'ensemble du sujet traité dans les documents ;
- Formuler la problématique en y intégrant le/les document(s). Par exemple : « En quoi le/les document(s) proposé(s) à l'étude illustre(nt)-il(s) (rappel du sujet posé) ? »

étape 3 Rédiger l'étude critique de documents

3. Rédigez une introduction à l'étude critique de documents en les replaçant dans leur contexte.

4. À l'aide des documents et de vos connaissances, rédigez un paragraphe présentant les acteurs des transitions démocratiques en Espagne et au Portugal.

5. Terminez l'étude critique de documents en montrant les atouts et les limites de ces documents pour comprendre les conditions dans lesquelles se déroulent les transitions démocratiques en Espagne et au Portugal.

Terminez l'introduction en énonçant la problématique.

Sujet d'entraînement

Les remises en question du modèle démocratique de l'UE

En analysant le document et en vous appuyant sur vos connaissances, montrez que de nombreux débats agitent l'Union européenne concernant son fonctionnement démocratique.

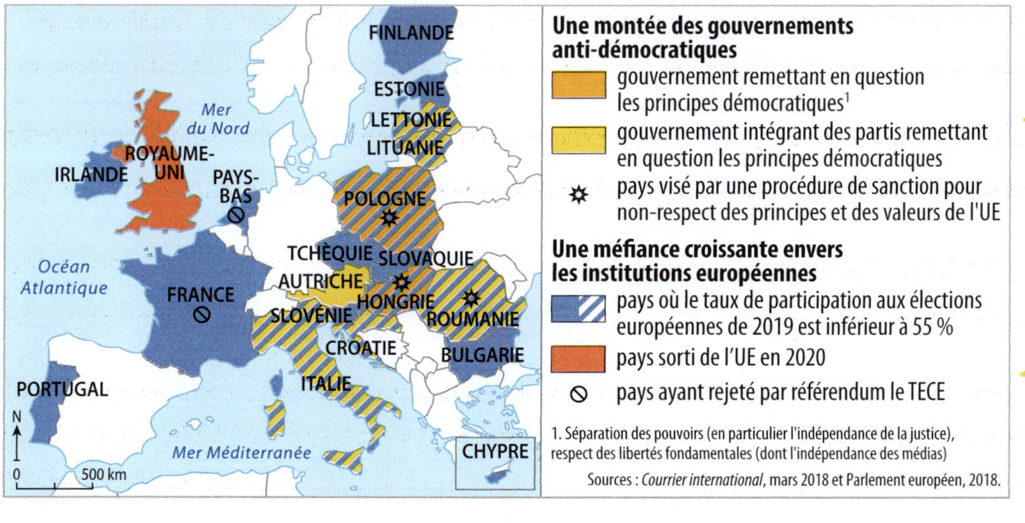

1. Séparation des pouvoirs (en particulier l'indépendance de la justice), respect des libertés fondamentales (dont l'indépendance des médias)

Sources : *Courrier international*, mars 2018 et Parlement européen, 2018.

Lisez la leçon p. 88-89 du manuel pour comprendre l'objectif du Traité établissant une Constitution pour l'Europe (TECE).

En utilisant les doc. p. 84, donnez des exemples de mesures contraires aux principes et valeurs de l'UE adoptées par la Hongrie ou la Pologne.

Méthode BAC Étude critique de documents

SUJET ➔ La démocratie selon Benjamin Constant

En analysant le document et en vous appuyant sur vos connaissances, montrez que Benjamin Constant fait de la représentation du peuple et des libertés, les fondements de la démocratie.

Demandez-vous d'abord, Messieurs, ce que, de nos jours, un Anglais, un Français, un habitant des États-Unis de l'Amérique entendent par le mot de liberté.

[La liberté des Modernes], c'est pour chacun le droit de n'être soumis qu'aux lois, de ne pouvoir être ni arrêté, ni détenu, ni mis à mort, ni maltraité d'aucune manière, par l'effet de la volonté arbitraire d'un ou de plusieurs individus. C'est pour chacun le droit de dire son opinion, de disposer de sa propriété ; d'aller, de venir sans en obtenir la permission. C'est, pour chacun, le droit de se réunir à d'autres individus. Enfin, c'est le droit, pour chacun d'influer sur l'administration du Gouvernement, soit par la nomination de tous ou de certains fonctionnaires, soit par des représentations, des pétitions, des demandes, que l'autorité est plus ou moins obligée de prendre en considération. Comparez maintenant cette liberté à celle des Anciens.

La liberté des Anciens consistait à exercer collectivement, mais directement, plusieurs parties de la souveraineté toute entière, à délibérer, sur la place publique, de la guerre et de la paix, à voter les lois, à prononcer les jugements, à examiner la gestion des magistrats, à les faire comparaître devant tout le peuple, à les mettre en accusation, à les condamner ou à les absoudre ; mais en même temps que c'était là ce que les Anciens nommaient liberté, ils admettaient comme compatible avec cette liberté collective l'assujettissement complet de l'individu à l'autorité de l'ensemble. Vous ne trouvez chez eux presque aucune des jouissances faisant partie de la liberté chez les Modernes. Toutes les actions privées sont soumises à une surveillance sévère. Rien n'est accordé à l'indépendance individuelle, ni sous le rapport des opinions, ni sous le rapport de la religion. »

Benjamin Constant, *De la Liberté des Anciens comparée à celle des Modernes*, devant le Cercle de l'Athénée[1] en 1819.

1. Société d'enseignement libre ouverte au grand public devant laquelle Benjamin Constant a donné des conférences sur le modèle politique britannique.

Comprendre l'organisation d'une étude critique de document

1. Identifiez les éléments mis en avant pour présenter le document.

Le document proposé à l'étude est un document-source de Benjamin Constant, homme politique franço-suisse né à Lausanne en 1767. Républicain, il devient le chef de file de l'opposition libérale au Parlement pendant la Restauration. C'est dans ce contexte qu'il prononce un discours en 1819, intitulé « De la Liberté des Anciens comparée à celle des Modernes » car il craint que le Restauration ne conduise à un retour de l'absolutisme donc une perte de libertés individuelles pour les citoyens français. Comment ce document présente-t-il la vision libérale de la démocratie de Benjamin Constant ?

Pour répondre à cette question, il s'agira de présenter d'abord le contexte dans lequel le discours est prononcé, puis, dans une deuxième partie, la comparaison entre la participation des citoyens dans la vie politique entre l'Antiquité et son époque, et enfin, dans une dernière partie, la comparaison entre la liberté antique et moderne.

Présentez le document en mentionnant sa source, son auteur, sa nature, le contexte dans lequel il a été écrit…

Annoncez la problématique (elle doit couvrir l'ensemble du sujet et faire allusion au document).

Annoncez le plan adopté dans l'étude critique de document (facultatif).

2. Sur le modèle de la rédaction des deux premières parties de l'étude critique de document, rédigez la troisième en vous aidant du plan détaillé proposé.

La compréhension du discours de Benjamin Constant ne peut être complète que si elle est replacée dans son contexte. C'est en effet au XVIIIe siècle que la démocratie libérale apparaît en Europe et aux États-Unis, ce qui explique l'allusion dans le discours à « un Anglais, un Français, un habitant des États-Unis de l'Amérique ». Il est possible d'y voir une référence indirecte aux révolutions anglaises, américaine (1776) et française (1789-1799). Les grands textes de l'époque moderne comme l'Habeas Corpus ou le Bill of Rights (XVIIe siècle) britanniques garantissent les droits de l'individu contre l'arbitraire du pouvoir. De même, l'attachement aux droits individuels est affirmé dans la Constitution des États-Unis (1787) ou la Déclaration des Droits de l'homme et du citoyen (1789).

Commencez chaque partie par une petite phrase d'introduction en indiquant le contenu.

Chaque paragraphe doit s'appuyer sur un argument prélevé dans le document à citer entre guillemets lorsqu'il s'agit d'un texte.

Benjamin Constant fait alors partie des intellectuels et des hommes politiques qui s'interrogent sur cette nouvelle forme de régime politique et les menaces qui pèsent sur elle. C'est en effet en « 1819 » qu'il définit sa vision de la liberté et de la représentation politique. Il est alors représentant du peuple à la Chambre des Députés depuis l'année précédente, chef de file de l'opposition libérale. Dans un contexte de restauration d'une monarchie constitutionnelle en France, il entend faire prévaloir plus de libertés dans le régime politique représentatif français de l'époque, notamment face à la politique menée par le roi Louis XVIII qui entend réduire certaines libertés.
C'est donc dans ce contexte que Benjamin Constant décrit ce qu'il nomme la « liberté des Anciens ».

Terminez chaque partie par une petite phrase de conclusion qui apporte une réponse partielle à la problématique et marque la transition avec la partie suivante.

Sautez une ou deux lignes entre chaque partie.

Pour Benjamin Constant, chez les Anciens, il s'agissait d' « exercer collectivement, mais directement, plusieurs parties de la souveraineté toute entière ». En effet, à Athènes au ve siècle, le citoyen intervient directement dans la vie politique en participant aux votes des lois dans le cadre de l'Ecclésia ou de l'élection annuelle des dix stratèges. Ils contribuent aussi à désigner par tirage au sort les membres des différentes institutions où ils siègent (500 Bouleutes, 50 prytanes). L'ecclésia réunit d'ailleurs « sur la place publique » (colline de la Pnyx) les citoyens (en réalité souvent une portion seulement des Athéniens détenant des droits civiques), lors des quatre séances mensuelles. Il en est de même dans la Rome républicaine où les comices réunissent les citoyens. Participer directement à la vie politique permet d'exprimer son opinion et de défendre ses intérêts pour ne pas dépendre des choix d'autres personnes. Le modèle antique décrit par Constant conduit aussi le citoyen « à prononcer les jugements, à mettre en accusation, à condamner ou absoudre ». Ces procédures judiciaires sont en effet exercées dans le cadre de l'Héliée (6 000 jurés) qui constituent les tribunaux ordinaires, ou de l'Ecclésia qui prononce l'ostracisme, c'est-à-dire le bannissement de la cité des citoyens jugés dangereux pour la démocratie.

À cette démocratie directe, Benjamin Constant oppose un autre modèle qu'il encourage, la démocratie représentative. Il s'agit pour « chacun d'influer sur l'administration du Gouvernement, soit par la nomination de tous ou de certains fonctionnaires, soit par des représentations ». Dans les démocraties modernes où le peuple est souverain, le gouvernement représentatif permet de concilier la volonté générale tout en déléguant le pouvoir à des élites politiques capables d'administrer la nation. D'ailleurs, la vie même de Benjamin Constant témoigne de cet engagement pour la représentation puisqu'il est lui-même représentant à la Chambre des Députés entre 1818 et 1830. Pourtant, pour lui, la représentation ne dispense pas les citoyens de s'impliquer dans la vie publique car ils sont invités à se « réunir à d'autres individus, (...) d'influer sur l'administration du Gouvernement par des pétitions, des demandes ». C'est ainsi que les partis politiques animent la vie politique des démocraties.

Mais la « liberté des Modernes » peut également comporter des limites comme le montre Alexis de Tocqueville en 1835, lorsqu'il évoque la « tyrannie de la majorité ». Dans les démocraties fondées sur les élections à la majorité des suffrages, les opinions de la minorité sont en effet écrasées par le nombre.

Portez un regard critique sur le document, soit au fil de l'étude, soit dans un paragraphe distinct à la fin de chaque partie.

Plan détaillé de la 3e partie

- Une « liberté des Anciens » qui se limite à la liberté collective
- Une « liberté des Modernes » qui repose sur les libertés individuelles
- Une « liberté des Modernes » qui peut susciter des critiques (montée de l'individualisme dénoncée par Karl Marx).

3. Repérez dans la conclusion les références à chacune des trois parties.

Dans un contexte de retour de la démocratie dans l'Europe des Lumières et post-révolutionnaire, Benjamin Constant est un libéral qui s'oppose au despotisme sous la Restauration. Dans son discours, Constant reprend la distinction entre la liberté des Anciens et des Modernes. Si chez les Anciens la liberté consistait à participer à la vie politique de la cité au détriment de ses intérêts propres, dans le contexte du libéralisme du XIXe siècle le citoyen a tendance à s'abandonner aux institutions et à ses représentants pour jouir des libertés fondamentales quitte à accepter que ces derniers interfèrent dans sa sphère privée.

Rappelez les apports de chaque partie à la problématique.

Montrez l'apport du document pour le traitement du sujet.

Méthode BAC

Comment construire une question pour le Grand oral ?

Qu'est-ce qu'une question pour le Grand oral ?

Le jour de l'épreuve, vous êtes interrogé(e) sur l'une des deux questions préparées au cours de l'année.
Ces questions doivent mettre en lumière un des grands enjeux du programme de la classe de Première ou de Terminale.
En cinq minutes, vous devrez justifier le choix de votre question, puis la développer et y répondre.

Une question du Grand oral doit…

- **… s'inscrire dans le programme d'HGGSP** de Première ou de Terminale
- **… intéresser (et vous intéresser)**
  - par son thème
  - par ses enjeux
  - par son lien avec un fait d'actualité
  - parce que c'est un sujet de débat
- **… être réalisable en 5 minutes**
  Le sujet ne doit pas être trop vaste (vous ne feriez alors que le survoler), ni trop fermé (vous risqueriez alors de ne pas tenir le temps de parole)
- **… être, dans l'idéal, en lien avec votre projet de poursuite d'études**

Info BAC
Pour votre Grand oral, vous devrez élaborer deux questions sur les deux enseignements de spécialité soit pris isolément, soit abordés de manière transversale.

Comment choisir et formuler une question ?

Si je choisis d'étudier…	Je dois m'interroger sur…	Je peux commencer ma question par…
Un acteur (individuel ou collectif)	– son rôle précis dans un événement – son influence dans la société – ses responsabilités – ses décisions et/ou actions	➲ ***Quel rôle joue*** Périclès dans la démocratie athénienne ? ➲ ***Dans quelle mesure les décisions et actions*** de la Commission européenne influencent-elles les démocraties de l'UE ? ➲ ***Quelle a été l'influence de*** Juan Carlos dans la démocratisation de l'Espagne ?
Un espace, un territoire	– les tensions et enjeux qui agissent et transforment cet espace – les acteurs qui s'affrontent pour s'approprier ce territoire – les aménagements et les transformations de ce territoire – les populations vivant dans ce territoire	➲ ***En quoi la frontière*** chypriote est-elle révélatrice des enjeux transfrontaliers contemporains ? ➲ ***En quoi la frontière*** entre les deux Corée illustre-t-elle les tensions frontalières ? ➲ ***Comment*** la démocratisation du Chili a-t-elle bouleversé le territoire et la population ?
Un événement	– sa nature – son contexte (historique et spatial) – ses causes et/ou ses conséquences à court, moyen ou long terme – les acteurs impliqués	➲ ***Que se passe-t-il lors*** du Coup d'État de 1981 en Espagne ? ➲ ***Quelles sont les conséquences de*** la Révolution des Œillets au Portugal ? ➲ ***Comment*** Salvador Allende est-il parvenu à prendre le pouvoir ?
Une notion	– sa définition – les débats qu'elle suscite – les différents points de vue des scientifiques	➲ ***Comment le concept*** de démocratie a-t-il évolué en France au XIXe siècle ? ➲ ***Comment l'œuvre de*** Tocqueville a-t-elle influencé les penseurs et théoriciens du XIXe siècle ? ➲ ***En quoi les pensées de*** Tocqueville et Marx s'opposent-elles concernant la démocratie ?
Une question socialement ou politiquement vive	– les différents points de vue qui existent et s'affrontent à l'échelle nationale et/ou internationale – les effets sociaux et politiques de cette question	➲ ***Comment peut-on expliquer*** l'inégale croissance de l'abstentionnisme dans l'Union européenne ? ➲ ***Dans quelle mesure*** l'échec du référendum de 2005 a-t-il modifié le fonctionnement de l'UE ? ➲ ***Faut-il*** abroger le traité de Lisbonne ?

Info BAC N'hésitez pas à solliciter l'aide de votre professeur pour élaborer et valider votre question. Ce sera la garantie d'une question répondant aux exigences du Grand oral.

SUJET d'application ➔ L'abstentionnisme aux élections européennes

étape 1 Vérifier que le sujet est conforme aux attentes d'une question de Grand oral

1. Le sujet peut-il vous intéresser et intéresser le jury ? Justifiez votre réponse.

2. Le sujet s'inscrit-il dans le programme d'HGGSP ?

3. Est-il possible d'apporter une réponse au sujet en 5 minutes ?

4. Existe-t-il un lien entre le sujet et votre projet de poursuite d'études ?

étape 2 Identifier des éléments à étudier

5. Complétez le tableau pour identifier les éléments possibles à étudier en lien avec sujet.
Aidez-vous des pages 72 à 89 de votre manuel.

Un acteur	Un espace	Un événement	Une notion / Un concept	Une question vive
– *Les citoyens et leurs opinions face aux élections européennes* – *Les députés européens et leurs actions pour contrer l'abstentionnisme* – ………	– ……… – ………	– ……… – ………	– ……… – ………	– *La poussée de l'abstentionnisme dans l'UE* – ……… – ………

étape 3 Formuler une question

**6. Proposez une question de Grand oral pour chaque élément noté dans le tableau.
Soumettez ces questions à votre enseignant.**

Exemples :
– Quel rôle jouent les députés pour lutter contre l'abstentionnisme aux élections européennes ?
– En quoi l'abstentionnisme aux élections européennes peut-il remettre en cause le projet européen ?

étape 4 Mener une recherche documentaire

7. À l'aide de la Méthode p. 100-101**, réalisez votre recherche documentaire.**

Sujet d'entraînement

Choisissez un des sujets suivants, identifiez pourquoi le sujet vous convient puis élaborez une question.

- La démocratie, un idéal partagé par la plupart des pays du monde aujourd'hui ;
- Être une femme dans la démocratie athénienne antique ;
- Les États-Unis et la chute de Salvador Allende ;
- La démocratie directe athénienne : un modèle à suivre ;
- La Hongrie et la Pologne : de véritables démocraties ;
- L'abstentionnisme aux élections : une preuve de la faiblesse de la démocratie ;
- La démocratie française face à la crise économique ;
- Le peuple et le pouvoir dans une démocratie représentative ;
- L'Union européenne et la démocratie ;
- La liberté de la presse et la démocratie occidentale ;
- La représentation des femmes dans les parlements dans le monde.

Méthode BAC

Comment se documenter pour le Grand oral ?

Pourquoi se documenter ?

Le jour de l'épreuve, vous disposez d'un temps de parole de 5 minutes durant lesquelles vous répondez à votre question dans un exposé organisé. Le jury évalue alors vos capacités argumentatives.
Pour réussir ce Grand oral, il est indispensable d'énoncer des arguments rigoureux et précis, issus de sources diverses et fiables (articles de presse, ouvrages spécialisés, podcasts, …).

Comment se documenter ?

COMMENT SE DOCUMENTER ?

1. Délimiter le sujet et identifier les mots clés grâce au manuel (lexique) et à des dictionnaires

2. Chercher des documents dans le manuel, sur e-sidoc (ressources du CDI de votre lycée) et/ou à partir de moteurs de recherche (*Google, Google Scholar…*)

3. Sélectionner les documents les plus pertinents, en les classant en fonction :
- de leur source (date, fiabilité) ;
- de leur nature (essai descriptif, article de vulgarisation, article scientifique, récit d'expérience personnelle, données statistiques, …) ;
- de leur forme (article paru dans la presse papier ou en ligne, ouvrage spécialisé, revue…).

Comment s'assurer de la fiabilité d'un document ?

✔ **Règle 1 Consulter des sources fiables**

La presse écrite + **La presse scientifique** + **Des sites institutionnels** + **D'autres sites fiables**

La presse écrite

Des périodiques d'actualité : *Courrier International, Newsweek…*

Des quotidiens de différents pays pour croiser les points de vue : *Le Monde, Libération* (France), *Le Soir* (Belgique), *La Tribune de Genève* (Suisse), *The Guardian* (Royaume-Uni), *The New York Times* (États-Unis)…

La presse scientifique

Histoire : *L'Histoire, Revue d'histoire*

Géographie : *La Géographie, Echogéo, L'Espace géographique, Cahiers d'Outre-Mer, Population & Avenir…*

Géopolitique : *Hérodote, Carto, Conflits, Mappamundi, Diplomatie…*

Sciences politiques : *Revue Française de Science politique, Léco, Émile…*

Des sites institutionnels

L'INA (Institut National de l'Audiovisuel) : la mémoire de l'audiovisuel français ;

Europa ou Toute l'Europe : les ressources officielles de l'UE ;

L'INSEE et la Banque mondiale : les derniers chiffres actualisés pour la France et le monde.

D'autres sites fiables

Les sites des musées et des monuments historiques : *Louvre.fr, musée de l'histoire de l'immigration www.histoire-immigration.fr…* ;

Les dictionnaires et encyclopédies en ligne : *Universalis, Larousse…* ;

Le site Géoconfluences de l'ENS de Lyon ;

Le site de Sciences Po.

✔ **Règle 2 Vérifier l'identité de l'auteur** et sa neutralité en consultant sa biographie et/ou la page « À propos » du site Internet consulté.

✔ **Règle 3 Vérifier les sources** utilisées par l'auteur. Si l'auteur ne les mentionne pas, il est impératif de manipuler le document avec précaution et chercher à vérifier la véracité du propos.

SUJET d'application ➜ Comment l'Espagne reconstruit-elle sa démocratie à partir des années 1970 ?

étape 1 Délimiter le sujet et identifier les mots-clés

1. **Complétez l'analyse des mots-clés du sujet, à l'aide de votre manuel.**

Le sujet invite à s'interroger sur les moyens et les acteurs. Qui a favorisé le retour de la démocratie ? Quels moyens ont-ils employé ?

Le verbe « reconstruire » implique d'expliquer le rétablissement de la démocratie. Dans quel contexte cette reconstruction a-t-elle lieu ?

À quel événement fait référence cette date ? Pourquoi est-ce une date importante ?

Comment l'Espagne reconstruit-elle sa démocratie à partir des années 1970 ?

Pourquoi l'Espagne constitue-t-elle un exemple intéressant de transition démocratique ?

Utilisez les pages 32 à 35 du manuel pour définir les fondements d'une démocratie.

étape 2 Chercher des documents

2. **Complétez la première colonne du tableau de la question 4 en vous aidant des pages 64-65 et 68-69 de votre manuel et de documents trouvés au CDI, sur *e-sidoc* et/ou *googlescholar* en effectuant une recherche par les mots-clés du sujet.**

étape 3 Sélectionner les documents et vérifier leur fiabilité

3. **Complétez le tableau, sur le modèle proposé pour ce document trouvé sur *google*.**

hachette-clic.fr/23hgg1021

4. **Complétez le tableau pour l'ensemble des documents sélectionnés dans l'étape 3.**

Document utile pour traiter le sujet	Sources/références du document		Nature du document	Apport du document pour traiter le sujet
	Origine de la source	Fiabilité		
La transition démocratique en Espagne après la mort de Franco	Lumni utilise une vidéo de l'INA	– INA : site Internet fiable – Lumni : site Internet soutenu et conseillé par le ministère de l'Éducation nationale	Reportage vidéo accompagné d'une analyse d'Elsa Coupard, historienne de formation	– Les effets de la transition démocratique sur la société : liberté de la presse, essor des grèves ouvrières – La transition vers la démocratie inquiète certaines populations espagnoles et certains milieux
–	–	–	–	– ....

Sujet d'entraînement

Documentez-vous sur l'une de ces questions et réalisez un classement des sources obtenues selon la nature des documents retenus.

- Comment lutter contre l'abstention dans les démocraties occidentales ?
- La démocratie directe est-elle réservée aux sociétés de taille réduite ?
- Les États-Unis sont-ils responsables de l'échec de Salvador Allende au Chili ?
- Juan Carlos est-il le « père fondateur » de la démocratie espagnole post-franquiste ?
- Comment la dénazification en Allemagne de l'Ouest a-t-elle permis de reconstruire la démocratie ?
- Par quels moyens le général de Gaulle a-t-il réinstauré la démocratie en France aux lendemains de la Seconde Guerre mondiale ?
- Peut-on parler de démocratie en Chine ?
- Une municipalité française peut-elle gérer la commune par la mise en place d'une démocratie directe ?

Révision

Comprendre un régime politique : la démocratie

Podcast de révision

hachette-clic.fr/23hgg1022

A Réviser en autonomie

	Valeurs fondamentales	Modalités de la mise en application	Limites et critiques
LES FONDEMENTS DE LA DÉMOCRATIE	La participation des citoyens à la vie politique	La démocratie directe	Le despotisme démocratique de Tocqueville
	La mise en place d'institutions démocratiques représentatives	La démocratie représentative	La tyrannie de la majorité
	Le respect des libertés fondamentales	La transition démocratique (Portugal, Espagne)	Coups d'État antidémocratiques (Chili)
L'UNION EUROPÉENNE ET LA DÉMOCRATIE	Droits de l'Homme	Démocratie déléguée	Rejet du projet de constitution européenne en 2005
	Souveraineté	Fédéralisme, souverainisme	Montée des populismes et de l'euroscepticisme

B Réviser en groupe

RÉALISER DES DÉFIS-VOCABULAIRE

Par équipe, répondez à un maximum de questions de connaissances en 2 minutes.

étape 1 • Préparation

- En trio, listez toutes les notions-clés de l'axe 1, de l'axe 2 et de l'OTC.
  Par exemple, les notions-clés de l'axe 1 sont : citoyen, démocratie directe, démocratie représentative ….
- Puis répartissez les notions entre les 3 élèves.
  Chaque élève définit de manière concise chaque mot de vocabulaire à l'aide du cours et du manuel.

étape 2 • Réalisation 2 min

- Chaque équipe de trois se rencontre pendant deux minutes.
- Une équipe propose les définitions dans l'ordre qu'il souhaite et l'autre équipe doit dire à quelle notion elle correspond.
- Le principe est répété jusqu'à ce que chaque équipe soit passée.
- L'équipe gagnante est celle qui a fourni le plus de notions exactes en 2 minutes.

C Réviser en se documentant

À voir

- *Les Marches du Pouvoir*, de G. Clooney, 2011. Comprendre le fonctionnement de la démocratie américaine et les arcanes du pouvoir.
- *Parlement, 2020-2022* : une série comique qui prend place au cœur du Parlement européen.
- *L'Assemblée*, de M. Otero, 2017. Un documentaire sur le mouvement Nuits Debout qui réfléchit à une façon dont repenser la démocratie.

À lire

- *Les Institutions de l'Union européenne*, de D. Grandguillot, 2018 : Une présentation synthétique des institutions européennes.
- *Les Compromis*, de M. Calligaro et E. Cardère, 2019 : Roman policier dont l'intrigue se déroule au cœur des institutions européennes.

Sur le web

- Site de « Toute l'Europe » : portail en français sur les questions européennes, avec une riche documentation.
- Site du Forum mondial de la démocratie : lancé par le Conseil de l'Europe et souhaitant débattre sur les enjeux de la démocratie contemporaine.
- *The Man Came Around*, 2017, jeu vidéo belge. Quand la démocratie est menacée, quelles valeurs défendre ?

Site internet
hachette-clic.fr/23hgg1023
hachette-clic.fr/23hgg1024
hachette-clic.fr/23hgg1025

D Aller plus loin en étudiant un documentaire

Une démocratie en danger, un documentaire de Petra Costa, 2019.

1. Visionnez ce documentaire qui mêle à la fois positions politiques sur la démocratie brésilienne et souvenirs personnels de la réalisatrice. Vous compléterez ensuite la fiche suivante.

Présentation	Titre : Nom de la réalisatrice : Année de sortie : Contexte politique du Brésil :
Structure du documentaire	Synopsis, résumé du documentaire : Organisation : Evénements majeurs abordés :
Apport sur les notions étudiées en classe	Démocratie représentative : Souveraineté populaire : Libertés publiques : Acteurs de la démocratie :
Synthèse	Apport du documentaire résumé en quelques lignes : Critique personnelle :

Site internet
hachette-clic.fr/23hgg1026

2. Confrontez ce documentaire à un article récent sur la vie politique brésilienne.

3. D'après vous, la démocratie est-elle toujours en danger au Brésil ?

THÈME 2 Analyser les dynamiques des puissances internationales

Les dirigeants de l'OTAN à la cérémonie d'ouverture de leur rencontre annuelle à Bruxelles en juin 2021.

Découverte La puissance des États aujourd'hui

MISSION ➪ Vous devrez réaliser un débat pour savoir quel est l'État le plus puissant entre la France et le Japon.

1 La puissance mondiale de la France

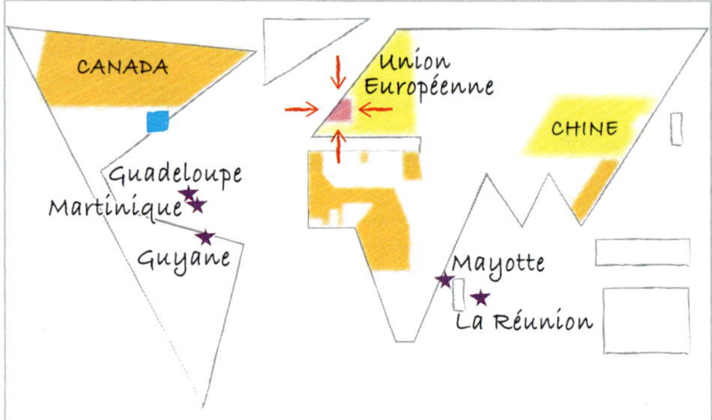

1. Une puissance économique majeure
- 7ᵉ économie mondiale
- principaux partenaires commerciaux

2. Une présence mondiale
- siège permanent au conseil de sécurité de l'ONU
- Département et région d'Outre-mer
- 1ʳᵉ destination touristique mondiale
- État membre de l'Organisation internationale de la francophonie (OIF)

2 La puissance mondiale du Japon

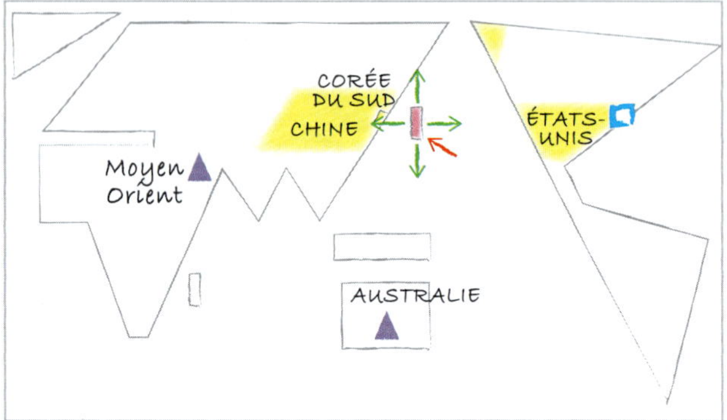

1. Une puissance économique majeure et vulnérable
- 3ᵉ économie mondiale
- principaux partenaires commerciaux
- forte dépendance énergétique

2. Une influence internationale limitée
- siège permanent au conseil de sécurité de l'ONU revendiqué
- diffusion du « cool japan »[1]
- 11ᵉ destination touristique mondiale

1. Politique mise en place par le gouvernement japonais pour promouvoir sa culture dans le monde entier.

3 Quelques indicateurs comparatifs

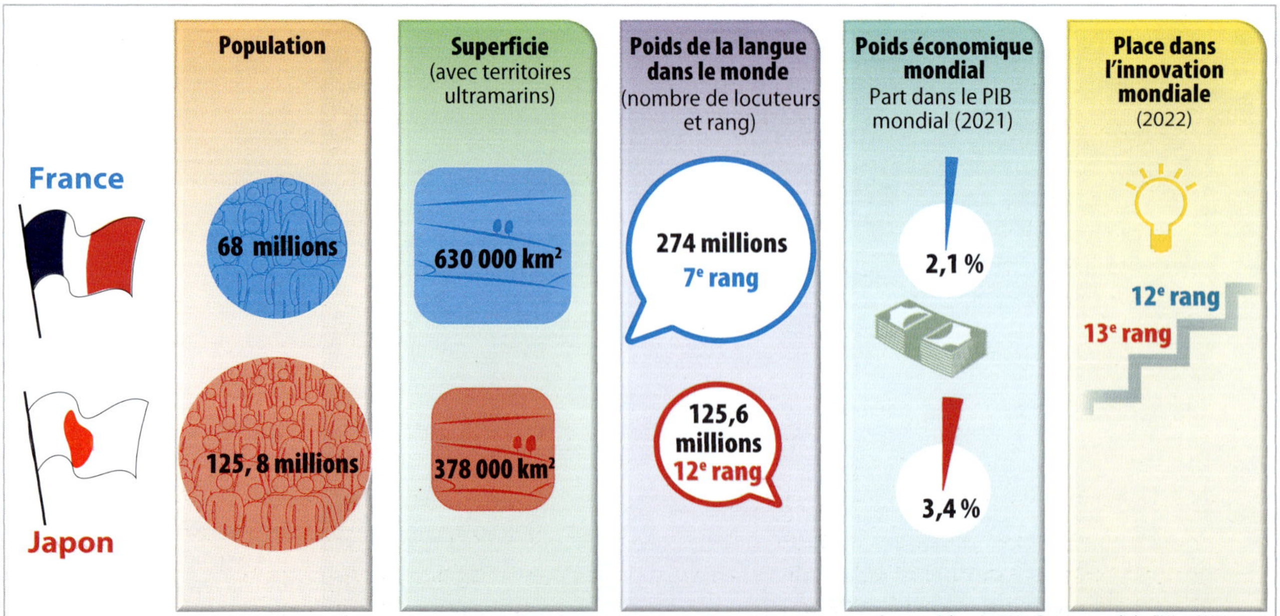

Sources : Atlasocio, 2023, Banque mondiale, FMI et OMPI, 2023.

4 Une puissance française contestée en Afrique

Une de la revue *Diplomatie*, juillet-août 2022.

En novembre 2022, sous pression des populations locales manipulées par la Russie, la France a mis fin à sa présence dans le Sahel où elle luttait depuis 2013 contre les groupes djihadistes.

5 Le Japon face à de fortes tensions régionales

Source : *The Japan Times*, 2 septembre 2016.

Traduction : Il est temps de procéder à un changement militaire historique.

ACTIVITÉ

étape 1

Identifier les caractéristiques de la puissance d'un État

1. À l'aide de sites, de préférence institutionnels (Banque mondiale, Sipri, FMI, ...), cherchez les informations suivantes en privilégiant les données les plus récentes.

Je cherche les trois États…
- les plus riches
- les plus vastes
- les plus peuplés
- dont l'armée est la plus nombreuse
- dont le budget militaire est le plus élevé
- qui ont reçu le plus de prix Nobel
- qui exportent le plus de films
- qui ont le plus d'ambassades dans le monde

2. Dans quels domaines l'influence d'un État s'exerce-t-elle ? Quels domaines vous semblent les plus importants ?
3. Classez les États des plus puissants aux moins puissants selon le nombre de fois où ils ont été cités. Que constatez-vous ?

étape 2

Organiser un débat pour répondre à la question :

Quel est l'État le plus puissant : la France ou le Japon ?

4. Pour mener le débat, divisez la classe en deux groupes : ceux qui prennent le parti de la France et ceux qui prennent le parti du Japon.
5. Par équipe de 4, à l'aide des documents, cherchez des arguments pour prouver que votre État est le plus puissant et classez-les dans ce tableau.

Facteurs de puissance	France	Japon
Territoire et population		
Armée, Diplomatie, Politique		
Économie		
Culture		

étape 3

Présenter le débat

6. Une équipe de 4 élèves rencontre une autre équipe de 4. À tour de rôle, les élèves débattent de chaque facteur de puissance.
7. Au bout de 5 minutes, les élèves spectateurs votent à main levée pour déterminer quelle équipe les a le plus convaincus.

POUR CONCLURE

1. **Pourquoi ne peut-on se limiter à un seul facteur pour évaluer la puissance d'un État ?**
2. **À l'aide de vos réponses, rédigez quelques lignes pour définir ce qu'est un État puissant.**

Repères — Les rapports de force des puissances aujourd'hui

1 Un monde dominé par les puissances

Un monde multipolaire
- puissance établie
- puissance émergente
- puissance nucléaire

Une domination des puissances établies aujourd'hui contestée
- G 20 : une gouvernance mondiale élargie

Conseil de sécurité de l'ONU :
- CHINE État disposant d'un siège permanent
- INDE État revendiquant un siège permanent

Les États, des acteurs fragilisés
- conflit interétatique
- conflit intraétatique
- centre de mouvement terroriste internationalisé

Sources : *Analyse des enjeux internationaux*, Armand Colin, 2021 et P. Boniface, *L'année stratégique 2022*.

Carte interactive
hachette-clic.fr/23hgg1027

2 Quelques indicateurs de puissance

	Dépenses militaires en 2021 (en milliards d'euros)	**PIB en 2022** (en milliards de dollars)	**Nombre d'ambassades dans le monde** (rang mondial)
États-Unis	801 (1er)	25 040 (1er)	167 (2e)
Chine	293 (2e)	18 320 (2e)	169 (1er)
Japon	54 (7e)	4 300 (3e)	144 (5e)
Russie	66 (5e)	2 130 (9e)	143 (7e)
Allemagne	56 (6e)	4 031 (4e)	149 (4e)
Royaume-Uni	68 (4e)	3 198 (6e)	149 (4e)
Inde	77 (3e)	3 470 (5e)	124 (48e)
France	56 (6e)	2 778 (7e)	160 (3e)

Sources : Atlasocio, FMI, Lowy institute et Sipri, 2023.

Vocabulaire

Puissance émergente : État exerçant une puissance récente et en cours d'affirmation dans le monde. Elle s'oppose à la puissance établie.

Puissance établie : État ou organisation (comme l'UE) exerçant une puissance ancienne, reconnue et majeure sur le monde. Elle s'oppose à la puissance émergente.

3 L'innovation, un critère de puissance devenu essentiel

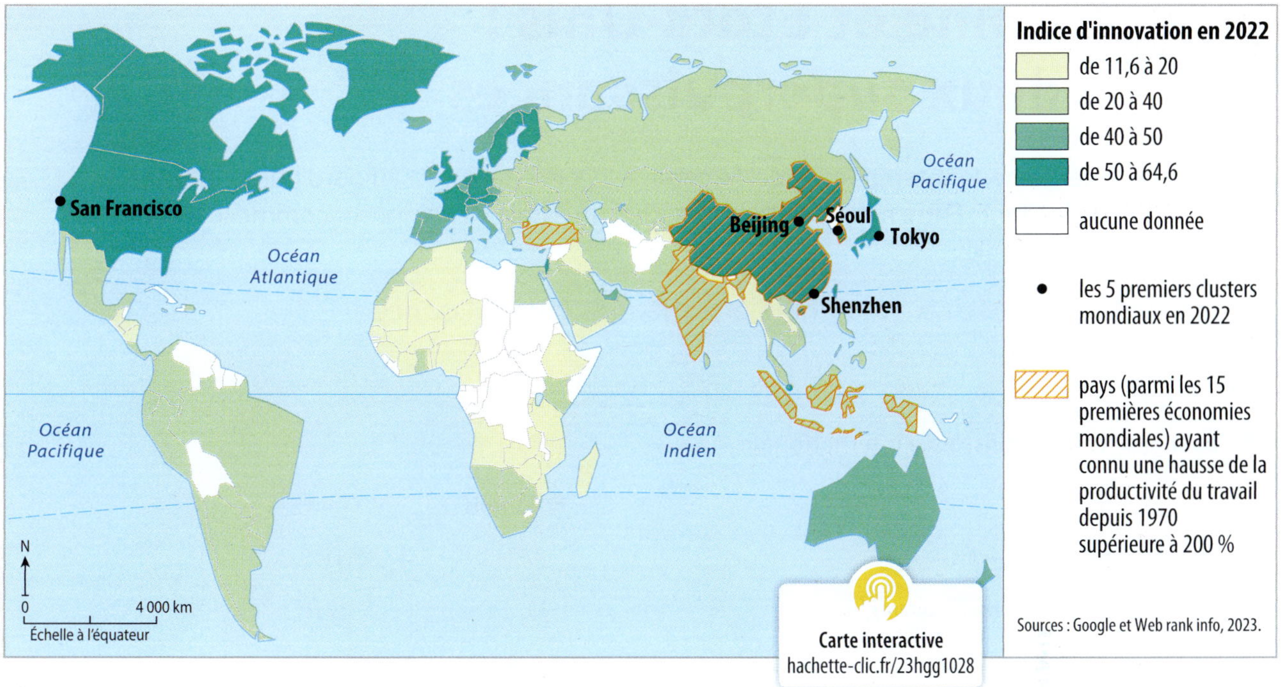

Sources : Google et Web rank info, 2023.

4 Les géants des nouvelles technologies, de nouveaux acteurs de puissance

	 **Jeff Bezos**	 **Elon Musk**	 **Bill Gates**	 **Jack Ma**
Fondateur de l'entreprise…	Amazon (États-Unis)	Tesla, SpaceX, Open AI (ChatGPT) (États-Unis)	Microsoft (États-Unis)	Alibaba (Chine)
Fortune personnelle (PIB d'un État comparable)	200 milliards de dollars (supérieur au PIB de l'Algérie)	220 milliards de dollars (supérieur au PIB du Qatar)	102 milliards de dollars (supérieur au PIB du Venezuela)	45 milliards de dollars (supérieur au PIB du Cameroun)
Domaine d'influence	– commerce en ligne (1er mondial) – contrôle de médias (rachat du *Washington Post* en 2013.	– lancement spatial (budget de SpaceX 5 fois supérieur à celui de la Nasa) ; – contrôle des réseaux sociaux (rachat de Twitter en 2022) – prises de position géopolitiques : financement du réseau Internet en Ukraine via des satellites et proposition d'un plan de paix lors du conflit avec la Russie	– lutte contre la pauvreté dans le monde par la Fondation Gates (8 fois le budget annuel de l'OMS) : – financement de certaines actions de l'OMS suscitant des craintes sur son indépendance ; – volonté de s'imposer dans la lutte contre le changement climatique	– commerce en ligne (AliExpress) ; – humanitaire en Afrique par la Fondation Jack Ma ; – critique du pouvoir politique chinois, ce qui a conduit à son éloignement de la vie publique en 2020.

Sources : *Le Monde*, 29 octobre 2022.

POUR COMPRENDRE

Le monde est devenu multipolaire, par opposition au monde bipolaire de la guerre froide. Les États-Unis, et dans une moindre mesure la Russie, demeurent des puissances établies, mais d'autres États s'affirment.

1. Quels États s'affirment ? Par quels moyens ? (doc. 1, 2 et 3)

Si les États restent le pilier essentiel de la puissance, d'autres acteurs influent, comme les organisations internationales, les ONG (Organisations non gouvernementales), les forces criminelles, voire les individus.

2. Montrez que ces acteurs remettent en cause la puissance des États. (doc. 1 et 4)

FOCUS Chine et États-Unis : deux superpuissances

L'hégémonie américaine, longtemps considérée comme incontestable, est aujourd'hui confrontée à l'affirmation de la Chine. Entre rivalité et tensions, chacun essaie de s'imposer comme le leader sur la scène internationale.

▸ Comment les États-Unis et la Chine affirment-ils leur puissance dans le monde ?

1 Les supports de la puissance internationale

	États-Unis	Chine
Superficie du territoire, en millions de km^2	9,6 (3e)	9,5 (4e)
Population en 2023, en millions d'habitants	332 (3e)	1 412 (1er)
Nombre d'ogives nucléaires en 2021	5 428 (2e)	350 (3e)
PIB en 2021, en milliards de dollars	22 996 (1er)	17 734 (2e)
Nombre d'universités dans le classement en Shanghai, en 2022	196 (1er)	186 (2e)
Nombre de films produits en 2022	1 213 (1er)	261 (2e)

Sources : Banque mondiale, classement de Shanghai, OMT, SIPRI, 2023.
(3e) : rang mondial

2 L'ascension chinoise en Amérique Latine

La Colombie et l'Équateur sont deux des rares pays latino-américains où les États-Unis sont encore le premier partenaire commercial, juste devant la Chine. Mais sans doute plus pour très longtemps. L'Empire du milieu, qui domine déjà le commerce en Amérique latine, pourrait rapidement supplanter les États-Unis dans ces deux pays qu'il courtise pour leurs gisements en énergies fossiles, et notamment pour leur charbon. Pendant la pandémie de Covid-19, Pékin a marqué des points avec une vigoureuse diplomatie vaccinale. L'Équateur a reçu récemment 2 millions de doses *made in USA*, les Chinois eux avaient déjà expédié 13 millions de vaccins sur place. Le fer, le cuivre, le soja, le porc, et bien sûr les hydrocarbures sont les principaux produits sud-américains importés par la Chine pour construire ses villes et nourrir sa population. Cela fait vingt ans que la Chine fait ses courses de première nécessité dans cette région (un tiers des exportations brésiliennes vont vers la Chine). La Chine restera la destination numéro un des exportations d'Amérique latine dans le futur proche ; et elle est de plus en plus insérée dans l'économie locale avec le financement des infrastructures ou des prises de participation dans des secteurs clé. Une société chinoise a racheté la compagnie péruvienne d'électricité, une autre a mis la main sur la moitié du réseau chilien. Mais malgré cette offensive chinoise, les États-Unis demeurent le premier investisseur en Amérique latine.

D'après RFI (Radio France Internationale), 21 octobre 2021.

3 Les nouvelles ambitions culturelles de la Chine

Vidéo
France 2, 2021.
hachette-clic.fr/23hgg1029

Le gouvernement chinois a investi plus six milliards d'euros dans les studios cinématographiques de *Chinawood*.

Francetvinfo, 13 novembre 2021.

Vocabulaire

Classement de Shanghai : classement des universités mondiales établi depuis 2003 par des chercheurs de l'université de Shanghai. Il se fonde sur des critères variés : nombre de prix Nobel obtenus, nombre d'articles publiés dans des revues internationales, ...

4 Une concurrence pour la distribution des vaccins pendant la Covid-19

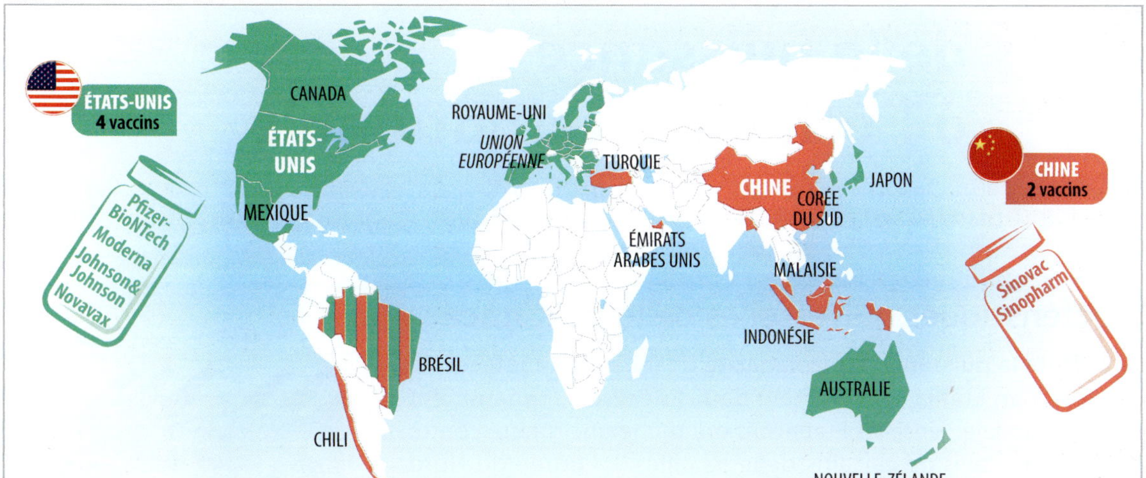

Source : *Le Parisien*, 10 janvier 2021.

5 Taïwan, au cœur des rivalités entre les puissances

Stellina Chen, *cartoon for peace*, Le Monde, Mai 2022.

Lors d'une interview, le président des États-Unis, Joe Biden, a affirmé que les troupes américaines défendraient Taïwan en cas d'invasion chinoise.

La Chine a alors dénoncé « une grave violation de l'engagement américain à ne pas soutenir l'indépendance de Taïwan »[1]. La Chine estime en effet que Taïwan, peuplée de quelque 23 millions d'habitants, est l'une de ses provinces, qu'elle n'est pas encore parvenue à réunifier avec le reste de son territoire depuis la fin de la guerre civile chinoise en 1949. Les États-Unis estiment quant à eux que c'est à Pékin et à Taipei de trouver une solution (pour une réunification ou non), mais ils s'opposent à tout usage de la force pour changer le statu quo. Les propos de Joe Biden interviennent toutefois après un rapprochement significatif entre les États-Unis et Taïwan, Washington ayant annoncé la vente pour 1,1 milliard de dollars d'armes à Taïwan.

De plus, en août 2022, une visite sur l'île de la présidente de la Chambre des représentants, N. Pelosi, avait aussi provoqué la fureur de Pékin. La Chine avait alors lancé les plus importantes manœuvres militaires de son histoire autour de l'île conduisant à son quasi-blocus.

D'après *Le Monde*, 19 septembre 2022.

1. La République populaire de Chine revendique sa souveraineté sur l'île de Taïwan depuis 1949 et souhaite réunir les deux territoires sous une seule et même autorité. Les États-Unis soutiennent quant à eux l'autonomie de l'île.

ACTIVITÉ Discuter et argumenter

À l'aide des documents, préparez une table ronde autour du thème : « **La Chine et les États-Unis, les deux puissances du monde actuel** ».

Aidez-vous du tableau pour étayer les arguments et convaincre les auditeurs.

	Arguments…	
	… qui permettent de justifier l'affirmation	… qui permettent de nuancer et/ou de contredire l'affirmation
Les États-Unis sont toujours la première puissance mondiale.		
La Chine surclassera prochainement les États-Unis.		
La Chine cherche à affirmer sa puissance en dehors de son territoire.		
Seuls les États-Unis rayonnent en dehors de leur territoire.		

Bilan

À l'aide des documents, rédigez une réponse organisée au sujet : « **Comment les États-Unis et la Chine affirment-ils leur puissance dans le monde ?** ».

Introduction

Leçon 1 Les caractéristiques de la puissance à l'échelle internationale

➤ Comment les manifestations de la puissance évoluent-elles dans un monde multipolaire ?

A Des caractéristiques universelles de la puissance

- **Le premier stade de la puissance est la capacité de faire ou de refuser de faire.** Elle confère à un État la souveraineté de ses décisions, notamment sur la scène internationale. Ainsi, les États-Unis ont mené une guerre contre l'Irak en 2003, contre l'avis de certains de leurs alliés. La Corée du Nord continue son programme d'armement nucléaire malgré les sanctions internationales. Malgré la pression des puissances occidentales, l'Inde a refusé de condamner l'intervention russe en Ukraine en 2022.
- **La puissance recouvre aussi la capacité de faire faire.** En initiant le FMI, les États-Unis ont structuré les systèmes monétaire et commercial après 1945. La moitié des transactions commerciales planétaires se font ainsi en dollars. L'UE impose ses normes environnementales et sanitaires aux importateurs étrangers, comme l'interdiction d'importations de viande aux hormones ou de certains pesticides. Les accords du Touquet de 2004 contraignent les Français à assurer le contrôle des migrants vers le Royaume-Uni.
- **La puissance correspond enfin à la capacité d'empêcher de faire.** Les 5 membres permanents du Conseil de sécurité de l'ONU ont la capacité de bloquer par veto toute décision. Les États-Unis empêchent tout échange commercial avec l'Iran, sous peine de sanctions économiques. Les puissances nucléaires, par la force de dissuasion, disposent de fait d'une capacité à empêcher toute agression de leur territoire.

1 L'armement, un facteur de puissance toujours déterminant

Parade de l'armée chinoise en 2017.

B Des fondements de la puissance qui évoluent

- **Les composantes permanentes de la puissance (poids de la population, du territoire) sont à relativiser.** Une population nombreuse est un atout si elle constitue une main-d'œuvre et un marché intérieur au service du développement économique, comme en Chine. Un territoire étendu n'est un facteur de puissance que s'il est maîtrisé et ses ressources valorisées (monarchies pétrolières du Golfe). Ainsi, la Russie a un immense territoire riche en ressources mais peine à le contrôler.
- **La capacité à s'imposer par le *hard power* évolue.** Liée le plus souvent à un héritage historique, la force militaire se mesure d'abord à la capacité de projection plus qu'au nombre de soldats. Les États-Unis, le Royaume-Uni, la France, mais également la Chine, disposent de bases à l'étranger. La puissance économique se mesure à la capacité à investir dans les économies concurrentes, notamment par le biais des FTN.
- **La capacité à exercer son influence par le *soft power* est un élément essentiel de la puissance.** Le cinéma et la télévision ont contribué à la diffusion de l'American Way of life depuis 1945 ou aujourd'hui du « cool Japan » (mangas, films d'animation). Les séries télévisées sud-coréennes (*Squid game* en 2021) rencontrent un succès international croissant. En prêtant ses pandas à d'autres pays, la Chine véhicule une image pacifique de sa puissance. Ces formes indirectes de la puissance jouent un rôle croissant.

Vocabulaire

BRICS (Brésil, Russie, Inde, Chine et Afrique du Sud) : groupe de puissances ascendantes appelées à remettre en cause la domination des pays riches dans l'économie mondiale.

Capacité de projection : capacité pour un État d'intervenir rapidement et massivement hors de ses frontières.

FTN (Firme transnationale) : entreprise possédant au moins une filiale à l'étranger.

***Hard power* :** capacité d'un État à imposer par la force leur puissance militaire, stratégique, économique ou financière.

Multilatéralisme : mode de relations inter-étatiques visant à établir des règles communes.

***Soft power* :** capacité d'un État à diffuser par la persuasion un modèle culturel, politique ou économique.

C Des manifestations contrastées dans un monde multipolaire

Les puissances établies structurent l'environnement politique et économique à l'échelle mondiale. Rassemblées dans le club du G7, elles représentent 43 % du PIB mondial. Seuls les États-Unis incarnent la « superpuissance » par leurs capacités sans équivalent. Les puissances européennes intégrées dans l'UE sont affaiblies par leurs divisions. En envahissant l'Ukraine (2014 et 2022), la Russie réaffirme ses ambitions de puissance géopolitique.

De nouveaux acteurs incarnent de nouvelles formes de puissance. Les États émergents cherchent à contrebalancer l'influence des puissances occidentales. Depuis la fin du XXe siècle, ils affirment leur volonté de peser sur la scène internationale mais leur influence est inégale. Seule la Chine est devenue une puissance mondiale au XXIe siècle. L'Inde, le Brésil, l'Afrique du Sud rayonnent surtout à l'échelle régionale. Le G20 incarne cette concurrence croissante des puissances émergentes, associant des États comme l'Arabie saoudite, le Mexique ou l'Indonésie. Certains individus ou entreprises, enrichis par l'économie numérique (fondateurs des GAFAM), rivalisent désormais avec les États.

La coopération est une solution pour réguler le pouvoir des puissances. Les **BRICS** ont créé une Nouvelle banque de développement pour concurrencer les organisations internationales comme le FMI ou la Banque mondiale qu'ils accusent d'être dominés par les puissances occidentales. Le **multilatéralisme** contribue à recomposer la puissance et ses enjeux en créant des institutions régulatrices (UE, Asean, Union africaine). L'ONU reste la seule instance internationale de discussion et de négociation entre les puissances.

2 Une du *Courrier international* du 9 novembre 2022

SCHÉMA BILAN

Schéma interactif
hachette-clic.fr/23hgg1030

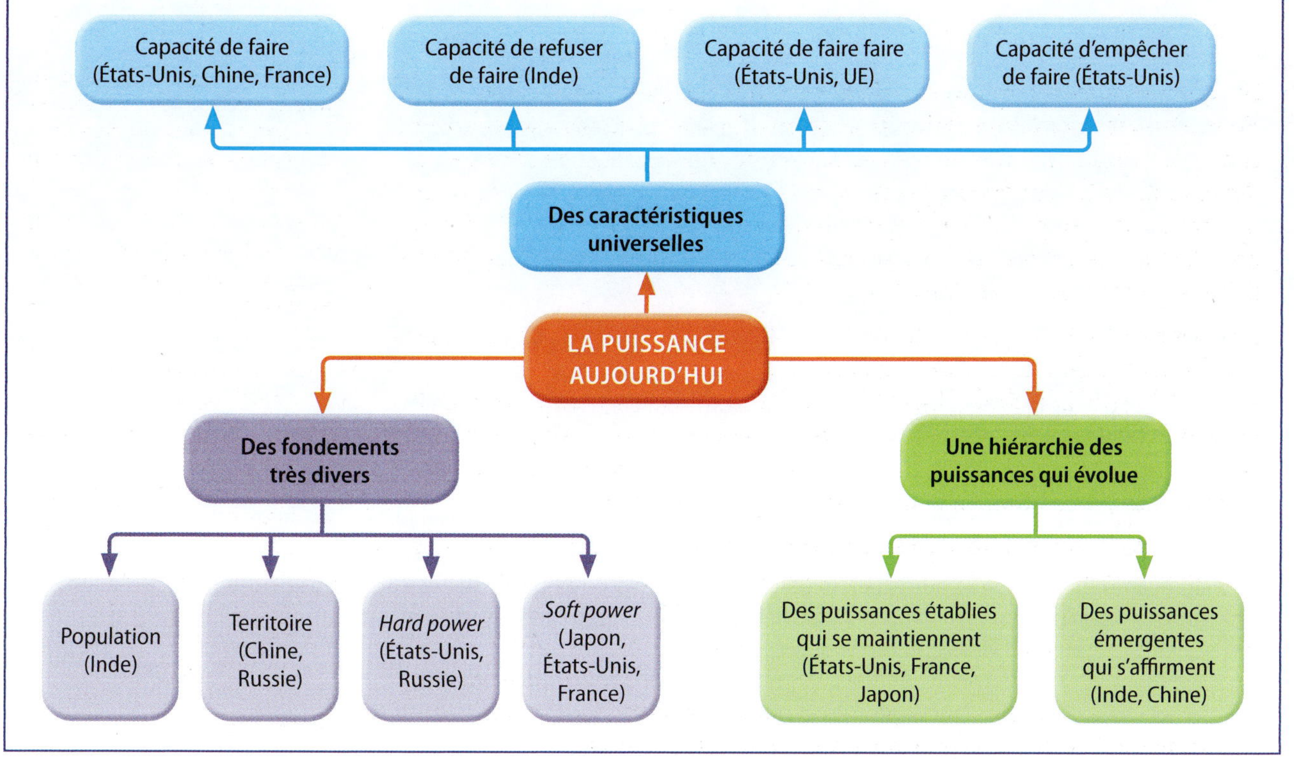

AXE 1

Essor et déclin des puissances : un regard historique

› Comment les puissances se construisent-elles et disparaissent-elles ?

1 La fin de l'Empire inca au XVIe siècle

Capture d'Atahualpa à Cajamarca, Juan B. Lepiani (1864-1932), Museo de Arte, Lima (Pérou).

Alors que l'Empire inca, touché par des épidémies apportées par les conquistadors espagnols, sortait d'une guerre de succession, Pizarro (ici sur son cheval) débarque au Pérou avec moins de 200 hommes. Il capture Atahualpa (ici sur son trône, en blanc) le 16 novembre 1532, avant de le faire exécuter.

1200 — 1300 — 1400 — 1500 — 1600 — 1700 — 1800 — 1900 — 2000

- 1299 **Fondation de l'Empire ottoman**
- 1453 **Prise de Constantinople** par les Ottomans
- 1520-1566 Règne du sultan **Soliman le Magnifique**
- 1839-1878 **Réformes des Tanzimat**
- 1922 **Disparition de l'Empire ottoman**
- 1922 **Création de l'URSS**
- 1991 **Éclatement de l'URSS**
- 2000 Première élection de **Vladimir Poutine**

2 Vladimir Poutine, un chef de guerre

Vladimir Poutine présente ses vœux le 31 décembre 2022 pour le Nouvel An, en pleine offensive en Ukraine.

QUESTIONS

1. En quoi le **document 1** montre-t-il que l'effondrement des civilisations précolombiennes face à l'Europe marque les esprits pour longtemps ?

2. Quel aspect de la puissance Vladimir Poutine cherche-t-il à mettre en avant d'après le **document 2** ?

3. Pourquoi, d'après la frise chronologique, peut-on parler de « renaissance » de la puissance russe ?

p. 116 > JALON ①
L'Empire ottoman, de l'essor au déclin

p. 122 > JALON ②
Une puissance qui se reconstruit après l'éclatement d'un empire : la Russie depuis 1991

Étude

L'essor de l'Empire ottoman à partir du XIVe siècle

Fondé en 1299 par Osman Ier, l'Empire ottoman a duré plus de six siècles et s'est étendu sur trois continents. Après Rome et Byzance, c'est la seule construction politique à avoir atteint des dimensions comparables.

Comment la puissance de l'Empire ottoman se construit-elle jusqu'à connaître son apogée au XVIe siècle, sous le règne de Soliman le Magnifique ?

1200 – 1300 – 1400 – 1500 – 1600 – 1700

- 1299 : **Fondation de l'Empire ottoman**
- 1453 : **Prise de Constantinople** par les Ottomans
- 1529 : Échec du premier siège de Vienne
- 1535 : Alliance franco-ottomane
- 1683 : Échec du second siège de Vienne
- 1520-1566 : Règne du sultan **Soliman le Magnifique**
- 1526-1541 : Conquête de la Hongrie

1 La formation de l'Empire ottoman

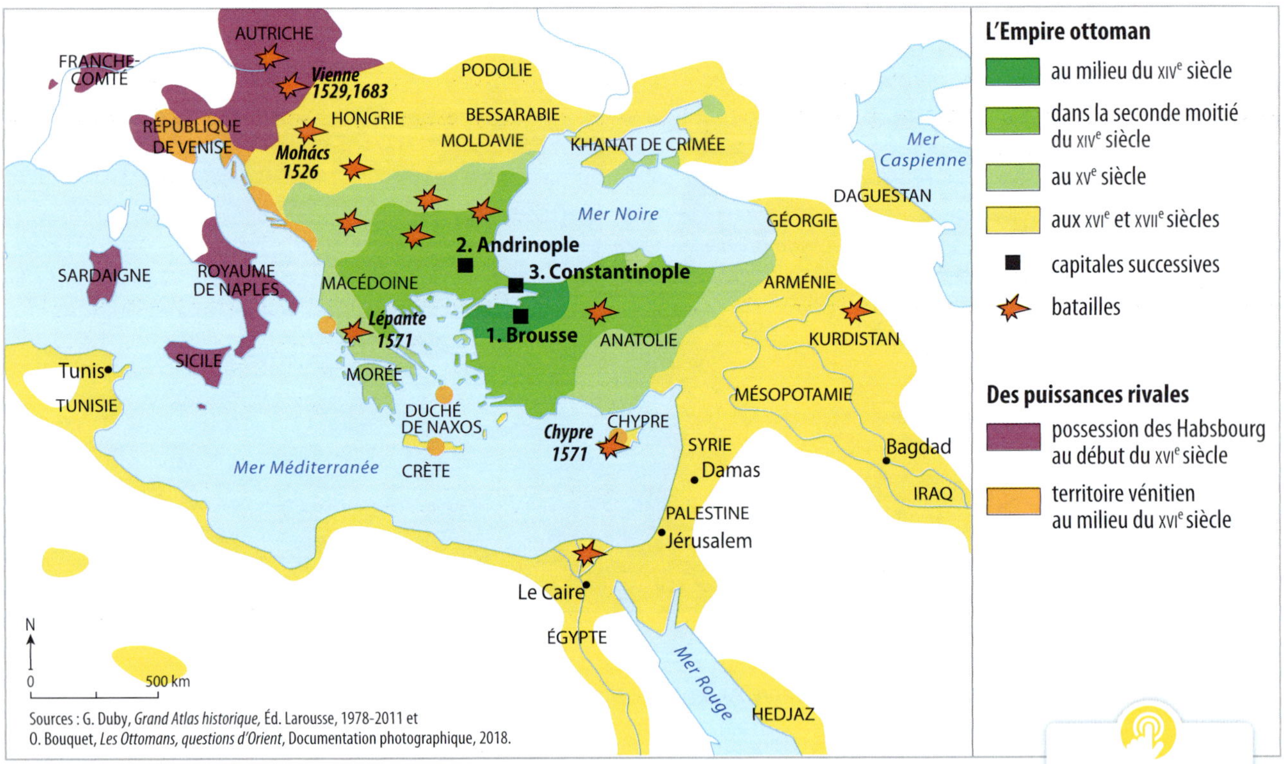

Sources : G. Duby, *Grand Atlas historique*, Éd. Larousse, 1978-2011 et O. Bouquet, *Les Ottomans, questions d'Orient*, Documentation photographique, 2018.

Carte interactive
hachette-clic.fr/23hgg1031

2 Le siège de Constantinople, 1453

Miniature, XVe siècle, Turquie.

Les musulmans, comme les chrétiens, ont accordé à la prise de Constantinople une importance symbolique considérable, alors même que l'Empire byzantin, dernier bastion de la chrétienté orientale, était en plein déclin. Son territoire fut réduit à une enclave soumise au pouvoir ottoman. Constantinople devient la capitale de l'Empire ottoman.

3 L'organisation administrative et militaire de l'Empire ottoman

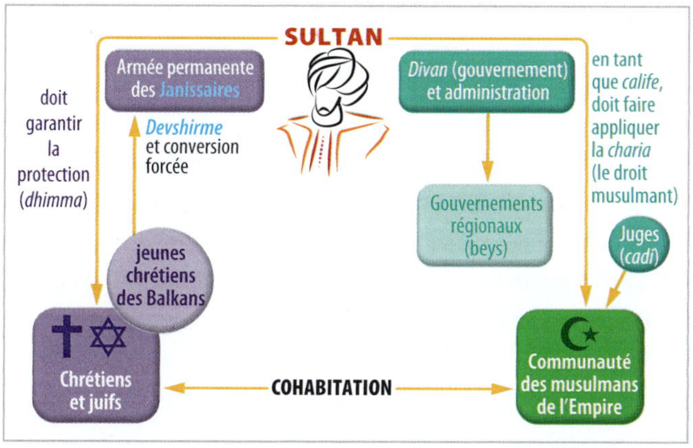

4 Soliman le Magnifique vers 1530

Soliman le Magnifique, attribué au Titien, vers 1530, Kunsthistorisches Museum, Vienne.

Sultan de 1520 à 1566, son règne marque l'apogée de la puissance ottomane, par ses nombreuses conquêtes, mais également grâce au contrôle du commerce méditerranéen. Pour lutter contre leur ennemi commun Charles Quint de Habsbourg, il noue des alliances politiques et commerciales avec la France.

5 Un cosmopolitisme au service de la puissance

La parole de l'historien

Le pouvoir du sultan repose sur une double base juridique : le droit musulman, la charia, fondé sur l'application du Coran, et le droit coutumier établi à partir des usages juridiques des populations annexées au cours des conquêtes. Il s'agit, en somme, de ne pas bouleverser les habitudes des peuples soumis, afin de ne pas déclencher de soulèvements et d'assurer une continuité administrative indispensable à la bonne gestion des provinces et, par conséquent, de l'Empire. En lançant des expéditions en Anatolie orientale, Selim Ier cherche à obtenir en Syrie, Palestine et Égypte le contrôle du commerce de transit entre l'océan Indien et la Méditerranée. Il veut aussi maîtriser le trafic avec les pays producteurs de marchandises très prisées par le consommateur ottoman : épices, parfums, colorants, tissus indiens…

Dès les débuts de l'Empire, une grande partie des sujets du sultan est de religion chrétienne. La force de l'État repose pour une bonne part sur la participation des chrétiens. Pour eux, le *devchirmé* est le plus sûr moyen d'accéder à des postes de haut niveau. On sait que ceux qui y sont parvenus ont largement pratiqué le népotisme[1], car ils n'ont jamais oublié leurs origines, leur famille, leur village, leur province. Sur 35 noms de grands vizirs apparaissant entre 1453 et 1600, certains ayant été nommés à plusieurs reprises, 5 sont turcs d'origine, 9 albanais, 3 grecs, 2 italiens, 3 croates, 2 bosniaques, 1 herzégovinien, 1 franc (ou grec ?), 1 dalmate, et 8 proviennent du devchirmé sans que l'on connaisse leur origine.

D'après R. Mantran, « L'âge d'or de l'Empire ottoman », *L'Histoire*, oct.-déc. 2009.

1. Fait de favoriser sa famille dans les fonctions politiques.

PARCOURS 1 — Analyser et confronter des documents

1. Montrez la rapidité de l'extension de l'Empire ottoman entre le XIIIe siècle et le XVIe siècle et les moyens mis en œuvre pour y parvenir. **(doc. 1 et 2)**

2. De quelle manière le sultan Soliman utilise-t-il la diplomatie pour renforcer la puissance de l'Empire ottoman ? **(doc. 1 et 4)**

3. Montrez que l'Empire parvient à intégrer les différentes populations de son vaste territoire, en mettant le cosmopolitisme au service de sa puissance. **(doc. 3 et 5)**

Bilan

Rédigez un texte argumenté pour répondre à la question : « **Comment la puissance de l'Empire ottoman se construit-elle jusqu'à connaître son apogée au XVIe siècle, sous le règne de Soliman le Magnifique ?** »

PARCOURS 2 — Construire une carte mentale

Par binôme et à partir des documents, construisez une carte mentale présentant l'essor de l'Empire ottoman du XIVe siècle à son apogée au XVIe siècle.

Aide

Vous pouvez organiser votre carte mentale en cinq branches présentant les caractéristiques :
militaires et territoriales ; diplomatiques ; culturelles ; administratives ; commerciales.

Vocabulaire

Cosmopolite : qui rassemble des populations de cultures différentes.

***Devchirmé* :** système de réquisition forcée de jeunes gens, principalement chrétiens et originaires des provinces nouvellement conquises, convertis à l'islam et éduqués à Constantinople pour devenir les futures élites civiles et militaires de l'Empire ottoman.

Janissaire : soldat d'élite de l'infanterie ottomane, issu du *devchirmé*. Les janissaires formaient la garde rapprochée du sultan en campagne.

Étude GRAND FORMAT

Constantinople, reflet de la puissance ottomane

Contexte ➪ Lorsque le sultan Mehmet II conquiert Constantinople en 1453, il en fait la capitale de l'Empire ottoman. À l'apogée de l'Empire, au XVIe siècle, la ville, riche et peuplée, est le centre d'importants échanges entre l'Europe et l'Asie, ce qui en fait un espace cosmopolite. Soliman conforte l'image puissante de la ville en construisant de nombreux bâtiments officiels, palais et mosquées.

➤ Pourquoi Constantinople est-elle un lieu emblématique de la puissance de l'Empire ottoman ?

1 Une représentation de Constantinople au XVIe siècle

Miniature, Matrakçi Nasuh, vers 1537, 45cm x 31,6cm, Bibliothèque de l'Université d'Istanbul.

Cette miniature est une peinture servant à illustrer Le Menazil, récit historique en langue turque décrivant l'itinéraire emprunté par l'armée ottomane pendant la campagne irakienne de Soliman Le Magnifique (1534).
Cette image, ainsi que le texte qui l'accompagne, ont été composés par Matrakç Nasuh, historien mais aussi mathématicien, poète, calligraphe. D'origine bosniaque, il s'appuie sur son expérience de janissaire.

1 Détroit du Bosphore
2 Mer de Marmara
3 Palais de Topkapi
4 Basilique devenue mosquée Sainte-Sophie
5 Patriarcat orthodoxe
6 Tour de Galata

Vidéo
Publication Unesco.
hachette-clic.fr/23hgg1032

Mise en perspective

2 Plan de Constantinople au XVIe siècle

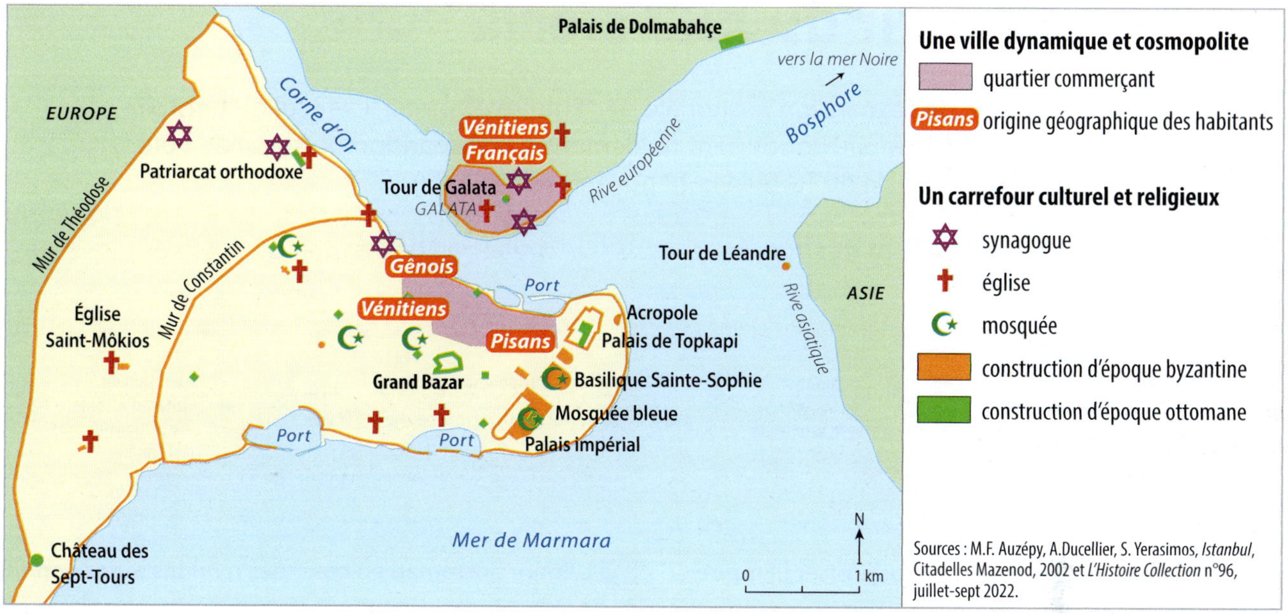

3 Constantinople, capitale de l'Empire ottoman

Après la prise de Constantinople aux Byzantins en 1453, Mehmed II ne souhaite pas détruire la ville, il souhaite au contraire lui redonner vie au plus tôt. Nombre d'églises et d'autres bâtiments sont épargnés. De l'autre côté de la Corne d'Or, la ville génoise de Galata capitule. Sainte-Sophie est transformée en mosquée. […] La prise de Constantinople transforme l'État ottoman en un empire de dimension universelle. [En 1458-1459, Mehmed II] en fait sa troisième capitale[1] et décide d'y construire un nouveau palais, connu depuis sous le nom de Topkapi.

D'après Olivier Bouquet, « Les Ottomans », *Documentation photographique* n° 8124, juillet 2018.

1. Après Brousse (de 1326 à 1366) et Andrinople (de 1366 à 1453).

La parole de l'historienne

Lorsque Mehmet II prend [Constantinople], avant même de restaurer ses fortifications abîmées par le siège, il s'occupe de ranimer le commerce. Au premier bedestan (marché couvert) à 15 coupoles, vite trop petit, est adjoint un second, les deux étant rapidement reliés et couverts : 80 rues desservies par 20 portes, plus de 4 500 commerces et ateliers répartis par spécialité (tapis, orfèvrerie, sabres, … et contrefaçons), des dizaines de fontaines et tavernes, mais aussi des banques, mosquées et postes de police, en font une véritable ville, toujours très active, et l'un des plus grands marchés du monde. Grecs, Juifs et Arméniens étaient nombreux à y travailler.

Huguette Meunier, « Istanbul, la ville-monde entre deux continents », *L'Histoire Collection* n°96, juillet-sept 2022.

ACTIVITÉ

Préparer l'analyse de la miniature

1. Qui est l'auteur du **document 1** ? En quoi son parcours est-il représentatif de la puissance de l'Empire ottoman ?

Aidez-vous de la présentation de la miniature, de la frise chronologique et du document 5 p. 117, pour répondre aux questions

2. Dans quel contexte cette miniature a-t-elle été produite ? Précisez quel espace est représenté et quelle place il tenait alors dans l'Empire ottoman.

Analyser la miniature

3. Décrivez l'organisation de la ville : densité et organisation du bâti, fonction des bâtiments.

4. En vous appuyant sur les **documents 2 et 3**, repérez les différents quartiers de la ville, les lieux du pouvoir, du commerce et de la culture.

5. Que révèle la diversité des périodes du bâti et des fonctions des bâtiments sur la manière dont l'Empire ottoman construit sa puissance ?

Porter un regard critique sur la miniature

6. En confrontant le **document 1** aux **documents 2 et 3**, montrez qu'il est à la fois le reflet d'une réalité sur la ville de Constantinople, mais qu'il répond également à un objectif de propagande impériale.

Interrogez-vous sur le sens d'un tel document, produit dans un contexte de conquête territoriale.

Étude Le déclin de l'Empire ottoman à partir du XIXe siècle

Le XVIIe siècle marque la fin de l'expansion territoriale de l'Empire ottoman. Le recul du territoire et les mutations internes de l'Empire conduisent finalement à la disparition du sultanat, votée par la Grande Assemblée nationale de Turquie le 1er novembre 1922.

Comment l'Empire ottoman décline-t-il et finit-il par disparaître ?

1830 – 1880 – 1890 – 1900 – 1910 – 1920 – 1930

- **1830** **Indépendance de la Grèce** **Conquête de l'Algérie** par la France
- **1839** début de la **modernisation des institutions**
- **1882** **Occupation de l'Égypte** par le Royaume-Uni
- **1912** **Conquête de la Tripolitaine** par l'Italie
- **1916** **Accords Sykes-Picot** prévoyant le dépeçage de l'Empire
- **1920** **Traité de Sèvres** consacrant le démembrement de l'Empire
- **1922** **Abolition du sultanat ottoman,** dissolution officielle de l'Empire

1 Les Tanzimat, la volonté de moderniser l'Empire

TANZIMAT = mouvement de réformes

Fonctionnement de l'État
- **Armée :** fin des janissaires
- **Justice :** égalité des citoyens, création du Code pénal, fin de l'esclavage
- **Pouvoir :** 1re constitution ottomane (1876)
- **Finance :** réforme de l'impôt

Modernisation
- **Médecine :** création de l'École impériale de médecine
- **Infrastructures :** 1re voie ferrée construite avec des capitaux étrangers (1866)
- **Éducation :** création des écoles secondaires (1847)
- **Économie :** Code du commerce, mise en circulation du papier monnaie

Sources : O. Bouquet, *Pourquoi l'Empire ottoman ?* Folio, 2022.

2 L'Empire ottoman au cœur des rivalités européennes

L'expression « question d'Orient » désigne la rivalité entre les grandes puissances européennes née du recul territorial de l'Empire ottoman. Elle oppose l'idée de conserver l'intégrité de l'Empire pour des questions d'équilibre au Moyen-Orient et celle de récupérer des territoires au profit des Européens.

1. L'empereur d'Autriche François-Joseph Ier
2. Ferdinand Ier de Bulgarie
3. Le sultan ottoman Abdülhamid II

3 Le mouvement jeune-turc, une volonté de poursuivre les réformes

Abdülhamid II met fin aux Tanzimat à partir de 1878. Mais le mouvement jeune-turc, né en 1889, réclame le retour à la Constitution de 1876. Au pouvoir de 1908 à 1918, il mène d'abord une série de réformes de l'État d'inspiration occidentale, en restaurant la Constitution.

La révolution jeune-turque est venue soulager l'infortuné peuple. […] Au début, cette révolution pacifique, menée avec tant d'art et de savoir-faire, suscita l'admiration du monde civilisé. Le parti jeune-turc a su vaincre. Saura-t-il profiter de sa victoire ? C'est probable, mais à condition de ne pas remplacer l'autocratie d'autrefois par une dictature oligarchique[1]. Il faut avouer que le libéralisme du comité « Union et Progrès » [auquel appartiennent les Jeunes-Turcs] a manqué de largeur ; son nationalisme a créé des malentendus, non seulement dans les milieux chrétiens, mais encore dans ses propres rangs. Il est à souhaiter que le comité « Union et progrès » profite des leçons qu'il a reçues pour rendre sa politique future moins nationaliste[2]. Qu'un libéralisme éclairé et large guide les Jeunes-Turcs !

« La Turquie d'hier et la Turquie d'aujourd'hui », compte-rendu de la communication du Dr Papadakis, Séance du 30 avril 1909, *Le Globe. Revue genevoise de géographie*, 1909.

1. Le régime devient dictatorial en 1913.
2. En réalité, le nationalisme du mouvement jeune-turc se traduit rapidement par la « turcisation » des diverses nationalités de l'Empire ottoman.

4 Le démantèlement de l'Empire ottoman

Carte interactive
hachette-clic.fr/23hgg1033

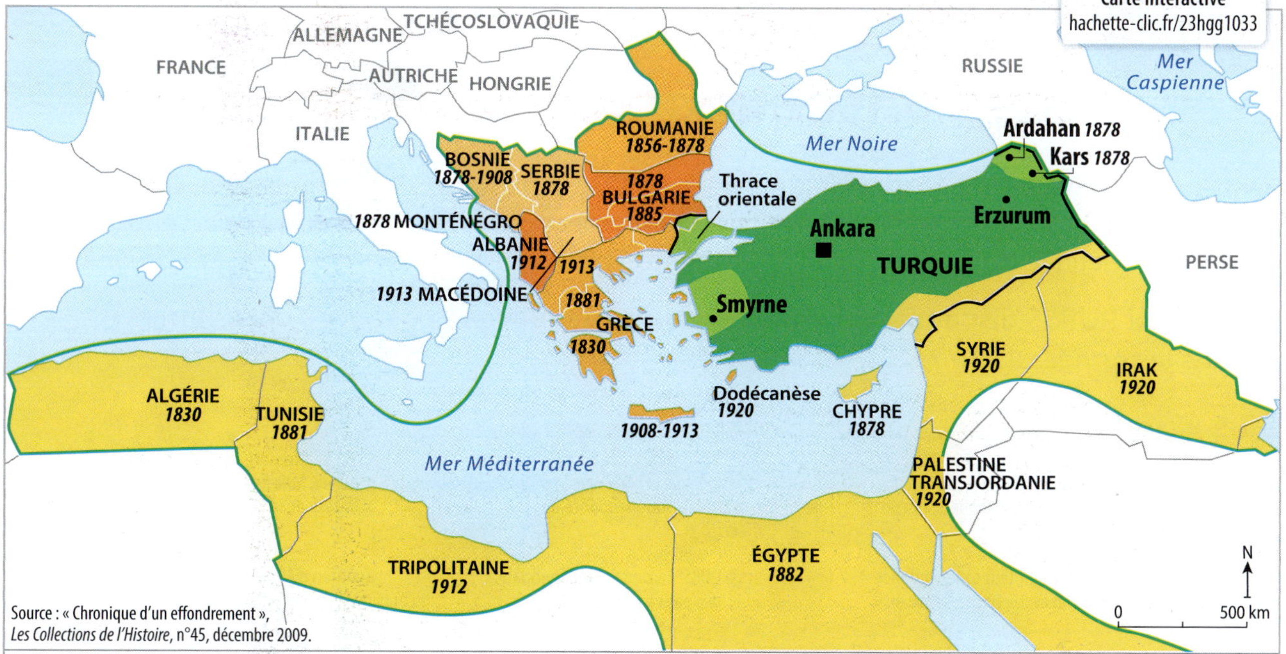

Source : « Chronique d'un effondrement », *Les Collections de l'Histoire*, n°45, décembre 2009.

Un Empire qui se contracte
- limite de l'Empire ottoman au début du XIXe siècle
- Turquie en 1920
- limite de la Turquie en 1923
- nouvelle capitale en 1923

Des facteurs d'éclatement divers
- territoire proclamant son indépendance
- territoire perdu au profit des Occidentaux
- territoire annexé par des États voisins entre 1878 et 1920

5 Le génocide arménien

Photographie du camp de Meskene, Bibliothèque Nubar, 1916.

Ces enfants arméniens du camp de Meskene sont brûlés vifs dans le désert syrien, à l'automne 1916. Le génocide, organisé par l'État ottoman à partir de mars 1915, cause la mort d'1,1 million d'Arméniens. Au total, un tiers de la population arménienne de l'Empire ottoman est exterminé.

Vocabulaire

Génocide : crime de masse commis dans l'intention de détruire, en tout ou en partie, un groupe national, ethnique ou religieux.

Tanzimat (« réorganisation » en turc) : vaste mouvement de modernisation et d'occidentalisation mené par l'État ottoman entre 1839 et 1878. Ces réformes sont jugées insuffisantes par les libéraux et trop audacieuses par ceux qui souhaitent un pouvoir plus centralisé et autoritaire.

ACTIVITÉ

1. Repérez dans le **document 1** les éléments de modernisation de l'Empire ottoman qui relèvent de la prospérité du pays, de la liberté des sujets du sultan et de la limitation du pouvoir arbitraire. En quoi peut-on dire que ces réformes sont inspirées du modèle occidental ?

2. Analysez la Une du *Petit Journal* du 18 octobre 1908 **(doc. 2)** et expliquez les conséquences des événements évoqués en vous appuyant sur le **document 4**.

3. Relevez dans le **document 3** les espoirs et les craintes suscités par l'arrivée au pouvoir des Jeunes-Turcs. En quoi le **document 5** illustre-t-il les craintes évoquées dans le **document 3** ?

Pour aller plus loin

Écoutez l'émission de France culture : « Le moment clé des Tanzimat », par Edhem Eldem (2021), pour rechercher les raisons de la mise en place des Tanzimat et de leur échec.

Podcast : France Culture, 2021.
hachette-clic.fr/23hgg1034

Étude L'éclatement de l'URSS et ses conséquences immédiates

Héritière de l'immense Empire russe, l'**URSS**, créée en 1922, disparaît le 25 décembre 1991. Elle fait place à quinze États, dont la Russie qui avec 17 millions de km^2 reste l'État le plus vaste du monde. L'effondrement du régime soviétique marque la fin d'un ordre mondial bipolaire.

➤ Pourquoi l'URSS disparaît-elle, conduisant à un recul de la puissance de la Russie dans les années 1990 ?

Juillet 1991 – Août – Septembre – Octobre – Novembre – Décembre

- **19 au 21 août** : Un **coup d'État** des conservateurs échoue à Moscou
- **21 août** : **Les pays baltes proclament leur indépendance** à la faveur du coup d'État avorté contre Gorbatchev
- **24 août** : B. Eltsine, président de la République socialiste fédérative de Russie, reconnaît l'**indépendance des pays baltes**
- **6 septembre** : L'URSS reconnaît l'**indépendance des pays baltes**
- **8 décembre** : **Accords de Minsk** et **création de la CEI**
- **21 décembre** : **Réunion d'Alma-Ata** (8 anciennes Républiques soviétiques rejoignent la CEI)
- **25 décembre** : **Démission de M. Gorbatchev**

1 L'implosion de l'URSS, un processus rapide

2 L'éclatement de l'URSS vu par la presse française

Caricature de G. Million, *Guère épais : dessins d'actualité 1991-1994 et dessins d'humour*, éd. Albertville, 1994.

C'est le visage d'Eltsine qui représente la Russie.

3 Les accords de Minsk (8 décembre 1991)

Le 8 décembre 1991, les républiques de Russie, Biélorussie et Ukraine créent à Minsk la Communauté des États indépendants (**CEI**). Ses domaines de compétences vont de la coopération économique (développement du libre-échange) à la sécurité collective. Certains membres de la CEI l'ont depuis quittée : le Turkménistan en 1993, la Géorgie en 2009 et l'Ukraine en 2018.

Vocabulaire

CEI (Communauté des États Indépendants) : association créée en décembre 1991 et regroupant la plupart des anciennes Républiques socialistes soviétiques devenues indépendantes, avec comme principal objectif la coopération économique entre ses membres.

URSS (Union des Républiques Socialistes Soviétiques) : État fédéral formé de quinze républiques, créé en 1922 à la suite de la révolution d'octobre 1917 et qui prend fin en 1991.

4 La disparition de l'URSS

La parole de l'historien

L'échec du putsch[1] […] a brutalement accéléré la désagrégation de l'Union, la décomposition du pouvoir central, et en premier lieu celui de M. Gorbatchev, et de l'appareil d'État. Dans les jours qui ont suivi l'échec du putsch, huit républiques ont proclamé leur indépendance. Les républiques baltes ont aussitôt obtenu une reconnaissance internationale, avant d'être, le 6 septembre, reconnues par l'Union soviétique. Les activités du PCUS ont été suspendues, avant d'être, quelques semaines plus tard, interdites par B. Eltsine. […]

Le 1er décembre, l'Ukraine se prononçait, à plus de 80 %, pour l'indépendance. Une semaine plus tard, les présidents de la Russie, de l'Ukraine et de la Biélorussie, réunis à Minsk, constataient que « l'Union soviétique n'existait plus ». Ils décidaient de former une « Communauté des États Indépendants », ouverte « à tous les États de l'ancienne URSS ». Le 21 décembre, au sommet d'Alma-Ata, auquel M. Gorbatchev, pas plus qu'à la rencontre de Minsk, n'avait été invité, huit autres républiques décidaient de rejoindre la CEI, entérinant ainsi la fin de l'Union soviétique. Il ne restait plus à M. Gorbatchev qu'à mettre fin à ses fonctions de président d'une entité qui avait cessé d'exister.

Nicolas Werth, *Histoire de l'Union soviétique*, Éd. Puf, 2008.

1. coup d'État fomenté en août 1991 par les éléments conservateurs les plus extrêmes du PCUS (Parti communiste de l'Union soviétique).

5 Les conséquences de l'implosion de l'URSS sur la population et l'économie russe

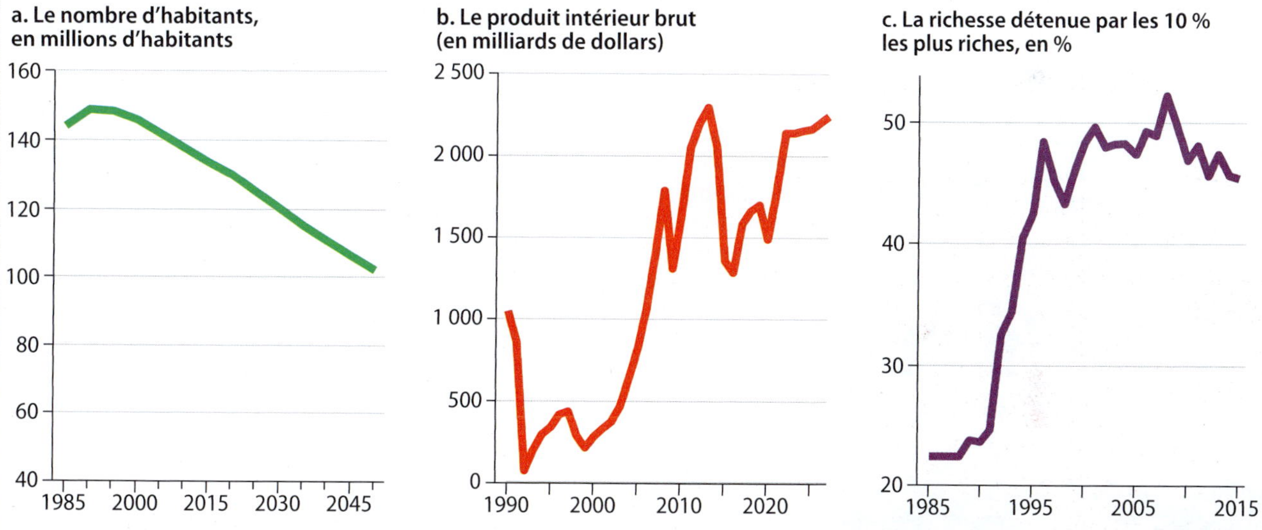

Sources : Alternatives économiques et Site national de statistiques russe, 2023.

PARCOURS 1 Confronter des documents

1. Quand et dans quel contexte l'URSS disparaît-elle ? **(doc. 1 et 2)**

2. Qu'est-ce que la CEI ? Montrez que cette association témoigne d'un certain recul de la puissance russe après la disparition de l'URSS. **(doc. 3 et 4)**

3. À partir du **document 5**, analysez les évolutions économiques et sociales majeures qui suivent la disparition de l'URSS.

Bilan

À l'aide des documents, rédigez une réponse organisée pour répondre au sujet : « **Comment l'URSS disparaît-elle, conduisant à un recul de la puissance de la Russie dans les années 1990 ?** »

PARCOURS 2 Confronter les points de vue sur un dessin de presse

1. En binôme, analysez le **document 2**.

– Rédigez une courte introduction pour présenter le document et son contexte de production.

– Décrivez le document et expliquez précisément à quoi il fait référence, en vous aidant des **doc. 1 à 5**.

– Expliquez l'attitude des différents protagonistes présents et interrogez-vous sur le public auquel s'adresse ce dessin.

2. Présentez votre analyse à un autre binôme pour confronter votre interprétation de ce dessin de presse.

Étude Les facteurs du renouveau de la puissance de la Russie

Si la Russie cherche à s'affirmer comme un des centres d'un monde multipolaire dès les années 1990, elle affirme davantage sa puissance depuis l'arrivée au pouvoir de Vladimir Poutine en 2000.

Comment la puissance russe cherche-t-elle à se reconstruire ?

1990 – 2000 – 2010 – 2020

- 1991 **Éclatement de l'URSS**
- 1994-1996 **Première guerre en Tchétchénie**
- 1997 La Russie **rejoint le G7** qui devient le G8
- 1999-2009 **Seconde guerre en Tchétchénie**
- 2000 **Première élection de Vladimir Poutine**
- 2012 Adhésion de la Russie à l'OMC
- 2014 Rattachement de la **péninsule de Crimée** à la Russie. La Russie est **suspendue du G8**
- 2015 Début de l'**intervention militaire de la Russie en Syrie**, en soutien au régime de Bachar al-Assad
- 24 février 2022 **Début de l'invasion de l'Ukraine par la Russie**

1 L'affirmation de l'autorité russe sur son territoire

Dès 1991, la Tchétchénie manifeste une volonté d'indépendance face à la Russie à laquelle elle est intégrée. Au terme de dix années de guerres, la Tchétchénie rentre finalement dans le rang.

2 Une puissance économique et militaire retrouvée ?

	1990[1] (URSS)	2000 (Russie)	2022[2] (Russie)
PIB, en milliards de dollars	1045 (6e)	278 (20e)	2 133 (9e)
PIB/hab., en dollars	7 084 (41e)	1 901 (92e)	14 665 (61e)
Dépenses militaires, en milliards de dollars	204 (2e/18 %)	22 (8e/6 %)	63,5 (4e/3,4 %)
Exportations, en milliards de dollars	42	105	493

Sources : Banque mondiale, SIPRI 2022 et FMI 2023.

(2e/18 %) : (rang mondial / pourcentage des dépenses militaires mondiales)

1. 1990 (ou 1992) pour les exportations de la Russie.
2. 2022 (ou date la plus proche).

3 L'Occident, un défi à la puissance russe

Lors de la 43e édition de la conférence de Munich sur la sécurité (forum réunissant tous les ans les dirigeants de la planète pour évoquer les grands problèmes de sécurité collective), Vladimir Poutine énonce sa vision du monde.

On donne constamment des leçons de démocratie à la Russie. Mais […] nous sommes témoins d'un mépris de plus en plus grand des principes fondamentaux du droit international. Bien plus, presque tout le système du droit d'un seul État, avant tout, bien entendu, des États-Unis, a débordé de ses frontières nationales dans tous les domaines […]. Il ne fait pas de doute que le potentiel économique des nouveaux centres de la croissance mondiale sera inévitablement converti en influence politique, et la multipolarité se renforcera. […] Il est évident, je pense, que l'élargissement de l'OTAN n'a rien à voir avec la modernisation de l'alliance, ni avec la sécurité en Europe. Au contraire, c'est un facteur représentant une provocation sérieuse et abaissant le niveau de la confiance mutuelle. Nous sommes légitimement en droit de demander ouvertement contre qui cet élargissement est opéré.

Discours de Vladimir Poutine, 10 février 2007 (traduction RIA Novosti).

4 Les manifestations de la puissance russe aujourd'hui

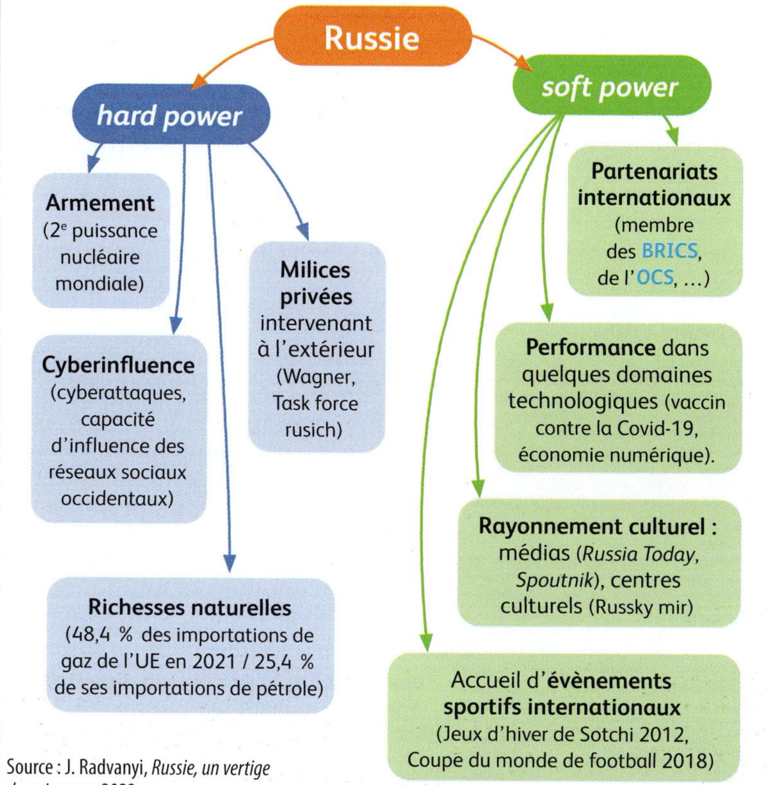

Source : J. Radvanyi, *Russie, un vertige de puissance*, 2023.

Vladimir Poutine
né en 1952

Homme politique russe, il est actuellement dans son quatrième mandat présidentiel à la tête de la Russie. Avant sa première élection, il dirige le FSB, le service secret du pays. À son arrivée au pouvoir en 2000, il entreprend d'importantes réformes pour restaurer la puissance de la Russie.

Vocabulaire

BRICS (Brésil, Russie, Inde, Chine et Afrique du Sud) : groupe de puissances émergentes appelées à remettre en cause la domination des pays riches dans l'économie mondiale.

OCS (Organisation de coopération de Shanghai) : association de coopération économique et de sécurité collective de la zone eurasiatique, alliant entre autres la Russie et la Chine.

5 Forces et faiblesses de la puissance russe aujourd'hui

La parole du géopolitologue

L'invasion de l'Ukraine par la Russie le 24 février 2022 sur ordre de Vladimir Poutine constitue un événement géopolitique majeur. Selon la rhétorique du Kremlin, cette « opération militaire spéciale » est destinée à « dénazifier » et « démilitariser » l'Ukraine pour repousser la « machine de guerre » de l'Organisation du traité de l'Atlantique nord (OTAN) des « terres historiques » de la Russie. En réalité, cette guerre est la conséquence d'une stratégie mise en place au début des années 2000 dont l'objectif est de faire revenir la Russie sur le devant de la scène internationale et de sanctuariser sa zone tampon représentée par les territoires post-soviétiques.

Puissance eurasiatique enclavée, la Russie est un pays-continent qui navigue entre l'Est et l'Ouest et possède le plus grand ensemble territorial de la planète. Selon le pouvoir russe, cette situation géographique exceptionnelle lui confère un rôle civilisationnel et politique central. Pourtant, la Russie ne dispose plus des capacités militaires et financières soviétiques. Du temps de la guerre froide, l'URSS pouvait tenir la dragée haute aux États-Unis grâce aux ressources de ses quinze républiques. Depuis 1991, la Russie est une « puissance pauvre » [Sokoloff, 1993]. Son économie de rente, fondée sur les hydrocarbures et divers minerais, offre au régime des moyens d'action, mais ils ne sont pas à la hauteur de ceux des premières puissances économiques de la planète. Monopolisées par le pouvoir, les énergies fossiles, à l'instar du gaz et du pétrole, sont utilisées comme des leviers géopolitiques dont la population est globalement exclue.

Lukas Aubin, *Géopolitique de la Russie*, La Découverte, 2022.

ACTIVITÉ

À l'aide des documents, rédigez une réponse organisée au sujet :
« **Comment la puissance russe cherche-t-elle à se reconstruire ?** »

Pour vous aider, vous pouvez appuyer votre développement sur trois axes :
- le renouveau du *hard power* russe **(doc. 1, 2 et 3)**
- le *soft power*, instrument grandissant de la puissance russe **(doc. 4)**
- les limites de la puissance russe **(doc. 3 et 5)**

Pour aller plus loin

À partir de la vidéo d'un expert de l'IRIS, présentez un exposé sur l'usage du sport pour la puissance russe.

Vidéo
Iris, 2023.
hachette-clic.fr/23hgg1035

Étude La Russie, nostalgique de l'URSS ?

Depuis 2000, l'ex-officier de l'agence de renseignement soviétique KGB Vladimir Poutine dirige la Russie d'une main de fer. Nostalgique de l'URSS, il s'applique à faire renaître ce modèle à travers l'affirmation de la puissance russe face à l'Occident, et la consolidation d'un pouvoir central fort.

› Comment Vladimir Poutine fait-il de la Russie l'héritière unique de l'URSS ?

1 Le territoire soviétique, une aire d'influence pour la Russie

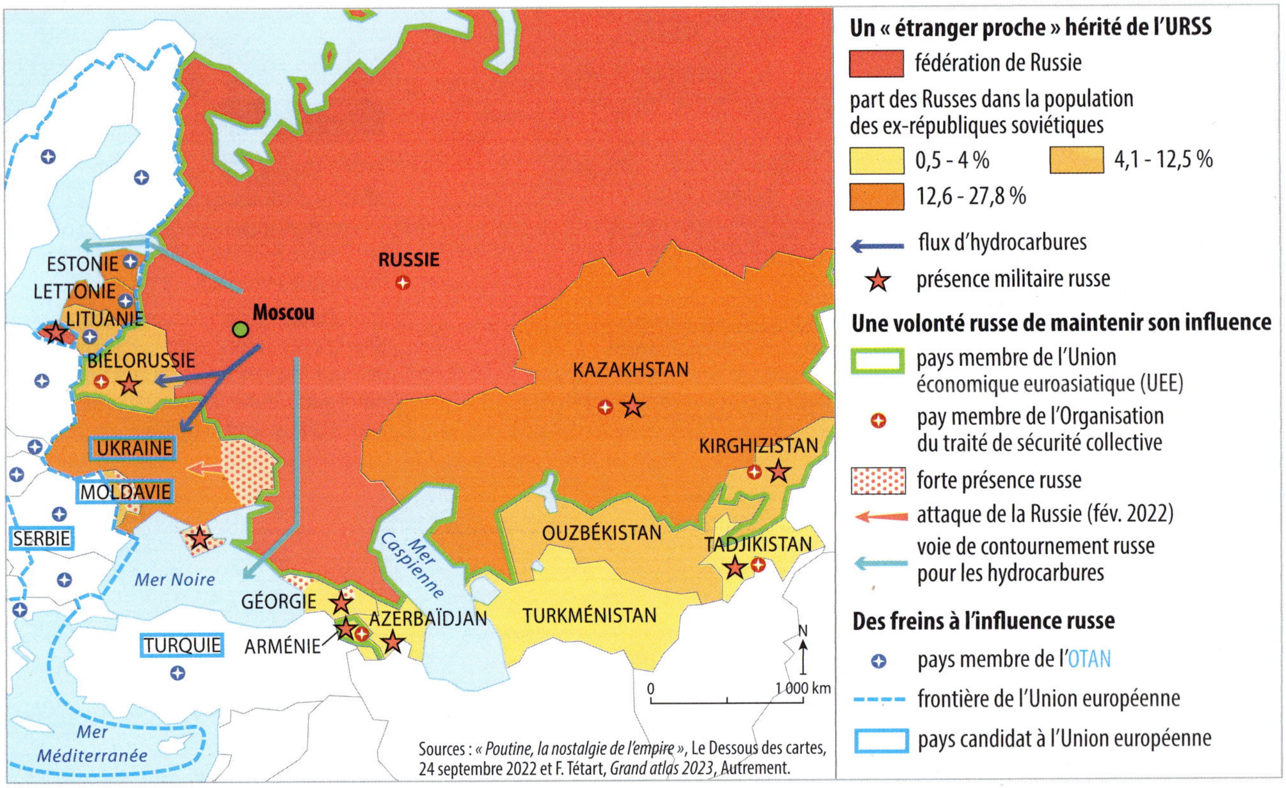

Sources : « *Poutine, la nostalgie de l'empire* », Le Dessous des cartes, 24 septembre 2022 et F. Tétart, *Grand atlas 2023*, Autrement.

2 Un « étranger proche » aux enjeux stratégiques pour la Russie

Poutine revendique sa nostalgie de l'Union soviétique qui est d'ailleurs à l'origine de l'invasion de l'Ukraine en février 2022. Vus de Moscou, les 15 États issus de l'éclatement de l'URSS forment l'« étranger proche », un glacier sécuritaire vital, une sphère d'influence aux intérêts jugés stratégiques. Du point de vue culturel, Moscou soutient la langue russe grâce à sa fondation Russkiy Mir et en finançant des universités russophones dans son étranger proche. La langue est en effet à la base du *soft power* que la Russie exerce sur ses voisins via des chaînes de télévision comme *Russia Today*, puissant média au service de la propagande du Kremlin. Du point de vue économique, la plupart des États voisins dépendent du fournisseur russe pour leur approvisionnement économique. De plus, le réseau de gazoducs et d'oléoducs qui permettent d'exporter les hydrocarbures russes date encore de l'époque soviétique et passe par ces voisins. Du point de vue militaire, la relation entre la Russie, puissance nucléaire, et ses voisins est asymétrique. Grâce à des accords bilatéraux, elle déploie ses troupes sur ces territoires et a signé en 2002 le OTSC pour contrebalancer l'OTAN. En effet, dans l'espace post-soviétique la Russie est désormais en concurrence avec l'Occident et son modèle démocratique qu'elle rejette (intégration des États-baltes à l'UE et à l'OTAN), et avec la Chine autoritaire dont elle n'a cessé de se rapprocher (le Kazakhstan coopère avec la Chine dans le cadre des « Nouvelles routes de la soie »).

Poutine, la nostalgie de l'empire, Le Dessous des cartes, 24 septembre 2022.

Vidéo : Le Dessous des cartes, 2022.
hachette-clic.fr/23hgg1036

3 La nostalgie de l'URSS, un sentiment partagé en Russie ?

Dessin de Christo Komarnitski, 31 août 2022.

Comme l'a montrée en 2022 la froide réaction de V. Poutine lors de la mort de Mikhail Gorbatchev (dernier Président de l'URSS du 15 mars 1985 au 25 décembre 1991) qu'il qualifie de « fossoyeur de l'URSS », la nostalgie de l'URSS est répandue en Russie. Elle est d'ailleurs entretenue par V. Poutine (propagande, sous-estimation des crimes soviétiques dans les manuels scolaires, ...).

4 Des relations russo-ukrainiennes sous tensions

La parole du géopolitologue

Lorsque l'Ukraine devient indépendante à l'issue de l'éclatement de l'URSS en 1991, c'est presque la première fois de son histoire. Sa volonté de s'émanciper de la tutelle de la Russie qui l'a dominée pendant près de trois siècles, en se rapprochant de l'Union européenne et de l'OTAN (et donc indirectement des États-Unis) va se heurter aux intérêts russes. De fait, pour la Russie, l'indépendance de l'Ukraine signifie la fin de l'empire et la perte d'une région stratégique. C'est en Crimée, région offerte par Khrouchtchev à l'Ukraine en 1954 et peuplée aux deux tiers de Russes, que se situe la base de Sébastopol. C'est par l'Ukraine que transite le réseau d'oléoducs et de gazoducs qui permet d'exporter gaz et pétrole russes vers l'Europe occidentale. De son côté, l'Ukraine dépend fortement de la Russie aux niveaux économique et énergétique. L'opération militaire russe en 2014 et l'organisation d'un referendum d'autodétermination conduisent à l'annexion de la Crimée par la Russie. L'élection de Volodimir Zelensky à la tête de l'État ukrainien en 2019 marque un rapprochement de l'UE et de l'OTAN. Vladimir Poutine voit dans la volonté de l'Ukraine d'adhérer à l'OTAN une ligne rouge inacceptable. Après plusieurs mois de tensions et de mouvements de troupes à ses frontières, la Russie lance une opération militaire contre l'Ukraine le 24 février 2022.

Frank Tétart, *Grand atlas 2023*, Autrement.

5 Le retour d'un régime autoritaire : quelques exemples

2000 – 2005 – 2010 – 2015 – 2020

- **2003** **1er assassinat d'opposant** au retentissement international (Serguei Louchenkov)
- **2006** Loi restreignant la liberté d'association
- **2008** Lois « antiterroristes » détournées pour arrêter des opposants
- **2012** Contrôle des sites Internet ; contrôle des ONG étrangères travaillant sur le territoire russe
- **2013** Interdiction des sites liés à la communauté LGBT
- **2016** loi « anti-terroriste » facilitant l'accès aux données d'Internet par le pouvoir central
- **2017** Contrôle des médias étrangers sur le territoire russe
- **2021** Interdiction de l'association « Mémorial » documentant les crimes de l'URSS
- **2022** Interdiction de manifester dans les rues

Vocabulaire

« Étranger proche » : nom utilisé par la Russie pour désigner les 14 autres Républiques composant avec elle l'URSS.

OTAN (Organisation du Traité d'Atlantique Nord) : alliance militaire qui regroupe les États-Unis, le Canada et les pays de l'Europe occidentale alliés des États-Unis, dont la France.

OTCS (Organisation du Traité de sécurité collective) : association de défense militaire comprenant la Russie, la Biélorussie, l'Arménie, le Kazakhstan, le Kirghizstan et le Tadjikistan).

ACTIVITÉ

1. À l'aide du dossier documentaire, réalisez une carte mentale pour répondre au sujet : « **La Russie et l'héritage soviétique** ».

Aide

Organisez votre carte mentale en trois branches :
– la volonté de contrôler son « étranger proche » ; **(doc. 1, 2 et 4)**
– l'opposition frontale à l'Occident ; **(doc. 1, 2 et 3)**
– le retour de l'autoritarisme. **(doc. 3 et 5)**

2. Rédigez un texte d'une vingtaine de lignes expliquant les liens existant entre l'opposition de la Russie à l'Occident, le retour de l'autoritarisme et la volonté de contrôler son « étranger proche ».

Axe 1

Leçon 2

Essor et déclin des puissances, un regard historique

› Comment les puissances se construisent-elles et disparaissent-elles ?

A Des formes de puissance qui évoluent

- **Jusqu'au XVIIe siècle, les principales puissances sont des empires.** Le premier s'est constitué en unifiant les royaumes de Mésopotamie vers 2 300 ans avant J.-C.. Constitués par la force, les empires garantissent leur puissance en maintenant sous une même autorité des États subordonnés aux populations différentes. Au IVe siècle avant J.-C., l'empire d'Alexandre le Grand intègre des populations européennes (grecque, macédonienne), africaines (égyptienne, nubienne) et asiatiques (mésopotamienne, indienne).

- **À partir du XVIIe siècle, les États s'affirment**, mais c'est surtout au XIXe siècle que certains États parviennent à s'imposer à l'échelle mondiale. Le Royaume-Uni, à travers son empire colonial, puis les États-Unis, dominent successivement l'économie mondiale. On parle alors d'impérialisme pour qualifier cette volonté d'expansion.

- **À partir de la fin du XXe siècle, les formes de la puissance changent dans un monde multipolaire.** JALON 2 p. 122 Si les États-Unis sont restés la première superpuissance malgré la fin de la logique des blocs en 1990, la Russie n'est pas parvenue à maintenir le rang mondial de l'URSS. Aujourd'hui de nouvelles puissances émergent. La Chine est désormais considérée par les États-Unis comme son principal rival.

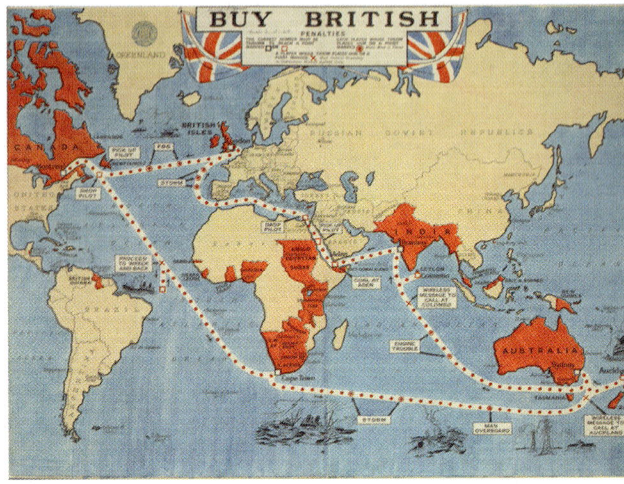

1 L'Empire britannique, un atout pour la puissance du Royaume-Uni

Plateau de jeu de société de 1932.

B Les facteurs de naissance d'une puissance

- **La construction des empires reposait sur des conquêtes militaires** et le contrôle de larges territoires, comme le montrent les exemples mongol, ottoman, inca, aztèque ou russe. L'étendue de ces empires nécessitait une bonne maîtrise des infrastructures et des frontières. Ainsi, les Romains mettent en œuvre un réseau de transport efficace à travers leur territoire et contrôlent leur *limes* aux Ier et IIe siècles.

- **Mais la puissance peut se fonder sur d'autres logiques.** Ainsi, la position de Venise à la tête d'un vaste réseau commercial à l'échelle méditerranéenne marque son « âge d'or » du XIIIe au XVe siècles. C'est pourtant une cité-État dont le territoire reste restreint. D'autres puissances peuvent compter sur l'adhésion des populations à leur culture, comme l'Empire romain dans l'Antiquité ou les États-Unis aujourd'hui. Enfin, la force des relations diplomatiques peut renforcer la position internationale d'un État (traité d'amitié entre la Chine et l'URSS en 1950).

- **Ainsi, l'Empire ottoman incarne les différents facteurs de puissance.** JALON 1 p. 116 Il se structure autour de la figure du sultan et d'une capitale, Constantinople/Istanbul. Vaste territoire, qui s'étend du Maghreb jusqu'à la péninsule arabique, l'Empire ottoman est aussi une grande puissance militaire, qui menace Vienne à deux reprises (1529 et 1683). Il est également une puissance religieuse, diplomatique et économique. Son « âge d'or » se situe aux XVIe et XVIIe siècles, notamment sous le règne de Soliman le Magnifique (1520-1566).

Vocabulaire

Empire : territoire et organisation politique où une autorité incarnée par l'empereur s'exerce sur un ensemble d'États et/ou de populations différentes.

Impérialisme : politique de conquête et de domination (politique, économique et culturelle) d'un territoire menée par un État.

***Limes* :** nom donné par les historiens à la frontière romaine. On peut la considérer comme une limite, mais aussi comme une route, qui mène vers les territoires récemment conquis.

C Les formes du déclin des puissances

Le déclin d'une puissance peut prendre des formes variées. Il peut se traduire par la diminution du territoire, conséquence de divisions internes (URSS en 1991) ou de défaites militaires (Allemagne nazie en 1945). Il conduit à la baisse de l'influence internationale du point de vue économique (Grande-Bretagne après la Première Guerre mondiale) ou idéologique (URSS après 1991).

JALON 1 p. 120

À l'exemple de l'Empire ottoman, les facteurs d'affaiblissement peuvent être internes ou externes. Il est en effet confronté à la volonté d'indépendance des nations européennes (Grèce 1830, Bulgarie 1908) et aux ambitions des grandes puissances, qui souhaitent étendre leur influence dans la région. Mais la difficulté de l'Empire à se réformer le fragilise également, de même que la montée des nationalismes arabe et turc, ce dernier mettant en avant l'identité turque face à la conception universelle de l'Empire.

JALON 2 p. 124

Pourtant, à l'instar de la Russie, certaines puissances en déclin peuvent retrouver un nouveau dynamisme. Après l'implosion de l'URSS, la Russie fait face à de grandes difficultés économiques en cherchant à convertir le modèle communiste en une économie de marché. Mais, depuis les années 2000, elle s'appuie sur des partenariats diplomatiques et commerciaux avec son étranger proche et la Chine pour reconstruire sa puissance. Aujourd'hui, elle apparaît comme une puissance menaçante pour ses voisins : intervention en Géorgie en 2008, invasion de l'Ukraine en février 2022.

2 Le déclin de l'Empire romain

Source : *L'Histoire*, n°416, octobre 2015.

SCHÉMA BILAN

Schéma interactif
hachette-clic.fr/23hgg1037

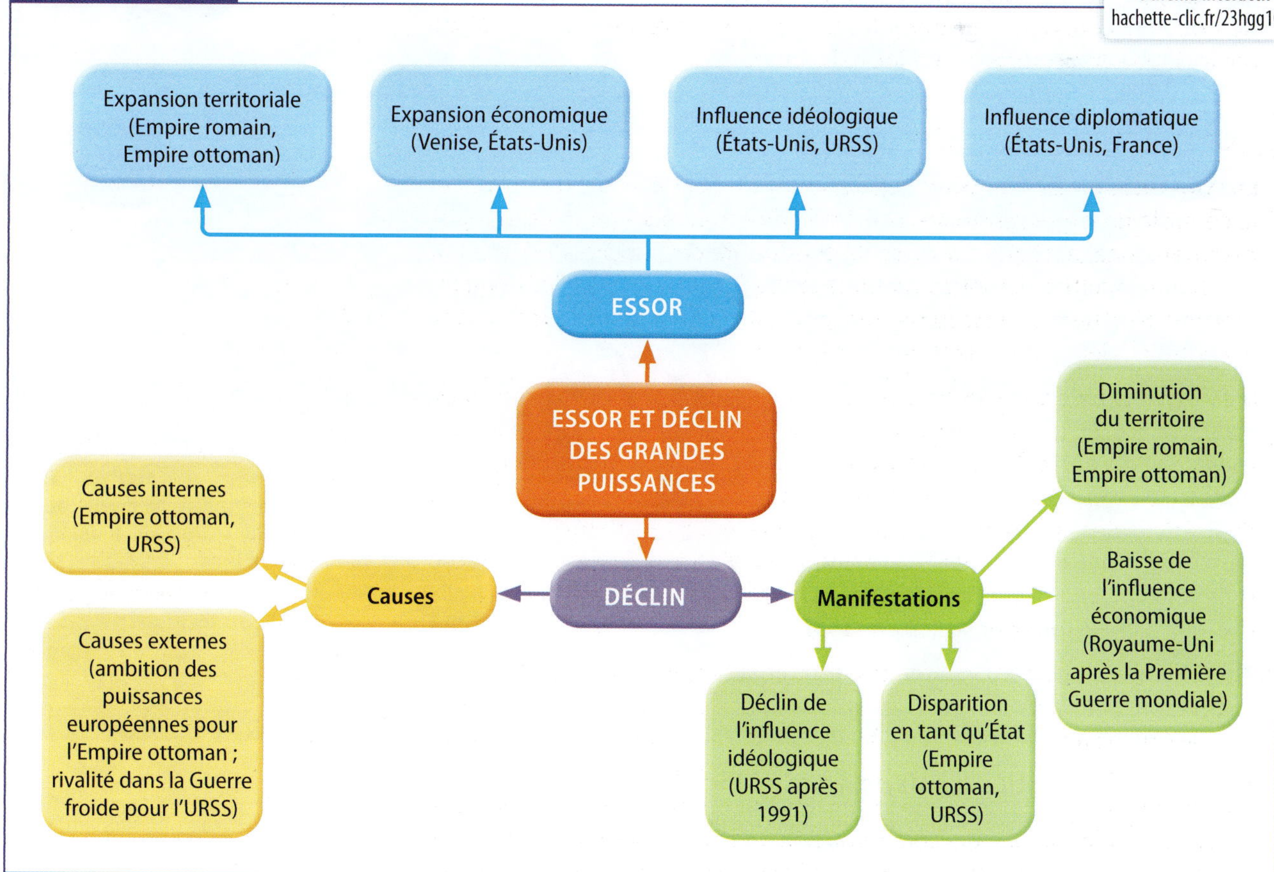

AXE 2

Formes indirectes de la puissance : une approche géopolitique

› Quels sont les nouveaux enjeux permettant d'affirmer sa puissance aujourd'hui dans le monde ?

2 Le yoga, un outil du *soft power* de l'Inde

En 2015, le Premier ministre indien Narendra Modi (au premier plan) a obtenu la consécration d'une journée internationale du yoga par l'ONU (21 juin).

2 **Depuis 2014, le train de conteneurs « Yuxinou », parcourt chaque semaine les 11 000 km séparant l'Allemagne et la Chine.**

QUESTIONS

1. Comment le yoga peut-il participer à la reconnaissance de l'Inde dans le monde et à l'affirmation de sa puissance ? **(doc. 1)**

2. Décrivez la photographie (personnages en action, arrière-plan). Comment montre-t-elle que la Chine mise sur les « nouvelles routes de la soie » pour affirmer sa puissance ? **(doc. 2)**

p. 132 **> JALON ①**
L'enjeu de la langue : anglais et français dans les relations internationales, francophonie, instituts Confucius, …

p. 136 **> JALON ②**
Les nouvelles technologies : puissance des géants du numérique, impuissance des États et des organisations internationales

p. 140 **> JALON ③**
La maîtrise des voies de communication : les « nouvelles routes de la soie » >>>

Étude L'anglais, un outil de domination des relations internationales

Il existe actuellement plus de 7 000 langues dans le monde, mais 23 rassemblent plus de la moitié de la population mondiale et seulement 10 ont un véritable rôle international. Dans cette compétition, l'anglais bénéficie d'une place exceptionnelle grâce à de nombreux atouts, même s'il doit compter sur une concurrence internationale.

» Dans quelle mesure l'anglais est-il un outil de domination internationale ?

1 La place de l'anglais dans la compétition internationale des langues

	Nombre de locuteurs en 2022 (dont de langue maternelle), en millions	Fertilité, en nombre d'enfants par femme	Nombre de pays lui donnant un statut officiel	Articles Wikipédia en 2022, en milliers	Universités enseignant la langue, en %	Rang pour l'influence diplomatique
Anglais	1 500 (373)	1,97	64	6 571	97	1er
Français	275 (80)	2,04	32	2 466	75	1er
Espagnol	548 (475)	2,22	21	1 796	51	3e
Mandarin	1 100 (920)	1,7	4	1 297	38	6e
Hindi	602 (344)	2,5	2	153	8	10e
Arabe	274 (-)	-	2	1 183		4e

Sources : *Power Language Index*, 2016, Baromètre des Langues, 2017 et Ethnologue, 2023.

2 Un outil de puissance au service des États

La parole des spécialistes

La promotion de la langue peut être un puissant outil de développement de l'attractivité d'un pays aux yeux de ceux qui apprennent sa langue. Au début des années trente, le gouvernement britannique a créé le *British Council* avec pour mission de « promouvoir une plus grande connaissance du Royaume-Uni et de la langue anglaise à l'étranger et de développer des liens plus étroits entre le Royaume-Uni et les autres pays », d'après sa charte. Les États-Unis en revanche ont peu développé l'aide directe à l'apprentissage et l'enseignement de l'anglais à l'étranger, mais leur politique linguistique a toujours été largement enracinée dans leur politique de *soft power*. Par conséquent, l'anglais est devenu un outil de communication majeur, puisque parmi les 12 500 organisations internationales, 85 % utilisent officiellement l'anglais. Dans l'économie, la domination industrielle et commerciale de la Grande-Bretagne suite à la révolution industrielle a été remplacée par celle des États-Unis au XXe siècle : cet impérialisme économique a renforcé le pouvoir de l'anglais.

Oksana Seliverstova et Natalia Yudina, « La politique extérieure des langues comme composante de la politique de *soft power* », www.researchgate.net, 2020.

Vidéo
Le Dessous des cartes, 2018.
hachette-clic.fr/23hgg1038

ACTIVITÉ

1. Relevez les données qui montrent que l'anglais est un outil de domination. **(doc. 1 et 2)**

2. Expliquez cette place de l'anglais à l'aide du **document 2**.

3. En utilisant le **document 1** et la **vidéo**, montrez que la langue anglaise doit faire face à des langues concurrentes.

Bilan

À l'aide des documents, rédigez une réponse organisée au sujet suivant : « **Dans quelle mesure l'anglais est-il un outil de domination internationale ?** »

JALON 1 Étude

Les instituts Confucius au service de la puissance chinoise

Créés en 2004 par le gouvernement chinois, les instituts Confucius sont des établissements à but non lucratif, dont l'objectif est la diffusion de la langue et de la culture chinoise. Ils sont aujourd'hui le symbole du *soft power* chinois, mais leur installation suscite aussi parfois des polémiques.

▶ Comment les instituts Confucius contribuent-ils à la puissance chinoise ?

1 Les instituts Confucius dans le monde

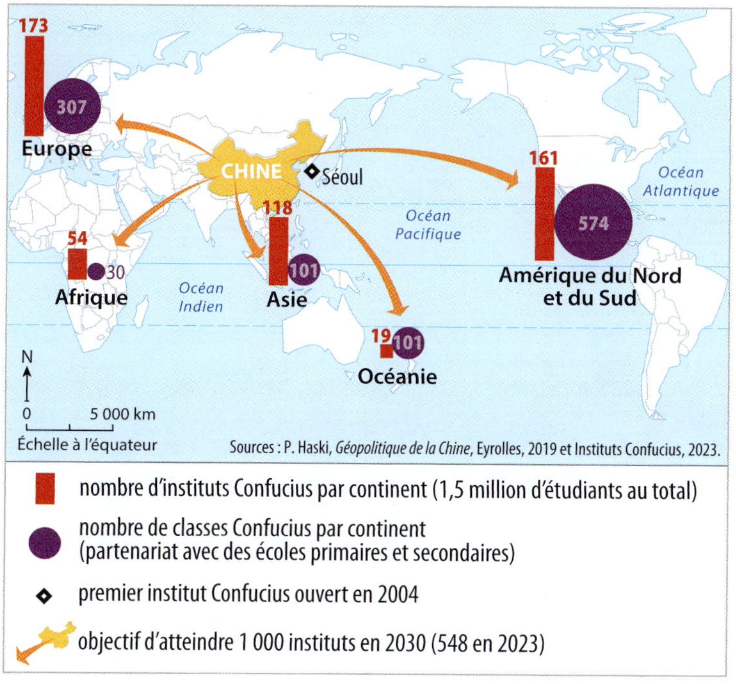

Sources : P. Haski, *Géopolitique de la Chine*, Eyrolles, 2019 et Instituts Confucius, 2023.

2 Du *soft power* au *sharp power* — La parole des géographes

Contrairement aux idées reçues, l'influence internationale d'une langue ne se résume pas à son volume de locuteurs total. Ainsi, le mandarin, parlé tout de même par presqu'un quart de la planète, demeure « cantonné » en Chine ; là où l'espagnol, bien moins parlé, permet pourtant à une vingtaine de pays de converser. C'est notamment face à ce constat que la Chine a développé ses instituts Confucius, dont l'objectif principal officiel est l'enseignement du mandarin à l'étranger. Mais qui contrôle une langue contrôle aussi le message qu'elle communique. Bon nombre de ces instituts ont ainsi été désignés en Occident comme des outils de propagande du Parti communiste chinois. Certains ont même été fermés par les autorités locales (Suède, Belgique) après avoir été accusés d'espionnage. La langue étant alors un instrument indirect de domination.

R. Bertolino, A. Negrus et N. Tardieu, *Atlas géopolitique du monde contemporain*, 2022.

3 Un vecteur de la langue chinoise

Pour les plus sceptiques, les instituts Confucius sont un outil de la propagande chinoise. « Mais on ne dit jamais ça des centres culturels français, s'insurge le directeur de l'institut d'Abidjan (Côte d'Ivoire). C'est la culture qui crée la fraternité entre les peuples. » Un discours qu'il assène régulièrement car, selon lui, « les médias étrangers donnent toujours une mauvaise image de notre travail ». Confucius est devenu le bras culturel de la Chine, notamment en Afrique, et la gratuité des cours n'est pas pour rien dans ce succès. Max, un jeune Ivoirien de 21 ans, étudie le mandarin depuis 4 mois : « Quand on parle de Confucius, on pense à son image de sagesse et d'harmonie. C'est une très bonne chose dans un pays comme le mien qui a traversé de violentes crises. » Mais sa grande passion, c'est le kung-fu. « Mon rêve est de partir étudier les arts martiaux à la célèbre université des sports de Pékin. Et je pense que parler mandarin m'aidera sans doute davantage dans ma vie professionnelle que l'anglais. »

Le Monde, 11 juillet 2016.

Vocabulaire

Sharp power : capacité d'un régime autoritaire à imposer un comportement au niveau national et à manipuler l'opinion à l'étranger.

ACTIVITÉ

Par binôme et à partir des **documents des pages 132 et 133**, l'un des élèves complète la colonne de gauche et l'autre la colonne de droite du tableau pour répondre à la problématique suivante : « **Le mandarin est-il une menace pour l'influence de l'anglais ?** »

	L'anglais, un outil de la puissance du monde anglophone	Le mandarin, un instrument au service de la puissance chinoise
Acteurs et moyens mis en œuvre		
Réussites		
Limites		

Étude La francophonie, outil culturel ou politique ?

Avec 275 millions de locuteurs dans le monde, le français est une langue partagée par une cinquantaine d'États et une langue de travail à l'ONU.

➤ Par son implantation mondiale, la francophonie devient-elle un outil au service de la défense des valeurs de la France ou un simple outil culturel ?

1 L'Organisation internationale de la Francophonie (OIF)

Carte interactive
hachette-clic.fr/23hgg1039

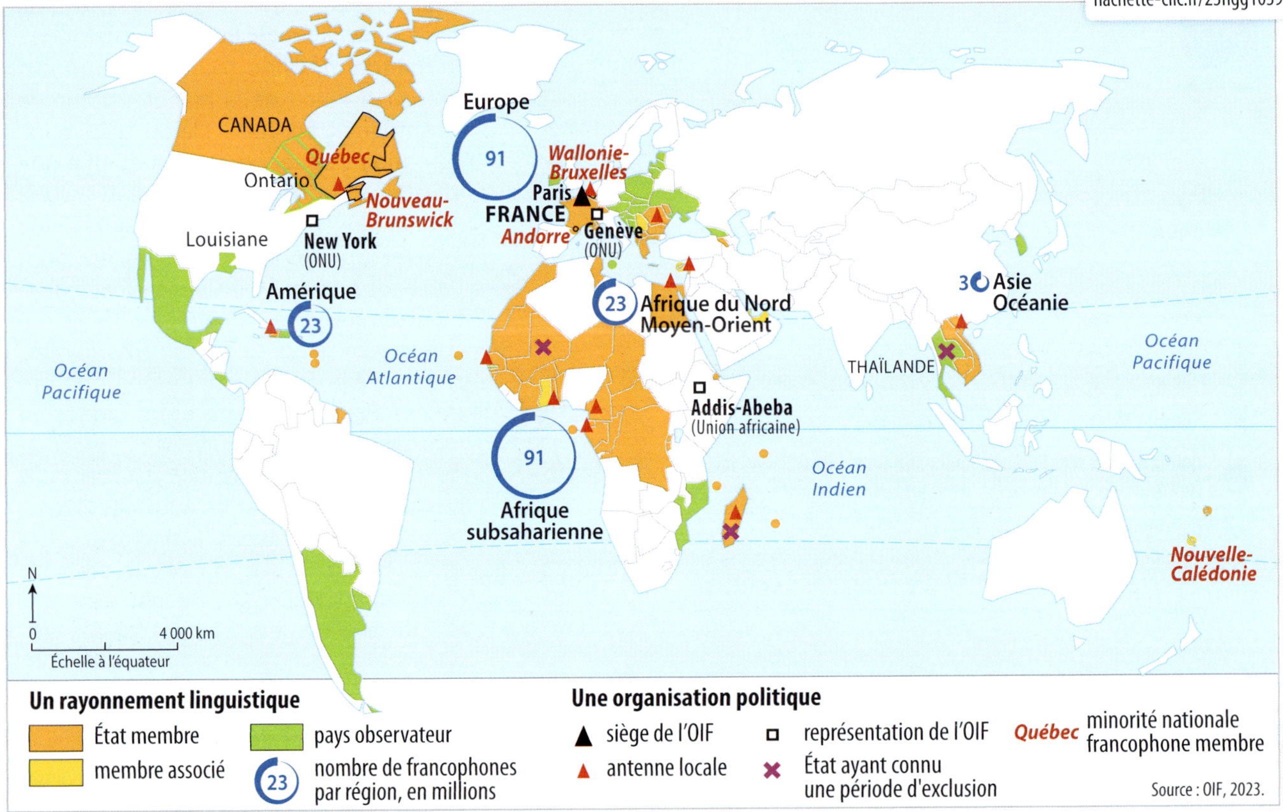

Source : OIF, 2023.

2 Un monde francophone dynamique

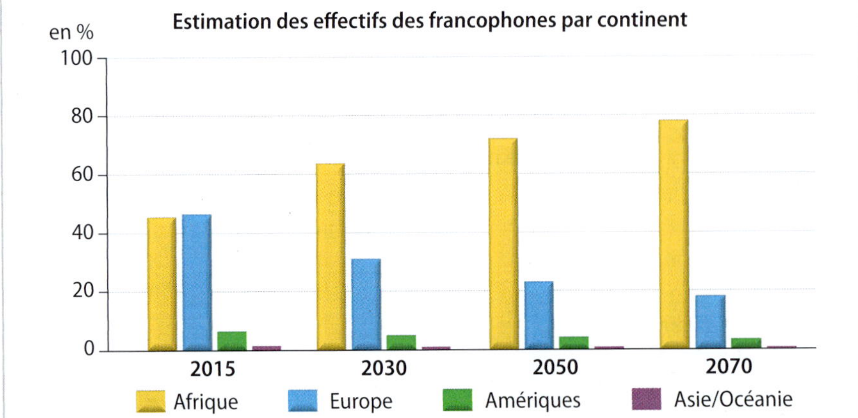

Source : ODSEF, 2023.

Vocabulaire

Alliance française : établissement culturel français implanté dans le monde en vue de diffuser la langue et la culture.

Francophonie : dispositif institutionnel organisant des relations politiques et de coopérations entre 88 États et gouvernements membres de l'Organisation internationale de la Francophonie (OIF), promouvant la langue française.

3 Les actions de l'Alliance française en Chine

Par son déploiement planétaire (plus de 800 centres dans 132 pays) et ses actions (cinéma francophone, cours de langue, expositions…), l'Alliance française contribue au rayonnement de la langue française.

4 Les limites de la puissance de la francophonie

La parole du géographe

La langue française a longtemps été celle des élites et de la diplomatie internationale. Le poids politique du français s'apprécie au nombre important de pays dans lesquels il est la langue officielle ou co-officielle (2e rang mondial après l'anglais et devant l'espagnol). Le français garde aussi un statut officiel dans toutes les grandes organisations internationales qu'elles aient trait aux sports (Comité international olympique) ou à la diplomatie (ONU). Il est, en outre, la 3e langue la plus utilisée sur Facebook et Wikipédia et la 3e langue mondiale des affaires après l'anglais et le chinois. À la langue française sont associées, pour des raisons historiques, des valeurs au premier rang desquelles la défense des droits de l'Homme. La francophonie se veut aussi le porte-drapeau de l'État de droit, de la bonne gouvernance, de la démocratie, de l'éducation, de la paix et de la prévention des conflits, même si certains de ses membres ne sont pas sans reproches en ces domaines. En revanche, l'importance économique du français reste à conforter. Force est de reconnaître que le bilan global est assez maigre. Souffrant du manque de réalisations concrètes et d'un certain décalage avec les attentes des populations, l'OIF semble inaudible et en perte de vitesse.

Wilfrid Bertile, *Les pays francophones dans la mondialisation : s'en sortir ensemble*, 2022.

5 Le français, l'une des six langues de travail de l'ONU

Vidéo
ONU, 2017.
hachette-clic.fr/23hgg1040

ACTIVITÉ

Complétez le tableau pour préparer une réponse à la question : **« La francophonie devient-elle un outil au service de la défense des valeurs de la France ou un simple outil culturel ? ».**

	Un outil du rayonnement culturel de la France	Un instrument au service de la puissance politique de la France
Acteurs		
Moyens mis en œuvre		
Limites		

Pour aller plus loin

Sur le site de l'Observatoire de la Francophonie, comparez l'évolution de la langue française avec celle des autres grandes langues internationales. Cherchez sur le site les facteurs de ce dynamisme. Utilisez ces informations pour expliquer le **document 2** et personnaliser votre exposé.

Site internet
hachette-clic.fr/23hgg1041

Étude

Les États, impuissants face au pouvoir des GAFAM ?

Google, Apple, Facebook, Amazon, Microsoft… Les GAFAM, géants américains du numérique, s'imposent en laissant peu de place à leurs concurrents. Leur puissance et leur stratégie semblent les placer au-dessus des lois des États.

Les États sont-ils capables de s'imposer face au pouvoir des GAFAM ?

1 Les GAFAM, des milliards d'utilisateurs

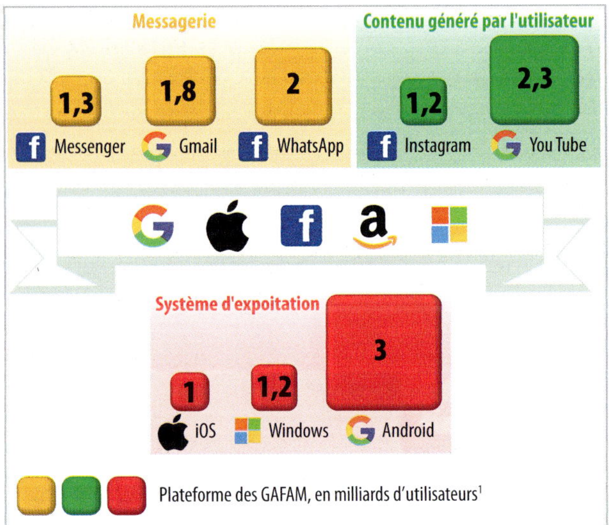

1. Seules les plateformes supérieures à 1 milliard sont représentées

Source : *Questions Internationales*, septembre-octobre 2021.

2 Des acteurs hors du contrôle des États

Dessin de Chappatte, *Le Temps*, 2021.

De gauche à droite : Mark Zuckerberg, Tim Cook et Jeff Bezos, patrons de 3 des 5 GAFAM, répondent aux critiques qui leur sont adressées.

3 Des tentatives croissantes de régulations

En 2021, les GAFAM ont dû faire face à de nombreuses sanctions, mais qui ne semblent pas en mesure de les arrêter. Les Européens tentent de mettre fin à leur toute puissance à coups de régulations et de sanctions[1]. Récemment Amazon s'est vue infliger une nouvelle amende de plus d'un milliard d'euros par l'Italie pour abus de position dominante. Idem pour Apple en France. Google, qui concentre 93 % des recherches mondiales sur Internet, a été condamné à verser plus de 8 milliards d'euros à l'Union européenne pour ses pratiques jugées anticoncurrentielles. Même les autorités américaines qui ont permis leur expansion tentent de les mettre au pas. Mais ces sanctions ne semblent pas intimider ces mastodontes indéboulonnables, qui représentent ensemble près de 10 000 milliards de dollars de capitalisation boursière, soit presque le produit intérieur brut de l'Europe ! Aujourd'hui, les géants de la Silicon Valley s'emparent d'autres secteurs d'activité. Apple rachète une entreprise du numérique toutes les trois semaines en moyenne pour rester à la pointe. Cela leur permet de recueillir des données personnelles sur la vie privée des utilisateurs, une mine d'or.

« Les GAFAM indéboulonnables », RFI, 30 décembre 2021.

1. En 2022, l'Union européenne a adopté la première législation dans le monde visant à encadrer les pratiques concurrentielles des GAFAM et le contenu de leurs plateformes.

ACTIVITÉ

1. Relevez dans les **documents 1 et 3** les informations montrant le poids exceptionnel des GAFAM.
2. Pourquoi les États semblent-ils impuissants face aux GAFAM ? **(doc. 2 et 3)**
3. À l'aide des documents, discutez l'affirmation suivante : les GAFAM constituent une forme indirecte de la puissance des États-Unis.

Bilan

À l'aide des documents, rédigez une réponse organisée au sujet suivant : « **Les États sont-ils capables d'imposer une régulation aux GAFAM ?** »

JALON 2

Étude

Les BATX, des outils de puissance de la Chine face aux États-Unis

Baidu, Alibaba, Tencent et Xiaomi… Les BATX sont les rivaux chinois des GAFAM américains. Longtemps loin de les égaler, leur développement original leur confère aujourd'hui un rôle stratégique majeur.

Comment les BATX partent-ils à la conquête du marché mondial ?

1 Une stratégie chinoise de puissance technologique

Les ambitions numériques chinoises sont portées par l'objectif national d'une indépendance renforcée mais aussi d'un véritable rattrapage de l'avance acquise par les États-Unis. À première vue, les géants chinois du numérique, les BATX (Baidu, Alibaba, Tencent et Xiaomi, auxquels on ajoute parfois Huawei) présentent plusieurs points communs avec leurs homologues américains : forte croissance, positions dominantes dans leurs secteurs respectifs, capitalisations boursières massives. Certaines déploient des activités de lobbying[1], comme Huawei pour le déploiement de la 5G en Europe. De même, les géants chinois investissent des sommes colossales dans la recherche et le développement, particulièrement dans l'intelligence artificielle. Cependant, il existe des différences notables avec les GAFAM : les BATX ont accès à un marché intérieur gigantesque, plus important que l'Europe et les États-Unis réunis, et profitent d'une politique de protection de Pékin par la « Grande Muraille numérique »[2]. La position dominante de Baidu est ainsi favorisée par l'interdiction de Google en Chine depuis 2010. De même, WeChat (Tencent), qui propose des fonctionnalités proches de celles de Facebook, WhatsApp, Instagram ou PayPal, est rapidement devenue l'application la plus utilisée en Chine.

D'après le Rapport d'information de l'Assemblée nationale sur les géants du numérique, 2021.

1. Stratégie de pression menée par un groupe d'intérêt, ici les BATX chinois.
2. Restrictions d'accès à l'Internet mondial organisées par le gouvernement chinois sur son territoire.

Dessin de M. Vuilberg, 2018.

3 Expliquez-moi… Les GAFAM et les BATX

Vidéo
P. Boniface, IRIS, 2022.

hachette-clic.fr/23hgg1042

2 Les BATX, des rivaux pour les GAFAM

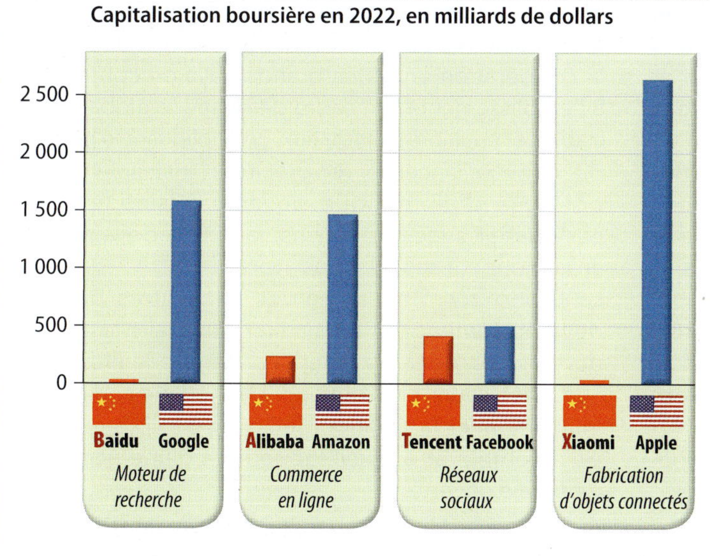

Source : « The Global 2000 », Forbes, 2022.

ACTIVITÉ

Vous participez à un débat sur la question : **la Chine peut-elle l'emporter dans la compétition technologique avec les États-Unis ?**

1. Organisez la classe en deux groupes : le premier montre que la Chine a désormais les moyens d'imposer sa puissance technologique, le second défend l'idée que les États-Unis devraient rester la puissance technologique dominante dans les années à venir.
2. Sélectionnez les idées dans les **documents des pages 136 et 137** et dans la **vidéo doc. 3**, en établissant une liste d'arguments illustrés par des exemples précis.
3. Organisez le débat à l'oral, en répondant précisément aux idées de l'autre groupe.

Étude GRAND FORMAT

Les « nouvelles routes de la soie », la puissance selon Xi Jinping

Contexte Le programme « la Ceinture et la Route », appelé également « nouvelles routes de la soie », est un des axes essentiels de la politique de puissance impulsée par Xi Jinping depuis son arrivée au pouvoir en 2013. Lors de ce discours devant le 19e Congrès du Parti Communiste Chinois, il expose la philosophie de ce projet et les ambitions chinoises.

Xi Jinping

Né en 1953, il est secrétaire général du Parti communiste chinois depuis 2012 et président de la République populaire de Chine depuis 2013. Il est réélu pour un nouveau mandat en 2023.

Comment les « nouvelles routes de la soie » participent-elles à l'affirmation de la puissance chinoise dans le monde ?

Le discours de Xi Jinping

1 Xi Jinping présente le projet des « nouvelles routes de la soie »

Vidéo
CGTN Français, 2017.
hachette-clic.fr/23hgg1043

L'ouverture amène le progrès ; le repli sur soi conduit à la régression. La porte ouverte de la Chine ne se refermera pas, mais au contraire continuera à s'ouvrir encore davantage. Ayant comme priorité le projet « la Ceinture et la Route », nous devons combiner au mieux les deux volets de la stratégie, à savoir « introduire de l'étranger » et « sortir du pays » ; suivre fidèlement le principe de « consultations réciproques, d'engagement commun et de partage des fruits » ; et renforcer l'ouverture et la coopération en matière de capacités d'innovation, pour créer une situation caractérisée par une ouverture simultanée vers l'Est et l'Ouest aux interactions terre-mer. Nous étendrons le commerce extérieur, tout en encourageant l'émergence de nouvelles activités et de nouveaux modes de commerce pour faire de la Chine une puissance commerciale. [...] Nous continuerons à optimiser les dispositions d'ouverture régionale et accroîtrons l'ouverture de l'Ouest de la Chine. Nous accorderons aux zones pilotes de libre-échange un plus grand pouvoir de décision concernant les réformes et étudierons la question de l'établissement de ports de libre-échange[1]. Nous adopterons de nouveaux modes d'investissement à l'étranger, encouragerons la coopération internationale en matière de capacité de production, créerons des réseaux de commerce, d'investissement, de financement, de production et de services tournés vers le monde entier, et travaillerons à nous doter, dans les meilleurs délais, de nouveaux atouts dans la coopération et la concurrence économiques internationales. [...]

Persévérant dans sa politique fondamentale d'ouverture, la Chine continuera à ouvrir sa porte pour se développer, et fera une promotion active de la coopération internationale dans le cadre du projet « la Ceinture et la Route », en créant de nouvelles plateformes de coopération internationale et de nouveaux moteurs de développement commun, dans le but de réaliser la coordination en matière de politique, l'interconnexion des infrastructures, la facilité du commerce, l'intégration financière et la compréhension mutuelle entre les peuples. Afin d'établir un réseau mondial de partenariats, la Chine veillera à élargir la convergence d'intérêts avec les autres pays, et promouvra la coordination et la coopération entre les grands pays en contribuant à l'établissement d'un cadre de relations globalement stables et équilibrées entre eux. En appliquant le principe dit « amitié, sincérité, réciprocité et inclusion », et la politique diplomatique de bon voisinage et de partenariat avec ses voisins, la Chine développera en profondeur ses relations avec eux.
La Chine accroîtra ses aides aux autres pays en développement, en particulier aux pays les moins développés, pour diminuer l'écart entre le Nord et le Sud. Par ailleurs, elle soutiendra le système commercial multilatéral et la création de zones de libre-échange pour contribuer au développement d'une économie mondiale ouverte.

Discours de Xi Jinping au 19e Congrès du Parti communiste chinois, 18 octobre 2017. Traduction : Xinhua, agence de presse du gouvernement chinois.

1. Les zones de libre-échange ont été créées pour la première fois en Chine en 2013. Elles permettent de faciliter l'accueil d'investisseurs étrangers dans les ports chinois.

Mise en perspective

Carte interactive
hachette-clic.fr/23hgg1044

2 Les « nouvelles routes de la soie », un chantier titanesque

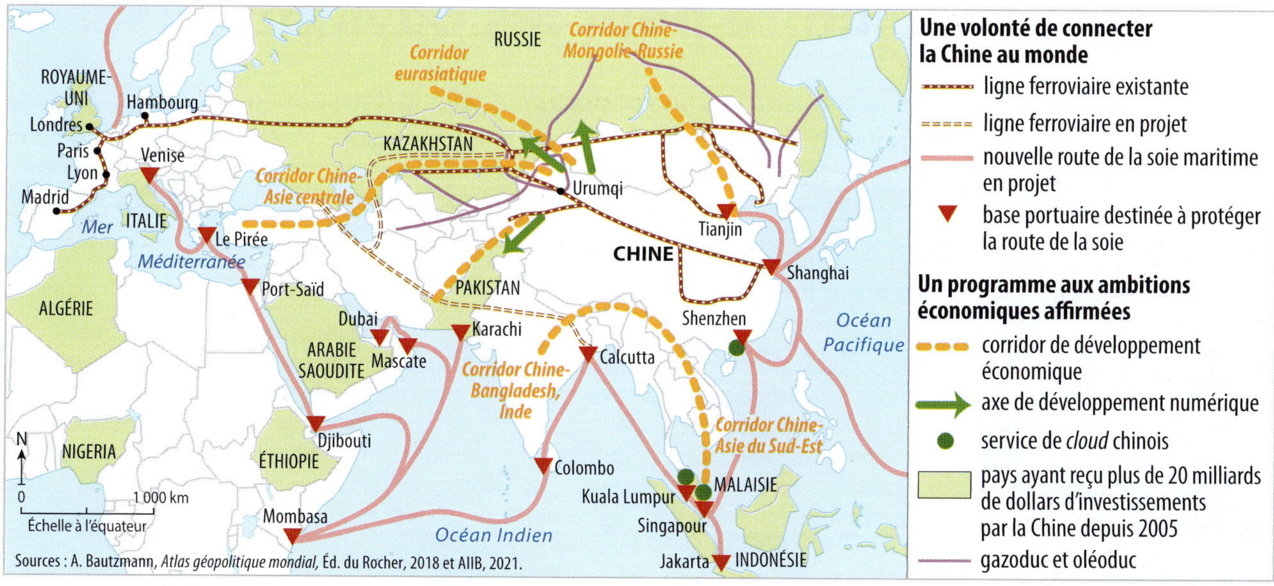

Sources : A. Bautzmann, *Atlas géopolitique mondial*, Éd. du Rocher, 2018 et AIIB, 2021.

3 Un programme au service de la puissance chinoise

La parole de la géopolitologue

Pour parvenir à son objectif d'occuper la position dominante, la Chine mise sur une diplomatie qui a pour but de fédérer le plus grand nombre de pays possible par différentes initiatives (nouvelles routes de la soie, banque asiatique d'investissement pour les infrastructures, etc.) et propositions (économiques, commerciales, monétaires, technologiques, médicales, pour développer un réseau de partenariats qui soit au final plus large que celui de l'alliance occidentale. Bien sûr, ces initiatives ne sont pas motivées que par des objectifs géostratégiques, il s'agit de gagner des parts de marché, de trouver des débouchés pour des entreprises chinoises, de renforcer le poids de la Chine dans certaines institutions, mais la rivalité avec l'Occident est très structurante. […]

Outre les ralliements volontaires à la Chine, comme ceux de la Russie ou de l'Iran, un nombre croissant de pays ont établi des partenariats, voire des liens de subordination, à très long terme avec Pékin. Certaines initiatives chinoises ont en effet créé des relations de dépendance avec plusieurs pays. C'est le cas du développement de certaines infrastructures de transport coûteux au sein de pays tiers. Par exemple, la réalisation du terminal portuaire d'Hambantota au Sri Lanka s'est transformée en un fiasco : une concession de quatre-vingt-dix-neuf ans a été accordée fin 2017 à la société d'État chinoise CMPH en échange de l'effacement d'un peu plus d'un milliard de dollars d'emprunts chinois.

Alice Ekman, *Dernier vol pour Pékin*, Les Éditions de l'Observatoire, 2022.

ACTIVITÉ

Préparer l'analyse du discours en se documentant

1. Qui est Xi Jinping ?

2. Devant qui prononce-t-il ce discours ? **(doc. 1)**

Analyser le discours

3. Comment Xi Jinping présente-t-il les nouvelles routes de la soie ? Montrez à partir du **document 2** quelles formes concrètes elles prennent.

4. Sur quels piliers de la puissance ce discours de Xi Jinping insiste-t-il ? Comment les « nouvelles routes de la soie » participent-elles à l'influence chinoise dans le monde ? **(doc. 1)**

Porter un regard critique sur le discours

5. À partir du **document 3**, listez les critiques qui peuvent être formulées à l'égard de cette politique.

6. À l'aide du **document 3**, critiquez la phrase soulignée dans le discours **(doc. 1)**.

Pour critiquer le discours, vous pouvez chercher des contre-arguments précis dans le doc. 3, puis les illustrer par des exemples concrets. N'hésitez pas à faire quelques recherches complémentaires : exemples récents permettant d'illustrer le propos de manière concrète, chiffres-clés, …

Vidéo : Le Débat : « Nouvelles routes de la soie », la nouvelle hégémonie chinoise. Public Sénat, 2019.

hachette-clic.fr/23hgg1045

Étude Les « nouvelles routes de la soie », une opportunité pour les pays traversés ?

Les « nouvelles routes de la soie » semblent être une opportunité pour le développement de la puissance chinoise. Néanmoins, le projet pourrait également devenir une chance pour les pays traversés.

➤ Les « nouvelles routes de la soie » représentent-elles une opportunité pour les pays traversés ?

1 La modernisation du Laos grâce aux investissements chinois

Au Laos, des travailleurs chinois célèbrent la pose des premiers rails pour le chemin de fer Chine-Laos dans la banlieue nord de Vientiane, le 18 juin 2020.

2 Un développement menacé

Lancé il y a une décennie, le projet phare du président Xi Jinping montre des signes d'essoufflement. Un train rutilant de technologie raccorde, depuis 2021, la capitale laotienne au chef-lieu de la province chinoise du Yunnan situé à 1 400 kilomètres. Pour le Laos, c'est une révolution. La vitrine est clinquante, mais il y a aussi l'envers du décor. Les 6 milliards de dollars qu'a nécessités ce chantier, financé en grande partie par la Chine, ont fait grimper la dette extérieure du Laos. Dans le pays, d'autres initiatives chinoises sont désormais à l'arrêt, les belles infrastructures promises figées à l'état de carcasses industrielles. À l'instar du Laos, nombre d'États à bas et moyens revenus vacillent sous le poids de la dette. La Chine assiste au déclin de son pouvoir d'attraction dans les pays qui avaient voulu croire à ses promesses d'une modernisation « *made by China* ». Le Pakistan est au bord de la faillite ; les habitants dénoncent la surpêche chinoise dans leurs eaux et la surexploitation des ressources locales. Quant aux emplois promis, ils ont été attribués à des travailleurs venus de Chine. L'Asie du Sud-Est n'est pas épargnée par le « débrayage » des « nouvelles routes de la soie ». Conséquence, le Japon, les Européens et les États-Unis multiplient les projets au Vietnam ou en Indonésie avec, en tête, le transfert vers ces pays de filières de sous-traitance jusqu'à présent installées en Chine.

Le Monde, 16 octobre 2022.

ACTIVITÉ

1. En quoi les « nouvelles routes de la soie » peuvent-elles être un moyen de développement pour les pays traversés ? **(doc. 1)**

2. À l'aide du **document 2**, nuancez l'affirmation suivante : les « nouvelles routes de la soie sont une chance pour les pays traversés ».

Pour aller plus loin

À l'aide de la vidéo *La Chine à la conquête du monde : les « nouvelles routes de la soie »* diffusée le 13 avril 2021 par Documentaire Société, identifiez les avantages et limites du projet chinois pour l'Afrique.

Vidéo : Documentaire et société, 2021.

hachette-clic.fr/23hgg1046

JALON 3

Étude

Les « nouvelles routes de la soie », une menace pour la stabilité de l'Asie

Les « nouvelles routes de la soie » permettent à la Chine d'étendre sa puissance et son influence en dehors de ses frontières. Or, elles réaniment aussi la concurrence avec ses voisins.

Pourquoi les « nouvelles routes de la soie » renforcent-elles les tensions géopolitiques ?

1 Un programme qui inquiète

Plusieurs observateurs indiens perçoivent les routes de la soie comme la confirmation d'un désir de domination chinoise qui encerclerait et menacerait l'Inde. D'un point de vue commercial, les routes de la soie favorisent la Chine dans le commerce avec l'Europe et lui permettent d'importer des matières premières pour les réexpédier en produits finis. Pour l'Inde, cette concurrence accrue de la Chine met en péril le développement de son parc industriel pourtant essentiel à la création d'emplois dans un pays peuplé de jeunes. De plus, l'activité chinoise dans l'océan Indien inquiète. L'Inde se demande si les nouvelles infrastructures maritimes, financées par la Chine, seront utilisées à des fins militaires et stratégiques. L'inquiétude porte notamment sur le port de Gwadar, au Pakistan, financé et géré par la Chine et qui pourrait abriter des destroyers chinois en cas de conflits maritimes.

Diplomatie, juin 2020.

Face à cette concurrence, l'Inde s'est alliée au Japon en 2017 pour créer le corridor de croissance Asie-Afrique. Ce projet d'infrastructures vise tout d'abord à connecter l'Asie et l'Afrique puis à développer la coopération économique entre l'Inde, le Japon et de multiples nations africaines. Considéré avant tout comme un contrepoids à l'initiative chinoise des nouvelles routes de la soie, le corridor de croissance Asie-Afrique vise à fournir un modèle alternatif pour faire des affaires en Afrique. L'objectif de l'Inde et du Japon est de garantir le libre-échange et le développement en Afrique, sans tomber dans les pièges de la Chine qui octroie des prêts pour le financement de d'infrastructures contre la livraison de ressources naturelles.

Le Matinal (site mauricien d'informations) 20 juillet 2021.

2 Un programme source de tensions

RebelPepper (caricaturiste chinois), 22 février 2018.

En réaction au projet chinois, les États-Unis, le Japon, l'Australie et l'Inde coopèrent depuis 2018 pour favoriser la croissance économique dans la région indopacifique en y réalisant de nouveaux projets d'infrastructure durables et de haute qualité.

ACTIVITÉ

1. Expliquez les raisons qui poussent l'Inde à rejeter le projet des « nouvelles routes de la soie ». **(doc. 1)**
2. Comment les concurrents de la Chine répondent-ils au programme chinois ? **(doc. 1 et 2)**
3. Montrez que le projet chinois avive les tensions géopolitiques. **(doc. 2)**

Bilan

À l'oral, préparez une intervention de 3 minutes illustrant l'affirmation : **Les « nouvelles routes de la soie » avivent les tensions géopolitiques.**

Vous analyserez tout d'abord les raisons pour lesquelles l'Inde rejette les « nouvelles routes de la soie » **(doc. 1 et 2)** ; puis vous expliquerez en quoi le programme alimente des tensions géopolitiques. **(doc. 2)**

Axe 2

Leçon 3 Formes indirectes de la puissance : une approche géopolitique

➤ Pourquoi les États recourent-ils à des formes indirectes de puissance, traditionnelles ou innovantes, pour s'affirmer dans le monde ?

A Diffuser sa culture pour accroître son influence

- **Les outils de diffusion de la culture sont multiformes.** Les réseaux culturels institutionnels des États les puis puissants leur assurent une présence tous les continents (Francophonie, Instituts Confucius). Le cinéma ou les séries constituent une forme indirecte de la puissance des pays émetteurs (séries américaines à l'échelle mondiale, *télénovelas* brésiliennes dans les pays parlant portugais). Les **diasporas** sont aussi un outil de rayonnement (*chinatowns* de San Francisco ou Londres devenus des lieux touristiques).
- **Le rayonnement linguistique reste un enjeu de puissance.** JALON 1 p. 132 L'anglais reste la langue la plus diffusée et s'impose dans les échanges économiques. Mais, la France bénéficie de la forte croissance démographique de pays francophones : le nombre de francophones passera de 275 millions en 2022 à 715 millions en 2050, dont 85 % en Afrique. Ces deux langues gardent une place de choix dans les relations internationales (langues de travail à l'ONU, l'OMC, l'UE, …).
- **La puissance peut aussi se mesurer à la capacité d'accueillir des évènements culturels internationaux.** Jusqu'en 2010, les expositions universelles, où les pays du monde entier présentent leurs meilleurs savoir-faire, se sont tenues dans des métropoles occidentales. Aujourd'hui, les métropoles émergentes (Shanghai en 2010, Dubai en 2022, Buenos Aires en 2023) s'affirment. L'accueil des JO ou des coupes du monde de football est également au cœur des rivalités de puissance et témoigne d'un basculement du monde.

1 Une classe de mandarin dans un institut Confucius en Afrique du Sud

2 L'accueil des coupes du monde de football, un club fermé de puissances

B Maîtriser le savoir pour consolider sa puissance

- **La production du savoir est un facteur de puissance.** La capacité à structurer l'environnement de la recherche permet d'attirer des chercheurs étrangers (***brain drain***). Les universités européennes et américaines ont un quasi monopole des lauréats du prix Nobel. Le classement des universités est devenu un enjeu. Depuis 2003, le classement de l'université de Shanghai est un des plus médiatisés.
- **La maîtrise du savoir assure l'avance technologique des grandes puissances.** Les Européens et les Américains s'appuient sur leur ancienneté dans la course à l'espace. Mais les puissances émergentes s'affirment. L'Inde a rejoint dès 2014 le club très fermé (Russie, États-Unis et UE) des pays capables de lancer une sonde en orbite autour de Mars. En janvier 2019, la Chine a réussi le premier alunissage sur la face cachée de la Lune. Les États lancent des programmes de développement de l'Intelligence artificielle (Japon, France).
- **Le leadership dans l'activité numérique devient un enjeu de puissance.** JALON 2 p. 136 Les GAFAM américains dominent le marché du numérique (Google assure 90 % des recherches planétaires sur Internet, Amazon revendique 200 millions d'utilisateurs en 2021), mais les BATX chinois s'affirment rapidement. Les États manquent de leviers pour contrer la puissance des GAFAM, même si l'Union européenne est parvenue à leur imposer une réglementation contraignante en 2022.

Vocabulaire

***Brain drain* :** attirance des « cerveaux » étrangers pour un pays offrant de meilleures conditions de travail et de salaires.

Diaspora : dispersion d'une communauté ethnique ou d'un peuple à travers le monde.

Nouvelles routes de la soie : (en anglais *OBOR* : *One Belt, One Road*) programme chinois dévoilé en 2013 visant à développer les infrastructures de transport entre la Chine et l'Europe grâce à des partenariats avec les États traversés. Il vise notamment à sécuriser l'approvisionnement énergétique chinois, faciliter ses exportations et renforcer son influence.

C Maîtriser et sécuriser les réseaux de communication

- **La sécurisation des voies maritimes où transite l'essentiel du commerce international est un enjeu mondial.** L'Union européenne a mis en place l'opération navale Atalante pour lutter contre la piraterie dans le Golfe d'Aden et la Vᵉ flotte américaine sécurise le détroit d'Ormuz, porte d'entrée des routes du pétrole. En 2022, les attaques contre des oléoducs en mer Baltique visaient à fragiliser l'approvisionnement européen.
- **La Chine a mis en place de « nouvelles routes de la soie ».** Destinées à sécuriser ses approvisionnements énergétiques mais aussi à s'ouvrir de nouveaux marchés, elles permettent d'asseoir la puissance commerciale de la Chine et de tisser un réseau d'alliances dans 68 pays. Mais, elles suscitent aussi l'inquiétude de ses concurrents (Union européenne, Inde).

JALON 3 p. 138

- **La capacité des États à contrôler leur réseau numérique est un nouveau critère de puissance.** Pour faire face aux cyberattaques qui se multiplient, les États développent des stratégies de protection nationale (France, États-Unis) et, de plus en plus, internationale. Internet est aussi devenu une arme au service des belligérants lors du conflit en Ukraine : accès restreint des internautes russes à Facebook par le Kremlin pour contrôler l'information, fourniture par SpaceX d'un réseau satellite pour le maintien des communications en Ukraine.

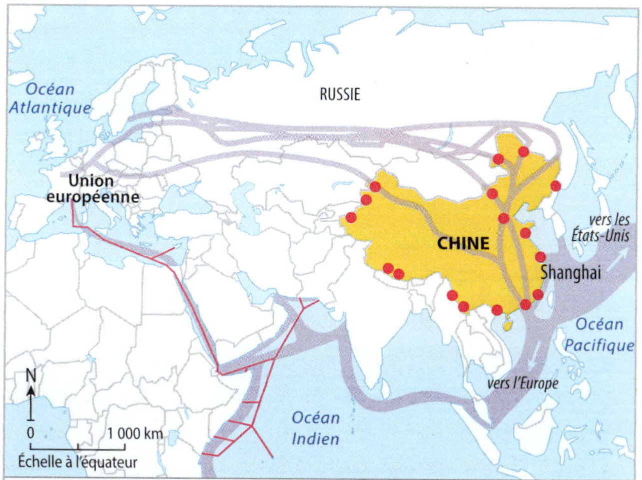

câble sous-marin et terrestre étranger dont dépend la Chine
point de contrôle d'entrée et de sortie des données
câble « peace » inauguré en 2021

Sources : *Submarine cable*, 2023 et *Peace cable*, 2023.

3 Le câble *peace* chinois, une nouvelle route de la soie numérique

SCHÉMA BILAN

Schéma interactif
hachette-clic.fr/23hgg1047

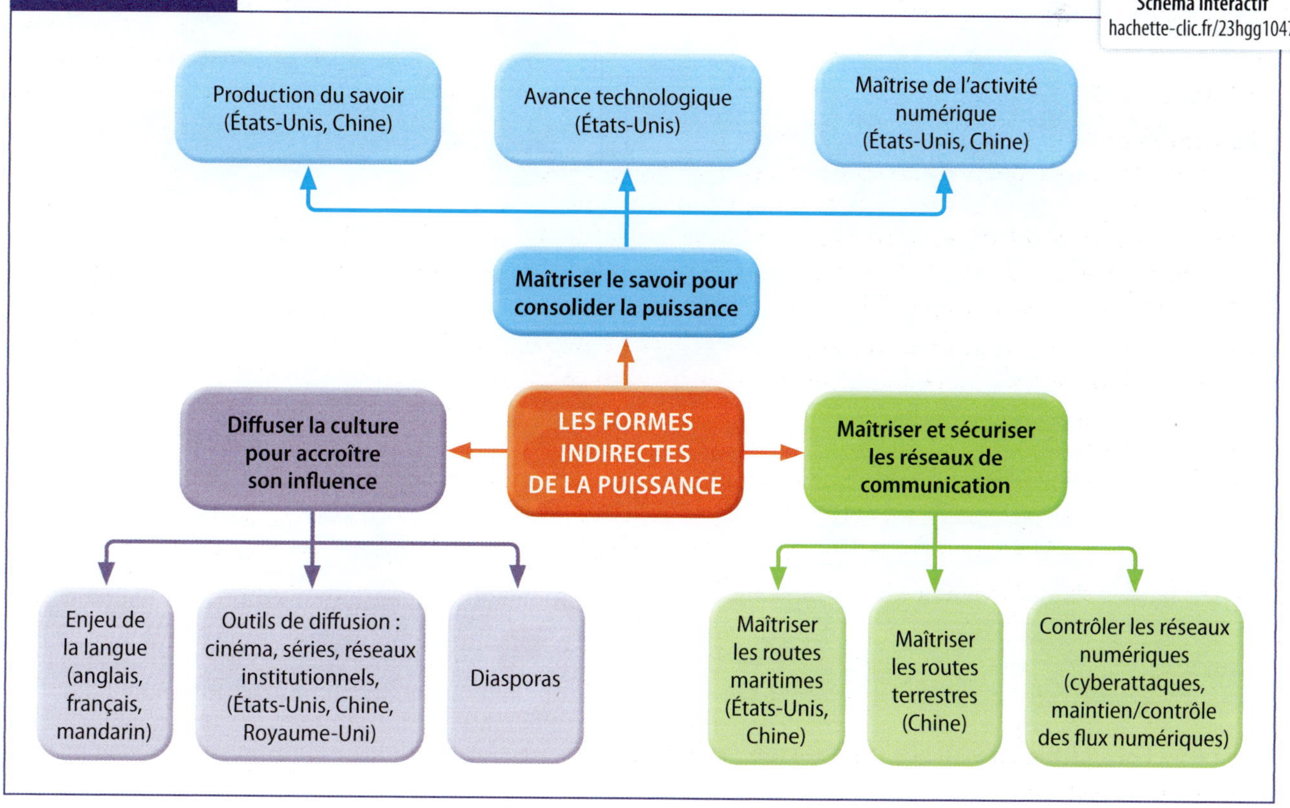

OBJET DE TRAVAIL CONCLUSIF

La puissance des États-Unis aujourd'hui

➤ Les États-Unis peuvent-ils rester la première puissance d'un monde devenu multipolaire ?

1 Les États-Unis, première puissance spatiale

Sortie extravéhiculaire de l'astronaute Drew Feustel, juin 2018.

2 **Hollywood, la capitale mondiale du cinéma**

QUESTIONS

1. Quelles formes classiques ou indirectes de la puissance américaine les **documents 1 et 2** illustrent-ils ?

2. Pourquoi la maîtrise des technologies spatiales et la diffusion du cinéma sont-elles des éléments de puissance pour les États-Unis ? **(doc. 1 et 2)**

3. Pourquoi peut-on dire que cette puissance s'exerce à l'échelle mondiale ?

p. 148 > JALON ①
Les lieux et les formes de la puissance des États-Unis

p. 152 > JALON ②
Unilatéralisme et multilatéralisme : un débat international

p. 156 > JALON ③
Points d'appui et zones d'influence des États-Unis dans un monde multipolaire

Repères

La puissance des États-Unis aujourd'hui

Carte interactive
hachette-clic.fr/23hgg1048

1 Les États-Unis, première puissance militaire mondiale

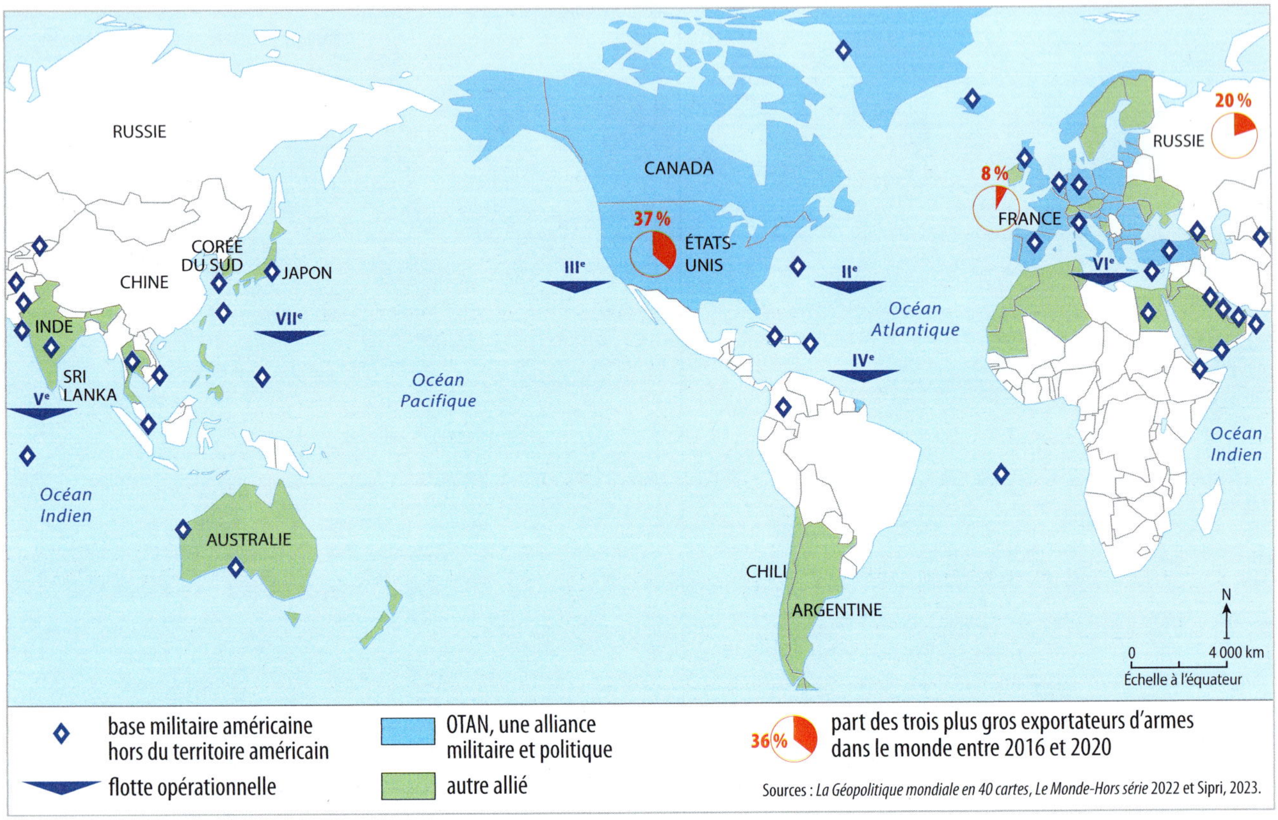

Sources : *La Géopolitique mondiale en 40 cartes, Le Monde-Hors série* 2022 et Sipri, 2023.

2 Une représentation diplomatique planétaire

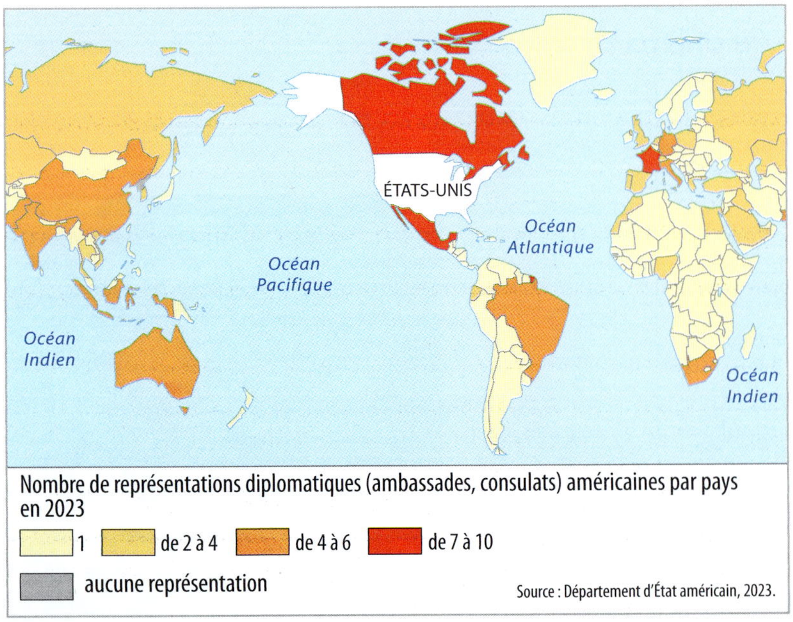

Source : Département d'État américain, 2023.

3 Le poids économique des États-Unis dans le monde

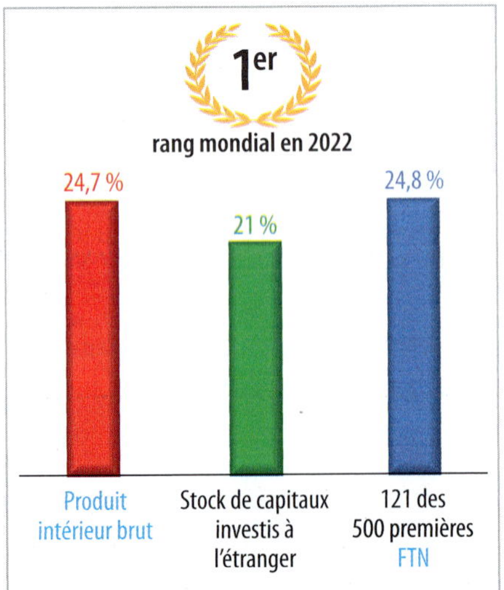

Sources : FMI, Fortune global 500 et OCDE, 2023.

4 Les investissements de Google pour ne plus dépendre d'infrastructures détenues par des États

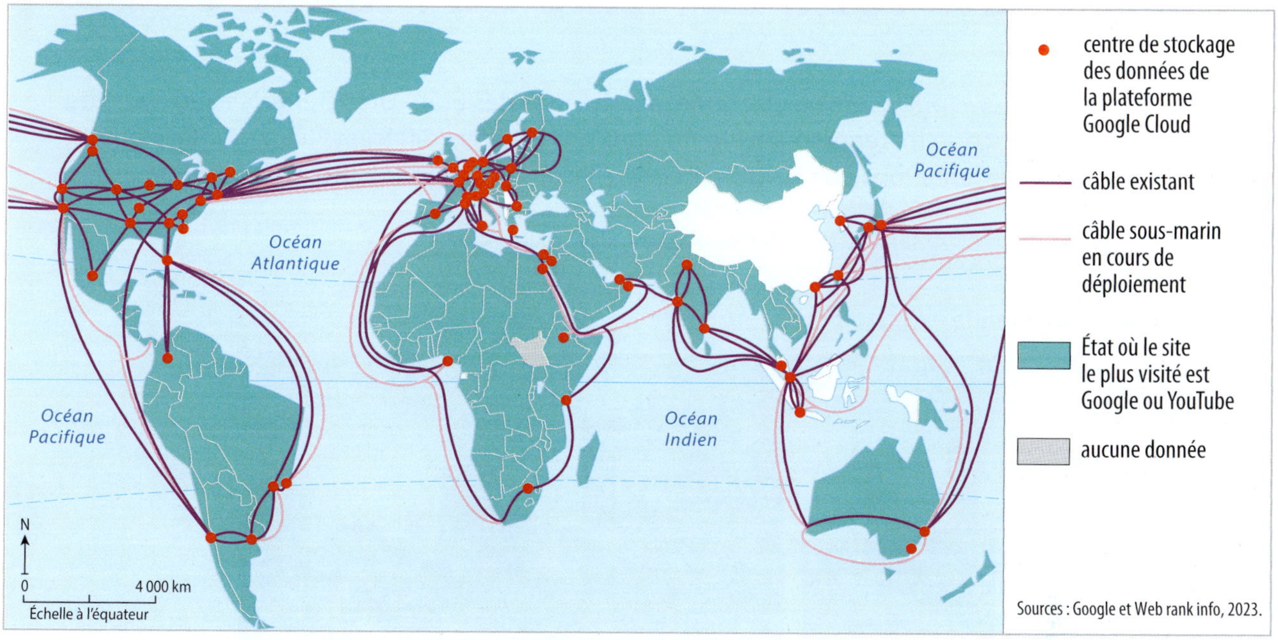

Sources : Google et Web rank info, 2023.

Carte interactive
hachette-clic.fr/23hgg1049

5 L'innovation, au service de la puissance des États-Unis

Domaine	Exemples de la supériorité américaine
Recherche et développement	La Californie investit autant en recherche et développement que l'Allemagne
Universités	40 des 100 premières universités mondiales (MIT, Harvard, Princeton, Yale, Columbia…)
Lieux d'innovation	Silicon Valley à San Francisco, Route 128 à Boston, Silicon Alley à New York
Numérique	– GAFAM (Google, Apple, Facebook, Amazon, Microsoft), leaders mondiaux dans leur domaine – 40 % des centres de stockage de données numériques mondiaux

Sources : F. Tétart, *Grand Atlas 2023* et Classement de Shanghai, 2023.

Vocabulaire

FTN (firme transnationale) : entreprise possédant au moins une filiale à l'étranger, cherchant à maîtriser les approvisionnements en matières premières, la baisse des coûts de production (main d'oeuvre bon marché) et la proximité des marchés de consommation.

PIB (produit intérieur brut) : valeur des richesses (biens et services) produites à l'intérieur d'un État.

POUR COMPRENDRE

Les États-Unis incarnent les caractéristiques de la puissance, capable de faire, de faire faire, d'empêcher de faire et de refuser de faire. Leur puissance s'exerce aujourd'hui à travers un rayonnement planétaire inégalé.

1. À l'aide des documents 1, 2 et 3, montrez par quels moyens ils le peuvent.

2. Par quelles formes directes ou indirectes ce rayonnement s'exprime-t-il ? (doc. 2, 4 et 5)

Étude New York, capitale du monde ?

Aux yeux du monde, New York incarne à elle seule la puissance des États-Unis. Renforcée au cours du XXe siècle, cette puissance se matérialise encore aujourd'hui à travers différents lieux qui sont autant de symboles et de représentations du rôle de la « Grosse Pomme », et, plus largement, des États-Unis.

Pourquoi New York fait-elle figure de capitale du monde ?

1 L'ONU, centre du monde

Le secrétariat général s'assure du bon fonctionnement de l'ONU et de ses agences. Son secrétaire peut attirer l'attention du Conseil de sécurité sur toute affaire mettant en danger le maintien de la paix et de la sécurité dans le monde.

L'Assemblée générale regroupe les délégations des 193 États membres et accueille les chefs d'État lors d'évènements exceptionnels (G. Thunberg en 2019, V. Zelensky en 2022).

Le Conseil de sécurité vote des résolutions qui visent à apporter une solution à un problème menaçant la paix et la sécurité internationale. Il peut décider de l'envoi d'une force armée, les Casques bleus, partout dans le monde.

Vocabulaire

ONU (Organisation des Nations unies) : organisation internationale créée en 1945 groupant, en 2023, 193 États. Ses objectifs essentiels sont la promotion de la paix et du développement dans le monde.

2 Le siège des Nations unies, un territoire spécifique

Le 10 décembre 1945[1], le Congrès américain a décidé à l'unanimité d'inviter l'Organisation des Nations unies à établir son siège permanent aux États-Unis. La décision d'établir l'Organisation près de la ville de New York a été prise par l'Assemblée générale à sa première session, le 14 février 1946 à Londres. Un comité spécial a examiné divers emplacements éventuels pour le Siège (Philadelphie, Boston, San Francisco). Il s'est tout d'abord intéressé à des emplacements situés au nord de New York et n'a pas sérieusement songé à Manhattan, jugé trop encombré. L'offre de 8,5 millions de dollars faite par John D. Rockefeller Junior[2] pour l'achat du site actuel a remporté l'assentiment de la majorité des membres de l'Assemblée générale. La ville de New York a accepté de céder gratuitement des terrains pour compléter l'emplacement. Le site choisi par l'ONU était à l'époque un quartier délabré formé d'abattoirs, d'ateliers et de quais portuaires. Ce territoire, devenu propriété de l'ONU, a un statut spécial aux États-Unis. Aucun agent ou fonctionnaire américain, qu'il relève de l'autorité fédérale, d'un État ou d'une collectivité locale, ou qu'il dépende de l'administration, de l'autorité judiciaire, de l'armée ou de la police, ne peut pénétrer sur le site sans avoir obtenu le consentement du Secrétaire général de l'Organisation. L'ONU est néanmoins liée aux États-Unis par un accord visant à empêcher que le Siège ne serve de refuge à des personnes qui tenteraient d'échapper à une arrestation.

ONU, 2023.

1. L'ONU a été initiée par le président américain F. D. Roosevelt en 1941 mais est officiellement inaugurée en juin 1945.
2. Financier et philanthrope américain.

3 New York dans la compétition internationale

	Économie	Finances	Recherche et développement	Rayonnement culturel	Accessibilité
Rang mondial en 2021	1er	1er	1er	3e	6e
Exemples	Nombreux sièges sociaux de firmes transnationales : IBM, Pfizer	– Les deux premières places boursières mondiales (Wall Street et Nasdaq)[1] – Sièges sociaux d'organismes financiers : HSBC, American Express	– Laboratoires de recherche : IBM, Microsoft, Samsung – Universités (Columbia, New York University)	– Nombreux musées dont le MET (3e musée le plus visité au monde) – Broadway (théâtres, comédies musicales) – 11 millions de touristes par an (7e rang mondial)	– Aéroport JFK (9e rang mondial) ; – Port (40e mondial)

1. Les places boursières de New York représentent 30 % de la capitalisation financière du total des 5 premières bourses mondiales en 2021 (57 % en 2010).

Sources : Global Power City Index, 2021 et Capital, 2022.

4 Manhattan, hypercentre du monde

Un centre décisionnel mondial
- siège de l'ONU
- place boursière de rang mondial
- concentration de sièges sociaux de FTN[1]

Une capitale mondiale de la culture et du savoir
- site touristique majeur (musée, monument)
- université dans le top 10 du classement de Shanghai

1. Firme transnationale

PARCOURS 1 Lire et interpréter des documents

1. Montrez que la présence du siège de l'ONU à New York est un atout pour le rayonnement mondial de la ville. Pourquoi peut-on nuancer cette affirmation ? **(doc. 1 et 2)**

2. Comment les paysages urbains attestent-ils de la puissance de New York ? **(doc. 4)**

3. Identifiez les différents atouts sur lesquels New York construit sa puissance. Quelles en sont les limites ? **(doc. 3 et 4)**

Bilan

À l'aide des réponses aux questions, rédigez un paragraphe pour répondre à la problématique : « **Pourquoi New York fait-elle figure de capitale du monde ?** »

PARCOURS 2 Réaliser une présentation orale

À l'aide des documents, réalisez une présentation orale de 5 minutes en binôme. Vous expliquerez pourquoi New York peut être qualifiée de capitale du monde.

Pour vous aider, vous pouvez adopter ce plan :
- Une ville accessible et attractive ; **(doc. 3 et 4)**
- Une puissance économique et culturelle ; **(doc. 3 et 4)**
- Un centre politique et diplomatique ; **(doc. 1 et 2)**

Étude Hollywood, symbole de la puissance américaine ?

Autant en emporte le vent, Star Wars, Maverick… Autant de succès produits par Hollywood. Ce quartier de Los Angeles incarne à lui seul la puissante industrie cinématographique américaine.

Bien que concurrencés, pourquoi peut-on affirmer qu'Hollywood et le cinéma sont des outils au service de la puissance américaine ?

1 Hollywood dans la compétition cinématographique mondiale

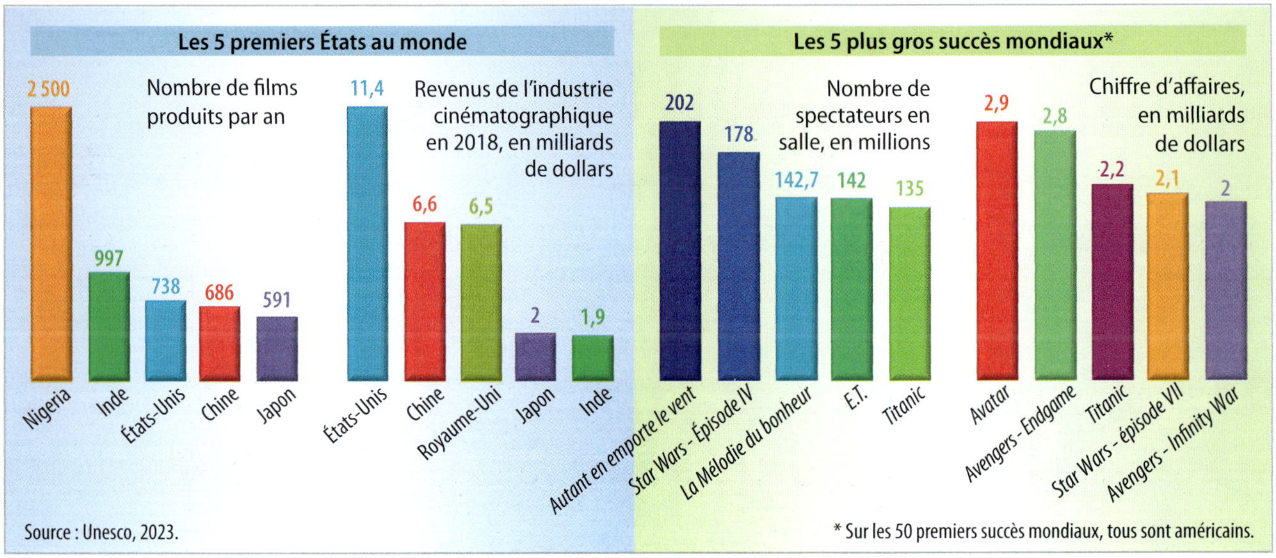

2 Hollywood, une industrie au service de la puissance américaine

Malgré un certain déclin de l'influence américaine, un instrument de leur pouvoir et de leur attractivité culturelle reste inchangé : les films et séries américains. Hollywood entretient une image sublimée du territoire ou des modes de vie américains tant pour ses propres citoyens que pour l'opinion publique mondiale. Hollywood devient un porte-parole informel du gouvernement et joue le rôle d'influenceur. Les films d'Hollywood sont liés à des intérêts de politique étrangère ; c'est le bras armé d'un *soft power*, glamour, pour les États-Unis. Par exemple, de nombreux films de guerre sont produits et réalisés pour que le peuple américain et l'opinion publique adhèrent à la politique de défense du gouvernement. Cette promotion est renforcée par les liens d'Hollywood avec le Pentagone. Ce dernier soutenait les films, notamment pour améliorer l'image publique de l'armée et promouvoir une politique de recrutement. Au-delà de la domination du *box-office* mondial, les films et séries américains s'exportent via Internet et véhiculent l'idéologie et l'identité américaine. Toutefois, il existe des contrepoids face à la domination américaine : le complexe de *Bollywood* en Inde, la cité du cinéma à Qingdao en Chine…

Questions géopolitiques, septembre 2021.

ACTIVITÉ

1. Montrez que le cinéma américain domine l'industrie cinématographique mondiale, mais que des puissances concurrentes apparaissent. **(doc. 1 et 2)**

2. Pourquoi le cinéma peut-il être considéré comme une forme indirecte de la puissance des États-Unis ? **(doc. 2)**

Bilan

Rédigez une synthèse de dix à quinze lignes répondant à la question : **« Pourquoi peut-on affirmer qu'Hollywood et le cinéma sont des outils au service de la puissance américaine ? »**

JALON 1
Étude

Boston, un centre majeur de la technologie mondiale

Bill Gates (Microsoft), Mark Zuckerberg (Facebook) et Elon Musk (SpaceX et Twitter) reflètent la puissance technologique des États-Unis. Tous trois ont fréquenté l'un des cent établissements d'enseignement supérieur de Boston.

Comment les universités de Boston font-elles des États-Unis une puissance technologique majeure ?

1 Les universités de Boston

	Université de Boston	Université de Harvard	Massachussetts Institute of Technology (MIT)
Rang mondial	101e	1er	3e
Nombre d'étudiants	36 800 (dont 26 % d'étrangers)	19 300 (dont 38 % d'étrangers)	11 860 (dont 30 % d'étrangers)
Nombre de facultés	17 facultés (dont communication, arts, médecine, informatique, droit)	10 facultés (dont médecine, arts, sciences, gestion, droit)	6 facultés (architecture, ingénierie, sciences humaines, arts et sciences sociales, management / gestion et sciences)
Nombre de prix Nobel	8	161	90

Sources : Classement de Shanghai, universités de Boston, de Harvard et MIT, 2023.

2 Boston et les nouvelles technologies

Seaport District, le nouveau quartier d'innovation de Boston

Boston est la ville où la prospérité naît de l'enseignement supérieur et des industries des sciences et de la technologie qui l'entourent. Quelque 152 000 étudiants vivent à Boston, représentant 24,6 % de la population de la ville. L'agglomération abrite plus de cent universités privées et publiques, soit la plus grande concentration d'établissements d'enseignement supérieur du pays - et sans doute du monde. La région de Boston en tire tous les avantages annexes : une population extrêmement diplômée, un nombre de brevets déposés exceptionnel et plus de Prix Nobel qu'aucune autre ville du pays. Le Massachusetts abrite aussi de nombreuses entreprises de médicaments et de biotechnologie, rassemblées dans le « superpôle des sciences du vivant ». Les professionnels du monde entier accourent vers les nouveaux « centres d'innovation » qui s'entassent dans la banlieue universitaire de Cambridge, à l'ouest de Boston. Mais, le Massachusetts occupe une place de choix dans une autre catégorie : celle des inégalités. Dès que le visiteur quitte Boston, il découvre un État rempli d'anciennes villes industrielles, de travailleurs qui regardent leur mode de vie s'étioler, comme ceux de Fall River. Cette localité au sud de Boston a perdu ses nombreuses usines de confection de tissu.

Le Monde diplomatique, Manière de voir, février 2021.

ACTIVITÉ

1. À l'aide du **document 1**, montrez le dynamisme des universités de Boston. En quoi sont-elles un atout pour le développement et le rayonnement de la ville ?

2. Pourquoi peut-on qualifier Boston de centre de puissance technologique ? **(doc. 1 et 2)**

3. Quelles en sont les limites ? **(doc. 2)**

Pour aller plus loin

Sur le site du *Massachusetts Institute of Technology*, cherchez des informations sur les modalités d'entrée pour les étudiants et pour les chercheurs. Organisez ces informations pour construire une réponse structurée au sujet suivant :
Pourquoi le MIT est-il un atout de la puissance américaine ?

Site internet
hachette-clic.fr/23hgg1050

Étude — PROJET JEU de RÔLE

Les États-Unis, entre unilatéralisme et multilatéralisme

Depuis la fin de la Seconde Guerre mondiale, les États-Unis ont encouragé la création d'organisations qui favorisent le multilatéralisme. Pourtant, la défense de leurs intérêts les a conduits également à prendre des décisions unilatérales contestées (guerre du Vietnam et guerre d'Irak). Aujourd'hui, dans un monde globalisé, l'unilatéralisme américain se heurte à l'affirmation de nouveaux acteurs.

➤ La puissance des États-Unis repose-t-elle sur l'unilatéralisme ou le multilatéralisme ?

A Les États-Unis entre unilatéralisme et multilatéralisme

1940 – 1960 – 1980 – 2000 – 2020

- 1945 : ONU/FMI (multilatéralisme)
- 1950-1953 : Guerre de Corée (multilatéralisme)
- 1965-1975 : Guerre du Vietnam (unilatéralisme)
- 1990-1991 : 1re guerre du Golfe (multilatéralisme)
- 1992-1993 : *Restore Hope* en Somalie (multilatéralisme)
- 1995 : OMC (multilatéralisme)
- 1997 : Rejet du protocole de Kyoto sur le climat (unilatéralisme)
- 2003 : 2e guerre du Golfe (unilatéralisme)
- 2009 : B. Obama, prix Nobel de la paix (multilatéralisme)
- 2017-2021 : D. Trump : retrait de l'Accord de Paris sur le climat, de l'accord sur le nucléaire iranien (unilatéralisme)

Multilatéralisme — Unilatéralisme

1 Une politique américaine fluctuante

G. Washington (1789-1797)	W. Wilson (1913-1921)	B. Obama (2009-2017)	D. Trump (2017-2021)	J. Biden (2021-)
Discours d'adieu (17 septembre 1796) *« La grande règle vis-à-vis des nations étrangères est, en étendant nos relations commerciales, de n'avoir avec elles qu'aussi peu de liens politiques que possible. »*	**Discours des 14 points (8 janvier 1918)** *« Une association générale des nations doit être constituée ayant pour objet d'offrir des garanties d'indépendance et d'intégrité territoriale aux petits comme aux grands pays. »*	**Discours du Caire (4 juin 2009)** *« Les Américains sont prêts à se joindre aux citoyens et gouvernements, aux organisations communautaires et aux entreprises dans les communautés [musulmanes] du monde entier. Nous avons la responsabilité de nous unir pour réaliser le monde auquel nous aspirons. »*	**Discours d'investiture (20 janvier 2017)** *« À compter d'aujourd'hui, ce sera l'Amérique d'abord et seulement l'Amérique. Nous recherchons l'amitié des autres nations du monde mais nous le ferons avec l'idée que c'est le droit de tout pays de mettre ses propres intérêts en avant. »*	**Discours à l'ONU (21 septembre 2021)** *« Les plus grands défis auxquels est confronté le monde – de la pandémie de Covid-19 au changement climatique – ne pourront être relevés que grâce à la coopération entre des pays aux intérêts nationaux divergents. »*

2 Le multilatéralisme d'Obama (2009-2017)

Barack Obama a reçu le prix Nobel de la paix en 2009 « pour ses efforts extraordinaires en faveur du renforcement de la diplomatie et de la coopération internationale entre les peuples » (Comité Nobel). La même année, il soutient la mesure de contrôle des paradis fiscaux débattue lors du G20 à Pittsburgh tandis qu'en 2015, il engage les États-Unis dans l'accord de Paris sur le climat.

3 L'unilatéralisme de Trump (2017-2021)

Dessin de Paresh, *The Khaleej Times* (quotidien des Émirats arabes unis), septembre 2018.

Traduction : « J'ai accompli plus qu'aucun autre président américain dans l'histoire… ».

Lors de sa campagne présidentielle en 2016, le républicain Donald Trump reprend le slogan isolationniste « America first ». Durant son mandat, il revient sur de nombreux engagements réalisés par son prédécesseur (Accords de Paris sur le climat) et dénonce le multilatéralisme (baisse des financements de l'ONU, de l'OTAN).

4 Les États-Unis dans les organisations mondiales de gouvernance

Carte interactive
hachette-clic.fr/23hgg1051

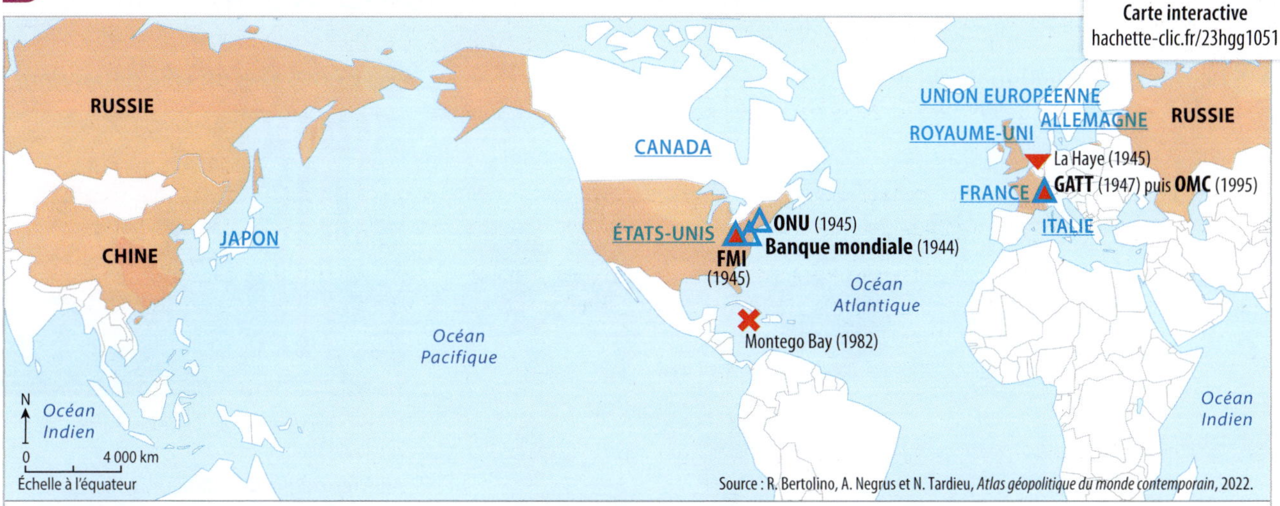

Source : R. Bertolino, A. Negrus et N. Tardieu, *Atlas géopolitique du monde contemporain*, 2022.

Un rôle moteur dans la mise en place du multilatéralisme
- △ institution internationale créée sous l'impulsion américaine
- FRANCE membre du G7

Une permanence : la défense des intérêts nationaux
- au sein de l'ONU grâce au siège permanent au Conseil de sécurité
- ▲ au sein des grandes institutions internationales
- en rejetant de grands traités internationaux sur...
  - ▼ ... la justice internationale
  - ✖ ... le droit de la mer

5 La crainte de l'engagement multilatéral

La parole du géopolitologue

Aucun grand défi auquel est confrontée l'humanité ne peut être résolu par des moyens uniquement nationaux. Seule une coopération à grande échelle, donc une politique multilatérale, permet de faire face au réchauffement climatique, aux risques terroristes, aux défis démographiques, à un accès facilité aux biens publics mondiaux, ou à la mise en place d'un véritable système de sécurité internationale. Or, si l'Union européenne a inscrit le multilatéralisme dans son ADN, les États-Unis y sont réfractaires. Ce rejet a des racines anciennes. Se croyant – et étant à bien des égards – exceptionnels, les États-Unis ont du mal à concevoir une action basée sur la volonté collective, où ils ne seraient qu'un parmi d'autres. Persuadés, depuis longtemps, de leur « destinée manifeste », ils sont tout à fait à l'aise avec l'idée de guider un monde régi par l'unilatéralisme, qui ne saurait que conduire à des résultats positifs. Avant la Seconde Guerre mondiale, ils étaient isolationnistes[1]. Ils en sont sortis plus puissants que tous les autres acteurs du conflit et ont pris « la tête du monde libre ». N'ayant jamais eu l'habitude de traiter avec des égaux, sauf peut-être durant les années 1970, ils ne furent jamais confrontés à la nécessité d'une diplomatie entre puissances équivalentes. À la fin du monde bipolaire, ils préférèrent ainsi se considérer comme les vainqueurs de la guerre froide plutôt que comme les bâtisseurs d'un nouvel ordre mondial. C'est un président considéré comme multilatéraliste, Bill Clinton, qui a pu déclarer que les États-Unis étaient la « seule nation indispensable ». L'unilatéralisme américain n'a pas démarré avec Georges W. Bush et l'après 11 Septembre, pas plus qu'avec Donald Trump. Il est le fondement de leur politique extérieure. Barack Obama l'avait réduit, mais ne l'a pas éliminé. Donald Trump l'a poussé à son paroxysme.

Pascal Boniface, *Le multilatéralisme : point de clivage entre Américains et Européens*, iris-france.org, 11 décembre 2017.

1. qui mènent une politique d'isolement sur le plan international.

Vocabulaire

Destinée manifeste : idéologie née au XIXe siècle qui affirme la mission des États-Unis à répandre la démocratie et leur modèle de civilisation dans le monde.

Multilatéralisme : attitude d'un pays qui cherche à obtenir la coopération d'un maximum d'autres pays qu'il traite comme des partenaires. S'oppose à l'unilatéralisme.

Unilatéralisme : attitude d'un pays qui agit sans chercher à obtenir l'assentiment ou la coopération des autres. S'oppose au multilatéralisme.

ACTIVITÉ

1. Classez les propos des présidents américains en fonction de leur adhésion à l'unilatéralisme ou au multilatéralisme. **(doc. 1, 2 et 3)**

2. Comment se manifestent l'unilatéralisme et le multilatéralisme américains dans le monde ? **(doc. 2, 3 et 4)**

3. À l'aide des **documents 1 et 2**, discutez l'affirmation soulignée dans le **document 5**.

Bilan

À l'aide des documents, rédigez une définition enrichie de l'unilatéralisme et du multilatéralisme propre aux États-Unis.

B La perception de la politique internationale des États-Unis dans le monde

6 L'opinion internationale sur les États-Unis

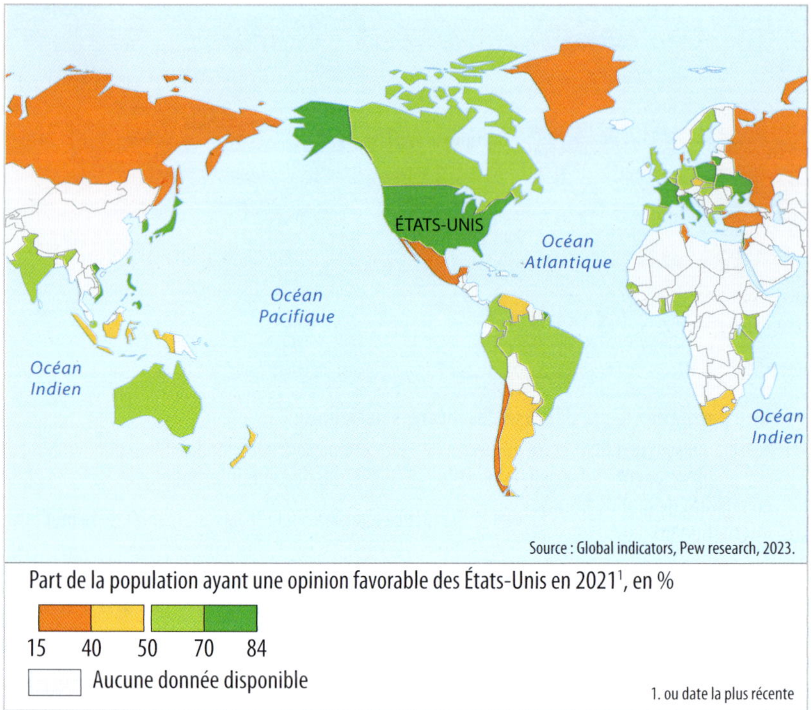

7 L'Australie, un allié dépendant

Dessin de John Shakespeare, *The Sydney morning Herald*, 25 juin 2013.

Allié historique des États-Unis, l'Australie a consolidé ce rapprochement en 2021 au sein de l'ANKUS, alliance militaire intégrant également le Royaume-Uni. Le partenariat américano-australien repose sur le partage de valeurs communes (libéralisme, démocratie) et sur des raisons stratégiques (ambitions régionales chinoises, ici représentées par le dragon).

8 La Chine, un concurrent critique

Depuis la Seconde Guerre mondiale, les États-Unis, afin de poursuivre leur domination mondiale, ont essayé par divers moyens de transformer des gouvernements étrangers qui, aux yeux de Washington, ne se conformaient pas aux intérêts américains. En recourant à des mesures telles que l'intervention armée, l'invasion militaire, les sanctions économiques, l'infiltration culturelle, l'incitation à l'émeute et les campagnes de désinformation, Washington est devenu le plus grand perturbateur de la sécurité politique mondiale. Les États-Unis aiment à se présenter comme le leader du monde libre et le gardien de la démocratie à l'occidentale. Pourtant, Washington a violé de manière répétée le droit international en envahissant des pays comme le Panama, la Grenade et l'Irak[1]. Sa guerre des drones qui a duré dix ans en Asie du Sud, en Afrique du Nord et au Moyen-Orient illustre également le mépris choquant de Washington pour les vies humaines. Les interventions militaires américaines ont joué un rôle majeur dans la perpétuation de la menace que représentent les extrémistes violents pour la paix et la sécurité dans le monde.

Frenchxinhanet.com (média chinois en ligne à destination du public francophone), 27 octobre 2020.

1. Ces interventions américaines ont eu lieu respectivement en 1989, 1983 et 2003.

ACTIVITÉ

1. Donnez des exemples de pays ayant une perception positive ou négative des États-Unis. **(doc. 6)**

2. Comment expliquer l'opinion chinoise et australienne au sujet des États-Unis ? **(doc. 7 et 8)**

3. Attribuez à chacun des documents l'un des éléments critiques suivants et justifiez votre choix. **(doc. 6, 7 et 8)**
– *La source du document invite à porter un regard critique ;*
– *La nature du document invite à porter un regard critique ;*
– *Les carences dans les données présentées invitent à porter un regard critique.*

Bilan

À l'aide des **documents 6, 7 et 8**, rédigez une réponse à la question : **« Comment la politique internationale des États-Unis est-elle perçue dans le monde ? »**

PROJET Participer à un jeu de rôle

Capacité S'exprimer à l'oral… en construisant une argumentation

MISSION ➪ À partir de vos réponses aux questions pages 153 à 154, participez à un jeu de rôle sur le sujet suivant : « La puissance des États-Unis repose-t-elle sur l'unilatéralisme ou le multilatéralisme ? »

étape 1 Préparer le jeu de rôle

1. Listez les informations qui répondent directement au sujet à partir des questions des pages 153 à 154.

2. Classez ces informations dans le tableau en les illustrant d'exemples précis.

Utilisez des exemples d'actualité pour illustrer les arguments (voyage récent du président des États-Unis, critique de l'action américaine par un État adversaire ou une ONG, …).

	Unilatéralisme	Multilatéralisme
Acteurs	– ……..	– ……..
Actions politiques	– ……..	– ……..
Objectifs / valeurs défendues	– ……..	– ……..
Perception dans le monde	– ……..	– ……..

Aidez-vous de votre manuel pour identifier des personnages impliqués dans ce débat.

3. Répartissez les rôles suivants entre les participants du jeu, puis complétez les listes si nécessaire.

Personne défendant la thèse du multilatéralisme étasunien : *secrétaire général de l'ONU ; représentant d'un pays allié (France, Allemagne) ou rival (Chine…) ; ancien président américain ; citoyen américain ; personnalité engagée (George Clooney, Leonardo di Caprio…) ; membre du parti démocrate ; chef d'entreprise américain ; président de la COP28…*

Personne défendant la thèse de l'unilatéralisme étasunien : *secrétaire d'État des États-Unis (chef de la diplomatie) ; membre du parti républicain ; ancien président américain ; personnalité engagée (Elon Musk…); chef d'entreprise américain ; représentant d'un pays allié dépendant des États-Unis ; citoyen américain…*

Envisagez aussi des contre-arguments que vos adversaires pourraient utiliser pour vous contredire.

4. Réalisez une recherche d'arguments et d'exemples correspondant au rôle que vous jouez : faits historiques et exemples d'actions illustrant l'opinion adoptée ; craintes vis-à-vis de l'opinion adverse ; …
Exemple : si vous incarnez un représentant d'État allié des États-Unis, recherchez l'historique des relations entre les deux États, des exemples de collaboration, les avantages et limites à l'alliance ; …

La fiche récapitulative doit être organisée et présentée de manière lisible mais non rédigée ; par exemple sous forme de tableau, de carte mentale...

5. Réalisez une fiche récapitulative de vos arguments et exemples à consulter durant le jeu de rôle.

étape 2 Participer au jeu de rôle

6. Positionnez les participants du jeu de rôle en cercle, en rapprochant les participants défendant le même point de vue, et déterminez un ordre de passage pour les premiers intervenants.

L'écoute et le respect des autres participants sont essentiels pour un jeu de rôle réussi.

7. Lors du jeu de rôle, adoptez une posture adaptée : écoute attentive des autres, capacité à réagir aux propos des autres participants…

Étude L'OTAN, une alliance héritée de la guerre froide

Les États-Unis et l'Europe entretiennent des relations diplomatiques et militaires anciennes. Créée en 1949 dans un contexte de guerre froide, l'OTAN incarne cette alliance, mais suscite la méfiance de la Russie qui y voit une menace pour ses ambitions régionales.

› Comment l'OTAN relaie-t-elle la puissance des États-Unis ?

1 L'histoire de l'OTAN

Vidéo
P. Boniface, *Comprendre le monde*, 2021.
hachette-clic.fr/23hgg1052

2 L'OTAN, une alliance sous tensions

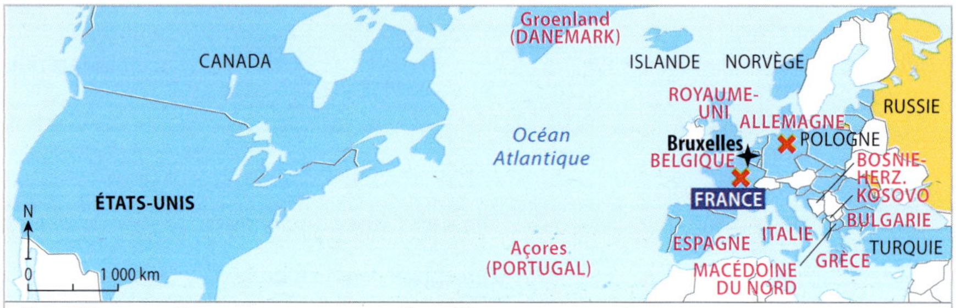

Une alliance active
- pays membre de l'OTAN
- ✦ quartier général de l'OTAN
- GRÈCE pays accueillant au moins une base militaire américaine

Une alliance sous tensions
- ✖ pays ayant refusé d'intervenir en Irak en 2002
- FRANCE pays à l'initiative du projet d'une armée européenne
- État hostile à l'OTAN qu'il considère comme une menace

Sources : M.-C. Naves, *Géopolitique des États-Unis*, Éd. Eyrolles, 2018 et département américain de la Défense, 2023.

3 Une alliance redynamisée par la menace russe ?

La parole du politologue

« Régénérée », « revitalisée », « ressuscitée » : les adjectifs ne manquent pas pour qualifier le retour de premier plan de l'OTAN depuis le début de l'agression de l'Ukraine par la Russie le 24 février 2022. D'ailleurs, l'OTAN attire aujourd'hui de nouveaux membres. Après deux décennies d'errements dans le bourbier afghan, l'Alliance retrouve sa mission historique : dissuader une attaque conventionnelle d'un État tiers - qui plus est de l'ancien ennemi, la Russie - contre ses membres. Néanmoins, la défense collective au sein de l'OTAN est aussi marquée par des divergences et des compromis entre deux positions. D'un côté, celle des pays d'Europe centrale et orientale (pays baltes, Pologne, Roumanie), souvent soutenus par les États-Unis, et partisans d'une posture militaire ferme et consolidée contre la Russie. De l'autre, celle des pays d'Europe de l'Ouest (France, Allemagne, Espagne), favorables à une politique de dissuasion modérée laissant ouvert le dialogue avec la Russie et écartant le risque d'une escalade.

Cette logique de compromis comporte aussi certaines limites, la plus importante d'entre elles étant la crédibilité des représailles. Se montrer résolu à répliquer est essentiel dans une logique de dissuasion. Or, construire un discours commun et cohérent face à la Russie reste un défi pour l'OTAN, en raison précisément des différences de perception de cette menace entre les États membres. De ce fait, certains spécialistes doutent de la capacité réelle de l'OTAN à répliquer comme elle le clame officiellement. Ainsi, en déployant des unités aux frontières d'une Russie agressive et en affichant dans le même temps ses dissensions internes, l'OTAN ne fait pas que renforcer sa posture mais prend aussi un risque : s'exposer à des attaques auxquelles une réponse serait très délicate à définir.

Julien Pomarède (chercheur en Sciences politiques et sociales à l'Université libre de Bruxelles), *La Tribune*, 24 août 2022.

Vocabulaire

OTAN (Organisation du Traité d'Atlantique Nord) : alliance militaire qui regroupe les États-Unis, le Canada et les pays de l'Europe occidentale alliés des États-Unis, dont la France.

ACTIVITÉ

1. Par quels moyens l'OTAN relaie-t-elle la puissance des États-Unis en Europe ? **(doc. 1 et 2)**
2. Quelles sont les limites à cette puissance ? **(doc. 2 et 3)**

Pour aller plus loin

Préparez un exposé présentant le site Internet de l'OTAN, en faisant preuve d'esprit critique dans le traitement des informations.

Site internet
hachette-clic.fr/23hgg1053

JALON 3
Étude

Quelle influence des États-Unis en Amérique latine aujourd'hui ?

Mur avec le Mexique, discours anti-migrants, impérialisme économique… La liste des reproches des États latino-américains à l'égard des États-Unis est longue. Cette situation nourrit des tensions de part et d'autre de la frontière, et un rejet de plus en plus net des États-Unis par les pays d'Amérique latine.

L'Amérique latine est-elle encore un espace d'influence pour les États-Unis ?

1 Une frontière dépassée au quotidien

Le commerce entre les États-Unis et l'Amérique latine, y compris le Mexique, après avoir atteint un pic en 2014, a faibli. La Chine a ravi d'importantes parts de marché dans la région, jusqu'à devenir aujourd'hui le premier partenaire commercial du Brésil, du Chili, du Pérou et de l'Uruguay. Cependant, les échanges entre l'Amérique latine et la Chine demeurent nettement en deçà de ceux avec les États-Unis, qui demeurent le premier partenaire commercial de la région. La diplomatie du vaccin, menée tambour battant par Pékin qui a été le premier à fournir massivement masques et vaccins à une Amérique latine durement frappée par la pandémie de Covid-19, a pu ajouter un nouveau volet à la présence chinoise dans la région. Mais elle a dans le même temps suscité une solide réponse américaine. L'administration Biden a donné en 2021 51,8 millions de doses de vaccins et s'est engagée à poursuivre les envois. Par ailleurs, l'administration Biden a posé les premières pierres de la contre-attaque économique avec des discussions bilatérales pour évaluer les besoins et attentes des partenaires et l'apport de solutions pour limiter l'exode vers le Nord.

Questions internationales, mars-avril 2022.

Un partenariat en panne ? 2

Carlos Latuff (dessinateur brésilien), 1er juin 2022.

En 2022, le Sommet des Amériques organisé pour favoriser le dialogue entre les chefs d'État du continent américain s'est soldé par un échec avec seulement 23 dirigeants sur 34.

Traduction
Monroe Doctrine : La doctrine Monroe, énoncée en 1823, fait de l'Amérique latine le domaine réservé des États-Unis.

ACTIVITÉ

1. Quel lien historique les États-Unis entretiennent-ils avec l'Amérique latine ? **(doc. 2)**

2. À l'aide des **documents 1 et 2**, complétez le tableau :

L'Amérique latine, espace d'influence des États-Unis	Arguments…	
	… qui permettent de justifier l'affirmation	… qui permettent de nuancer l'affirmation
Doc. 1	…	…
Doc. 2	…	…

Bilan

À l'aide de vos réponses, rédigez un paragraphe pour répondre à la question **« L'Amérique latine est-elle encore un espace d'influence pour les États-Unis ? »**

Étude

La place des États-Unis en Asie-Pacifique

Maître des océans depuis la Seconde Guerre mondiale, les États-Unis font désormais face aux ambitions grandissantes de la Chine dans le Pacifique.

Les États-Unis peuvent-ils encore dominer l'Asie-Pacifique ?

1 La présence militaire et diplomatique des États-Unis en Asie-Pacifique

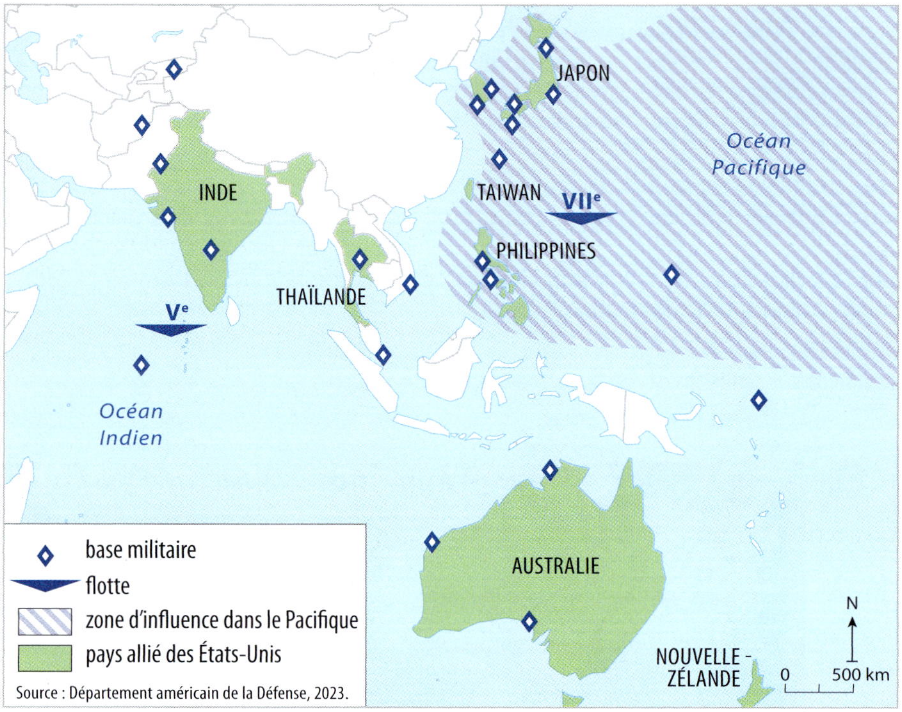

Vocabulaire

RCEP (Partenariat économique régional global) : association économique créée en 2022 groupant les 12 États de l'Asie-Pacifique (de la Corée du sud à la Nouvelle-Zélande).

2 L'Asie : un espace prioritaire pour contrer la Chine

La parole du géographe

Malgré le fort engagement en Europe, les priorités américaines se concentrent en Asie, dans la zone Indo-Pacifique, dans le cadre de la politique du « pivot américain » engagée par le président Obama, face à l'affirmation de la puissance chinoise. En mai 2022, l'administration Biden a ainsi organisé à Washington un sommet spécial avec l'Asean[1], principale organisation régionale d'Asie, avant que le président ne s'envole en Corée du Sud et au Japon pour y rencontrer ses deux alliés régionaux ainsi que les membres de l'alliance Quad[2]. Ce fort activisme diplomatique vise à rapprocher stratégiquement et économiquement les pays asiatiques de l'Amérique. La Chine, son principal rival stratégique et économique, a réalisé 685 milliards de dollars de commerce avec les pays de l'ASEAN en 2020, soit quasiment le double des États-Unis. À Tokyo, le 23 mai 2022, Biden a officiellement lancé le Cadre économique Indo-Pacifique pour la prospérité (IPEF) avec 7 États de l'Asean, l'Australie, le Japon, l'Inde, la Corée du Sud, la Nouvelle-Zélande et Fidji pour concurrencer la plus grande zone de libre-échange du monde, le Regional Compréhensive Economic Partnership (RCEP), qui couvre toute l'Asie-Pacifique, de la Chine à la Nouvelle-Zélande à l'exception de l'Inde. Reste que la plupart des États asiatiques ne souhaitent pas choisir entre Washington et Pékin, mais préfèrent bénéficier des investisseurs des deux puissances.

Frank Tétart, *Grand Atlas 2023*, 2022.

1. L'Asean comprend aujourd'hui 10 États : Malaisie, Indonésie, Brunei, Philippines, Thaïlande, Singapour, Vietnam, Cambodge, Laos et Myanmar.
2. Exercices militaires et rencontres diplomatiques pour faire face à la puissance chinoise (Inde, Japon, Australie, États-Unis).

3 L'Asie-Pacifique, le nouveau centre économique du monde

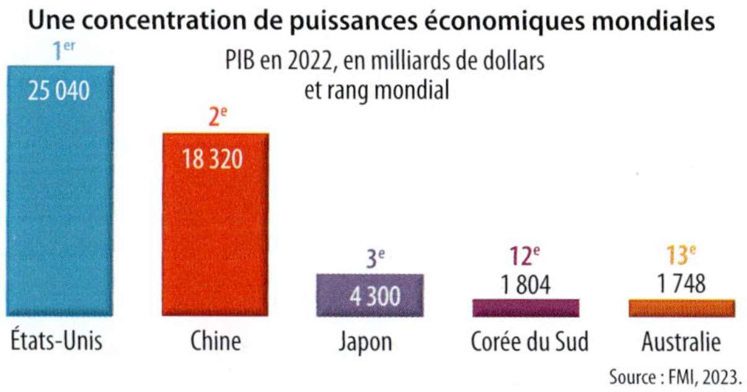

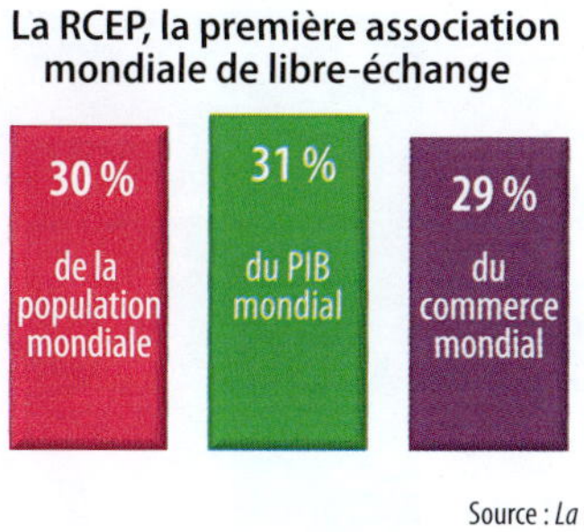

4 Une forte hostilité entre les États-Unis et la Corée du Nord

Dessin de Latuff, 2013.

Les tensions entre les États-Unis et la Corée du Nord sont nées de la guerre de Corée (1950-1953). Elles sont réactivées depuis les années 2000 par la volonté de la Corée du Nord de se doter de l'arme nucléaire. Les multiples essais nucléaires servent d'avertissement aux États-Unis et à leurs alliés régionaux.

PARCOURS 1 Rédiger une argumentation

1. Quelles formes la présence des États-Unis prend-elle dans la région Asie-Pacifique ? **(doc. 1 et 2)**

2. Quels sont les alliés et les adversaires traditionnels des États-Unis dans la région ? **(doc. 1, 2 et 4)**

3. Pourquoi les États-Unis considèrent-ils l'Asie-Pacifique comme une zone stratégique ? **(doc. 1, 2 et 3)**

4. Par quels moyens s'efforcent-ils d'y maintenir leur influence ? Quelles en sont les limites ? **(doc. 1, 2 et 4)**

Bilan

À l'aide des documents, rédigez une réponse organisée à la question : « **Les États-Unis peuvent-ils encore dominer l'Asie-Pacifique ?** »

Croquis à télécharger
hachette-clic.fr/23hgg1054

PARCOURS 2 Réaliser une production graphique

À l'aide du dossier documentaire, complétez la légende et le croquis suivants.

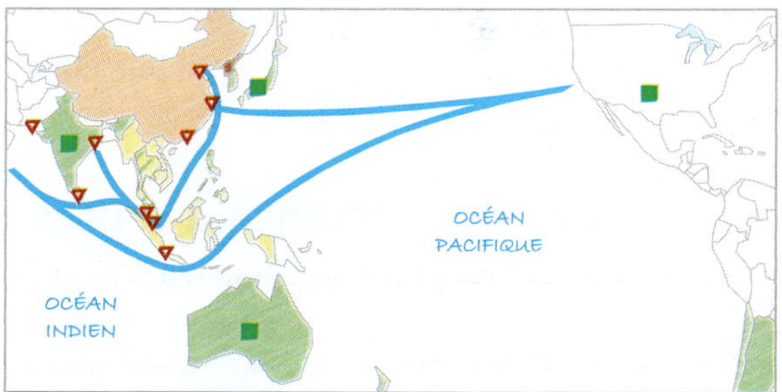

Une région stratégique pour les États-Unis
.... puissance économique de rang mondial
.... principal rival des États-Unis pour le leadership mondial
....

Une forte présence militaire et diplomatique
.... base militaire des États-Unis
....
.... flotte des États-Unis
....

Une puissance américaine remise en cause
.... principaux échanges commerciaux
....
.... RCEP : association de libre-échange initiée par la Chine
.... base de la marine chinoise
....

Lisez chaque document et listez les informations qui peuvent être reportées sur le croquis. Commencez par identifier les figurés de surface présents dans la légende.

OTC

Leçon 4 La puissance des États-Unis aujourd'hui

Pourquoi les États-Unis restent-ils la première puissance d'un monde devenu multipolaire ?

A Un leadership multiforme

Les fondements de la puissance des États-Unis sont multiples. Le territoire (3e rang mondial), vaste et riche en ressources, ainsi que la population (3e rang mondial), dynamique et entreprenante, ont été les leviers d'affirmation des États-Unis. La première puissance économique mondiale s'appuie sur le poids du dollar dans l'économie mondiale et sur des firmes transnationales puissantes (121 sur les 500 premières mondiales en 2021), tandis que la puissance militaire repose sur un réseau d'alliances hérité de la guerre froide.

Puissance établie depuis le début du XXe siècle, les États-Unis s'appuient d'abord sur leur *hard power*. Première armée mondiale, ils bénéficient d'un déploiement planétaire. Ils jouent un rôle majeur dans les organisations internationales (ONU, FMI, OMC) qui ont construit un ordre mondial fondé sur le multilatéralisme. Mais ils refusent parfois de se plier au droit international (refus de de ratifier la conférence de Montego bay sur le droit de la mer ou d'accepter la Cour pénale internationale).

JALON 1 p. 148

Les États-Unis ont aussi su développer des formes indirectes de puissance. Leur *soft power* bénéficie de la domination de la langue anglaise, notamment dans la diffusion de la culture ***mainstream*** et dans les organisations internationales. Même si elles sont concurrentes entre elles, les **GAFAM** incarnent la supériorité technologique américaine et permettent aux États-Unis de contrôler l'Internet mondial. La place du dollar dans la finance mondiale est aussi une forme de la puissance états-unienne.

1 Affiche du film Avatar, *La voie de l'eau* (2022), diffusé en Chine

B Des lieux de puissance à toutes les échelles

JALON 1 p. 148

Washington et New York jouent le rôle de capitales politiques mondiales. Les décisions prises à la Maison Blanche ou au Pentagone (quartier général de l'armée américaine) ont un impact planétaire tant la puissance géopolitique des États-Unis est grande. Le siège new-yorkais de l'ONU rassemble les représentants de tous les États du monde.

Du point de vue culturel, la puissance états-unienne s'incarne dans des lieux plus diffus sur le territoire. Hollywood symbolise la puissance cinématographique (1er exportateur de films au monde). 15 des 20 premières universités mondiales sont états-uniennes. Boston incarne ce dynamisme à travers l'université de Harvard (1re du classement) et le MIT (3e). Les États-Unis sont donc attractifs pour le *brain drain*.

La puissance des États-Unis se lit aussi à travers le déploiement planétaire et leur capacité de projection. Les points d'appui du pays dans le monde sont divers : ils bénéficient du 1er réseau de représentation diplomatique au monde (270 ambassades ou consulats) et d'une présence militaire sur tous les continents et océans (6 flottes). Les 800 bases militaires réparties dans le monde abritent près de 200 000 soldats, soit 10 % des forces militaires américaines.

Vocabulaire

GAFAM : acronyme désignant les firmes transnationales américaines dominant les technologies du numérique (Google, Apple, Facebook, Amazon, Microsoft).

***Mainstream* :** culture grand public (cinéma, fast-food…), à la fois enjeu économique mais aussi d'influence à l'échelle mondiale.

Protectionnisme : politique visant à protéger l'économie d'un pays contre la concurrence étrangère, par exemple par une politique douanière ou de préférence nationale.

Sanction extraterritoriale : mesure prise par l'État américain sur un territoire étranger pour sanctionner un individu, une entreprise ou un État qu'il accuse de contrevenir au droit américain (commerce avec un pays sous embargo, soutien au terrorisme, ...).

C Les hésitations entre unilatéralisme et multilatéralisme

JALON 2 p. 152

La puissance des États-Unis leur a permis d'imposer une forme unique d'unilatéralisme. Les interventions militaires unilatérales lui ont valu le surnom de « gendarme du monde » et ont entraîné un profond sentiment antiaméricain. Les États-Unis sont le seul État capable d'imposer des **sanctions extraterritoriales** à des États ou des entreprises étrangères. Si Barack Obama est parvenu à redorer l'image des États-Unis avec sa politique d'ouverture, l'« America first » de Donald Trump renoue avec l'unilatéralisme traditionnel de la politique américaine. Même s'il maintient voire renforce le **protectionnisme** économique de son prédécesseur, Joe Biden s'efforce de renouer avec la politique d'ouverture au monde sur le plan diplomatique.

JALON 3 p. 156

Les États-Unis font face à une concurrence grandissante dans un monde multipolaire. L'économie du pays est menacée par le basculement du centre de gravité mondial vers l'Asie. Les États-Unis assurent encore un quart du PIB mondial, mais la Chine progresse (4 % en 1990 ; 18 % en 2022). Sa dette s'aggrave, en particulier à l'égard de la Chine.

Les zones d'influence des États-Unis se contractent sur les espaces stratégiques pour les intérêts américains. Si le Moyen-Orient reste un pivot essentiel, le Pacifique devient la première zone à maîtriser face au rival chinois. Outre le déploiement militaire dans la région, les États-Unis soutiennent le Japon (réarmement) ou l'Inde (siège au Conseil de sécurité de l'ONU) face à la Chine. En Amérique latine, l'influence américaine est historique mais régulièrement contestée (Venezuela, Cuba). Les voisins mexicains et canadiens restent liés aux États-Unis, mais des tensions apparaissent (flux migratoires en provenance du Mexique, exploitation du bois avec le Canada).

2 L'évolution du PIB des États-Unis dans la compétition mondiale

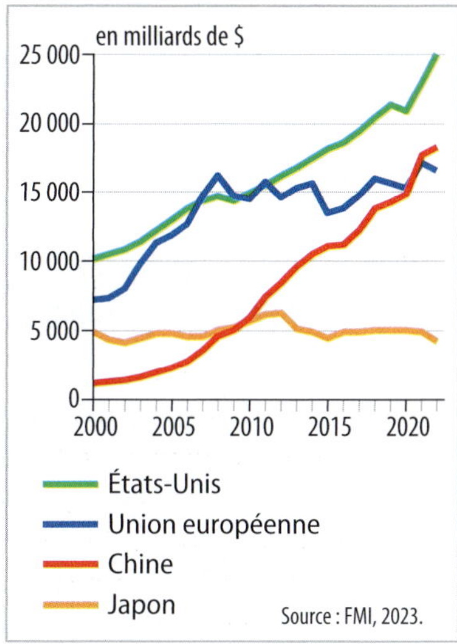

SCHÉMA BILAN

Schéma interactif
hachette-clic.fr/23hgg1055

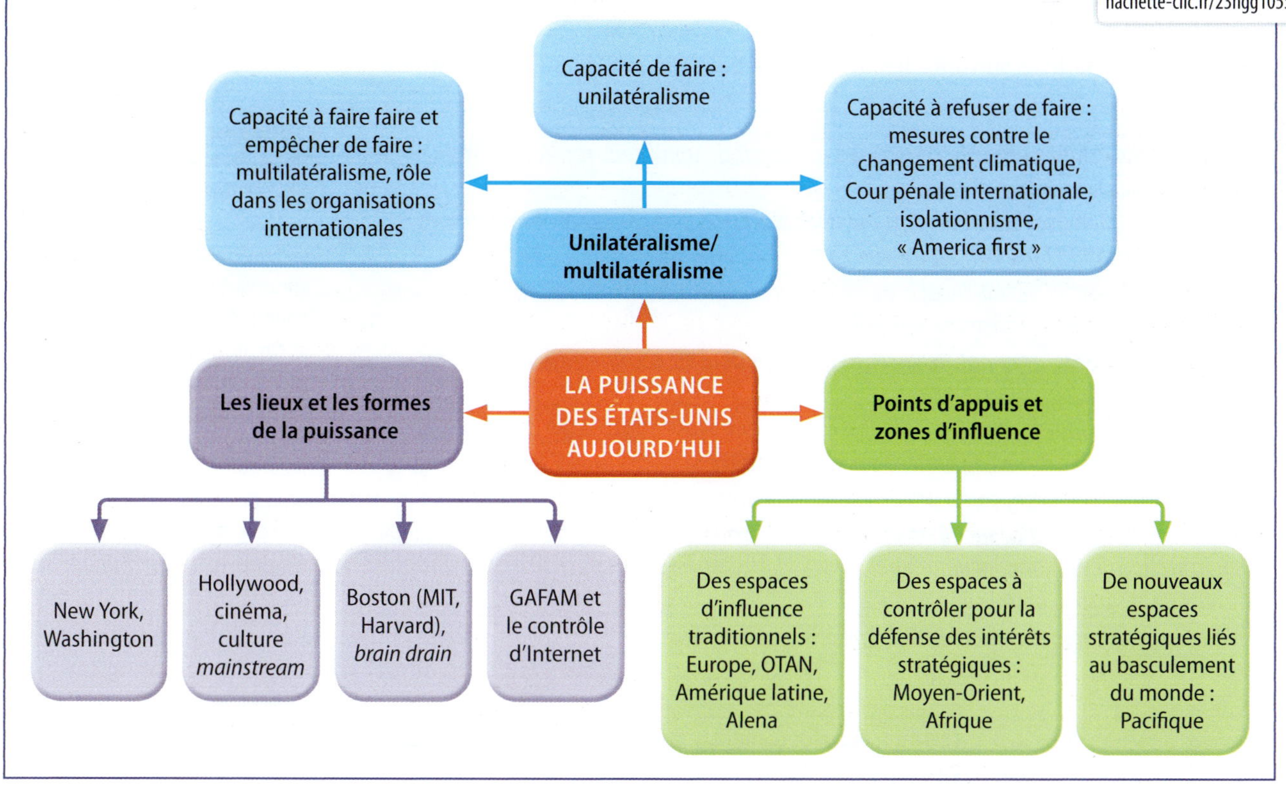

Méthode BAC Dissertation

SUJET ➜ Quels sont les facteurs qui fondent la puissance internationale d'un État ?

étape 1 Analyser le sujet

1. Complétez l'analyse du sujet, à l'aide de votre cours et du manuel. ➡ Méthode p. 90

Utilisez les pages p. 106 à 109 pour définir les fondements d'une puissance. Illustrez-les d'un exemple.

Il s'agit d'identifier les éléments à l'origine de l'influence internationale d'un État. Citez en deux ayant permis à un État de votre choix de devenir une puissance internationale.

Citez des États pouvant être considérés comme des puissances à l'échelle internationale.

Quels sont les **facteurs** qui **fondent** **la puissance internationale d'un État** ?

Vous pourrez prendre en compte dans votre réflexion :

Cette précision guide votre travail mais le verbe « pouvoir » indique que c'est une possibilité et non une obligation.

les **facteurs diplomatique, militaire, culturel et économique** des **puissances ottomane** et **russe**

Citez, pour chacun de ces aspects, un exemple de votre choix.

Utilisez les études pages 116 à 119 pour identifier les dynamiques de la puissance ottomane au XVIe siècle. Notez-les au brouillon.

Utilisez ici les études pages 122 à 127 pour identifier les formes de puissance de la Russie depuis 1991.

étape 2 Sélectionner les arguments et des exemples pour répondre au sujet

2. Repérez dans la liste suivante les arguments qui relèvent du sujet et justifiez votre choix.

- *posséder une armée puissante capable de conquérir de nombreux territoires est un gage de puissance ;*
- *la culture et les nouvelles technologies sont les piliers des puissances contemporaines ;*
- *une administration forte permet d'éviter les tensions internes ;*
- *être capable de tisser des alliances et de siéger dans les grandes institutions internationales est fondamental pour construire une puissance ;*
- *la richesse en ressources naturelles et la participation au commerce mondial sont des atouts pour affirmer sa puissance ;*
- *la capacité d'un État à nouer des alliances est l'unique atout stratégique de la puissance ;*
- *développer le tourisme est essentiel pour une puissance ;*
- *une puissance doit lutter contre le déclin économique ;*
- *l'arme atomique et la capacité de projection des armées sont essentiels pour s'affirmer sur la scène internationale aujourd'hui ;*
- *le chef de l'État joue un rôle important ;*
- *le hard power compte aujourd'hui d'autres fondements que le pouvoir militaire.*

Écartez toute information qui ne rentre pas pleinement dans le sujet.

Point méthode

Sélectionner des arguments

✔ Chaque paragraphe de la dissertation doit s'appuyer sur un argu**ment.** Il doit être expliqué et illustré d'exemples.

✔ Un argument est une idée précise qui permet de répondre au sujet et d'en démontrer un aspect concret. Il s'appuie sur les notions-clés du thème concerné.

✔ L'argument doit être en lien avec le sujet pour éviter les hors-sujets.

3. **Classez dans le tableau les informations sélectionnées dans la question 2.**

Parties du développement	Argument de chaque paragraphe	Exemple illustrant chaque argument
I. Les fondements traditionnels de la puissance : le *hard power*	Argument 1 : posséder une armée puissante capable de conquérir de nombreux territoires est un gage de puissance ; Argument 2 : … Argument 3 : …	Exemple 1 : L'Empire ottoman s'est étendu sur trois continents. Parmi ses conquêtes, la prise de Constantinople en 1453 est essentielle ; elle consacre l'avancée des Ottomans en Europe. Exemple 2 : … Exemple 3 : …
II. Des facteurs de puissance qui se diversifient : diplomatie, culture et nouvelles technologies	Argument 1 : … Argument 2 : … Argument 3 : …	Exemple 1 : Exemple 2 : … Exemple 3 : …

Point méthode

Sélectionner des exemples

- Un exemple est un élément précis qui sert à illustrer et à justifier l'argument énoncé. La présence d'exemples dans la dissertation est obligatoire : tout argument doit s'appuyer sur un exemple développé.
- Un exemple peut prendre différentes formes : événement, donnée chiffrée, action d'un acteur, choix politiques… Il peut être rédigé ou cartographié ➡ Méthode p. 90

4. **Aidez-vous des pages 116 à 127 sur l'Empire ottoman et la Russie pour trouver des exemples et compléter la colonne de droite du tableau de la question 3.**

étape 3 Rédiger la dissertation

5. **Dans le paragraphe ci-dessous (Argument 1 de la première partie), repérez grâce à un code couleur l'argument, les explications et le ou les exemples illustratifs.**

Pendant des siècles, posséder une armée capable de conquérir de nombreux territoires était pour les États un gage de puissance et de rayonnement sur le monde. Tel est le cas de l'Empire ottoman. Grâce à leur armée et à l'œuvre des janissaires, les Sultans ottomans se sont lancés à la conquête de nombreux territoires. La prise de places fortes, telle la conquête de Constantinople en 1453, permet aux Ottomans de s'étendre sur trois continents et de fonder un empire, gage de leur puissance aux XV-XVIe siècles. Ces conquêtes étaient aussi un moyen d'impressionner et d'effrayer leurs ennemis.

Repérez les lieux et les dates qui illustrent l'argument.

6. **Complétez la rédaction du paragraphe suivant (Argument 2 de la première partie) en développant un ou plusieurs exemples.**

Aujourd'hui, les conquêtes territoriales ne sont plus l'unique fondement de la puissance militaire d'un État. En effet, la capacité de projection d'une armée et la possession de l'arme atomique sont devenus des facteurs déterminants. La première permet une réactivité importante en cas de crise, grâce au déploiement international. La seconde peut dissuader d'éventuelles agressions extérieures de peur de représailles.
……………………………………………………………………………………………

Variez vos exemples en faisant appel à des lieux ou des périodes différentes.

7. **Rédigez les autres paragraphes de la dissertation sur ce modèle.**

Sujet d'entraînement

Pour illustrer votre dissertation, identifiez des exemples de puissance étatique. Listez les fondements de leur influence dans le monde.

Définissez les notions clés du sujet pour harmonisation et interrogez sur le sens du verbe « s'affirmer ». Faut-il expliquer le déclin des puissances ?

Comment les puissances étatiques s'affirment-elles dans la mondialisation contemporaine ?

Vous pourrez prendre appui sur la diffusion de la langue, la maîtrise des nouvelles technologies et le contrôle des voies de communication.

Capacité Construire le plan de la dissertation

Méthode BAC Dissertation

SUJET ➪ La puissance des États-Unis aujourd'hui

étape 1 Analyser le sujet

1. Complétez l'analyse du sujet, à l'aide de votre cours et du manuel.

La puissance des États-Unis aujourd'hui

- **puissance** : La puissance correspond à la capacité d'influencer voire de contraindre d'autres acteurs dans le monde. **Dans quels domaines la puissance étasunienne s'exerce-t-elle ?**
- **États-Unis** : Le sujet porte sur la puissance des États-Unis mais **à quelle échelle le sujet doit-il être traité ?**
- **aujourd'hui** : En géopolitique, le sujet interroge sur la puissance actuelle des États-Unis. **Pourquoi sera-t-il cependant nécessaire de recourir à des connaissances historiques pour expliquer cette puissance ?**

2. Quelle problématique convient le mieux ? Pourquoi ?

Problématique 1 : *À quelles échelles la puissance des États-Unis se mesure-t-elle ?*
Problématique 2 : *Comment les États-Unis sont-ils devenus la première puissance mondiale ?*
Problématique 3 : *Quelles sont les formes de la puissance des États-Unis dans le monde ?*

Écartez les problématiques qui ne couvrent qu'un des aspects du sujet.

étape 2 Construire le plan de la dissertation

3. Choisissez un plan qui répond au sujet en justifiant votre réponse.

Plan 1	Plan 2	Plan 3
1. Les fondements de la puissance **2.** Les formes de la puissance **3.** Les limites de la puissance américaine dans le monde	**1.** Une puissance qui s'affirme (jusqu'à la Seconde Guerre mondiale) **2.** La puissance dominante dans un monde bipolaire (jusque dans les années 1990) **3.** Une puissance concurrencée dans un monde multipolaire (depuis 2000)	**1.** À l'échelle nationale, les lieux de la puissance **2.** À l'échelle continentale, une puissance dominante **3.** À l'échelle mondiale, une puissance concurrencée

Choisissez l'un des deux plans qui conviennent pour traiter le sujet.

Point méthode

Construire le plan de la dissertation

✔ Choisir le type de plan.
En histoire-géographie, géopolitique ou sciences politiques, il existe trois grandes possibilités :
- Plan thématique (groupement des idées par grands thèmes) ;
- Plan chronologique (découpage en grandes périodes) ;
- Plan par échelle (échelle mondiale, échelle régionale, échelle locale).

✔ Organiser les idées autour de deux ou trois grandes parties, qui se divisent chacune en deux ou trois paragraphes.

✔ Le plan doit répondre à la problématique.

4. Classez les informations suivantes dans chaque partie.

déploiement planétaire ; 1re puissance économique mondiale ; 1er réseau diplomatique au monde ; unilatéralisme ; soft power ; 126 des 500 premières FTN mondiales ; « gendarme du monde » ; siège de l'ONU ; brain drain ; Hollywood ; réseau d'alliances hérité de la Guerre froide ; GAFAM ; hard power ; bouclier américain pour le Japon ; multilatéralisme ; dette à l'égard de la Chine ; culture mainstream ; Wall Street ; capacité de projection militaire ; smart power ; 800 bases militaires dans le monde ; « America first » ; concurrence des pays émergents ; zone d'influence traditionnelle en Amérique latine.

5. Rédigez chaque partie de la dissertation en organisant vos idées en paragraphes.

Pensez à utiliser des mots de liaison pour soigner vos transitions.

Méthode BAC Étude critique de documents

SUJET Les États-Unis et le multilatéralisme

En analysant le document et en vous appuyant sur vos connaissances, montrez que le projet politique du président Wilson ouvre la voie au multilatéralisme.

Discours dit des « 14 points de Wilson »

Ce que nous voulons, c'est que le monde devienne un lieu sûr où tous puissent vivre, et particulièrement pour toute nation pacifique comme la nôtre, qui désire vivre librement de sa vie propre, décider de ses propres institutions, et être assurée d'être traitée en toute justice et loyauté par les autres nations, et non exposée à la violence et aux agressions égoïstes. C'est le programme de la paix du monde qui constitue notre programme. Et ce programme, le seul possible pour nous, est le suivant :

1. Des conventions de paix, préparées au grand jour, après quoi il n'y aura plus d'ententes secrètes d'aucune sorte entre les nations, mais la diplomatie procédera toujours franchement et à la vue de tous ;

3. Suppression, autant que possible, de toutes les barrières économiques et établissement de conditions économiques égales pour toutes les nations consentant à la paix ;

4. Échange de garanties suffisantes que les armements de chaque pays seront réduits au minimum compatible avec la sécurité intérieure ;

5. Un arrangement librement débattu de toutes les revendications coloniales, basé sur la stricte observation du principe que […], les intérêts des populations en jeu pèseront d'un même poids que les revendications équitables du gouvernement dont le droit sera à définir ; […]

14. Il faut qu'une association générale des nations soit constituée en vertu de conventions spécifiques ayant pour objet d'offrir des garanties mutuelles d'indépendance politique et d'intégrité territoriale aux petits comme aux grands États.

Woodrow Wilson, message adressé au Sénat des États-Unis, le 8 janvier 1918.

étape 1 Préparer l'étude critique de document

1. Identifiez la source, l'auteur, la nature, le contexte de réalisation du document et son idée générale.

> Rappelez le contexte d'entrée en guerre des États-Unis lors de la Première Guerre mondiale.

2. Formulez une problématique pour répondre au sujet.

> Intégrez une allusion aux documents dans la formulation de votre problématique.

3. Organisez vos idées au brouillon en suivant le plan :
- **a.** Des propositions justifiées par le contexte de la guerre ;
- **b.** Des propositions fondées sur les valeurs traditionnelles des États-Unis ;
- **c.** Les limites du projet de Wilson.

étape 2 Rédiger l'étude critique de document

4. En suivant les conseils ci-dessus et en vous aidant des réponses à la question 1, complétez la rédaction de l'étude critique de document.

Le document proposé à l'étude est un discours ……………………………
En quoi ce document illustre-t-il ……………………………………………
……………………………………………
……………………………………………
……………………………………………

Point méthode

Rédiger l'introduction de l'étude critique de document

✔ Amorcer votre introduction par une phrase telle que : « Le(s) document(s) proposés(s) à l'étude est(sont)… ».

✔ Présenter le(s) document(s) :
- Source : titre de l'ouvrage d'où est extrait un texte, musée où est conservé une œuvre d'art, … ;
- Auteur : préciser son nom, mais surtout son statut (journaliste, homme politique, historien, …) et/ou son rôle (si c'est un personnage historique).
- Nature : carte, graphique, photographie, texte, … ;
- Date (en la contextualisant) ;
- Idée générale

✔ Énoncer une problématique qui interroge l'intérêt du(des) document(s) pour répondre à la consigne. Par exemple : « En quoi ce document illustre-t-il… » ?

Méthode BAC Étude critique de documents

SUJET ➪ L'Empire ottoman au temps de Soliman, une puissance respectée en Europe

En analysant le document et en vous appuyant sur vos connaissances, montrez que Soliman est à la tête d'une cour et d'un Empire parmi les plus puissants d'Europe.

« Sigismond, roi de Pologne reçu par Soliman le Magnifique », miniature XVIe siècle, palais de Topkapi, Istanbul.

étape 1 Préparer l'étude critique de document

1. Présentez le document (nature, source, date). À l'aide de vos connaissances, replacez ce document dans son contexte historique.

Montrez que les miniatures témoignent d'un art de cour, signe du dynamisme culturel de Constantinople et de l'Empire ottoman.

2. Qui est le destinataire de ce document ? Pourquoi cette information est-elle importante pour comprendre le document ?

3. Complétez le tableau suivant pour organiser vos idées.

Problématique suggérée : Comment cette miniature illustre-t-elle la place occupée par l'Empire ottoman en Europe ?

	Informations prélevées dans le document	**Connaissances** (maîtrise du contexte pour comprendre le document)
Une visite officielle dans une des cours les plus puissantes d'Europe	– Lieu : un palais de l'Empire ottoman (murailles, intérieur…) – Les personnages : Ottomans (turbans, vêtements, gardes du Sultan, …) ; Polonais (…)	– Palais de Topkapi dans l'enceinte de Constantinople, … – ……
Une illustration de la puissance et l'organisation de l'Empire ottoman	– La position de Soliman (*à décrire*) – ……	

Point méthode

Maîtriser le contexte pour comprendre un document

✔ Pour replacer un document dans son contexte, il est possible de s'appuyer sur :
– la date de réalisation du document ;
– la nature du document.

✔ La maîtrise du contexte permet de mieux comprendre le document :
– les personnages peuvent être identifiés ;
– le cadre spatio-temporel peut être précisé ;
– les informations présentées dans le document peuvent être éclairées par le contexte (ici rapport entre les deux souverains).

✔ La maîtrise du contexte peut aussi permettre de critiquer le document (parti pris, oubli d'informations…).

étape 2 Rédiger l'étude critique de document

4. À l'aide des réponses à la question 1, rédigez une introduction à l'étude critique de document. ➥ Méthode p. 165

5. À l'aide du travail préparatoire (question 3), rédigez l'étude critique de document.

6. Rédigez une conclusion qui dégage le sens global de cette image en la reliant au contexte général de l'Empire ottoman au XVIe siècle. ➥ Méthode p. 376

Soignez les transitions entre les différentes parties en utilisant des connecteurs logiques.

SUJET d'entraînement ➡ La Russie depuis 1991, une puissance ré-émergente ?

En analysant les documents, en les confrontant et en vous appuyant sur vos connaissances, montrez sur quels domaines la puissance russe se fonde depuis 1991, puis justifiez l'expression « puissance ré-émergente » en présentant l'évolution de la puissance russe depuis l'éclatement de l'URSS.

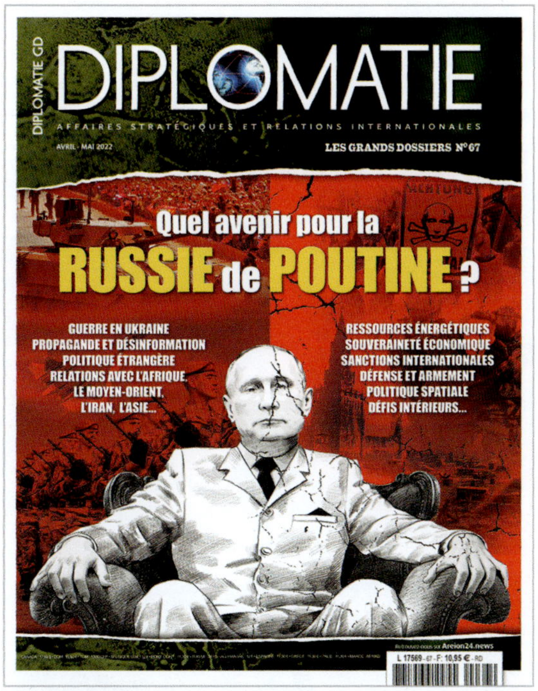

1 La Une de la revue Diplomatie, avril-mai 2022

Listez les domaines de la puissance présentés sur la Une de Diplomatie et illustrez chacun de ces domaines par des exemples précis.

2 La Russie : de la puissance sous tensions à la puissance en action

À la tête depuis 1999 de la Russie, plus vaste pays du monde, Vladimir Poutine a eu pour principal objectif de redonner à la Russie son rang de grande puissance, qualifiant la disparition de l'URSS comme « la plus grande catastrophe géopolitique ». D'emblée, il s'est lancé dans une opération en Tchétchénie sécessionniste[1], afin de restaurer l'autorité de l'État russe. Au terme de dix ans de guerre, la Tchétchénie est rentrée dans le rang.

Pour recouvrer la croissance économique et attirer les investissements étrangers, la Russie a profité de la hausse des prix de ses richesses en hydrocarbures, durant les années 2000-2010. À l'extérieur, ses ressources énergétiques lui servent parfois de moyen de pression sur son « étranger proche ». Par cette action, la Russie cherche à montrer l'influence dont elle dispose sur l'Ukraine après la révolution orange de 2004 qui a marqué un rapprochement de ce pays avec l'Union européenne et l'OTAN, devenues frontalières de la Russie, occasionnant un sentiment d'encerclement. Mais ses actions ont en fait contribué à accélérer le rapprochement de l'Ukraine et l'UE, et provoquer une rupture avec Kiev, qui aboutit en février 2022 à l'invasion du pays par la Russie.

Convaincu de la faiblesse de l'Occident, Poutine était déjà militairement intervenu contre la Géorgie[2] en 2008 et pour soutenir son allié syrien, utilisant ce conflit comme levier diplomatique, afin de mettre en scène sa puissance, et consacrer son retour au Moyen-Orient. La Russie se tourne aussi vers la Chine. Outre des ventes d'armements et d'hydrocarbures, les relations avec la Chine reposent sur la même vision : celle de la non-ingérence dans les affaires de l'autre et de la méfiance vis-à-vis des États-Unis.

F. Tétart, *Grand atlas 2023*, Autrement, 2022.

1. Dés l'éclatement de l'URSS, la région de Tchétchénie relevant de la Russie a montré des volontés indépendantistes face à Moscou.
2. Ex-république de l'URSS.

Utilisez votre cours pour définir la notion d'« étranger proche ».

Méthode BAC Étude critique de documents

SUJET ➜ L'enjeu de la langue dans les relations internationales

En analysant les documents, en les confrontant et en vous appuyant sur vos connaissances, montrez que la langue est un enjeu de puissance pour les États.

1 L'usage des langues dans le monde

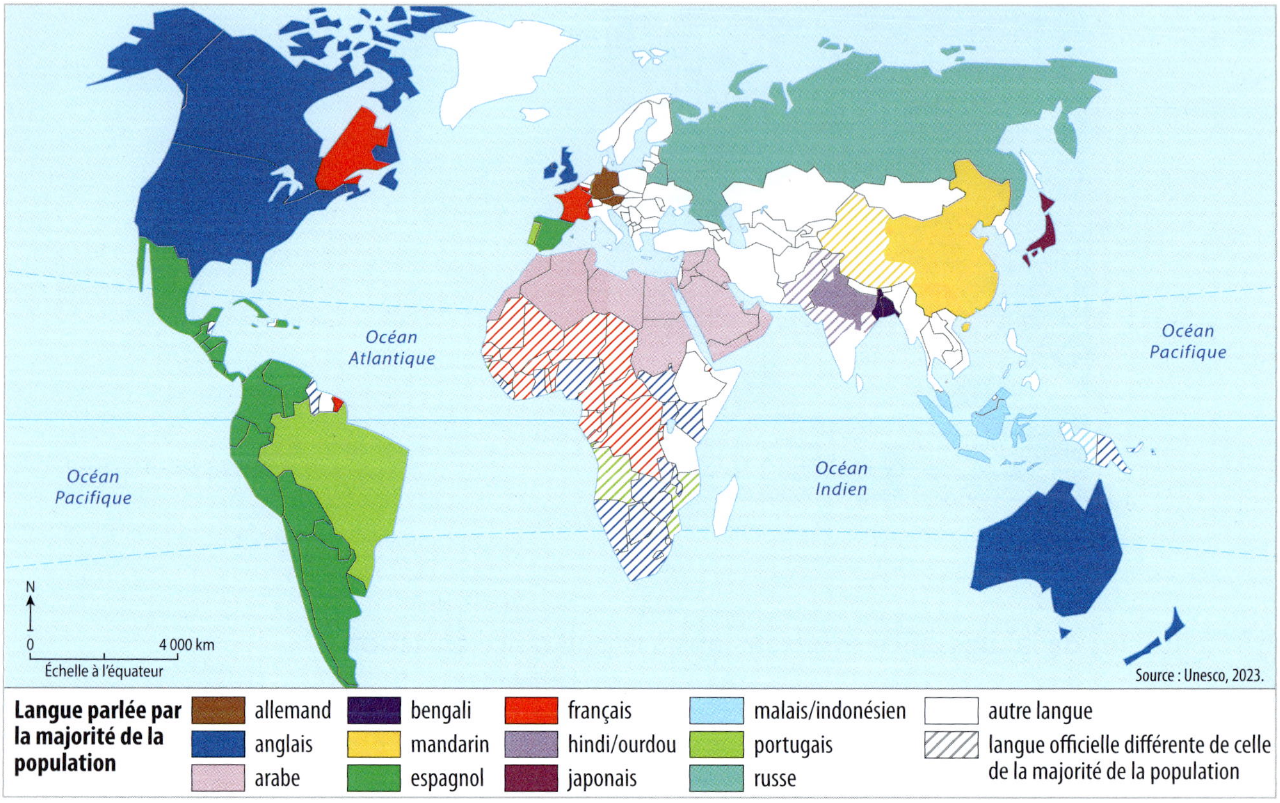

2 Les langues utilisées dans les principales organisations internationales

	Langues officielles	Langues de travail
Organisation des Nations unies (ONU)	anglais, arabe, chinois, espagnol, français, russe	anglais, arabe, chinois, espagnol, français, russe
Cour internationale de justice (CIJ)	anglais, français	anglais, français
Organisation internationale de la Francophonie (OIF)	français	français
Fond monétaire international (FMI)	non précisé	anglais
Organisation de coopération et de développement économiques (OCDE)	anglais, français	anglais, français
Conseil de l'Europe	anglais, français	anglais, français
Organisation mondiale du commerce (OMC)	anglais, espagnol, français	anglais, espagnol, français

Source : Organisation internationale de la Francophonie, 2023.

En confrontant ce tableau avec le doc. 1 p. 134, montrez les limites des langues officielles des organisations internationales. En quoi reflètent-elles davantage un héritage de la puissance historique qu'une représentation équitable des langues dans le monde ?

étape 1 Préparer l'étude critique de documents

1. **Formulez une problématique répondant au sujet.**

2. **Parmi les propositions suivantes, choisissez le plan qui répond le mieux au sujet.**

Formulez une problématique qui part des documents. Par exemple, « En quoi ces documents illustrent-ils… ? »

Proposition 1	Proposition 2	Proposition 3
1. L'anglais, la langue universelle des affaires **2.** Le français, la langue soutenue par la francophonie **3.** Les autres langues dans le monde	**1.** L'usage des langues dans le monde **2.** La représentation des langues dans les organisations internationales	**1.** La langue, un enjeu de puissance hérité de l'histoire **2.** La langue, un outil de puissance inégalement partagé **3.** La langue : reflet de l'inégal dynamisme des puissances ?

Choisissez le plan qui vous semble le mieux intégrer la notion de puissance.

À éviter ! Il n'est pas recommandé de proposer un plan reposant sur l'ordre des documents.

3. **Rédigez l'étude critique de documents en suivant le plan choisi.**

Point méthode

Construire un plan pour répondre à la consigne

✔ Si la consigne donne les grands thèmes à traiter, il faut les suivre : elles constituent le plan de l'étude critique de documents.

✔ Si la consigne ne suggère pas le plan, il faut le construire :
- en vous aidant des notions clés contenues ou suggérées par le sujet ;
- en organisation ces notions en grands thèmes ;
- en réservant une place (soit tout au long de l'étude, soit dans une partie distincte à la critique du document.

SUJET d'entraînement ➜ Les États face à la puissance des GAFAM

En analysant le document et en vous appuyant sur vos connaissances, montrez comment les GAFAM développent leur puissance et rivalisent avec celle des États.

Les GAFAM, nouveaux acteurs de la puissance

« Géants du numérique », « États plateformes », « *big tech* » : les périphrases désignant les GAFAM (l'acronyme pour Google, Apple, Facebook, Amazon et Microsoft) sont entrées dans le vocabulaire courant et illustrent un fait majeur de ce début de XXIe siècle, celui de la poussée irrésistible des firmes technologiques de l'information.

Acteurs transnationaux par excellence, les GAFAM se jouent des frontières physiques comme des juridictions nationales. Ils imposent une vision du monde américaine qui bénéficie en retour à l'immense capacité d'attraction de la Silicon Valley. Leur emprise socioéconomique suscite des contre-réactions de la part de certains États (Chine, Russie, Iran…), quand d'autres, en Europe notamment, peinent à décliner les promesses de ces acteurs (installation d'un entrepôt destiné au e-commerce, création de laboratoires de recherche et développement…). En 2021, le paradoxe est le suivant : au faîte de leur puissance financière et technologique, les GAFAM n'ont jamais autant été critiqués malgré la dépendance accrue de la planète à leurs outils et services.

Les GAFAM sont dorénavant des concurrents de la diplomatie étatique (…). Ces géants du numérique aiment se comparer à des acteurs diplomatiques. Leurs dirigeants sont accueillis comme des chefs d'État lors de leurs déplacements. Ils reçoivent aussi des responsables politiques de premier plan en visite en Californie, en quête de promesses d'investissements dans leur pays. En 2017, le Danemark annonçait la nomination d'un ambassadeur auprès des géants du numérique, au motif que ces sociétés sont devenues un type de nouvelles nations, auquel Copenhague doit se confronter. La pandémie de Covid-19 a représenté un incontestable effet d'aubaine pour les grandes plateformes numériques. Ce sont elles qui, pendant la crise, ont assuré les connexions entre pays, individus et organisations. En mars 2020, Facebook et Twitter ont censuré le président du Brésil, J. Bolsonaro, une première concernant un chef d'État. Ce type de sanction s'est reproduit avec la suspension des comptes de D. Trump après l'assaut du Capitole par ses partisans le 6 janvier 2021[1].

J. Nocetti, « Les GAFAM, nouveaux acteurs controversés des relations internationales », *Questions Internationales*, septembre-octobre 2021.

1. En 2022, le nouveau patron de Twitter, Elon Musk, a réintégré toutes les personnes qui avaient été exclues de Twitter.

Identifiez le document pour cerner avec précision la source et la fiabilité des propos rapportés.

Organisez vos idées en montrant dans une première partie que les GAFAM sont des acteurs transnationaux puissants, puis, dans une seconde partie, qu'ils rivalisent avec les États.

Méthode BAC

Comment sélectionner des informations pour le Grand oral ?

Qu'est-ce qu'une information ?

Le jour de l'épreuve, vous disposez d'un temps de parole de 5 minutes au cours duquel vous devez développer et répondre à la question préparée durant l'année grâce à des informations diverses. Une information prend des formes variées et peut avoir des usages multiples.

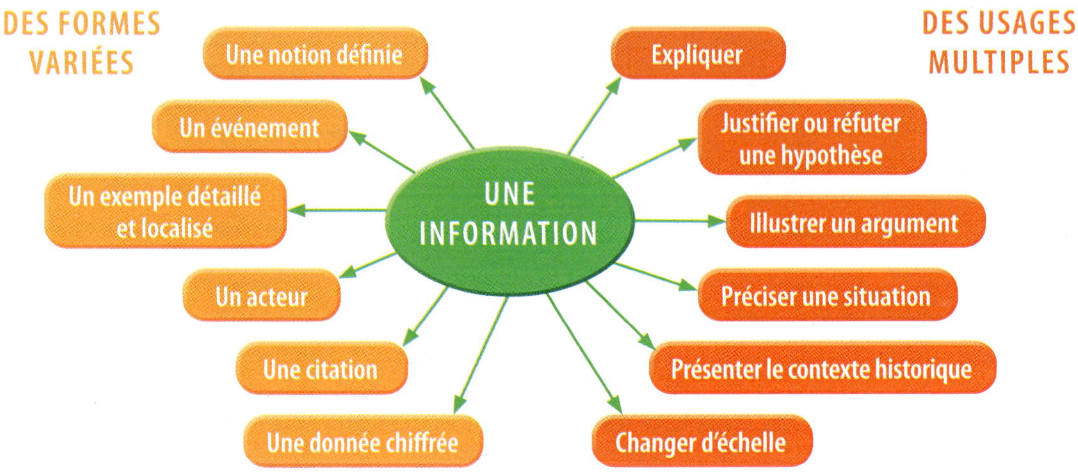

Info BAC
Votre oral doit s'appuyer sur des informations qui prouvent la solidité de vos connaissances et votre capacité à argumenter.

Quelle information rechercher ?

Je veux…	Le type d'information à chercher	La source à consulter
… définir et comprendre l'enjeu de la question	Une définition de la notion	Un dictionnaire spécialisé
… présenter le contexte	Une identification de la période d'un point de vue politique et/ou économique	Un manuel d'histoire
… localiser le(s) fait(s) étudié(s)	Une description du lieu	Un atlas, un manuel de géographie, Google Earth
… justifier ou réfuter une hypothèse	Une démonstration scientifique	Un article de spécialiste(s)
… expliquer les enjeux, le rôle des acteurs et/ou les événements	Une description précise et argumentée	Un site Internet spécialisé, un article spécialisé
… illustrer par un cas précis	Un exemple ou des données chiffrées	Un article de presse

Comment organiser des informations sélectionnées dans un document ?

Fiche de lecture

Source	Quelle est-elle ? Est-elle fiable ?
Titre	Quel est-il ?
Auteur	Qui est-il ? Est-il spécialiste de la question ? Est-il touché personnellement par la thématique étudiée ?
Nature	De quel type de document s'agit-il ?
Date et contexte de rédaction ou de publication	Quand a été rédigé le document ? Ce document est-il rédigé ou publié en période de crise ? de guerre ? de stabilité politique ?

Les informations clés

- **Les arguments clés** sont indispensables pour comprendre le point de vue de l'auteur. Ils permettent de justifier ou de réfuter une hypothèse, d'expliquer le rôle d'un acteur… L'objectif n'est pas de faire un résumé.
- **Les chiffres clés** permettent d'illustrer une situation, de la comparer à une autre...
- **Les notions/mots-clés** sont essentiels pour définir de façon pertinente votre question. Aidez-vous ici du lexique de votre manuel.
- **Une citation** peut servir à amorcer votre sujet ou justifier une information.

SUJET d'application ➪ Les « nouvelles routes de la soie », un atout pour la puissance chinoise en Afrique ?

étape 1 Réaliser la recherche documentaire

1. Mobilisez des connaissances dans les pages 138 à 143.
2. Réalisez votre recherche documentaire, à l'aide de la ➥ Méthode p. 100-101

étape 2 Sélectionner les informations et les organiser

3. Écoutez le podcast et complétez la fiche de lecture.

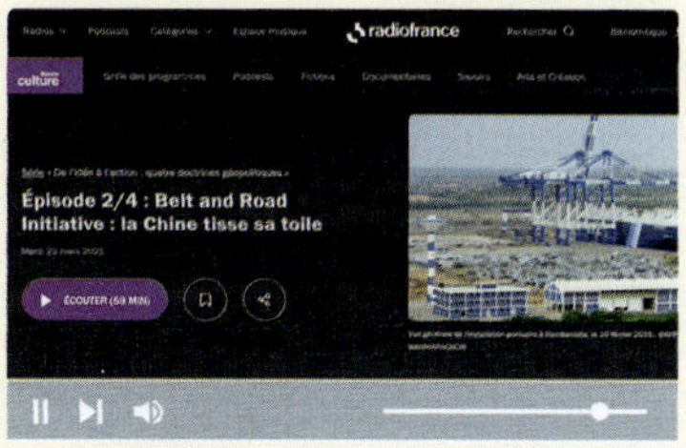

Podcast : France Culture, 2021.

hachette-clic.fr/23hgg1056

Fiche de lecture

Source	…
Titre	*Belt and Road Initiative : la Chine tisse sa toile*
Auteur	…
Nature	…
Date et contexte de diffusion	*23 mars 2021. Ce podcast est diffusé alors que les nouvelles routes de la soie sont lancées par Xi Jinping depuis 8 ans.*

Les informations clés

- **Les arguments clés :**
  - *Colère des populations locales face à des chantiers trop coûteux.*
  - …
- **Les chiffres clés :**
  - *Accord signé avec la Chine par 80 pays ou organisations internationales.*
  - …
- **Les notions/mots-clés :**
  - …
- **Une citation :** *« C'est peut-être une idée chinoise mais les opportunités et les succès qu'elle transporte appartiennent au monde entier », Xi Jinping, 2013.*

Reformulez les idées de l'auteur pour vous approprier les connaissances.

Prenez des notes pour gagner en efficacité.

Sujet d'entraînement

Cherchez des informations et réalisez des fiches de lecture sur l'une des questions suivantes :

- L'Allemagne est-elle une puissance mondiale ?
- Quels sont les piliers de la puissance européenne dans la compétition mondiale ?
- En quoi l'empire colonial britannique constitue-t-il un fondement de la puissance britannique au XIXe siècle ?
- Comment le Japon fonde-t-il sa puissance sur les nouvelles technologies ?
- L'organisation de la Coupe du monde de football est-elle un outil du *soft power* ?
- Comment la Chine utilise-t-elle *Chinawood* comme instrument de sa puissance ?
- Dans quelle mesure la *Silicon Valley* est-elle le cœur technologique du monde ?
- La cité-État de Singapour est-elle devenue un des cœurs économiques du monde ?

Méthode BAC
Comment argumenter pour convaincre au Grand oral ?

Qu'est-ce qu'un oral convaincant ?

Pour être convaincant, tout oral doit **s'appuyer sur une argumentation précise et rigoureuse**.
Aussi, pour réussir votre Grand oral, il faut :

- **vous documenter pour trouver** des arguments ;
- vous assurer de la **véracité** et de la **pertinence** des arguments avancés ;
- **expliquer** chaque argument en l'illustrant par un ou deux **exemples précis, daté(s) et détaillé(s)** ;
- **organiser** la réponse à la question en un ensemble clair et structuré.

Qu'est-ce qu'un argument ?

Un argument est une **idée précise** qui permet de répondre au sujet et d'en démontrer un aspect concret.

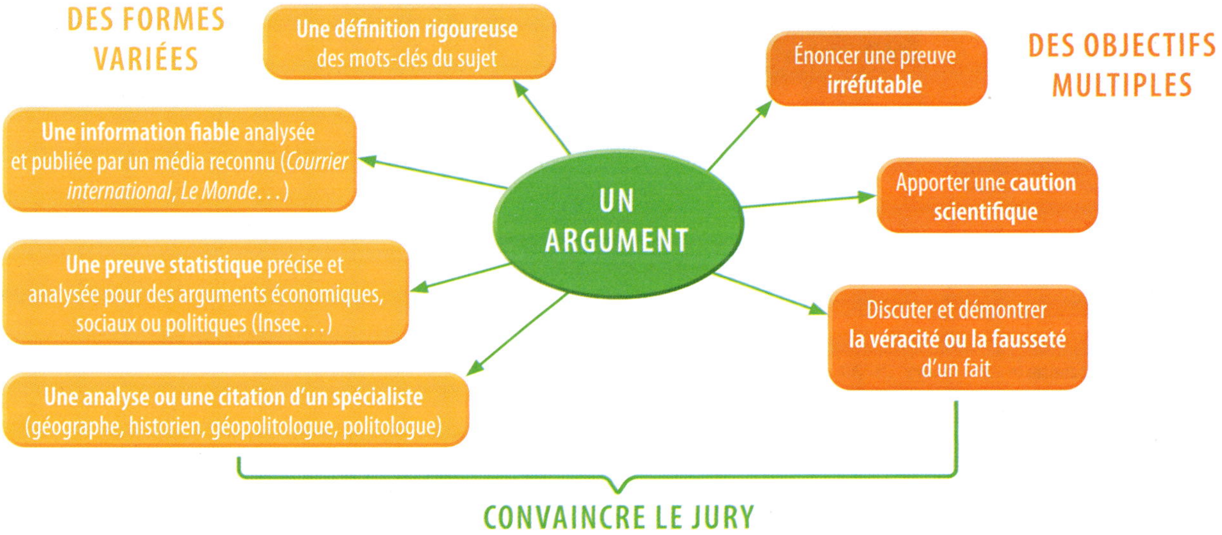

Comment illustrer l'argumentation ?

Pour donner du sens à vos arguments, il est essentiel de les justifier et de les illustrer par un exemple développé.
Un exemple peut prendre différentes formes :

- un événement
- une donnée chiffrée
- une action d'un acteur
- un choix politique

Comment structurer l'argumentation ?

Je veux…	J'emploie le connecteur logique
… **introduire** le premier argument	tout d'abord, pour commencer, en premier lieu
… **illustrer** un argument par un exemple	comme c'est le cas de, par exemple, tel que, en effet
… **ajouter** un argument	de plus, ensuite, puis, dans un deuxième temps
… **justifier** une idée, une information ou une thèse par un argument	car, puisque, en effet
… **contredire** une idée, une information ou une thèse par un argument	au contraire, malgré, en réalité, cependant, néanmoins, pourtant
… **conclure** ma question	enfin, en conclusion, finalement, pour conclure, donc

SUJET d'application ➪ Comment les langues participent-elles au rayonnement des grandes puissances ?

étape 1 Sélectionner des arguments

1. **Complétez la première ligne du tableau de la question 2 à l'aide de votre manuel page 132 à 135 et p. 142-143.**

étape 2 Illustrer chaque argument par un exemple

2. **Complétez la seconde ligne du tableau afin d'illustrer chaque argument par un exemple précis et détaillé.**

	Définition des mots-clés	Information fiable, analysée et publiée par un média reconnu	Preuve statistique précise et analysée	Analyse ou citation d'un spécialiste
L'argument identifié	…	…	64 pays donnent un statut officiel à l'anglais	O. Seliverstova et N. Yudina, dans leur article « La politique extérieure des langues comme composante de la politique de soft power », publié en 2020, indique que la promotion de la langue peut être un puissant outil de développement de l'attractivité d'un pays aux yeux de ceux qui apprennent sa langue.
L'exemple pour l'illustrer	…	…	Afrique du Sud, Inde ou Malte. Dans ce cas, l'anglais est utilisé pour la rédaction de textes officiels, la communication avec les administrés ou encore pour l'enseignement.	La Chine a installé des instituts Confucius sur tous les continents dont 307 en Europe ou 574 sur le continent américain.

étape 3 S'entraîner à structurer son argumentation

3. **Rédigez un paragraphe associant un argument à un ou deux exemples développés pour l'expliquer et l'illustrer, en utilisant des connecteurs logiques. Vous pouvez suivre ce modèle.**

- l'argument
- l'exemple
- les connecteurs logiques

La promotion de la langue peut être un puissant outil de développement de l'attractivité d'un pays aux yeux de ceux qui apprennent sa langue, comme le soulignent O. Seliverstova et N. Yudina dans leur article « La politique extérieure des langues comme composante de la politique de soft power » paru en 2020. C'est le cas par exemple de la Chine qui a installé des instituts Confucius sur tous les continents dont 307 en Europe ou 574 pour le seul continent américain mais aussi la France qui a créé l'Organisation internationale de la Francophonie (OIF) pour promouvoir le français dans les 88 pays membres de l'organisation.

Sujet d'entraînement

Documentez-vous sur l'une des questions suivantes afin de sélectionner des arguments et de développer des exemples pertinents pour y répondre.

- Comment le réseau Cervantès illustre-t-il le *soft power* de l'Espagne ?
- La K-Pop, un outil du *soft power* coréen ?
- Comment le *Cool Japan* participe-t-il au rayonnement du Japon ?
- Comment la Chine a-t-elle fait des BATX des outils de sa puissance ?
- Les « nouvelles routes de la soie » sont-elles une chance pour les pays traversés ?
- Comment Dubaï mise-t-elle sur le *soft power* pour accroitre son rayonnement dans le monde ?
- En quoi Nollywood constitue-t-il un atout pour la puissance nigériane ?
- Comment la *Northern Range* participe-t-elle à la puissance de l'Union européenne ?
- Les instituts Confucius, une arme au service de la puissance chinoise dans le monde ?

Révision

Analyser les dynamiques des puissances internationales

Podcast de révision

hachette-clic.fr/23hgg1057

A Réviser en autonomie

	Fondements →	Caractéristiques →	Manifestations
LES DYNAMIQUES DES PUISSANCES INTERNATIONALES	Fondements traditionnels : territoire, population	Capacité de faire	Puissances établies : États-Unis, Royaume-Uni, France
	Hard power : puissance militaire, capacité de projection, puissance financière, puissance économique	Capacité de refuser de faire	Puissances émergentes : Chine, Inde
	Soft power : formes indirectes de la puissance : puissance culturelle, maîtrise des voies de communication, du numérique	Capacité de faire faire	De l'essor au déclin : Empire ottoman
		Capacité d'empêcher de faire	Puissance en reconstruction : Russie
↓	↓	↓	↓
LA PUISSANCE DES ÉTATS-UNIS AUJOURD'HUI	1er *hard power* au monde : puissance militaire, diplomatique et capacité de projection inégalées dans le monde	Les lieux de la puissance : Hollywood, Boston, New York	Hésitations entre unilatéralisme et multilatéralisme
	Un *soft power* puissant : GAFAM, modèle culturel	Les acteurs de la puissance : Maison Blanche, FTN (GAFAM…)	La première puissance établie de plus en plus concurrencée dans un monde multipolaire

B Réviser en groupe

ORGANISER UNE BATAILLE DE CONNAISSANCES

étape 1 • Préparation

- Par équipe de 6 élèves, choisissez 3 sujets du thème 2.
- Chaque groupe prépare une série de questions, puis toutes ces questions sont regroupées pour former la banque de sujets.

Sujets possibles

- Trois fondements de la puissance ottomane au XVIe siècle.
- La Russie, « puissance ré-émergente » ?
- L'Asie-Pacifique, nouveau terrain de puissance des États-Unis ?
- GAFAM vs BATX
- …
- …

étape 2 • Réalisation

6 min

- En 6 minutes (une minute par question), les deux premières équipes s'affrontent sous le regard d'une équipe arbitre.
- L'équipe qui gagne est celle qui aura répondu correctement à un maximum de questions.
- Elle devient alors équipe arbitre de la bataille suivante.

C Réviser en se documentant

À voir

- *Homeland*, 2011-2020 : série sur la lutte américaine contre le terrorisme.
- *The Social network*, de D. Fincher, 2010.
  Histoire de la naissance de Facebook
- *Poutine, l'espion devenu président*, France Télévision, 2022.
  Série de 3 films documentaires présentant le parcours de Vladimir Poutine (du déclin lié à l'implosion de l'URSS à la réaffirmation de la Russie).

À lire

- *Le Siècle*, de K. Follet, Éd. Robert Laffont, 2010. Roman en trois parties suivant plusieurs familles durant le XXe siècle dans un contexte de rivalités entre les puissances américaines, soviétiques, britannique et française.
- *Geostratégix, la géopolitique mondiale de 1945 à nos jours*, de P. Boniface et Tommy, Dunod, 2022. BD illustrant l'évolution des rapports entre les puissances depuis la fin de la Seconde Guerre mondiale.

Sur le web

- Site de l'Iris (Institut de relations internationales et stratégiques). Traite les grands sujets d'actualité de géopolitique.
- Site de la francophonie. Présente l'actualité du monde francophone.
- *Le Dessous des cartes*. Des capsules-vidéo sur les grands enjeux géopolitiques.

Site internet
hachette-clic.fr/23hgg1058
hachette-clic.fr/23hgg1059
hachette-clic.fr/23hgg1060

D Aller plus loin en étudiant un essai

1. **En empruntant un ouvrage de géopolitique au CDI, complétez la fiche de lecture suivante.**

Présentation	Auteur(s) (Nom, prénom, spécialité) :
	Titre :
	Date et contexte de parution :
Organisation de l'essai	Plan choisi :
	Choix éditoriaux (place des illustrations, du texte) :
Apport sur la notion étudiée en classe : les notions	Hiérarchie des puissances : Dynamiques des puissances : Fondements des puissances : Manifestations de la puissance :
Synthèse	Apport de l'ouvrage résumé en quelques lignes : Citation intéressante à reprendre dans une dissertation :

2. **Au CDI, choisissez un livre présentant un des thèmes évoqués dans l'essai étudié précédemment et faites-en une analyse comparative.**

THÈME

3

Étudier les divisions politiques du monde : les frontières

Depuis 2018, la construction d'un mur entre Israël et le Liban symbolise les tensions entre les deux pays.
Les artistes dénoncent cette barrière qui sépare les peuples.

Découverte Des frontières étatiques

MISSION ➪ Vous devrez réaliser une présentation orale en 120 secondes pour présenter les principaux types de frontières étatiques.

1 La frontière entre la France et la Belgique

Longue de 620 kilomètres, la frontière entre la France et la Belgique est la seconde plus longue frontière de la France métropolitaine. Elle est traversée chaque jour par 10 500 travailleurs frontaliers belges et 23 700 travailleurs frontaliers de la région des Hauts-de-France.

2 La frontière entre l'Inde et le Pakistan

Depuis 2003, l'Inde a édifié une barrière haute de 3,50 mètres pour se protéger des attaques pakistanaises. Cette barrière, appelée Ligne de contrôle, s'étire sur 740 kilomètres.

3 La frontière entre les États-Unis et le Mexique

Longue de plus de 3 150 kilomètres, la frontière États-Unis/Mexique est parcourue par des points de passage empruntés quotidiennement mais aussi par un mur sur 1 050 kilomètres.

4 Des frontières étatiques inégalement ouvertes

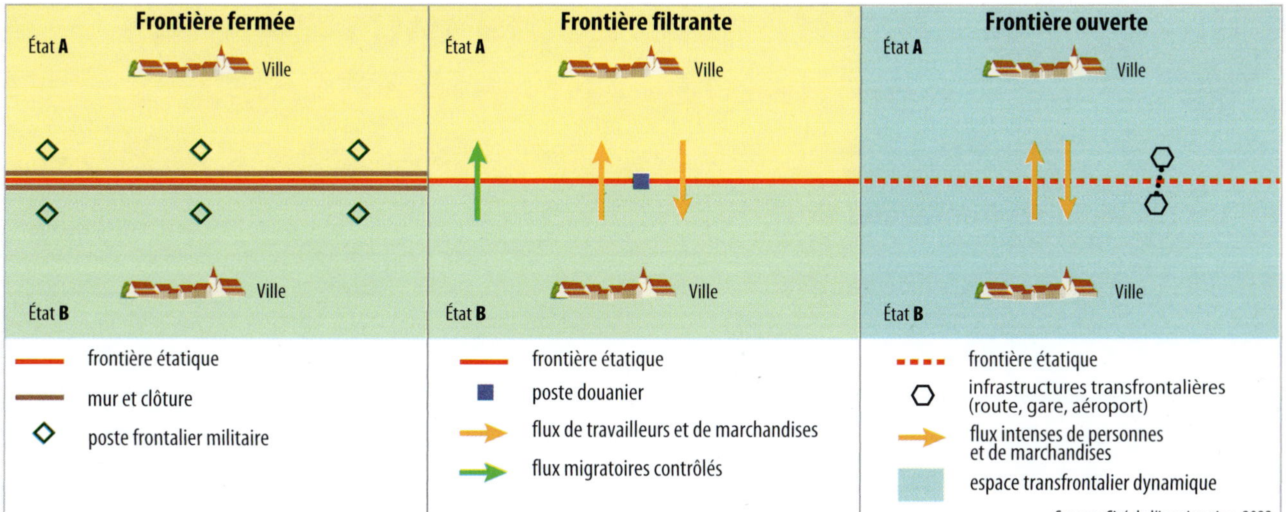

Source : Cité de l'immigration, 2023.

ACTIVITÉ

étape 1

Rechercher les frontières étatiques les plus remarquables

1. Au CDI ou sur Internet, cherchez les informations suivantes en privilégiant les données les plus récentes.

Je cherche la frontière étatique…	la plus ancienne (date) la plus récente (date) la plus courte (en mètres) la plus longue (en kilomètres)	la plus traversée au monde (nombre de passages) la plus élevée au monde (en mètres) la plus visible depuis la station spatiale internationale (en kilomètres)

2. Ces frontières correspondent-elles à des limites naturelles ? Justifiez votre réponse.
3. Proposez une première définition de « frontière étatique ».

étape 2

Faire une présentation orale sur les types de frontières étatiques

4. Composez un groupe de 3 élèves et, ensemble, associez chaque exemple de frontière (doc. 1, 2 et 3) à un des schémas. (doc. 4)
5. Chaque élève prend en charge la présentation d'une frontière, la localise et la décrit (formes, fonctions). (doc. 1, 2 et 3)
6. Au sein du trio, présentez tour à tour votre frontière sous la forme d'un oral en 120 secondes.

POUR CONCLURE

Chacun des 3 élèves reproduit et remplit ce tableau de synthèse pour retenir les caractéristiques des 3 types de frontières étatiques.

	France/Belgique : une frontière…	Inde/Pakistan : une frontière…	États-Unis/Mexique : une frontière…
matérialisée par…	…	…	…
traversée par…	…		…
relie ou coupe des espaces composés de…	…	…	…

Repères Des frontières de plus en plus nombreuses et marquées ?

1 Les dynamiques frontalières des États

Carte interactive
hachette-clic.fr/23hgg1061

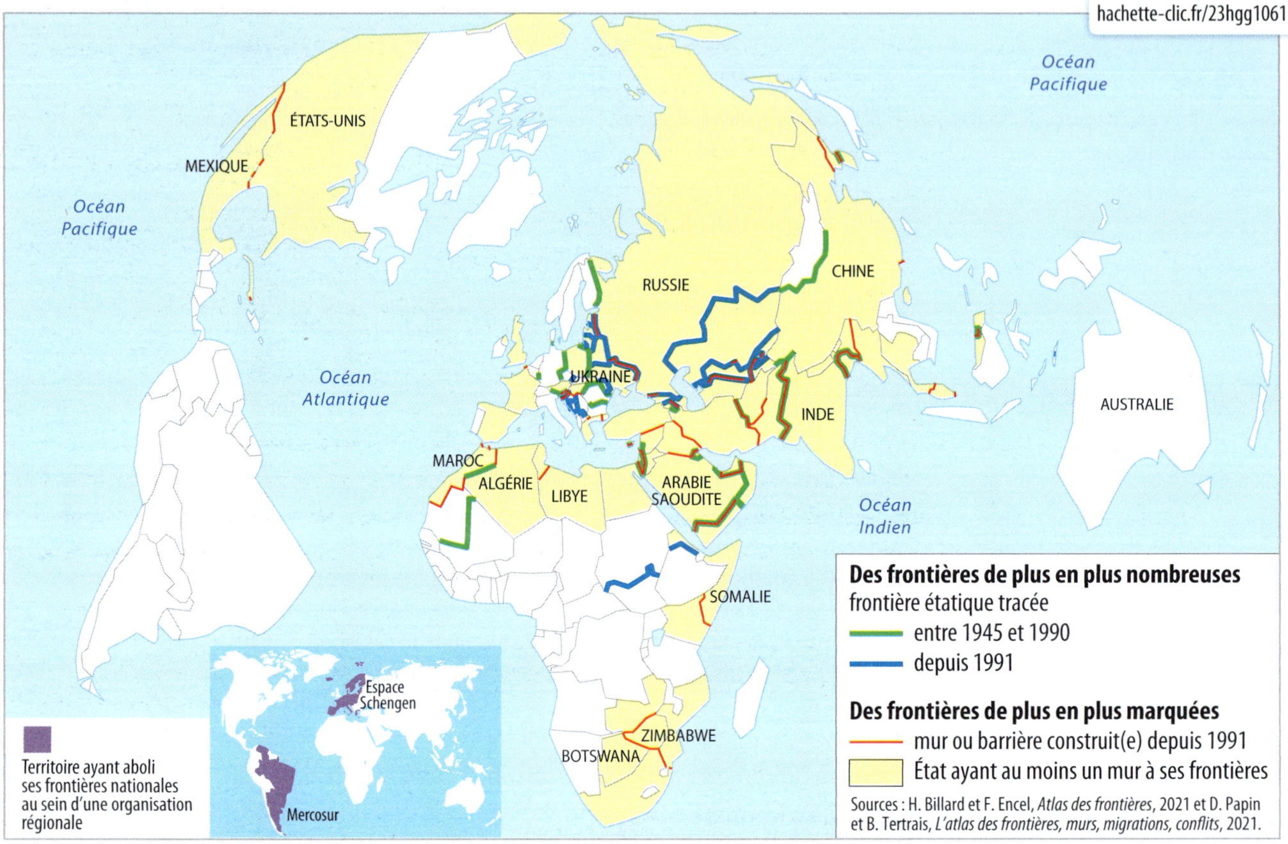

Sources : H. Billard et F. Encel, *Atlas des frontières*, 2021 et D. Papin et B. Tertrais, *L'atlas des frontières, murs, migrations, conflits*, 2021.

2 Les différents types de murs dans le monde

	États-Unis / Mexique	Israël / Cisjordanie	Hongrie / Serbie

Motif	anti-immigration anti-trafic	conflit territorial anti-terrorisme pour Israël	anti-immigration
Date	Depuis 2006	2002	2015
Longueur et hauteur	1 100 km (35 % de la longueur frontalière) 8 mètres	550 km (75 %) 9 mètres	155 km (100 %) 4 mètres
Type	– Murs et clôtures – Surveillance aérienne (hélicoptère, drone) – Capteurs souterrains	– Murs en béton, barbelés, tranchées	– Clôtures, barbelés – Présence de soldats

Sources : D. Papin et B. Tertrais, *L'atlas des frontières, murs, migrations, conflits*, 2021 et *Google earth*, 2023.

Vocabulaire

État : Territoire délimité par des frontières sur lequel une organisation politique s'organise.

indépendantiste : qui revendique l'indépendance d'une collectivité

***Smart border* (frontière intelligente) :** zone frontalière équipée en haute technologie et mise en réseau par les mégadonnées.

3 Les *smart borders* : l'exemple de l'Union européenne

DANS LES PORTS ET LES AÉROPORTS

- Faciliter la libre-circulation des citoyens de l'UE
- Contrôler et filtrer les flux migratoires
- Identifier et lutter contre les flux illicites

→ Reconnaissance faciale et contrôles biométriques
→ Radars, drones, satellites et puces électroniques
→ Base de données pour la collecte et le partage de renseignements

4 Les frontières européennes de demain ?

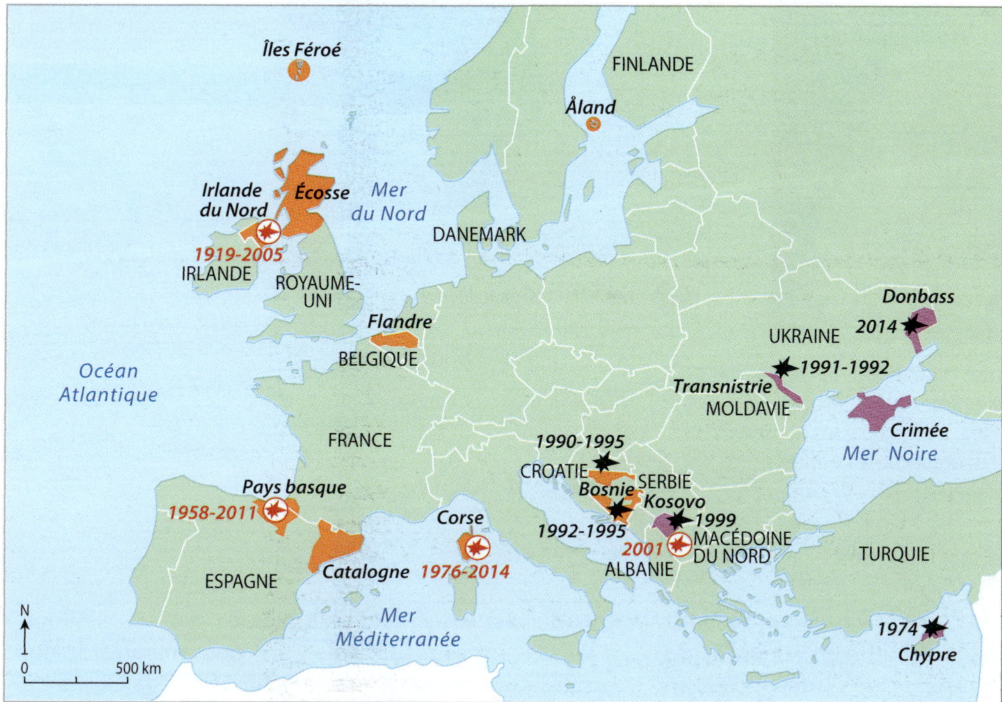

- mouvement indépendantiste armé
- mouvement indépendantiste
- territoire dont les frontières sont contestées
- guerre d'indépendance[1]

1. Seuls les conflits depuis 1989 sont pris en compte.

Source : M. Foucher, *Europe, Europes*, La Documentation française, 2019.

POUR COMPRENDRE

Depuis 1991, les hommes ont tracé 30 000 kilomètres de frontières supplémentaires dans le monde. Dans le même temps, plus de 60 murs ont été érigés.

1. Quelles régions concentrent les nouvelles frontières ? À partir de quelques exemples précis, expliquez la consolidation de certaines frontières étatiques. (doc. 1 et 2)

Les frontières reflètent les relations entre les États mais aussi les enjeux et tensions du monde contemporain. Ainsi, de nombreuses frontières se recomposent et se transforment.

2. Quelles nouvelles formes les frontières prennent-elles ? Pourquoi de nouvelles frontières peuvent-elles encore apparaître ? (doc. 3 et 4)

FOCUS La frontière États-Unis / Canada, une frontière multiforme

La frontière entre les États-Unis et le Canada est la plus longue frontière terrestre du monde. Cependant, les 8 890 km de cette frontière ne sont pas uniformes et conduisent à des dynamiques très inégales.

▸ Comment se manifeste l'inégale ouverture de la frontière entre les États-Unis et le Canada ?

1 Les Boundary Peaks, une marge frontalière

Sur les 2 475 km de frontières entre l'État de l'Alaska et le Canada se trouve une seule ville, Petersburg (3 300 habitants). Le caractère contraignant du milieu, marqué par les nombreux sommets appelés Boundary Peaks, empêche les « effets frontières » d'intégration et d'échanges.

2 Des échanges frontaliers dynamisés par l'ACEUM

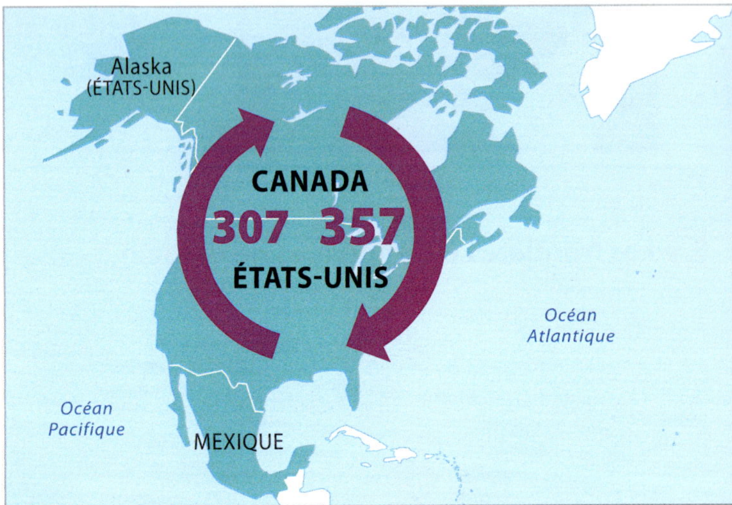

Pays membres de l'ACEUM[1]

Exportations, en milliards de dollars en 2022

1. ACEUM : Association économique de libre-échange entre le Canada, les États-Unis et le Mexique qui remplace l'Alena en 2020.

Source : Bureau des statistiques des transports, 2023.

3 Des flux économiques stratégiques

Pour attirer les investissements et favoriser la croissance économique, il est impératif de mettre en valeur l'accès immédiat de Detroit à la région de Windsor-Essex en Ontario, au Canada. Cette situation ouvre de multiples possibilités d'affaires transfrontalières. Ce sont en effet plus de 7 500 travailleurs qui font la navette chaque jour entre Windsor et Detroit, notamment du personnel médical qui dispense des soins aux habitants de Detroit. Il est donc essentiel d'assurer une circulation transfrontalière fluide et efficace pour les personnes et les marchandises. L'accès de Detroit au Canada constitue aussi un atout précieux pour attirer de nouveaux entrepreneurs et créer de l'emploi. La collaboration binationale est essentielle ; elle est la pierre angulaire de l'économie régionale. Pour preuve, en février 2022, des manifestants canadiens ont décidé de bloquer le pont Ambassador, à la frontière avec les États-Unis, pour manifester leur opposition aux restrictions sanitaires face à la Covid-19. Plus aucun véhicule ne circulait alors sur le pont reliant la ville de Windsor, capitale canadienne de l'automobile, à la « *Motor city* » américaine, Detroit. Or, en temps normal, ce sont 300 millions de dollars de biens (pièces automobiles, marchandises agroalimentaires...) qui transitent chaque jour sur le pont, soit 7 000 camions. Au total, c'est plus du quart des échanges commerciaux entre les États-Unis et le Canada qui y passe. « Le blocage met en danger les chaînes d'approvisionnement de l'industrie automobile, parce que ce pont est un canal clé », a déclaré la porte-parole de la Maison-Blanche.

DEGC (Organisme pour le développement économique de Detroit), 19 juillet 2018 et *Les Échos*, 10 février 2022.

4 Un espace transfrontalier attractif

Les villes jumelles de Niagara Falls, de part et d'autre de la frontière, regroupent plus de 140 000 habitants. La frontière est traversée par d'intenses flux industriels et touristiques.

5 Une gestion transfrontalière de la rivière Nooksack

La Colombie-Britannique (Canada) et l'État de Washington (États-Unis) veulent développer une coopération transfrontalière pour intervenir en cas d'inondation de la rivière Nooksack. Cette annonce intervient après l'inondation catastrophique de novembre 2021 qui a entraîné l'évacuation de plus de 14 000 personnes en Colombie-Britannique et causé des milliards de dollars de dommages dans toute la province. Les inondations vont continuer à s'aggraver face à la croissance démographique, au développement et au changement climatique. Ce défi est urgent et des solutions durables à long terme nécessiteront des ressources de part et d'autre de la frontière. Nous, les gouverneurs des deux provinces, nous nous engageons à travailler ensemble pour tirer parti de l'apport et de l'expertise importante des communautés touchées. Ce travail en commun permettra de réunir les ressources nécessaires et les experts pour aider à identifier, évaluer et faire avancer les solutions afin que nos communautés soient mieux préparées aux impacts inévitables des conditions météorologiques extrêmes causées par le changement climatique.

Discours de J. Horgan, Premier ministre de la Colombie-Britannique, et de J. Inslee, Gouverneur de l'État de Washington, 15 mars 2022.

ACTIVITÉ Rédiger une argumentation

1. En comparant les **documents 1 et 4**, montrez l'inégal dynamisme de la frontière États-Unis/Canada.

2. Quelles formes prennent les échanges transfrontaliers ? Quels acteurs les encouragent ? **(doc. 2, 3 et 5)**

3. Expliquez comment l'effacement de la frontière dynamise le développement des deux territoires. **(doc. 3, 4 et 5)**

Bilan

Rédigez un texte argumenté et organisé pour répondre au sujet : « **Comment se manifeste l'inégale ouverture de la frontière entre les États-Unis et le Canada ?** »

Introduction

Leçon 1 Les frontières dans le monde d'aujourd'hui

➤ Comment les frontières marquent-elles inégalement les divisions politiques du monde actuel ?

A Des frontières de plus en plus nombreuses

- **Les frontières se renforcent à partir des XVIe-XVIIe siècles** avec l'apparition des premiers États modernes en Europe qui affirment leur souveraineté territoriale. D'ailleurs peu de cartes représentent véritablement les frontières avant cette période. L'État-nation qui s'impose en Europe aux XIXe-XXe siècles s'appuie alors sur l'idée de frontière naturelle, une limite physique facilement contrôlable.
- **La colonisation et la décolonisation participent à l'élaboration des frontières.** Les Grandes Découvertes dessinent le monde en sphères d'influences espagnole et portugaise (traité de Tordesillas, 1494). Entre 1885 et 1910, un partage de l'Afrique et de l'Asie est organisé par les Européens. Les nouveaux États décolonisés au XXe siècle intègrent ce partage dans la fixation de leurs frontières.
- **Depuis 1991, 30 000 km de frontières nouvelles ont été créés** en partie à cause de la dislocation du bloc de l'Europe de l'Est. Presque autant ont fait l'objet d'accords de délimitations (création de nouveaux États comme le Soudan du Sud en 2011, résolution de conflits). Aujourd'hui, le monde est structuré par plus de 256 000 km de frontières terrestres qui séparent les 193 États souverains selon l'ONU en 2023. Une frontière étatique sur 10 existe depuis moins de 25 ans, à l'image de celle entre l'Ukraine et la Crimée, après son annexion par la Russie en 2014.

B Des frontières plus ou moins marquées

- **La mondialisation et la globalisation encouragent un effacement des frontières.** Les associations économiques régionales, plus nombreuses (13 en 1979, 30 en 2023), élargissent les frontières économiques des États (CEDEAO en 1975, ALENA et Union européenne en 1992). Les conséquences globales des activités humaines (changement climatique, pollution) traversent les frontières. Des accords internationaux, comme celui de Paris sur le climat en 2015 ou celui sur la protection de la biodiversité en 2022, tentent de les dépasser.
- **Pourtant, on assiste à une réaffirmation des frontières** par la construction de murs (25 000 km, 10 % des frontières), par des mesures protectionnistes ou sanitaires (pandémie de COVID-19). Certaines frontières sont des *smart borders* (frontière France/Royaume-Uni). Les aéroports internationaux filtrent les passagers par la reconnaissance faciale, grâce au passeport biométrique (Australie, France).
- **La gestion des frontières et le contrôle des flux qui y transitent sont stratégiques.** Des États ont décidé d'assurer la surveillance et la gestion de leurs frontières en dehors de leur territoire national. Ainsi, en 2016 et 2021, l'UE a conclu un pacte migratoire pour renvoyer en Turquie des migrants entrés sur le sol européen et dont la demande d'asile est refusée. Depuis 2002, les États-Unis imposent la présence de leurs douaniers dans 58 ports étrangers (Tokyo, Dubaï).

1 Une triple frontière en Amérique du Sud

À la confluence du fleuve Paraná (en haut) et de la rivière Iguazú (au premier plan), cette triple frontière est prisée par des touristes du monde entier et par des trafiquants en tout genre.

Vocabulaire

État : territoire délimité par des frontières sur lequel une organisation politique s'organise.

État-nation : concept reposant sur la réunion d'un État en tant qu'organisation politique, et d'une nation, c'est-à-dire l'ensemble des individus liés par un sentiment commun d'appartenance.

Interface : zone de contact entre deux espaces où la frontière est ouverte, permettant des échanges de flux (économiques, humains).

***Smart border* (frontière intelligente) :** zone frontalière équipée en haute technologie et mise en réseau par les mégadonnées.

C Des espaces transfrontaliers de plus en plus nombreux

Aujourd'hui, les frontières sont de plus en plus des interfaces, nées de mobilités et d'échanges économiques accrus. Par exemple, du fait du différentiel de développement entre le Rwanda et la République démocratique du Congo, le passage piétonnier de Petite Barrière est franchi par 50 000 commerçants par jour, dont plus des 3/4 sont des femmes. D'autres interfaces se forment par les flux illicites, comme ceux des migrants ou du trafic de drogue dans les Caraïbes et au Sahel.

Les espaces transfrontaliers fixent les activités et les hommes. Dans le cadre des « nouvelles routes de la soie », un nouvel espace transfrontalier s'affirme entre la Chine et le Kazakhstan par exemple. Plus ancienne, la frontière américano-canadienne est un espace productif transfrontalier formé par les usines automobiles. Des villes jumelles transfrontalières se rejoignent (Detroit-Windsor).

Certains acteurs publics encouragent la formation d'espaces transfrontaliers. Ils mettent en œuvre une coopération régionale permettant de mutualiser des services (transports urbains en commun entre la France et la Suisse, dans le Grand Genève). En Afrique australe, des « parcs pour la paix » ont été créés par les États afin d'empêcher de nouveaux conflits (Kgaladadi entre l'Afrique du Sud et le Botswana). S'ils ont augmenté la fréquentation touristique internationale, les retombées économiques échappent aux populations locales. Enfin, les fonctions de contrôle aux frontières se retrouvent aux portes d'entrée des parcs, souvent matérialisées par une clôture ou un mur.

2 L'affirmation d'espaces transfrontaliers

Inauguré en 2019, le Léman Express relie la région Auvergne-Rhône-Alpes et le canton de Genève dynamisant la mobilité à la frontière franco-suisse.

SCHÉMA BILAN

Schéma interactif
hachette-clic.fr/23hgg1062

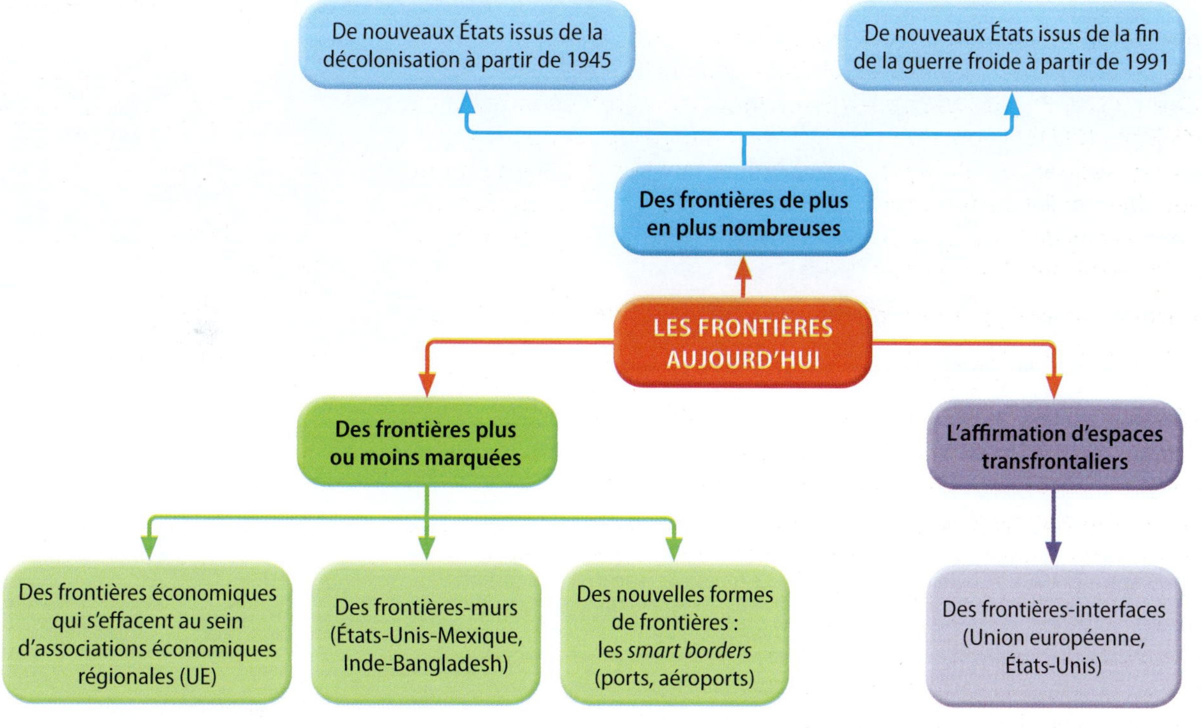

AXE 1

Tracer des frontières, approche géopolitique

› Dans quelle mesure la création de frontières entre États est-elle un enjeu géopolitique majeur ?

1 Une frontière pour partager le monde : le traité de Tordesillas (1494)

Signature du traité de Tordesillas. Huile sur toile d'António Menendez, 1970. Musée de la Marine, Lisbonne (Portugal).

Le 7 juin 1494, les souverains portugais et espagnol signent, sous la protection du pape Alexandre VI, le traité de Tordesillas. Le traité vise à apaiser les tensions entre les puissances de la péninsule ibérique et à partager le Nouveau Monde en fixant une ligne de séparation du nord au sud du globe.

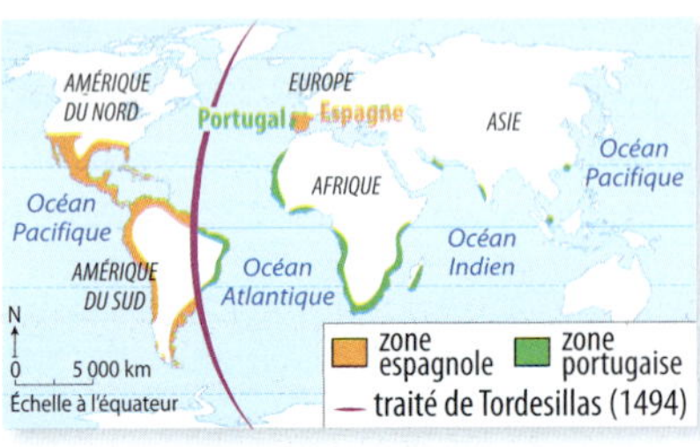

-100 | 500 | 1800 | 1900 | 2000

- -27 / 476 : Empire romain
- 83-260 : Création du *limes* rhénan par les Romains
- 1659 : Traité des Pyrénées (France-Espagne)
- 1830-1960 : Conquêtes coloniales de l'Afrique
- 1884-1885 : Conférence de Berlin
- 1947-1991 : Guerre froide
- 1948 : Création de la Corée du Nord et de la Corée du Sud
- 1953 : Création de la DMZ

2 Le partage de l'Afrique entre puissances européennes

Le Petit Journal illustré, 9 novembre 1913.

Lors de la conférence de Berlin en 1884-1885, les puissances européennes adoptent des principes pour coloniser l'Afrique. Elles y tracent alors des frontières avec peu de considération pour la répartition géographique des peuples africains.

QUESTIONS

1. Quand et comment les Européens se sont-ils partagés le monde ? **(frise, doc. 1)**

2. Qui a tracé des frontières en Afrique ? Pourquoi ? **(frise, doc. 2)**

3. D'après vous, pourquoi ces tracés peuvent-ils engendrer des tensions ?

p. 188 **> JALON ①**
Pour se protéger : le *limes* rhénan

p. 194 **> JALON ②**
Pour se partager des territoires : la conférence de Berlin et le partage de l'Afrique

p. 198 **> JALON ③**
Pour séparer deux systèmes politiques : la frontière entre les deux Corée

Étude La place du *limes* rhénan dans l'Empire romain

Face aux peuples ennemis, la protection des frontières de l'Empire romain est nécessaire. Les Romains développent un système de défense, le ***limes***, aux formes variées à l'image du *limes* rhénan.

› Comment le *limes* rhénan se différencie-t-il des autres frontières défensives de l'Empire romain ?

-100 — 200

- **58 avt J.-C.** Jules César passe le Rhin pour repousser les Germains
- **12 avt / 9 apr. J.-C.** conquête des régions rhénanes sous Auguste
- **9 apr. J.-C.** Défaite de Rome lors de la Bataille de Teutoburg
- **83-260 apr. J.-C.** édification du *limes* rhénan

1 L'Empire romain au IIe siècle

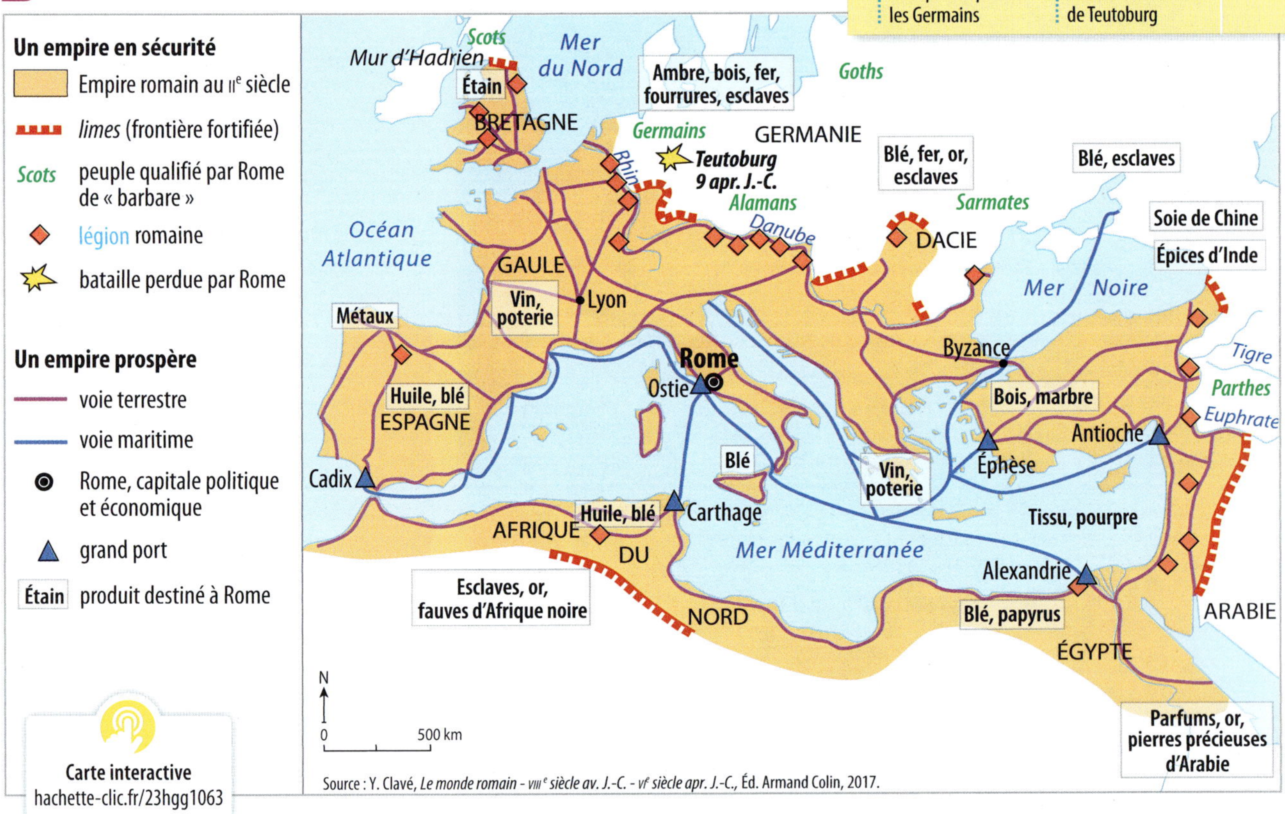

Source : Y. Clavé, *Le monde romain - VIIIe siècle av. J.-C. - VIe siècle apr. J.-C.*, Éd. Armand Colin, 2017.

2 Le mur d'Hadrien

Lorsque l'Empire romain étend son territoire dans la province de Bretagne (actuelle Grande-Bretagne) au milieu du Ier siècle, il est la cible d'attaques des tribus locales. L'Empereur Hadrien ordonne alors la construction d'une fortification continue pour empêcher les incursions ennemies.

3 Plan du camp romain de Saalburg

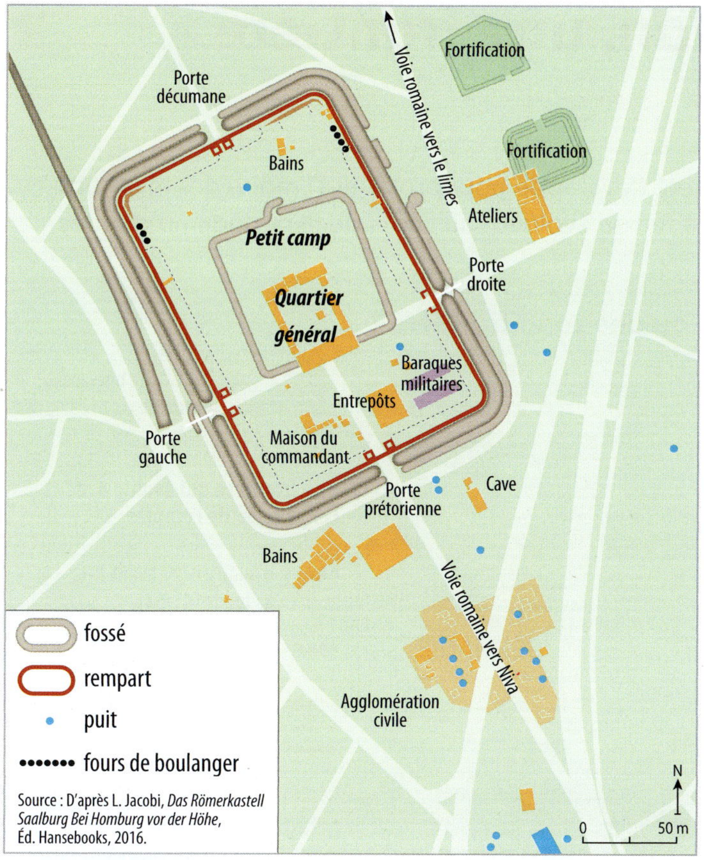

Source : D'après L. Jacobi, *Das Römerkastell Saalburg Bei Homburg vor der Höhe*, Éd. Hansebooks, 2016.

Vocabulaire

Légion : unité de base de l'armée romaine composée d'environ 6 000 hommes. Au début de l'Empire, l'armée romaine compte 33 légions distribuées sur les frontières romaines.

***Limes* :** nom donné par les historiens à la frontière romaine. On peut la considérer comme une limite mais aussi comme une route qui mène vers les territoires récemment conquis.

4 Le *limes*, une frontière fortifiée aux formes diverses

La parole des historiens

Depuis les dernières conquêtes de l'empereur Trajan (53-117), l'Empire domine sur trois continents un territoire de 5 millions de km². Les IIe et IIIe siècles sont donc consacrés à la stabilisation des frontières. Mais il ne faut pas imaginer une barrière uniforme. Ces frontières peuvent en effet prendre la forme d'un mur, comme celui d'Hadrien, mais les défenses peuvent être plus lâches, le long des barrières naturelles, fleuves, déserts ou montagnes. Elles étaient alors constituées de fortins plus ou moins espacés et de routes pour le ravitaillement. [...] Toutes les provinces ne subissent pas les attaques de barbares en ce début du IIIe siècle. Les frontières sont calmes en Afrique ainsi qu'en Bretagne. En revanche, les Germains et les Alamans pèsent sur la zone du Rhin, tandis que les Goths et les Sarmates, eux, menacent les régions du Danube. La zone entre les deux fleuves constitue d'ailleurs un point de pression important, car elle n'est pas protégée par une barrière naturelle. Les fortifications de ce *limes* s'étendant sur plus de 500 km, des villes actuelles allemandes de Bonn et d'Einig, ne cesseront d'ailleurs d'être renforcées au cours du IIe siècle de notre ère. Plus de 70 camps permanents s'échelonnaient alors tous les dix kilomètres environ, entre lesquels s'étendaient des palissades en bois, puis en pierre, parfois agrémentées d'un fossé et d'un remblai.

Thomas Cavaillé-Fol et Jean-François Mondot, « Le *limes*, frontière entre monde civilisé et monde barbare », *Les Cahiers Science et Vie*, janvier 2016.

PARCOURS 1

S'approprier un questionnement historique

1. Localisez le *limes* romain en général et le *limes* rhénan en particulier. **(doc. 1)**

2. Quelles formes particulières revêt le *limes* rhénan par rapport au mur d'Hadrien ? Comment expliquer ces différences ? **(doc. 1, 2 et 4)**

3. Montrez quelles sont les fonctions du *limes* rhénan. Pourquoi cette frontière est-elle jugée plus vulnérable que les autres ? **(doc. 3 et 4)**

Bilan

À l'aide vos réponses, rédigez une réponse organisée au sujet : « **Comment le *limes* rhénan se différencie-t-il des autres frontières défensives de l'Empire romain ?** »

PARCOURS 2

Réaliser un document promotionnel

Plusieurs centaines d'éléments du *limes* rhénan sont inscrits au patrimoine mondial de l'Unesco. Le potentiel touristique de ces sites archéologiques, dans un état de conservation remarquable, est en développement.

À l'aide des documents, du site de l'Unesco et de vos recherches personnelles, réalisez un document promotionnel au format A4 pour inciter les agences de voyages à proposer davantage de visites du *limes* rhénan.

Site internet
hachette-clic.fr/23hgg1064

Cette affiche devra :
- localiser et présenter 3 sites qui illustrent des formes spécifiques de cette frontière ;
- expliquer le contexte particulier de construction de ce *limes* et ses fonctions ;
- trouver des arguments pour faire concurrence au très touristique mur d'Hadrien (accessibilité, proximité des hôtels et des musées…).

Étude Le *limes* rhénan, une frontière défensive ?

À partir du Ier siècle après J.-C., le *limes* rhénan a été développé pour protéger l'Empire des invasions venues de l'extérieur. Cependant, son tracé et sa forme évoluent au cours de la période au gré des conquêtes et des menaces.

Le *limes* rhénan est-il une ligne-frontière ou une zone-frontière ?

Carte interactive
hachette-clic.fr/23hgg1065

1 L'évolution du *limes* au-delà du Rhin

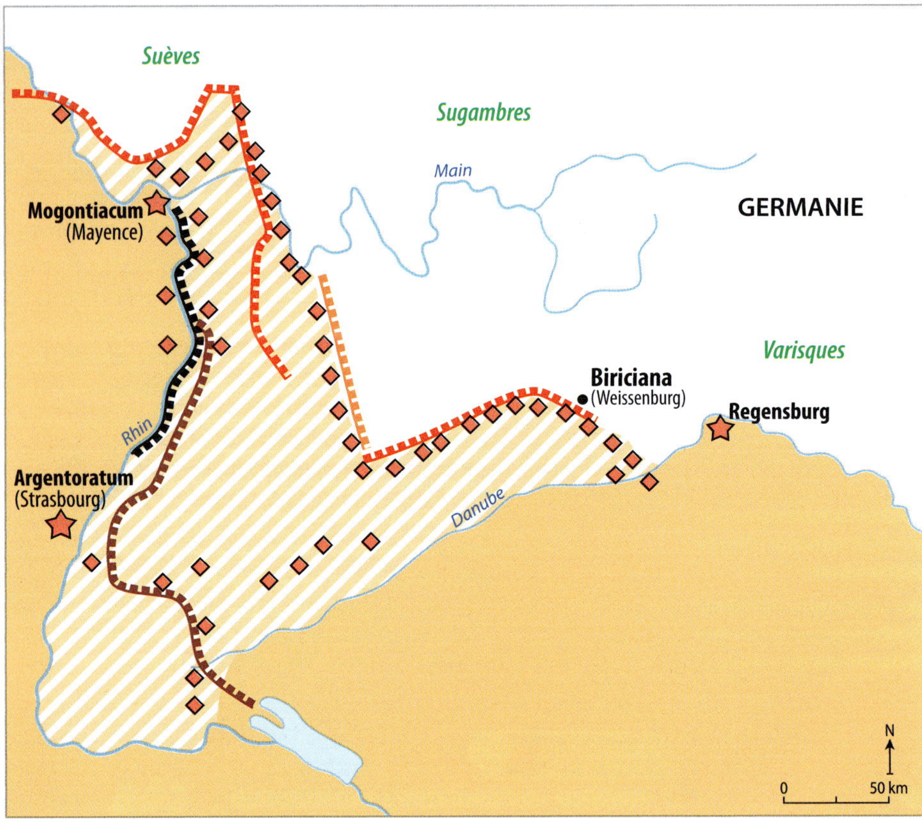

Une frontière qui évolue avec l'expansion de l'empire

- d'Auguste (27 avant J.-C.-14) à Claude (41-54)
- sous Vespasien (69-79)
- sous Domitien (81-96)
- sous les Antonins et les Sévères (de 138 à 213)

Une frontière fortifiée pour faire face aux menaces

- camp de légionnaires
- camp auxiliaire
- Suèves : peuple qualifié par Rome de « barbare »

Source : Y. Clavé : *Le monde romain -VIIIe siècle av. J.-C.-VIe s. apr. J.-C.*, Éd. Armand Colin, 2017.

2 Les formes plurielles du *limes*

L'idée même de la frontière comme une ligne sur une carte est un héritage de l'époque moderne. L'Empire romain illustre bien l'idée que les anciennes limites ne furent jamais linéaires. Avant le XIXe siècle, c'étaient toujours des zones. […] Une ligne frontalière sépare et différencie ; c'est une limite d'ordre administrative. Par opposition, une zone frontalière unit et intègre des gens culturellement différents. Aux frontières romaines, on a de nombreux exemples de commerçants romains et de personnel militaire collectant le ravitaillement à la fois sur place et de l'autre côté de la frontière […]. Partout, sur chaque frontière, se développèrent et s'accrurent des liens socio-économiques entre les populations situées de part et d'autre. […] Ainsi, les palissades, les tours de guet et les murs étaient plus une ligne de démarcation qu'une frontière même si à l'évidence ils servaient un objectif militaire : se protéger des auteurs de razzias. L'État romain a fourni l'effort énorme de poster plusieurs centaines de milliers d'hommes à la périphérie de son empire. Mais chacune de ses frontières demeura beaucoup plus zonale que linéaire malgré l'illusion des murs qui la soulignaient.

D'après Charles R. Whittaker, *Les frontières de l'Empire romain*, Université de Franche-Comté, 1989.

3 Le Rhin, une frontière naturelle avant l'édification du *limes*

Jules César, en 58 avant J.-C., est le premier général romain à franchir le Rhin pour aller combattre les Germains. Ce fleuve apparaît alors comme la frontière naturelle entre la zone d'influence romaine et la Germanie.

Après avoir terminé la guerre contre les Germains, César, pour de nombreuses raisons, se détermina à passer le Rhin. [...] César ayant envoyé des députés demander aux Sugambres[1] de lui remettre ceux qui avaient porté les armes contre lui et contre les Gaulois, ils répondirent que « l'empire du peuple romain finissait au Rhin ; s'il ne trouvait pas juste que les Germains passassent en Gaule, malgré lui, pourquoi prétendait-il à quelque pouvoir ou à quelque autorité au-delà du Rhin ? [...] ».

César, pour les raisons que j'ai dites, avait décidé de passer le Rhin ; mais la traversée sur des bateaux lui semblait un moyen peu sûr et peu convenable à sa dignité et à celle du peuple romain. Aussi, malgré l'extrême difficulté de construire un pont à cause de la largeur, de la rapidité et de la profondeur du fleuve, il estimait cependant qu'il lui fallait tenter l'entreprise, ou sinon, renoncer à faire passer l'armée. [...]

Tout l'ouvrage est achevé en dix jours, à compter de celui où les matériaux avaient été apportés, et l'armée passe. [...] César, après s'être arrêté quelques jours sur leurs territoires, et y avoir brûlé tous les bourgs et tous les bâtiments et coupé le blé, [...] crut avoir assez fait pour la gloire et l'intérêt de Rome, revint en Gaule et coupa le pont derrière lui.

J. César, *La Guerre des Gaules, Livre IV, 16-19*, trad. M. Rat, Éd. Garnier-Flammarion, 1964.

1. Peuple germanique établi sur la rive droite du Rhin.

Jules César

100-44 av. J.-C.

Général et homme politique romain, Jules César repousse les frontières romaines jusqu'au Rhin en conquérant la Gaule. Il décrit ses conquêtes dans *La Guerre des Gaules*. Il parvint ensuite à s'emparer du pouvoir et se fait nommer dictateur à vie.

4 Une frontière surveillée

Tour romaine, fossé et palissade du *limes* rhénan près de Taunusstein (Allemagne).

5 Les relations transfrontalières vues par Dion Cassius

Dion Cassius, auteur du début du IIIe siècle apr. J.-C., évoque dans Histoire romaine la présence des nombreux soldats sur la frontière et les conséquences sur les relations entre Romains et Germains.

Les Romains y possédaient quelques régions, non pas réunies, mais éparses selon le hasard de la conquête ; des soldats y avaient leurs quartiers d'hiver, et y formaient des colonies ; les barbares avaient pris leurs usages, ils avaient des marchés réguliers et se mêlaient à eux dans des assemblées pacifiques. Ils n'avaient néanmoins perdu ni les habitudes de leur patrie, ni les mœurs qu'ils tenaient de la nature, ni le régime de la liberté, ni la puissance que donnent les armes. Aussi, tant qu'ils désapprirent tout cela petit à petit et, pour ainsi dire, en suivant la route avec précaution, ce changement de vie ne leur était pas pénible et ils ne s'apercevaient pas de cette transformation.

Dion Cassius, *Histoire romaine, Livre VI, 18*, trad. É. Gros, Éd. Firmin Didot, 1845.

ACTIVITÉ

En tant qu'historiens, vous êtes invités à une table ronde pour débattre la question : « **Le *limes* rhénan est-il une ligne-frontière ou une zone-frontière ?** ». Vos regards divergent sur le sujet. Le premier historien pense que le *limes* rhénan est une ligne-frontière tandis que le second défend l'idée qu'il s'agit d'une zone-frontière.

À l'aide des documents, complétez le tableau pour préparer votre échange.

	Argument(s) prélevé(s) dans les documents	Explication(s) / Analyse(s)
Le *limes*, une ligne-frontière **(doc. 1 à 3)**	...	...
Le *limes*, une zone-frontière **(doc. 2, 4 et 5)**	...	...

Étude GRAND FORMAT

L'archéologie, une source majeure pour l'histoire du *limes* rhénan

Contexte ➡ Construit vers 90 après J.-C., le fort équestre Biriciana, situé à Weissenburg (Allemagne), avait pour mission de protéger les frontières de l'Empire romain. Construit à l'origine en bois et en terre, le fort est transformé vers le milieu du Ier siècle en une forteresse en pierre défendue par 500 cavaliers soldats. Détruit vers 254 lors des invasions germaniques, le fort est fouillé par les archéologues à partir du milieu du XIXe siècle. Depuis 2005, Biriciana est inscrit sur la liste du patrimoine mondial de l'UNESCO.

› Comment les sites archéologiques permettent-ils de comprendre l'histoire du *limes* rhénan ?

1 Vestiges archéologiques du fort Biriciana de nos jours (Weissenburg)

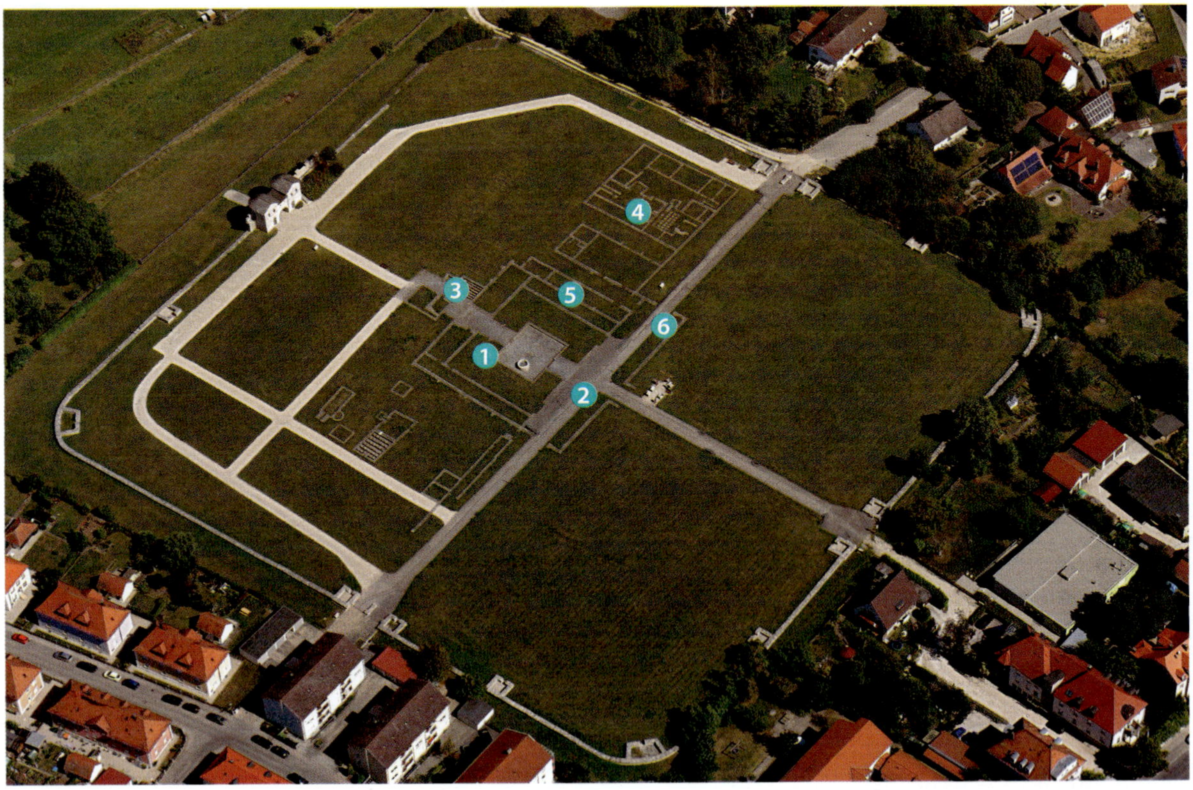

Cette vue aérienne, prise en 2023, présente l'un des 60 forts du *limes* rhénan. Au cœur de cet espace de près de 180 m de côté, les archéologues ont retracé les emplacements des différentes structures du site et reconstruit la porte principale.

1. salle de réunion (*principia*)
2. bureaux et entrepôts
3. sanctuaire qui abritait les étendards de l'armée et de l'empereur
4. maison du commandant (*praetorium*)
5. grenier à blé (*horreum*)
6. casernes pour cavaliers et chevaux

Mise en perspective

2 Les recherches archéologiques à Weissenburg

Lors de fouilles, les archéologues ont découvert un trésor de 114 objets exposés au musée de Weissenburg. Ces objets civils, religieux et militaires (objets du quotidien, statues divines, récipients sacrés, armes) permettent de mieux comprendre l'histoire du *limes*. Néanmoins, en raison de l'urbanisation du site, la zone ne peut être fouillée par les archéologues que lors de nouvelles constructions, ralentissant ainsi leur travail.

3 L'apport de l'archéologie pour la connaissance historique

La parole de l'archéologue

Biriciana était une petite ville romaine florissante et l'un des sites militaires les plus importants entre Aalen, Ratisbonne et Augsbourg. Les premières fouilles datent de 1890-1914 mais ce sont les fouilles des années 1970-1980 qui ont permis de comprendre l'histoire de l'enceinte du fort et son évolution et de reconstruire la porte nord du fort. Grâce aux fouilles des années 1990-2000, les archéologues ont estimé que 5 000 personnes au total vécurent dans le fort Biriciana au milieu du Ier siècle après J.-C. Ils ont aussi pu révéler que des Germains, des Gaulois et des Hispaniques se trouvaient autour du fort.

Ainsi, si le *limes* permettait de contrôler et de surveiller les Germains, les archéologues ont aussi pu démontrer aux historiens que le *limes* n'était pas une frontière rigide de l'empire romain. Il prenait plutôt la forme d'une ligne pour permettre les échanges entre les deux communautés. En effet, les fouilles et vestiges découverts montrent que les modes de vie germanique et romain se sont mêlés.

De plus, les fouilles récentes ont permis d'affirmer l'existence d'une véritable cité civile autour du fort. La présence de soldats a entraîné celles d'auberges, d'ateliers d'artisanat, de maisons d'habitation pour les familles de soldats et les vétérans. En 2006, des mesures magnétométriques[1] ont permis de mieux comprendre l'aménagement intérieur du fort. Les logements des soldats sont désormais clairement visibles. Néanmoins, la recherche à Weissenburg comporte encore des parts d'ombre. Si les archéologues soupçonnent la présence de temples, d'un théâtre et d'un forum, ils ne sont pas encore parvenus à les découvrir.

D'après Jan Stephan, *La vie quotidienne d'une ville frontalière romaine*, 2017 et Musée de Weissenburg, 2023.

1. Méthode utilisée pour détecter des métaux ferromagnétiques dans le sous-sol (fer, acier, nickel…).

ACTIVITÉ

Préparer l'analyse de la photographie en s'interrogeant

1. Localisez le fort Biriciana de nos jours. **(doc. 1)**

2. Quelle était sa localisation sur le *limes* rhénan à la fin du Ier siècle ? **(doc. 1 p. 190)**

Analyser la photographie

3. Quels éléments montrent que ce fort était à la fois un lieu de vie et un espace de protection de la frontière romaine ? **(doc. 1)**

4. À l'aide des **documents 1 et 3**, décrivez l'évolution du fort Biriciana et de ses alentours.

N'hésitez pas à construire une frise chronologique et à compléter votre réponse à l'aide du cours p. 202.

5. Qu'apportent les fouilles archéologiques à la connaissance de ce fort ? du *limes* rhénan ? **(doc. 2 et 3)**.

Porter un regard critique sur la photographie

6. Pourquoi les connaissances archéologiques ne peuvent-elles pas à elles seules expliquer l'histoire de ce fort et du *limes* en général ? **(doc. 2 et 3)**

Cherchez d'autres exemples d'infrastructures du *limes* rhénan pour les comparer à cette photographie.

Rédiger l'analyse de la photographie

7. À partir de vos réponses et en vous appuyant sur l'exemple de ce fort **(doc. 1)**, montrez l'importance de l'archéologie pour l'histoire du *limes* rhénan, mais aussi ses limites.

Étude Les principes du partage de l'Afrique

Dans la seconde moitié du XIXe siècle, les puissances européennes sont de plus en plus présentes en Afrique. Cependant, afin d'éviter tout conflit et pour se mettre d'accord sur les règles de cette conquête, les États européens organisent une conférence à Berlin entre novembre 1884 et février 1885.

➤ Comment la conférence de Berlin pose-t-elle les fondements de la colonisation européenne de l'Afrique ?

1 L'Afrique en 1884, lors de l'ouverture de la conférence de Berlin

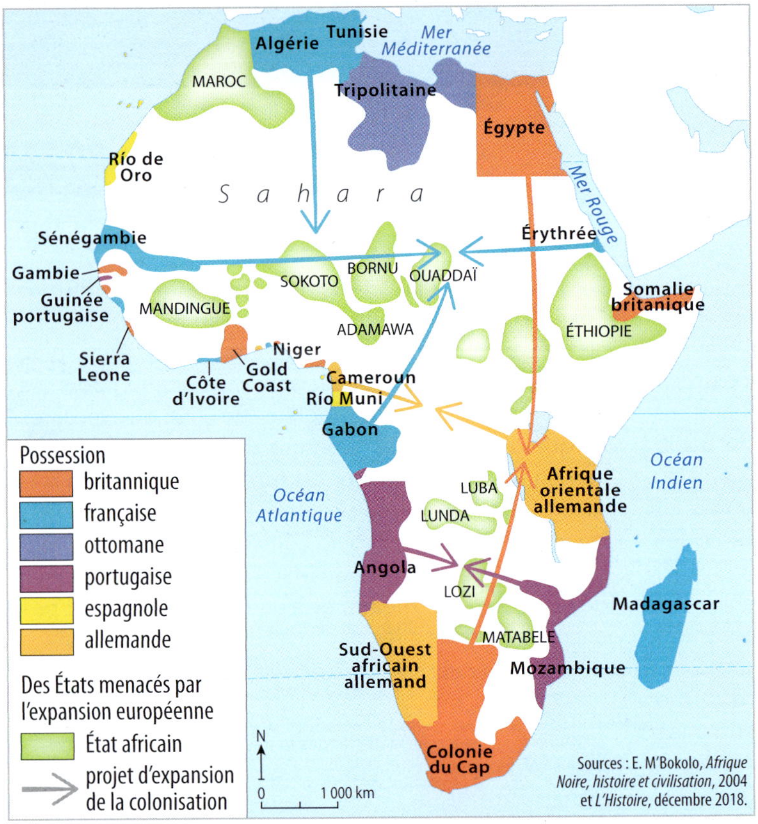

2 Les raisons de l'organisation de la conférence de Berlin

Voulant régler, dans un esprit de bonne entente mutuelle, les conditions les plus favorables au développement du commerce et de la civilisation dans certaines régions de l'Afrique, et assurer à tous les peuples les avantages de la libre navigation sur les deux principaux fleuves africains qui se déversent dans l'océan Atlantique ; désireux, d'autre part, de prévenir les malentendus et les contestations que pourraient soulever à l'avenir les prises de possessions nouvelles sur les côtes de l'Afrique, et préoccupés en même temps des moyens d'accroître le bien-être moral et matériel des populations indigènes, (les 14 puissances invitées) ont résolu, sur l'invitation qui leur a été adressée par le gouvernement impérial d'Allemagne, d'accord avec le Gouvernement de la République française, de réunir à cette fin une conférence à Berlin.

Préambule de l'Acte général de la conférence signé le 26 février 1885.

3 Les principes adoptés durant la conférence de Berlin

Conférence de Berlin
(15 nov. 1884 - 26 fév. 1885)
14 pays participants : Allemagne, Autriche-Hongrie, Belgique, Danemark, Espagne, États-Unis, France, Italie, Pays-Bas, Portugal, Royaume-Uni, Russie, Suède-Norvège, Empire ottoman

Mesures commerciales :
- Liberté de commerce sur le bassin du Congo
- Liberté de circulation des navires sur les fleuves Niger et Congo

Mesures politiques :
- Déclaration commune sur les principes des nouvelles occupations de territoire
- En marge de la conférence sont signés des accords sur les zones d'influence françaises, britanniques, allemandes, italiennes et portugaises

Mesures sociales :
- Abolition de la traite des esclaves en Afrique

Source : Acte général de la conférence de Berlin, 1885.

4 Les dispositions du traité concernant les frontières

Chapitre VI : Déclarations relatives aux conditions essentielles à remplir pour que des occupations nouvelles sur les côtes du continent africain soient considérées comme effectives.

Article 34 : La Puissance qui, dorénavant prendra possession d'un territoire sur les côtes du continent africain situé en dehors de ses possessions actuelles, ou qui, n'en ayant pas eu jusque-là, viendrait à en acquérir, et de même la Puissance qui y assumera un protectorat, accompagnera l'acte respectif d'une notification adressée aux autres Puissances signataires du présent acte, afin de les mettre à même de faire valoir, s'il y a lieu, leurs réclamations.

Article 35 : Les Puissances signataires du présent acte reconnaissent l'obligation d'assurer, dans les territoires occupés par elles, sur les côtes du continent africain, l'existence d'une autorité suffisante pour faire respecter les droits acquis et, le cas échéant, la liberté du commerce et du transit dans les conditions où elle serait stipulée.

Acte général de la conférence de Berlin, 1885.

5 La conférence de Berlin, un partage de l'Afrique ?

LA CONFÉRENCE DE BERLIN
— A chacun sa part, si l'on est bien sage.

Caricature de Draner, *L'Illustration*, 3 janvier 1885.

Vocabulaire

Protectorat : régime politique dans lequel un territoire est placé sous le contrôle d'une puissance étrangère en échange de sa protection.

PARCOURS 1 — Mener une démarche réflexive

1. Comment l'Afrique est-elle organisée politiquement en 1884 ? **(doc. 1)**

2. Identifiez les puissances présentes et les pays absents à la conférence. Quelles sont les ambitions des Européens ? **(doc. 1 et 3)**

3. Quels sont les objectifs affichés de la conférence de Berlin et les principales décisions adoptées ? **(doc. 2 à 4)**

4. Montrez qu'il existe un décalage entre l'objectif des grandes puissances réunies à Berlin en 1884-1885 et la perception qu'en a eu l'opinion publique européenne. **(doc. 3 et 5)**

Bilan

À l'aide des questions, rédigez une réponse organisée au sujet : « **Comment la conférence de Berlin pose-t-elle les fondements de la colonisation européenne de l'Afrique ?** »

PARCOURS 2 — Réaliser un schéma fléché

1. Remplissez le tableau au brouillon, à l'aide des documents.

Contexte et acteurs **(doc. 1 et 2)**	Décisions **(doc. 2 et 3)**	Prise de contrôle des territoires **(doc. 4 et 5)**
– puissances présentes : …	– économiques : …	– principes adoptés : …
– projets d'expansion : …	– sociales : …	– perception par la presse : …
– place des États africains : …	– politiques : …	

2. Par groupe de trois, réalisez un schéma fléché répondant au sujet : « **Comment la conférence de Berlin pose-t-elle les fondements de la colonisation européenne de l'Afrique ?** »

Chaque case du tableau doit apparaître dans votre schéma fléché.

Chaque flèche signifie « a pour conséquence » ou « entraîne ».

Étude Les conséquences de la conférence de Berlin

Les trente années qui suivent la conférence de Berlin voient une progressive mainmise européenne sur l'Afrique. Les puissances européennes se partagent la quasi-totalité du continent.

Comment la conférence de Berlin a-t-elle mené au contrôle du continent africain par les Européens ?

1 Des échanges de territoires entre la France et la Grande-Bretagne

Article 5 : La frontière existant entre la Sénégambie et la colonie anglaise de la Gambie sera modifiée de manière à assurer à la France la possession de Yarboutenda et des terrains et points d'atterrissement appartenant à cette localité.

Article 6 : Le groupe désigné sous le nom d'îles de Loos, et situé en face de Conakry, est cédé par Sa Majesté Britannique à la France.

Article 8 : À l'Est du Niger, et sous réserve de modifications, le tracé suivant sera substitué à la délimitation établie entre les possessions anglaises et françaises par la Convention du 14 juin 1898.

Il est convenu cependant que lorsque les commissaires des deux gouvernements qui procèdent en ce moment à la délimitation seront revenus et pourront être consultés, les gouvernements prendront en considération toute modification de la ligne frontière ci-dessus qui semblerait désirable pour déterminer la ligne de démarcation avec plus de précision. Afin d'éviter les inconvénients qui pourraient résulter d'un tracé qui s'écarterait des frontières reconnues et bien constatées, il est convenu que, dans la partie du tracé où la frontière n'est pas déterminée par les routes commerciales, il sera tenu compte des divisions politiques actuelles des territoires, de façon à ce que les tribus relevant des territoires de Tessoua-Maradi et Zinder soient, autant que possible, laissées à la France et celles relevant des territoires de la zone anglaise soient, autant que possible, laissées à la Grande-Bretagne.

Convention signée entre la France et la Grande-Bretagne, 1904.

2 Le Maroc, un enjeu entre les grandes puissances européennes

Carte postale illustrée par Assus, 1906.

« À qui le Maroc ? ». Des Européens poursuivent le sultan du Maroc.

3 L'Afrique en 1914, un continent partagé entre Européens

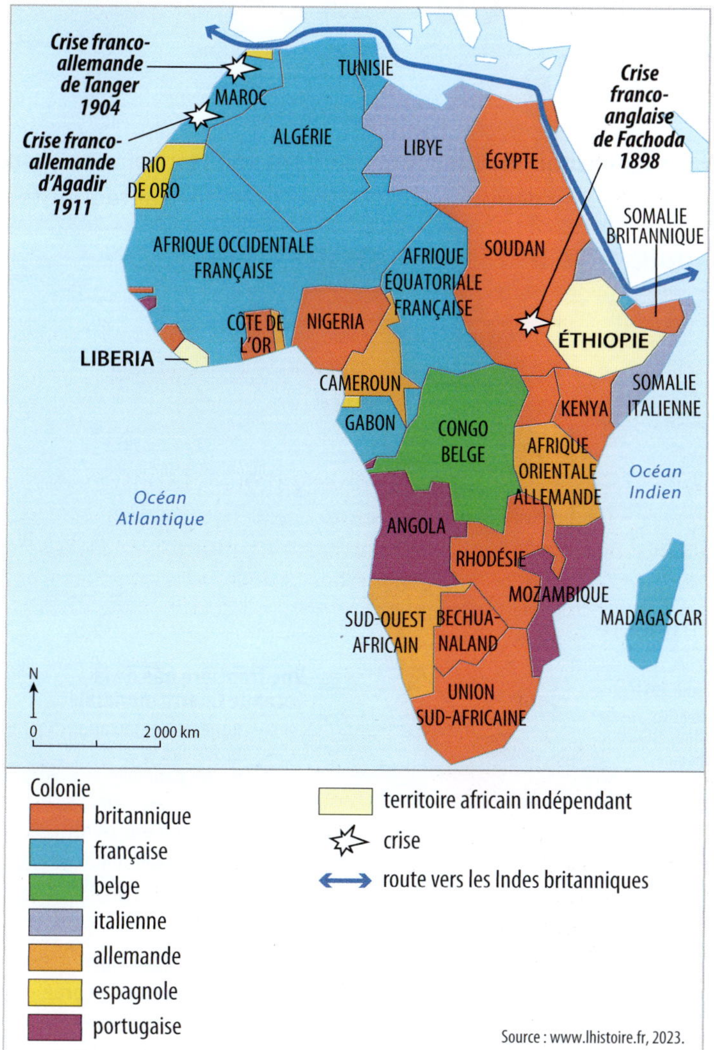

Source : www.lhistoire.fr, 2023.

4 Du libre-échange à la conquête des territoires

La parole de l'historien

Dans les dernières années du XIXe siècle, les principes du libre commerce qui ont prévalu à la conférence de Berlin tendent à s'estomper derrière la force des intérêts privés s'appuyant sur les nationalismes. Au grand rêve du commerce libre-échangiste succède une forme d'**impérialisme** plus direct des États européens, qui marque le début de la période coloniale. [...] La logique territoriale qui lui succède a une conséquence légale sur le long terme : les territoires conquis en Afrique deviennent une monnaie d'échange à l'échelle mondiale. Ces échanges négociés par les puissances européennes à l'intérieur du continent africain s'élargissent bientôt à toute la planète. Au-delà du rapprochement diplomatique, l'Entente cordiale de 1904 entre le Royaume-Uni et la France est aussi un échange de territoires à l'échelle du globe : la France reconnaît au Royaume-Uni le contrôle de l'Égypte ; en échange, le Royaume-Uni donne à la France les îles de Loos (Guinée) et renonce à tout droit sur une zone qui deviendra l'Indochine[1]. [...] La conférence de Berlin n'a donc pas été le partage de l'Afrique qu'on décrit trop souvent. Sa logique était avant tout commerciale. Aucune possession territoriale n'y a été alors décidée. Mais, en autorisant l'implantation, au bénéfice personnel du roi des Belges, de l'État indépendant du Congo, elle ouvrait la voie à des exactions qui pèseraient lourd dans l'avenir du continent. Les principes de libre commerce qui y ont été posés ont été largement ignorés dans les années suivantes. Bien au contraire, la poursuite d'intérêts privés soutenus par des gouvernements européens a indirectement contribué à une inflation de signatures de traités entre puissances européennes et africaines dans la « course au clocher » des années 1880-1890.

Vincent Hiribarren, « Berlin, 1885. Questions sur une conférence », *L'Histoire*, novembre 2020.

1. Vaste territoire situé au sud de la Chine et à l'est de l'Inde qui devient une colonie française au XIXe siècle.

ACTIVITÉ

1. Comment sont tracées les frontières entre les possessions africaines des puissances européennes ? **(doc. 1)**

2. En 1914, l'Afrique est un continent partagé entre Européens. Justifiez cette affirmation. **(doc. 3)**

3. Montrez que cette prise de contrôle territoriale peut mener à de fortes tensions. **(doc. 2 et 3)**

4. Expliquez en quoi la conférence de Berlin a été un accélérateur de la colonisation de l'Afrique par les Européens. **(doc. 4)**

Pour aller plus loin

Réalisez un compte-rendu de l'article de Catherine Coquery-Vidrovitch : *Afrique : une histoire universelle*, 2016.

Site internet
hachette-clic.fr/23hgg1066

Vocabulaire

Impérialisme : politique de conquête et de domination (politique, économique et culturelle) d'un territoire menée par un État.

Étude Une frontière imposée par la guerre froide

Les États-Unis et l'URSS libèrent la Corée de l'occupant japonais en 1945, puis divisent son territoire en deux zones d'influence. Cette frontière née de la guerre froide sépare depuis deux systèmes politiques antagonistes.

➤ Comment la guerre froide a-t-elle donné naissance à la frontière entre les deux Corée ?

1945 | 1946 | 1947 | 1948 | 1949 | 1950 | 1951 | 1952 | 1953 | 1954

- **Juillet/août 1945** États-Unis et URSS projettent de diviser la Corée le long du 38ᵉ parallèle
- **1947** début de la guerre froide
- **1948** création de la République de Corée du Sud et de la République démocratique de Corée du Nord
- **25 juin 1950** la Corée du Nord envahit la Corée du Sud
- **Juin 1950- juillet 1953** guerre de Corée
- **27 juillet 1953** accord de cessez-le-feu instaurant la DMZ

1 La guerre de Corée et l'évolution du tracé de la frontière

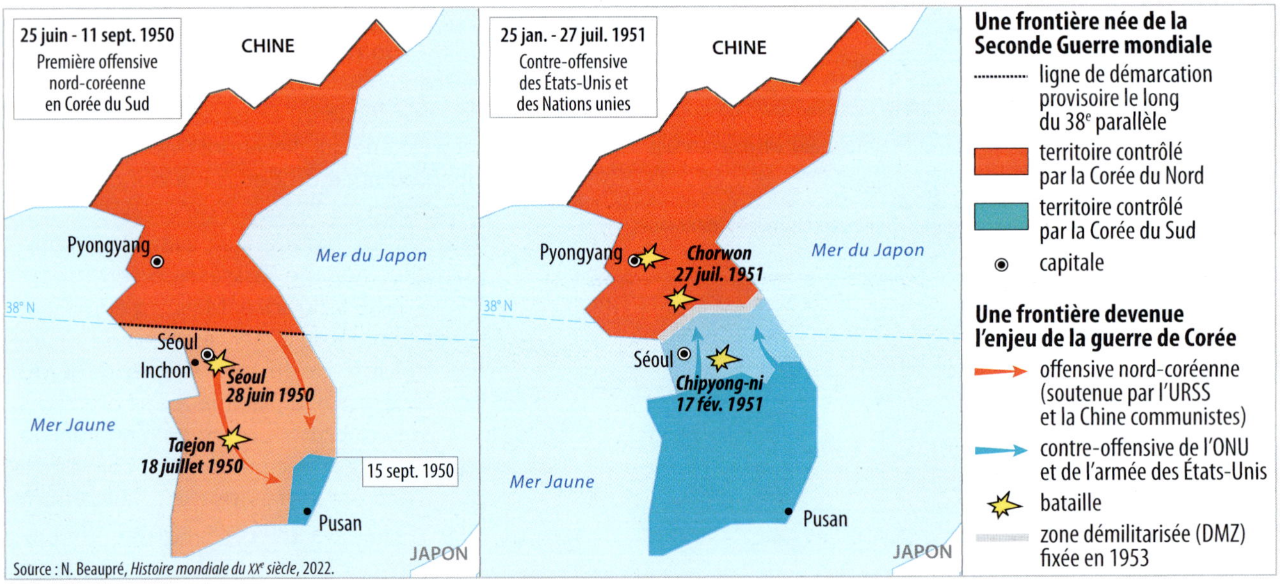

Source : N. Beaupré, *Histoire mondiale du XXᵉ siècle*, 2022.

2 Le 38ᵉ parallèle, frontière entre les deux Corée en 1950

Carte interactive
hachette-clic.fr/23hgg1067

Pendant la guerre de Corée, les véhicules de transport des forces de l'ONU passent le 38ᵉ parallèle lors de leur retrait de Pyongyang, capitale de la Corée du Nord.

Vocabulaire

DMZ : zone démilitarisée et fortifiée entre les deux Corée, d'une longueur de 248 km sur 4 km de large, située de part et d'autre du 38ᵉ parallèle qui formait la ligne de démarcation intercoréenne avant le conflit.

3 Les enjeux de la guerre de Corée vus par les États-Unis

Harry Truman, président des États-Unis pendant la guerre de Corée, explique dans ses Mémoires (1955-1956) la position américaine au début du conflit.

Ce n'était pas la première fois au cours de mon existence qu'un fort avait attaqué un faible. Songeant à certains exemples du passé [...], je me rappelais comment, chaque fois que les démocraties étaient restées passives, les agresseurs s'étaient par là même trouvés encouragés [...]. Le communisme appliquait en Corée exactement les méthodes qu'Hitler, Mussolini et les Japonais avaient utilisées dix, quinze et vingt ans plus tôt. J'étais persuadé que si la Corée du Sud était abandonnée à son sort, les chefs communistes s'enhardiraient à envahir des pays plus proches de nos rivages ; si le monde libre leur permettait de pénétrer par la force dans la République de Corée du Sud sans leur résister, aucune petite nation après cela n'aurait le courage de s'opposer aux menaces et à l'agression de voisins rouges plus forts qu'elle. Si ce défi n'était pas relevé, il s'ensuivrait une Troisième Guerre mondiale, tout comme des incidents similaires avaient provoqué la guerre de 1914-1918. Il me paraissait également évident que si cette attaque injustifiée contre la Corée ne pouvait pas être arrêtée, les fondations et les principes mêmes des Nations Unies se trouveraient en péril. [...] Je dis à mes conseillers que ce qui se passait en Corée me semblait être une répétition à grande échelle de ce qui s'était passé à Berlin[1].

Harry S. Truman, *Mémoires II, Années d'épreuve et d'espérance*, trad. D. Meunier, Éd. Plon, 1956.

1. Référence au blocus de Berlin (juin 1948-mai 1949) durant lequel Staline avait bloqué les accès des zones occidentales (France, États-Unis, Royaume-Uni) vers Berlin-Ouest situé dans la zone soviétique.

4 Un peuple divisé par la guerre

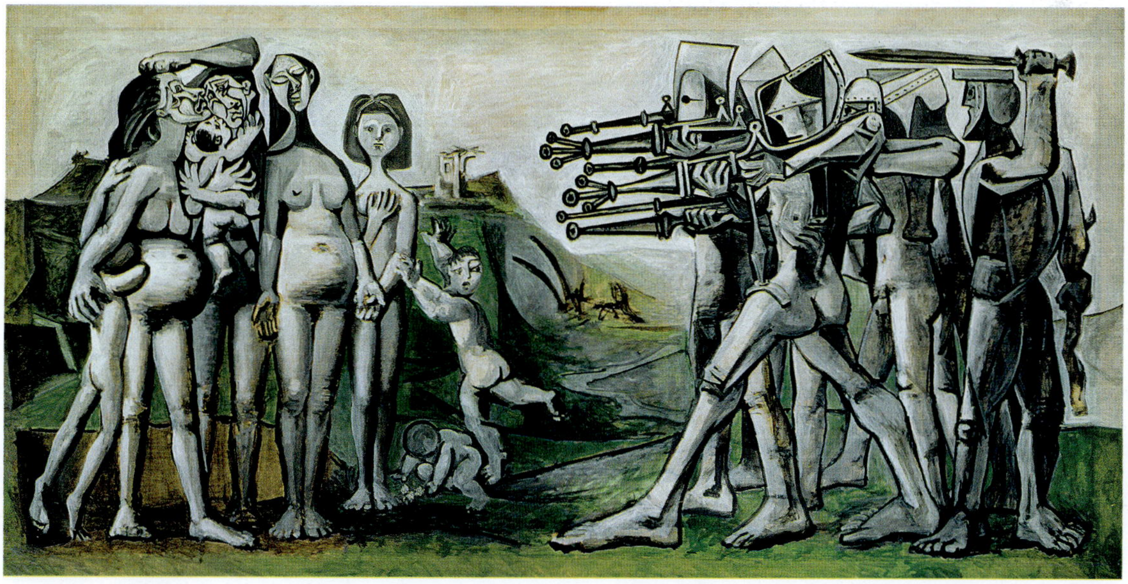

Pablo Picasso, *Massacre en Corée*, 1951, Musée national Picasso, Paris. © Succession Picasso 2023.

PARCOURS 1

Analyser une situation historique à l'écrit

Rédigez une réponse organisée au sujet : « **Comment la guerre froide a-t-elle donné naissance à la frontière entre les deux Corée ?** »

Pour vous aider, répondez aux questions

1. Dans quelles conditions et par qui la frontière a-t-elle été tracée ? **(doc. 2 et 3)**

2. Quelles tensions en découlent ? **(doc. 1 et 4)**

3. Comment la frontière bouleverse-t-elle les populations et le territoire coréens ? **(doc. 1 et 4)**

PARCOURS 2

Présenter une situation historique à l'oral

1. En binôme, remplissez ce tableau en reprenant les idées-clés des documents.

Une frontière qui divise les peuples et les territoires **(doc. 1 et 4)**	Une frontière née de l'affrontement entre deux puissances extérieures **(doc. 1 et 3)**	Une frontière, symbole d'un monde bipolaire **(doc. 2 et 3)**
...	...	...

2. À l'aide du tableau, réalisez une présentation orale de 3 minutes pour montrer pourquoi la frontière coréenne est un symbole de la guerre froide.

Étude La frontière la plus hermétique du monde

La frontière entre les deux Corée est la plus sécurisée et fermée au monde. Depuis la création de la DMZ à la fin de la guerre de Corée (1950-1953), elle est devenue un haut lieu de tensions entre les deux pays.

Dans quelle mesure la frontière crée-t-elle une coupure entre les deux Corée ?

1 La DMZ, une frontière fermée

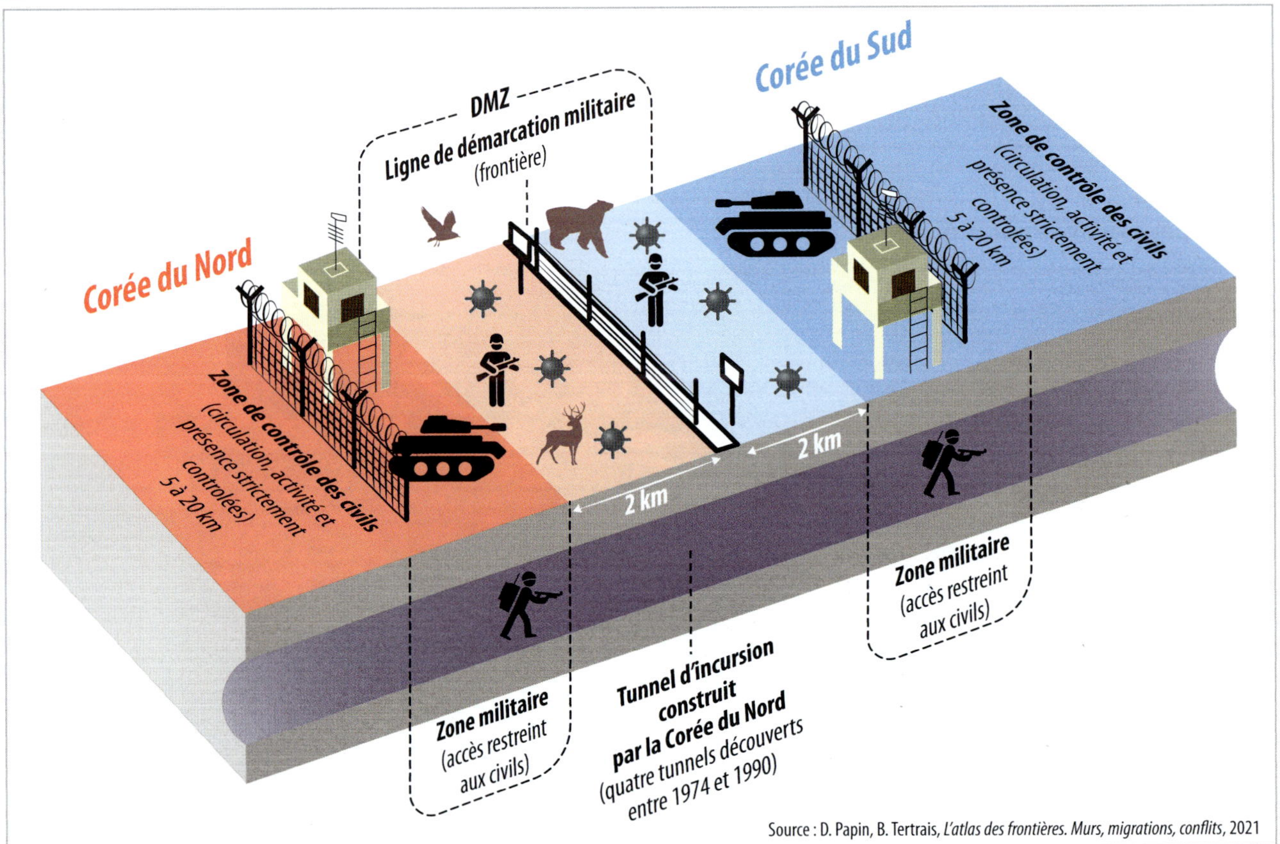

Source : D. Papin, B. Tertrais, *L'atlas des frontières. Murs, migrations, conflits*, 2021

2 Des espaces de développement contrastés

	Corée du Nord	Corée du Sud
Régime politique	« Démocratie populaire » Dictature militaire	Démocratie libérale
Nombre de dirigeants depuis 1953	3 dirigeants de père en fils	13 dirigeants
Dirigeant actuel	Kim Jong-un (depuis 2011)	Yoon Seok-youl (depuis 2022)
Nombre de soldats	1 200 000	555 000
Population en 2021	26 millions d'habitants	52 millions d'habitants
Part de la population ayant accès à l'électricité en 2020	52,3 %	100 %
Revenu par habitant en 2020, en dollars	615	33 592

Sources : Global Firepower, 2022, Banque mondiale et WKO, 2023.

3 La frontière entre les deux Corée, un lieu de rencontre symbolique

Les présidents Kim Jong-un (Corée du Nord) et Moon Jae-in (Corée du Sud) se sont rencontrés pour la dernière fois le 27 avril 2018 devant les bâtiments bleus de l'ONU installés sur la « zone de sécurité conjointe », unique point de passage de la DMZ. Ils s'y sont engagés à la dénucléarisation de la péninsule.

4 Des enjeux géopolitiques majeurs

Durant la guerre froide, l'instauration de deux régimes opposés au sein des deux Corée était liée au soutien obtenu par chacun des deux blocs. Au début du XXIe siècle, la Corée du Sud a tenté de nouer des relations plus cordiales avec son voisin. Pourtant, le ton s'est durci entre les deux Corée après le bombardement par Pyongyang de l'île sud-coréenne de Yeonpyeong en 2010. Les tensions se sont à nouveau accentuées lorsque Pyongyang a décidé de fermer la zone industrielle de Kaesong[1], dans laquelle travaillent des milliers d'ouvriers du Nord. Alors qu'une escalade de tensions entre les deux pays ravivait la rivalité, des tirs de missiles et des essais nucléaires nord-coréens en 2016-2017 accentuaient encore la scission. Les tensions sur la péninsule coréenne connaissaient un nouveau regain en 2020 avec de multiples coups de feu échangés au niveau de la DMZ. Cette politique offensive balayait les espoirs suscités par le sommet Nord-Sud de 2018 et la détente qui avait suivi. La Corée du Nord poursuivait ses démonstrations de force en dévoilant, par exemple, un missile intercontinental géant lors d'un défilé en 2020 ou en effectuant des tirs d'essai d'un nouveau missile en 2021. Kim Jong-un refuse d'abandonner ses armes nucléaires. Or les États-Unis réclament la dénucléarisation complète avant toute normalisation des relations bilatérales et toute levée des sanctions.

Lemondepolitique.fr, 2022.

1. Ouverte en 2004, la zone industrielle comptait plus de 120 entreprises sud-coréennes et constituait l'une des principales sources de devises pour la Corée du Nord.

5 Vivre à la frontière

Vidéo : Visite de la Zone démilitarisée entre les deux Corées
JT, France 2, 2017
hachette-clic.fr/23hgg1068

Le long de la frontière entre les deux Corée, tout le monde se prépare au pire. Les autorités construisent des abris anti-nucléaires. Trois cents personnes peuvent tenir à l'intérieur et tout est prévu : combinaisons et masques anti-radiations.

ACTIVITÉ

En suivant ce modèle, illustrez chaque idée par des informations prélevées dans les documents.

La DMZ, une frontière « coupure » ?

- Une frontière fermée et militarisée – Doc. 2 : Présence de barbelés et tours de guets.
- Une séparation entre deux systèmes politiques (doc. 1) ....
- Un lieu symbolique des relations diplomatiques entre les deux Corée (doc. 3 et 5) ....
- Une zone d'échanges malgré les tensions (doc. 4 et 5) ....

Pour aller plus loin

La photographie (doc. 3) témoigne à la fois d'un moment historique et d'un acte de propagande. À partir de la vidéo *Rencontre historique entre les présidents nord et sud-coréens à Panmunjom*, sur le site Lumni, trouvez 5 éléments qui le prouvent.

Vidéo
hachette-clic.fr/23hgg1069

Axe 1

Leçon 2 Tracer des frontières, approche géopolitique

➤ Pour quelles raisons les États ont-ils cherché à définir et matérialiser leurs frontières ?

A Tracer une frontière pour se partager et s'approprier un territoire

- **Durant l'Antiquité et l'époque moderne, les hommes ont tracé des frontières qui sont alors des zones**, plus ou moins larges. Elles sont l'occasion pour les hommes de s'approprier des territoires. Ainsi, l'évolution du *limes* rhénan au gré des conquêtes permet à Rome de stabiliser son Empire et de s'approprier de nouveaux territoires. En 1494, après la découverte de l'Amérique, la signature du Traité de Tordesillas permet aux rois d'Espagne et du Portugal de se partager le monde et ses richesses.

1 La frontière indo-pakistanaise depuis l'espace

Pour empêcher les flux illicites, l'Inde surveille chaque nuit sa frontière par des projecteurs rendant cette frontière visible depuis l'espace.

- **À partir du XVIIe siècle, les États s'affirment. Ils tracent alors des frontières pour délimiter un territoire qu'ils s'approprient et sur lequel ils exercent leur pouvoir.** Les frontières deviennent ainsi des lignes et certaines d'entre elles sont marquées par un élément physique (le fleuve Amour entre la Chine et la Russie, les Pyrénées entre la France et l'Espagne). Cependant, la frontière « naturelle » est un mythe. Tous les tracés frontaliers résultent de décisions ou de négociations politiques.

- **Le XIXe siècle et la conférence de Berlin (1884-1885) illustrent le rôle des États et l'importance du tracé des frontières pour se partager et s'approprier un territoire.** JALON 2 p. 194 Alors que les Européens entreprennent la colonisation du continent africain, la conférence de Berlin fixe les règles du partage des territoires. Les principes adoptés aboutissent à la multiplication de frontières coloniales. Ainsi, à la veille de la Première Guerre mondiale, les Européens se sont appropriés l'Afrique et les frontières des États y sont durablement fixées.

B Tracer une frontière pour se protéger, se défendre ou se séparer

- **Les États peuvent tracer des frontières « de protection » pour se couper d'un ennemi ou d'une menace.** JALON 1 p. 188 Tel est le cas du *limes* rhénan édifié par les Romains à partir du Ier siècle apr. J.-C. Cette frontière fortifiée, ponctuée de fossés, forts, forteresses et tours de guet, avait pour mission de défendre l'Empire des assauts des peuples ennemis de Rome et protéger les zones nouvellement conquises. Toutefois, cette protection n'empêcha pas les échanges économiques et les influences culturelles de part et d'autre du *limes*. D'autres frontières de protection ont existé comme la ligne Maginot construite par la France pour empêcher les invasions allemandes après 1918.

- **D'autres acteurs ont tracé des frontières « de séparation » pour se différencier des sociétés ou des groupes socioculturels.** Ainsi, les murs édifiés entre l'Inde et le Pakistan (2003), les États-Unis et le Mexique (2006), Israël et les territoires palestiniens (2005) ont pour ambition de se démarquer du voisin et de se protéger des flux qui pourraient traverser la frontière (migrants illégaux, trafics illicites). Ce tracé s'établit en fonction de représentations, réelles ou imaginées, de l'autre et dans l'objectif de défendre ses intérêts.

- **Des acteurs tracent enfin des frontières « de provocation » pour matérialiser leur appropriation d'un territoire**, voire pour l'étendre par des conquêtes suivant la logique de **front pionnier**. Les frontières tracées puis modifiées lors des différentes phases de colonisation de l'Afrique au XIXe siècle ou la revendication de nouveaux territoires, comme le Maroc qui occupe le Sahara occidental depuis 1975, illustrent ces dynamiques du tracé.

Vocabulaire

Front pionnier : espace en cours de mise en valeur par les hommes.

Intangibilité des frontières : principe selon lequel, pour éviter tout conflit frontalier, les frontières reconnues internationalement ne peuvent être dénoncées et modifiées.

***Limes* :** nom donné par les historiens à la frontière romaine. On peut la considérer comme une limite mais aussi comme une route qui mène vers les territoires récemment conquis.

C Tracer une frontière, une action source de tension

Chaque tracé est matérialisé symboliquement sur des cartes ou physiquement sur le terrain (bornes, postes de douanes). Les guerres (Première et Seconde Guerres mondiales) sont les principaux moteurs de l'évolution des tracés frontaliers. Toutefois, les frontières peuvent naître aussi de négociations diplomatiques (conférence de Berlin en 1884-1885, traité de Versailles en 1919).

Dès qu'elle est tracée, la frontière devient une ligne que d'autres acteurs tentent de remettre en cause, de traverser ou de transgresser. Durant la guerre froide, le mur érigé à Berlin en 1961 avait pour ambition de mettre fin aux passages de l'Est à l'Ouest. Si 2,6 à 3,6 millions d'Allemands ont fui l'Est entre 1949 à 1961, ils ne seraient que 5 000 à avoir franchi le mur entre 1961 et 1989. Des tensions naissent donc quand un État rejette un tracé qu'il estime lui avoir été imposé ou quand des acteurs ont tracé la frontière sans tenir compte d'autres enjeux, telles les populations. Des ethnies africaines dénoncent les tracés des frontières décidés par les puissances coloniales européennes après la conférence de Berlin. Le principe de l'**intangibilité des frontières** rend aujourd'hui moins probable la modification de tracés.

JALON 3 p. 198

La frontière intercoréenne illustre parfaitement ces tensions frontalières. Tracée le long du 38e parallèle au lendemain de la Seconde Guerre mondiale par les États-Unis et l'URSS, la frontière est rapidement contestée et devient le support de la guerre de Corée (1950-1953). Si la frontière est depuis stabilisée, elle est l'une des plus fermées et militarisées au monde. L'ouverture ou la fermeture de la zone frontalière intercoréenne reste conditionnée à l'évolution des rapports diplomatiques entre les deux dirigeants.

2 La construction du mur de Berlin en août 1961

Cette frontière, qualifiée de « Mur de la honte » par l'Ouest, devait mettre fin à la fuite des citoyens est-allemands.

SCHÉMA BILAN

Schéma interactif
hachette-clic.fr/23hgg1070

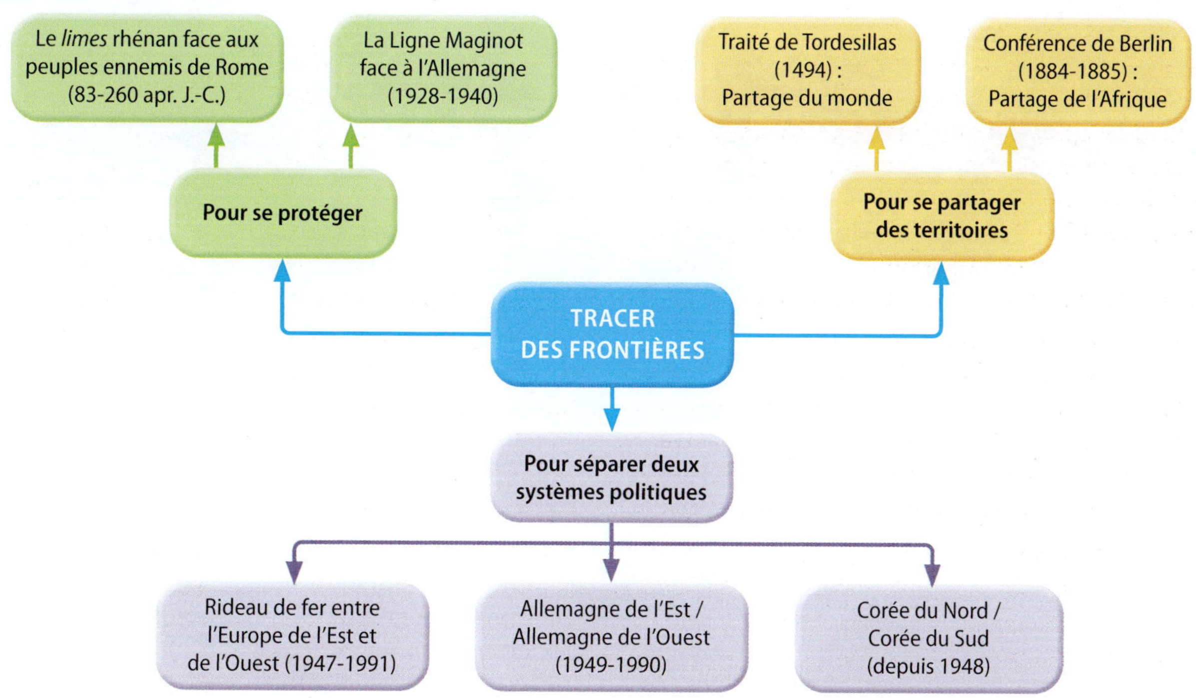

AXE 2

Les frontières en débat

Les frontières favorisent-elles la paix entre les États ou sont-elles un facteur de conflits ?

1 Une frontière pacifiée après négociation : le cas de l'Argentine et du Chili

Sur 5 000 km, la frontière entre l'Argentine (à gauche) et le Chili (à droite) repose moins sur des éléments naturels que sur des négociations entre les deux États. Cette statue du Christ hissé sur un globe terrestre symbolise la résolution ancienne des conflits frontaliers.

1 | 100 | 200 | 1600 | 1700 | 1940 | 1950 | 1960 | 1970 | 1980 | 1990 | 2000 | 2010 | 2020

AFFRONTEMENTS

1939 **Invasion de la Pologne** par l'Allemagne puis par l'URSS

août 2007 Drapeau russe planté au fond de l'océan Arctique

février 2022 **Invasion de l'Ukraine** par la Russie

NÉGOCIATIONS

1945 **Conférence de Potsdam :** reconnaissance de la frontière germano-polonaise

1982 **Convention de Montego Bay**

1990 **Traité de Moscou** sur la réunification allemande

1996 Création du **Tribunal international maritime du droit de la mer**

2014 **Non-reconnaissance de l'ONU** de l'annexion de la Crimée

2 Des revendications maritimes contestées en mer de Chine

En novembre 2021, des épisodes de la série australienne *Pine Gap* produite par Netflix sont censurés aux Philippines et au Vietnam en raison du tracé en pointillé visible sur la carte de la Mer de Chine. Il représente la délimitation des espaces maritimes revendiqués par la Chine, au détriment des pays frontaliers.

QUESTIONS

1. Montrez que la fixation des frontières peut être l'objet de négociations et de pacifications. **(frise et doc. 1)**

2. Comment un tracé sur une carte peut-il créer des tensions géopolitiques ? **(doc. 2)** Citez d'autres exemples de tensions ou de conflits frontaliers. **(frise)**

3. D'après vous, pourquoi fixer des délimitations maritimes est-il plus compliqué que des frontières terrestres ?

p. 206 > **JALON ①**
Reconnaître la frontière : la frontière germano-polonaise de 1939 à 1990, entre guerre et diplomatie

p. 212 > **JALON ②**
Dépasser les frontières : le droit de la mer

Étude La frontière germano-polonaise pendant la Seconde Guerre mondiale

La Pologne disparaît en 1939 après l'invasion de l'Allemagne nazie et de l'URSS qui ne reconnaissent pas les frontières tracées après la Première Guerre mondiale. Lorsque la Pologne est reconstituée par les Alliés en 1945, le nouveau tracé des frontières est encore une source de tensions.

Comment la frontière germano-polonaise a-t-elle évolué entre 1939 et 1945 ?

1 La disparition de la Pologne au début de la Seconde Guerre mondiale

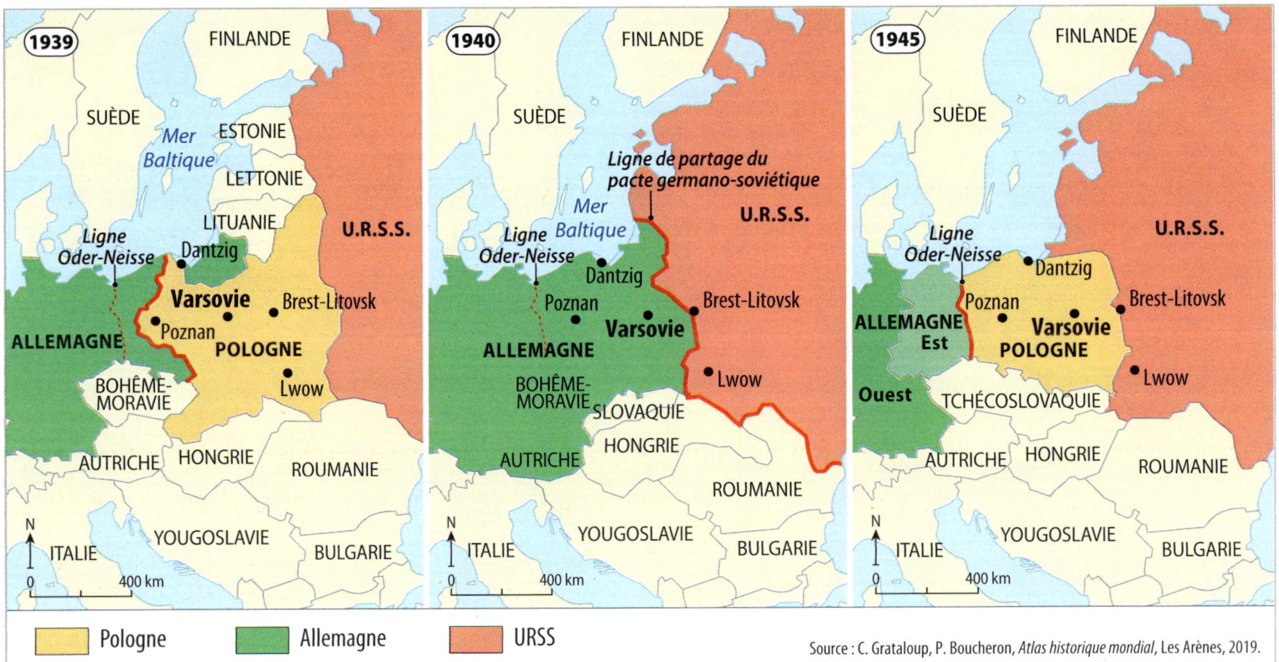

Source : C. Grataloup, P. Boucheron, *Atlas historique mondial*, Les Arènes, 2019.

Carte interactive
hachette-clic.fr/23hgg1071

2 Le Pacte germano-soviétique entre Hitler et Staline en 1939

Bernard Partridge, « Doubtful Friends », *Punch magazine* (revue britannique), 27 septembre 1939.

Signé le 23 août 1939, le Pacte germano-soviétique entre l'Allemagne nazie et l'URSS prévoyait de ne pas s'attaquer mutuellement et de se partager la Pologne. Hitler lance l'invasion de la Pologne le 1er septembre 1939, Staline le 17 septembre. La frontière germano-polonaise disparaît en même temps que la souveraineté polonaise.

3 Tracer une nouvelle frontière germano-polonaise à la fin de la guerre

Entretien entre le général de Gaulle et le Premier ministre britannique Winston Churchill à Paris le 11 novembre 1944.

M. CHURCHILL. – Nous sommes résolus à rendre à la Pologne un espace vital équivalant à son territoire d'avant-guerre. Mais nous ne nous sommes jamais engagés à la restaurer dans ses anciennes frontières. Les Polonais peuvent prendre Dantzig, des territoires de Prusse-Orientale et tout ce qu'ils peuvent absorber jusqu'à l'Oder. Les Russes sont d'accord, les Américains aussi, surtout depuis les élections. Les Polonais perdront Lwow[1][...] Ce projet consacre l'annexion de territoires peuplés de 7 millions d'Allemands. Un certain nombre d'entre eux trouveront leur place dans les contingents de travailleurs à déplacer pour participer à la reconstruction des pays alliés dévastés. D'autres pourront être recasés en Allemagne où les travaux de reconstruction susciteront un appel de main-d'œuvre.

GÉNÉRAL DE GAULLE. – Je suis heureux de constater que votre position au sujet de la Pologne est à peu près la nôtre. La Pologne doit pouvoir vivre et vivre indépendante. Nous comprenons que les Polonais regrettent Lwow, mais on peut imaginer des compensations en direction de l'Oder. »

Entretien avec M. Winston Churchill, en présence de MM. Georges Bidault et Anthony Eden, rue Saint-Dominique, le 11 novembre 1944, in *Mémoires de Guerre*, t. 3 : *Le salut 1944-1946*, de Gaulle Charles, Paris, Plon, 1959.

1. La ville de Lwow était située en territoire polonais avant la Seconde Guerre mondiale. Elle est ensuite intégrée à l'URSS et se situe aujourd'hui en Ukraine.

4 Les conséquences du nouveau tracé des frontières polonaises

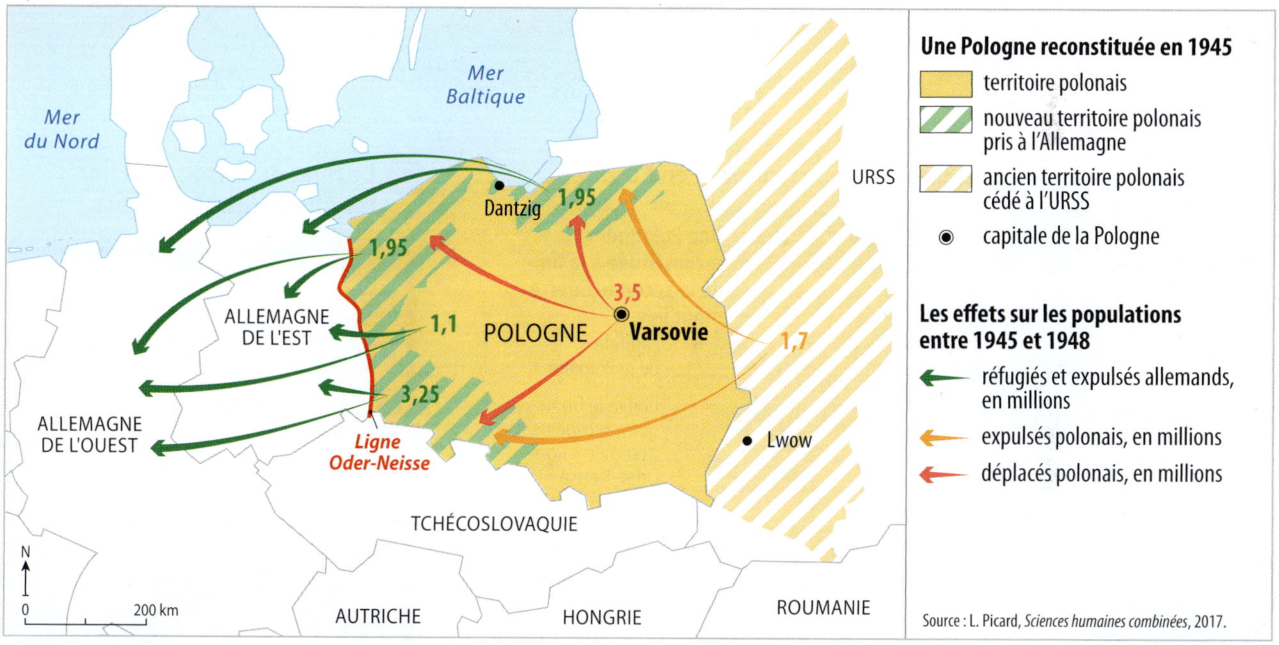

5 La délimitation de la nouvelle frontière germano-polonaise en 1945

Après la Seconde Guerre mondiale, les Alliés ont choisi le fleuve Oder et la rivière Neisse pour tracer la nouvelle frontière.

ACTIVITÉ

À partir de l'ensemble documentaire, complétez le tableau.

	en 1939	en 1945
Situation de la Pologne et de sa frontière avec l'Allemagne. **(doc. 1, 3 et 4)**	....	....
Acteurs intervenant sur le tracé frontalier. **(doc. 2, 3 et 5)**	....	....
Conséquences du tracé frontalier pour l'Allemagne (territoire, population). **(doc. 1 et 4)**	....	....
Conséquences du tracé frontalier pour la Pologne (territoire, population). **(doc.1, 3 et 4)**	....	....

Bilan

Rédigez une quinzaine de lignes pour expliquer les évolutions de la frontière germano-polonaise. N'oubliez pas de rédiger une courte introduction et une conclusion.

Étude La frontière germano-polonaise, enjeu de la guerre froide

La nouvelle frontière germano-polonaise est tracée en 1945 le long du fleuve Oder et de la rivière Neisse. Dans le contexte de la guerre froide, elle devient un objet de tensions mais aussi de négociations entre la Pologne et les deux nouveaux États allemands (RDA et RFA).

➤ Pourquoi la reconnaissance de la nouvelle frontière germano-polonaise a-t-elle été au cœur de tensions et de négociations durant la guerre froide ?

1940 – 1950 – 1960 – 1970 – 1980 – 1990 – 2000

1947-1991 : guerre froide

- **8 mai 1949** Création de la RFA
- **7 oct. 1949** Création de la RDA
- **6 juil. 1950** Traité de Görlitz : la RDA et la Pologne reconnaissent la ligner Oder-Neisse comme frontière
- **7 déc. 1970** Traité de Varsovie : la RFA reconnaît la ligne Oder-Neisse dans le contexte de l'Ostpolitik
- **9 nov. 1989** Chute du mur de Berlin
- **12 sept. 1990** Traité de Varsovie : l'Allemagne réunifiée reconnaît la frontière Oder-Neisse

1 La « ligne » Oder-Neisse, une nouvelle frontière en Europe

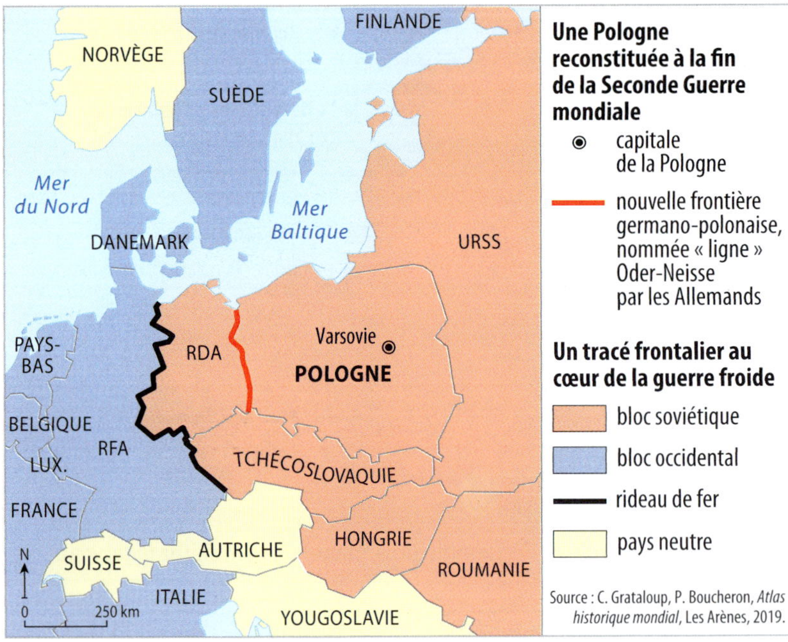

Source : C. Grataloup, P. Boucheron, *Atlas historique mondial*, Les Arènes, 2019.

2 Le rejet de la frontière par les Allemands de l'Ouest

En 1947, la CDU dénonce le sort des expulsés et la perte de territoire germanophones au-delà de l'Oder-Neisse, notamment les régions de Stettin (Szcecin) et Breslau (Wroclaw), intégrées à la Pologne.

3 Une frontière reconnue par la RDA et la Pologne en 1950

Timbre est-allemand de 1951 célébrant le traité de Görlitz du 6 juillet 1950 entre Wilhelm Pieck (RDA) 1 et Bolesław Bierut (Pologne) 2 qui reconnaissent la ligne Oder-Neisse comme « frontière de la paix 3 et de l'amitié 4 ».

4 La RFA et la reconnaissance de la ligne Oder-Neisse

En 1970, Walter Scheel, ministre des Affaires étrangères de la RFA, précise l'importance du règlement de la question de la frontière entre l'Allemagne et la Pologne afin d'envisager un rapprochement dans la perspective d'une réunification allemande.

Donc si l'on souhaite le rapprochement germano-polonais, il faut aborder la question de la frontière. On ne peut pas éluder cette question centrale des rapports germano-polonais. Il ne fait aucun doute que notre « ouverture » à l'Est conditionne même ses progrès. Faute de pouvoir changer les frontières, nous pouvons néanmoins les rendre plus perméables et à long terme nous arriverons peut-être à leur ôter leur importance. Car ce qui compte en définitive, ce ne sont pas les frontières, mais les relations entre les peuples. Il est certes amer de perdre sa patrie et de devoir considérer Breslau, Danzig ou Deutsch-Krone comme des villes polonaises. Mais si au bout de 25 ans nous nous avisons enfin de tenir compte de la réalité, ce n'est tout de même pas nous qui avons créé cette réalité : la République fédérale d'Allemagne doit assumer le fardeau de l'héritage national-socialiste. On a dit de Staline qu'il avait créé la ligne Oder-Neisse pour qu'il y eût une pomme de discorde permanente entre l'Allemagne et la Pologne. Nous avons de bonnes raisons pour liquider ce contentieux. En concluant ce traité, nous mettons en place un élément de l'ordre de paix européen. Nous savons que ce n'est qu'un élément.

Walter Scheel, *Le traité entre la République fédérale d'Allemagne et la République populaire de Pologne*, 1973.

Vocabulaire

CDU : Union chrétienne-démocrate, parti ouest-allemand de droite créé en 1945. Durant la guerre froide, il a été au pouvoir de 1949 à 1969.

Ostpolitik (« Politique de l'Est ») : politique étrangère mise en œuvre par le chancelier Willy Brandt de 1969 à 1974, visant à normaliser les relations de la RFA avec les pays du bloc de l'Est.

RDA (République démocratique allemande) : nom donné à l'Allemagne de l'Est entre 1949 et 1990. C'est un pays socialiste qui fait partie du bloc de l'Est, tout comme la Pologne, sous l'autorité de l'URSS.

RFA (République fédérale d'Allemagne) : nom donné à l'Allemagne de l'Ouest entre 1949 et 1990, puis à l'Allemagne réunifiée depuis 1990. Elle fait partie du bloc occidental libéral proche des États-Unis.

5 Résolution du Bundestag allemand relative à la frontière germano-polonaise en 1990

Ce texte publié par le Bundestag, le Parlement de la RFA, vise à clarifier définitivement la question des frontières allemandes, et en particulier la frontière germano-polonaise, avant d'envisager la réunification allemande.

Le Bundestag allemand, [...] exprime sa volonté de voir le tracé de la frontière entre l'Allemagne unie et la République de Pologne définitivement confirmé par un traité de droit international comme suit.

Le tracé de la frontière entre l'Allemagne unie et la République de Pologne sera celui qui est fixé par « l'Accord entre la République démocratique allemande et la République polonaise relatif à la délimitation de la frontière d'État établie et existante entre l'Allemagne et la Pologne », signé le 6 juillet 1950 [...] ainsi que du « Traité conclu entre la République fédérale d'Allemagne et la République populaire de Pologne sur les fondements de la normalisation de leurs relations mutuelles », signé le 7 décembre 1970.

Les deux parties réaffirment l'inviolabilité de leur frontière existante pour le présent et l'avenir, et s'engagent réciproquement au respect sans restriction de leur souveraineté et de leur intégrité territoriale.

Les deux parties déclarent n'avoir l'une envers l'autre aucune prétention territoriale et qu'elles n'en élèveront pas à l'avenir. Le Gouvernement fédéral est invité à communiquer formellement cette résolution à la République de Pologne comme étant aussi l'expression de sa propre volonté.

Résolution du Bundestag prise à Bonn (capitale de la RFA), le 21 juin 1990.

ACTIVITÉ

1. Comment le **document 2** rend-il compte des oppositions au nouveau tracé de la frontière ?

2. Pourquoi la RDA et la Pologne acceptent-elles la nouvelle frontière en 1950 ? **(doc. 1 et 3)**

3. Dans quel contexte la RFA reconnait-elle la frontière dans les années 1970 ? Montrez que la réunification allemande marque une étape majeure du règlement de la question de la frontière. **(doc. 4 et 5)**

4. Pour conclure, en une dizaine de lignes, justifiez l'affirmation suivante : « **La ligne Oder-Neisse a été un objet de tensions puis de négociations pendant la guerre froide** ».

Pour aller plus loin

- À l'aide de l'article de l'historien Lionel Picard, expliquez l'évolution des revendications des Allemands expulsés de Pologne.

Site internet
hachette-clic.fr/23hgg1072

Étude GRAND FORMAT

La reconnaissance de la frontière germano-polonaise en 1990, la conclusion d'un long processus

Contexte ➔ Après la chute du mur de Berlin, Helmut Kohl, chancelier de la RFA, propose un programme en dix points envisageant la réunification de l'Allemagne. Le 17 janvier 1990, il prononce à Paris un discours dans lequel il évoque les enjeux que soulève cette réunification, et notamment la question des frontières héritées de la Seconde Guerre mondiale.

▶ Comment Helmut Kohl met-il fin à plus d'un demi-siècle de débats à propos de la frontière germano-polonaise ?

Helmut Kohl
1930-2017
Chef de la CDU (Union chrétienne-démocrate) il devient chancelier de la RFA en octobre 1982. Dès novembre 1989, au lendemain de la chute du mur de Berlin, il envisage une relation étroite entre RFA et RDA qui doit aboutir à une réunification.

Le discours d'Helmut Kohl

1 Helmut Kohl, la réunification allemande et la question des frontières

L'intérêt de nos voisins se concentre naturellement sur la question de savoir quelles seraient les futures frontières d'un État regroupant les deux Allemagnes.

À ce propos, je voudrais d'abord dire ceci en toute clarté : aucun responsable politique en République fédérale d'Allemagne, aucun groupement politique digne d'être pris au sérieux ne rêve d'un « *Grossdeutschland*[1] » pour reprendre cette notion funeste datant d'une époque tout aussi funeste. [...] Permettez-moi de faire ici et aujourd'hui deux constatations sans équivoque.

Premièrement, sur le plan juridique : la République fédérale d'Allemagne et la Pologne confirment dans le Traité de Varsovie de 1970[2] « l'inviolabilité de leurs frontières existantes pour le présent et l'avenir, et s'engagent réciproquement au respect sans restriction de leur intégrité territoriale. Elles déclarent n'avoir l'une envers l'autre aucune prétention territoriale et qu'elles n'en élèveront pas à l'avenir ». [...] Le Traité de Moscou[3] signé auparavant contient des constatations semblables. Dans ces deux traités, le gouvernement fédéral de l'époque a tenu compte du fait qu'il n'y a pas de traité de paix et que la République fédérale d'Allemagne ne peut pas agir en tant qu'État souverain au nom des deux Allemagne mais seulement en son propre nom. La situation ne se présente pas différemment aux yeux du gouvernement fédéral d'aujourd'hui. Je me permettrai d'évoquer en outre qu'il a été affirmé d'un commun accord à l'article 7 de la Convention de Bonn[4] de 1952-1954 que « la fixation définitive des frontières de l'Allemagne » doit attendre un règlement de paix pour l'ensemble de l'Allemagne, librement négocié.

Deuxièmement, sur le plan politique : on peut se demander par ailleurs ce qu'en pense la majorité, écrasante sans aucun doute, des Allemands, dont la volonté démocratique engagerait l'attitude d'un futur gouvernement allemand unique. [...] Les Allemands désirent une réconciliation durable avec leurs voisins polonais et, pour cela, il faut également que les Polonais aient la certitude de vivre à l'intérieur de frontières sûres. Personne ne souhaite une seconde expulsion après les horreurs de l'expulsion que les Allemands ont eux-mêmes soufferte. C'est bien pour cela que personne ne veut lier la réunification au déplacement de frontières existantes – des frontières qui, dans une future Europe de la liberté, sont appelées à perdre de leur importance. Les expulsés allemands précisément n'ont jamais cessé de se prononcer en faveur d'un renoncement à la force. Dans la « Charte des expulsés allemands » qu'ils ont adoptée le 5 août 1950 à Stuttgart[5], ils ont opposé un refus sans équivoque à la vengeance et aux représailles, et ils ont proclamé leur attachement à une Europe unie « dans laquelle les peuples puissent vivre sans craintes ni contraintes ». En effet, nous ne pourrons pas bâtir l'Europe de demain si nous ne mettons pas un terme à l'engrenage de la haine et de la violence, de l'injustice et de l'expulsion.

Discours d'Helmut Kohl à Paris, 17 janvier 1990.

1. C'est une référence explicite à l'expression « *Grossdeutsches Reich* » (Reich grand-allemand) utilisée durant le IIIe Reich.
2. Le traité de Varsovie signé le 7 décembre 1970 entre Willy Brandt (chancelier ouest-allemand) et Jozef Cyrankiewicz (président du Conseil des ministres polonais) reconnaît la frontière Oder-Neisse, imposée lors de la conférence de Potsdam.
3. Le traité de Moscou, signé le 12 août 1970 entre Willy Brandt et des responsables soviétiques, reconnaît le tracé des frontières en Europe, notamment celle des deux États allemands.
4. La RFA, les États-Unis, la Grande-Bretagne et la France envisagent une coopération mutuelle avec pour finalité la réunification de l'Allemagne.
5. Texte qui visait à définir les droits et les devoirs des Allemands qui ont dû fuir l'Europe de l'Est au lendemain de la Seconde Guerre mondiale.

Mise en perspective

2 La reconnaissance de la frontière Oder-Neisse vue par le dessinateur allemand Walter Hanel en 1990

1. Région allemande intégrée en partie à la Pologne lors de la mise en place de la frontière Oder-Neisse en 1945.

3 La reconnaissance de la frontière, un enjeu européen

La parole de l'historien

En 1989-1990, alors que le système communiste s'est effondré en RDA et que les deux États allemands souhaitent s'unifier, il apparaît rapidement que la représentation d'une Allemagne unie au cœur de l'Europe est effrayante pour bien des pays. La puissance allemande continue de faire peur et certains craignent que l'Allemagne n'ait de nouveau des prétentions territoriales. C'est pour cette raison que la question des territoires de l'Est redevient d'actualité et que la reconnaissance de la frontière germano-polonaise est posée comme un préalable à l'unité allemande. Les Alliés ne donneront leur aval à l'unification que lorsque la question de la frontière germano-polonaise aura été définitivement réglée […]. Depuis l'adhésion de la Pologne à l'Union européenne en 2004, il est devenu aussi naturel pour les Allemands de voyager en Pologne qu'en France. Ainsi, le traumatisme de la perte des territoires de l'Est peut être partiellement surmonté non par la disparition mais par le dépassement des limites que sont les frontières. En rendant les frontières perméables, les États européens s'ouvrent les uns aux autres et les populations partent à la rencontre les unes des autres.

Lionel Picard, « La ligne Oder-Neisse est-elle la frontière définitive germano-polonaise ? Le combat des expulsés autour d'une limite géographique », *Sciences humaines combinées*, 2010.

ACTIVITÉ

Préparer l'analyse du discours en se documentant

1. Quel est le contexte de ce discours ? Pourquoi la question de la frontière germano-polonaise revient-elle sur le devant de la scène ?

2. Expliquez pourquoi Helmut Kohl a un rôle majeur dans la question de la frontière germano-polonaise alors que la RFA n'est pas frontalière de la Pologne.

Analyser le discours

3. Relevez dans le discours les étapes de la reconnaissance de la frontière germano-polonaise rappelées par Helmut Kohl. **(doc. 1)**

4. Expliquez pourquoi la question de la frontière est un préalable à la réunification allemande.

Utilisez les informations des pages 208-209 pour expliquer les citations du document 1 que vous sélectionnez.

Porter un regard critique sur le discours

5. À l'aide du **document 2**, montrez que la position d'Helmut Kohl reflète celle de la majorité des Allemands au détriment d'une minorité. Justifiez votre réponse.

6. Ce discours a été prononcé à Paris. En vous appuyant sur le **document 3**, expliquez l'importance de cette reconnaissance pour l'Europe.

Étude Le droit de la mer : un droit identique sur tous les océans

À qui appartient la mer ? Au cours des quarante dernières années, des dizaines de millions de km² d'espaces maritimes sont passés sous le contrôle des États, soucieux de contrôler des zones stratégiques et leurs ressources. Ils ont ainsi réalisé la plus grande conquête territoriale de tous les temps.

Comment apaiser les tensions géopolitiques sur les espaces maritimes ?

1 Les délimitations maritimes selon le droit de la mer

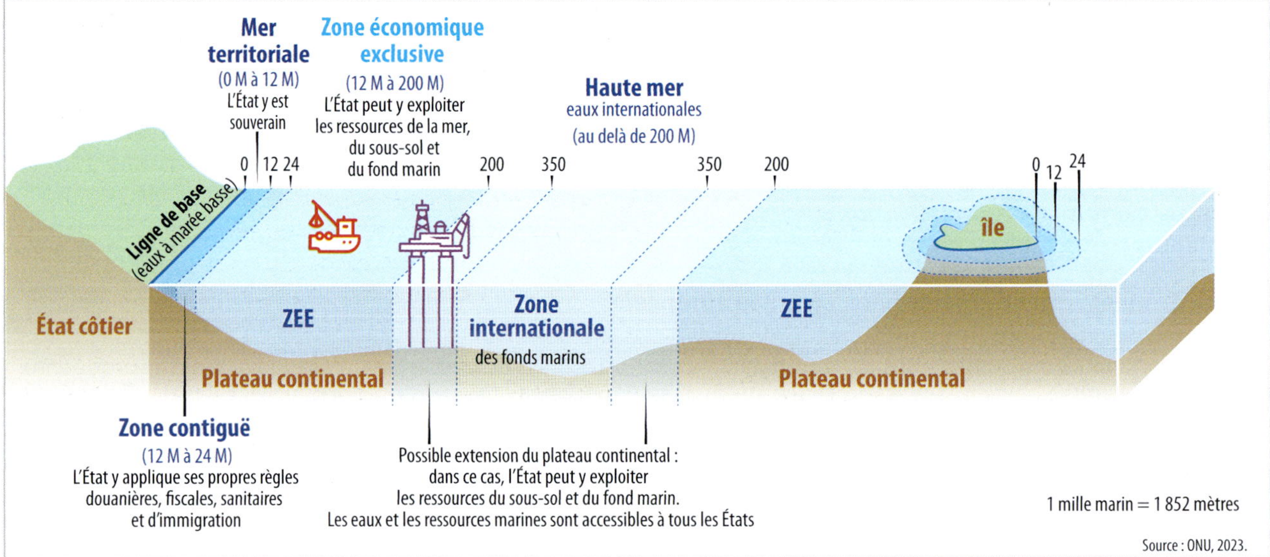

Source : ONU, 2023.

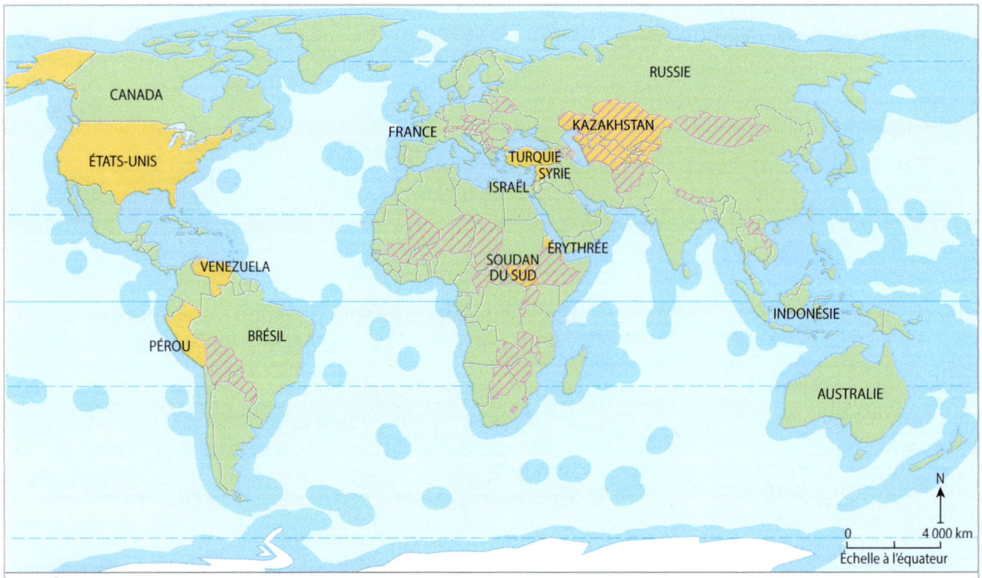

2 La mise en place de la convention de Montego Bay

Les États et la convention de Montego Bay

convention : signée ou ratifiée ; non signée

État sans façade littorale

Les délimitations de l'espace maritime

ZEE

haute mer[1]

1. Espace maritime ouvert à tous les États. Cependant, ce n'est pas une zone de « non-droit » car la réglementation du « pavillon du bateau », c'est-à-dire de son pays d'immatriculation, s'y applique.

Cécile Marin, « La peau de chagrin des eaux internationales », *Le Monde diplomatique*, décembre 2022 et *Géoconfluences*, 2023.

Vocabulaire

Zone économique exclusive (ZEE) : espace marin large de 200 milles marins (370 km) dans lequel l'État côtier dispose de droits exclusifs sur l'exploration et l'exploitation des ressources.

3 Les principes du droit de la mer

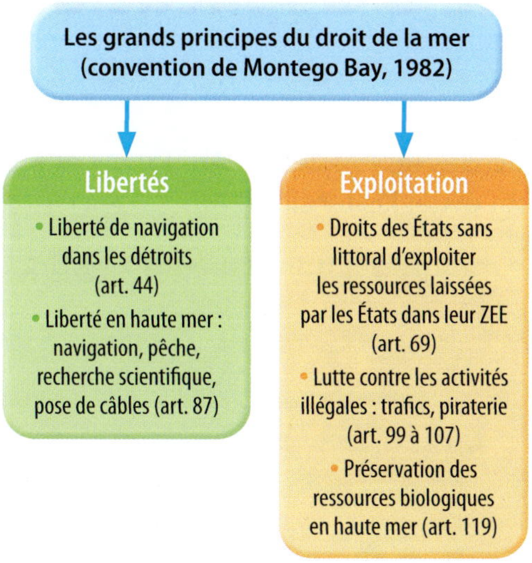

Source : CMB, 1982

5 Les tensions maritimes en Méditerranée orientale

Vidéo : Grèce-Turquie : escalade des tensions en Méditerranée orientale. France 24, 2020.

hachette-clic.fr/23hgg1073

La Méditerranée orientale est devenue un espace de rivalités et de tensions majeures entre la Grèce, la Turquie et Chypre notamment. Ces États se sont lancés dans des revendications maritimes après la découverte de gisements d'hydrocarbures qui ravive des tensions anciennes.

4 Les enjeux géopolitiques des espaces maritimes

La parole de la géopolitologue

Nous arrivons aux limites de l'exploitation possible sur Terre, et, face aux besoins des populations et aux enjeux politiques associés, nous tournons notre regard vers ce qu'il reste d'exploitable, la mer. On assiste à une course aux ressources marines, des bancs de poissons aux métaux critiques en passant par l'exploitation de pétrole et de gaz *offshore*. Ces activités économiques ravivent des contentieux historiques et servent parfois de justifications aux volontés de contrôle de zones maritimes.

De plus, il y a un reflet en mer du retour de la puissance et cela passe notamment par des investissements militaires : les flottes navales se renforcent, s'étoffent de plus de navires de haute mer et de sous-marins. La Chine est un exemple frappant, sa flotte militaire s'est considérablement développée depuis quelques décennies.

Enfin, la mer était la clé de voûte du système climatique, dont notre survie dépend, et de notre économie mondialisée. Voir se dégrader l'océan nous alerte et nous mobilise. Cette problématique génère une attention toute particulière de grands États maritimes, mais également des sphères onusiennes, qui sont au cœur de la gouvernance des océans et sont chargées d'une meilleure gestion de cet espace commun.

Or la gouvernance de l'océan est complexe et fragmentée. Malgré les règles du droit de la mer, il est très difficile pour les États et les agences internationales de savoir exactement ce qui se passe en mer. Je ne dirais pas que ces règles sont insuffisantes, mais nos moyens, à l'échelle planétaire, de les faire respecter le sont. Par ailleurs, les eaux internationales étant régies par des conventions, toute modification nécessite une concertation globale, allongeant les délais de mise en œuvre.

Julia Tasse, *La mer, un enjeu de plus en plus géopolitique*, entretien réalisé par l'Iris, 11 mai 2022.

PARCOURS 1 Confronter des documents

1. À l'aide des **documents 1 et 2**, justifiez l'affirmation : « **Plus on est proche des côtes d'un État, plus les droits de cet État y sont importants.** »

2. Identifiez les principes fixés par le droit de la mer pour l'exploitation des mers et la liberté de navigation. Comment permettent-ils d'éviter les tensions ? **(doc. 1 et 3)**

3. Expliquez pourquoi des tensions géopolitiques persistent malgré la convention de Montego Bay. **(doc. 4 et 5)**

Bilan

Rédigez un texte organisé et argumenté pour répondre au sujet : « **Comment apaiser les tensions géopolitiques sur les espaces maritimes ?** »

PARCOURS 2 Organiser un débat

Vous êtes convié à l'ONU pour participer à un débat sur le droit de la mer.

Organisez la classe en deux groupes :
- Le groupe 1 montre comment le droit de la mer permet d'apaiser les tensions entre les États.
- Le groupe 2 affirme que le droit de la mer présente un certain nombre de limites.

Pour préparer le débat, cherchez des arguments à l'aide de ce tableau.

Groupe 1	Groupe 2
– doc. 2 : une convention signée par une grande majorité d'États – doc.	– doc. 2 : des États non-signataires dont les États-Unis. – doc. ....

Étude L'Arctique, un modèle d'application du droit de la mer ?

Le changement climatique ouvre la voie à l'exploration de nouvelles ressources en Arctique. Les États, soumis au droit de la mer, cherchent aujourd'hui à collaborer pour éviter les tensions.

Le respect du droit de la mer est-il possible en Arctique malgré le changement climatique ?

1 Les transformations de l'océan Arctique

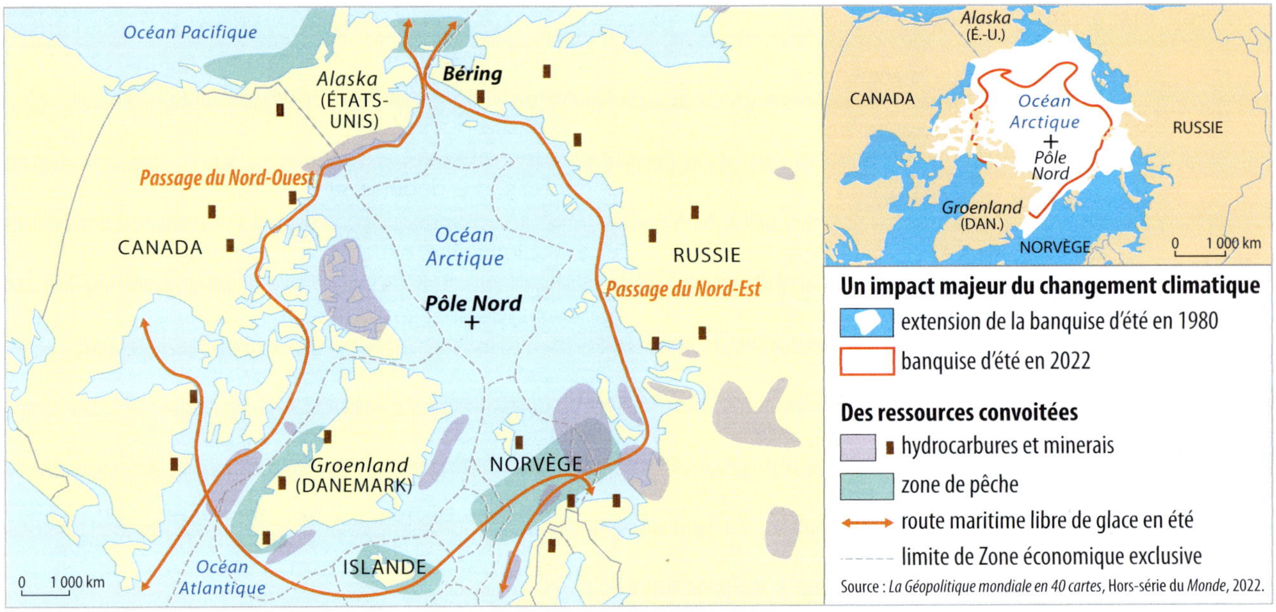

Source : *La Géopolitique mondiale en 40 cartes*, Hors-série du *Monde*, 2022.

2 Des tensions surmédiatisées

La parole des géopolitologues

C'est avec l'épisode du planter de drapeau russe au pôle Nord, en août 2007, que l'attention des médias se porte sur les revendications des États riverains de l'océan Arctique sur les espaces maritimes. Les médias se sont fait l'écho d'une prétendue course à l'appropriation des fonds marins arctiques. Certes, les conditions d'exploitation plus clémentes et la hausse attendue des cours des matières premières ont replacé l'Arctique au cœur des projets miniers ou énergétiques. Mais il s'avère peu vraisemblable, d'après les connaissances géologiques actuelles, de trouver d'importants gisements dans ces espaces maritimes.

En l'espace d'une dizaine d'années, les régions de l'Arctique sont passées d'un « point chaud » de la guerre froide à un espace où les États ont construit un solide réseau de coopération politique grâce au Conseil de l'Arctique. Cette institution est certes un organisme consultatif mais elle permet aux opinions des États comme des groupes autochtones de s'exprimer et implique plusieurs États observateurs (Chine, Inde, Singapour…). Les revendications de plateaux continentaux étendus[1] se font de façon courtoise en Arctique, et nombre de différends sont déjà réglés. Les enjeux majeurs qui se dessinent ne sont pas de l'ordre de l'affirmation de la souveraineté individuelle des États, mais de la coopération face aux enjeux planétaires (changements climatiques, adaptation des sociétés locales et exploitation des ressources…).

D'après Frédéric Lasserre, Anne Choquet et Camille Escudé-Joffrès, *Géopolitique des pôles*, 2021.

1. Un État peut demander une extension de son plateau continental à la Commission des limites du plateau continental, dépendante de l'ONU. Cette extension conduit à une augmentation de fait de la ZEE.

ACTIVITÉ

1. Quelles sont les conséquences du changement climatique dans l'océan Arctique ? Comment peuvent-elles devenir une opportunité pour les États arctiques ? **(doc. 1 et 2)**

2. Quelles formes prend la collaboration des États arctiques ? Pourquoi cette collaboration est-elle nécessaire ? **(doc. 2)**

Bilan

À l'aide des documents, rédigez une réponse à la question : « **Le respect du droit de la mer est-il possible en Arctique malgré les effets du changement climatique ?** »

JALON 2

Étude

Un droit de la mer impossible en mer de Chine ?

La Chine a ratifié la convention de Montego Bay en 1996. Pourtant, elle l'interprète librement en mer de Chine, au gré des enjeux géopolitiques qui l'opposent aux États riverains.

Comment les États s'appuient-ils sur le droit de la mer pour rivaliser en mer de Chine ?

1 Les revendications maritimes en mer de Chine du Sud

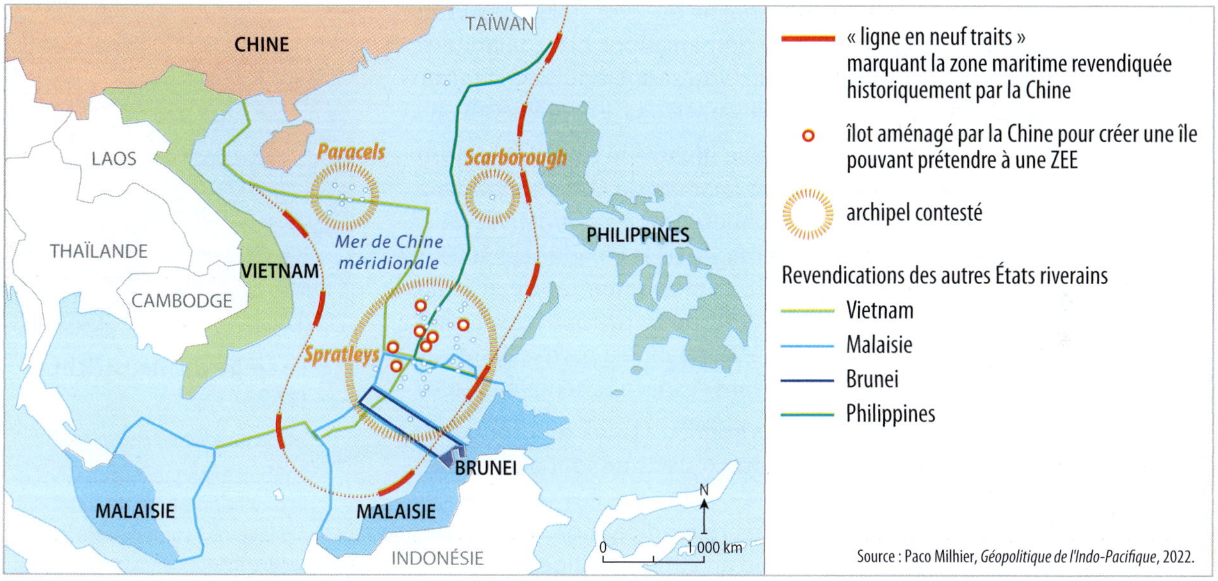

Source : Paco Milhier, *Géopolitique de l'Indo-Pacifique*, 2022.

2 Des enjeux géopolitiques majeurs

Pékin estime que plus de 80 % de la mer de Chine du Sud font partie de son territoire sacré. Les revendications chinoises ont été invalidées en 2016 par la Cour permanente d'arbitrage de La Haye à la demande des Philippines. La Cour précisait, non pas que les revendications de la Chine sont nulles et non avenues, mais que ces revendications, en particulier celles qu'elle nomme « historiques », ne sont pas valides du point de vue du droit international. Mais Pékin n'en démord pas et proclame sa souveraineté sur ces vastes étendues sur des considérations historiques souvent fictives. Pékin met en avant d'anciens manuscrits qui parlent de ces archipels comme étant chinois, de même que des poteries et des monnaies trouvées sur ces îles, comme des preuves. Cette zone est devenue un point chaud du monde, du fait principalement de sa militarisation par la Chine. Plusieurs pays riverains, dont les Philippines, le Vietnam, Brunei et la Malaisie, contestent les revendications chinoises. Ces pays se disputent les richesses halieutiques et la présence probable d'importants gisements sous-marins de pétrole et de gaz naturel. Au total, 10 % de la pêche mondiale est effectuée en mer de Chine du Sud. Celle-ci est en outre un carrefour stratégique de routes commerciales d'une importance capitale puisqu'elle est la route la plus courte entre le Pacifique Nord et l'océan Indien. 70 % du trafic mondial de conteneurs et 50 % des flux d'hydrocarbures et de gaz naturel liquéfié transitent par la mer de Chine du Sud.

Pierre Donnet, *Mer de Chine du Sud : les revendications de Pékin battues en brèche*, Asialist, 25 janvier 2021.

ACTIVITÉ

À l'aide des documents, recopiez et remplissez ce tableau pour répondre au sujet : « Comment les États s'appuient-ils sur le droit de la mer pour rivaliser en mer de Chine ? »

	La Chine	Les États riverains
Espaces maritimes revendiqués	...	...
Enjeux géopolitiques	...	...
Revendications maritimes (outils, actions)	...	...
Résultats	...	...

Pour aller plus loin

Comparez les enjeux de l'application du droit de la mer en Arctique et en mer de Chine à partir de la vidéo du géopolitologue, Pascal Boniface.

Vidéo : Pascal Boniface, IRIS, 2022

hachette-clic.fr/23hgg1074

Leçon 3 Les frontières en débat

➤ Les frontières favorisent-elles la paix entre les États ou sont-elles un facteur de conflits ?

A La frontière, objet d'affrontements

Les frontières ont fait l'objet d'affrontements entre les puissances. De l'Antiquité à la fin du Moyen Âge, les frontières sont des zones fortifiées (le *limes* romain) ou bien des **marches**. À partir du XVIIe siècle, les États européens commencent à adopter l'idée de démarcations bien délimitées, telle l'idée du « pré carré » popularisée par Vauban. Depuis, la fixation des frontières a engendré des guerres et la naissance d'une centaine d'États.

JALON 1 p. 206

L'exemple de la frontière germano-polonaise illustre le rôle des conflits dans l'instauration d'une frontière. Après la Seconde Guerre mondiale, la conférence de Potsdam (1945) fixe la frontière le long des fleuves Oder et Neisse. Elle provoque le déplacement du territoire de la Pologne sur 200 km à l'ouest et la division de villes (Francfort-sur-l'Oder) entre les deux États. L'ouverture (1967-1980) ou la fermeture (1980-1990) de cette frontière suit alors les rythmes de la guerre froide. L'intégration européenne a permis un retour de la négociation avec l'entrée de la Pologne dans l'espace Schengen en 2007.

Les frontières font encore l'objet de litiges. Les frontières issues de la formation des États-nations du XIXe siècle et des guerres du XXe siècle ne sont plus sources de conflits. Néanmoins, lorsque les frontières ont été tracées sans prendre en compte tous les acteurs en présence, des revendications séparatistes peuvent persister (sécession du Soudan du Sud en 2011). Les litiges frontaliers aujourd'hui sont essentiellement des conflits de territoire (Crimée, Est de l'Ukraine), de gestion (Espagne/Maroc à propos des flux migratoires) ou de délimitations, particulièrement maritimes (mer de Chine, Turquie/Grèce).

1 Le siège de Maastricht (1673)

Tableau d'A. F. Van der Meulen, 1687.

Vauban explique à Louis XIV le fonctionnement de son « pré carré » : une double ligne de fortifications composée de places fortes et de canaux. En France, Vauban a ainsi fortifié 119 villes en zone frontalière.

B La frontière, fruit de négociations internationales

Les frontières ont aussi fait l'objet de négociations. Une cinquantaine d'États sont nés par sécession pacifique (indépendance du Vanuatu en 1980). Mais ce sont surtout les traités de paix, après des conflits, qui organisent la carte des frontières du monde actuel. Ainsi, en 1990, le traité de Moscou, dit traité 4 + 2 (États-Unis, URSS, Royaume-Uni, France + RFA, RDA), règle la réunification de l'Allemagne.

Aujourd'hui, les frontières sont fixées par un arbitrage international. Le rôle de l'ONU et le poids de la reconnaissance internationale jouent sur l'évolution des frontières et la reconnaissance des États. Ainsi, l'annexion *de facto* d'une partie d'un territoire (plateau du Golan ou Jérusalem-est par Israël) peut faire l'objet de condamnations internationales. Par exemple, la résolution de l'ONU en 2014 ne reconnaissant pas l'annexion de la Crimée par la Russie a été largement adoptée (100 votes contre 11).

JALON 2 p. 212

Le droit de la mer est identique sur l'ensemble des mers et des océans. La convention de Montego Bay (1982) établit des limites de souveraineté (mer territoriale) et d'exploitation (**ZEE**) pour apaiser les tensions entre États (Arctique). Mais des contestations persistent. Elles relèvent du **TIDM** qui, par exemple, a refusé en 2022 à la Colombie une extension de sa ZEE sur celle du Nicaragua. Les demandes d'extension des ZEE sur la haute mer, telle celle du Brésil en 2019, sont faites auprès de la **CLPC**.

Vocabulaire

CLPC (Commission des limites du plateau continental) : commission de l'ONU qui examine les demandes d'extension des ZEE sur la haute mer.

Marche : territoire frontalier d'un royaume qui, au Moyen Âge, a une fonction défensive confiée à un marquis.

TIDM (Tribunal international maritime du droit de la mer) : tribunal international siégeant à Hambourg (Allemagne), créé par la convention de Montego Bay. Il règle les litiges maritimes.

ZEE (Zone économique exclusive) : espace marin large de 200 milles marins (370 km) dans lequel l'État côtier dispose de droits exclusifs sur l'exploration et l'exploitation des ressources.

C Des conceptions différentes de la frontière qui suscitent des débats

- **La frontière est un objet de débat politique, entre ouverture et fermeture.** Les libéraux et les altermondialistes se rejoignent sur la vision d'un monde sans frontières. Depuis 1999, un courant international, *No Border*, milite pour l'abolition des frontières et des contrôles migratoires. En revanche, certains États, dirigés par des conservateurs ou des nationalistes, expriment leur volonté de se protéger derrière des frontières barriérisées, au nom d'une menace contre leur identité nationale (Hongrie).

- **Des États manifestent leur volonté de s'étendre au-delà des frontières.** C'est le cas de Pékin qui, en s'appuyant sur des fondements historiques, considère la mer de Chine comme une mer chinoise. Elle s'y heurte aux revendications des autres pays riverains (Vietnam, Philippines). En annexant la Crimée en 2014 et en envahissant l'Ukraine en 2022, la Russie a créé un véritable séisme géopolitique. En dépit de l'organisation de référendums par la Russie dans cinq régions ukrainiennes, les nouvelles frontières ne sont pas reconnues par la communauté internationale.

- **Au XXIe siècle, la question des nouvelles frontières du numérique est posée.** La circulation des informations par Internet semble être sans frontières. Pourtant, elle repose, en 2022, sur 486 câbles (1,3 million de km) qui traversent les mers et les océans (99 % des flux mondiaux). Les frontières de l'Internet sont alors celles du contrôle des États sur les câbles. Ainsi, la Chine a créé une « grande muraille » numérique qui filtre les données sur son territoire. Mais il est toujours possible de contourner ce contrôle.

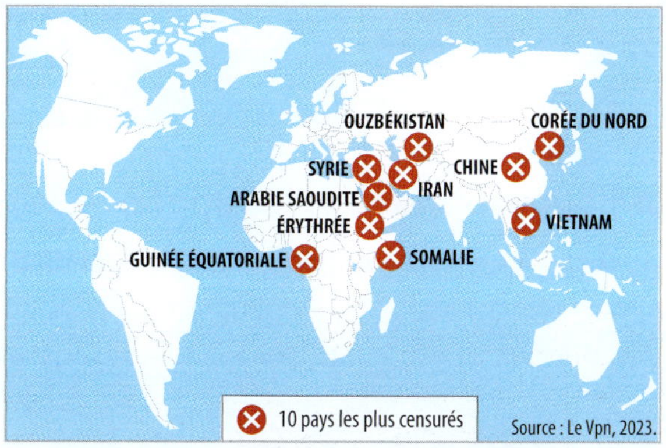

2 Les pays les plus censurés au monde grâce à leur frontière numérique

SCHÉMA BILAN

Schéma interactif
hachette-clic.fr/23hgg1075

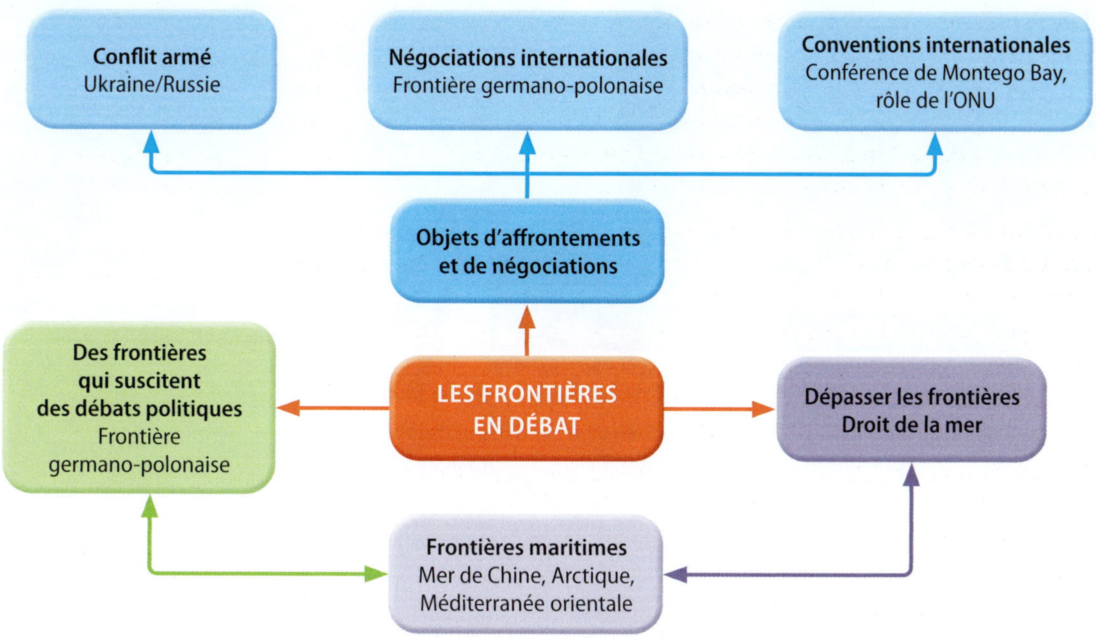

OBJET DE TRAVAIL CONCLUSIF

Les frontières internes et externes de l'Union européenne

» Pourquoi l'Union européenne est-elle un laboratoire des recompositions frontalières ?

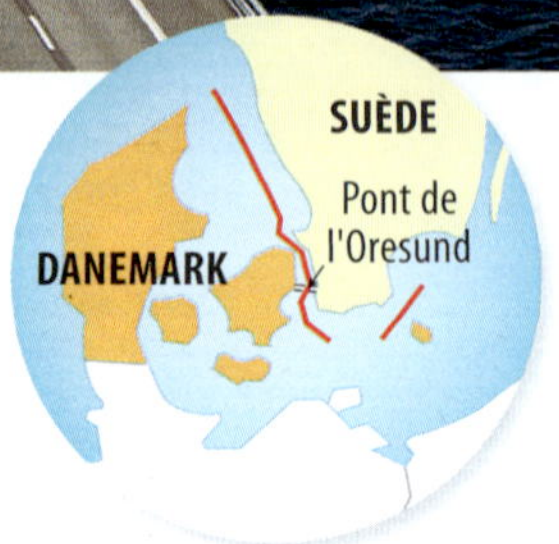

1 Une frontière interne ouverte entre la Suède et le Danemark

Cette route, sans poste frontalier, relie la ville suédoise de Malmö depuis la capitale danoise de Copenhague. Elle témoigne des échanges transfrontaliers entre les deux États de l'Union européenne depuis une vingtaine d'années. Ce pont à deux niveaux (autoroutier et ferroviaire) plonge ensuite en tunnel sous-marin, visible en arrière-plan.

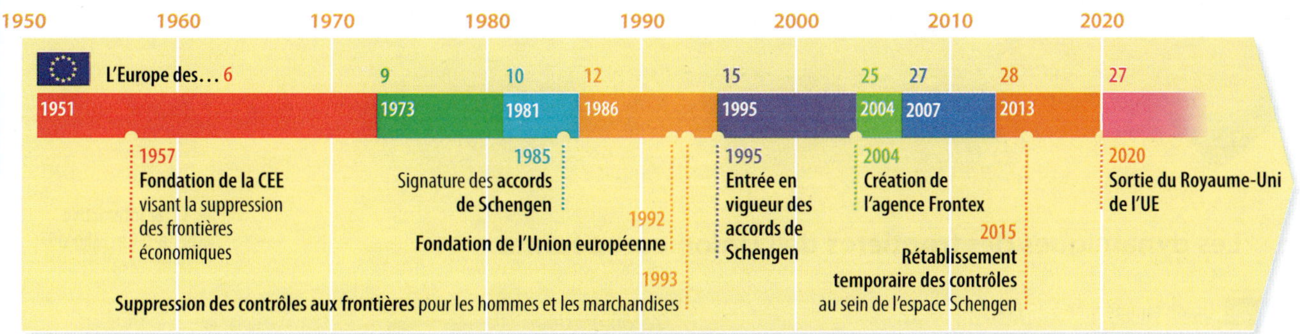

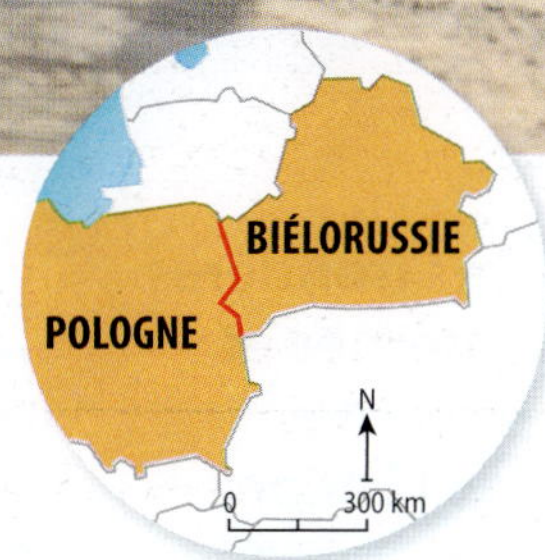

2 **Une frontière externe fermée entre la Pologne et la Biélorussie**

QUESTIONS

1. Montrez que les frontières sont inégalement marquées dans l'Union européenne. **(doc. 1 et 2)**

2. Comment le **document 2** montre-t-il que les frontières externes de l'Union européenne se renforcent ?

p. 222 > **JALON ①**
Les enjeux de Schengen et du contrôle aux frontières : venir en Europe, passer la frontière

p. 226 > **JALON ②**
Les frontières d'un État adhérent

p. 232 > **JALON ③**
Les espaces transfrontaliers intra-européens : passer et dépasser la frontière au quotidien

Repères

La recomposition des frontières de l'Union européenne

Carte interactive
hachette-clic.fr/23hgg1076

1 Les dynamiques des frontières de l'Union européenne

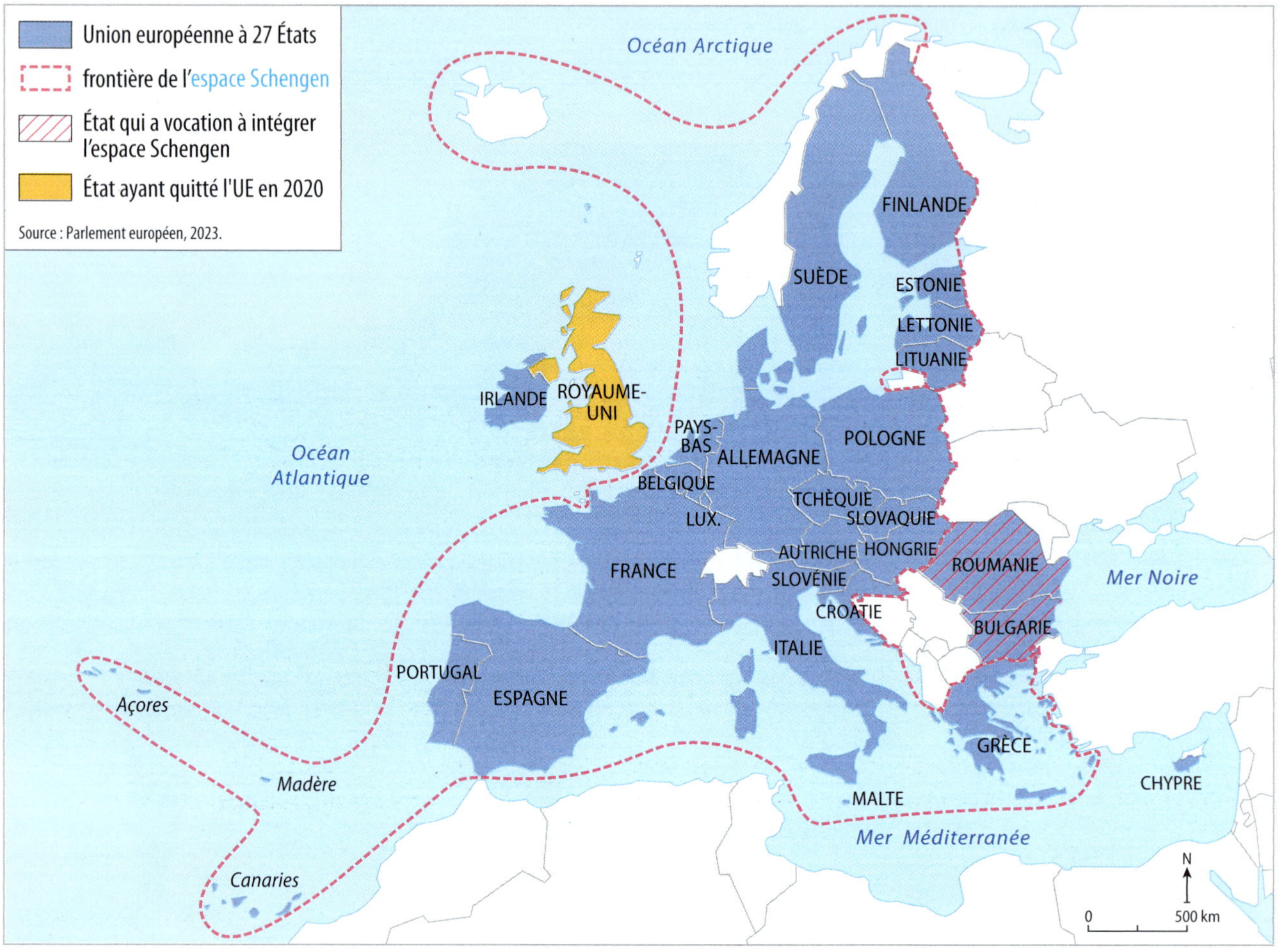

2 Les frontières internes et externes de l'Union européenne

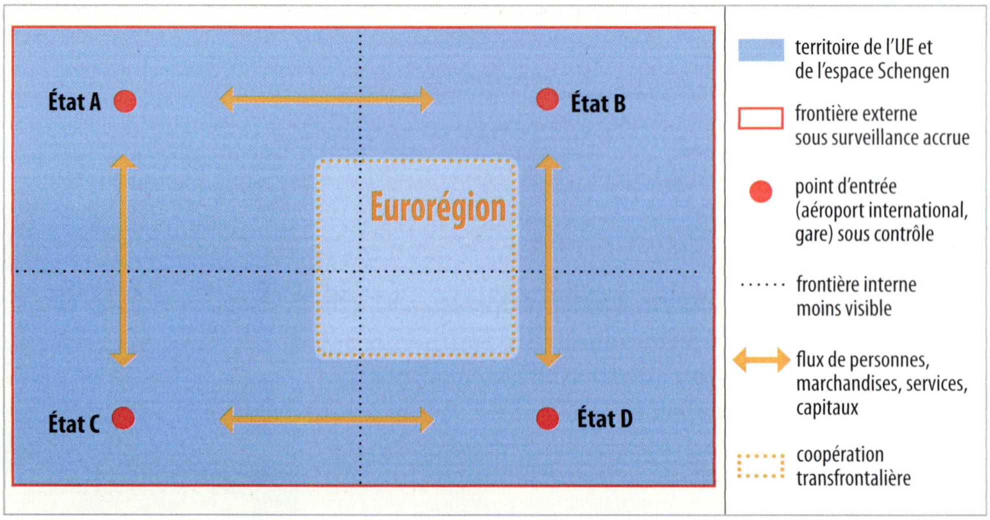

3 La recomposition des frontières de l'Union européenne

Carte interactive
hachette-clic.fr/23hgg1077

Sources : Commission européenne, 2019 ; B. Tertrais, D. Papin, *L'Atlas des frontières - Murs, migrations, conflits*, mars 2021 et Parlement européen, 2023.

Une inégale mobilité dans et vers l'Union européenne
- espace Schengen
- État de l'Union européenne qui n'appartient pas à l'espace Schengen
- au sud et à l'est de cette ligne, visa indispensable pour entrer dans l'espace Schengen
- principale route migratoire

Une frontière externe qui se ferme
- périmètre de contrôle de l'agence Frontex
- mur et barrière anti migrants
- centre de rétention de migrants
- État-relais de la surveillance des flux migratoires[1]

Des divergences sur la politique migratoire de l'UE
- État opposé à l'accueil de migrants (groupe de Visegrad)
- GRÈCE État, porte d'entrée des migrants, exigeant une nouvelle politique migratoire de l'UE
- SUÈDE État ayant accueilli plus de 300 000 migrants depuis 2015

1. État ayant accepté l'ouverture de camps sur leur territoire ou bénéficiant des aides européennes pour le contrôle des frontières.

Vocabulaire

Espace Schengen : espace de libre circulation des personnes entre les États signataires des accords de Schengen.

Frontex : agence européenne de gardes-frontières et de gardes-côtes chargée de contrôler les frontières externes de l'Union européenne.

Groupe de Visegrad : groupe de pays (Hongrie, Pologne, République tchèque, Slovaquie) défendant des positions communes (restriction de l'immigration, renforcement des souverainetés nationales).

POUR COMPRENDRE

L'espace Schengen, en favorisant les mobilités des citoyens de l'Union européenne, recompose les frontières internes.

1. Comment les documents 1 et 2 illustrent-ils ces transformations ?

Dans ce contexte, les frontières externes de l'Union européenne ont une nouvelle fonction de contrôle.

2. Quelles sont les évolutions des frontières externes de l'Union européenne ? Comment les expliquer ? (doc. 1 et 3)

Étude PROJET PODCAST

Les frontières externes de l'espace Schengen

Au sein de l'espace Schengen, même si les États conservent leur souveraineté, la gestion des frontières est commune. Cependant, frontières internes et externes évoluent très différemment. Alors que les résidents et les touristes peuvent circuler librement d'un État à l'autre de l'espace Schengen depuis 1995, les frontières externes ont tendance à se renforcer. Gouvernements, citoyens et associations restent très divisés sur cette évolution.

La gestion des frontières externes de l'Union européenne, un sujet de division entre les Européens ?

A Le renforcement des frontières externes de l'espace Schengen

1 La convention de Schengen

a) Qu'est ce que le code frontières Schengen ?

Le code frontières Schengen est le pilier central de la gestion des frontières extérieures. Il fixe les règles concernant le franchissement des frontières extérieures et les conditions régissant la réintroduction temporaire des contrôles aux frontières intérieures. Il impose aux États membres d'effectuer des vérifications systématiques dans les bases de données pertinentes sur toutes les personnes, y compris celles jouissant du droit à la libre circulation en vertu du droit de l'Union (c'est-à-dire les citoyens de l'Union et les membres de leur famille qui ne sont pas citoyens de l'Union), lorsqu'elles franchissent les frontières extérieures. [...] Ces obligations s'appliquent à toutes les frontières extérieures (aériennes, maritimes et terrestres), tant à l'entrée qu'à la sortie.

La gestion des frontières extérieures, Parlement européen, 2022.

b) Qu'est-ce que l'accord de Schengen ?

Il prévoit la libre circulation des personnes au sein de « l'espace Schengen», sans contrôle aux frontières intérieures de cet espace. Il entre en vigueur en 1995 [...]

La mise en place d'un espace de libre circulation au sein de l'espace Schengen signifie que toute personne, ressortissant de l'UE ou d'un pays tiers, une fois entrée sur le territoire de l'un des pays membres, peut franchir les frontières des autres pays sans subir de contrôles. Pour se déplacer, elle n'a plus besoin de passeport. Les vols aériens entre villes de l'espace Schengen sont considérés comme des vols intérieurs.

L'espace Schengen en questions/réponses, vie-publique.fr, 2023.

c) Quel est le rôle de l'Agence Frontex ?

L'Agence européenne Frontex a été créée en 2004 pour aider les États membres de l'UE et les pays associés à l'espace Schengen à protéger leurs frontières extérieures. Les États membres sont responsables du contrôle de leurs frontières, mais la coordination de leurs actions est assurée par l'agence. La crise migratoire et les attentats terroristes de 2015 ont mis en évidence la nécessité de renforcer les frontières extérieures de l'UE. En 2016, Frontex devient l'Agence européenne de garde-frontières et de garde-côtes et voit ses attributions et ses moyens renforcés.

Outre le contrôle des migrations, l'agence a désormais une responsabilité accrue dans la gestion des frontières et la lutte contre la criminalité transfrontalière. Elle dispose également d'une réserve de 1 500 garde-frontières et garde-côtes avec des moyens d'intervention rapides pour intervenir en cas de situation d'urgence. Un nouveau règlement adopté en 2019 prévoit le déploiement d'un nouveau contingent permanent de 10000 garde-frontières et garde-côtes à l'horizon 2027.

L'espace Schengen en questions/réponses, vie-publique.fr, 2023.

2 La frontière orientale de l'espace Schengen sous surveillance

Cet extrait de *Complément d'enquête* présente la façon dont la Slovaquie, membre de l'Union européenne et de l'espace Schengen, gère sa frontière avec l'Europe orientale. Les autorités y effectuent des contrôles réguliers et tentent de lutter contre les passages illégaux.

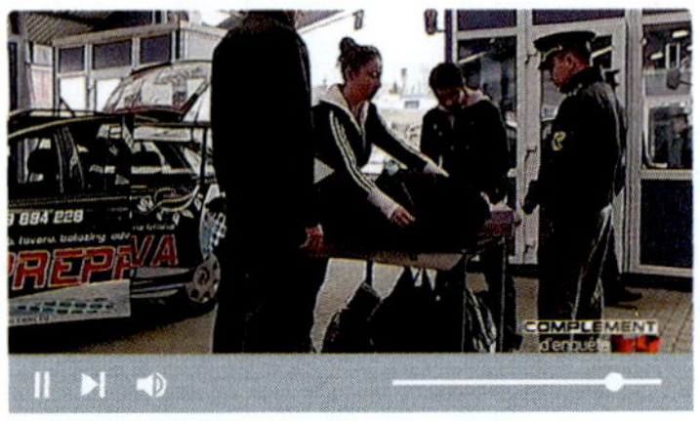

Vidéo : La frontière orientale de l'espace Schengen. INA-Lumni, 2012.

hachette-clic.fr/23hgg1078

3 Les modalités pour voyager en Europe : avec ou sans visa ?

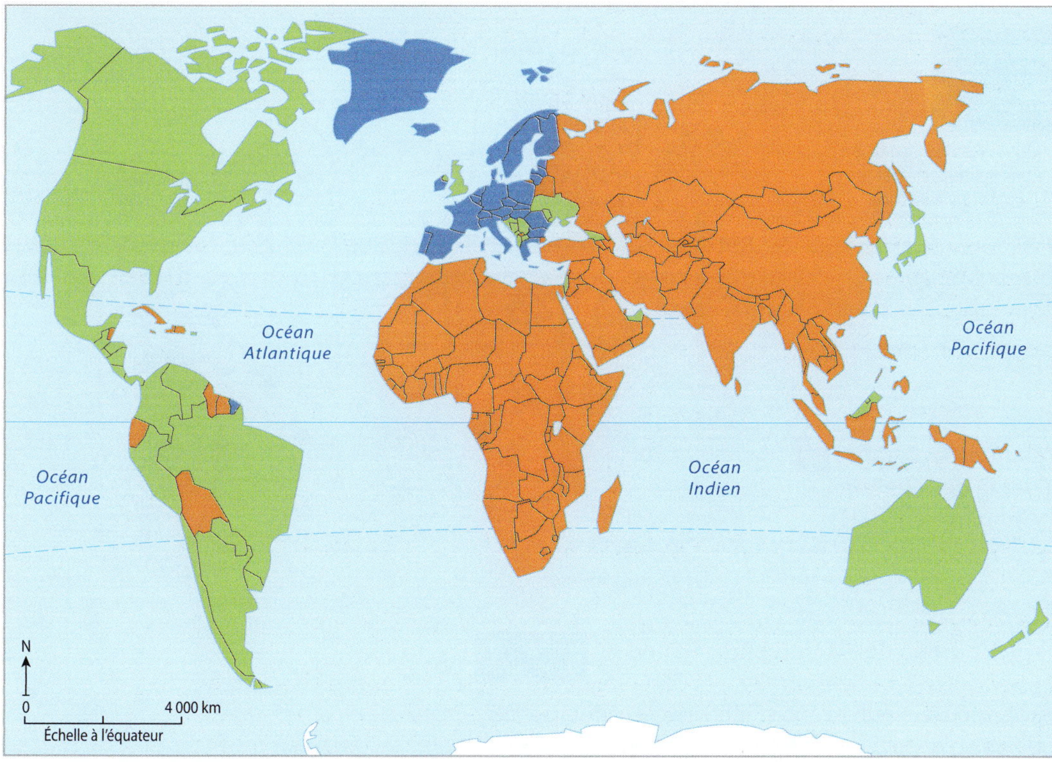

- pays de l'UE et associé à l'espace Schengen dont les citoyens n'ont pas besoin de visa[1] pour voyager dans un autre pays de l'UE
- pays (hors UE) dont les citoyens sont dispensés de visa pour se rendre dans l'espace Schengen
- pays dont les citoyens doivent disposer de visa pour se rendre dans l'espace Schengen

1. Un visa est une vignette apposée par un pays sur un passeport afin d'autoriser une personne à y entrer et à y séjourner pendant une période déterminée.

Source : Toutеleurope.eu, 2023.

Carte interactive
hachette-clic.fr/23hgg1079

4 La reconnaissance faciale dans l'aéroport d'Orly (Paris)

5 L'entrée de la ville-enclave de Melilla (Espagne)

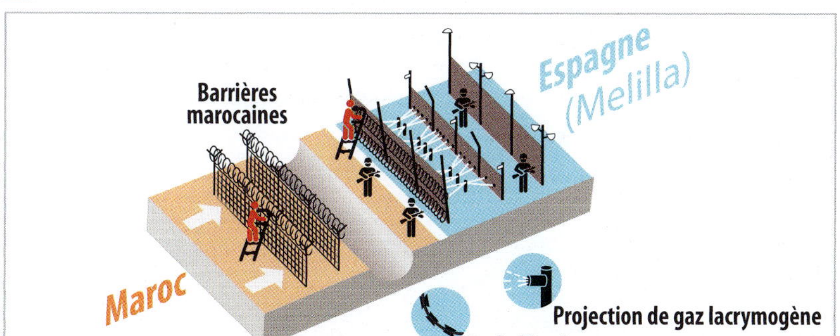

Source : D. Papin, B. Tertrais, *Atlas des frontières*, 2021.

ACTIVITÉ

1. Identifiez les différents types de portes d'entrée de l'espace Schengen en vous appuyant sur des exemples précis. **(doc. 1, 2 et 4)**

2. Quelles sont les formes de filtrage mises en place ? Donnez des preuves de l'automatisation croissante du contrôle des frontières. **(doc. 1, 3 et 4)**

3. Montrez que les règles d'accès à l'espace Schengen ne sont pas les mêmes pour tous. **(doc.1, 2 et 3)**

4. Comment l'UE tente-t-elle de dissuader les migrants d'entrer dans l'espace Schengen ? **(doc. 1, 2 et 5)**

Bilan

Montrez pourquoi et comment la fonction protectrice de la frontière externe de l'espace Schengen se renforce.

B La gestion des frontières de l'espace Schengen, un enjeu politique

Vidéo : Frontex : symbole d'une politique migratoire européenne en crise. Arte.TV, 2022.

hachette-clic.fr/23hgg1080

6 **Frontex, une agence critiquée**

7 **L'accueil des migrants vu par le dessinateur Chapatte en 2021**

8 Des enjeux politiques au sein de l'Union européenne

La parole de la spécialiste

Les institutions européennes souhaitent réaffirmer le principe de solidarité au cœur de ses dispositifs. Elles tentent de répondre à ces difficultés de coordination depuis 2011 en proposant un renforcement du contrôle des frontières en appui des États. « Eurosur », le système européen de surveillance des frontières, est par exemple mis en place pour assurer le sauvetage des migrants perdus en mer et pour limiter l'immigration clandestine. Elles décident aussi après la crise migratoire de 2015 d'élargir les compétences de l'agence Frontex [qui] se voit attribuer la responsabilité d'aider les États[1] qui font face à une forte pression migratoire.

Pour faire face à l'afflux massif de réfugiés ukrainiens, la Commission européenne a décidé le 2 mars 2022 d'activer la directive de protection temporaire [...]. Elle permet aux Ukrainiens de bénéficier d'un droit de séjour, d'un accès au marché du travail et d'un logement, d'une aide sociale et médicale et d'un droit de tutelle légale pour les mineurs non accompagnés ainsi qu'un accès au système éducatif.

Enfin, parmi les nombreuses initiatives figure le renouvellement du Pacte européen sur la migration et l'asile. Acté en septembre 2020, il doit soulager les États soumis à une forte pression migratoire et modifier en profondeur le règlement de Dublin en invitant les États-membres à plus de solidarité et de coopération dans le cadre de l'accueil des migrants. [...]

Cependant, moins de deux ans après la présentation du Pacte, celui-ci ne semble pas faire l'unanimité. Les aspects principaux du pacte sont considérés comme insuffisants et le Conseil de l'UE n'a pas réussi à obtenir un accord politique. Certains États comme le Danemark et [le groupe de Visegard[2]] s'opposent fermement à cette politique commune d'immigration et d'asile. [...] Certains experts considèrent que le pacte est davantage centré sur l'asile que sur l'immigration et traite peu des pénuries de main-d'œuvre.

Aude L'huillier, *La politique migratoire européenne, origines et paradoxes*, Dauphine-stratégie Défense, 8 septembre 2022.

1. L'Italie, la Grèce et l'Espagne notamment.
2. Pays d'Europe centrale et orientale, qui n'ont pas la même tradition et qui voient dans la migration une atteinte à leur identité (Pologne , Hongrie, République Tchèque et Slovaquie).

ACTIVITÉ

1. Présentez les acteurs qui se mobilisent contre le renforcement des frontières externes. Quels sont leurs arguments ? **(doc. 6 et 7)**

2. Expliquez les différentes positions des États de l'Union européenne sur l'évolution des frontières externes. **(doc. 8)**

3. En confrontant les **documents 6 à 8**, montrez que le défi le plus important qui se pose aujourd'hui à l'Union européenne est de définir une politique d'immigration commune.

Bilan

Montrez pourquoi la gestion et le renforcement des frontières externes de l'espace Schengen sont devenus un enjeu politique pour l'Union européenne.

PROJET Réaliser un podcast

Capacité *S'exprimer à l'oral… pour rendre compte d'une situation complexe de manière objective*

MISSION ➡ À partir de vos réponses aux questions posées pages 223 et 224, réalisez un podcast de 4 minutes sur le sujet suivant : « La gestion des frontières externes de l'Union européenne, un sujet de division entre les Européens ? »

étape 1 Préparer le podcast

Dans ce sujet qui peut être vite polémique, veillez à bien garder un regard critique sur les documents en citant leur auteur et leur point de vue sans vous les approprier.

1. Listez les informations qui répondent directement au sujet à partir des activités des pages 223 et 224.

2. Classez ces informations dans les parties en sélectionnant un des deux plans possibles.

Plan 1	Plan 2
1. Des points de convergence sur le renforcement des frontières externes **2.** Des débats sur l'évolution des frontières externes	**1.** Les formes des frontières externes **2.** Des frontières filtrantes **3.** Des tensions politiques

Pour rendre vivant votre podcast, partez de situations concrètes et soignez particulièrement vos exemples. N'utilisez que des mots compréhensibles et définissez simplement les notions nouvelles.

3. Rédigez chaque grande partie en présentant des arguments accompagnés d'explications et d'exemples concrets. Vous pouvez compléter les exemples par des recherches personnelles.

4. Recherchez dans la presse un fait d'actualité précis et très récent sur le sujet pour l'accroche de votre podcast.

Privilégiez les phrases courtes et les formules concises pour marquer les esprits.

5. Rédigez entièrement l'introduction, la conclusion, les transitions.

étape 2 Réaliser le podcast

Variez les intonations pour capter vos auditeurs. Soulignez les phrases ou les expressions sur lesquelles vous voulez insister.

6. Lisez votre texte à haute voix et chronométrez le temps de votre podcast. Il faudra certainement ajuster la rédaction en coupant ou allongeant certaines de vos phrases pour respecter le temps.

7. Enregistrez-vous une première fois pour réaliser un test. Écoutez-vous pour chasser vos tics de langage (« alors », « euh », « du coup », « c'est-à-dire »…) et adapter vos intonations.

Vous pouvez vous servir des outils suivants : Audacity, Vidmore Screen Recorder, Aktiv MP3 Recorder, ou bien votre smartphone…

8. Réalisez l'enregistrement définitif.

étape 3 Diffuser le podcast

9. Déposez votre fichier audio avec votre nom sur un mur virtuel ou dans une playlist créé(e) pour l'ensemble de la classe à cette occasion. Vous pourrez ainsi évaluer votre production au regard de celles de vos camarades.

Étude Les frontières de l'Espagne

L'adhésion de l'Espagne à l'Union européenne en 1986 a renforcé l'ouverture des frontières du pays aux flux économiques et humains. Cependant, le voisinage de l'Afrique bouleverse le fonctionnement des frontières et devient source de tensions.

➤ Pourquoi les frontières de l'Espagne sont-elles inégalement ouvertes ?

1 Les dynamiques des frontières espagnoles

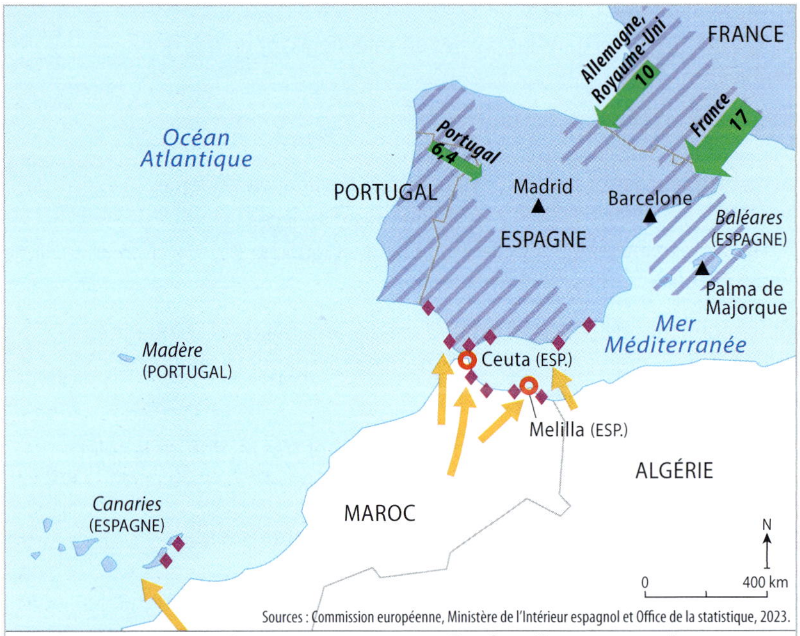

Sources : Commission européenne, Ministère de l'Intérieur espagnol et Office de la statistique, 2023.

Des frontières espagnoles ouvertes dans le cadre de l'Union européenne
- État membre de l'UE et de l'espace Schengen
- eurorégion
- 6,4 flux touristique, en 2021, en millions
- ▲ aéroport ayant accueilli plus de 15 millions de passagers, en 2021

Des frontières sous tensions
- route des migrations illégales
- clôture de sécurité
- ◆ installation du SIVE (Système intégré de surveillance extérieure)[1]

1. système de détection sophistiqué (radars, caméras de vision nocturne, ...) installé sur les côtes espagnoles visant à intercepter migrants irréguliers et contrebandiers.

Carte interactive
hachette-clic.fr/23hgg1081

Vocabulaire

Eurorégion : espace de coopération transfrontalière au sein de l'UE dont le statut administratif est très variable. Il bénéficie d'aides européennes pour mener des politiques communes (transport, économie, protection de l'environnement…).

Interreg : programme européen encourageant la coopération entre les régions européennes par le développement de projets communs dans des domaines variés (développement économique, gestion de l'environnement...).

2 Une fermeture partielle de la frontière franco-espagnole

En 2020, Emmanuel Macron annonçait le renforcement des contrôles aux frontières et un redéploiement de force de police sur les principaux axes de passage. En conséquence, des axes secondaires qui permettaient le passage de la France vers ses voisins ont été fermés. C'est le cas dans les Pyrénées-Orientales où 5 points de passages avaient été condamnés. Si certains ont été réouverts, d'autres restent bloqués ce qui commence à exaspérer les habitants. À Banyuls-sur-Mer, le col qui permettait de passer facilement en Espagne est fermé depuis deux ans. « Liberté », peut-on lire à la peinture blanche de part et d'autre des rochers qui bloquent la frontière. Pour le maire de Banyuls, que cette petite route qui traverse les Albères reste fermée, c'est incompréhensible. « C'est une privation de liberté pour les honnêtes gens qui veulent se rendre en Catalogne du Sud. Les motifs invoqués sont l'immigration alors que les clandestins ne passent pas par-là ». Le blocage a des conséquences économiques. Les salariés espagnols qui travaillent en France doivent faire de gros détours. « L'Albères sans frontières » s'est créé cet été et compte déjà 1 200 membres. Pour son président, P. Becque, maintenir ce passage fermé, c'est une violation du traité de Schengen.

Europe 1, 28 novembre 2022.

3 Des mobilités transfrontalières encouragées

La plate-forme Transfermuga recense les offres de transport (TER, cars, bus…) de l'euroregion Nouvelle Aquitaine, Navarre et Euskadi. Elle a pour objectif de favoriser les deplacements transfrontaliers et de promouvoir l'offre touristique dans le cadre du programme **Interreg**.

5 L'enclave de Melilla sous pression migratoire

Restées espagnoles après l'indépendance du Maroc en 1956, Ceuta et Melilla sont les seuls territoires de l'Union européenne en Afrique. Les deux villes sont devenues une frontière externe de l'UE et font régulièrement l'objet de tentatives d'entrée de la part de migrants souhaitant rejoindre l'Europe.

4 La frontière sud de l'Espagne, source de débats

Plusieurs manifestations ont eu lieu dans diverses villes d'Espagne pour protester après le drame de Melilla qui a coûté la vie à au moins 23 migrants africains ayant tenté de pénétrer le 24 juin dans l'enclave espagnole au Maroc. Plusieurs milliers de personnes se sont rassemblées à l'appel de nombreux collectifs qui voulaient dénoncer « les politiques migratoires, matérialisées dans la brutalité policière et la militarisation des frontières ». Au moins 23 personnes, dont une grande partie étaient soudanaises, ont péri, selon les autorités marocaines, lorsque quelques 2 000 migrants ont tenté de franchir la haute clôture grillagée séparant Melilla de la ville frontalière marocaine de Nador. Ce drame, le plus meurtrier jamais enregistré aux frontières entre le Maroc et Ceuta et Melilla, les seules frontières de l'UE sur le continent africain, a provoqué l'indignation internationale, et notamment des propos d'une sévérité rare de la part de l'ONU, ainsi que l'ouverture de trois enquêtes (deux en Espagne, une au Maroc). À Madrid, plusieurs centaines de personnes ont repris les slogans du mouvement *Black Lives Matter* et scandé des slogans comme « Aucun être humain n'est illégal » et brandi des pancartes « Les frontières tuent ». Selon Rabat, les victimes ont péri « dans des bousculades et en chutant » du haut de la grille métallique qui sépare le Maroc de Melilla.

SudOuest, 1er juillet 2022.

ACTIVITÉ

1. Identifiez les frontières internes et les frontières externes de l'Union européenne présentes en Espagne. **(doc. 1)**

2. Complétez ce tableau à partir des informations extraites des documents.

	Lesquelles ?	Pourquoi ?	Conséquences ?
Des frontières ouvertes **(doc. 1 et 3)**	*Entre l'Espagne et les pays membres de l'espace Schengen*	…	…
Des frontières surveillées et barriérisées **(doc. 2 et 5)**	…	…	…
Un fonctionnement des frontières en débat **(doc. 3 et 4)**	…	…	…

Bilan

À l'aide du tableau, rédigez un texte argumenté et organisé pour répondre à la problématique : « **Pourquoi les frontières de l'Espagne sont-elles inégalement ouvertes ?** »

Étude GRAND FORMAT

Ceuta : une frontière externe de l'Union européenne en Afrique

Contexte ➜ Appartenant à l'Espagne depuis 1580, Ceuta a été un poste militaire ou encore un bagne au nord de l'Afrique. En 1956, lors de l'indépendance du Maroc, ce territoire est resté espagnol et n'a cessé depuis d'être revendiqué par le Maroc. Avec l'entrée de l'Espagne dans l'Union européenne (1986) et dans l'espace Schengen (1991), Ceuta est devenue une frontière externe de l'UE associée à de nombreux enjeux géopolitiques.

➤ Pourquoi la frontière de Ceuta qui sépare l'Espagne et le Maroc cristallise-t-elle de nombreuses tensions ?

1 Image satellite de Ceuta (2018)

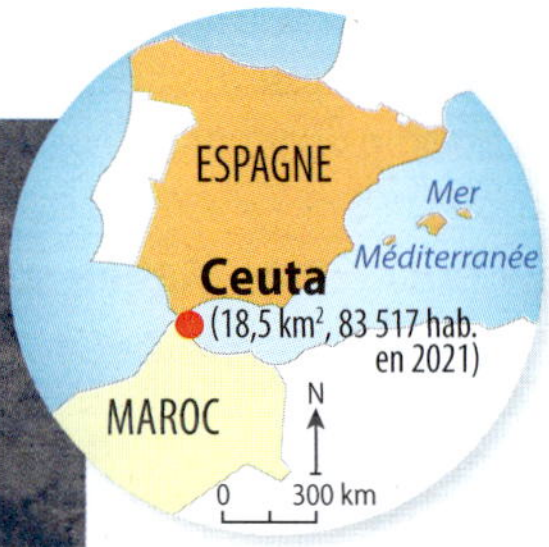

Géoimage, 2022.

Bien qu'inhabité, l'îlot Persil, territoire espagnol, est revendiqué par le Maroc depuis son indépendance. En 2002, les forces spéciales espagnoles sont intervenues après l'occupation illégale de l'îlot par le Maroc tandis que les États-Unis ont dû jouer le rôle de médiateur.

Présentation

En 2022, le site *Geo-image*, en partenariat avec le Centre National d'Études Spatiales (CNES), a mis en ligne une image satellitale de l'enclave de Ceuta. Cette image est prise depuis l'espace, par des capteurs placés sur des satellites en orbite autour de la terre.

Mise en perspective

2 La barrière entre Ceuta et le Maroc

Longue de 8 km, la « barrière de Ceuta » sépare la ville espagnole du Maroc depuis 2001. En 2020, des travaux ont contribué à rehausser sa hauteur de 6 à 10 mètres.

3 Ceuta : un territoire européen attractif

La parole de la géographe

Les habitants de Ceuta ne payent pas de taxe sur les tabacs, les carburants et les combustibles favorisant ainsi les trafics frontaliers illégaux. Ces trafics perdurent depuis les années 1960 avec une certaine complicité et tolérance du Maroc car, après son indépendance, le pays était dans l'incapacité d'acheminer des marchandises sur l'ensemble de son territoire. C'est ainsi que s'est mis en place un commerce illicite dont témoigne les « femmes mulets », des Marocaines transportant chaque jour sur leurs dos jusqu'à 70 kilos entre Ceuta et le Maroc[1]. En 1991, avec la création de l'espace Schengen, le renforcement des frontières externes européennes devient un principe pour l'UE. En 2002, après l'arrivée jugée trop importante de migrants marocains et d'Afrique subsaharienne sur la route de Ceuta, l'UE a déployé un arsenal important aggravant une crise frontalière désormais permanente. Les pays de l'Union européenne négocient la sécurité de leurs frontières extérieures avec les pays qui sont en bordure du continent. Le Maroc négocie des accords de réadmission de ressortissants arrivés illégalement en Europe et propose d'établir une surveillance et des accords de coopération policière sur son territoire et sur l'enclave de Ceuta. Depuis 2007, l'UE a versé au Maroc 270 millions d'euros pour financer les différents volets sécuritaires de la politique migratoire marocaine.

Chadia Arab, chargée de recherche au CNRS, 28 juillet 2022.

1. En mai 2022, les autorités marocaines ont décidé d'interdire cette contrebande qui prive les douanes marocaines d'importantes recettes (entre 550 et 760 millions d'euros chaque année).

ACTIVITÉ

Préparer l'analyse de l'image satellite en s'interrogeant

1. Où se situe Ceuta ? Pourquoi cette ville est-elle un territoire européen ? **(doc. 1)**

2. Quels éléments du **document 1** montrent qu'il existe des tensions entre le Maroc et l'Espagne autour de Ceuta ?

Analyser l'image satellite

3. À l'aide des **documents 1 et 2**, décrivez la barriérisation de la frontière à Ceuta.

4. Expliquez pour quelles raisons l'Espagne a érigé une barrière pour séparer Ceuta du Maroc. **(doc. 1 et 3)**

5. Pourquoi l'îlot Persil est-il également un élément de tension entre les gouvernements marocain et espagnol ? **(doc. 1)**

Réaliser une production graphique à partir d'une image satellite

6. À l'aide des **documents 1 à 3** et de vos réponses, complétez le tableau pour construire votre légende.

Une frontière terrestre et maritime disputée	Une frontière qui filtre les flux humains	Une « barriérisation » de la frontière
- - - frontière … …	☐ un seul poste frontière …	—— barrière (grillages et barbelés) …

7. Associez chaque information à un figuré. Réalisez le schéma et donnez-lui un titre.

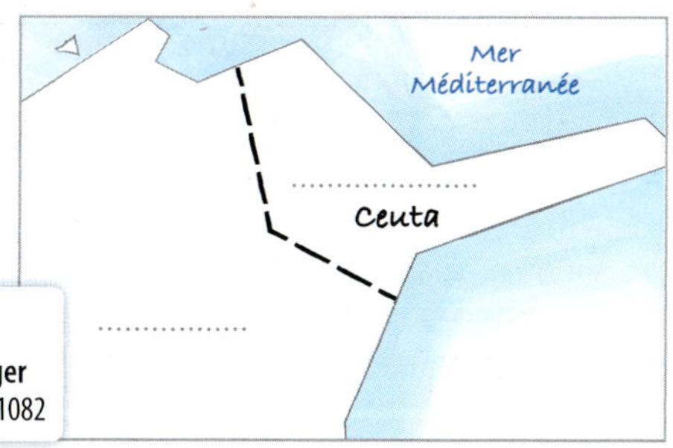

Schéma à télécharger
hachette-clic.fr/23hgg1082

Étude Les frontières de la Pologne

Membre de l'Union européenne depuis 2004, la Pologne a vu certaines de ses frontières se fondre dans l'espace Schengen apportant des opportunités d'échanges. Mais face à la montée de tensions géopolitiques, les frontières orientales ont tendance à se consolider.

Quels enjeux traversent aujourd'hui les frontières polonaises ?

1 Les frontières de la Pologne, des frontières stabilisées ou menacées ?

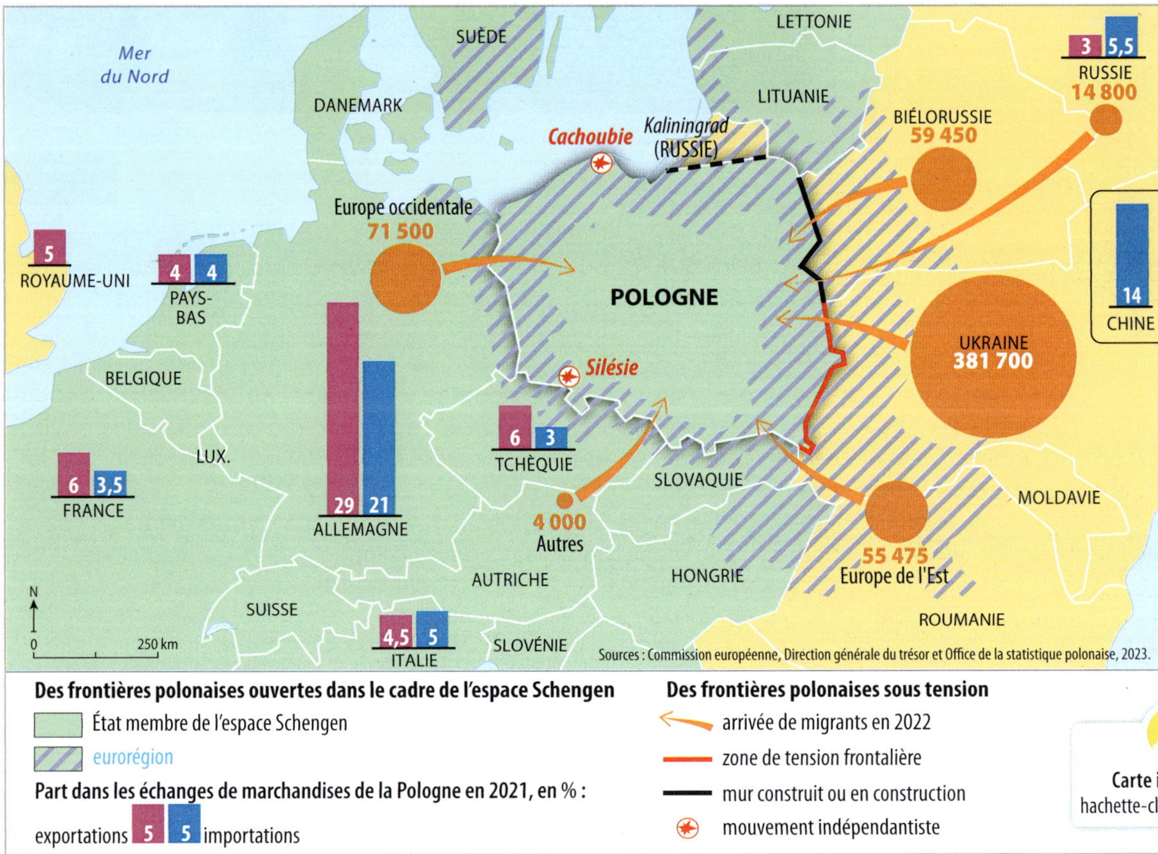

Carte interactive
hachette-clic.fr/23hgg1083

2 Une contestation des frontières internes : le cas des minorités allemandes en Silésie

Wrocław ou Breslau ? Gdansk ou Dantzig ? La présence allemande en Pologne ne se retrouve pas seulement dans le nom des villes mais elle est aussi incarnée par une minorité. La Silésie abrite l'une des communautés allemandes les plus importantes du pays. Cette présence date de la Seconde Guerre mondiale, et l'annexion de l'ouest de la Pologne par l'Allemagne nazie. Au cours des années 1990, cette minorité se structure et s'affirme au sein de la société polonaise en créant le Mouvement pour l'autonomie de la Silésie. Ce parti politique revendique plus de compétences et une autonomie administrative, économique et culturelle accrue pour la région de Silésie par rapport au pouvoir central. Depuis 2006, la marche pour l'autonomie a lieu une fois par an. Sur les bannières des manifestants, on peut lire « Pas de Polonais, seulement des Silésiens ». Lors du recensement de 2011, 847 000 citoyens polonais se sont réclamés de la « nation silésienne », officiellement inexistante. Les Silésiens nationaux ne se considèrent pas comme un sous-groupe du peuple polonais, mais comme un peuple à part entière avec sa propre langue et sa propre culture - précisément comme une nation. Les groupes nationalistes polonais y trouvent un motif pour questionner la loyauté des Allemands de Pologne à l'égard de leur pays d'accueil et agiter le spectre de revendications territoriales allemandes.

D'après C. Guyot, « Histoire et influence de la minorité allemande en Pologne », *Le Courrier de Pologne*, janvier 2016 et Wachtryz.eu (site d'information silésien), 2018.

3 Des frontières ouvertes à la coopération européenne

L'EuropaPromenade symbolise la coopération germano-polonaise et l'intégration de la Pologne dans l'espace Schengen. Le pays a accueilli 79 millions de touristes en 2021, dont 37 % d'Allemands.

4 Les frontières polonaises face aux tensions géopolitiques

Depuis l'été 2021, des milliers de migrants et de réfugiés, principalement originaires du Moyen-Orient, ont traversé ou tenté de traverser la frontière qui sépare la Pologne et la Biélorussie. L'Occident a accusé le régime biélorusse d'orchestrer cet afflux avec son allié russe, dans le cadre d'une attaque « hybride », ce que Minsk dément. En réponse, la Pologne a mis en place, le long de cette frontière, une zone interdite d'accès aux non-résidents, y compris les travailleurs humanitaires et les médias. Elle y a dépêché des milliers de soldats et de policiers, lancé la construction de la barrière et approuvé une loi autorisant les refoulements des migrants vers la Biélorussie, une pratique condamnée par des organisations et la justice internationales. « La barrière que nous avons construite nous sépare de la sombre dictature du dirigeant biélorusse, Alexandre Loukachenko », s'est félicité le ministre polonais de l'Intérieur. Le mur, haut de 5,5 mètres, s'étend sur plus de 186 kilomètres (soit près de la moitié de la longueur totale de la frontière de 418 km), et son coût est estimé à 350 millions d'euros.

Le Matin (quotidien suisse), 30 juin 2022.

5 L'ouverture des frontières polonaises aux réfugiés ukrainiens

Depuis le 24 février 2022 et l'invasion de leur territoire par la Russie, les Ukrainiens bénéficient d'un statut de protection temporaire leur permettant d'entrer dans l'Union européenne sans visa. 9,5 millions d'Ukrainiens ont franchi la frontière polonaise entre février 2022 et février 2023.

ACTIVITÉ

1. En quoi l'intégration à l'espace Schengen est-elle un atout pour le développement polonais ? **(doc. 1 et 3)**

2. Dans quelle mesure l'évolution des frontières a-t-elle laissé des traces dans la population ? Quels en sont les enjeux pour la Pologne aujourd'hui ? **(doc. 2)**

3. À l'aide des **documents 1, 4 et 5**, montrez les pressions qui pèsent sur les frontières orientales de la Pologne et les réactions des autorités.

Bilan

Rédigez un texte argumenté et organisé pour répondre au sujet : « **Quels enjeux traversent aujourd'hui les frontières polonaises ?** »

Étude Les espaces transfrontaliers franco-allemands

La frontière franco-allemande a longtemps été un espace de confrontation. Dans le cadre de l'Union européenne, elle est devenue synonyme de coopération. Le Rhin, trait d'union au cœur d'un des espaces transfrontaliers les plus dynamiques de l'UE, en est le symbole.

➤ Comment la coopération entre la France et l'Allemagne transforme-t-elle la frontière en une interface dynamique ?

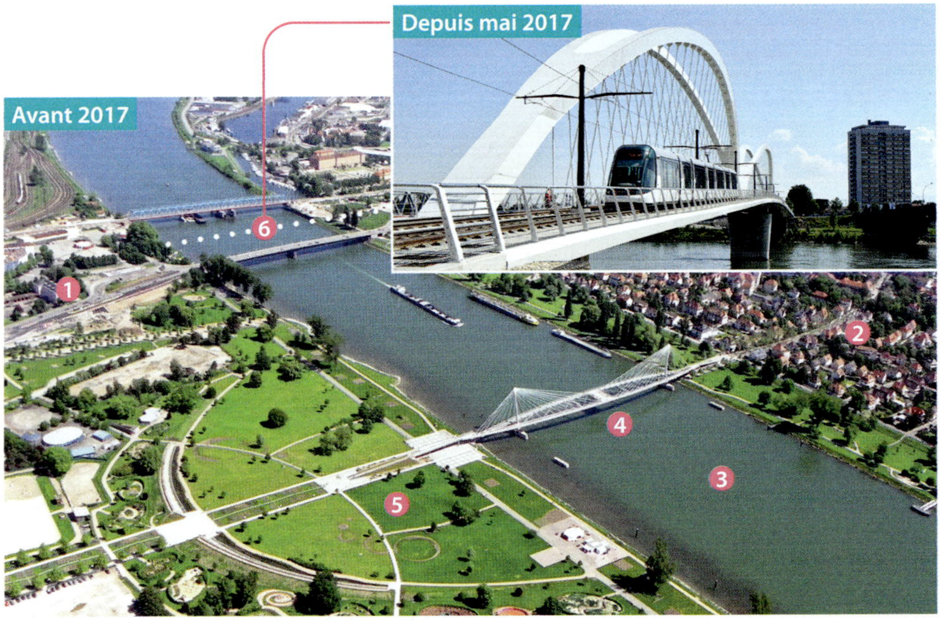

1 Un espace frontalier de mieux en mieux connecté entre les deux pays

Depuis 2004, l'ancien espace de friches industrielles et d'équipements portuaires est métamorphosé par le projet transfrontalier des « Deux Rives ». Entre Strasbourg ① et Kehl ②, de part et d'autre du Rhin ③, l'UE a subventionné une passerelle piétonne ④ et l'a agrémenté d'un jardin ⑤. Le pont de l'Europe, réservé au tramway, a été inauguré en 2017 ⑥.

2 La frontière franco-allemande, une interface active

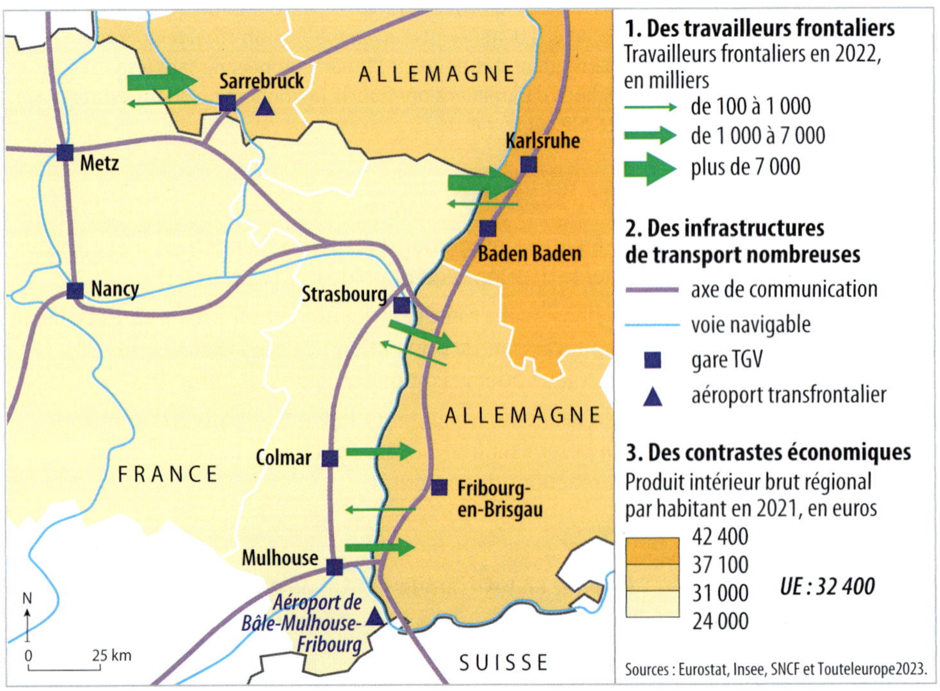

Vocabulaire

Espace transfrontalier : espace situé de part et d'autre d'une frontière étatique caractérisé par de fortes relations et parcouru par des flux (population, marchandises…).

Interface : zone de contact entre deux espaces où la frontière est ouverte, permettant des échanges de flux économiques, humains.

3 Une frontière dépassée au quotidien

Un trottoir en France, un trottoir en Allemagne. À Cocheren, la frontière n'est qu'une question de rue. Une longue ligne droite, bordée, côté allemand, de bureaux de tabac et de vendeurs de saucisses au curry, l'une des grandes spécialités charcutières outre-Rhin. Dans le village suivant, Rosbruck, encore un bureau de tabac. Pour les frontaliers, l'Allemagne est un supermarché, et pas que pour les cigarettes. Dans ce coin de Moselle, les échanges entre les populations ne se limitent pas au commerce. À Morsbach, entre Rosbruck et Forbach, le maire ne compte plus les exemples : « les pompiers de ma commune et ceux d'Emmersweiler, nos voisins allemands, se voient souvent et organisent des manœuvres ensemble. Les anciens combattants également travaillent en commun sur le devoir de mémoire. Les équipes de foot se prêtent les terrains lorsqu'il y a des travaux ». Le maire a présidé pendant deux ans l'Eurodistrict[1] Sarre-Moselle, qui regroupe les intercommunalités de Sarrebruck et de sept villes de Moselle-Est. Cette structure créée en 2010 a soutenu la création du tram-train Sarreguemines-Sarrebruck, l'aménagement des berges de la Sarre et la création d'une Route du Feu, circuit d'une dizaine de musées consacrés au passé industriel du bassin.

France Bleu Lorraine Nord, 6 avril 2016.

1. Espace de coopération transfrontalière bénéficiant d'aides européennes pour mener des politiques communes

4 Une coopération frontalière active

La coopération transfrontalière France / Allemagne

CRÉATIONS

- *Eurodistrict Strasbourg Ortenau* (2010) : espace institutionnel de coopération transfrontalière
- « *Réussir sans frontières - Erfolg ohne Grenzen* » (2016) : Forum d'offres d'emploi pour les frontaliers

- *Art'Rhena* (2021) : centre culturel franco-allemand pour promouvoir la culture et le tourisme

PROJETS

- *RevierDiv* (2023-2025) : gestion des cours d'eau face au changement climatique
- *Coradia* (2024) : rénovation de sept lignes ferroviaires pour favoriser les échanges entre les deux pays
- *Fessenheim* (2045-2050) : reconversion de la zone de la centrale nucléaire en parc d'activités et d'innovation franco-allemand

Sources : Mission opérationnelle transfrontalière et *Vive la Wir*, 2023.

PARCOURS 1 Rédiger un texte argumenté

1. Comment le paysage urbain de Strasbourg et Kehl illustre-t-il la création d'un espace transfrontalier ? **(doc. 1)**

2. Confrontez les **documents 2 et 3** pour décrire les flux frontaliers et les éléments qui les favorisent.

3. À l'aide du **documents 4**, montrez les différents domaines de coopération transfrontalière franco-allemande.

Bilan

Rédigez un texte argumenté et organisé pour répondre au sujet : **Comment la coopération entre la France et l'Allemagne transforme-t-elle la frontière en une interface dynamique ?**

Pour vous aider, vous aborderez :
- la diversité des flux qui traversent la frontière ;
- les aménagements transformant la frontière en interface ;
- les domaines de coopération transfrontalière (réalisations, projets).

PARCOURS 2 Réaliser une production graphique

À partir des documents, complétez la légende du croquis.

Croquis à télécharger
hachette-clic.fr/23hgg1084

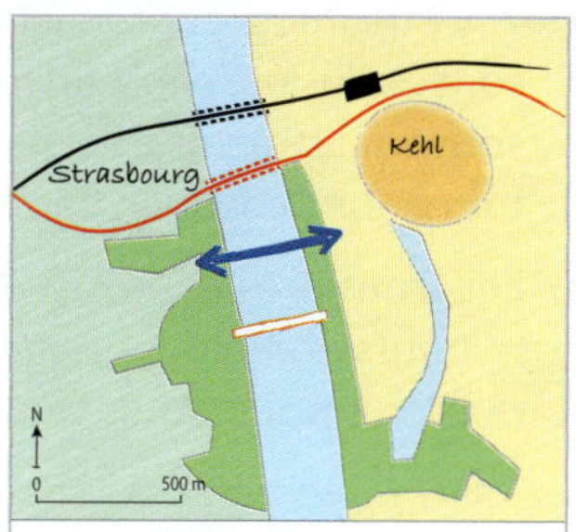

Le Rhin, frontière entre deux États
- ....
- ....
- ....
- ....

Des aménagements pour créer une couture
- ....
- ....
- ....
- ....

Des formes diverses d'échanges
- ....
- ....
- ....

OTC

Leçon 4 Les frontières internes et externes de l'Union européenne

▶ Pourquoi l'Union européenne est-elle un laboratoire des recompositions frontalières ?

A Des limites fluctuantes

- **L'Union européenne associe 27 États autour d'un projet d'unification continentale sans équivalent au monde.** JALON 1 p. 222 Cet espace de paix est aussi une zone de libre circulation des marchandises, des hommes, des informations et des capitaux, mais à géométrie variable (certains pays sont dans l'espace Schengen, d'autres dans la zone euro). La formation de ce marché s'est accompagnée d'un effacement des frontières économiques (droits de douane) puis des différents obstacles à la circulation des hommes.
- **Les frontières de l'UE résultent d'élargissements successifs :** attractive, elle est passée de 6 membres en 1957 à 28 en 2013, repoussant sans cesse ses limites vers le sud et vers l'est. Le départ du Royaume-Uni en 2020 marque un tournant historique et témoigne d'un **euroscepticisme** vivace. Il permet un éventuel retour d'une frontière « dure » entre l'Irlande du Nord et la République d'Irlande.
- **L'élargissement de l'UE et donc la modification de ces limites fait débat.** L'élargissement connaît un coup d'arrêt même si les candidatures restent nombreuses (Serbie) et discutées (Turquie, Ukraine). Elles sont examinées en fonction des critères d'adhésion de Copenhague (démocratie, économie de marché, respect des droits de l'homme). Certains spécialistes pensent que l'UE doit désormais définir clairement ses limites. La **politique européenne de voisinage** est proposée comme une alternative à l'élargissement.

B Des frontières externes renforcées

- **Vingt-sept États de l'UE font partie de l'espace Schengen dont les frontières externes sont protégées et étroitement surveillées.** JALON 1 p. 222 D'autres devraient y être intégrés prochainement (Roumanie, Bulgarie) alors que d'autres en sont exclus par choix (Irlande). Il s'étend aussi dans des territoires ultramarins souvent attractifs à l'échelle régionale (Mayotte, Canaries). Le système d'information Schengen partage les données sur les flux entre les pays membres.
- **Les frontières externes de l'espace Schengen se ferment de plus en plus** JALON 2 p. 226 (murs en Pologne, *smart borders*). L'agence **Frontex** dispose de moyens accrus pour réguler les flux migratoires (10 000 agents en 2022) ; le réseau Eurosur la soutient en facilitant la circulation de données recueillies en temps réel aux frontières par des satellites ou des drones. Les points d'entrée stratégiques (Ceuta et Melilla, îles grecques) sont surveillés, comme les aéroports internationaux (Roissy) et certains ports (Calais). Des accords associent les pays voisins à la surveillance en échange d'aides (Turquie, Maroc).
- **Les frontières externes font débat.** JALON 1 p. 222 Alors que certains redoutent une Europe « forteresse », favorisant les drames humanitaires (Méditerranée), d'autres dénoncent une « passoire » inefficace, alimentant les discours europhobes et les replis nationalistes. Les États méditerranéens (Italie, Grèce), débordés par les flux migratoires, prônent une redéfinition des règles de l'accueil des migrants, dont le règlement Dublin III qui prévoit que le premier pays d'accueil d'un migrant a la responsabilité de l'examen de sa demande d'asile.

1 **Les aéroports, de nouvelles formes de frontières**

Vocabulaire

Eurorégion : espace de coopération transfrontalière au sein de l'UE dont le statut administratif est variable. Il bénéficie d'aides européennes pour mener des politiques communes (transport, économie, protection de l'environnement).

Euroscepticisme : opposition à certains aspects de l'intégration européenne ou à l'Union européenne dans son ensemble.

Frontex : agence européenne de gardes-frontières et de garde-côtes chargée de contrôler les frontières externes de l'Union européenne.

Groupe de Visegrad : groupe de pays (Hongrie, Pologne, République tchèque, Slovaquie) défendant des positions communes (restriction de l'immigration, renforcement des souverainetés nationales).

Politique européenne de voisinage : politique de coopération entre l'UE et ses voisins (Europe de l'Est, Maghreb, Proche-Orient). Elle vise à stabiliser les marges de l'Union européenne.

C Des frontières internes ouvertes ?

L'intégration régionale semble ouvrir les frontières entre les États signataires : on parle d'une « dévaluation » des frontières internes. Elles ne sont plus des ruptures mais des espaces de coopération transfrontalière (**eurorégion**) soutenus par l'UE (programmes Interreg) et traversés par des réseaux de transport. La frontière franco-allemande est une interface parcourue par des flux de travailleurs (50 000 travailleurs français allant quotidiennement en Allemagne), de biens et de capitaux valorisant les atouts de chaque pays. La frontière germano-polonaise voit la création d'aménagements touristiques transfrontaliers.

JALON 3 p. 232

Cependant, ces frontières s'ouvrent inégalement (Pologne, Espagne). L'espace Schengen ne couvre pas toute l'UE et les contrôles persistent à l'entrée de certains pays (Roumanie). Certaines formes de « frontières », fiscales, linguistiques, culturelles existent toujours. Ainsi, des mouvements indépendantistes militent pour le tracé de nouvelles frontières au sein des États européens (Silésie, Catalogne, Flandre).

JALON 2 p. 226

Comme les États gardent leur souveraineté, un retour provisoire des contrôles aux frontières nationales est possible. Il existe depuis les années 2010, en lien avec la pression migratoire (crise des migrants de 2015), la pandémie de la Covid-19 (2020-2021) ou au lendemain d'actes terroristes. Les désaccords concernant la politique migratoire de l'UE alimentent dans certains pays des discours prônant un « retour des frontières » internes (**groupe de Visegrad**).

2 **Le retour des frontières dans l'Union européenne pendant la pandémie de Covid-19**

SCHÉMA BILAN

Schéma interactif
hachette-clic.fr/23hgg1085

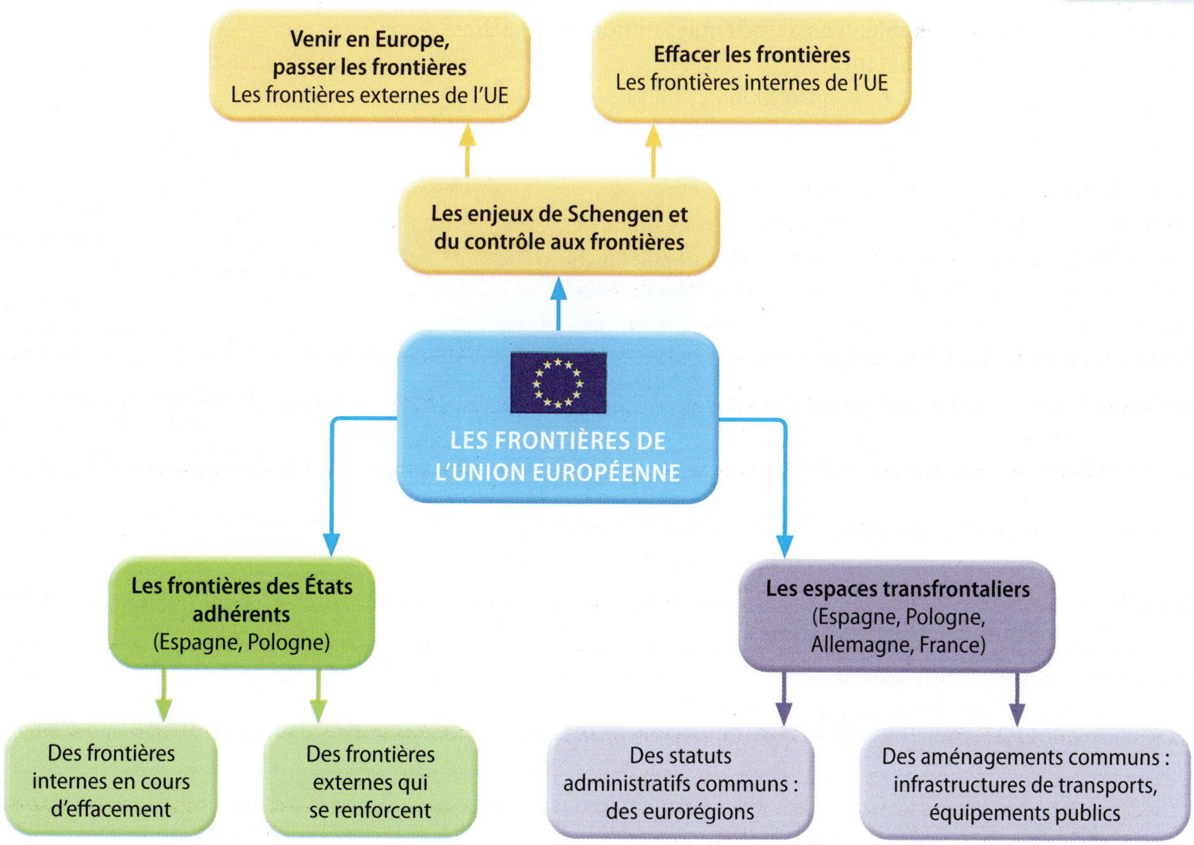

Méthode BAC Dissertation

SUJET ➔ Pourquoi les États tracent-ils des frontières ?

étape 1 Analyser le sujet et construire un plan

1. Complétez l'analyse du sujet, à l'aide de votre cours et du manuel. ➥ Méthode p. 90

Pourquoi les États tracent-ils des frontières ?

- « Pourquoi » indique qu'il faut rechercher les finalités recherchées lors du tracé des frontières. Listez ces finalités.
- États : Montrez que la définition de ses frontières est un élément participant à l'identité d'un État.
- tracent-ils : Pourquoi le verbe « tracer » permet-il de montrer que toute frontière est le résultat d'un choix politique ?
- frontières : Quel type de frontières est concerné dans ce sujet ?

2. Choisissez parmi les propositions suivantes une des problématiques qui reformulent le sujet tout en y restant fidèles.

- *Quels sont les finalités et les usages des frontières politiques ?*
- *Comment les frontières ont-elles délimité les États ?*
- *Quelles sont les conséquences du tracé des frontières politiques ?*
- *Pour quelles raisons les États ont-ils cherché à définir et matérialiser leurs frontières ?*
- *Pourquoi le tracé des frontières fait-il débat ?*

Sélectionnez la problématique qui interroge sur les motivations des acteurs politiques à tracer des frontières.

3. Complétez la 2e colonne du tableau en associant les notions aux parties de la dissertation et en les définissant.

Notions : *front pionnier ; colonisation ; frontière filtrante ; souveraineté territoriale ; Empire romain ; domination coloniale ; modèle politique ; guerre froide ; marges ; barrière frontalière ; frontières-murs ; zone démilitarisée.*

Grandes parties du plan : Tracer des frontières pour…	Notions (définition)	Exemples illustrant les notions
1. ... s'approprier un territoire	– front pionnier : espace en cours de mise en valeur par les hommes. – ……	– le *limes* correspond à la limite de la conquête de l'Empire romain ;
2. … se défendre		
3. … se séparer		

Pour définir les notions, aidez-vous de votre cours et/ou du lexique du manuel.

Point méthode

Définir les notions et les illustrer par des exemples

✔ Définir la notion dans le sens du sujet :
- en utilisant le cours, le lexique du manuel, un dictionnaire spécialisé au CDI ou un site spécialisé (*Géoconfluences* pour des notions de géographie, *Hérodote* pour des notions d'histoire, …) ;
- en rédigeant une définition complète et précise.

✔ Illustrer la notion par des exemples :
- en utilisant le cours, les pages jalons du manuel, des recherches personnelles ;
- en variant les exemples (changer d'échelle, de période, de lieu, d'acteur, …) ;
- en modulant l'approfondissement des exemples : certains peuvent être exposés en détail, d'autres ne servent qu'à illustrer le propos.

4. Complétez la 3e colonne du tableau en illustrant chaque notion par des exemples.

Pensez à mobiliser vos connaissances sur les exemples étudiés en classe : *limes* romain, Conférence de Berlin, frontière des deux Corée.

étape 2 Rédiger la dissertation

5. **À l'aide de la** **Méthode p. 238****, terminez la rédaction de l'introduction :**

Lorsqu'en juin 2022 le Danemark et le Canada s'accordent sur le tracé d'une frontière sur l'île de Hans au large du Groënland, ils s'inscrivent dans le long processus politique de délimitation des frontières des États. En effet, ...
..

Reprenez la problématique sélectionnée dans la question 2.

6. **En vous aidant du modèle proposé pour le début de la première partie, rédigez la suite de la dissertation.**

En premier lieu, les frontières sont la traduction d'un choix politique et le premier enjeu qui sous-tend cette décision relève de la volonté de s'approprier un territoire. Aujourd'hui plus rares, les frontières tracées pour matérialiser un front pionnier ont été nombreuses dans l'histoire des États. Il s'agit alors de marquer sa souveraineté sur un espace en cours d'appropriation et de mise en valeur. Ainsi, le limes romain matérialise une démarcation politique dans un contexte de conquête militaire et territoriale. La limite territoriale se double alors d'une limite politique et les marges sont repoussées (mur d'Hadrien en Écosse, limes rhénan en Germanie).

De même, dans des contextes différents, d'autres fronts pionniers se sont traduits par la délimitation de frontières, notamment lors des conquêtes européennes en Amérique du Sud dès le XVIe siècle, en Amérique du Nord à partir du XVIIe. De l'autre côté de l'Atlantique, les différentes expéditions d'exploration du cœur du continent africain, mal connu jusqu'au milieu du XIXe siècle, se sont traduites par des tracés frontaliers au profit des puissances coloniales (britannique, française, allemande). Ainsi, la conférence de Berlin de 1884-1885 ....
..

Repérez dans ce début de développement, la phrase introductive qui annonce le thème de la partie.

7. **Rédigez les deux premières parties de la conclusion puis choisissez l'une des ouvertures proposées. Justifiez votre choix.**

– Les finalités liées au tracé des frontières sont donc multiples et pourraient être complétées par la volonté de s'accaparer les territoires voisins.

– Mais, si les finalités liées au tracé des frontières s'avèrent multiples, les débats suscités par ces tracés le sont tout autant : litiges frontaliers, reconnaissance des frontières, respect de la souveraineté des États au sein de ses frontières, …

– Mais si les finalités liées au tracé des frontières apparaissent diverses, on peut s'interroger sur l'apparition future de nouvelles motivations pour les États.

Éliminez les ouvertures sur un aspect déjà traité dans le sujet ou sur une question d'avenir impossible à traiter.

Sujet d'entraînement

Quels sont les débats suscités par le tracé des frontières ?

Vous vous appuierez sur des exemples pris dans l'histoire du XXe siècle et sur les questions actuelles autour du droit de la mer.

Complétez la liste des notions associées au terme « débats » : litiges sur le tracé des frontières maritimes ; contestation d'un tracé terrestre ; conflit frontalier ; …

En vous appuyant sur votre cours et sur vos connaissances personnelles, listez des exemples de conflits frontaliers pris dans l'histoire du XXe siècle : tracé et reconnaissance de la frontière germano-polonaise ; tracé de la frontière entre les deux Corée ; partition de l'Inde ; ….

Relisez votre cours sur le jalon le droit de la mer et notez les points qui suscitent des débats.

Capacités Introduire la dissertation - Illustrer la dissertation d'une production graphique

Méthode BAC Dissertation

SUJET ➪ Quelles formes de frontières l'Union européenne produit-elle ?

étape 1 Analyser le sujet

1. Complétez l'analyse du sujet, à l'aide de votre cours et du manuel. ➡ Méthode p. 90

Utilisez les pages Repères p. 180-181 pour identifier les différentes formes de frontières. Illustrez-les d'un exemple de frontière de l'espace européen.

Pourquoi la coopération des 27 pays membres de l'UE modifie-t-elle leurs frontières ?

Le verbe « produire » implique que les politiques de l'Union européenne sont à l'origine des formes de ses frontières. Citez un exemple de décision européenne ayant eu des conséquences sur une/des frontières.

Quelles formes de **frontières** l'**Union européenne produit**-elle ?

Vous étudierez les **frontières externes** et **internes** de l'**espace européen**.

Où sont les frontières externes de l'UE ? En dehors des postes frontaliers, quelles sont les autres portes d'entrée de l'Union européenne ?

Expliquez pourquoi certaines frontières internes ont tendance à s'effacer alors que d'autres non.

étape 2 Introduire la dissertation

2. Classez dans le tableau les informations suivantes, puis rédigez le début de l'introduction en sélectionnant celles de votre choix.

- Depuis février 2022 et l'invasion de l'Ukraine par la Russie, les frontières orientales de l'Union européenne sont l'objet de pressions diverses : Ukrainiens fuyant les combats, Russes hostiles à la politique de Vladimir Poutine cherchant l'exil, soldats de l'OTAN stationnés dans les pays frontaliers, …
- Avec ses 27 États membres, l'Union européenne présente une grande diversité de formes frontalières : maritimes ou continentales, externes ou internes, fermées ou ouvertes, ponctuelles ou linéaires, dynamisées par un puissant espace transfrontalier…
- Les frontières externes de l'Union européenne font l'objet de pression.
- Chaque jour, 40 000 travailleurs français se rendent en Belgique pour travailler.
- Les frontières internes de l'Union européenne donnent naissance à des espaces transfrontaliers inégalement dynamiques.
- « Les frontières sont nées d'une évolution historique et ethnique respectable, d'un long effet d'unification nationale ; on ne saurait songer à les effacer. À d'autres époques, on les déplaçait par des conquêtes violentes ou par des mariages fructueux. Aujourd'hui, il suffira de les dévaluer. » Robert Schumann.
- Les politiques de l'Union européenne ont mené à la création de frontières diamétralement opposées : frontière couture, ouverte, voire invisible à l'intérieur de son périmètre, frontière coupure, voire forteresse, avec le reste du monde.

Point méthode

Introduire la dissertation

✔ Amorcer l'introduction par un fait d'actualité, une citation, un exemple concret ;

✔ Apporter une définition précise des notions-clés, délimiter les bornes spatio-temporelles, poser les enjeux (intérêt, originalité du sujet) ;

✔ Énoncer une problématique qui doit couvrir l'ensemble du sujet ; elle soulève une question qui sera le fil conducteur de la dissertation ;

✔ Annoncer l'idée principale de chaque partie de la dissertation.

Une accroche possible	– *Chaque jour, 40000 travailleurs français se rendent en Belgique pour travailler.* – ………
Un élément de définition du sujet	– ……… – ………

Établissez un lien entre l'accroche et la définition du sujet, à l'aide d'une formule telle que : *Cet exemple illustre…*

3. **Parmi les problématiques suivantes, choisissez celle qui semble convenir le mieux au sujet et justifiez votre choix.**

- Pourquoi les questions frontalières représentent-elles un enjeu géopolitique majeur pour l'Union européenne ?
- Quelles formes de frontière l'Union européenne produit-elle ?
- Pourquoi l'Union européenne est-elle un laboratoire des recompositions frontalières ?
- Comment les politiques de l'Union européenne produisent-elles des formes de frontières diamétralement opposées ?

Lorsque le sujet est formulé sous la forme d'une question, il est possible de la reprendre en problématique mais il est conseillé de la reformuler en l'enrichissant.

4. **Poursuivez la rédaction de l'introduction en reprenant la problématique sélectionnée.**

5. **Terminez votre introduction en annonçant le plan.**

Plan suggéré :

a. Des frontières extérieures renforcées par les politiques de l'UE

b. Des frontières intérieures inégalement ouvertes et dynamisées sous l'impulsion de l'UE

Pour éviter les formulations scolaires telles que « *dans une première partie, nous présenterons… ; dans une deuxième partie…* », vous pouvez utiliser un style indirect : « *Ainsi, il s'agira de montrer dans un premier temps… puis… et enfin…* ».

étape 3 Rédiger et illustrer la dissertation

6. **Rédigez les deux parties de la dissertation en organisant les idées de manière cohérente.** ➡ Méthode p. 164, ➡ Grille d'autoévaluation p. 376

7. **Complétez le schéma suivant pour illustrer la deuxième partie de la dissertation.**

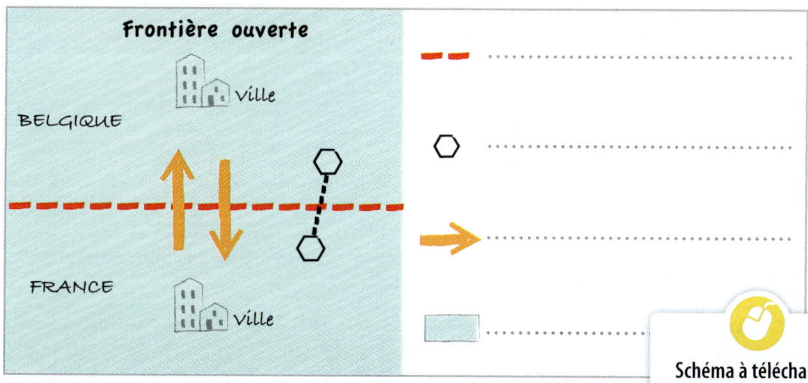

Schéma à télécharger
hachette-clic.fr/23hgg1086

Point méthode

Illustrer la dissertation d'une production graphique

- Dans une dissertation, le schéma est valorisé ;
- Le schéma permet d'illustrer une idée : il reprend les notions du cours dans le titre ou la légende ; il peut être traité à différentes échelles ;
- Le schéma illustratif est simplifié au maximum : usage de formes géométriques, nombre d'informations limité ;
- Le schéma n'est pas décrit dans la dissertation mais il est introduit dans la rédaction (par exemple par une phrase comme : « comme le montre le schéma ci-contre … »).

Sujet d'entraînement

Pour l'introduction, définissez précisément les termes du sujet, notamment celui de « mobilités » : quels types de déplacements de personnes sont concernés ?

Pour cerner le sujet, il faut interroger son cadre spatial : faut-il traiter uniquement les frontières externes de l'Union européenne ? uniquement les frontières internes ? ou bien tenir compte des deux échelles ?

Les frontières de l'Union européenne sont-elles ouvertes aux mobilités des personnes ?

Pour illustrer la dissertation d'une production graphique, vous pouvez par exemple compléter le schéma ci-contre.

Schéma à télécharger
hachette-clic.fr/23hgg1087

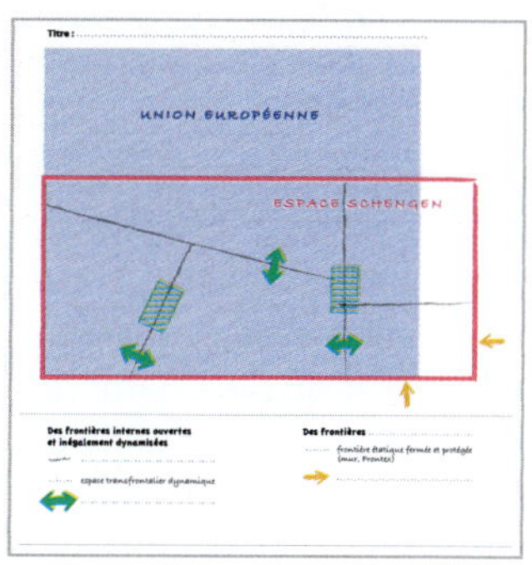

Capacité Porter un regard critique sur la source et la nature du ou des documents

Méthode BAC — Étude critique de documents

SUJET La frontière Oder-Neisse, entre guerre et diplomatie

En analysant les documents, en les confrontant et en vous appuyant sur vos connaissances, montrez les difficultés de la reconnaissance de la frontière germano-polonaise après la Seconde Guerre mondiale.

1 Affiche électorale de 1949 qui incite les Allemands de l'Ouest à voter pour l'Union démocrate-chrétienne « pour une Patrie indivisée »

2 La reconnaissance de la frontière germano-polonaise, un préalable à la réunification allemande

Le Bundestag allemand

[...]

– soucieux d'apporter grâce à l'unité allemande une contribution à la construction d'un ordre de paix européen dans lequel les frontières ne séparent plus et qui garantit à tous les peuples européens une coexistence empreinte de confiance et une vaste coopération au bénéfice de tous [...]

– conscient que les crimes commis par des Allemands et au nom des Allemands ont infligé de terribles souffrances au peuple polonais,

– conscient que des millions d'Allemands expulsés de leur terre d'origine ont subi une grande injustice,

– souhaitant qu'en se souvenant des chapitres tragiques et douloureux de l'histoire, l'Allemagne unie, elle aussi, et la République de Pologne continuent de poursuivre systématiquement l'entente et la réconciliation entre les Allemands et les Polonais, développent des relations porteuses d'avenir et constituent ainsi un modèle de bon voisinage [...],

– espérant que la Chambre du peuple de la RDA librement élue adopte une résolution de même teneur, exprime sa volonté de voir le tracé de la frontière entre l'Allemagne unie et la république de Pologne définitivement confirmé par un traité de droit international comme suit :

Le tracé de la frontière entre l'Allemagne unie et la république de Pologne sera celui qui est fixé par « l'Accord entre la République démocratique allemande et la République polonaise [...] (et du traité entre la République démocratique allemande et la République populaire de Pologne sur la délimitation des zones maritimes dans la baie de l'Oder en date du 22 mai 1989 [...] ainsi que du « traité conclu entre la république fédérale d'Allemagne et la république populaire de Pologne sur les fondements de la normalisation de leurs relations mutuelles », signé le 7 décembre 1970.

Les deux parties[1] réaffirment l'inviolabilité de leur frontière existante pour le présent et l'avenir, et s'engagent réciproquement au respect sans restriction de leur souveraineté et de leur intégrité territoriale. Les deux parties déclarent n'avoir l'une envers l'autre aucune prétention territoriale et qu'elles n'en élèveront pas à l'avenir. [...]

Résolution du Bundestag allemand relative à la frontière germano-polonaise à Bonn, 21 juin 1990.

1. L'Allemagne « unie » et la Pologne.

étape 1 Analyser le sujet et construire un plan

1. Analysez le sujet et la consigne pour en comprendre les enjeux. ➡ Méthode p. 90

2. Choisissez parmi les propositions suivantes le plan qui convient. Justifiez votre choix.

Plan 1 En Allemagne de l'Ouest, le refus de la frontière ; En Allemagne de l'Est, une reconnaissance précoce

Plan 2 1945-1949 : Une frontière tracée dans le cadre d'une défaite ; 1949-1989 : Une reconnaissance inégale ; 1990 : La pleine reconnaissance de la frontière

Plan 3 Le rejet de la frontière en 1949 ; La reconnaissance de la frontière

Sélectionnez un plan qui permet de confronter les deux documents.

étape 2 Porter un regard critique sur les documents

3. Complétez le tableau suivant pour porter un regard critique sur les documents.

	Regard critique sur la source	Regard critique sur la nature
Doc. 1	– CDU, Union démocrate-chrétienne (parti politique allemand conservateur) : hostile au communisme et à la RDA	– Affiche électorale : ....
Doc. 2	...	...

Faites une petite recherche pour comprendre ce qu'est le Bundestag allemand.

Tirez des conclusions sur la manière dont les territoires allemands sont représentés sur cette affiche.

4. Rédigez l'étude critique des documents. ➡ Méthode p. 95

Point méthode

Porter un regard critique sur la source et la nature du document

✔ La source peut être :
- objective (article scientifique, essai spécialisé, ...) : il faut alors en dégager l'intérêt ;
- subjective (discours d'un acteur politique, caricature d'un artiste engagé, ...) : il faut alors en montrer les limites ;

✔ La nature peut :
- présenter les informations de manière subjective (prise de parti d'un texte, codes de la caricature ou de l'affiche, formulation d'une légende d'une carte) ;
- transmettre un message dans le but de convaincre, séduire, provoquer, critiquer, influencer.

Sujet d'entraînement

La frontière entre les deux Corée

En analysant le document et en vous appuyant sur vos connaissances, analysez l'origine et les effets de la frontière entre les deux Corée.

Une frontière sépare la péninsule coréenne en deux États qui s'opposent sur le plan social, économique et politique. D'un côté, la République de Corée, société aujourd'hui développée, riche et démocratique ; de l'autre, la République populaire démocratique de Corée, État totalitaire qui se dit socialiste et qui subit les sanctions de la communauté internationale en raison de sa politique nucléaire et des infractions aux droits de l'homme. La frontière entre ces deux pays est tout le contraire d'une ligne figée. Il ne s'agit pas d'une frontière internationale séparant deux États souverains, mais d'une « zone démilitarisée » de quatre kilomètres autour d'une ligne de cessez-le-feu, où s'était stabilisé le front de la guerre de Corée (1950-1953) aux alentours du 38e parallèle. Cette frontière est toujours en construction. La période 1945-1953 correspond à l'émergence non d'une frontière, mais d'un véritable front. Depuis 1953, l'évolution de ce front se poursuit dans un « système de la division » qui n'est ni la guerre ni la paix et qui a pu entraîner la modification de la ligne de front. C'est ainsi qu'en Corée du Sud, les zones de restriction des déplacements de la population civile résidant à proximité de la frontière ont été diminuées au début des années 1980, afin de faciliter la vie des habitants. Cela a créé quelques ruines étranges, comme des postes-frontières abandonnés.

D'après Valérie Gelézeau, *La frontière coréenne et le « problème » nord-coréen*, Critique, 2018.

Méthode BAC Étude critique de documents

SUJET ➔ Les frontières maritimes en débat

En analysant les documents, en les confrontant et en vous appuyant sur vos connaissances, montrez que, malgré le droit de la mer, les frontières suscitent convoitises et tensions.

1 L'océan Indien, un espace disputé par la Somalie et le Kenya

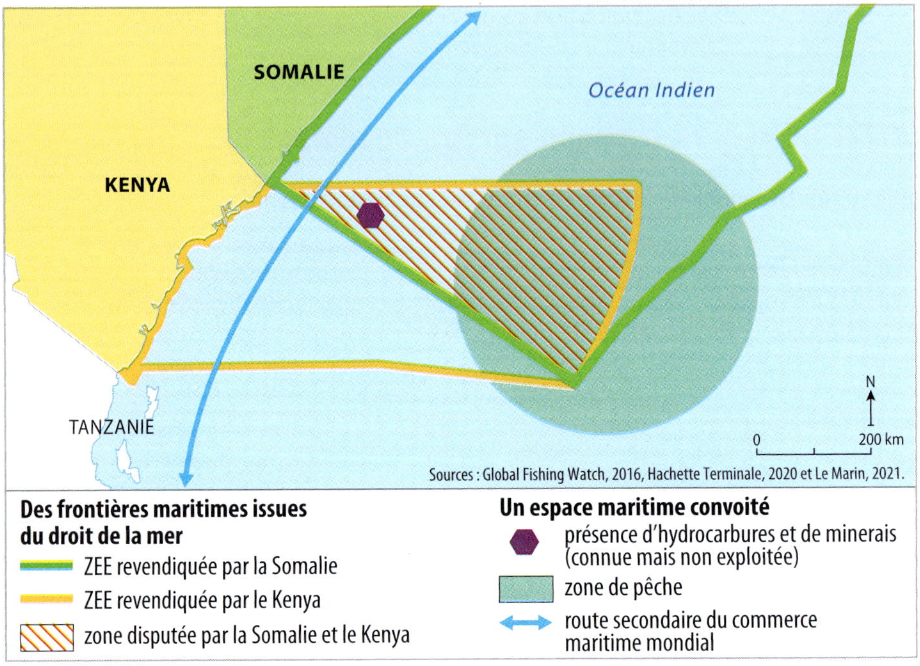

2 Le droit de la mer : vers un apaisement des tensions ?

La Cour internationale de Justice (CIJ) a accordé le 12 octobre 2021 à la Somalie la majeure partie de la zone maritime dans l'océan Indien revendiquée par le Kenya. La CIJ, plus haute juridiction de l'ONU, a statué qu'il n'y avait « pas de frontière maritime convenue » et a tracé une nouvelle frontière proche de celle revendiquée par la Somalie.

La CIJ a ainsi mis fin à la procédure initiée en 2014 par la Somalie et qui envenime régulièrement les relations déjà tumultueuses entre les deux voisins de l'Afrique de l'Est. Le président somalien a aussitôt demandé au Kenya de « respecter le droit international » et d'abandonner « son ambition ». Qualifiant cette dispute maritime d'« épicentre » des tensions, il a appelé dans un discours à ce que la décision de la CIJ soit « une opportunité pour renforcer la relation des deux pays et la collaboration entre leurs peuples voisins ». Le gouvernement kényan « rejette totalement et ne reconnaît pas les conclusions » de la CIJ a cependant déclaré le président du Kenya U. Kenyatta. En amont de la décision, le Kenya avait accusé la juridiction de partialité et d'ores et déjà fait savoir qu'il ne reconnaissait pas la compétence de la Cour, créée en 1946 pour régler les différends entre États membres. Les décisions de la CIJ s'imposent aux parties et sont sans appel[1], mais la Cour ne dispose pas de moyens contraignants pour les faire appliquer. La Somalie, située à l'est du Kenya, affirmait que sa frontière maritime avec le Kenya devait être délimitée dans le prolongement de sa frontière terrestre, en direction du sud-est. De son côté, le Kenya estimait que la frontière en mer devait être tracée en ligne droite vers l'est, lui donnant ainsi plus de territoire maritime. Nairobi maintient avoir la souveraineté sur la zone contestée depuis 1979, quand le Kenya a fixé les limites de sa zone économique exclusive (ZEE). « La Cour considère donc que a ligne ajustée qu'elle a établie en tant que frontière maritime [...] aboutit à une solution équitable », a déclaré la juge-présidente J. Donoghue.

Le Figaro, 12 octobre 2021.

1. L'appel désigne la possibilité de contester une décision de justice.

étape 1 Analyser la consigne

1. **Complétez l'analyse des notions précisées ci-dessous, à l'aide de votre cours et du manuel.** ➡ Méthode p. 94

En analysant les documents, en les confrontant et en vous appuyant sur vos connaissances, montrez que, malgré le **droit de la mer**, les **frontières maritimes** suscitent **convoitises** et **tensions**.

- **droit de la mer** : Il codifie les libertés et les règles qui s'imposent sur les mers. Donnez-en des exemples.
- **frontières maritimes** : Utilisez le doc. 1 p. 212 pour définir cette notion.
- **convoitises** : Pourquoi les mers et les océans intéressent-ils les États ?
- **tensions** : Quelle instance tente de régler les tensions sur les délimitations maritimes ?

2. **Après avoir lu les documents, expliquez en quoi l'exemple de la Somalie et du Kenya illustre bien ce sujet.**

étape 2 Mobiliser les notions présentes dans les documents

3. **Identifiez dans le tableau les notions explicites et les notions implicites présentes dans les documents.**

4. **Complétez le tableau en définissant ces notions.**

	Notions présentes dans les documents	Définition et/ou explication
Doc. 1	– « droit de la mer »	– Ensemble des règles mises en place depuis 1982 par la Convention de Montago-Bay signée par la communauté internationale et s'appliquant sur les océans.
	– « ZEE »	– Zone économique exclusive : …
	– « hydrocarbures »	
	– « route du commerce maritime »	
Doc. 2	– « droit international »	
	– « CIJ : Cour internationale de justice »	
	– « souveraineté »	

Commencez systématiquement votre étude en présentant les notions identifiées dans les documents puis définissez-les ou expliquez-les à l'aide de vos connaissances.

À éviter ! Ne citez pas de notions sans les définir. Pour cela, utilisez le lexique du manuel, p. 387.

Point méthode

Mobiliser les notions

✔ Pourquoi mobiliser des connaissances dans une étude critique de documents ?
- pour comprendre les enjeux du sujet ;
- pour expliquer les documents ;
- pour apporter d'autres exemples qui mettent le(s) document(s) en perspective ;
- pour éviter la paraphrase.

✔ Comment mobiliser ses connaissances ?
- Lire attentivement les documents pour repérer les mots-clés ;
- Identifier les notions qui apparaissent implicitement, c'est-à-dire qu'elles ne sont pas nommées mais sous-entendues par une information (ici, hydrocarbures) ;
- Utiliser le cours et le manuel (leçons, révisions, lexique) ainsi que votre culture personnelle.

étape 3 Rédiger l'étude critique de documents

5. **Rédigez l'introduction en choisissant la problématique parmi les propositions suivantes. Justifiez votre choix.**
➡ Méthode p. 165

- *En quoi le cas de la frontière Kenya/Somalie présenté par les documents illustre-t-il les débats autour des frontières maritimes ?*
- *Quels sont les intérêts des États dans le tracé des frontières maritimes ?*
- *Pourquoi la frontière maritime Kenya/Somalie fait-elle débat ?*

Une problématique d'étude critique doit faire allusion à la situation présentée par les documents.

6. **Rédigez la suite de l'étude critique de documents, en vous aidant de ce plan :**

1. Des ZEE contestées par la Somalie et le Kenya
- Des ZEE définies par la convention de Montego Bay
- Des ZEE, sources de tensions
2. L'intervention de la CIJ pour faire respecter le droit de la mer
- La saisie de la Cour internationale de justice
- Une tension qui persiste

Méthode BAC

Comment structurer la réponse à la question du Grand oral ?

Pourquoi construire un plan et structurer le Grand oral ?

Pour être clair et être compris par les membres du jury, votre Grand oral doit impérativement être organisé. L'élaboration d'un plan est donc indispensable pour s'assurer d'une présentation orale hiérarchisée et cohérente. La rédaction d'une introduction et d'une conclusion permet enfin de structurer l'ensemble de votre prestation.

Quels sont les différents types de plan possibles ?

	Plan chronologique	**Plan multiscalaire ou analytique**	**Plan argumentatif ou dialectique**	**Plan thématique**
Pistes possibles pour structurer les parties du plan	I) Avant II) Après	**Approche multiscalaire :** I) Échelle locale II) Échelle régionale III) Échelle mondiale **Plan descriptif :** I) Problèmes II) Causes III) Solutions	I) Thèse (exposé argumenté d'une idée) II) Antithèse (présentation d'idées opposées) OU I) Avantages II) Inconvénients / limites	I) Aspect 1 de la question II) Aspect 2 de la question III) Aspect 3 de la question
Avantages de ce type de plan	Montrer une évolution et des changements dans la durée.	Définir un phénomène précis à différentes échelles ou en insistant sur les causes et les conséquences.	Répondre à une question-problème.	Développer plusieurs points de vue.
Exemples de sujets	Pourquoi la frontière entre les deux Corée est-elle source de conflits depuis 1950 ?	En quoi l'intégration dans l'UE modifie-t-elle le rôle et le fonctionnement des frontières à différentes échelles ?	A-t-on encore besoin des frontières politiques au XXIe siècle ?	Comment sont contrôlées les frontières de l'UE ?

Comment construire et structurer un plan ?

ÉTAPE 1 – **Lister au** brouillon toutes les idées sur la question (date, acteur, notion, événement...)

→ **ÉTAPE 2** – **Choisir le type de plan adapté** en associant les idées entre elles (par période chronologique, par échelle, par thème...)

→ **ÉTAPE 3** – **Donner un titre** à chaque association d'idées pour former les parties du plan

→ **ÉTAPE 4** – **Organiser** l'ordre des parties (du plus évident au plus complexe, du local au mondial, du plus ancien au plus récent...)

→ **ÉTAPE 5** – **Organiser chaque partie en 2 ou 3 paragraphes.** Chaque paragraphe doit s'organiser autour d'un argument explicité et illustré par un ou deux exemples

→ **ÉTAPE 6** – **Utliser des connecteurs logiques** (c'est-à-dire, de même, bien que, pour conclure...) pour créer des liens entre les parties et les paragraphes

Comment rédiger l'introduction et la conclusion ?

✔ **L'introduction se compose de 4 parties :**
- une accroche (un fait d'actualité, un chiffre précis, une citation d'un spécialiste...) ;
- une définition des termes de la question ;
- une explication concise de l'intérêt porté à la question ;
- un rappel de la question et une annonce dynamique du plan.

✔ **La conclusion se compose de 2 parties :**
- une réponse concise à la question ;
- une ouverture de sujet (un moment historique plus récent, un autre espace géographique...).

SUJET d'application ➡ Comment l'espace Schengen transforme-t-il les frontières externes et internes de l'Union européenne ?

étape 1 Lister au brouillon les idées

1. **À l'aide des p. 218 à 235 et de vos connaissances, complétez au brouillon la liste des idées (acteurs, dates, notions, événements, lieux...).**

- *Espace Schengen + définition : ...*
- *Effacement des frontières intérieures : ...*
- *Eurorégion : ...*
- *Frontex : ...*
- *Renforcement et surveillance des frontières extérieures : ...*
- *1985 : ...*

étape 2 Choisir un type de plan et former des paragraphes

2. **Parmi les trois plans proposés, lequel convient le mieux pour répondre à la question ? Justifiez votre choix.**

Plan 1 :
I) L'espace Schengen renforce les frontières externes de l'UE
II) L'espace Schengen ouvre les frontières internes de l'UE

Plan 2 :
I) Les frontières externes et internes de l'UE avant la création de l'espace Schengen
II) Les frontières externes et internes de l'UE depuis la création de l'espace Schengen

Plan 3 :
I) Qu'est-ce que l'espace Schengen ?
II) Les effets de l'espace Schengen sur les frontières externes de l'UE
III) Les effets de l'espace Schengen sur les frontières internes de l'UE

3. **Organisez les idées retenues (question 1) dans le plan sélectionné, en les groupant en paragraphes.**

4. **Sur le modèle proposé ci-dessous, rédigez un paragraphe associant un argument (en jaune) à un ou deux exemples (en vert) à développer pour l'expliquer et l'illustrer.**

L'agence Frontex a pour mission de surveiller les frontières extérieures de l'UE et en particulier les points d'entrée stratégiques comme les îles grecques, Gibraltar ou les aéroports. Frontex a ainsi installé le SIVE, Système intégré de surveillance extérieure composé de radars, caméras de vision nocturne sur le littoral espagnol et dans les îles Canaries afin d'intercepter les migrants irréguliers et les passeurs.

étape 3 Rédiger l'introduction et la conclusion

5. **Rédigez une introduction à partir de l'une de ces amorces.**

– *En 1985 sont signés les accords de Schengen pour faciliter la circulation entre les pays européens membres.*
– *Le 1er janvier 2023, la Croatie, pays membre de l'Union européenne, a officiellement fait son entrée dans l'espace Schengen.*
– *Aujourd'hui, l'espace Schengen est composé de 23 États de l'Union européenne. Tous ont accepté d'ouvrir leurs frontières nationales mais de surveiller les frontières externes de cet espace.*

6. **Rédigez la conclusion en portant un intérêt particulier à l'ouverture du sujet (ouvrir sur un moment historique, un autre espace géographique, ...).**

Sujet d'entraînement

Construisez un plan sur l'une des questions suivantes :

- Les « frontières naturelles » existent-elles ?
- Les frontières nées de la colonisation sont-elles aujourd'hui contestées ?
- Comment les guerres peuvent-elles transformer les formes des frontières dans le monde ?
- La frontière entre les deux Corée est-elle totalement hermétique depuis 1953 ?
- En quoi le traité de Versailles du 28 juin 1919 a-t-il été un créateur de frontières ?
- Le droit de la mer est-il respecté en mer de Chine ?
- Comment l'Union européenne a-t-elle transformé la frontière franco-allemande ?

Méthode BAC

Réaliser et présenter un support pour le Grand oral

Qu'est-ce qu'un support pour le Grand oral ?

Le jour de l'épreuve, vous disposez d'un temps de préparation de 20 minutes au cours desquelles vous pouvez, si vous le souhaitez, préparer un support.

Info BAC
Le jury ne note pas le support en tant que tel, mais sa réalisation peut être un élément de valorisation de votre oral.

Quelles sont les règles à suivre pour réaliser son support ?

RÈGLE 1
Le support doit cibler **3 à 4 éléments clés** (définitions, dates, chiffres, plan, …).

RÈGLE 2
La forme du support doit être claire et synthétique.

RÈGLE 3
Le titre du support doit être clair, éloquent et en lien avec la question.

RÈGLE 4
La réalisation doit être soignée, colorée et sans faute d'orthographe.

Quand et comment utiliser son support ?

Annonce du plan
Vous montrez le plan détaillé de votre oral.

Énoncé d'un argument précis
Vous l'illustrez par des courbes, diagrammes ou chiffres clés.

Développement d'un exemple précis
Vous l'agrémentez par un schéma cartographique illustrant la situation.

Conclusion de l'oral
Vous présentez une carte mentale résumant votre travail.

Réponse à une question du jury
Vous utilisez votre support pour expliciter votre réponse.

Comment choisir les éléments et la forme de son support ?

Quel est mon profil ?	Les éléments à faire figurer	La forme la plus adaptée
J'ai besoin de me rassurer pour éviter des trous de mémoire	Le plan	Un plan détaillé
Je suis convaincu(e) que la chronologie des événements est essentielle	Les dates clés	Une frise chronologique
J'ai peur de ne pas mémoriser mon oral	Les arguments essentiels	Une carte mentale
Je souhaite illustrer un argument	Un exemple précis	Un graphique, un schéma cartographique

SUJET d'application ➡ La frontière franco-allemande, d'une séparation à une interface

étape 1 Réaliser l'exposé

1. Mobilisez des connaissances dans les pages 232 à 233.
2. Classez ces informations dans un plan. ➡ Méthode p. 244

étape 2 Réaliser un support

3. Selon votre profil, choisissez l'un des trois supports suivants.
4. Sur une feuille vierge, complétez ce support en suivant les règles p. 246.

Schéma à télécharger
hachette-clic.fr/23hgg1088

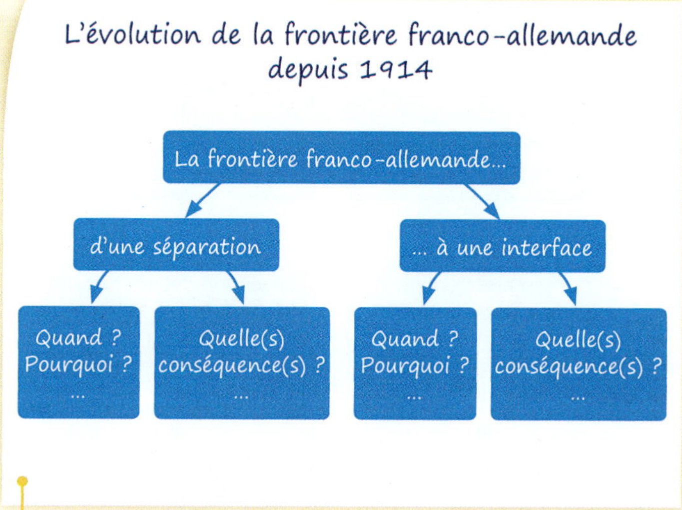

Support 1 : Une carte mentale

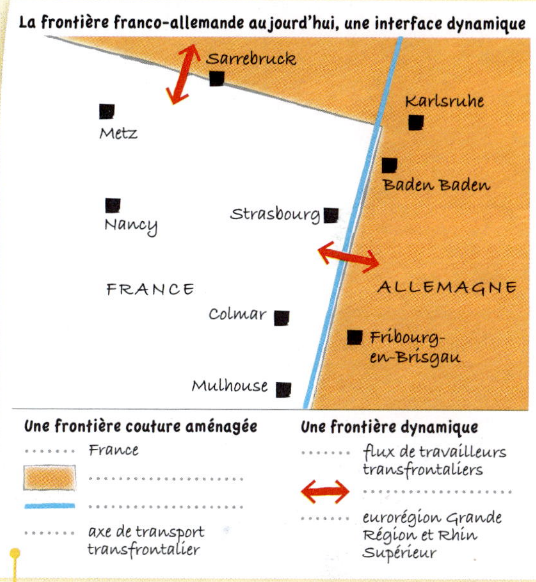

Support 2 : Un schéma cartographique

Support 3 : Une frise chronologique

Sujet d'entraînement

Préparez un oral et un support de votre choix pour traiter l'un des sujets suivants :

- Comment a évolué le Mur de Berlin depuis sa construction ?
- La DMZ est-elle encore une frontière fermée aujourd'hui ?
- Qu'est devenue la frontière germano-polonaise depuis 1990 ?
- Les frontières du Royaume-Uni se sont-elles effacées ou renforcées depuis le Brexit ?
- Quelles tensions parcourent les Peacelines depuis leur création ?

Révision

Étudier les divisions politiques du monde : les frontières

Podcast de révision

hachette-clic.fr/23hgg1089

A Réviser en autonomie

LES FRONTIÈRES DANS LE MONDE ET LEURS ENJEUX

Tracer des frontières →	Les frontières en débat →	Des frontières, objets d'affrontements et de négociations
Pour se protéger : le *limes* rhénan (Ier et au IIIe siècles)		
Pour se partager des territoires : la conférence de Berlin (1884-1885) et le partage de l'Afrique	Des frontières qui suscitent des débats politiques : la frontière germano-polonaise (1939-1990)	Des conflits frontaliers de plus en plus nombreux (Pakistan, Inde, États-Unis-Mexique, Corée…)
Pour séparer deux systèmes politiques : la frontière entre la Corée du Nord et la Corée du Sud (depuis 1950)	Dépasser les frontières : le droit de la mer	Des négociations et conventions internationales (convention de Montego Bay, rôle de l'ONU)

LES FRONTIÈRES INTERNES ET EXTERNES DE L'UNION EUROPÉENNE

– Le renforcement des frontières externes de l'espace Schengen
– Les frontières des États de l'UE (Espagne, Pologne)
– L'affirmation des espaces transfrontaliers intra-européens (France/Allemagne)

B Réviser en groupe

RÉALISER UN PECHA KUCHA

Le **Pecha Kucha** consiste à présenter à l'oral, en 7 minutes environ, un diaporama de 20 images sur un sujet donné.

étape 1 • Préparation

- En binôme, choisissez un sujet du thème 3.
- Analysez le sujet et identifiez les 20 informations-clés qui l'illustrent (évènements, contexte, lieux, acteurs, notions…).
- Associez une image à chacune de ces informations pour composer les 20 diapositives.

Sujets possibles

- Les espaces transfrontaliers dans l'Union européenne
- La frontière entre les deux Corée
- Le *limes* rhénan
- Le renforcement des frontières de l'espace Schengen
- Les délimitations maritimes et le droit de la mer

étape 2 • Réalisation

7 min

- Présentez votre diaporama en 7 minutes maximum au reste de la classe (20 secondes par diapositive).
- Ces 20 informations sont prises en note par les élèves qui écoutent. Deux d'entre eux sont désignés pour commenter la présentation (précision des informations, choix des images…).

C Réviser en se documentant

À voir

- *Frontières* : Série documentaire diffusée le 24 juin 2022, disponible sur *YouTube* et réalisée par France 24. Les numéros portent sur les frontières ouvertes entre l'Irak et l'Arabie saoudite et entre le Laos et la Chine mais aussi sur les tensions frontalières entre la Guyane et le Brésil et entre le Kenya et l'Ouganda.
- *Ceux de la nuit*, de S. Leonor, 2023. Film documentaire sur les touristes et les travailleurs saisonniers qui franchissent la frontière franco-italienne chaque jour ; alors que, la nuit, ce sont des hommes, femmes et enfants qui franchissent la frontière au péril de leur vie.
- *Frontières*, de A. Traoré, 2017. Film sur le parcours de trois femmes entre Dakar (Sénégal) et Lagos (Nigeria). La traversée des différents pays et de leurs frontières devient un véritable parcours du combattant.
- *Welcome*, de Ph. Lioret, 2009. Film sur un jeune migrant qui souhaite passer la frontière entre la France et le Royaume-Uni en traversant la Manche à la nage.

Vidéo
Frontière Kenya-Ouganda, l'indécise. France 24, 2022.
hachette-clic.fr/23hgg1090

À lire

- *Alpha*, de Bessora et Barroux, Éd. Gallimard, 2014. BD sur le parcours d'un migrant ivoirien vers la France.
- *Le passeur*, de S. Coste, Éd. Gallimard, 2022. Roman sur le destin de Seyoum, l'un des plus gros passeurs de la côte libyenne.
- *Atlas des migrations dans le monde : libertés de circulation, frontières, inégalités*, Migreuop, 2022.

Sur le web

- Site de Geoimage.
- Site de caricatures et dessins de presse sur les frontières.
- Site de l'UE, Toute l'Europe, et sa rubrique sur l'espace Schengen.
- Site de l'OIM, l'Organisation internationale pour les migrations.

Site internet
hachette-clic.fr/23hgg1091
hachette-clic.fr/23hgg1092
hachette-clic.fr/23hgg1093
hachette-clic.fr/23hgg1094

D Aller plus loin en écoutant un podcast

Les matins de France culture « Europe de l'Est, ce château de cartes qui s'effondre », entretien avec le géographe Michel Foucher, 2022. (Durée 46 minutes)

1. **Après avoir écouté le podcast, complétez la fiche de lecture.**

Présentation	Auteur(s) (Nom, prénom, spécialité) : Titre : Date et contexte de diffusion :
Organisation du podcast	Problématique choisie : Plan choisi :
Apport sur la notion étudiée en classe : ici, *la frontière dans le conflit entre l'Ukraine et la Russie*	Frontière et histoire : Frontière et peuples : Frontière et guerre :
Synthèse	Apport du podcast résumé en quelques lignes : Citation intéressante à reprendre dans une dissertation :

Podcast :
France Culture, 2022.
hachette-clic.fr/23hgg1095

2. **Au CDI, choisissez un livre présentant un des thèmes évoqués dans ce podcast et comparez-en l'analyse.**

THÈME

4

S'informer, un regard critique sur les sources et modes de communication

Le 8 novembre 2022 à Charm el-Cheikh en Égypte, lors de la COP 27, le chancelier Allemand Olaf Scholz s'exprime devant les journalistes.

Découverte S'informer aujourd'hui

MISSION ➪ Vous réaliserez une présentation orale de 180 secondes en groupe pour répondre au sujet : « Quels défis relever pour s'informer de manière fiable aujourd'hui » ?

1 Qu'est-ce qu'une information ?

2 Une frontière étroite entre information et communication

Durant la Coupe du monde de football, les joueurs de l'équipe de France ont posté beaucoup de photos et de vidéos sur leur compte Twitter ou Instagram. Or, habituellement, ce sont les journalistes qui nous donnent des informations sur les coulisses des grands matchs. Dorénavant, les joueurs communiquent directement avec leurs fans, grâce à la proximité permise par les réseaux sociaux. Mais ces posts sont de vrais outils de communication puisqu'ils constituent un message, avec une cible et un but bien précis. Or la frontière entre communication et information devient floue car toutes ces images ont été reprises par les médias, comme les journaux TV, dont le travail est de produire eux-mêmes de l'information. Se pose alors aujourd'hui la question du rôle du journaliste à l'heure où les réseaux sociaux permettent de médiatiser directement un événement.

D'après Hugo Décrypte (youtubeur) et Thomas Sotto (journaliste), Lumni, 2018.

3 La crédibilité des médias en France

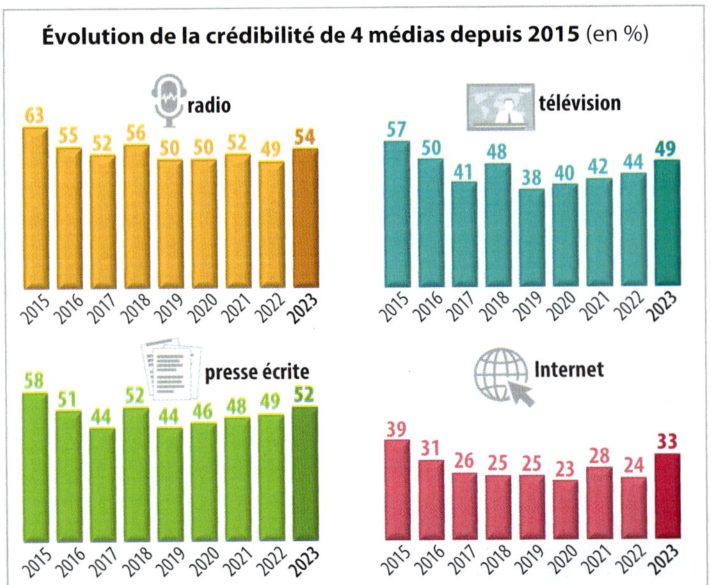

Source : Étude Kantar Public one point pour *La Croix*, 2023.

4 La qualité de la couverture médiatique de grands sujets d'actualité en France

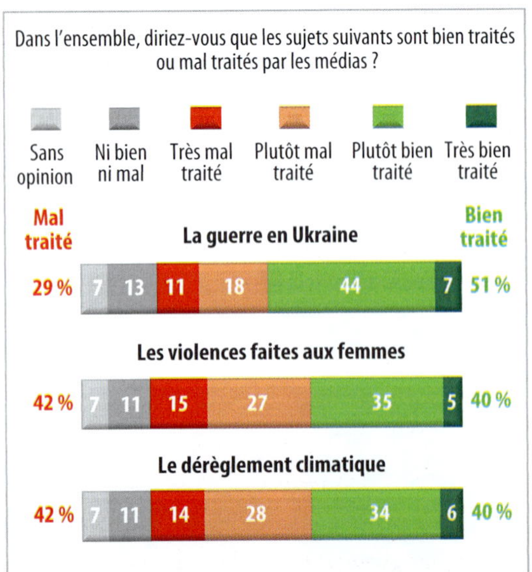

Source : Étude Kantar Public one point pour *La Croix*, 2023.

5 La liberté de l'information dans la loi

Charte des droits fondamentaux de l'Union européenne
Article 11

Toute personne a droit à la liberté d'expression. Ce droit comprend la liberté d'opinion et la liberté de communiquer des informations ou des idées sans qu'il puisse y avoir d'ingérence d'autorités publiques et sans considérations de frontières.
La liberté des médias et leur pluralisme sont respectés.

Lois du 22 décembre 2018 sur la lutte contre les fausses informations en France

Les opérateurs de plateforme en ligne [...] mettent en œuvre des mesures en vue de lutter contre la diffusion de fausses informations susceptibles de troubler l'ordre public ou d'altérer la sincérité d'un scrutin [...]
Ils mettent également en œuvre des mesures complémentaires pouvant notamment porter sur : [...]
- La promotion des contenus issus d'entreprises et d'agences de presse et de services de communication audiovisuelle ;
- La lutte contre les comptes propageant massivement de fausses informations ; [...]
- L'information des utilisateurs sur la nature, l'origine et les modalités de diffusion des contenus ;
- L'éducation aux médias et à l'information.

6 Les manifestations contre la censure en Chine

Afin de protester contre la politique anti-COVID du gouvernement chinois, des manifestations sont organisées en 2022. Les manifestants brandissent une feuille blanche, pour symboliser la censure à travers tout le pays.

ACTIVITÉ

étape 1

Rechercher les modalités de l'information

1. Je cherche trois États :
   - qui ont développé des chaînes d'information en continu dans le monde entier ;
   - où existent des agences de presse nationale ;
   - où des journalistes sont régulièrement arrêtés dans le cadre de leur travail.
2. Quand vous cherchez une information, quels sont les médias que vous utilisez en priorité, et sur quels supports (papier, internet, podcast...) ?
3. Comment arrivez-vous à considérer qu'une information est fiable ?

étape 2

Faire une présentation orale en 180 secondes

Par groupes de trois, réalisez une présentation orale de 180 secondes pour répondre au sujet :
« Quels défis relever pour s'informer de manière fiable aujourd'hui ? »

À l'aide des documents, répondez aux questions qui articuleront votre argumentation :

1. Qu'est-ce qu'une information fiable ? (doc. 1 et 2)
2. Montrez l'inégale confiance des utilisateurs dans les médias. (doc. 3, 4 et 6)
3. Comment lutter contre les fausses informations sans remettre en cause la liberté de l'information ? (doc. 5)

POUR CONCLURE

1. **Montrez que l'accès à une information fiable est un enjeu essentiel pour les citoyens.**
2. **Expliquez pourquoi les États jouent un rôle important dans l'accès à l'information.**

Repères — L'accès à l'information en France et dans le monde

1 L'accès à l'actualité en France

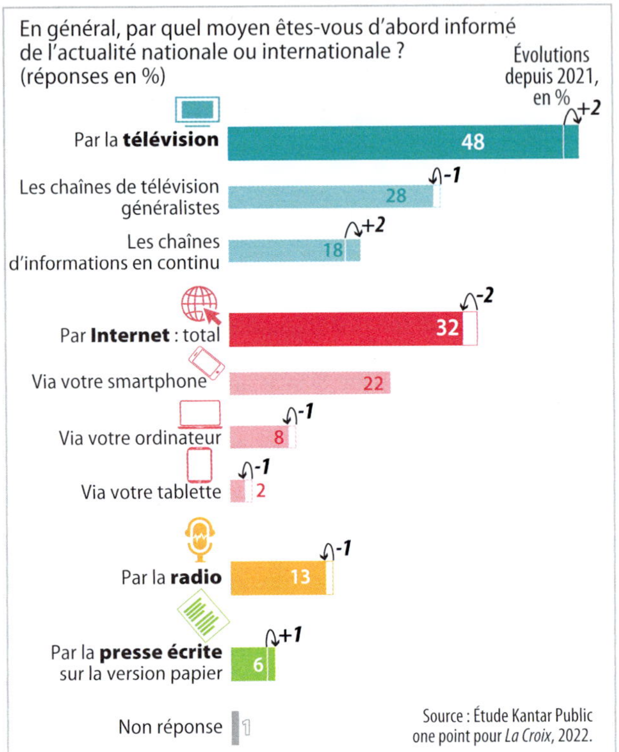

Source : Étude Kantar Public one point pour *La Croix*, 2022.

2 Les sources d'informations sur Internet

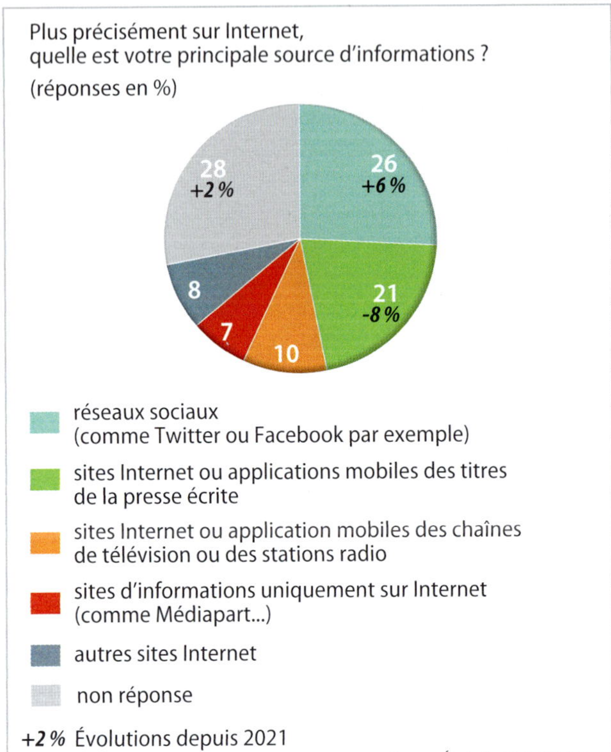

Source : Étude Kantar Public one point pour *La Croix*, 2022.

3 La presse quotidienne régionale (PQR) en France depuis 1947

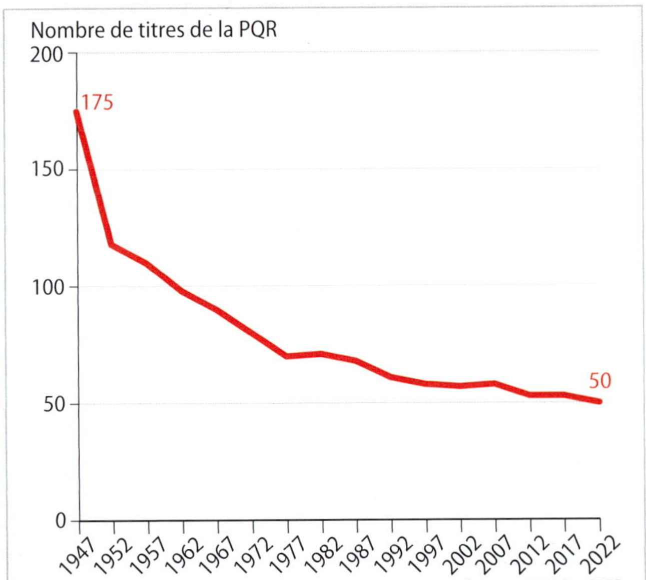

Sources : DGMIC et BREP.

4 Les dix plus gros tirages de la PQR

Ouest France	618 643
Sud Ouest	202 568
Le Parisien	185 588
La Voix du Nord	177 762
Le Télégramme	170 047
Le Dauphiné Libéré	156 522
Le Progrès	135 932
La Nouvelle République	133 373
La Montagne	124 830
Dernières Nouvelles d'Alsace	117 737

ACPM, 2023.

5 La liberté de la presse dans le monde

Carte interactive
hachette-clic.fr/23hgg1096

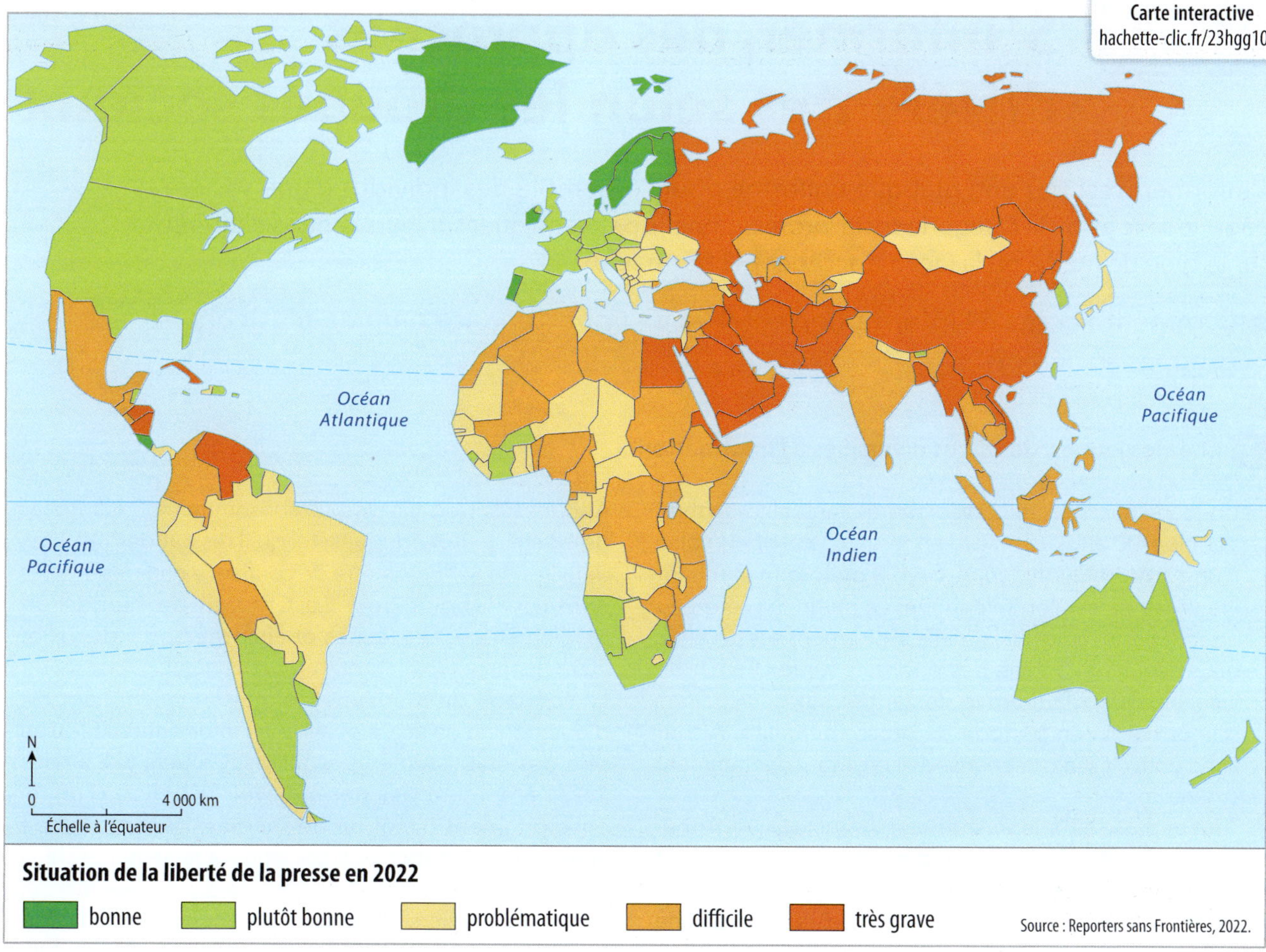

Source : Reporters sans Frontières, 2022.

6 La transformation des grands quotidiens internationaux

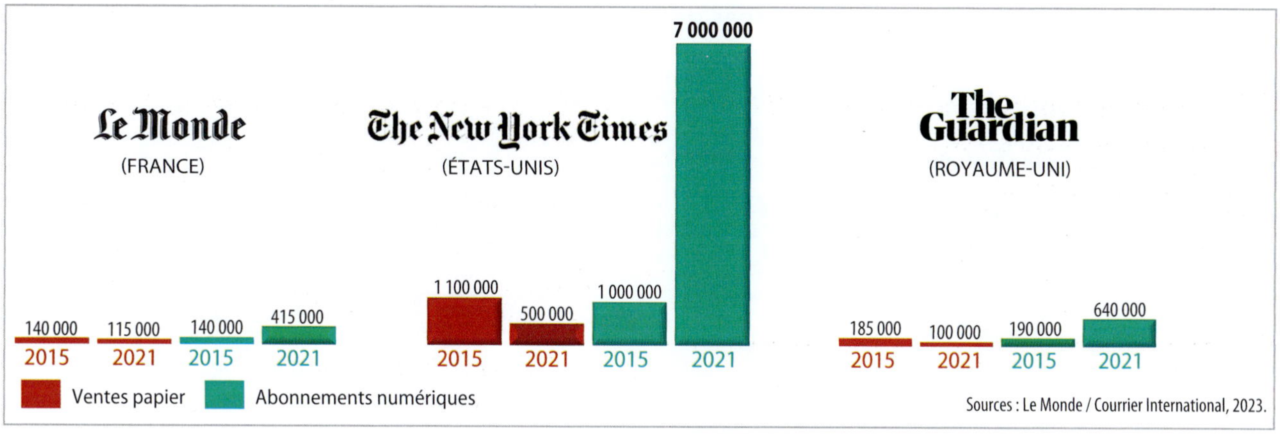

Sources : Le Monde / Courrier International, 2023.

POUR COMPRENDRE

L'accès à l'information a considérablement évolué avec le développement d'Internet dans notre quotidien. Les médias se sont multipliés sous des formes différentes.

1. Montrez la prépondérance et l'évolution de certains médias et modes d'information. (doc. 1, 2, 3, 4 et 6)

Si l'accès à l'information reste un élément fondamental des démocraties, la liberté d'informer n'est pas la même pour tous.

2. Montrez que situation de la liberté de la presse reste préoccupante dans le monde. (doc. 5)

FOCUS S'informer, des approches différentes selon les groupes sociaux

S'informer n'est pas une pratique uniforme pour l'ensemble des individus d'une société. L'âge, le sexe et/ou la catégorie socio-professionnelle peuvent jouer sur leurs centres d'intérêt, sur le type de média ou la façon d'accéder à l'information.

▸ Comment l'accès à l'information est-il lié à l'appartenance à un ou plusieurs groupes sociaux ?

1 Chez les jeunes, des accès diversifiés à l'information

Un jeune sur deux suit avec intérêt l'actualité. Arthur, appelons-le ainsi, est élève en terminale. Abonné plus jeune à *Mon Quotidien* et *Géo*, il préfère maintenant lire la presse sur son téléphone. Le matin, il prête peu attention à la radio sur laquelle s'informent ses parents, mais écoute volontiers des podcasts sur le chemin du lycée. Le soir, il lui arrive de zapper sur des chaînes d'information en période de grosse actualité. Arthur aime pouvoir s'informer quand et où il veut. Notamment sur Internet.

Tout se passe sur son smartphone. Avant le lycée, Arthur fait un tour sur Tik-Tok, Instagram ou Twitter, où il suit quelques médias. Il lit surtout des posts, des articles courts ou des vidéos comme celles de Brut. Lorsqu'une information l'intéresse, il cherche à en savoir plus en faisant ses propres recherches, en allant voir ce qu'en disent les médias, ainsi que des Youtubeurs ou des Viewers (sur Twitch) avec lesquels il se sent des affinités.

Arthur est le portrait-type du consommateur de médias de 18 ans, plutôt éduqués, tel qu'il ressort des résultats détaillés du 34e Baromètre de confiance dans les médias Kantar/Onepoint pour *La Croix* et de l'étude de Médiamétrie « Les jeunes et l'information » de juillet 2018. […]

Le sondage de Médiamétrie met en valeur l'apport d'une éducation aux médias et à l'information (EMI) au sein des établissements scolaires. Un tiers (34 %) des 15-34 ans interrogés déclare avoir bénéficié d'un tel enseignement (création de médias, décryptage de vidéos d'information, participation à la semaine de la presse à l'école…).

Parmi ces derniers, 22 % se déclarent « accros à l'information » (contre 12 % de ceux qui n'ont pas eu d'EMI), 87 % consultent quotidiennement des informations en ligne (contre 75 % pour les autres) et 65 % ont le réflexe de vérifier les informations auxquelles ils accèdent (contre 42 %).

La Croix, 5 mars 2021.

2 S'informer selon les tranches d'âge

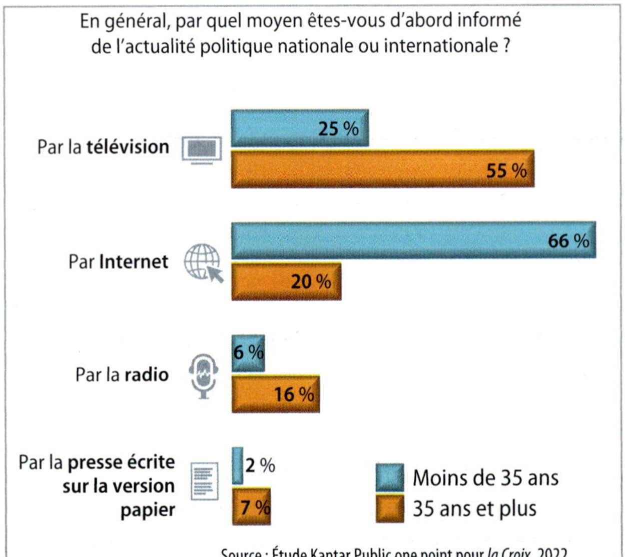

Source : Étude Kantar Public one point pour *la Croix*, 2022.

ACTIVITÉ Confronter des documents

1. Présentez les caractéristiques de l'accès à l'information chez les jeunes. **(doc. 1)**
2. Quels facteurs expliquent la différence d'accès à l'information ? **(doc. 1 et 2)**

Bilan

À l'aide des documents, montrez que l'appartenance à un groupe social, en fonction de l'âge, peut avoir un impact important sur l'accès à l'information.

Focus S'informer différemment selon les territoires

Toutes les régions du monde n'entretiennent pas la même relation à l'information. Tandis que la confiance dans les médias n'est pas égale partout, la censure et les restrictions d'accès à l'information sont également présentes dans certains pays.

Comment le rapport à l'information peut-il varier d'un pays à l'autre ?

Part de personnes ayant la plupart du temps confiance dans les informations (en %)

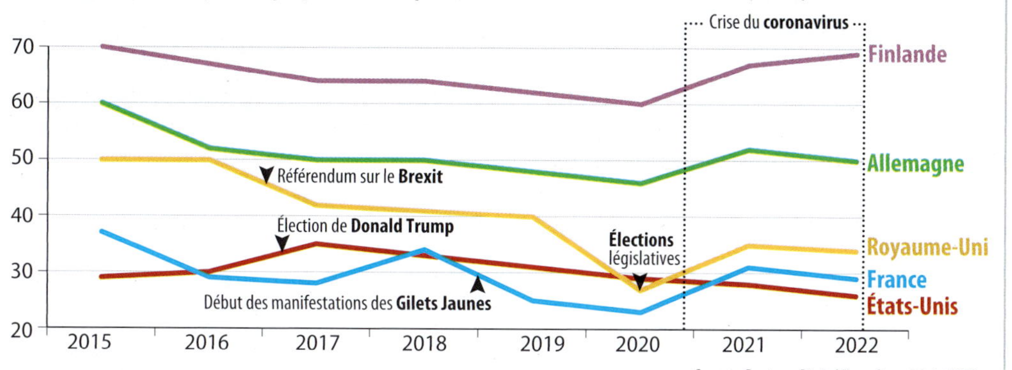

Source : Reuters, *Digital News Report*, juin 2022.

1 Une inégale confiance dans les médias

2 Au Brésil, WhatsApp joue un rôle politique de premier plan

À quelques semaines de l'élection présidentielle, les autorités brésiliennes s'efforcent de limiter la désinformation qui inonde les réseaux sociaux.

Le Brésil est le deuxième marché au monde pour la messagerie WhatsApp, juste derrière l'Inde. Et il constitue l'un des principaux biais permettant l'arrivée des *fake news*. Six Brésiliens sur dix l'utilisent quotidiennement. La messagerie est même devenue un média à part entière car, selon une étude menée par la chambre des députés et le Sénat brésilien en 2019, WhatsApp est la première source d'information pour 79 % des Brésiliens. Jair Bolsonaro a su profiter de ce canal lors de l'élection de 2018. L'ancien militaire était alors un « outsider » et son groupe parlementaire peu influent. Il a tout misé sur la messagerie instantanée. Des milliards de messages échangés, des photos, des mèmes, des montages vidéo ont circulé faisant la propagande du candidat présidentiel. Un an après sa victoire, WhatsApp, qui appartient à Facebook, a admis que des entreprises avaient violé les politiques d'utilisation de la messagerie et utilisé de faux numéros pour diffuser de manière massive des messages à caractère politique.

France 24, 15 septembre 2022.

3 En Afrique, un accès à l'information inégal

Caricature de Brandan, Afrique du Sud, 2016.

« Notez les vastes zones où la presse est libre ».

ACTIVITÉ Confronter des documents

1. Montrez que la confiance dans les médias est très variable d'un pays à l'autre. **(doc. 1 et 2)**

2. Quels enjeux politiques pose la question de l'accès à l'information ? **(doc. 2 et 3)**

3. Montrez que ces enjeux varient selon les pays. **(doc. 2 et 3)**

Bilan

À l'aide des documents, montrez comment le rapport à l'information, variable d'un pays à l'autre, peut avoir des enjeux politiques forts.

Introduction

Leçon 1 Comment s'informe-t-on aujourd'hui ?

Quels sont les modes d'accès à l'information au début du XXIe siècle ?

A Un accès de plus en plus numérique à l'information

- **Depuis le développement de l'Internet à haut débit, l'accès à l'information se fait beaucoup plus rapidement.** Désormais, les sources d'information se multiplient et concurrencent directement les médias traditionnels. Des sites Internet dédiés à l'information apparaissent, tels que Huffington Post en 2005 aux États-Unis ou encore Médiapart en France en 2008. Des blogs spécialisés en grand nombre, plus ou moins fiables, viennent compléter ce nouveau paysage médiatique apparu sur le web. Enfin, les réseaux sociaux comme Facebook, Twitter, TikTok ou Instagram, se sont développés eux aussi comme de véritables outils d'information, investis par une nouvelle génération de journalistes.
- **Cependant, l'accès à l'information connaît une profonde mutation.** La plupart des quotidiens et des magazines cumulent une version papier et un site Internet. De même, les chaînes de télévisions ou les stations de radio ont développé des podcasts. Plus que jamais, l'ordinateur portable, le smartphone ou la tablette électronique deviennent des vecteurs de l'information aux côtés de la télévision et du journal. Par exemple, les dernières élections aux États-Unis ou au Brésil ont montré que des réseaux sociaux pouvaient jouer un rôle considérable dans l'issue du scrutin. À l'inverse, la mise en place de censure ou de réduction à la liberté de l'information, comme par exemple en Chine ou en Russie, sert également les pouvoirs en place.

1 La presse papier face à l'Internet

Dessin de Deligne, décembre 2019.

B Une crise des médias traditionnels

- **Les médias traditionnels (presse écrite, radio, télévision) connaissent une véritable mutation.** La presse écrite papier subit une crise sans précédent. Des journaux et des magazines jadis prestigieux ont disparu, comme *Life* aux États-Unis en 2007, ou encore *France Soir* en 2011. D'autres, y compris dans la presse quotidienne régionale (PQR), continuent de perdre des lecteurs. Depuis 2012, le recul moyen du nombre de lecteurs de la presse papier en France est de 3 % par an, alors que les journaux gratuits fidélisent de nouveaux lecteurs durant le temps de transports dans les grandes métropoles.
- **Les grandes chaînes de télévision voient leur audience s'éroder régulièrement, dans un paysage audiovisuel bouleversé.** Au début des années 2000, la télévision numérique terrestre (TNT) permet la diffusion d'un plus grand nombre de chaînes. Depuis 2005, en France, on passe ainsi de 6 grands canaux nationaux à 25. TF1, en France, voit alors son audience moyenne s'effondrer de 37,3 % en 1995 à 20 % en 2017. Les chaînes d'information en continu se généralisent et ne sont plus réservées aux seuls abonnés du câble et du satellite. La radio, également, connaît une importante mutation, face au développement du numérique. Cependant, le nombre d'auditeurs reste important, surtout pour les grandes stations de radio généraliste.

Vocabulaire

Fracture numérique : inégalités d'accès à Internet selon les territoires, les revenus ou l'âge des individus.

Réseau social : application ou site qui permet la mise en relation d'un grand nombre d'individus qui partagent les mêmes centres d'intérêt.

C L'information, un objet de consommation

Dans ce nouveau contexte, le rapport à l'information change. S'informer devient de plus en plus une pratique individuelle, consommée à tout moment. Le modèle du journal télévisé de 20 heures, regardé en famille, décline rapidement. La manière de s'informer dépend de plus en plus de l'âge, de la catégorie socio-professionnelle et du niveau de diplôme de chacun. Les plus jeunes et les plus diplômés s'informent en masse sur les smartphones et tablettes tactiles, alors que les plus âgés restent majoritairement attachés aux médias traditionnels, télévision et presse écrite. En revanche, il existe encore une inégalité territoriale entre ceux qui disposent d'un haut débit Internet dans les grandes métropoles, et ceux qui en sont exclus dans les zones montagneuses et rurales. Une **fracture numérique** se crée ainsi dans nos sociétés, laissant de côté ceux qui peinent à utiliser les nouveaux outils numériques.

L'information est devenue alors un objet de consommation, où les articles et les émissions sont payés à la demande en fonction des centres d'intérêts. Toutefois, les recettes des journaux en ligne en France ne représentent que 20 % du chiffre d'affaires total en 2021. La progression est cependant continue et correspond à une nouvelle attente d'un public toujours plus mobile et plus connecté qui a l'habitude de consommer à la demande, en toute liberté. Cette immédiateté d'accès et cette individualisation atomisent les sources d'information, engendrant un manque de recul et d'analyse, voire du scepticisme.

2 Distribution de journaux gratuits

20 Minutes est aujourd'hui le dernier quotidien gratuit encore distribué en France sous sa forme papier. Son tirage atteint 800 000 exemplaires, ce qui en fait le journal le plus lu. Son site est le 10e le plus consulté de la presse française.

SCHÉMA BILAN

Schéma interactif
hachette-clic.fr/23hgg1097

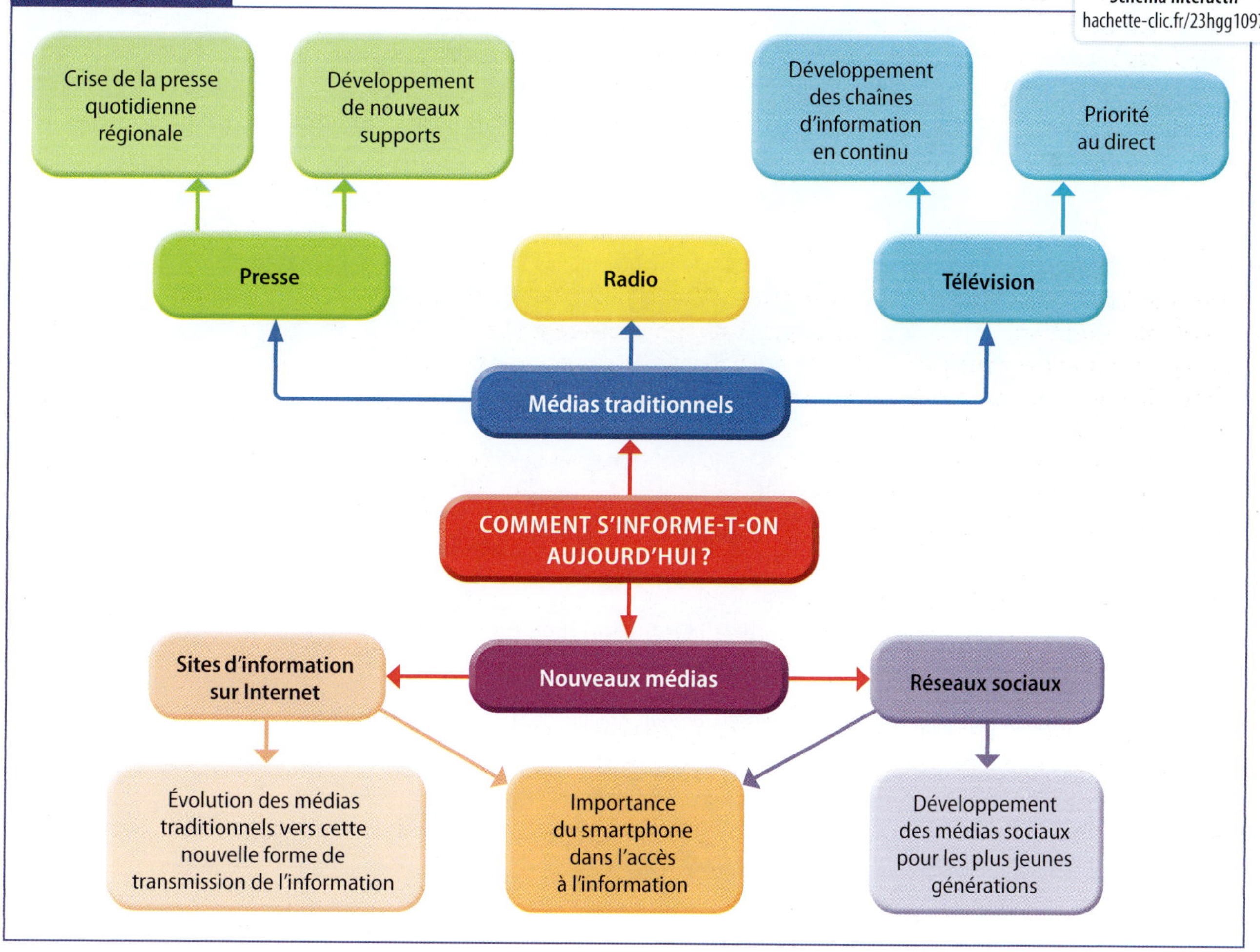

AXE 1

Les grandes révolutions techniques de l'information

› Comment les grandes révolutions techniques ont-elles bouleversé la diffusion et l'accès à l'information ?

1 La révolution de l'imprimerie à caractères mobiles au XVIe siècle

Imprimerie typographique et presse à bras, *Impressio Librorum*, gravure de Stradanus XVIe siècle, BNF.

1400 – 1500 – 1600 – 1700 – 1800 – 1900 – 2000

- **1450** Invention de l'imprimerie à caractères mobiles par Gutenberg
- **1631** *La Gazette*, premier journal périodique français
- **1826** Naissance du *Figaro*
- **1845** Invention du télégraphe électrique
- **1920** Début des émissions de radio régulières
- **1954** Invention du transistor qui rend la radio nomade
- **Années 1960** Diffusion de la télévision couleur
- **1973** Naissance du journal *Libération*
- **1990** Naissance du World Wide Web
- **1998** Naissance de Google
- **2015** Le *Wall Street Journal* introduit les podcasts d'actualité

2 **Le journal télévisé de 20 heures, un rendez-vous quotidien en direct**

QUESTIONS

1. Quels progrès techniques favorisant la diffusion de l'information sont visibles dans ces documents ? **(doc. 1 et 2)**

2. Comment ces progrès techniques permettent-ils un accès à l'information pour le plus grand nombre ? **(doc. 1 et 2)**

p. 262 > **JALON ①**
L'information imprimée : de la diffusion de l'imprimerie à la presse à grand tirage

p. 266 > **JALON ②**
L'information par le son et l'image : radio et télévision au XXᵉ siècle

p. 268 > **JALON ③**
L'information mondialisée et individualisée : naissance et extension du réseau Internet

Étude L'information imprimée, l'accélération de l'information à grande échelle

Les progrès techniques de la révolution industrielle permettent une impression plus rapide et en plus grande quantité de journaux. Une presse moderne se développe et se démocratise à mesure que le prix de l'exemplaire du journal diminue. La presse écrite connaît un véritable âge d'or au XIXe siècle.

Comment la presse imprimée permet-elle l'accélération de l'information à grande échelle ?

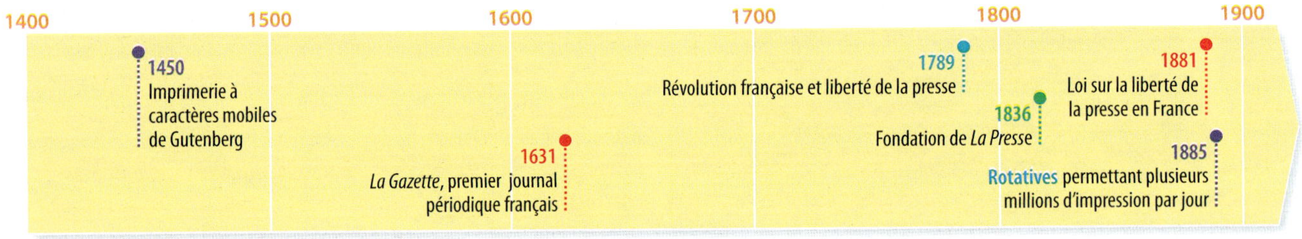

1 Le premier journal moderne : *La Presse* d'Émile de Girardin

Lancé en 1836, La Presse est considérée comme le premier grand journal moderne avec un prix abordable, de nombreuses rubriques et la collaboration des plus grands écrivains de l'époque comme Hugo, Dumas ou Balzac. Rapidement, le journal compte 20000 abonnés.

Ce journal s'est proposé un grand dessein : ce serait de réunir dans son centre de hautes intelligences éparses jusqu'ici en des lieux très divers et des distances grandes en apparence. Ce serait d'harmoniser ces individualités puissantes par elles-mêmes, mais susceptibles de plus d'action encore. […]

Toutes les opinions, tous les intérêts légitimes ne peuvent-ils pas être représentés, servis, conciliés, dans un même journal, comme dans un même gouvernement ; dans un même journal, comme dans une même patrie ? Non, si vous ne voulez voir dans la presse qu'une interminable polémique, qu'une arène de gladiateurs, ou bien encore une barre où les disputeurs sont au hasard demandeurs et défendeurs, comme à la barre judiciaire ; une tribune où chaque orateur parle selon la passion du banc d'où il vient et où il retourne systématiquement ; oui, au contraire, si un certain nombre d'hommes forts et pleins de substance, laissant là des querelles surannées, viennent apporter dans un foyer commun leur part de pensées civilisantes. […] Un journal ainsi compris réalisera l'unité d'enseignement, d'enseignement complet ; ce serait une sorte de monarchie modèle, d'expérimentation gouvernementale plus parfaite et plus avancée.

D'après Émile de Girardin, *La Presse*, n°1, 1er juillet 1836.

2 Les linotypes du journal l'*Aurore* à la fin du XIXe siècle

Vocabulaire

Linotype : machine qui permet aux typographes de saisir une ligne entière, plutôt que d'assembler eux-mêmes les mots avec des caractères mobiles uniques.

Rotative : machine qui permet d'imprimer en continu les journaux sur des bobines de papier. Le nombre d'impressions permet de faire baisser le prix des exemplaires.

3 **Un kiosque à journaux parisien au début du XXe siècle**

4 L'évolution du métier de journaliste à la fin du XIXe siècle

La parole des historiens

Le fait divers ne naît pas à la Belle Époque, mais le succès de la grande presse lui assure la prospérité. Même les quotidiens politiques, comme *L'Humanité* ou *L'Action française*, cèdent à la vague du fait divers, si populaire chez les lecteurs. Il devient source de reportage, la concurrence entre quotidiens suscitant la chasse aux nouvelles de première main, susceptibles de nourrir des « affaires » qui tiendront le public en éveil. Cela suppose que des chasseurs traquent ces faits divers sur le terrain : ce sont les petits reporters. À Paris, ils se pressent à la préfecture de police, dans les commissariats, interrogent les témoins, les commerçants, les concierges. Ils ont aussi leurs indicateurs. Les grands journaux, comme *Le Petit Parisien* ou *Le Petit journal* ont deux équipes de sept ou huit reporters qui se relaient jour et nuit pour couvrir Paris et sa banlieue. Le journaliste travaille dans l'urgence, son travail est harassant et son image est détestable. Pourtant, par l'activité de terrain, le recours aux sources, le travail de recoupement des faits, le petit reporter ouvre la voie au journalisme moderne.

Le grand reportage émerge dans les années 1870-1880 sous l'effet de la compétition entre les quotidiens, soucieux de donner de l'originalité à leur information. Les conflits armés amorcent le tournant : les correspondants de guerre donnent naissance aux grands reporters. Par la couverture qu'en font les journaux, par le nombre de reporters envoyés sur place, le conflit russo-japonais de 1904 marque un tournant décisif dans l'essor du grand reportage de guerre.

À côté de ce reportage de guerre, existent d'autres types de reportage : les journalistes couvrent les manifestations publiques et les grands évènements politiques. Le monde colonial est aussi source de reportages dans la presse.

Les grands reporters ne sont pas nombreux, quelques dizaines d'individus, essentiellement dans la presse parisienne.

Christine Delporte, Claire Blandin et François Robinet, *Histoire de la presse en France*, Armand Colin, 2016.

PARCOURS 1

Organiser des connaissances de manière à traiter le sujet

1. Quels sont les objectifs de la presse écrite pour la diffusion de l'information ? **(doc. 1 et 4)**

2. En quoi les progrès techniques permettent-ils une meilleure diffusion de l'information ? **(doc. 2, 3 et 4)**

3. Comment la presse écrite favorise-t-elle l'accès à l'information du plus grand nombre et à grande échelle ? **(doc. 2 et 3)**

4. Pourquoi peut-on parler d'un « âge d'or » de la presse écrite dans la seconde moitié du XIXe siècle et au début du XXe siècle ? **(doc. 3 et 4)**

Bilan

À l'aide des réponses, vous rédigerez un bilan structuré sur le rôle de la presse écrite dans l'accélération de l'information au XIXe siècle et au début du XXe siècle.

PARCOURS 2 Préparer un oral

À l'aide des documents et en binôme, préparez un oral d'une dizaine de minutes répondant au sujet :
« Comment la presse écrite au XIXe siècle permet-elle une meilleure diffusion de l'information ? »
Vous pouvez organiser vos idées à l'aide du tableau suivant :

	Les facteurs de l'essor de la presse écrite	Les conséquences de cet essor
Progrès techniques **(frise et doc. 1)**	…	…
Rôles des journalistes **(doc. 2 et 4)**	…	…
Diffusion de l'information **(doc. 3)**	…	…

Étude GRAND FORMAT

Les transformations de la presse

Contexte ➔ À partir du XIXe siècle, les innovations industrielles transforment progressivement la presse en un média de masse. Les informations parviennent plus vite alors que la production des journaux, grâce à la mécanisation de l'imprimerie, et la distribution, grâce au chemin de fer, gagnent en efficacité.

➤ Comment les progrès techniques ont-ils modifié les Unes de presse à la fin du XIXe et au début du XXe siècle ?

Paris-soir

GRAND QUOTIDIEN D'INFORMATIONS ILLUSTRÉES

DIMANCHE 2 AOUT 1936 — 6e ÉDITION — 30 cent.

LA GUERRE EN ESPAGNE

Avec la colonne ESCAMEZ qui a franchi les pics de Somosierra

(Lire en page 3 l'article de notre envoyé spécial Louis DELAPRÉE)

AUX ABORDS DE SARAGOSSE, OU LES MILICIENS CATALANS ESSUYÈRENT HIER UN ÉCHEC, LA BATAILLE A REPRIS AVEC VIOLENCE

Dix-huit avions italiens et trois avions allemands sont arrivés au Maroc espagnol

« Les aviateurs italiens sont venus chercher leurs ressortissants afin de les rapatrier », affirme le général Franco

(Voir en dernière page le reportage photographique de notre envoyé spécial sur la bataille autour de Madrid.)

Le Conseil des ministres a délibéré sur les projets à voter avant la séparation des Chambres

Dix millions pour secourir les nationaux français actuellement en Espagne

385 voix contre 190 ont approuvé à la Chambre la politique extérieure du gouvernement

CET APRÈS-MIDI SUITE DU DÉBAT SUR L'OFFICE DU BLÉ

Dominique CANAVAGGIO

(Suite en page 5.)

De nombreuses personnalités des lettres et des arts figurent dans la prochaine promotion de la Légion d'honneur

DANS BERLIN EN FÊTE

LE CHANCELIER ADOLF HITLER DEVANT 100.000 SPECTATEURS A OUVERT AUJOURD'HUI LES JEUX OLYMPIQUES

Au nom de cinq mille athlètes, représentant cinquante-deux nations, le Munichois Rudi Ismayer prête le serment olympique

(Lire en page sportive l'article de notre envoyé spécial Gaston BÉNAC)

LE « TOUR » VERS SON APOTHÉOSE

D'Angers à Caen par Vire la première demi-étape a été gagnée par Le Grevès devant Thiétard et Bertocco

Aucun changement au classement général

UNE EXCLUSIVITÉ « PARIS-SOIR »

Trois jeunes Français ont traversé le Groenland

Mon Tour du Monde en 80 jours

Rome la nuit, ville morte, ville muette

de notre envoyé spécial Jean COCTEAU

(Lire l'article en page 5)

Une de *Paris-Soir*, 2 août 1936, BNF.

1 Une de *Paris-Soir* en 1936

Paris-Soir est un quotidien français publié entre 1923 et 1944. Il connut des débuts difficiles avant d'être repris en avril 1930 par Jean Prouvost, grand industriel du textile du Nord, qui en fit le journal français le plus vendu de l'entre-deux-guerres avec plus de 2,3 millions d'exemplaires en 1936. L'exemplaire du 2 août 1936 est composé de 12 pages.

Site internet
hachette-clic.fr/23hgg1098

Mise en perspective

2 Une du *Journal de Paris* en 1790

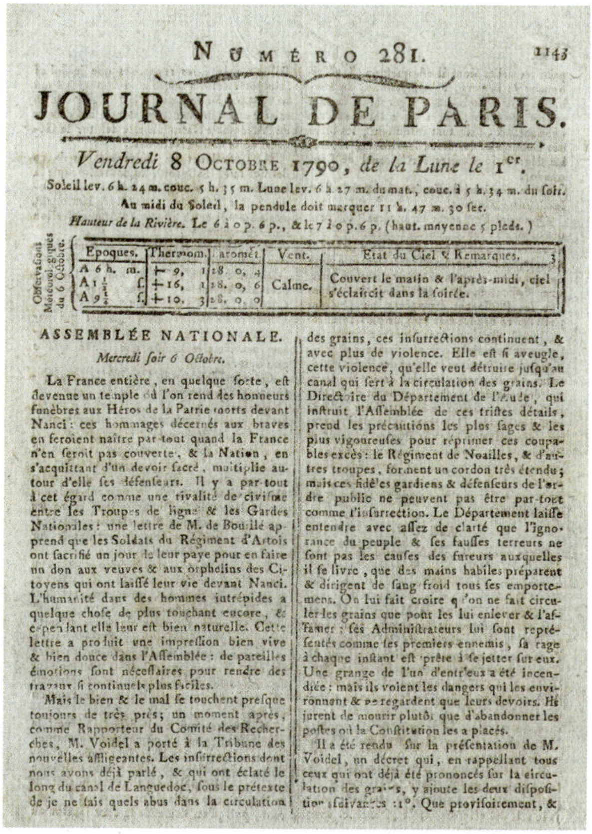

NUMÉRO 281. 1143

JOURNAL DE PARIS.

Vendredi 8 OCTOBRE 1790, *de la Lune le* 1er.

Soleil lev. 6 h. 24 m. couc. 5 h. 35 m. Lune lev. 6 h. 27 m. du mat., couc. à 5 h. 34 m. du ſoir.
Au midi du Soleil, la pendule doit marquer 11 h. 47 m. 30 ſec.
Hauteur de la Rivière. Le 6 à 0 p. 6 p., & le 7 à 0 p. 6 p. (haut. moyenne 5 pieds.)

Obſervations Météorol.giques du 6 Octobre.

Epoques.	Thermom.	Baromèt.	Vent.	Etat du Ciel & Remarques.
A 6 h. m.	+ 9, 1	28. 0, 4	Calme.	Couvert le matin & l'après-midi, ciel s'éclaircit dans la ſoirée.
A 1 ½ ſ.	+ 16, 1	28. 0, 6		
A 9 ¼ ſ.	+ 10, 3	28. 0, 0		

ASSEMBLÉE NATIONALE.

Mercredi ſoir 6 Octobre.

La France entière, en quelque ſorte, eſt devenue un temple où l'on rend des honneurs funèbres aux Héros de la Patrie morts devant Nanci : ces hommages décernés aux braves en feroient naître par-tout quand la France n'en ſeroit pas couverte, & la Nation, en s'acquittant d'un devoir ſacré, multiplie autour d'elle ſes défenſeurs. Il y a par-tout à cet égard comme une rivalité de civiſme entre les Troupes de ligne & les Gardes Nationales : une lettre de M. de Bouillé apprend que les Soldats du Régiment d'Artois ont ſacrifié un jour de leur paye pour en faire un don aux veuves & aux orphelins des Citoyens qui ont laiſſé leur vie devant Nanci. L'humanité dans des hommes intrépides a quelque choſe de plus touchant encore, & cependant elle leur eſt bien naturelle. Cette lettre a produit une impreſſion bien vive & bien douce dans l'Aſſemblée : de pareilles émotions ſont néceſſaires pour rendre des travaux ſi continuels plus faciles.

Mais le bien & le mal ſe touchent preſque toujours de très près ; un moment après, comme Rapporteur du Comité des Recherches, M. Voidel a porté à la Tribune des nouvelles affligeantes. Les inſurrections dont nous avons déjà parlé, & qui ont éclaté le long du canal de Languedoc, ſous le prétexte de je ne ſais quels abus dans la circulation des grains, ces inſurrections continuent, & avec plus de violence. Elle eſt ſi aveugle, cette violence, qu'elle veut détruire juſqu'au canal qui ſert à la circulation des grains. Le Directoire du Département de l'Aude, qui inſtruit l'Aſſemblée de ces triſtes détails, prend les précautions les plus ſages & les plus vigoureuſes pour réprimer ces coupables excès : le Régiment de Noailles, & d'autres troupes, forment un cordon très étendu ; mais ces fidèles gardiens & défenſeurs de l'ordre public ne peuvent pas être par-tout comme l'inſurrection. Le Département laiſſe entendre avec aſſez de clarté que l'ignorance du peuple & ſes fauſſes terreurs ne ſont pas les cauſes des fureurs auxquelles il ſe livre, que des mains habiles préparent & dirigent de ſang-froid tous ſes emportemens. On lui fait croire qu'on ne fait circuler les grains que pour les lui enlever & l'affamer : ſes Adminiſtrateurs lui ſont repréſentés comme ſes premiers ennemis, ſa rage à chaque inſtant eſt prête à ſe jetter ſur eux. Une grange de l'un d'entr'eux a été incendiée : mais ils voient les dangers qui les environnent & ne regardent que leurs devoirs. Ils jurent de mourir plutôt que d'abandonner les poſtes où la Conſtitution les a placés.

Il a été rendu ſur la préſentation de M. Voidel, un décret qui, en rappellant tous ceux qui ont déjà été prononcés ſur la circulation des grains, y ajoute les deux diſpoſitions ſuivantes : 1°. Que proviſoirement, &

8 janvier 1790, BNF.

Composé de 8 pages, ce journal, dont la parution n'est pas encore régulière, est un des premiers à remplacer la chronologie des faits par une organisation en rubriques (les nouvelles de Paris, les nouvelles étrangères, puis celles des sciences, des lettres et des arts…).

Site internet
hachette-clic.fr/23hgg1099

3 La transformation des journaux

La parole des spécialistes

Les formats des quotidiens s'agrandiront après 1827, ce qui entraina le développement du colonnage (de trois à six colonnes) pour permettre la lisibilité. Mais l'absence de titres, d'intertitres et de blancs, à cette époque, fait que rien n'accroche l'œil du lecteur, qui doit donc être érudit et habitué à l'effort de lecture. […]
L'alphabétisation de la population, la liberté de presse enfin assurée par la loi de 1881, l'amélioration des techniques d'impression (composition mécanique, photogravure, presse rotative) et le développement du chemin de fer permettent à la presse de connaitre un formidable développement à la fin du XIXe siècle. Le nombre de pages des journaux augmente. […] On joue avec les blancs, on aère la typographie. Les titres, qui se développent en taille et en nombre de mots, occupent plusieurs colonnes et permettent de mettre en valeur l'importance de l'événement, de construire visiblement la nouvelle. La titraille (ensemble composé d'un surtitre, titre, sous-titre voire chapô) apparait. […]
La pagination des quotidiens augmente encore pendant l'entre-deux-guerres, les titres prennent de l'importance. À partir de 1932, *Paris-Soir* révolutionne à son tour la presse en accordant une part très importante à la photographie qui occupera plus de 50 % de la surface de la Une et souvent la totalité de la dernière page. Le *voir* l'emporte sur le *lire* et le journal multiplie son tirage par 30 en huit ans. La monotonie de la mise en page verticale est rompue au profit de la mise en page horizontale avec des titres et des photos sur plusieurs colonnes. Le bélinographe[1] permet la transmission à distance de photographies et le 9 octobre 1934, le journal publie une édition spéciale avec une photo du roi Alexandre Ier de Yougoslavie une heure après son assassinat.

Daniel Salles et Olivier Dufaut, *Du papier à l'Internet : les Unes des quotidiens*, 2010.

1. Appareil permettant l'envoi de photographies à distance par voie téléphonique ou par radio.

ACTIVITÉ

Présenter la Une de presse en se documentant

1. À partir de vos recherches, rédigez une courte présentation de l'histoire de ce quotidien et notamment des changements techniques et éditoriaux apportés par son nouveau propriétaire à partir de 1930. **(doc. 1)**

2. Pourquoi peut-on dire que ce document se situe à un « âge d'or » de l'histoire de ce quotidien et de celui de la presse. **(voir p. 262-263)**

Analyser la Une de presse

3. En comparaison avec le **document 2**, décrivez la construction de la Une de *Paris-Soir* **(doc.1)** et la diversité des sujets qu'elle aborde.

Observez le nombre de colonnes, le nombre et la taille des titres, le choix des visuels et la place des blancs.

4. Quels changements techniques ont permis les transformations des journaux (formes, sujets abordés) ? **(doc. 3)**

Porter un regard critique sur la Une de presse

5. Les changements techniques peuvent-ils expliquer à eux seuls les transformations des journaux ? Justifiez votre réponse en soulignant l'importance de facteurs sociaux ou politiques. **(doc. 3)**

6. Dans quelle mesure l'essor de la radio à cette époque peut-il expliquer ce choix journalistique de *Paris-Soir* où « le *voir* l'emporte sur le *lire* » ?

Étude Le triomphe de la radio et de la télévision

La diffusion du son puis des images révolutionne l'accès à l'information en réduisant les distances et le temps. Les foyers français s'équipent progressivement. Désormais, les auditeurs et téléspectateurs ont accès presque immédiatement à des informations provenant du monde entier.

➤ Comment la radio et la télévision informent-elles les Français dans les années 1960 ?

1850 – 1900 – 1950 – 2000

- **1895** Invention de la TSF (Télégraphie sans fil)
- **1926** Invention du procédé de télévision
- **1954** Naissance du transistor
- **1962** Création de l'ORTF
- **1964** Premier satellite de télévision Telstar permettant la mondovision

1 Le succès du transistor dans les années 1960

La parole de l'historienne

La radio est le média de masse le plus présent dans la vie quotidienne des jeunes : une enquête de l'IFOP en 1966 le confirme en positionnant la radio comme premier média des 15-20 ans. Mais dans quelle mesure le transistor accélère-t-il la segmentation du public de la radio ? Toujours dans cette même enquête sur les 15 à 20 ans, on constate que « 46 % des jeunes possèdent un poste personnel, surtout ceux dont les parents sont cadres supérieurs, professions libérales ou industriels (64 %), suivis mais d'assez loin (46 %), par les fils de cadres moyens et employés, c'est-à-dire les catégories parmi lesquelles se rencontre le plus grand nombre d'étudiants ». Cette étude montre que l'enracinement est massif : pratiquement la moitié des jeunes possèdent un poste personnel, certes surtout dans les catégories sociales les plus favorisées. Ce constat doit être resitué dans l'amélioration globale de l'habitat des Français, qui permet à une partie des jeunes d'avoir leur chambre. Ainsi, on peut dire que la mutation technique de la radio opérée par le transistor, influe sur l'avènement d'une nouvelle classe d'âge d'auditeurs, dans un contexte où les aspects démographiques, socio-économiques et culturels jouent bien entendu un rôle important.

Elvina Fesneau, « Éléments pour une histoire du public des postes à transistors en France », *Le Temps des médias*, 2004/2 (n° 3).

2 Un nouveau rituel d'information dans les années 1960, *le journal de 20 heures*

3 Le succès fulgurant de la télévision

Tous les jours dans le monde, 19 000 nouveaux récepteurs s'allument pour la première fois et 50 000 hommes deviennent en un soir, par la magie du petit écran, des téléspectateurs. […]
Pour la France, le phénomène a suivi le même chemin : 60 000 postes en 1953 ; 382 000 en 1956 ; un million en 1958 ; quatre millions en 1963 ; six millions et demi en 1965 et neuf millions en 1968. Plus d'une famille sur deux a la télévision. Cette évolution a été très rapide. On pourrait dire, éblouissante.

Enrique Melon-Martinez, Marie-Anne Salleron, *La télévision dans les familles et la société modernes*, les Éditions Sociale, 1969.

ACTIVITÉ

À l'aide des documents, rédigez un paragraphe répondant à la problématique : **« Comment la radio et la télévision informent-elles les Français dans les années 1960 ? »**
Pour vous aider, organisez votre réponse en deux temps :
- une radio en mutation ;
- une télévision au succès foudroyant.

Pour aller plus loin

Écoutez l'émission de France Culture qui retrace l'histoire de la radio en France.

hachette-clic.fr/23hgg1100

JALON 2

Étude La BBC

Créée en 1922, la BBC (*British Broadcasting Corporation*) devient en 1927 une entreprise publique dotée d'un monopole de programmation, avec une triple mission : informer, éduquer, divertir. Financée par une taxe perçue sur la possession des postes de radio, la BBC devient très vite un média de référence et de qualité à dimension internationale.

▶ Quelle est l'originalité de la BBC dans l'histoire des médias ?

1 La Charte royale de 1927 établissant la BBC

Les raisons pour lesquelles la compagnie est établie et constituée sont :
(a) Maintenir un service de diffusion sur tout le territoire de Notre[1] Royaume uni de Grande-Bretagne et d'Irlande (à l'exception de l'État libre irlandais), les îles anglo-normandes et l'île de Man [...]
(c) Pour ériger, équiper et installer des stations avec toutes les installations, machines et autres effets qui peuvent être nécessaires ou pratiques pour permettre à celles-ci de recevoir et de transmettre efficacement à des fins de radiodiffusion.
(d) Pour se conformer et préparer, imprimer, publier, émettre, diffuser et distribuer, gratuitement ou autrement, les journaux, magazines, périodiques, livres, circulaires et autres documents littéraires qui peuvent sembler conformes aux objectifs de la compagnie.
(e) Recueillir des nouvelles et des informations relatives à l'actualité dans n'importe quelle partie du monde et de toutes les manières jugées appropriées et établir et s'abonner à des agences de presse.

D'après BBC.com, 2023.

1. La charte royale est écrite au nom du Roi Georges V (1910-1935).

2 Discours de la princesse Élisabeth à la BBC le 21 avril 1947

La future reine Élisabeth II s'adresse à tous les peuples de l'Empire britannique depuis Le Cap en Afrique du Sud.

3 Le financement de la BBC en débat au Parlement dans les années 1980

Nous rejetons la proposition selon laquelle la BBC devrait à présent être entièrement ou en grande partie financée par la publicité, et nous concluons à ce stade, que la redevance, avec quelques modifications, doit rester la principale source de financement de la BBC. La commission[1] avance que, puisque le spectre[2] est encore rare, et qu'il n'y a pas encore de moyen que le consommateur puisse payer directement le programme de son choix, l'introduction de la publicité devrait réduire les possibilités de choix effectifs laissés aux spectateurs et aux auditeurs.

Discours du secrétaire d'État à l'Intérieur, Douglas Hurd, à la Chambre des communes, 3 juillet 1986.

1. Il s'agit de la commission Peacock, chargée de réfléchir à la réforme du financement de la BBC.
2. Gamme de fréquence utilisée par la radio.

ACTIVITÉ

1. Quelles sont les missions affectées à la BBC ? **(doc. 1 et 2)**
2. Quels sont les liens entre la couronne britannique et la BBC ? **(doc. 1 et 2)**
3. Pourquoi l'utilisation de la publicité comme moyen de financement de la BBC est-elle source de débats ? **(doc. 3)**

Bilan

À l'aide des réponses, vous rédigerez un bilan structuré insistant sur l'originalité de la BBC et de son modèle.

Étude Naissance et extension d'Internet

En 1969, le réseau **Arpanet** est lancé permettant à des ordinateurs connectés entre eux de s'échanger des messages. D'abord utilisé à des fins scientifiques et militaires, Arpanet laisse place au réseau Internet. L'invention du World Wide Web en 1990 et l'augmentation progressive du débit du réseau favorisent l'explosion du nombre de sites web et celui des internautes.

Pourquoi Internet connait-il une expansion fulgurante à la fin du XXᵉ siècle ?

1940 – 1960 – 1980 – 2000 – 2020

- **1945** ENIAC, premier ordinateur calculateur
- **1969** Création du réseau Arpanet
- **1984** Premier ordinateur Macintosh
- **1990** Premier site internet et World Wide Web
- **2000** Naissance de l'ADSL
- **2007** Naissance des smartphones
- **2010** Naissance de la tablette Ipad
- **2015** Le *Wall Street Journal* introduit les podcasts d'actualité

1 Aux origines d'Internet

La salle de réunion surplombait la grande marina de Los Angeles, mais je ne regardais ni la mer, ni les bureaux. C'était le 8 janvier 1991. J'étais arrivé de France la veille et je participais pour la première fois à une réunion de l'IAB, l'*Internet Activities Board*, le « conseil des activités Internet », groupe de spécialistes triés sur le volet qui, depuis le début des années 1980, supervisait le développement du réseau. Il y avait là plusieurs pionniers de l'Arpanet, ce réseau de recherche fondé en 1969 par le ministère de la Défense des États-Unis où avait été développé la technologie de communication de données « par paquets » qui permet de constituer des réseaux d'ordinateurs. On trouvait par exemple Vint Cerf, qui avait en 1973 inventé avec son collègue Bob Kahn le concept même d'Internet, Dave Clark, l'architecte d'Internet, John Postel, le gestionnaire des adresses du réseau, et bien d'autres encore. Tous avaient contribué à bâtir l'Internet, à inventer la technologie, à la mettre au point. Je me demandais bien pourquoi Vint Cerf m'avait convié. En attendant, j'essayais, en débattant avec eux de l'évolution du réseau, de ne pas trop faire apparaître mon incompétence. Bien sûr, je participais déjà depuis plusieurs années aux discussions électroniques sur l'Internet. J'en avais entendu parler pour la première fois en 1982, à l'INRIA[1] […] Louis Pouzin et ses collègues avaient, dès 1973, développé en France le réseau Cyclades, à peu près au même moment que le réseau Arpanet aux États-Unis et suivant les mêmes principes. […] Mais alors qu'Arpanet allait donner naissance à l'Internet, Cyclades fut progressivement démantelé à la fin des années 1970. L'expérience avait parfaitement marché, mais l'administration française des télécommunications avait décidé qu'elle n'avait aucun avenir et qu'il fallait tout miser sur le réseau Transpac, qui fut d'ailleurs une grande réussite et permit de raccorder les Minitel[2].

Christophe Huitema, *Et Dieu créa l'Internet*, Eyrolles 1996.

1. Institut national de recherche en informatique et en automatique.
2. Réseau de transmission longue distance français permettant de nombreux services actifs de 1980 à 2012.

Vocabulaire

ADSL *(Asymmetric Digital Subscriber Line)* : technologie qui favorise la diffusion d'Internet à haut débit.

Arpanet *(Advanced Research Projects Agency Network)* : ancêtre d'internet, réseau d'ordinateurs créé en 1969 par le département de la Défense américaine pour relier des centres universitaires de recherche et des installations militaires.

2 Internet pour le grand public

En 1997, face à l'explosion d'Internet, le magazine *Le Nouvel Observateur* fait sa Une sur les promesses et les possibilités de cette innovation technologique.

3 La progression rapide du nombre de sites Internet

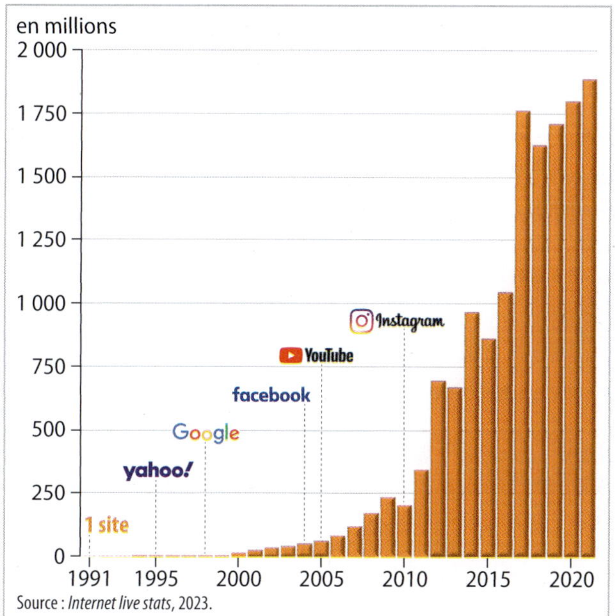

Source : *Internet live stats*, 2023.

4 Un inégal accès à Internet dans le monde

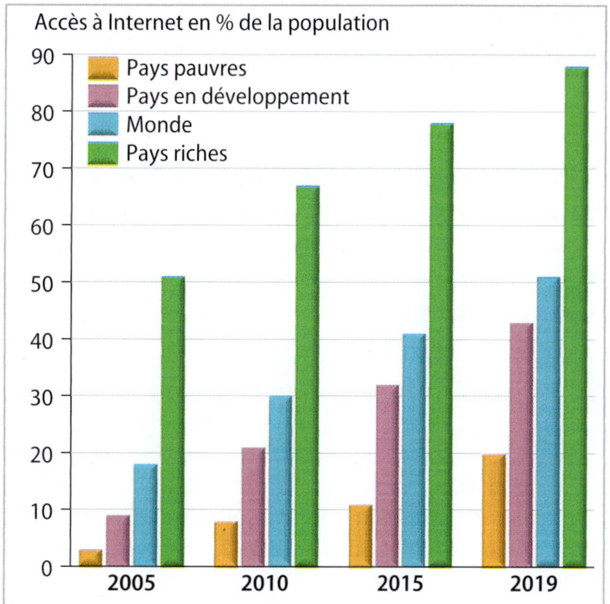

Source : *Alternatives économiques*, novembre 2021.

5 Barack Obama joue la carte des nouvelles technologies

La parole du spécialiste

Durant les années 1930, la présidence de Franklin Roosevelt fut remarquée pour l'utilisation innovante de la radio ; l'élection de John F. Kennedy en 1960 fit un recours appuyé à la télévision et aux techniques de marketing ; l'élection de Barack Obama en 2008 semble constituer l'avènement, en communication politique, des technologies de l'information et de la communication, et tout particulièrement des médias sociaux. [...] La campagne « Obama 08 » ne constitue pas une virtualisation de la campagne électorale, mais bien une utilisation intelligente et très efficace de technologies modernes au service de modalités très traditionnelles de campagne. Le Web, les réseaux sociaux et les téléphones portables se sont révélés d'une efficacité inédite dans un champ d'actions stratégiques que nous pouvons réunir en cinq axes : recruter des militants, les motiver, les informer, les organiser et récolter des fonds. [...] L'information constitue la colonne vertébrale de tout le dispositif. Grâce à la souplesse des sites web et des portails personnalisés, mais surtout à un recours appuyé aux e-mails (plus d'un milliard de messages auraient été répartis parmi quelque 13 millions d'adresses), aux vidéos et aux SMS (5 à 20 messages envoyés, chaque mois, au million de correspondants ayant enregistré leur numéro de téléphone portable), la campagne d'Obama disposait d'outils permettant une circulation à la fois rapide et ciblée de messages et donc d'information. [...] Les militants ont été souvent informés précocement et précisément à propos de certains faits ou mises au point, avant même que les médias n'en aient parlé.

François Heinderyckx, *Obama l'inflexion numérique*, *Hermès, La Revue* 2011/1 (n° 59).

PARCOURS 1 Étudier un ensemble documentaire

1. Quelles sont les origines d'Internet ? **(frise et doc. 1)**

2. À l'aide des **documents 2 et 3**, expliquez pourquoi Internet est un succès dès les années 1990.

3. Pourquoi l'expansion d'Internet dans le monde ne se fait-elle pas de manière égale ? **(doc. 4)**

4. Quelles sont, dès les origines, les applications concrètes d'Internet ? **(doc. 1, 3 et 5)**

Bilan

Dans quelle mesure peut-on dire qu'Internet constitue une révolution technique majeure pour l'information ?

PARCOURS 2 Rédiger un texte argumenté

À l'aide des informations prélevées dans les documents, vous rédigerez une synthèse construite répondant à la question :
« Comment expliquer le succès fulgurant d'Internet dès les années 1990 ? »
Vous pourrez organiser vos propos autour de trois points :
1. Les facteurs de ce succès
2. L'ampleur du phénomène Internet
3. Les limites au succès d'Internet

Étude Les moteurs de recherche américains

À partir des années 1990 et la diffusion du World Wide Web, le nombre de pages et de sites Internet augmente considérablement. Des systèmes d'exploration du web et des moteurs de recherche américains apparaissent et dominent rapidement ce nouveau marché.

Quelle est l'importance des moteurs de recherches américains dans l'accès à l'information ?

1 Sergueï Brin, cofondateur de Google en 1998, présente son entreprise

JDN. Pouvez vous présenter Google en quelques mots ?
Sergueï Brin. Google, c'est tout d'abord un moteur de recherche, que nous nous efforçons de rendre le meilleur possible pour les utilisateurs. Google est rapide, les pages sont peu encombrées, faciles a comprendre et à charger, et ce qui est le plus important, les résultats sont extrêmement pertinents. Tout est fait pour améliorer l'efficacité. Mais Google c'est aussi une entreprise, un lieu de travail amusant et excitant. Nos employés apprécient notre culture et notre environnement de travail, et ils travaillent sur quelque chose qui touche de nombreuses personnes dans le monde : 40 millions de recherches sont effectuées chaque jour sur Google. Les recherches sont importantes pour les gens, que ce soit pour trouver un nouveau travail ou des horaires de spectacles. [...]

JDN. Comment est-ce que Google gagne de l'argent ?
S.B : De deux façons. La première, c'est l'utilisation de notre moteur par d'autres sites et portails, comme Yahoo par exemple. Nous avons 80 clients dans 20 pays qui affichent les résultats de Google. La seconde, c'est la publicité. Les publicités sont très ciblées, elles n'apparaissent que lorsque l'on saisit certains mots-clés, et sont très discrètes : une simple ligne de texte, pas d'images ou de bandeaux. Environ 15 % des recherches comportent de la publicité dans les résultats. Nous avons également 25 000 sites qui sont affiliés à Google et qui peuvent comporter de la publicité. Google est le seul moteur de recherche à afficher seulement quelques publicités courtes et ciblées.

journaldunet.com, 14 juillet 2000.

2 L'hégémonie de Google

Part de marché des navigateurs web les plus importants dans le monde en 2021 en %

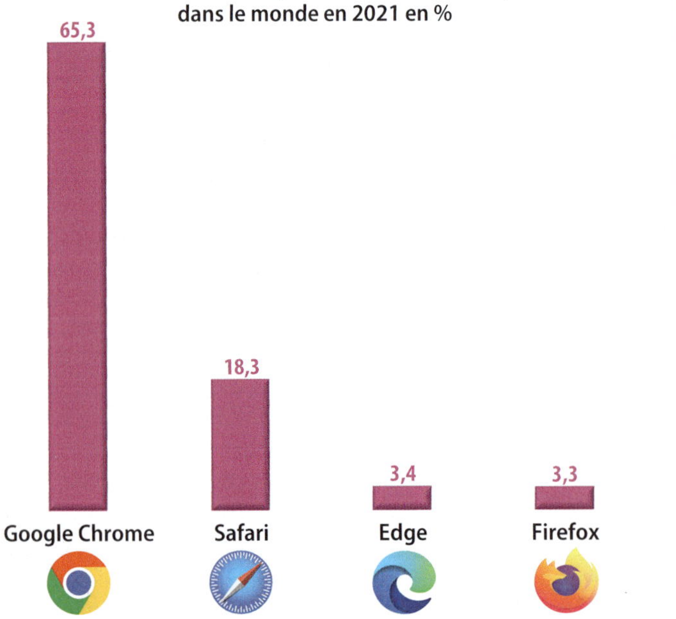

Source : Statcounter, 2022.

ACTIVITÉ

1. Quelles sont les raisons du succès de Google d'après Sergueï Brin dès la fin des années 1990 ? **(doc. 1)**

2. Montrez le succès des navigateurs web américains. **(doc. 2)**

Bilan

À l'aide des documents, vous présenterez la domination exercée par les moteurs de recherche et navigateurs américains sur Internet depuis la fin du XXe siècle.

Pour aller plus loin

Écoutez ce podcast sur l'histoire de la création de Google.

Podcast : Le Français qui a vu naître Google, France Inter, 2021.

hachette-clic.fr/23hgg1101

JALON 3

Étude Internet en Chine

La Chine s'ouvre à Internet dès les années 2000. Ce nouveau moyen de communication, même s'il ne concerne qu'une très petite minorité d'internautes au début, est rapidement surveillé et contrôlé. Néanmoins, le succès d'Internet est bien réel en Chine et accompagne son développement économique fulgurant, symbolisé, entre autres, par le succès de Baidu créé en 2000.

➤ Pourquoi Internet a-t-il connu un succès spectaculaire en Chine depuis la fin des années 1990 ?

1 La croissance du nombre d'internautes et de mobinautes en Chine

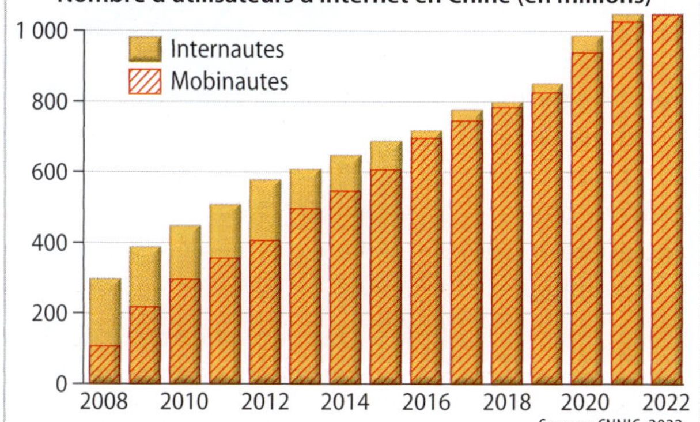

Source : CNNIC, 2022.

Vocabulaire

Mobinaute : personne qui utilise les services d'Internet à partir d'un smartphone.

3 Le stand du groupe Baidu lors de la conférence World Internet, le 6 novembre 2018

La conférence World Internet se déroule tous les ans à Wuzhen (au sud de Shanghai). Cet événement permet à la Chine d'affirmer son propre modèle de gouvernance d'Internet. Baidu est le principal moteur de recherche chinois.

2 Le succès d'Internet en Chine

La parole du géopolitologue

On comptait à peine 5 000 internautes en 1995, l'année de la commercialisation de l'Internet. À cette époque, les autorités contrôlaient tout ce qui entrait et sortait du pays, y compris par le biais des réseaux. [...] Mais, après quinze jours de navigation, le responsable de la propagande du Parti communiste ordonna l'arrêt de toute nouvelle connexion et la restructuration complète du réseau. Anticipant la croissance, il força la déconnexion de tous les réseaux, pour les obliger à se reconnecter par le biais de lignes internationales fournies exclusivement par le ministère des Postes et Télécommunications. [...]

Les autorités chinoises ont donc pris le parti d'investir dans le développement de l'infrastructure tout en créant un cordon sanitaire autour de la Chine, la « Grande Muraille du Net », et en se dotant d'un arsenal législatif complexe et vaste, couvrant tous les aspects de la connexion, l'accès et l'échange d'information en ligne.

Frédérick Douzet, *Les frontières chinoises de l'Internet*, Hérodote 2007/2 (n° 125).

ACTIVITÉ

À l'aide des documents, rédigez un paragraphe pour répondre à la problématique : « **Pourquoi Internet a-t-il connu un succès spectaculaire en Chine depuis la fin des années 1990 ?** »

Pour vous aider, organisez vos idées en deux parties :
- les facteurs du succès fulgurant d'Internet ;
- les conséquences de ce succès pour le pouvoir chinois.

Pour aller plus loin

Regardez cette vidéo présentant le contrôle d'Internet en Chine.

Vidéo : L'Internet en Chine selon Xi Jinping, Le Topo, Arte, 2017.

hachette-clic.fr/23hgg1102

Axe 1

Leçon 2 Les grandes révolutions techniques de l'information

➤ Comment les grandes révolutions techniques ont-elles bouleversé la diffusion et l'accès à l'information ?

A Le temps de la presse écrite

JALON 1 p. 262

L'imprimerie de Gutenberg prend son essor à la fin du XVᵉ et près de 10 millions d'ouvrages sont déjà imprimés dès 1500. C'est au XVIIᵉ et XVIIIᵉ siècles qu'apparaissent les journaux avec une parution périodique. On voit ainsi *La Gazette* de Théophraste Renaudot paraître dès 1631 ou bien encore *The Times* à Londres en 1785. Avec la Révolution française et la proclamation de la liberté de la presse les journaux se multiplient comme *Le Vieux Cordelier* de Camille Desmoulins ou bien encore *L'Ami du peuple* de Marat.

Cependant, la presse écrite connaît son âge d'or avec la révolution industrielle et les progrès techniques des rotatives au XIXᵉ siècle. Les nouvelles rotatives comme celle de Marinoni en 1884 permettent d'imprimer des millions d'exemplaires en une nuit. Le télégraphe morse permet dès les années 1840 la transmission rapide des informations venant du bout du monde. En 1914, des journaux sont alors publiés à des millions d'exemplaires comme *Le Petit Journal*.

1 Une sensationnelle du *Petit Journal* du 2 octobre 1904

Le *Petit Journal* met à la Une un épisode de la guerre russo-japonaise (1904-1905), qui se déroule dans le nord de la Chine (en Mandchourie).

B Radio et télévision au XXᵉ siècle

JALON 2 p. 266

En 1895, l'ingénieur italien Marconi est le premier à émettre un message radio sans fil (TSF). À la fin de la Première Guerre mondiale, on parvient à diffuser le son de la voix et de la musique à la radio. De nouveaux émetteurs puissants consacrent la naissance de premières sociétés de radio comme la BBC au Royaume-Uni en 1922. Dans le même temps, les postes de radio, d'abord très chers, se démocratisent progressivement pour devenir un objet de consommation de masse, grâce aux transistors inventé en 1954.

Si les premiers programmes réguliers de télévision apparaissent au cours des années 1930, il faut attendre la fin de la Seconde Guerre mondiale pour que la télévision connaisse des progrès fulgurants et un grand succès aux États-Unis. Le tournant a lieu en 1962 et le lancement du satellite Telstar qui permet la création de programmes télévisés en mondovision. Parallèlement, les récepteurs de télévision deviennent moins chers et en couleur.

La télévision devient également un monopole d'État dans de nombreux pays démocratiques européens comme en France en 1949 avec la création de la RTF, ou en Italie avec la RAI en 1953. Les États-Unis favorisent, quant à eux, des réseaux privés comme la CBS ou ABC.

À partir des années 1970, l'audiovisuel se libéralise grâce à l'émergence de chaînes et de stations de radio privées, et la constitution de puissants groupes de médias comme Time Warner aux États-Unis. Des chaînes de télévision diffusées dans le monde entier apparaissent comme CNN en 1980 et MTV en 1981. L'offre de chaînes de télévision devient ainsi pléthorique au début du XXᵉ siècle avec l'amélioration des canaux de diffusion comme le câble, les satellites et la Télévision Numérique Terrestre (TNT).

2 Publicité pour les postes de radios et électrophones Radiola, 1963

C La révolution Internet

JALON 3 p. 268-271

Au début des années 1990, le réseau Internet supplante le réseau Arpanet, créé dans les années 1960 à des fins scientifiques et militaires, c'est la naissance des sites Internet modernes. Des logiciels de navigation comme Internet Explorer, conçu par le groupe Microsoft en 1995, permettent désormais de surfer sur une toile qui ne cesse de s'étendre.

Le succès d'Internet est tel à la fin de la décennie 1990, qu'il suscite l'émergence d'une nouvelle économie et d'une intense bulle spéculative, incarnée par l'explosion du nombre de FAI. En 2022, on compte plus de 161 millions de sites dans le monde. Cette croissance exponentielle repose sur une accélération de la vitesse de navigation grâce à l'ADSL, puis la fibre optique. Ce web 2.0 aboutit à une véritable démocratisation d'Internet, alors que l'utilisation des smartphones dès la fin des années 2000 permet l'utilisation d'un Internet mobile et presque instantané.

Ce succès fulgurant d'Internet remet largement en cause les médias de masse traditionnels qui connaissent un certain déclin. La presse écrite connaît alors une grave crise avec une chute du nombre de ses lecteurs et certains titres prestigieux finissent par disparaître comme *Life* aux États-Unis. La radio et la télévision voient également leur nombre d'auditeurs et de téléspectateurs s'éroder au profit de nouveaux modes d'utilisation à l'instar des podcasts ou des plateformes de streaming.

Vocabulaire

FAI : fournisseur d'accès à Internet.

Média de masse : média qui cherche à atteindre et à influencer un public très nombreux par des moyens de diffusion très larges, des informations et de la culture.

Mondovision : système de diffusion des émissions de télévision dans le monde par satellite.

Rotative : machine qui permet d'imprimer un grand volume de journaux en continu.

TSF : télégraphie sans fil. Elle permet d'abord l'envoi de message en morse.

Transistor : procédé technique appliqué à la radio en 1954, permettant de réduire la taille des récepteurs. Il rend la radio nomade.

SCHÉMA BILAN

Schéma interactif
hachette-clic.fr/23hgg1103

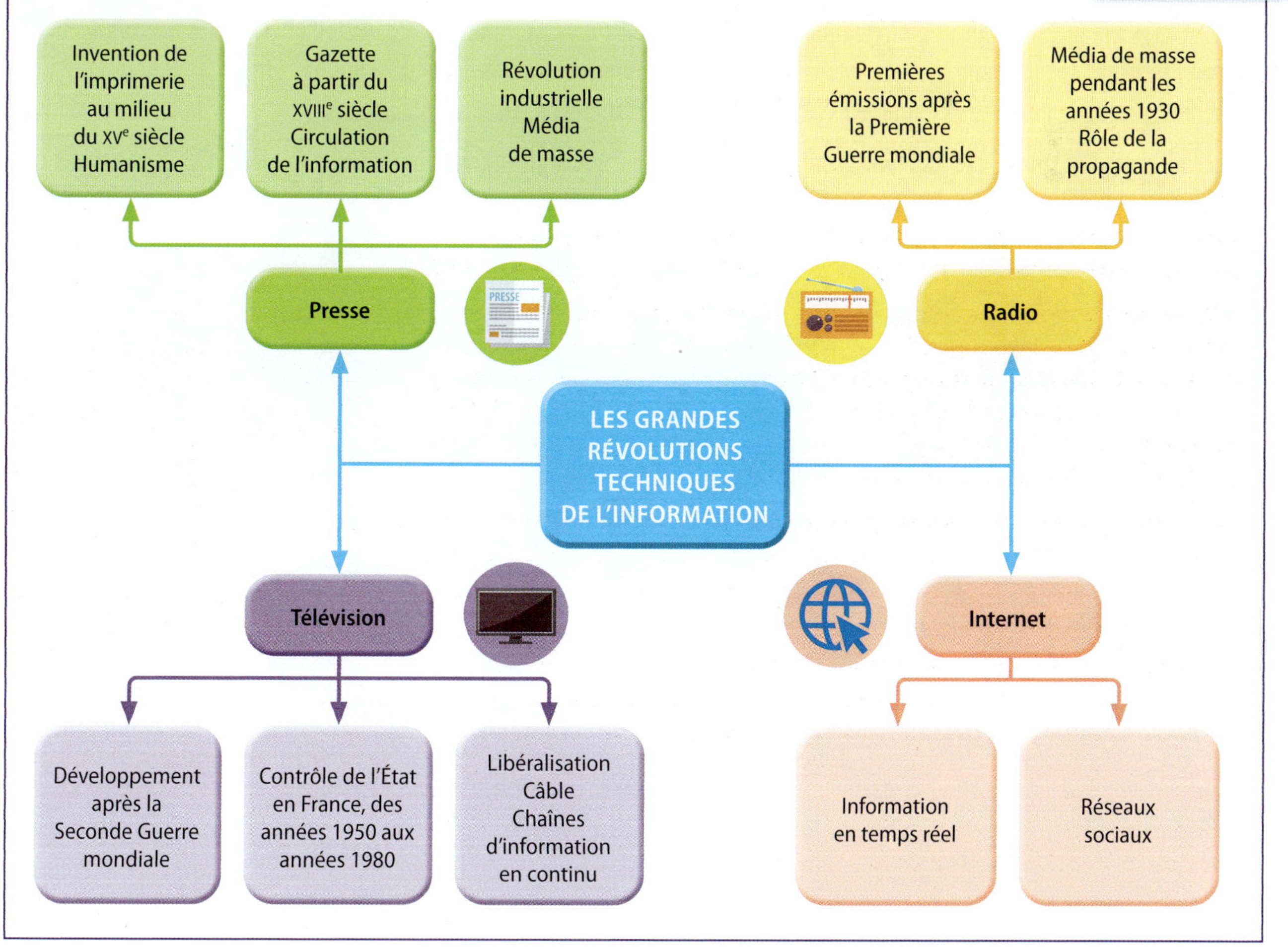

AXE 2

Liberté ou contrôle de l'information : un débat politique fondamental

» Pourquoi la liberté de l'information, et ses tentatives de contrôle, sont-elles des enjeux politiques majeurs dans les démocraties depuis la fin du XIXe siècle ?

1 Manifestation devant la Maison de la Radio à Paris, le 8 juin 1968

Le 8 juin 1968, les journalistes de l'ORTF (Office de radiodiffusion télévision française fondée en 1964) manifestent pour obtenir plus de liberté et d'autonomie. La télévision et la radio publiques sont alors très liées à l'État et au ministère de l'Information. Cette manifestation se déroule dans le cadre des révoltes de mai 1968.

1750 | 1800 | 1850 | 1900 | 1950 | 2000

1787 La **Constitution des États-Unis** garantit la liberté de la presse

1789 La Déclaration des droits de l'homme et du citoyen proclame la **liberté de la presse** (art. 11)

1835 Fondation de l'**agence Havas**

1881 **Loi sur la liberté de la presse** en France

1894-1906 **L'affaire Dreyfus** dans la presse française

1944 Création de l'**AFP**

1964-1975 **La guerre du Vietnam dans les médias**

1985 Création de **Reporters sans frontières** (RSF)

2 Une journaliste pendant la guerre du Vietnam, en 1968

La photographe française Catherine Leroy couvre le conflit au Vietnam en tant que correspondante de guerre (1966-1968). Elle vend ses reportages à l'agence américaine *Asocciated Press* (AP) et au magazine américain *Life*. C'est la première fois dans l'histoire des médias que des femmes journalistes couvrent la guerre jusque dans les combats.

QUESTIONS

1. Pourquoi les journalistes de l'ORTF manifestent-ils en 1968 ? **(doc. 1)**

2. Que permet le travail des reporters de guerre ? **(doc. 2)**

p. 276 > **JALON ①**
L'information dépendante de l'opinion ? L'affaire Dreyfus et la presse

p. 280 > **JALON ②**
L'information entre le marché et l'État : histoire de l'agence Havas et de l'AFP

p. 282 > **JALON ③**
Information et propagande en temps de guerre : les médias et la guerre du Vietnam

Étude L'affaire Dreyfus et la presse

En 1894, après avoir été condamné pour espionnage au profit de l'Allemagne, Alfred Dreyfus ne trouve aucun soutien dans l'opinion publique qui a une absolue confiance en l'armée. Cependant, à partir de 1898, au fur et à mesure que les preuves sont remises en question, l'opinion se déchire entre dreyfusards, partisans de l'innocence de Dreyfus, et antidreyfusards, partisans de l'armée, nationalistes et antisémites, par le biais d'une presse écrite, abondante et lue par toutes les couches de la population française.

Comment la presse écrite influence-t-elle l'opinion publique durant l'affaire Dreyfus ?

1890 – 1895 – 1900

- **1894** Condamnation du capitaine Alfred Dreyfus, juif alsacien pour haute trahison. Il est déporté sur l'île du diable, en Guyane.
- **1896** Une nouvelle enquête secrète menée par le capitaine Picquart conclut à l'innocence de Dreyfus et à la culpabilité du colonel Estherazy. L'armée commence à fabriquer de fausses preuves
- **11 janvier 1898** Acquittement à huis clos du colonel Estherazy
- **13 janvier 1898** Publication du « J'accuse…! » d'Émile Zola dans *L'Aurore*
- **1899** Nouveau procès d'Alfred Dreyfus. Il est gracié par le président de la République Émile Loubet
- **1906** Réhabilitation du capitaine Dreyfus

Émile Zola

(1840-1902)

Écrivain et un journaliste qui connaît un succès considérable avec ses romans réalistes de la saga des *Rougon-Macquart*. En 1898, il se détourne du *Figaro* pour proposer son article « J'accuse…! » au journal *L'Aurore*. Il devient l'une des figures des intellectuels engagés en faveur du capitaine Dreyfus.

1 La dégradation d'Alfred Dreyfus vue par *Le Petit Journal*

Le Petit Journal
SUPPLÉMENT ILLUSTRÉ
Huit pages : CINQ centimes
DIMANCHE 13 JANVIER 1895
Numéro 217
LE TRAITRE
Dégradation d'Alfred Dreyfus

Une du *Petit Journal*, supplément illustré, 13 janvier 1895.

2 La montée de l'antisémitisme dans la presse vue par Theodore Herzl

Theodor Herzl est un journaliste viennois d'origine juive qui couvre l'affaire Dreyfus. Devant l'antisémitisme qu'il voit en France, pays qui pourtant a émancipé et intégré les Juifs dès 1790, il prend conscience de la nécessité de créer un État juif pour les persécutés, et fonde en 1897 le mouvement sioniste.

La France d'aujourd'hui est antisémite, cela ne fait pas de doute. *Le Figaro*, l'un des journaux les plus riches et les plus influents, qui avait pendant un certain temps pris la défense de Dreyfus, fut contraint par l'opinion publique à capituler. Le rédacteur en chef a dû démissionner pour ne pas mettre en danger l'existence même du journal. Et pourtant, un journaliste de l'importance du rédacteur en chef du *Figaro* est bien plus libre et plus indépendant qu'un député, dont la popularité est bien instable. Les scandales parlementaires de ces dernières années avaient considérablement diminué leur prestige. Oseraient-ils, même s'ils pensaient autrement, s'opposer aux passions de la populace ? Les élections approchent et il est facile de prévoir que l'antisémitisme en sera le cheval de bataille. Des conservateurs à l'extrême gauche, on n'entend qu'un seul cri : « Contre les Juifs ! ». C'est une ambiance des temps d'émeute et ceux que cette affaire intéresse en premier lieu sont sourds et aveugles ; ils pensent toujours que cela passera. Certes, tout se passe, mais de quelle manière ?

D'après T. Herzl, « La situation en France », *Die Welt*, 24 décembre 1897, trad. L. Vogel, Éd. Fédération sioniste de France, 1958.

3 « J'accuse…! » d'Émile Zola à la Une du journal de Clemenceau *L'Aurore*

Écrivain célèbre grâce au succès des Rougon-Macquart, *Émile Zola rejoint le camp des dreyfusards après l'acquittement de l'officier Esterhazy, et écrit sa célèbre lettre ouverte au président de la République, Félix Faure, le 13 janvier 1898.*

[…] J'accuse le lieutenant-colonel du Paty de Clam d'avoir été l'ouvrier diabolique de l'erreur judiciaire, en inconscient, je veux le croire, et d'avoir ensuite défendu son œuvre néfaste, depuis trois ans, par les machinations les plus saugrenues et les plus coupables.

J'accuse le général Mercier de s'être rendu complice, tout au moins par faiblesse d'esprit, d'une des plus grandes iniquités du siècle.

J'accuse le général Billot d'avoir eu entre les mains les preuves certaines de l'innocence de Dreyfus et de les avoir étouffées, de s'être rendu coupable de ce crime de lèse humanité et de lèse justice, dans un but politique et pour sauver l'état-major compromis. […]

J'accuse les bureaux de la guerre d'avoir mené dans la presse, particulièrement dans *L'Éclair* et dans *L'Écho de Paris*, une campagne abominable, pour égarer l'opinion et couvrir leur faute.

[…] En portant ces accusations, je n'ignore pas que je me mets sous le coup des articles 30 et 31 de la loi sur la presse du 29 juillet 1881, qui punit les délits de diffamation. Et c'est volontairement que je m'expose.

[…] Je n'ai qu'une passion, celle de la lumière, au nom de l'humanité qui a tant souffert et qui a droit au bonheur. Ma protestation enflammée n'est que le cri de mon âme. Qu'on ose donc me traduire en cour d'assises et que l'enquête ait lieu au grand jour!

J'attends.

Veuillez agréer, Monsieur le Président, l'assurance de mon profond respect.

É. Zola, « J'accuse…! », *L'Aurore*, 13 janvier 1898.

4 Zola et l'affaire Dreyfus vus par le caricaturiste antisémite Forain

Psst…!, n° 25, 23 juillet 1898.

5 Un dîner en famille

Caricature de Caran d'Ache, *Le Figaro*, 14 février 1898.

« – Surtout ! ne parlons pas de l'affayre Dreyfus !
– Ils en ont parlé… »

PARCOURS 1 Confronter des documents

1. Comment les journaux *Le Petit Journal* et *Psst…!* présentent-ils l'affaire Dreyfus ? Comment peut-on qualifier leurs arguments ? **(doc. 1 et 4)**

2. De quelle manière Herzl et Zola présentent-ils les enjeux de l'affaire Dreyfus ? Pourquoi bouleverse-t-elle toute la presse française ? **(doc. 2 et 3)**

3. Pourquoi l'article « J'accuse…! » d'Émile Zola constitue-t-il un tournant dans l'affaire Dreyfus ? **(doc. 3, 4 et 5)**

Bilan

À l'aide des documents, vous rédigerez un bilan construit sur l'influence et le rôle de la presse écrite sur l'opinion publique lors de l'affaire Dreyfus.

PARCOURS 2 Construire un plan détaillé

Élaborez un plan détaillé pour répondre au sujet suivant : **Pourquoi l'affaire Dreyfus divise-t-elle profondément l'opinion publique et la presse française à la fin du XIXe siècle ?**

Construisez votre plan à partir des trois idées suivantes prélevées dans les documents :

1. Une presse d'abord largement antidreyfusarde au début de l'affaire.

2. Le tournant de 1898 et l'article « J'accuse…! ».

3. Les conséquences de l'affaire et la fracture entre presses dreyfusarde et antidreyfusarde.

Étude GRAND FORMAT

La presse anti-dreyfusarde

Contexte ➪ Entre 1894 et 1906, l'affaire Dreyfus passionne la société française. Le public, de plus en plus large, est captivé par ce feuilleton judiciaire qui mêle espionnage, défense nationale et antisémitisme. La presse, qui est alors le seul média d'information, en relaie les rebondissements, mais joue aussi un rôle actif. Reflet d'un antisémitisme vivace dans la société française, la presse antidreyfusarde contribue à influencer ses lecteurs, notamment par les dessins satiriques comme ceux de *La Libre Parole*.

➤ Comment la presse antidreyfusarde construit-elle la figure du traître et envenime-t-elle les positions ?

2e Année. — N° 70 | Paris et Départements, le Numéro CINQ Centimes | Samedi 10 Novembre 1894

LA LIBRE PAROLE

ILLUSTRÉE

La France aux Français!

RÉDACTION 14, Boulevard Montmartre | Directeur : ÉDOUARD DRUMONT | ADMINISTRATION 14, Boulevard Montmartre

A propos de Judas Dreyfus

— Français, voilà huit années que je vous le répète chaque jour !!! 3

1 Dessin en Une du quotidien illustré *La Libre Parole*, 10 novembre 1894

Une de *La Libre parole*, 10 novembre 1894.

Dés le début de l'affaire Dreyfus, le quotidien antisémite d'Édouard Drumont *La Libre parole* fait sa Une en titrant le 1er novembre 1894 : « Haute trahison. Arrestation de l'officier juif A. Dreyfus ».

1 Édouard Drumont tenant par des pincettes une représentation caricaturale d'Alfred Dreyfus.

2 Soldat en uniforme de l'armée française.

3 En 1886, Drumont a publié un ouvrage antisémite intitulé *La France juive* (représenté au sommet de la pile d'ouvrages).

Mise en perspective

2 L'iconographie antisémite lors de l'affaire Dreyfus

Affiche de l'exposition *Le Musée des Horreurs*, 1900.

❶ Dreyfus représenté en hydre, animal mythologique, serpent à plusieurs têtes, associé au pêché dans la tradition chrétienne.

Une de l'hebdomadaire illustré *Le Grelot*, 11 novembre 1894.

❷ Dreyfus représenté par les clichés antisémites (long nez arqué, longues mains cupides).

3 Le rôle de la caricature dans l'affaire Dreyfus

La parole de l'historien

Comme les lettres, comme la presse, comme l'opinion publique elle-même, la caricature française a été fort divisée au sujet [de l'affaire Dreyfus…]. Et de ces divergences, il ne faut point s'étonner puisque les journaux à images exprimant par le crayon ce que les journaux à tartines[1] politiques expriment par la plume, c'est-à-dire les opinions, les intérêts et, trop souvent, malheureusement, les passions politiques. Bleus, blancs, rouges[2], il leur a fallu, pour suivre graphiquement l'actualité, se déclarer dreyfusiens ou anti-dreyfusiens, de même que, toujours pour obéir aux nécessités du moment, ils commencent à s'appeler sémites ou antisémites[3].
Esclaves de l'actualité, ce grand mal moderne, journaux à images et dessinateurs sont donc forcés de descendre dans l'arène, chaque fois que surgit un événement nouveau, et on ne saurait trop le dire, dans une arène singulièrement amoindrie. Au lieu de […] la grande satire sociale, ce sont les attaques personnelles, ce sont les injures graphiques, dignes pendant des insultes que distille avec amour la presse quotidienne.

John Grand-Carteret (journaliste et historien de l'art), *L'Affaire Dreyfus et l'image : 266 caricatures françaises et étrangères*, 1898.

1. Longue dissertation sur la politique intérieure ou extérieure de la France dans les journaux du XIXe siècle. Elle a été peu à peu remplacée par l'éditorial.
2. Ces couleurs désignent respectivement les républicains, les monarchistes et les marxistes.
3. Jusqu'en 1972, l'antisémitisme est considéré comme une opinion et non un délit, même si la loi de la liberté de la presse de 1881 condamne les propos insultants émis publiquement.

ACTIVITÉ

Préparer l'analyse de la caricature en s'interrogeant

1. Pourquoi peut-on affirmer que le quotidien *La Libre Parole* est antidreyfusard ? **(doc. 1)**

2. Dans quel contexte cette Une a-t-elle été éditée ? **(doc. 1)**

Aidez-vous de la frise chronologique p. 276.

Analyser la caricature

3. Décrivez la caricature précisément : personnages, objets, décor, texte.

4. Quels sont les thèmes récurrents des caricatures antisémites ? **(doc. 2)** Comment sont-ils repris dans cette caricature ? **(doc. 1)**

Comparez la représentation de Dreyfus du **doc. 1** avec celles du **doc. 2**. Montrez les points communs et les différences entre ces représentations antisémites.

5. Rédigez 5 lignes pour expliquer les éléments qui attestent du caractère antidreyfusard de cette caricature.

Porter un regard critique sur la caricature

6. Quelles sont les conséquences de l'usage des caricatures dans l'affaire Dreyfus ? **(doc. 3)**

7. Montrez que cette Une reflète plus une opinion qu'une information. Comment expliquer cette tendance ? **(doc. 3)**

Montrez que les caricatures contribuent à forger la figure du traitre.

Étude Le rôle des agences de presse

L'invention de la télégraphie par Samuel Morse dans les années 1840 est une première grande révolution technique dans la diffusion de l'information. Rapidement, des hommes d'affaires comme Havas, ou bien encore Reuters, comprennent que cet accès à l'information peut constituer un marché prometteur et lucratif et fondent de grandes agences de presse.

➤ Quelle est l'importance des agences de presse dans la diffusion de l'information ?

1800 — 1900 — 2000

- **1835** Fondation de l'agence Havas
- **1858** Premier câble transatlantique entre l'Europe et l'Amérique du Nord
- **1944** Création de l'AFP

1 Balzac critique le monopole de l'agence Havas

Le public peut croire qu'il y a plusieurs journaux, mais il n'y a, en définitive, qu'un seul journal…

[…] Tous les journaux de Paris ont renoncé, pour des motifs d'économie, à faire pour leur compte des dépenses auxquelles M. Havas se livre d'autant plus en grand qu'il a maintenant un monopole, et tous les journaux, dispensés de traduire comme autrefois les journaux étrangers et d'entretenir des agents, subventionnent M. Havas par une somme mensuelle pour recevoir de lui, à l'heure fixe, les nouvelles de l'étranger. […] Presque toutes les feuilles de province appartiennent à des imprimeurs de l'administration, et pour conserver leurs impressions, il faut être à la dévotion de M. le Préfet. M. le Préfet demande à M. le ministre de l'Intérieur ce qui se doit penser dans son département […].

Honoré de Balzac, « Révélations sur M. Havas, le Maître-Jacques des journaux », *La Revue parisienne*, 25 août 1840.

2 Journalistes transmettant les informations aux agences régionales dans les années 1930

Dès le XIXe siècle, l'agence Havas utilise le télégraphe afin d'obtenir rapidement des informations.

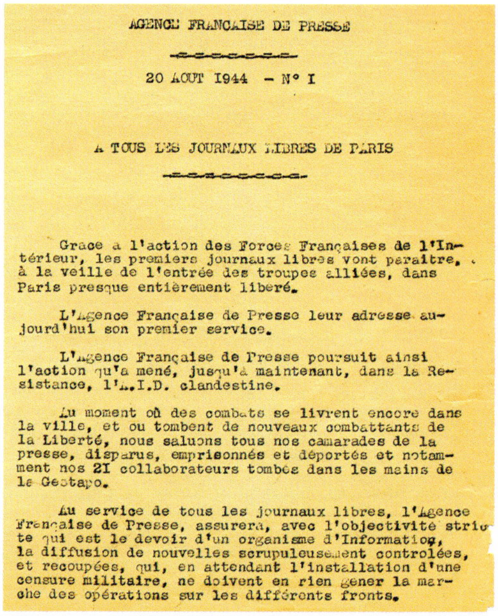

AGENCE FRANCAISE DE PRESSE

20 AOUT 1944 – N° I

A TOUS LES JOURNAUX LIBRES DE PARIS

Grace à l'action des Forces Françaises de l'Intérieur, les premiers journaux libres vont paraitre, à la veille de l'entrée des troupes alliées, dans Paris presque entièrement libéré.

L'Agence Française de Presse leur adresse aujourd'hui son premier service.

L'Agence Française de Presse poursuit ainsi l'action qu'a mené, jusqu'à maintenant, dans la Resistance, l'A.I.D. clandestine.

Au moment où des combats se livrent encore dans la ville, et ou tombent de nouveaux combattants de la Liberté, nous saluons tous nos camarades de la presse, disparus, emprisonnés et déportés et notamment nos 2I collaborateurs tombés dans les mains de la Gestapo.

Au service de tous les journaux libres, l'Agence Française de Presse, assurera, avec l'objectivité stricte qui est le devoir d'un organisme d'Information, la diffusion de nouvelles scrupuleusement controlées, et recoupées, qui, en attendant l'installation d'une censure militaire, ne doivent en rien gener la marche des opérations sur les différents fronts.

3 La branche information de l'agence Havas devient l'AFP (Agence française de presse) en 1944

ACTIVITÉ

1. Comment expliquer le succès de l'agence Havas dès le XIXe siècle ? Quels sont les problèmes engendrés par cette position dominante dans le marché de l'information ? **(doc. 1)**
2. Comment les progrès techniques participent-ils au succès des agences de presse ? **(doc. 2)**
3. Dans quel contexte l'AFP est-elle née ? Quelle est l'originalité de son modèle ? **(doc. 3)**

Bilan

À l'aide des documents, vous rédigerez un bilan construit montrant l'importance des agences de presse dans la diffusion de l'information.

JALON 2

Étude Le marché de l'information

L'accès à l'information constitue un marché rapidement dominé par des groupes d'information. Face à ces géants, de nombreux pays maintiennent un secteur public audiovisuel.

Pourquoi l'information est-elle l'objet d'un marché pour les grands groupes médiatiques ?

1 La concentration des médias : l'exemple de « l'empire Murdoch »

La parole de l'historien

Rupert Murdoch est un milliardaire australien qui a bâti, sur quatre continents, l'empire médiatique le plus important et puissant de l'histoire. À son apogée, il possède 175 journaux, des dizaines de chaînes de télévision, un studio hollywoodien et une maison d'édition. Depuis près de quarante ans, il règne sur l'information et le divertissement dans le monde anglophone. Il est le plus grand propriétaire de journaux en Australie et en Grande-Bretagne, où il possède l'un des quotidiens les plus vendus, le *Sun*, le titre le plus réputé, le *Times*, ainsi qu'une chaîne de télévision. Aux États-Unis, il possède, outre le *Washington Post* et le *New York Post*, l'un des quatre grands réseaux de télévision, *Fox*, et la chaîne d'information en continu *Fox News*. À partir d'un petit journal en difficulté hérité de son père, il a bâti *News Corporation*, géant mondial pesant plus de 60 milliards de dollars. La clé de son succès ? La vulgarité, le scandale et un goût sans limite pour la compétition. L'histoire de Murdoch est aussi celle du capitalisme à l'ère de la globalisation, de la révolution des télécommunications et de la concentration des médias.

David Colon, *Rupert Murdoch, l'empereur des médias qui manipule le monde*, Tallandier, 2022.

Source : *Le Monde diplomatique*, décembre 2022.

2 Les grands groupes de médias en France

3 Le financement de l'audiovisuel public en débat

Malgré ses défauts (absence de progressivité, rattachement aux seuls téléviseurs, et pas à tous les écrans), la redevance était une taxe affectée à l'audiovisuel public, c'est-à-dire réservée à lui, et lui seul. Bientôt intégrée au budget de l'État, sa trajectoire budgétaire va se retrouver directement entre les mains du pouvoir en place et pourra être remise en cause chaque année, au gré des arbitrages avec les autres ministères (Santé, Éducation, Justice…) et des gels de circonstance. « Avec la fin de la redevance, il y a un risque de sous-financement chronique et un manque de visibilité pour l'audiovisuel public. Et bien sûr, un risque sur son indépendance éditoriale », résume l'économiste Julia Cagé.

Télérama, 20 septembre 2022.

ACTIVITÉ

À l'aide des documents, montrez que l'information peut être l'objet d'un véritable marché.

Pour vous aider, pensez à développer ces deux idées :

1. Une concentration d'entreprises médiatiques qui se renforce ;
2. Le manque de diversité dans l'origine de l'information peut interroger.

Pour aller plus loin

Consultez la carte listant les médias français et les groupes qui les possèdent.

Site internet
hachette-clic.fr/23hgg1104

JALON 3 Information et propagande en temps de guerre : les médias et la guerre du Vietnam

Repères

La guerre du Vietnam 1964-1975, un conflit médiatisé

1950 — 1960 — 1970 — 1980

- **1954** Accords de Genève, partition du Vietnam en deux États
- **1962** Envoi des premiers conseillers militaires américains au Sud-Vietnam
- **1964** Le président Johnson engage officiellement l'armée américaine au Sud-Vietnam
- **1965** L'armée américaine commence à bombarder le Nord-Vietnam
- **1968** Offensive du Têt contre les troupes américaines
- **1969** Le président Nixon annonce le retrait du Vietnam
- **1973** Les accords de Paris marquent le retrait définitif des Américains du Sud-Vietnam
- **1975** Entrée des Nord-Vietnamiens dans Saïgon

1 La péninsule indochinoise en 1954

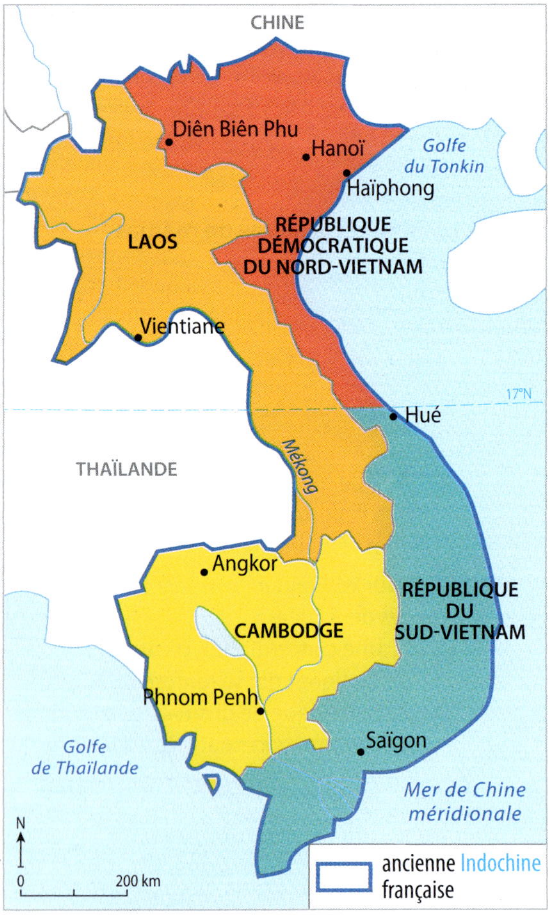

Vocabulaire

Indochine : nom de l'ancienne colonie française qui regroupait le Laos, le Cambodge, le Sud-Vietnam et le Nord-Vietnam.

2 La guerre du Vietnam et l'unification des frontières (1964-1975)

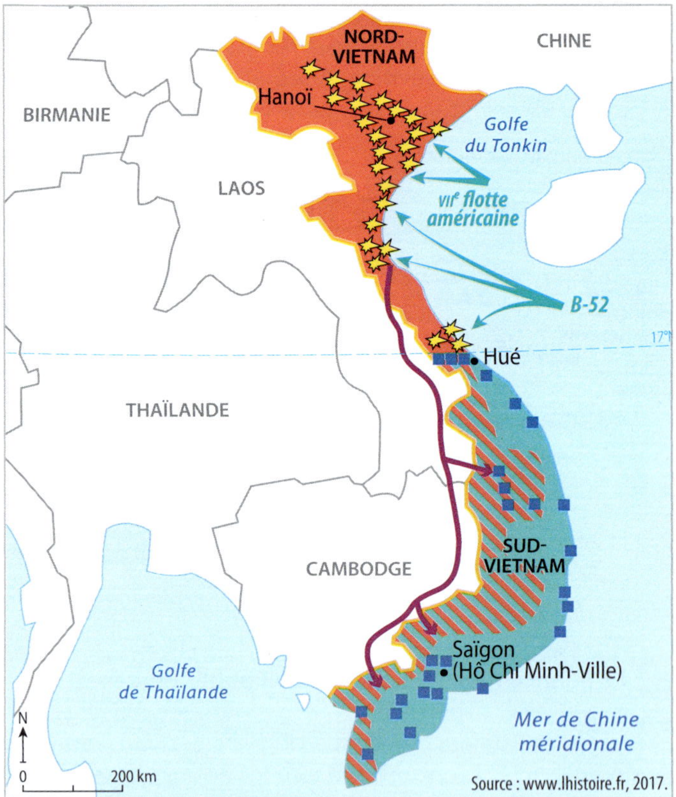

Source : www.lhistoire.fr, 2017.

- Nord-Vietnam communiste, soutenu par la Chine et l'URSS
- Sud-Vietnam, dictature soutenue par les États-Unis
- guérilla vietcong soutenue par le Nord-Vietnam
- piste Hô Chi Minh qui ravitaille la guérilla vietcong
- offensives américaines
- bombardements américains
- principales bases militaires américaines
- frontière du Vietnam unifié en 1975

Carte interactive
hachette-clic.fr/23hgg1105

3 Le nombre de militaires américains engagés

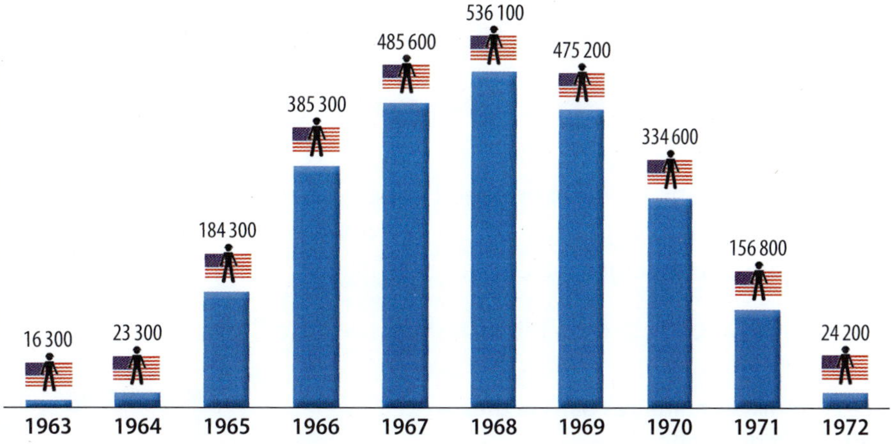

Sources : J. Portes, *Les Américains et la guerre du Vietnam*, Éd. Complexe, 1999 et www.laguerreduvietnam.com, 2023.

4 Les médias dans la guerre du Vietnam

Des formes variées	– Conférences de presse quotidiennes organisées par l'armée qui a reçu l'ordre de faciliter la présence des journalistes tout en maîtrisant les informations ; des journalistes accrédités autorisés à suivre les soldats ; – Presse, radio, télévision (1re guerre filmée en continu)
Un contenu qui évolue	– Avant 1968 (offensive du Têt) : les premiers reportages se focalisent sur le quotidien des soldats ; un soutien général des journalistes à une guerre jugée légitime ; – Après 1968 : les médias montrent les dégâts physiques et psychologiques ; ils expriment des doutes sur la capacité à sortir vainqueurs ; ils relaient les manifestations contre la guerre.
Une forte influence	– Outre le relai de l'information, ils ont pu jouer un rôle actif (dénonciation des mensonges officiels par les *Pentagone Papers*, …) ; – Mais le plus souvent, ils relaient davantage la contestation qu'ils ne la provoquent.
Du côté vietnamien	– Usage de la propagande destinée à la population vietnamienne mais également aux soldats américains (émissions radio invitant les soldats américains à rentrer chez eux).

Sources : Avril21.eu, 22 novembre 2017 et J.-P. Martoz et P. Hazan, *En première ligne, le journalisme au cœur des conflits*, Mardaga, 2018.

5 L'opinion publique américaine face à la guerre du Vietnam

Sondages réalisés aux États Unis par l'institut Gallup.

L'engagement des États-Unis au Vietnam est-il une erreur ?

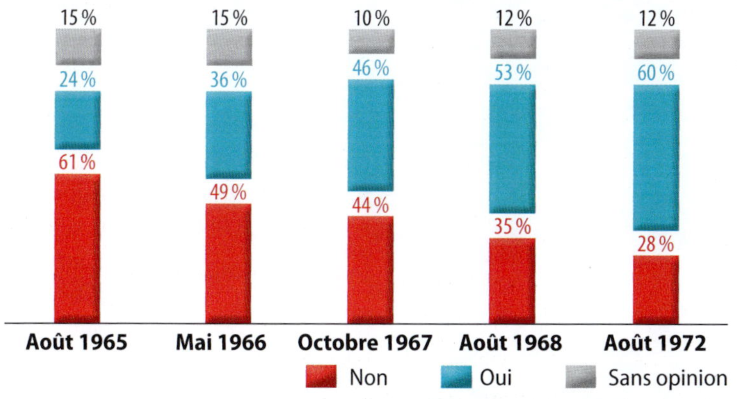

Sources : H. Erskine, « Polls: Is War a Mistake ? », Public Opinion Quarterly, p. 141-142 / Sondages Gallup 56, 59, 61, 69, 73 et 92.

POUR COMPRENDRE

Entre 1965 et 1975, les Américains s'engagent dans une guerre au Vietnam contre le Vietnam du Nord communiste soutenu par la Chine.

1. Quelles sont les origines de la guerre du Vietnam ? (doc. 1 et 2)

2. Quelles sont les grandes phases du conflit ? (doc. 2 et 3)

Ce conflit a une résonance mondiale, notamment par la place inédite qu'y occupent les médias. Les historiens parlent de la première guerre « en direct » pour qualifier le conflit.

3. Quel(s) rôle(s) les médias jouent-ils dans la diffusion de l'information lors de la guerre du Vietnam ? Quels en sont les effets sur l'opinion publique américaine ? (doc. 4 et 5)

Étude Les médias et la guerre du Vietnam, entre information et propagande

En 1964, le président Johnson engage l'armée américaine au Sud-Vietnam pour combattre les rebelles communistes du Vietcong appuyés par le Nord-Vietnam. Si les discours officiels sont optimistes, les images et vidéos diffusées par les journalistes montrent au contraire l'enlisement du conflit et la brutalité des soldats.

➤ Comment la guerre du Vietnam illustre-t-elle l'influence des médias sur l'opinion ?

1 Les offensives militaires dans la presse au début du conflit

FINAL ★★★★
DAILY NEWS
NEW YORK'S PICTURE NEWSPAPER ®
7¢ 10¢ OUTSIDE L.I. AND SUBURBS
Vol. 46. No. 35 Copr. 1964 News Syndicate Co. Inc. New York, N.Y. 10017, Wednesday, August 5, 1964* WEATHER: Mostly sunny and pleasant

U.S. PLANES BLAST BASES IN NORTH VIET

Une du *Daily News*, 5 août 1964. « Des avions américains bombardent des bases dans le Nord-Vietnam ».

2 L'héroïsation des soldats américains

Photographie de Larry Burrows (célèbre reporter mort au Laos en 1971 quand son hélicoptère est abattu) qui fait la Une de *Life*, le 16 avril 1965.
« En compagnie d'un équipage courageux dans un combat mortel »

3 L'intervention du président R. Nixon à la télévision

Le 30 avril 1970, le président R. Nixon (1969-1974) intervient dans les médias pour défendre l'invasion du Cambodge. Il affirme alors que bombarder est militairement efficace. Or, il s'agit d'un mensonge et Nixon le savait.

4 Le sort des populations locales

En juin 1972, Nick Ut photographie la petite Kim Phuc après un bombardement américain au napalm. Ce cliché a un immense retentissement dans les médias américains et internationaux.

5 Dénoncer la guerre : l'affaire des *Pentagon Papers*

La publication par le *New York Times* d'un document ultra-secret, retraçant l'origine de l'engagement militaire américain, a fait l'effet d'une bombe à la Maison Blanche. Le scandale risque d'entraîner des conséquences politiques importantes à quelques jours du vote par le Sénat d'un amendement dont le but est de limiter les pouvoirs des chefs de l'exécutif en matière de conduite de guerre. À la requête du Pentagone, le département de la Justice vient d'ouvrir une enquête pour déterminer les circonstances de l'indiscrétion et en identifier les responsables. Il s'agit en réalité non pas d'un document unique, mais de 7 000 pages d'une enquête officieuse que Robert McNamara[1] avait fait effectuer par le Pentagone et la CIA en 1967. Le responsable des faits qui viennent d'être rendus publics s'appelle L. Johnson[2]. Mais R. Nixon risque fort de payer pour son prédécesseur, dans la mesure où ces fuites montrent jusqu'où un président peut aller de sa propre autorité lorsqu'il agit sans être soumis à aucun contrôle parlementaire.

D'après Jacques Jacquet-Francillon, *Le Figaro*, 15 juin 1971.

1. Secrétaire à la Défense de 1961 à 1968.
2. Président des États-Unis de 1963 à 1969.

6 Le témoignage de vétérans devant les journalistes

Le 18 avril 1971, le vétéran John Kerry a rejoint le VVAW, organisation d'anciens combattants opposés à la guerre du Vietnam. Il deviendra secrétaire d'État américain en 2013 sous le mandat d'Obama.

ACTIVITÉ

Organisez la classe en deux groupes pour débattre de **l'influence des médias sur l'opinion pendant la guerre du Vietnam**.
– Le premier groupe soutient que les médias relayent le point de vue de l'État sur la guerre et galvanisent l'opinion publique **(doc. 1, 2 et 3)** ;
– Le second affirme que les médias montrent la réalité de la guerre et sensibilisent la population **(doc. 4, 5 et 6)**.
En guise de conclusion, construisez une frise chronologique montrant l'évolution de l'influence des médias sur l'opinion à l'aide des pages **282-283**.

Axe 2

Leçon 3 Liberté ou contrôle de l'information : un débat politique fondamental

➤ Pourquoi la liberté de l'information, et ses tentatives de contrôle, sont-ils des enjeux politiques majeurs dans les démocraties depuis la fin du XIXe siécle ?

A Un enjeu politique : l'information dépendante de l'opinion ?

Au début du XXe siècle, si la liberté de la presse est bien ancrée dans les démocraties d'Europe de l'Ouest et d'Amérique du Nord (loi sur la presse en France de 1881), elle reste une revendication dans les régimes autocratiques comme en Russie en 1905 ou dans l'Empire ottoman en 1908. La liberté de la presse est désormais une condition essentielle de la démocratie. La nécessaire transparence et la publicité des débats permettent un bon exercice de la démocratie, l'information des électeurs ou encore le bon fonctionnement de la justice.

JALON 1 p. 276

La multiplication des journaux et la circulation de l'information permettent de renforcer le poids de l'opinion publique dans les débats politiques et sociaux (Affaire Dreyfus en France entre 1894 et 1906). Aux États-Unis, la presse devient un pouvoir à part entière en révélant les scandales politiques et économiques. On parle de journalistes *muckrakers* (« remueurs de boue »). Les journalistes deviennent des professionnels reconnus, avec un véritable statut (loi Brachard en France en 1935) et des piliers de la démocratie. Dans les dictatures, ils sont souvent les principaux opposants, et les premiers persécutés. À partir de 1924, dans l'Italie fasciste, la presse est ainsi étroitement contrôlée, surveillée et mobilisée pour la propagande. En mars 1933, le régime nazi instaure la censure en Allemagne.

B L'information entre le marché et l'État

JALON 2 p. 280

À la fin du XXe siècle, la concurrence entre grands médias favorise une course aux informations et au sensationnel. Décupler son audience devient un objectif prioritaire. Les agences de presse comme Reuters, l'Associated Press ou l'AFP se disputent la primeur des informations. La concurrence entre radio, télévision, et presse écrite renforce également cette course à l'information.

Parallèlement, les médias connaissent un important mouvement de concentration avec la constitution de grands groupes d'information dès les années 1970, à l'instar de News Corporation (1979) de Rupert Murdoch ou bien encore Mediaset de l'italien Silvio Berlusconi (1993). Ces géants se partagent un véritable marché de l'information et limitent quelque peu le pluralisme et la liberté d'expression. Avec l'apparition d'Internet, de grandes entreprises se partagent également l'accès à l'information sur le web comme Google ou Méta.

À l'ère du numérique, les sources d'information sont démultipliées. L'enjeu est désormais une hiérarchisation des informations, afin d'éviter de les mettre toutes sur le même plan, et une vérification accrue des sources. Dans les démocraties, l'usage d'Internet nécessite un effort d'éducation de la population afin de lutter au mieux contre la remise en cause des faits et l'explosion des théories du complot.

1 La carte de presse de François Truffaut

La carte de presse accompagne la mise en place du statut de journaliste professionnel, dans la foulée de la loi de 1935. Le célèbre réalisateur de cinéma François Truffaut avait une carte de presse dans les années 1950 pour son travail journalistique auprès des *Cahiers du cinéma*.

Vocabulaire

Censure : limitation volontaire de la liberté d'expression et de la liberté de la presse.

Opinion publique : ensemble des attitudes, pensées et jugements d'une société.

Propagande : ensemble des moyens mis en œuvre afin d'orienter la pensée de la population.

C Information et propagande en temps de guerre

- **Cependant, les grands conflits du XXe siècle ont révélé la nécessité du contrôle de l'information comme un véritable enjeu stratégique.** Dès le début de la Première Guerre mondiale, la censure se met en place en France, afin d'éviter une démoralisation de l'opinion publique ou de faire paraître des informations qui pourraient bénéficier à l'ennemi. *L'homme libre* de Georges Clemenceau est souvent censuré, avec des articles non imprimés. Il réapparaît en 1915 sous le titre *L'homme enchaîné*. *Le Canard enchaîné*, est né dans ce contexte en 1915. La censure en temps de guerre en France est maintenue jusqu'à la guerre d'Algérie (1954-1962).

JALON 3 p. 282

- **Après la guerre du Vietnam (1964-1975), largement couverte par la télévision, le contrôle de l'information en temps de guerre est renforcé.** Au cours de la première guerre du Golfe en 1991, seuls les médias américains sont autorisés à suivre l'armée américaine à l'instar de CNN. Les armées deviennent la principale source de diffusion des images comme lors de la guerre d'Afghanistan (2001) ou la seconde guerre du Golfe (2003).

- **Avec les nouvelles technologies de communication, il est aujourd'hui de plus en plus difficile de contrôler les informations qui circulent.** Les réseaux sociaux deviennent des sources de diffusion de l'information importantes, supplantant parfois les médias traditionnels comme dans le cas des printemps arabes de 2011 ou bien pendant la guerre en Ukraine en 2022.

2 **Premier numéro de *Charlie Hebdo* le 23 novembre 1970, après la censure du journal *Hara Kiri***

SCHÉMA BILAN

Schéma interactif
hachette-clic.fr/23hgg1106

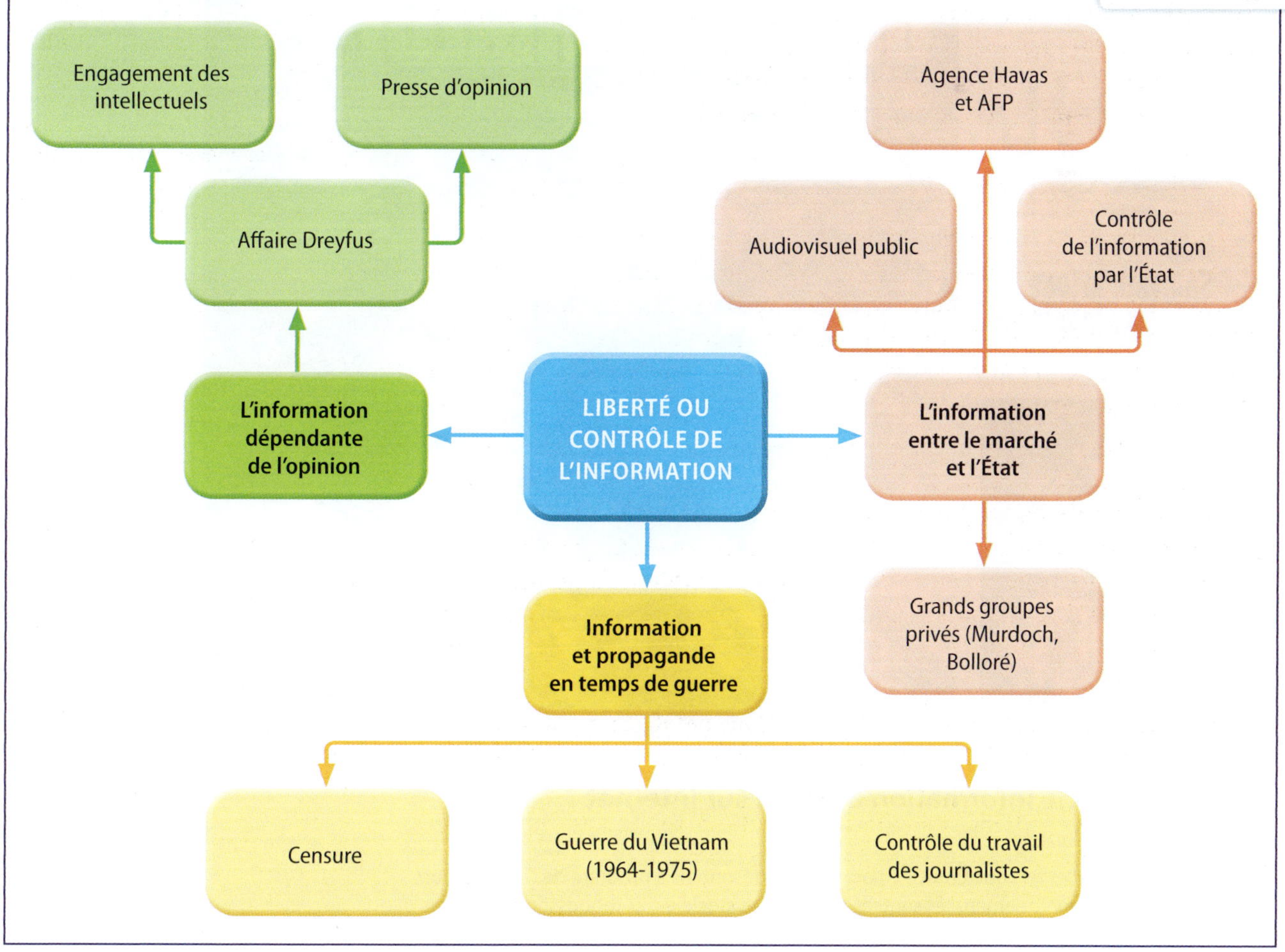

OBJET DE TRAVAIL CONCLUSIF

L'information à l'heure d'Internet

Quels défis la transmission de l'information via Internet soulève-t-elle ?

Gaz hilarant Paris s'attaque à la consommation des mineurs → P. VI-VII

Trottinettes La fin du libre-service ? Les Parisiens appelés à voter → P. XII

75

Paris • Lundi 16 janvier 2023 • N° 24381 • 1,90 €

Le Parisien

Rennes - PSG (1-0) La course au titre relancée → Sports - P. 19 et 20

Intelligence artificielle

Ce qui se cache derrière ChatGPT

Ce robot conversationnel ultra-performant fascine par son potentiel vertigineux de création de contenus rédactionnels. Il inquiète aussi par ses possibles dérives.

→ Fait du jour - P. 2 et 3

Climat La Californie submergée par des tempêtes → Société - P. 12

Iran Salavati, le juge qui sème la terreur → International - P. 14

Pouvoir d'achat Le panier anti-inflation ne fait pas l'unanimité → Économie - P. 10

R 20174 - 116 - 1,90 €

1 ChatGPT, une information à l'infini sur Internet ?

Le Parisien, 16 janvier 2023.

Les logiciels-robots tels que ChatGPT parviennent désormais à produire de l'information. En utilisant méthodiquement les sources de données stockées, ils repoussent les limites du traitement de l'information.

2 *#blacklivesmatter,* une alerte pour dénoncer les crimes racistes aux États-Unis

Lancé sur Internet en 2013 après l'acquittement d'un citoyen américain accusé d'avoir tué un adolescent afro-américain, *#blacklivesmatter* appelle les internautes à dénoncer les violences racistes.

QUESTIONS

1. Selon vous, quels peuvent être le « potentiel » et les « dérives » de ChatGPT évoqués par la Une du quotidien *Le Parisien* ? **(doc. 1)**

2. Pourquoi les témoignages sont-ils nécessaires pour défendre la cause *#blacklivesmatter* (la vie des Noirs compte) aux États-Unis ? **(doc. 2)**

3. Pourquoi Internet donne-t-il à l'Intelligence artificielle et aux témoignages publics une nouvelle dimension ? **(doc. 1 et 2)**

p. 290 > JALON ①
Vers une information fragmentée et horizontale

p. 294 > JALON ②
Témoignages et lanceurs d'alerte

p. 298 > JALON ③
Les théories du complot : comment trouvent-elles une nouvelle jeunesse sur Internet ?

Étude Les mutations de l'information à l'heure d'Internet

La « révolution Internet » accroît les possibilités de s'informer et permet une véritable démocratisation de l'information. Sous l'effet du web, les circuits de l'information se multiplient et chacun devient producteur d'informations, au risque de se substituer au travail du journaliste.

➤ Comment Internet multiplie-t-il les canaux de l'information ?

1 La « révolution Internet » de l'information

La parole du spécialiste

À partir du XXIe siècle, les médias peuvent atteindre le monde entier, ce qui n'était le cas auparavant que pour les rares lecteurs étrangers de quelques journaux anglo-saxons, les auditeurs de la BBC ou de RFI et les téléspectateurs de CNN et de la BBC. Parallèlement, quand commence le XXIe siècle, la plupart des journaux, radios et télévisions sont détenus par un tout petit nombre d'entreprises ou de personnes. Or, en l'an 2000 apparaissent les premiers médias entièrement en ligne et gratuits. L'obsession de tous est alors de conserver l'attention des gens, qui doit être ressaisie toutes les 12 secondes, un peu plus pour les images, un peu moins pour les textes. C'est le Coréen OhmyNews, premier site participatif d'information, qui inaugure ces nouveaux médias : n'importe qui peut y soumettre un article ; il n'y a pas de rédaction, seulement des « vérificateurs » choisissant ce qui sera publié. Les plateformes numériques, pensées pour transmettre des messages individuels, deviennent des moyens de communication de masse mais servent aussi à informer et s'informer. Jamais l'humanité n'a eu autant de moyens de s'informer qu'aujourd'hui, et de plus en plus de personnes se disent journalistes et se lancent dans la création de médias. Les propriétaires des plateformes numériques et des réseaux sociaux commencent à se constituer d'immenses fortunes et à racheter les autres médias.

D'après Jacques Attali, *Histoire des médias, des signaux de fumée aux réseaux sociaux, et bien après*, Fayard, 2021.

2 Une multiplicité de supports numériques à l'information

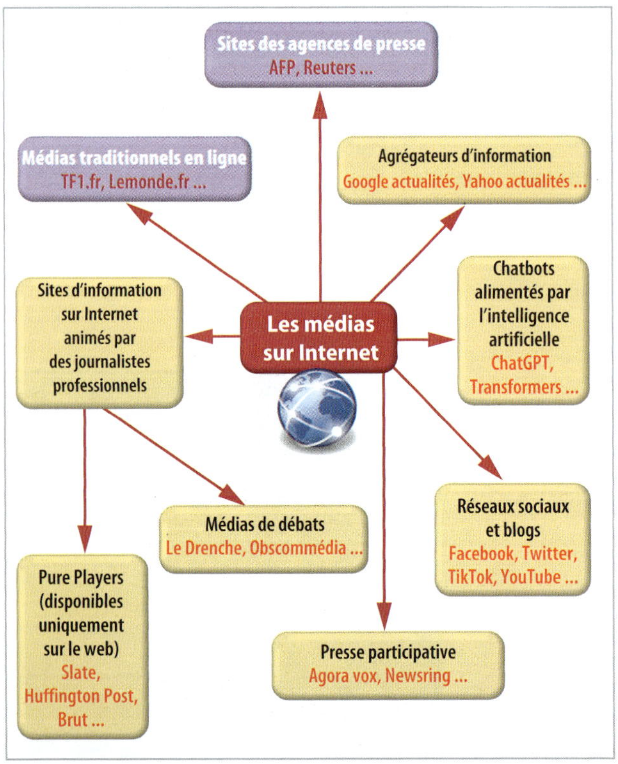

3 Des journalistes concurrencés par les influenceurs

INFLUENCEUR (apparition du terme en 1997)	JOURNALISTE (apparition du terme en 1605)
Fait appel aux émotions	**Fait appel aux faits**
• Il peut avoir n'importe quel profil ou profession	• Il dispose d'un diplôme de journalisme
• Ses revenus varient selon son audience et son influence	• Le journalisme est sa source principale de revenus
• Ses messages sont subjectifs, il donne son opinion	• Ses écrits sont objectifs, pas d'opinion personnelle
• Il édite directement le contenu sans forcément vérifier les sources	• Il doit vérifier toutes ses sources
• Son langage est direct et simple	• Il utilise un langage soutenu et professionnel

4 Les bulles de filtrage, un risque pour la pluralité de l'information

En 2022 en France, 40 % des personnes s'informent sur les réseaux sociaux. De manière plus générale, 69 % des Français s'informent en ligne, toutes plateformes confondues. Or, l'économiste Julia Cagé estime que les réseaux sociaux ont tendance à créer des « bulles filtrantes », où les utilisateurs finissent par n'être confrontés qu'à un contenu qui leur plaît et qui correspond à leurs opinions déjà établies. Les personnes ne sont alors plus exposées à des points de vue divergents. Cela est dû aux algorithmes qui personnalisent les fils d'actualités. […]

Pour l'économiste Julia Cagé, cette perte de lien social entraîne des risques pour la démocratie et peut provoquer davantage de désinformation. Sur Internet, tout le monde peut potentiellement être un producteur d'information. Il est en conséquence très fréquent que de fausses informations y soient relayées. Cela peut être particulièrement le cas dans les milieux militants où certains n'hésitent pas à être de mauvaise foi (voire à mentir) pour discréditer leurs opposants. Des personnes peuvent alors relayer ces informations sans savoir si elles ont été vérifiées ou non[1]. D'où l'importance du travail des vrais journalistes : leur rôle n'est pas seulement de partager des informations, mais bien de s'assurer de la fiabilité de leurs sources et de s'assurer de la véracité des informations qu'ils partagent.

Le Drenche, *Ouest-France*, 22 décembre 2022.

1. On parle alors de viralité des fausses informations.

5 Les outils de *fact-checking* sur Internet

Fondé en 2000, Hoaxbuster.com est un site français de *fact-checking* qui traque les fausses informations sur Internet. Ce type de site se développe parallèlement à la multiplication des *fake news*.

Vocabulaire

Bulle de filtrage : situation des internautes captifs d'une information paramétrée par des algorithmes ne leur proposant, sur les réseaux sociaux, que des contenus qui leur plaisent.

***Fact-checking* (journalisme de vérification) :** activité consistant à vérifier systématiquement des faits, des affirmations ou des données chiffrées.

***Fake news* (ou infox) :** fausses informations visant à tromper ou manipuler délibérément l'opinion publique dans des objectifs variés (diffamation, message politique, …).

PARCOURS 1 Caractériser une rupture chronologique

1. Montrez que les supports et les circuits de l'information se sont fragmentés avec l'apparition d'Internet. **(doc. 1 et 2)**
2. Quels sont aujourd'hui les différents producteurs d'information ? **(doc. 2, 3 et 5)**
3. Quels sont les risques de ces évolutions ? **(doc. 1, 3 et 4)**

Bilan

Rédigez un texte argumenté et organisé pour répondre au sujet : **« Comment Internet a-t-il constitué une rupture dans la manière de s'informer ? »**

PARCOURS 2 Préparer un oral

À l'aide des documents, réalisez une présentation orale de 5 minutes en binôme.
L'un d'entre vous présente la fragmentation croissante de l'information **(doc. 1, 2 et 4)**, tandis que l'autre montre que cette dernière est désormais plus horizontale, c'est-à-dire que les sources et les producteurs d'informations sont multiples **(doc. 2, 3 et 5)**.
Chaque exposé doit être illustré d'exemples précis collectés par des recherches personnelles.

Étude Internet et la vie politique en démocratie

La circulation et le contrôle de l'information sur Internet constituent un enjeu politique, y compris dans les démocraties. D'ailleurs les personnalités politiques ont investi le champ numérique et utilisent tous les ressorts de ce nouveau territoire où se forme, et se déforme parfois, l'opinion politique.

› Comment Internet modifie-t-il le rapport des sociétés à la politique ?

1 L'usage d'Internet lors de l'élection présidentielle de 2022 en France

Être présent sur les réseaux sociaux est devenu un véritable enjeu pour les candidats à la présidentielle. En particulier pour capter l'attention de l'électorat le plus jeune qui, de plus en plus, s'informe sur Internet. Les candidats développent donc des stratégies numériques pour s'y imposer. Ceux de la France insoumise sont les plus créatifs, avec des vidéos TikTok ou la réalité augmentée par exemple (hologrammes permettant de diffuser le *meeting* de Jean-Luc Mélenchon de Lille dans onze autres villes, rassemblant ainsi plus de 20000 personnes). Éric Zemmour s'est imposé sur la toile en utilisant massivement l'*astroturfing*, méthode qui consiste à faire monter des tendances sur Twitter de manière artificielle. Par exemple dans le cas de la tendance « les femmes avec Zemmour », on a recensé 30000 messages mais dans la réalité il n'y a eu que 8 vrais messages identifiés. Cela relève de la manipulation digitale, véritable outil de propagande inspiré de l'extrême droite américaine. Enfin, le candidat s'est ancré sur la toile en inaugurant les nouveaux formats de la plateforme YouTube, comme celui de l'influenceuse Magali Berdah[1]. Emmanuel Macron, quant à lui, conserve une affinité avec le secteur de la tech, notamment en expérimentant des formats inhabituels portés par des ministres, comme avec l'émission de Gabriel Attal sur Twitch ou les liens de Marlène Schiappa avec la sphère de la téléréalité, sans compter la vidéo du Président avec les youtubeurs Macfly et Carlito en mai 2021.

Public-Sénat, 7 avril 2022.

1. L'influenceuse Magali Berdah a posté sur YouTube ses rencontres avec les candidats à l'élection présidentielle.

2 Donald Trump et Twitter, une relation mouvementée

Donald Trump fait de Twitter un outil de premier plan de sa campagne présidentielle et de son mandat à la Maison Blanche. Exclu de la plateforme en janvier 2021 après la prise du Capitole par ses partisans, il la réintègre en novembre 2022 à la suite d'un sondage organisé par son nouveau propriétaire Elon Musk.

États-Unis : Twitter suspend « de façon permanente » le compte personnel de Donald Trump, France 24, 2021.

hachette-clic.fr/23hgg1107

ACTIVITÉ

1. Comment les responsables politiques utilisent-ils Internet ? **(doc. 1 et 2)**
2. Que recherchent les personnalités politiques en étant présentes sur Internet ? Quels en sont les risques pour le fonctionnement de la démocratie ? **(doc. 1 et 2)**

JALON 1

Étude L'intelligence artificielle, progrès ou risque pour l'information ?

Internet n'est pas seulement un support pour l'information, puisqu'avec l'**Intelligence artificielle (IA)**, les logiciels-robots parviennent désormais à en produire. En utilisant méthodiquement les sources de données stockées, Internet semble repousser les limites du traitement de l'information.

➤ Comment l'Intelligence artificielle bouleverse-t-elle l'information sur Internet ?

1 ChatGPT, un logiciel conversationnel en débat

Fonctionnalités :
- crée des contenus à partir de milliards de textes et images existants
- répond à des commandes précises

Limites :
- ne donne pas ses sources
- ne respecte pas la propriété intellectuelle
- bénéficie d'un vide juridique quant à la protection des données personnelles
- s'appuie sur l'état des données Internet à une date fixe (2021) donc ne s'actualise pas seul

ChatGPT et BDM, 2023.

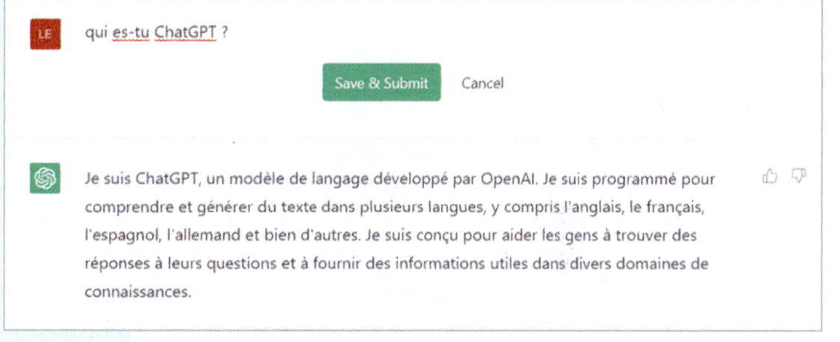

Vocabulaire

Intelligence artificielle (IA) : ensemble des techniques permettant à des machines d'imiter l'intelligence humaine via l'utilisation d'algorithmes appliqués sur des données numériques.

2 L'IA, la nouvelle forme du journalisme ?

La parole du spécialiste

Pour Francesco Marconi, professeur de journalisme à l'Université Columbia à New York, il faut profiter des avantages que peut procurer l'Intelligence artificielle dans une salle de rédaction. Déjà, au Québec, l'agence nationale *La Presse Canadienne* utilise l'IA pour faciliter la traduction de dépêches. Mais, l'IA n'est pas là pour remplacer les journalistes. Marconi estime que de 8 à 12 % des tâches actuelles des reporters seront assumés par des machines, ce qui va recentrer le travail des journalistes vers le contenu à valeur ajoutée : longs formats, analyses, journalisme de données, journalisme d'enquête. L'IA peut permettre également aux journalistes d'épargner beaucoup de temps grâce à la transcription d'entrevues audio et vidéo. Même chose pour les grands reportages sur la pollution ou la violence qui s'appuient sur de vastes bases de données. Les machines peuvent faire l'analyse des données complexes en un rien de temps. Par la suite, le journaliste fait son travail essentiel de vérification des faits, d'analyse, de mise en contexte et de collecte d'informations. L'IA peut difficilement remplacer cela. L'IA, enfin, a amené la création de systèmes de détection des fausses vidéos et des fausses nouvelles, qui sont bien évidemment appuyés par des journalistes d'expérience.

Patrick White (professeur de journalisme), *La Presse* (quotidien québécois), 1er mai 2020.

En Corée du Sud, une animatrice virtuelle présente le JT pour la première fois, Le HuffPost, 2020.

hachette-clic.fr/23hgg1108

ACTIVITÉ

1. Sous quelles formes l'IA est-elle utilisée dans les médias ? **(doc. 1 et 2)**
2. Pourquoi l'usage de l'IA sur Internet permet-il de repousser les limites du traitement et de l'accès à l'information ? **(doc. 2)**
3. Quels risques représente l'usage de l'IA pour l'information ? **(doc. 1 et 2)**

Étude Internet et les lanceurs d'alerte

À l'heure où Internet rend la circulation de l'information mondiale et immédiate, les témoignages peuvent atteindre un plus large public. C'est le cas de la parole des **lanceurs d'alerte** qui dénoncent et appellent à une mobilisation qui dépasse souvent les frontières de leur propre pays.

Comment Internet étend-il l'audience des lanceurs d'alerte ?

Vocabulaire

Lanceur d'alerte : personne qui, ayant connaissance d'un danger, risque ou scandale, interpelle l'opinion.

1 Des lanceurs d'alerte aux motivations multiples

Lanceur d'alerte	Domaine	Territoire concerné	Situation en 2023
Erin Brockovich (1993)	**Environnement** (pollution de l'eau)	États-Unis	Avocate en exercice
Irène Frachon (2007)	**Santé** (médicament aux effets cancéreux)	France	Médecin en exercice
Julian Assange (2011)	**Géopolitique** (documents diplomatiques confidentiels)	États-Unis	En prison au Royaume-Uni
Panama Papers (2016) (200 journalistes dans 70 pays)	**Finances** (fraude fiscale et blanchiment)	Panama (paradis fiscal)	Journalistes en exercice
Anonyme (2019)	**Humanitaire** (répression contre les Ouïghours)	Chine	Inconnue

2 Lanceurs d'alerte, médias et Internet : des relations étroites

La parole du spécialiste

Aujourd'hui, les relations entre le lanceur d'alerte et la presse sont fortes. Ce sont parfois les médias qui dénoncent, puis protègent la source du lanceur d'alerte, faute de garanties suffisantes en droit. Des consortiums de journalistes visent également à analyser les données partagées par les lanceurs d'alerte. Faut-il encore rappeler à titre d'exemple le rôle des cinq principaux organes de presse qui se sont associés à la démarche des Wikileaks[1] portée par Julian Assange en 2011 – le *New York Times* aux États-Unis, *The Guardian* au Royaume-Uni, *El País* en Espagne, *Der Spiegel* en Allemagne et *Le Monde* en France ? La multiplication dans le même temps du nombre de plateformes sur Internet pour venir en aide au lanceur d'alerte a également permis d'encourager les initiatives, et d'appréhender à temps certains dangers sanitaires, environnementaux et financiers : GlobalLeaks en 2011, SecureDrop en 2013 ou The Signals Network en 2018. Toutes ces plateformes contribuent aujourd'hui à aider la presse à faire son travail, à enquêter et finalement informer sans mettre en danger ses sources.

Pierre Farge, *Le lanceur d'alerte n'est pas un délateur*, Éditions JCLattès, 2021.

1. Publication de documents dénonçant les actions de l'armée américaine en Irak et Afghanistan, puis de nombreux documents confidentiels mettant parfois en jeu la vie de certaines personnes.

3 L'impact des lanceurs d'alerte sur Internet

« On m'a proposé 15 millions d'euros pour que j'arrête mon enquête sur les EHPAD », *Le Parisien*, 2022.

hachette-clic.fr/23hgg1109

Au terme de trois ans d'enquête, le journaliste Victor Castanet publie en 2022 l'ouvrage *Les Fossoyeurs* où il dénonce la maltraitance dans les maisons de retraite du groupe Orpea. Le scandale trouve un fort écho sur Internet (témoignages relayés sur les réseaux sociaux, pétitions en ligne).

Carte interactive
hachette-clic.fr/23hgg1110

4 Une protection inégale des lanceurs d'alerte

Protection des lanceurs d'alerte

- aucune protection
- protection partielle (selon la nature de l'alerte)
- forte protection

Source : Whistleblower, 2023.

5 Une situation précaire pour les lanceurs d'alerte en Afrique

Dénoncer la corruption en Afrique est risqué : l'exil, les menaces, voire la peine de mort sont parfois au bout de leur engagement. Face à ces risques, les lanceurs d'alerte africains sont soutenus et accompagnés par la Plateforme de protection des lanceurs d'alerte en Afrique (Pplaaf), créée en 2017 par un collectif d'avocats français, espagnols, sud-africains et sénégalais. Malgré les représailles, les lanceurs d'alerte sont en effet nombreux en Afrique. Comme l'inspecteur de l'administration fiscale sénégalais Ousmane Sonko, qui a dévoilé que de nombreux députés de l'Assemblée nationale de son pays ne payaient aucun impôt. Ou Ravo Ramasomanana, un ancien employé du ministère de la Santé publique malgache, qui a révélé des faits de corruption dans des marchés publics. Pour mieux défendre ces lanceurs d'alerte, plusieurs pays africains ont désormais des législations qui les protègent. C'est le cas en Namibie, en Afrique du Sud, en Zambie, au Botswana et au Ghana. « Les lois sont là, mais la question c'est la manière dont elles sont, ou pas, mises en œuvre, nuance Pusetso Morapedi, directrice de la Pplaaf pour l'Afrique australe. Par exemple, la Namibie a une belle loi, adoptée en 2017. Elle prévoit d'établir un office de protection des lanceurs d'alerte. Mais depuis, rien n'a été fait. » Au-delà des législations, il s'agit aussi d'enseigner « la culture de l'alerte » dans les sociétés, insiste Pusetso Morapedi. « Aujourd'hui, ce sont les personnes qui se rendent coupables de corruption qui sont soutenues, pas les lanceurs d'alerte. »

Basta (pure player d'opinion de gauche), 14 novembre 2022.

ACTIVITÉ

1. Montrez que les lanceurs d'alerte sont diversifiés (acteurs, motivations, domaines concernés). **(doc. 1 et 5)**

2. Comment Internet permet-il aux lanceurs d'alerte d'élargir l'impact de leur témoignage ? **(doc. 2 et 3)**

3. Montrez que la protection des lanceurs d'alerte est encore inégale dans le monde, mais qu'Internet la facilite. **(doc. 1, 4 et 5)**

Pour aller plus loin

Découvrez l'histoire de Daniel Ellsberg, l'un des premiers lanceurs d'alerte américain.

France Culture, 2019.
hachette-clic.fr/23hgg1111

Étude GRAND FORMAT

Edward Snowden, un lanceur d'alerte en exil

Contexte ➪ De l'invention de l'imprimerie aux usages actuels d'Internet, les gouvernements ont cherché à surveiller l'information, parfois au mépris des droits fondamentaux des individus. Ce sont ces abus de surveillance à l'ère d'Internet que le lanceur d'alerte Edward Snowden a voulu dévoiler. Inculpé aux États-Unis, il choisit de s'exiler. Le 12 juillet 2013, il prononce ce discours dans l'aéroport de Moscou où il est retenu depuis trois semaines.

➤ Comment Edward Snowden incarne-t-il ce qu'est un lanceur d'alerte, mais aussi tous les dangers de la fonction ?

Edward Snowden
(né en 1983)

Après des études d'informatique, cet américain travaille six ans à la CIA (Agence centrale de renseignement) et à la NSA (Agence nationale de Sécurité). Il y découvre la surveillance de masse mise en place par ses employeurs. En 2013, il rend public ce qu'il considère comme des atteintes aux droits des citoyens. Inculpé pour espionnage et vol des données, il quitte les États-Unis et se réfugie en Russie où il vit encore.

Le discours d'Edward Snowden

1 Edward Snowden témoigne et demande l'asile à la Russie

Bonjour,

Je m'appelle Edward Snowden. Il y a un peu plus d'un mois, j'avais une famille, une maison au paradis et je vivais dans un très grand confort. J'avais aussi la capacité, sans aucun mandat, de chercher, de saisir et de lire toutes vos communications. Celles de n'importe qui, n'importe quand. J'avais le pouvoir de changer le sort des personnes.

C'était aussi une grave violation de la loi. Les 4e et 5e amendements de la Constitution de mon pays, l'article 12 de la Déclaration universelle des droits de l'homme et du citoyen ainsi que de nombreux accords et traités interdisent un tel système de surveillance massive et omniprésente. Mais bien que la Constitution américaine qualifie ces programmes d'illégaux, mon gouvernement explique qu'un jugement d'un tribunal secret, que personne ne peut voir, a légitimé ces pratiques illégales. Ce jugement corrompt purement et simplement la notion fondamentale de justice, notion selon laquelle pour réellement exister la justice doit être appliquée dans les faits. L'immoral ne peut être rendu moral par une loi secrète.

Je crois au principe établi à Nuremberg en 1945 : « Les individus ont un devoir international qui transcende les obligations nationales d'obéissance. Il en découle que les citoyens ont le devoir de violer leurs lois domestiques pour empêcher que des crimes contre la Paix et contre l'Humanité ne puissent être perpétrés ».

Par conséquent, j'ai fait ce que j'ai cru bon. J'ai lancé une campagne contre ces mauvaises pratiques. Je n'ai pas cherché à m'enrichir. Je n'ai pas cherché à vendre des secrets américains. Je n'ai passé aucun accord avec un gouvernement étranger pour garantir ma sécurité. À la place, j'ai rendu public ce que je savais, pour que ce qui nous touche tous puisse être débattu par nous tous, à la lumière du jour. J'ai voulu un monde de justice. Cette décision morale de parler au grand public de ces pratiques d'espionnage m'a coûté très cher, mais c'était la chose à faire et je ne regrette rien […].

Un peu partout dans le monde, des pays m'ont proposé soutien et asile. Ces nations, parmi lesquelles la Russie, le Venezuela, la Bolivie, le Nicaragua et l'Équateur, ont toute ma gratitude et mon respect pour avoir été les premières à se lever contre ces violations des Droits de l'Homme perpétrés par des puissants, et non par des faibles. En refusant d'abandonner leurs principes devant les intimidations, ils ont gagné le respect du monde. J'ai l'intention de voyager dans chacun de ces pays pour exprimer mes remerciements personnels à leurs peuples et à leurs dirigeants.

J'annonce aujourd'hui que j'accepte officiellement toutes les offres de soutien et d'asile qui m'ont été faites, et toutes celles qui pourront m'être faites dans le futur […].

Je demande également l'asile à la Russie jusqu'à ce que ces États respectent la loi et que mon voyage, légal, soit permis. Je vais soumettre ma requête à la Russie aujourd'hui en espérant qu'elle soit accueillie favorablement.

Si vous avez des questions, j'y répondrai autant que je le peux.

Merci.

Discours prononcé par Edward Snowden à Moscou, le 12 juillet 2013.

2 L'échappée aérienne d'Edward Snowden

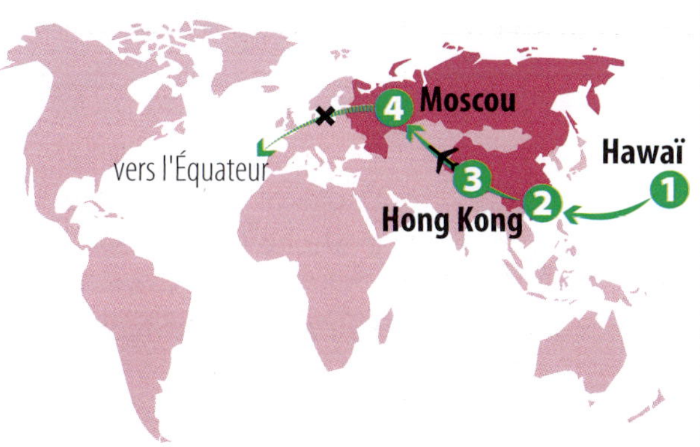

1 **Mai 2013 :** depuis Hawaï, Snowden prend contact avec les journalistes du *Guardian* et du *Washington Post*.

2 **20 mai 2013 :** il arrive à Hong Kong pour rencontrer les journalistes.

3 **23 juin 2013 :** il quitte Hong Kong pour se réfugier en Équateur en passant par Moscou.

4 **Juin 2013 :** il se voit retirer son passeport et ne peut plus voyager à l'étranger.

2020 : il obtient le statut de résident en Russie.

septembre 2022 : il obtient la nationalité russe avec l'accord de Vladimir Poutine.

3 Le moment crucial de la révélation du scandale

Entre le 3 et le 9 juin, j'ai passé une semaine cloîtrée dans cette chambre [d'hôtel] avec Glenn du [quotidien britannique] *The Guardian*. Nous avons parlé pendant des heures, passant en revue les différents programmes de la NSA, pendant que Laura filmait. [...] Le 5 juin, le *Guardian* a publié le premier article de Glenn sur l'amendement qui avait autorisé la NSA à collecter des informations auprès de l'opérateur télécom Verizon concernant tous les appels téléphoniques qu'il gérait. Le 6 juin a paru l'article de Glenn sur [le programme de surveillance] PRISM, quasiment en même temps qu'un article similaire de Laura dans le *Washington Post*. Je savais que plus le nombre d'articles augmentait, plus il devenait probable que je sois identifié, tout particulièrement depuis que mon bureau avait commencé à m'envoyer des e-mails et que je m'étais abstenu de leur répondre. [...] Tandis que les révélations faisaient la Une de toutes les chaînes de télé et de tous les sites d'info, il est devenu clair que le gouvernement américain avait sorti la grosse artillerie pour identifier la source. Il était également évident que quand il y parviendrait, il ne manquerait pas d'utiliser le visage qu'il trouverait – le mien – pour se défausser de sa responsabilité. Étant donné l'enjeu, si je ne prenais pas l'initiative d'expliquer mes actions et mes intentions, le gouvernement s'en chargerait à ma place, et d'une manière qui détournerait l'attention de ses méfaits. Le seul espoir que j'avais de riposter était de sortir du bois en premier et de m'identifier. Je comptais donner aux médias juste assez de détails personnels pour satisfaire leur curiosité croissante, tout en insistant clairement sur le fait que ce n'était pas ma personne qui comptait mais bien plutôt la subversion de la démocratie.

Edward Snowden, *Mémoires vives*, Seuil, 2019.

ACTIVITÉ

Préparer l'analyse du discours en se documentant

1. Qui est Edward Snowden ? Montrez qu'en 2013, il a une connaissance précise des agissements des services de renseignements américains. **(biographie et doc. 3)**

2. Quel est le contexte de ce discours, le 12 juillet 2013 ? **(doc. 2)**

Montrez que la destination initiale d'Edward Snowden n'était pas Moscou.

Analyser le discours (doc. 1)

3. Expliquez ce que dénonce Edward Snowden concernant les activités de la NSA.

4. Pourquoi Edward Snowden peut-il être considéré comme un lanceur d'alerte ?

Porter un regard critique sur le discours

5. Pourquoi le discours d'Edward Snowden le met-il en difficulté ? **(doc. 3)**

6. Montrez que le choix d'accorder l'asile politique à Edward Snowden est également géopolitique. **(doc. 1, 2 et 3)**

Utilisez ce podcast pour analyser de manière critique le parcours d'Edward Snowden.

Edward Snowden est-il l'instrument du *soft power* russe ?, France Culture, 2019.

hachette-clic.fr/23hgg1112

Étude PROJET EXPOSÉ

Le développement massif des théories du complot sur Internet

Les **théories du complot** constituent des phénomènes anciens liés à la volonté d'expliquer des faits politiques ou sociaux par l'existence de sociétés secrètes. Avec Internet, le smartphone et les réseaux sociaux, ces croyances, qui apportent des explications simples à des situations souvent complexes, se diffusent de manière plus rapide et plus massive qu'auparavant. Elles mettent à l'épreuve la fiabilité de l'information dans les pays occidentaux.

Comment les théories du complot ont-elles trouvé un nouvel essor sur Internet ?

A Internet, accélérateur de la diffusion du complotisme

1 Un complotisme aux racines anciennes

Cette image est la couverture de la version française du livre *Les Protocoles des Sages de Sion* publié en 1920.

Ce livre est présenté comme un recueil de textes émanant d'une société secrète juive planifiant la prise de contrôle du monde. Bien qu'il soit prouvé qu'il s'agit d'un faux élaboré par les services secrets russes en 1901 pour discréditer des personnalités juives proches du pouvoir, cette théorie antisémite est aujourd'hui encore très présente sur Internet.

2 Le complotisme renouvelé sur Internet

La parole du politologue

On doit pointer la forme nouvelle prise par ce néocomplotisme, rendue possible par l'extension du web [...]. Les argumentations néocomplotistes depuis les attentats du 11 Septembre, prennent appui sur des démonstrations visuelles, par la mise en ligne de photos et de vidéos montées et décryptées de telle sorte qu'elles paraissent vérifier l'hypothèse d'une manipulation. Ici encore, le relevé de détails prétendument « troublants » débouche sur le jugement attendu : cette affaire hautement médiatisée est « louche ». Il convient donc de la réinterpréter, poursuivent les complotistes, en répondant à la question rituelle « À qui l'attentat profite-t-il ? »

Internet ne change pas la nature même du conspirationnisme mais il en augmente la résistance à la critique. Ce qu'on peut attribuer à Internet, outre l'information en temps réel, se résume à un certain nombre d'effets : globalisation des rumeurs, relativisation du vrai et du faux, indifférenciation du réel et du chimérique, saturation informative, qui favorisent l'émergence et la haute diffusion des croyances complotistes.

Internet accélère et renforce aussi « l'effet mille-feuille » qu'on rencontre dans le néocomplotisme de l'après-11-Septembre : le mitraillage de « preuves » nouvelles qui épuise le malheureux critique des thèses complotistes, qui doit toujours courir après un nouvel argument à réfuter. [...]. La suspicion à l'égard des autorités traditionnelles (enseignants, intellectuels, journalistes, dirigeants politiques) a trouvé dans le web un moyen d'expression privilégié et un puissant instrument de persuasion.

Pierre-André Taguieff, « La sur-information prédispose aux théories du complot », *L'Express*, 17 avril 2015.

3 Quelques exemples de théories du complot

	D'accord	Pas d'accord
Le ministère de la Santé est de mèche avec l'industrie pharmaceutique pour cacher au grand public la réalité de la **nocivité des vaccins**.	43 %	41 %
Les opérateurs de téléphonie mobile et les autorités ne disent pas toute la vérité sur les dangers pour la santé humaine que fait courir le développement de la **technologie 5G**.	34 %	37 %
Il existe un **complot sioniste** à l'échelle mondiale.	22 %	46 %
L'**incendie de Notre-Dame** de Paris est le fruit d'un acte criminel à propos duquel le gouvernement cherche à dissimuler la vérité.	18 %	52 %
Le gouvernement américain a été impliqué dans la mise en œuvre des **attentats du 11 septembre** 2001.	17 %	58 %

IFOP pour Fondation Jean Jaurès et Conspiracy Watch, 6 février 2019 et Ifop-Reboot, 24 mars 2022.

4 La sensibilité au complotisme selon les médias

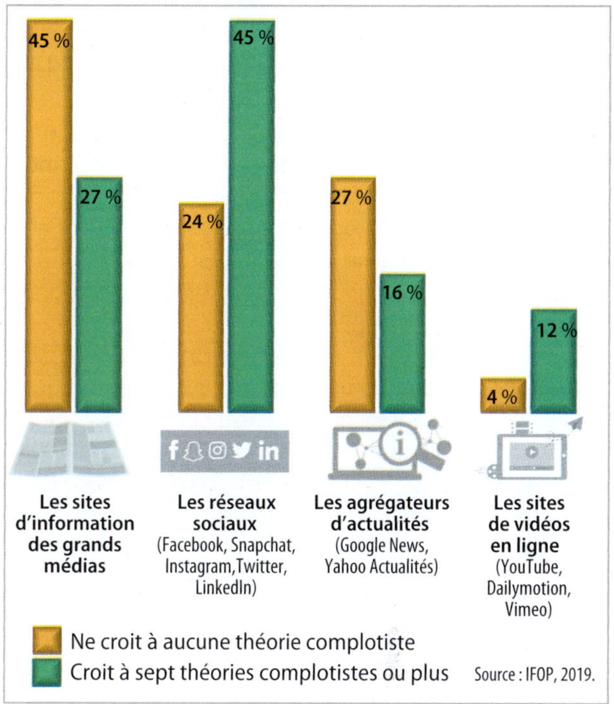

5 Conspiracy Watch, un site pour décrypter les théories du complot

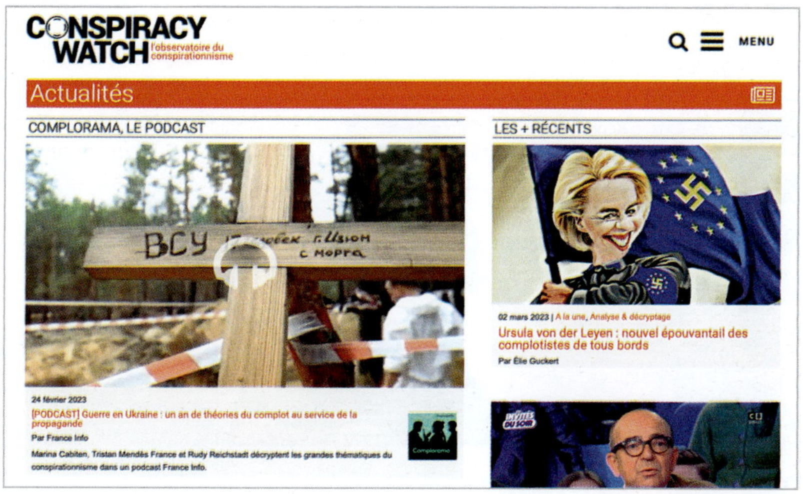

Capture d'écran d'un article de la rubrique Conspiracy News qui décrypte toutes les semaines des informations complotistes qui circulent sur Internet, 2023.

ACTIVITÉ

1. Présentez les principaux domaines dans lesquels se développent les théories du complot et les fondements sur lesquels elles reposent. **(doc. 1, 2 et 3)**

2. Pourquoi et comment Internet favorise-t-il la diffusion des théories du complot ? **(doc. 2, 3 et 4)**

3. Pourquoi la diffusion des théories du complot sur Internet représente-t-elle un danger pour l'information ? Quelle forme la lutte contre le complotisme prend-elle ? **(doc. 2 et 5)**

Vocabulaire

Rumeur : information non vérifiée et à la source non identifiée.

Théorie du complot : récit pseudo-scientifique, interprétant des faits réels comme étant le résultat de l'action d'un groupe agissant secrètement pour modifier les événements en sa faveur.

Bilan

Montrez comment Internet a renouvelé et amplifié la diffusion des théories du complot.

B La COVID-19, une pandémie propice à la diffusion du complotisme sur Internet

6 La prolifération des fausses informations sur la pandémie

Il était prévisible que l'apparition d'une nouvelle épidémie sécrète une flambée de complotisme. Sans même remonter à la peste noire qui a décimé une large fraction de la population européenne au XIVe siècle, des accusations de complot se sont manifestées aussi bien lors des épidémies de choléra au XIXe siècle que lors de l'apparition du sida [...].

[Le 20 janvier 2020], les médias ont rapporté qu'un expert du gouvernement chinois avait déclaré que le virus pouvait se transmettre entre humains. [...] Sur les réseaux sociaux fut émise la thèse selon laquelle cette nouvelle maladie avait été inventée par les laboratoires pharmaceutiques pour augmenter leurs profits, qu'elle s'insérait dans un plan de la CIA destiné à déstabiliser le régime chinois, ou encore qu'elle constituerait un moyen, pour le gouvernement de Pékin, de réguler sa population excédentaire.

Dès le lendemain, sur Twitter, Jordan Rather, un youtubeur tenant de la théorie du complot sur « QAnon »[1] s'appuyait sur des documents datant de 2003 et de 2015 censés révéler que le coronavirus avait été fabriqué en laboratoire. [...] Le 24 mars 2020, l'eurodéputé Gilbert Collard publiait sur sa chaîne YouTube une vidéo – dont le texte a été repris sur le site web du RN – suggérant qu'Agnès Buzyn et son époux, Yves Lévy, seraient les instigateurs d'une véritable conspiration contre la santé publique. Avec plus de 400 000 vues en deux jours, c'est la vidéo la plus vue du compte YouTube de Gilbert Collard depuis sa création en 2012.

Ainsi un Français sur quatre considère que l'origine du Covid-19 est humaine, au mépris des connaissances scientifiques les plus solides. Il y a bien une épidémie dans l'épidémie qu'il convient, aussi, de combattre.

Jérôme Fourquet, Rudy Reichstadt, « L'épidémie dans l'épidémie, thèses complotistes et covid-19 », Fondation Jean Jaurès, 28 mars 2020.

1. Groupe conspirationniste d'extrême droite originaire des États-Unis.

7 *Hold-up*, un documentaire complotiste diffusé sur Internet

Il s'agit d'un documentaire de 2h50 réalisé par un français, Pierre Barnérias, un ancien journaliste. L'objectif est de dénoncer la gestion de la crise du Covid-19. Au fur et à mesure, l'auteur dévoile un soi-disant complot mondial. La pandémie du coronavirus aurait été fabriquée ou, en tout cas, exagérée par les élites mondiales pour contrôler l'humanité. Il existerait un grand plan secret où tout est relié : l'apparition du coronavirus, le développement de la 5G, les lobbys pharmaceutiques et les grandes fortunes, comme Bill Gates. Pour Marie Peltier, professeure d'histoire « C'est une agrégation de plusieurs théories du complot. La force de ce documentaire c'est une forme de synthèse. Il brasse toutes sortes de théories. (...). Le but principal de ce documentaire c'est mettre le doute. »

« Pourquoi le documentaire "Hold Up" est-il complotiste ? », RTBF, 18 novembre 2020.

8 Les impacts sociaux de ces théories

Avez-vous l'impression que la science apporte à l'homme plus de bien que de mal, plus de mal que de bien ou à peu près autant de mal que de bien ?
Réponses des 18-24 ans :

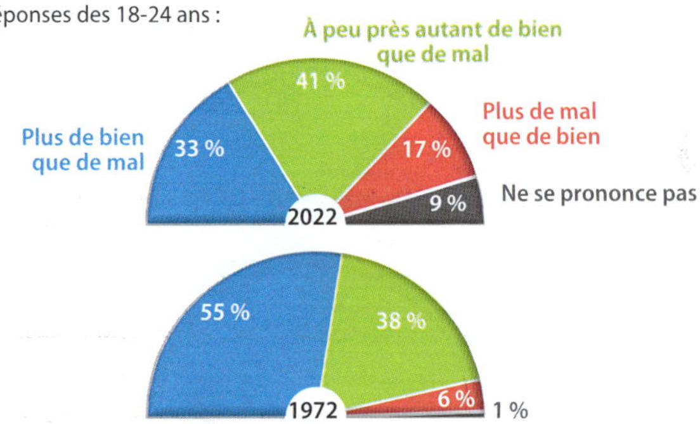

Sources : Ifop et Reboot, 2022.

ACTIVITÉ

1. Pourquoi la pandémie de Covid-19, à l'image d'autres catastrophes sanitaires historiques, a-t-elle créé un contexte particulièrement propice au complotisme ? (doc. 6)
2. Quels ont été les acteurs et les moyens utilisés sur Internet pour développer ces théories ? (doc. 6 et 7)
3. Pourquoi la diffusion massive de ces théories représente-t-elle un danger ? (doc. 6 et 8)

Bilan

Dans quelle mesure la pandémie de Covid-19 a-t-elle favorisé de nouvelles théories du complot sur Internet ?

PROJET

Réaliser un exposé en 180 secondes

Capacité S'exprimer à l'oral pour comprendre les points communs et les différences entre les théories du complot

MISSION ➜ À partir de vos réponses aux questions posées p. 299-300 et de vos recherches personnelles, réalisez un exposé en 180 secondes présentant la diffusion sur Internet d'une théorie du complot de votre choix.

étape 1 Préparer l'exposé

1. Choisissez une théorie du complot dans le **doc. 3 p. 299** ou dans la liste suivante :

- ✔ *Les Américains ne sont jamais allés sur la lune et la Nasa a construit de fausses preuves.*
- ✔ *Les résultats de la dernière élection présidentielle américaine ont été falsifiés afin d'évincer Trump du pouvoir.*
- ✔ *L'Ukraine était gouvernée par des néonazis au moment de l'attaque de la Russie en 2022.*

Appuyez-vous sur les sites de décryptage de l'information : *Les Décodeurs* du *Monde*, Conspiracy Watch, « Vrai ou Fake » (plateforme de *fact-checking* de l'audiovisuel public).

2. Pour chaque théorie, vous montrerez :

- le domaine concerné par la théorie du complot et le contexte de sa diffusion ;
- les moyens de diffusion sur Internet (sites, documentaires, images falsifiées, …) ;
- les effets sociaux ou politiques de cette diffusion ;
- des exemples de lutte contre les fausses idées véhiculées par cette théorie.

3. Après une courte introduction, rédigez chaque grande partie en présentant des arguments illustrés par des exemples concrets. Puis vous réaliserez une courte conclusion.

Ici, il est particulièrement utile de citer vos sources au fur et à mesure de votre exposé pour être crédible.

étape 2 Réaliser et présenter l'exposé

4. Lisez votre texte à haute voix et chronométrez le temps que cela vous prend. Il faudra certainement ajuster la rédaction en coupant ou allongeant certaines de vos phrases pour respecter le temps.

5. Le passage à l'oral peut être filmé par l'enseignant ou un autre élève, pour être déposé sur l'espace de l'ENT de l'établissement réservé à la classe (respect du droit à l'image à vérifier en amont).
Cela vous permettra d'évaluer votre travail par rapport à celui des autres élèves de la classe.

Entraînez-vous ! C'est en l'ayant réalisé plusieurs fois que vous le maîtriserez vraiment et que vous pourrez tenir parfaitement le temps donné de 180 secondes.

étape 3 Mettre en commun les informations

6. Par groupe de 3 élèves, réalisez une synthèse sur la diffusion du complotisme : vous listerez au moins 3 points communs et 3 différences entre ces différentes théories.

Appuyez -vous sur le tableau ci-contre pour réaliser un bilan.

Théories du complot étudiées	
Points communs	**Différences**
– contexte de diffusion : … – moyens de diffusion : … – …	– acteurs concernés : … – effets sociaux et politiques : … – …

OTC

Leçon 4 L'information à l'heure d'Internet

Quels défis la transmission de l'information via Internet soulève-t-elle ?

A La « révolution Internet » de l'information

JALON 1 p. 290

Avec Internet, l'information se fragmente. La concurrence qu'Internet exerce sur les médias traditionnels les pousse à s'adapter. La majorité des journaux, radios et chaînes de télévision proposent aujourd'hui des applications et des sites en ligne. En parallèle, de nouveaux médias apparaissent comme les blogs ou les agrégateurs d'actualité. Mais ce sont les réseaux sociaux qui s'imposent comme le nouveau support d'information : 40 % des Français y ont recours pour s'informer. Cette diversité des outils numériques permet d'adapter les contenus aux divers usages et publics.

La gratuité de la navigation sur Internet favorise une diffusion horizontale de l'information. L'usage du smartphone permet à chacun de s'improviser journaliste, comme le montrent les multiples vidéos postées sur la guerre en Ukraine en 2022. L'information peut donc être produite par un journaliste professionnel ou amateur, une organisation, un influenceur ou un robot informatique animé par IA. Par sa démocratisation, Internet a contribué à la mondialisation de l'information.

Face à ces mutations, la façon de faire du journalisme évolue. La grande majorité des journalistes utilisent les réseaux sociaux et les plateformes numériques dans le cadre de leur métier. Certains animent un blog pour analyser l'actualité ; d'autres contribuent à des sites d'information en continu (Brut, Slate) tandis que le journalisme d'investigation trouve des supports d'enquête et de diffusion sur le net.

1 Les nouveaux médias et la guerre en Ukraine

Une journaliste de la chaîne d'information continue Euronews à Kiev, en mars 2022.

B Des risques pour la qualité de l'information sur Internet

Si l'information sur Internet est abondante, sa fiabilité s'amoindrit. L'internaute est exposé en permanence à des informations qui, par le biais des notifications, sont toutes mises sur le même plan. Le manque de vérification des sources, le « copier-coller » et les pratiques de « *like* » contribuent à diffuser des *fake news* qui deviennent rapidement virales. Les bulles de filtrage sélectionnent les informations à destination des internautes. Ces dérives nourrissent le scepticisme de l'opinion publique.

JALON 2 p. 294

Les théories du complot trouvent une nouvelle jeunesse sur Internet. Ces théories, bien que diverses et souvent antérieures à l'apparition du Web, y bénéficient d'un espace médiatique particulièrement adapté. Leurs auteurs y proposent des sites (entre 400 et 600 en France) où ils diffusent leurs pensées en réécrivant les informations des médias conventionnels. La variété des supports et la rapidité des transmissions favorisent la dissémination de ces théories et les bulles de filtrage participent à cette viralité.

Des actions sont menées pour faire face à la désinformation. Des outils de décodage se généralisent et des journalistes se spécialisent dans le *fact-checking* (Tineye, Hoaxbuster). L'éducation aux médias est également pratiquée dans les programmes scolaires. Enfin, les États tentent de lutter contre les *fake news* (loi de 2018 en France), mais peinent à s'organiser à l'échelle mondiale pour encadrer l'information sur le Web.

Vocabulaire

Bulle de filtrage : situation des internautes captifs d'une information paramétrée par des algorithmes ne lui proposant que des contenus qui lui plaisent.

Désinformation : technique de communication qui cherche à tromper ou influencer l'opinion publique.

***Fact-checking* (journalisme de vérification) :** activité consistant à vérifier la réalité d'un fait ou de données, chiffrées par exemple.

***Fake news* (ou infox) :** fausses informations visant à tromper ou manipuler délibérément l'opinion publique dans des objectifs variés (diffamation, message politique, …).

Intelligence artificielle (IA) : ensemble des techniques permettant à des machines d'imiter l'intelligence humaine via l'utilisation d'algorithmes appliqués sur des données numériques.

C Les enjeux démocratiques de l'information sur Internet

- **La circulation et le contrôle de l'information sur Internet constituent un enjeu politique.** Dans les démocraties, les données personnelles peuvent parfois être exploitées pour répondre à des objectifs politiques comme ce fut le cas dans l'affaire Cambridge Analytica, condamnée pour avoir utilisé des données Facebook dans le but d'influencer le référendum du Brexit et les élections présidentielles américaines de 2016. Plus généralement, le pouvoir croissant des GAFAM inquiète (exclusion et réintégration de Donald Trump de Twitter).

JALON 3 p. 298

- **Avec Internet, les lanceurs d'alerte peuvent atteindre un large public.** En dénonçant publiquement un comportement illicite, ils participent à la prise de conscience de l'opinion publique et sont à l'origine de mobilisations dépassant les frontières (*#MeeToo*, *#blacklivesmatter*). Au nom de l'intérêt général, certains États leur assurent une protection (États-Unis en 1970, France en 2018) mais leur sort dépend souvent de considérations géopolitiques complexes (accord de la nationalité russe par Poutine à l'Américain Edward Snowden en 2022).

- **Cependant Internet demeure parfois le seul moyen d'accéder à une information libre et variée.** Ainsi, dans les régimes autoritaires comme la Chine, Cuba ou l'Arabie saoudite, les médias conventionnels sont aux ordres du pouvoir. L'accès à Internet peut y être restreint. Le Web constitue un moyen de contourner la propagande, de s'informer ou d'informer sur un mouvement de contestation comme c'est le cas en Iran depuis septembre 2022.

2 Internet, un outil de contestation dans les dictatures

Dessin de Chappatte, 2011.

SCHÉMA BILAN

Schéma interactif
hachette-clic.fr/23hgg1113

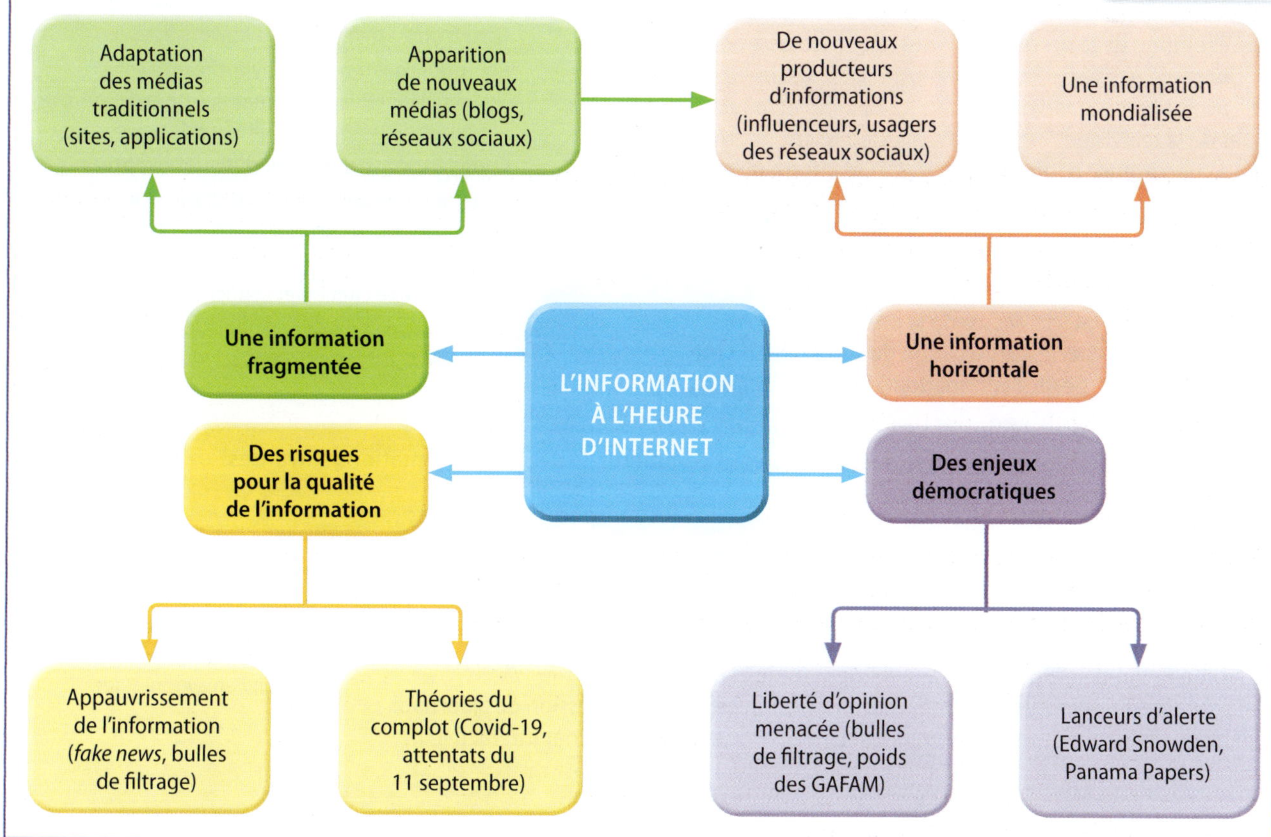

Capacité Construire et vérifier des hypothèses

Méthode BAC Dissertation

SUJET **Comment les progrès techniques ont-ils renforcé la place de l'information dans notre quotidien depuis le XIXe siècle ?**

étape 1 Analyser le sujet

1. Complétez l'analyse du sujet, à l'aide de votre cours et du manuel. ➥ Méthode p. 90

Il s'agit de voir les modalités, les acteurs, les processus mis en œuvre. → **Comment**

Listez les progrès réalisés dans le domaine du transport, des techniques de production et de diffusion de l'information. → **progrès techniques**

Le sujet invite à analyser une dynamique, c'est-à-dire ici l'évolution de l'information. → **ont-ils renforcé**

Comment les **progrès techniques** **ont-ils renforcé** **la place de l'information dans notre quotidien** **depuis le XIXe siècle** ?

Montrez qu'au fil du temps l'information a été de plus en plus immédiate et accessible. → **la place de l'information dans notre quotidien**

Citez trois exemples de révolution technique illustrant respectivement les XIXe, XXe et XXIe siècles. → **depuis le XIXe siècle**

étape 2 Préparer la dissertation

2. Parmi les propositions suivantes, quel plan est chronologique, thématique ou par échelle ? ➥ Méthode p. 164

Plan 1
1. L'évolution de la presse depuis le XIXe siècle
2. L'évolution de la radio et de la télévision
3. La concurrence d'Internet

Plan 2
1. Des médias à portée locale au XIXe siècle
2. La radio et la télévision dépassent les frontières
3. Une information qui se mondialise avec Internet

Plan 3
1. Au XIXe siècle, l'essor de la presse
2. Au XXe siècle, la révolution du son et de l'image
3. Au XXIe siècle, l'information à l'heure d'Internet

Point méthode

Construire et vérifier des hypothèses

Pourquoi construire des hypothèses ?
- pour élaborer la problématique de la dissertation ;
- pour vérifier des généralités ou des idées reçues.

Comment construire et vérifier des hypothèses ?
- partir d'une généralité ou d'une idée reçue et chercher des preuves, des limites et des contre-exemples ;
- partir d'une citation et vérifier sa véracité ;
- partir d'une théorie, idéologie et en chercher les preuves et contradictions scientifiques.

3. Choisissez le plan qui convient le mieux au sujet et complétez-le avec les informations suivantes.

- L'utilisation de nouvelles sources d'énergie révolutionne le transport au XIXe siècle ;
- L'invention du transistor en 1954 rend la radio nomade ;
- L'invention du télégraphe, puis du téléphone (1876), facilite la transmission d'informations à distance ;
- Dès les années 1930, de grands évènements sont transmis par la télévision (JO de Berlin de 1936, couronnement de George VI d'Angleterre en 1937) ;
- La rotative et la linotype sont des machines qui accélèrent l'impression des journaux ;
- Au début des années 2000, le Web 2.0 rend l'information sur Internet interactive ;
- …

Utilisez votre cours et le manuel (Axe 1 et Objet de travail conclusif) pour lister les informations en lien avec le sujet.

4. Complétez le tableau suivant en construisant et vérifiant des hypothèses, puis classez-les dans le plan choisi.

Construire des hypothèses		Vérifier des hypothèses
La presse a profité de la révolution des transports.	→	Oui, à la fois pour les voyages des reporters, mais également pour la diffusion de l'information (télégraphie, téléphonie) et celle des journaux imprimés (le train a permis une diffusion rapide et lointaine).
La télévision a fortement concurrencé la radio dès son apparition.	→	Non car …
…		…

Pour présenter une hypothèse dans la dissertation, il est possible de partir d'une généralité, puis d'en mesurer les limites.

étape 3 Rédiger la dissertation

5. À l'aide de la ➡ Méthode p. 238**, terminez la rédaction de l'introduction suivante.**

Lorsqu'en 1814, une presse rotative est inaugurée dans les locaux du quotidien britannique The Times, ce sont les prémices d'une longue série de progrès techniques qui bouleversent les médias. ….

Utilisez les réponses à la question 1 pour rédiger la suite de l'introduction.

6. À partir du travail préparatoire (questions 2, 3 et 4), rédigez les trois parties de la dissertation.

Accordez un soin particulier à la construction et la vérification des hypothèses avancées.

7. À l'aide de la ➡ Méthode p. 307**, rédigez la conclusion.**

Pourtant, si les progrès techniques ont hautement contribué à une révolution de l'information depuis le XIXe siècle, ils n'en constituent pas les seuls facteurs. En effet, le contexte politique et les évolutions sociales ont également participé à cette mutation.

Pour montrer que vous répondez précisément à la problématique, reprenez-en les mots-clés dans votre conclusion.

Sujet d'entraînement

Faites une petite recherche pour comprendre son rôle dans la création du journal *Le Monde*.

Que pensez-vous de l'affirmation d'Hubert Beuve-Méry, fondateur du journal *Le Monde* : « La radio annonce l'événement, la télévision le montre, la presse l'explique » ?

Accordez une importance particulière aux verbes associés aux trois médias : annoncer ; montrer ; expliquer. Lequel des trois implique une information plus approfondie ?

Vous préciserez l'apport de chacun des médias mentionnés.

Portez un regard critique sur cette affirmation, en cherchant des contre-exemples : émissions de radio présentant des sujets approfondis, émissions de télévision décryptant les images télédiffusées ; journaux ou magazines offrant une information limitée, voire une information spectaculaire.

Méthode BAC Dissertation

SUJET ➔ **Quelles sont les forces qui peuvent à la fois menacer et garantir la liberté de l'information ?**

étape 1 Analyser le sujet

1. **Complétez l'analyse du sujet en accordant une attention particulière aux notions-clés mentionnées.**

Pourquoi l'opinion, l'État et le marché constituent-ils des forces ayant un impact sur la liberté de l'information ?

Listez des facteurs de garantie et de contrôle de l'information.

Quelles sont les **forces** qui peuvent à la fois **menacer et garantir** la **liberté de l'information** ?

Quelles formes prend la liberté de l'information dans les démocraties ?

Vous pourrez aborder le rôle de l'opinion, de l'État et du marché.

2. **Quels sont les termes du sujet à mettre en relation entre eux ? À opposer ?**

Plan suggéré pour la dissertation

1re partie : une information dépendante de l'opinion ?
2e partie : l'État, garant et contrôleur de l'opinion
3e partie : le marché, entre menace et garantie de la liberté d'information

Point méthode

Identifier les notions-clés pour cerner le sujet

- Repérer les notions-clés du thème étudié ;
- Apporter une définition précise de ces notions-clés en consultant les pages cours du manuel et de votre cahier ;
- Mettre en relation les notions-clés entre elles.

étape 2 Développer les notions-clés

3. **Complétez le tableau pour expliquer chaque notion du sujet.**

Notion-clé	Définition	Arguments et exemples
Liberté de l'information	Droit de recevoir ou communiquer des informations sans contrôle des autorités.	– Loi de 1881 en France qui garantit la liberté de la presse ; – …
L'opinion	…	…
L'État	…	…
Le marché	…	…

Utilisez les exemples vus en classe pour illustrer les notions-clés : Affaire Dreyfus, agence Havas, AFP, …

Point méthode

Développer une notion-clé dans la rédaction

- Associer une notion-clé à une partie ou un paragraphe de la dissertation ;
- Apporter une définition précise en lien avec le sujet ;
- Illustrer la notion-clé par des arguments et des exemples.

4. **À partir du travail précédent et sur le modèle amorcé ci-dessous, rédigez un paragraphe pour chaque notion.**

À partir de la fin du XVIIIe siècle est institué le lien entre liberté d'expression et d'information, et démocratie, comme l'illustrent le premier amendement de la Constitution américaine, l'article XI de la Déclaration des droits de l'homme et du citoyen puis, en France, la loi fondatrice du 29 juillet 1881. Cette liberté d'expression, c'est-à-dire le respect du droit de recevoir ou communiquer des informations sans contrôle des autorités, devient alors un enjeu majeur du débat politique. …

Selon leur ampleur, ces paragraphes peuvent constituer une partie ou une sous-partie de la dissertation.

Méthode BAC Dissertation

SUJET ➜ **Comment Internet bouleverse-t-il les façons de s'informer ?**

étape 1 Analyser le sujet et construire le plan

1. **Sur le modèle proposé, rédigez une note précisant chacun des mots du sujet afin de le délimiter.**

Synonyme : de quelles manières : il s'agit de voir les supports, les modalités, les acteurs, … de la diffusion de l'information sur Internet.

↓ … ↓ … ↓

Comment Internet bouleverse-t-il les façons de s'informer ?

… ↑ … ↑

2. **Sélectionnez dans la liste suivante, trois propositions qui répondent au sujet. Puis, classez-les dans un ordre logique pour constituer les trois parties du plan.** ➜ Méthode p. 164

- un changement des modes de production et de diffusion de l'information ; **(partie 2)**
- des *fake news* plus nombreuses sur Internet ;
- la diffusion du *fact checking* ;
- les enjeux démocratiques de l'information sur Internet ;
- un risque social et politique pour la qualité de l'information ; **(partie 3)**
- les théories du complot trouvent une nouvelle jeunesse sur Internet ;
- un nouveau média d'informations à l'accès inégal. **(partie 1)**

Éliminez les propositions trop ciblées, qui font l'objet d'un paragraphe et non d'une grande partie.

étape 2 Rédiger la conclusion

3. **Terminez la rédaction de l'introduction de la dissertation.**

En novembre 2022, le logiciel ChatGPT a été commercialisé à destination du grand public. Animé par l'Intelligence artificielle, il semble ouvrir une ère nouvelle d'accès à un savoir infini. En effet, …

4. **Rédigez chacune des parties de la dissertation en vous aidant du cours.**

5. **Rédigez la conclusion en suivant les points de méthode a. et b. ci-contre.**

Reprenez les termes de la problématique pour montrer que vous y répondez précisément.

Point méthode

Conclure la dissertation

a. Rappeler l'apport de chacune des grandes parties de la dissertation à la réponse à la problématique ;

b. Formuler une réponse finale (si possible nuancée) à la problématique ;

c. Proposer une ouverture, à travers un thème proche, un autre espace ou une autre échelle.

6. **Choisissez parmi les propositions suivantes une ouverture pour la conclusion. Justifiez votre choix.**

- *En effet, Internet modifie profondément l'information, la manière de s'informer et le métier de journaliste.*
- *Mais, si Internet représente un risque pour la qualité de l'information, il comporte également des risques pour la vie démocratique.*
- *Aussi, il peut être intéressant de se demander si l'irruption de la radio au début du XXe siècle a entraîné des bouleversements aussi importants dans la manière de s'informer.*

Capacités Mettre en relation les documents et les connaissances personnelles
Porter un regard critique sur les documents

Méthode BAC Étude critique de documents

SUJET La presse et l'affaire Dreyfus

En analysant les documents, en les confrontant et en vous appuyant sur vos connaissances, montrez que les médias jouent à la fois un rôle d'informateur de l'affaire Dreyfus, un rôle d'influence de l'opinion publique et un rôle d'acteur influant sur les évènements.

1 Dreyfus vu par le journal *La Libre Parole*

Extrait de « Histoire d'un traître », *La Libre Parole*, planche illustrée de 1898.

2 « J'accuse...! » d'Émile Zola, 13 janvier 1898

Cinq Centimes
L'AURORE
Littéraire, Artistique, Sociale
ERNEST VAUGHAN
J'Accuse...!
LETTRE AU PRÉSIDENT DE LA RÉPUBLIQUE
Par ÉMILE ZOLA
LETTRE A M. FÉLIX FAURE
Président de la République

La vérité, je la dirai, car j'ai promis de la dire. [...] Et c'est à vous, Monsieur le Président, que je la crierai, cette vérité, de toute la force de ma révolte d'honnête homme. [...]

[...] J'accuse le lieutenant-colonel du Paty de Clam d'avoir été l'ouvrier diabolique de l'erreur judiciaire, en inconscient, je veux le croire, et d'avoir ensuite défendu son œuvre néfaste, depuis trois ans, par les machinations les plus saugrenues et les plus coupables. [...]

J'accuse les bureaux de la guerre d'avoir mené dans la presse, particulièrement dans *L'Éclair* et dans *L'Écho de Paris*, une campagne abominable, pour égarer l'opinion et couvrir leur faute.

[...] En portant ces accusations, je n'ignore pas que je me mets sous le coup des articles 30 et 31 de la loi sur la presse du 29 juillet 1881, qui punit les délits de diffamation. Et c'est volontairement que je m'expose.

Quant aux gens que j'accuse, je ne les connais pas, je ne les ai jamais vus, je n'ai contre eux ni rancune ni haine. Ils ne sont pour moi que des entités, des esprits de malfaisance sociale. Et l'acte que j'accomplis ici n'est qu'un moyen révolutionnaire pour hâter l'explosion de la vérité et de la justice. Je n'ai qu'une passion, celle de la lumière, au nom de l'humanité qui a tant souffert et qui a droit au bonheur. Ma protestation enflammée n'est que le cri de mon âme. Qu'on ose donc me traduire en cour d'assises et que l'enquête ait lieu au grand jour ! J'attends.

É. Zola, « J'accuse...! », *L'Aurore*, 13 janvier 1898.

étape 1 Mettre en relation les documents et les connaissances personnelles

1. **Complétez le tableau pour préparer l'étude critique des documents.**

Plan suggéré par la consigne	Informations prélevées dans les documents	Connaissances personnelles
1. Les médias jouent un rôle d'informateur	– *La Libre Parole* et *L'Aurore* : deux exemples de journaux à parution régulière – Parution d'articles en lien avec l'affaire Dreyfus, ici en 1898	– Importance de la presse en France à la fin du XIXe siècle (les Français sont les plus grands lecteurs au monde) – …
2. Les médias influencent l'opinion publique	– …	– …
3. Les médias sont des acteurs de l'affaire	– …	– …

Pour contextualiser les documents, utilisez vos connaissances sur l'affaire Dreyfus, mais également de l'Axe 1.

Point méthode

Mettre en relation les documents et les connaissances personnelles

- ✔ pour expliquer les documents ;
- ✔ pour apporter d'autres exemples qui mettent les documents en perspective ;
- ✔ pour éviter la paraphrase ;
- ✔ pour dégager les limites des documents.

étape 2 Porter un regard critique sur les documents

2. **Sélectionnez dans les propositions suivantes celles qui s'appliquent à l'un ou l'autre des documents.**

- l'auteur et la source du document sont subjectifs ;
- la date du document est essentielle ;
- la date du document n'a pas d'importance compte tenu du sujet ;
- le document s'appuie sur des faits précis et vérifiés ;
- le document présente un exemple de la presse dreyfusarde ;
- le document utilise les clichés antisémites ;
- l'auteur et la source du document sont subjectifs ;
- la nature même du document appelle au regard critique ;
- le document présente un exemple de la presse dreyfusarde.

Utilisez vos connaissances sur les caricatures (p. 279) pour montrer la subjectivité du document 1.

Point méthode

Porter un regard critique sur les documents

Même lorsque cela n'apparaît pas explicitement dans la consigne, l'étude des documents doit systématiquement dégager l'intérêt, les limites (manques ou subjectivité) d'un document.

Montrer l'intérêt des documents en …

- ✔ … dégageant leur sens général pour le rattacher aux connaissances du cours ;
- ✔ … montrant l'exemplarité des situations présentées.

Dégager les limites des documents en …

- ✔ … partant des éléments d'identification du document (auteur, date, source, …) ;
- ✔ … mobilisant des connaissances pour repérer des informations essentielles qui ne figurent pas dans les documents et/ou des informations subjectives (parti pris) ;
- ✔ … confrontant deux documents pour montrer que les éléments fournis ne sont pas identiques.

3. **Rédigez un paragraphe qui montre que les deux documents s'opposent radicalement par leur source, leur nature, leur auteur et la manière dont ils présentent l'affaire Dreyfus.**

4. **Terminez la conclusion de l'étude critique des documents, en insistant particulièrement sur leurs limites pour traiter le sujet.**

La confrontation des deux documents de cette étude a permis de montrer que les médias jouent certes un rôle d'informateur mais qu'à travers leurs prises de position, ils influencent l'opinion publique et s'affirment même parfois comme des acteurs déterminants de l'affaire Dreyfus. Pourtant, …

Méthode BAC Étude critique de documents

SUJET Les médias et la guerre du Vietnam

En analysant les documents, en les confrontant et en vous appuyant sur vos connaissances, montrez que la couverture médiatique de la guerre du Vietnam a été importante et que son impact sur l'opinion publique a été fort.

1 La Une du magazine américain *Life* du 26 novembre 1965

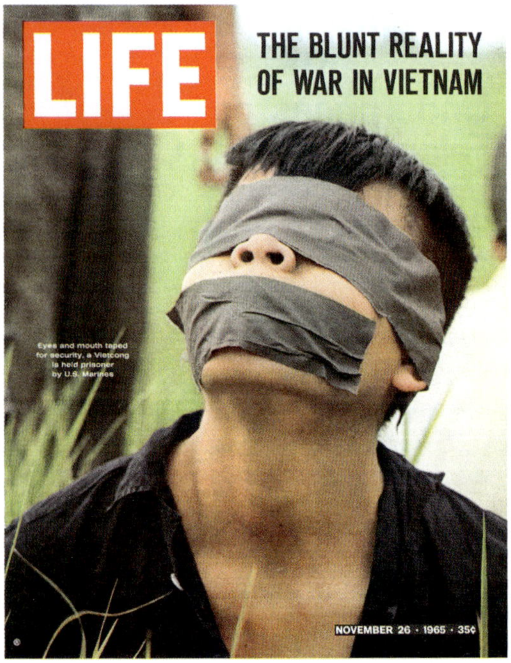

Traduction : La brusque réalité de la guerre au Vietnam ; Yeux et boucles bâillonnés pour une question de sécurité, un Vietcong fait prisonnier par les marines américains.

2 L'évolution du rôle des médias dans la guerre du Vietnam

La guerre du Vietnam a été un tournant dans le traitement médiatique des conflits, en faveur de la liberté de l'information. Au début de la guerre, le président Nixon s'appuie sur le soutien des médias et le patriotisme de la société américaine. Jusqu'en janvier 1968, les grandes chaînes de télévision comme ABC, NBC et CBS donnent une image favorable des opérations de l'armée américaine, tant en raison de motivations patriotiques que de la stratégie dite de retardement de l'information menée par le gouvernement. Après l'offensive du Têt de janvier 1968, les médias américains changent leur manière de traiter le conflit, en révélant à l'opinion, grâce à la transmission immédiate par satellite, que les États-Unis sont en train de perdre. La représentation du conflit s'oriente vers l'horreur des combats, la brutalisation des paysans par les soldats américains, la révélation de massacre de la population. Les reportages de CBS et PBS sèment le doute sur la bonne conduite de la guerre. L'effet sur l'opinion publique conduit non pas à un renforcement du soutien patriotique mais au contraire à l'essor des mouvements pacifistes qui font pression, dans les mois et années suivants, pour mettre fin à la guerre. Le président Nixon considérera d'ailleurs que les médias ont démoralisé la nation et provoqué la défaite américaine au Vietnam.

Philippe Boulanger, *Planète médias, Géopolitique des réseaux et de l'influence*, 2021.

étape 1 Analyser le sujet et construire le plan

1. Identifiez et définissez les notions-clés du sujet. ➡ Méthode p. 94

Les **médias** et la **guerre du Vietnam**

En analysant les documents, en les confrontant et en vous appuyant sur vos connaissances, montrez que la **couverture médiatique** de la **guerre du Vietnam** a été **importante** et que son **impact sur l'opinion publique a été fort**.

2. Choisissez parmi les propositions suivantes un plan répondant au sujet et à la consigne et justifiez votre choix.

Proposition 1
1. Les médias ont rendu compte du déroulement de la guerre du Vietnam
2. Les médias ont joué un rôle actif dans la guerre
3. Les médias ont contribué à la défaite au Vietnam

Proposition 2
1. Les médias et la guerre du Vietnam jusqu'en 1968
2. Les médias et la guerre du Vietnam après 1968

Proposition 3
1. La représentation de la guerre du Vietnam par la Une du magazine *Life* de 1965
2. Les relations entre médias et guerre du Vietnam vues par Philippe Boulanger

étape 2 Confronter les documents

3. Complétez le tableau.

	Les doc. 1 et 2 s'accordent	Les doc. 1 et 2 divergent
1re partie	les médias relaient les étapes de la guerre ;	…
2e partie	…	…
3e partie	…	…

Montrez que le document 2 insiste surtout sur le poids de la télévision, tandis que le document 1 présente une Une de magazine.

Point méthode

Confronter deux documents

- Confronter la source (auteur, date, provenance, public visé, …) ;
- Confronter la nature (forme, subjectivité/objectivité) ;
- Confronter les informations des documents qui peuvent … :
  - être identiques : relever et expliquer les informations convergentes ;
  - se compléter : établir les relations entre les informations (explication, illustration, …)
  - s'opposer : relever et expliquer les divergences.

étape 3 Rédiger l'étude critique de documents

4. Rédigez l'introduction en montrant que les documents diffèrent notamment par leur nature et leur source.

Dégagez l'intérêt de chaque document pour traiter le sujet.

5. Rédigez les parties du développement en vous aidant du travail préparatoire réalisé dans la question 3.

6. Rédigez la conclusion en rappelant les principaux points de convergence et de différence des documents.

Accordez un soin particulier à l'utilisation des mots de liaison qui vous permettront d'opposer (en revanche, *a contrario*, par contre, …) ou de rapprocher (comme, à l'instar, de même que, …) les documents.

Sujet d'entraînement

Les théories du complot et Internet

En analysant le document et en vous appuyant sur vos connaissances, montrez que les acteurs du complotisme sont divers et qu'Internet contribue à accroître leur audience, ce qui représente un risque pour la démocratie.

Lisez attentivement la consigne pour comprendre le plan qu'elle propose pour l'étude critique de documents.

Internet a bouleversé notre accès à la connaissance et à l'information. Constituant un phénomène aussi ancien que les complots eux-mêmes, les croyances complotistes ont considérablement élargi leur audience et prospèrent désormais en dépit de leur fausseté et/ou de leur caractère haineux, parfois antisémite. Sites et blogs, pages Facebook, comptes Twitter, chaînes YouTube, sont autant d'outils mis au service d'une réécriture quasi instantanée de la réalité dont on commence à mesurer les conséquences sur la santé de nos démocraties. Un certain nombre de sites et blogs consacrent d'ailleurs une part prépondérante de leur activité à faire valoir une interprétation complotiste de l'actualité. Les acteurs de cet écosystème se citent mutuellement et se légitiment les uns les autres réciproquement renforçant ainsi leur capital de crédibilité. Mais les théories complotistes ne sont pas relayées exclusivement par des sites qui se sont spécialisés dans cette dénonciation. Certains milieux et responsables politiques, leaders d'opinion, militants, sportifs, etc., et un public plus large font d'Internet et des réseaux sociaux leur terrain de propagande, sous couvert d'anonymat. En conséquence, la montée en puissance d'Internet annonce une propagation inédite du complotisme dans le débat public, s'imposant au cours des quinze dernières années comme un « contre-espace public » en rupture avec les médias traditionnels. Internet confère en outre à des millions d'internautes anonymes le privilège de s'improviser « enquêteur » ou « journaliste participatif » sans avoir à rendre le moindre compte. Il agit dès lors comme une formidable caisse de résonance des théories du complot.

Valérie Igounet (historienne spécialiste du complotisme), « Les théories du complot », *Encyclopédie d'histoire numérique de l'Europe*, Sorbonne Université, 2023.

À l'aide de vos connaissances, expliquez que les théories du complot sont une menace pour la démocratie.

Utilisez la leçon p. 302-303 pour expliquer la phrase soulignée.

Méthode BAC

Les techniques pour mémoriser son oral

Pourquoi mémoriser ?

Le jour de l'épreuve, vous avez 20 minutes de préparation pour remémorer votre oral, réorganiser vos idées et/ou réaliser votre support.
Pour réussir l'oral, il est indispensable d'avoir mémorisé :
- le **contenu de votre exposé** à restituer durant cinq minutes,
- les **grandes lignes du programme** de l'année pour répondre aux questions du jury lors des 10 minutes d'échanges.

Info BAC
Le jury évalue les connaissances et la fluidité de votre propos. L'objectif n'est donc pas d'apprendre par cœur. Le risque serait d'être déstabilisé(e) par un trou de mémoire et de faire une récitation monotone.

Quel type de mémoire et comment la travailler ?

Il est essentiel de vous interroger sur la technique de mémorisation la plus appropriée et la plus efficace pour vous.

Mon profil	Ma mémoire	Des astuces pour mémoriser plus facilement
Je répète facilement ce que j'ai entendu ; j'aime la musique et je suis sensible aux sons.	Mémoire auditive	– Relire le cours à voix haute, s'enregistrer et réécouter. – Réciter et expliciter ses leçons à une autre personne. – Inventer une chanson avec les éléments à apprendre.
Je visualise facilement les choses ; j'aime les couleurs et les graphiques.	Mémoire visuelle	– Construire des schémas ou des cartes mentales. – Utiliser des surligneurs et des dessins. – Réaliser des diaporamas et des fiches de révision.
J'ai besoin de faire les choses, de bouger ; j'ai besoin d'un ressenti.	Mémoire kinesthésique	– Recopier le cours et faire des fiches de révision. – Fabriquer un dossier sous forme d'images, de dessins, de tableaux que l'on peut ouvrir et déplier (un *lapbook*). – Marcher ou manipuler un objet pour apprendre.

Quels outils pour mémoriser mon oral ?

Pour travailler la mémoire auditive :
Enregistrez-vous en lisant à voix haute votre Grand oral et réécoutez-vous régulièrement chez vous ou lors de votre trajet. Utilisez l'application dictaphone de votre smartphone, le logiciel Audacity ou l'application Educadhoc sur votre ordinateur.

Pour travailler la mémoire visuelle :

La fiche de révision ou la carte mentale
Rendre l'oral plus visuel en indiquant les parties, les sous-parties et les mots clés à aborder. Vous pouvez réaliser la fiche de révision sur papier et les cartes mentales sur l'ENT, sur Xmind ou sur MindMeister.

La carte-mémoire
Apprendre en s'amusant seul(e) ou avec des camarades de classe en indiquant au recto une question, un mot clé ou une date puis, au verso, la réponse correspondante. Pour réaliser vos cartes-mémoire, utilisez les logiciels Quizlet ou Flippity.

Les flashcards
Remplacer la question par un dessin, une icône ou un symbole. Vous pouvez utiliser les logiciels Canva, Anki ou Quizlet.

Le QCM : réviser et s'entraîner en réalisant des QCM sur papier ou grâce aux applications Kahoot ou Plicker.

Pour travailler la mémoire kinesthésique :
Multipliez les entraînements pour maîtriser votre propos et vous sentir à l'aise.
Cette mémorisation par l'action stimulera votre mémoire.

SUJET d'application ➪ La télévision, un média de masse depuis les années 1950

étape 1 Réaliser la recherche documentaire et préparer l'oral

1. Mobilisez des connaissances et complétez-les par des recherches documentaires à l'aide de la ➡ Méthode p. 100.
2. Construisez votre plan, à l'aide de la ➡ Méthode p. 244.

étape 2 Réaliser et utiliser un outil pour mémoriser l'oral

4. Selon votre profil, choisissez l'un de ces deux outils pour mémoriser.

Outil 1 ➜ Une fiche de révision

La télévision, un média de masse depuis les années 1950 en France ?

Intro :

Déf. média de masse : média qui cherche à atteindre et à influencer un public très nombreux par des moyens de diffusion très larges des informations ou de la culture (presse écrite, radio, TV, Internet, cinéma)

→ Comment la TV est-elle devenue un média de masse depuis les années 1950 en France ?

I) Un développement rapide

a) Un équipement de plus en plus massif des Français

1 % des foyers français équipés en 1950

→ 98 % en 2022

b) Des événements diffusés en eurovision

- couronnement d'Elisabeth II en 1953
- JO de Rome en 1960

c) Une offre démultipliée à partir des années 1990

- diffusion par câble, satellite, box internet
- naissance de chaînes spécialisées

II) Une internationalisation récente des contenus

a) L'essor de contenus nord-américains

- Séries : ...
- ...

b) Un média fédérateur

- lors des grands événements internationaux
- ...

c) Un média de masse concurrencé

- Essor de nouveaux médias : ...
- Formes de renouvellement de la TV ...

Outil 2 ➜ Des cartes-mémoire

Premier événement diffusé à travers le monde ?

...

Facteurs de la populatisation de la TV ?

...

Déf. média de masse ?

Média qui cherche à atteindre et à influencer un public très nombreux par des moyens de diffusion très larges (presse écrite, radio, TV, Internet, cinéma).

Sujet d'entraînement

Préparez un exposé et l'outil pour le mémoriser sur l'une des questions suivantes :

- Comment Gutenberg a-t-il révolutionné l'imprimé ?
- En quoi Christophe Plantin illustre-t-il l'essor de l'imprimé en Europe ?
- Quelle est la place des médias durant la Première Guerre mondiale ?
- Comment s'informe-t-on en temps de guerre ?
- Peut-on parler de liberté de la presse et d'internet en Chine ?
- Pourquoi peut-on affirmer que la liberté de la presse est menacée dans de nombreux pays ?
- Les jeunes et la presse : un duo improbable ?
- Pourquoi les réseaux sociaux sont-ils des vecteurs d'informations contestés et contestables ?

Révision

S'informer : un regard critique sur les sources et modes de communication

Podcast de révision

hachette-clic.fr/23hgg1114

A Réviser en autonomie

S'INFORMER AUJOURD'HUI : DE PLUS EN PLUS FACILE POUR TOUS ?

Par des médias et des supports de plus en plus diversifiés

Presse écrite, radio, télévision, Internet

Grâce à une véritable révolution de l'information

- Par la diffusion de l'imprimerie (XVe siècle) et la presse à grand tirage (XIXe-XXe siècles)
- Par le développement de l'information par l'image et le son (radio, TV)
- Par le développement d'Internet, une porte ouverte sur le monde et sur des ressources très diverses

Par un contact avec l'information en mutation

- Selon les groupes sociaux
- Selon les territoires
- Selon les choix individuels

Mais cette information est-elle libre ou contrôlée ?

Des lois de protection de la liberté de la presse (1881 en France)

Une information contrôlée
- dépendante de l'opinion
- contrôlée par l'Etat
- parfois instrumentalisée (guerre du Vietnam)

Bilan

Une information de plus en plus fragmentée

Une information mise à mal par les théories du complot et les *fake news*

Une information au service de la liberté d'expression : témoignages des lanceurs d'alerte

B Réviser en groupe

RÉALISER DES VIDÉOS POUR RÉSUMER UN AXE EN 2 MINUTES

étape 1 • Préparation

- En trio, choisissez un des axes du thème et repérez les jalons obligatoires et les grandes idées qu'il va falloir mobiliser.
- Identifiez les informations essentielles (évènements, contexte, lieux, acteurs, notions…) et rédigez le texte de votre vidéo.

étape 2 • Réalisation

2 min

- Avant de réaliser la vidéo, vérifiez que vous avez organisé un ensemble clair, concis et structuré respectant le temps imparti.
- Réalisez votre vidéo avec un smartphone ou une tablette et postez-la sur un mur virtuel dédié à votre classe.
- Regardez les vidéos des autres trios de la classe pour évaluer la qualité de la vôtre (structure, clarté et efficacité de l'argumentation).

C Réviser en se documentant

À lire

- *Journalisme*, de O. Villepreux, Anamosa, 2021.
  Qui est journaliste ? Qu'est-ce que le journalisme ? L'ouvrage s'interroge sur la légitimité des médias à bien rendre compte de la réalité du monde.
- *Anti-fake news, Le livre indispensable pour démêler le vrai et le faux*, de T. Huchon et J-B Schmidt, First, 2022.
  Un guide indispensable pour apprendre à se repérer dans la multiplicité des sources d'information où vérités et mensonges s'entrecroisent.
- *Lanceurs d'alerte*, de F. Talamon et B. Loth, Delcourt/Encrages, 2021.
  À travers neuf exemples, les auteurs illustrent les règles à respecter pour réussir l'alerte, se protéger et préserver son anonymat.

À voir

- *Pentagon Papers*, de S. Spielberg, 2017.
  Film retraçant le parcours de la directrice du *Washington Post*, qui dévoile un scandale d'État lié à la guerre du Vietnam.
- *We steal secrets : the story of Wikileaks*, de A. Gibney, 2014.
  Documentaire relatant l'histoire du site Wikileaks et de son créateur, Julian Assange.
- *Social Network*, de D. Fincher, 2010.
  L'histoire de la création du réseau social Facebook par Mark Zuckerberg.

Sur le web

- Site du Clemi (Centre pour l'éducation aux médias et à l'information) pour comprendre ce que sont les médias et se forger un esprit critique.
- Site de l'AFP (Agence France Presse) pour décrypter l'information et découvrir le métier de journaliste.

Site Internet
hachette-clic.fr/23hgg1115
hachette-clic.fr/23hgg1116

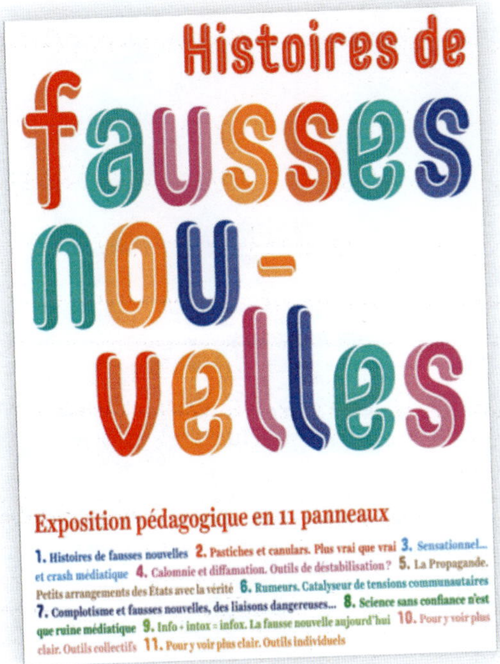

D Aller plus loin en étudiant une exposition

***Histoires de fausses nouvelles*, une exposition en ligne du Clemi consacrée aux fausses nouvelles, d'hier à aujourd'hui.**

1. **Citez trois exemples de fausses informations qui s'étaient répandues bien avant la naissance d'Internet.**

2. **Montrez que la propagande a aussi été utilisée par les grandes démocraties occidentales, au mépris de la vérité de l'information.**

3. **Expliquez comment certains sites s'enrichissent à partir de fausses informations dans des « pièges à clics ».**

4. **Précisez la démarche à suivre pour vérifier la fiabilité d'une information.**

THÈME 5 Analyser les relations entre États et religions

Jair Bolsonaro, président du Brésil entre le 1er janvier 2019 et le 1er janvier 2023, participant à une « marche pour Jésus » à Sao Paulo en juin 2019.

Découverte Les liens États-religions dans le monde

MISSION ➪ Vous devrez faire une présentation orale en 180 secondes sur les liens entre États et religions.

1 La famille princière d'Arabie saoudite à La Mecque

En 2022, le prince héritier Mohammed ben Salmane Al Saoud a participé aux prières accompagnant la cérémonie annuelle de lavage de la *Kaaba*, au cœur de La Mecque. Situé en Arabie saoudite, ce lieu saint de l'islam est un lieu de pèlerinage pour tous les musulmans du monde.

2 La Chine face aux religions

La Constitution chinoise, rédigée en 1982, protège les « cinq religions officielles » (bouddhisme, catholicisme, protestantisme, islam, taoïsme). Mais depuis l'arrivée de Xi Jinping à la tête du pays en 2013, les cultes chrétiens, l'islam et le bouddhisme tibétain sont l'objet d'une offensive massive. En plus d'interdire des financements étrangers, de superviser les formations des prêtres et de limiter leurs déplacements, de ficher les fidèles ou d'interdire aux moins de 18 ans d'assister à la messe, l'État oblige désormais les organisations religieuses à « promouvoir l'idéologie du Parti communiste » et à « soutenir la direction du Parti ». La volonté de « siniser[1] » les religions va si loin que l'État a annoncé qu'il allait réécrire la Bible, le Coran et les sutras tibétains pour « qu'ils reflètent les valeurs fondamentales du socialisme ». Le but est non seulement d'augmenter l'emprise de l'idéologie du Parti dans la sphère religieuse, mais aussi de supprimer tout élément qui pourrait remettre en question sa domination. Les caméras, les contrôles d'identité, la reconnaissance faciale sont désormais courants à l'entrée des édifices religieux, qui doivent arborer le drapeau chinois et mettre en évidence la photo de Xi Jinping.

« En Chine, le nouveau chemin de croix des religions », *Libération*, 19 janvier 2020.

1. Processus qui vise à imposer la culture chinoise.

3 La laïcité en France

LOI DE 1905 : séparation des Églises et de l'État

PRINCIPES ET VALEURS

- Liberté de conscience et de manifester ses convictions uniquement dans l'espace privé.
- Séparation des institutions publiques et des organisations religieuses :
  - l'État ne reconnaît ni ne salarie aucun culte,
  - devoir de neutralité de l'État, des collectivités territoriales et des services publics.
- Égalité de tous devant la loi quelles que soient les croyances ou convictions.

DES LOIS QUI COMPLÈTENT LA LOI DE 1905

- Art. 1 de la Constitution (1958) : la laïcité devient un principe constitutionnel.
- Loi du 15 Mars 2004 interdisant le port de signes religieux ostensibles à l'école publique.
- Loi du 20 Avril 2016 interdisant aux fonctionnaires la manifestation des croyances religieuses dans l'exercice de leurs fonctions.

4 Les obsèques royales au Royaume-Uni

Le roi Charles III, gouverneur suprême de l'Église anglicane d'Angleterre, et la famille royale assistent aux funérailles de la reine Élisabeth II lors de la cérémonie à l'Abbaye de Westminster, le 19 septembre 2022.

ACTIVITÉ

étape 1

Identifier le poids des religions dans le monde

1. À l'aide de sites (Atlas de Sciences Po et Arte), cherchez les informations suivantes en privilégiant les données les plus récentes.

Je cherche et je localise :
- les trois religions les plus pratiquées dans le monde
- trois États dans lesquels la première religion au monde est fortement représentée
- trois États connaissant une forte diversité religieuse
- trois États dans lesquels une minorité religieuse fait l'objet de persécutions
- trois religions pour lesquelles une croissance du nombre de croyants est prévue
- trois espaces régionaux où la pratique religieuse tend à diminuer

2. Dans quelle région du monde la présence des religions au sein de la population est-elle la plus forte ? la moins forte ?
3. Dans quels États observe-t-on de l'hostilité à l'égard d'une religion ?

étape 2

Préparer une présentation orale en 180 secondes sur les liens entre États et religions

4. Divisez la classe en groupe de trois. Chaque trio choisit un État en sélectionnant un document. **(1, 2, 3 ou 4)**
5. Recopiez le tableau et complétez la colonne qui concerne l'État étudié par votre trio.

Complétez l'analyse de ce document par les recherches effectuées dans l'étape 1.

	Doc. 1	Doc. 2	Doc. 3	Doc. 4
État étudié	...	...	...	...
Religions présentes	...	...	...	...
Type de liens État / religions	...	...	...	...
Attitude à l'égard des minorités religieuses	...	...	...	...
3 États qui ont les mêmes liens avec les religions	...	...	...	...

étape 3

Présenter l'oral en 180 secondes

6. Chaque trio se rapproche d'un trio ayant étudié un autre État que le sien. Il lui expose les rapports entre l'État et la religion en 180 secondes. Le trio qui écoute prend alors des notes dans le tableau.
7. Les oraux s'achèvent quand chaque trio a rempli l'ensemble du tableau.

POUR CONCLURE

1. **Pourquoi peut-on dire que la religion reste encore étroitement liée au pouvoir politique dans le monde ?**
2. **À l'aide de vos réponses, rédigez quelques lignes pour décrire l'inégale place des religions au sein des États à travers le monde.**

Repères

Une diversité religieuse dans le monde

1 La répartition des religions dans le monde

Carte interactive
hachette-clic.fr/23hgg1117

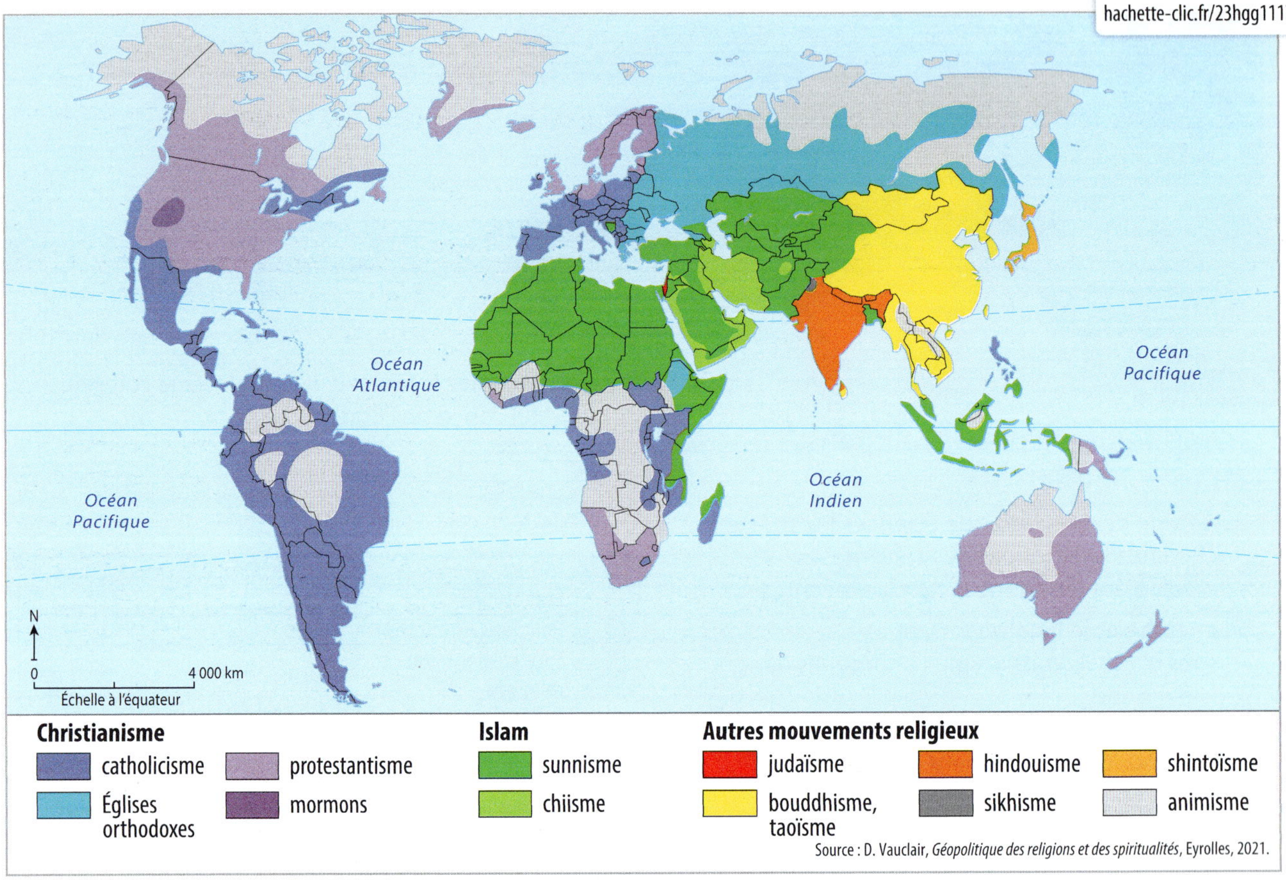

Source : D. Vauclair, *Géopolitique des religions et des spiritualités*, Eyrolles, 2021.

2 Croyants et non-croyants dans le monde en 2022

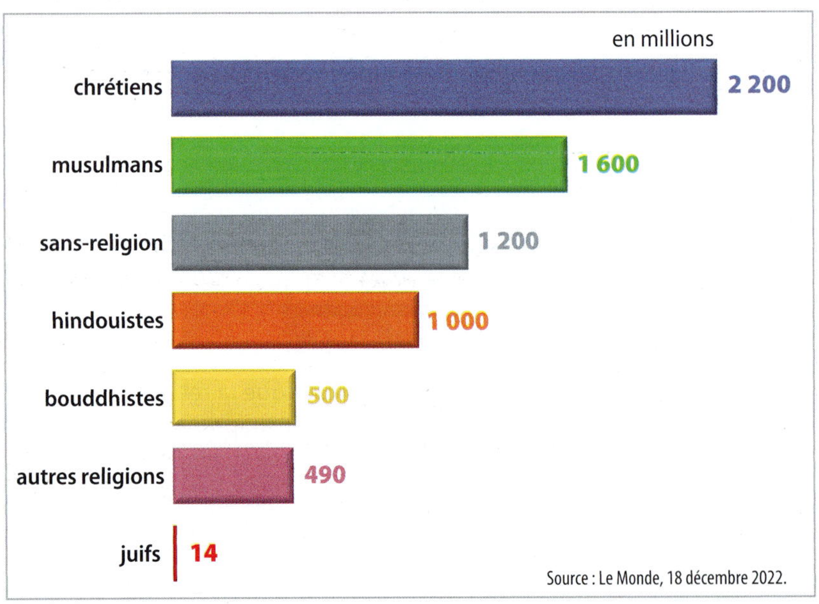

Source : Le Monde, 18 décembre 2022.

Vocabulaire

Théocratie : État dans lequel une autorité religieuse est à la tête du gouvernement et où les lois civiles et religieuses se confondent.

3 Un statut des religions variable selon les États

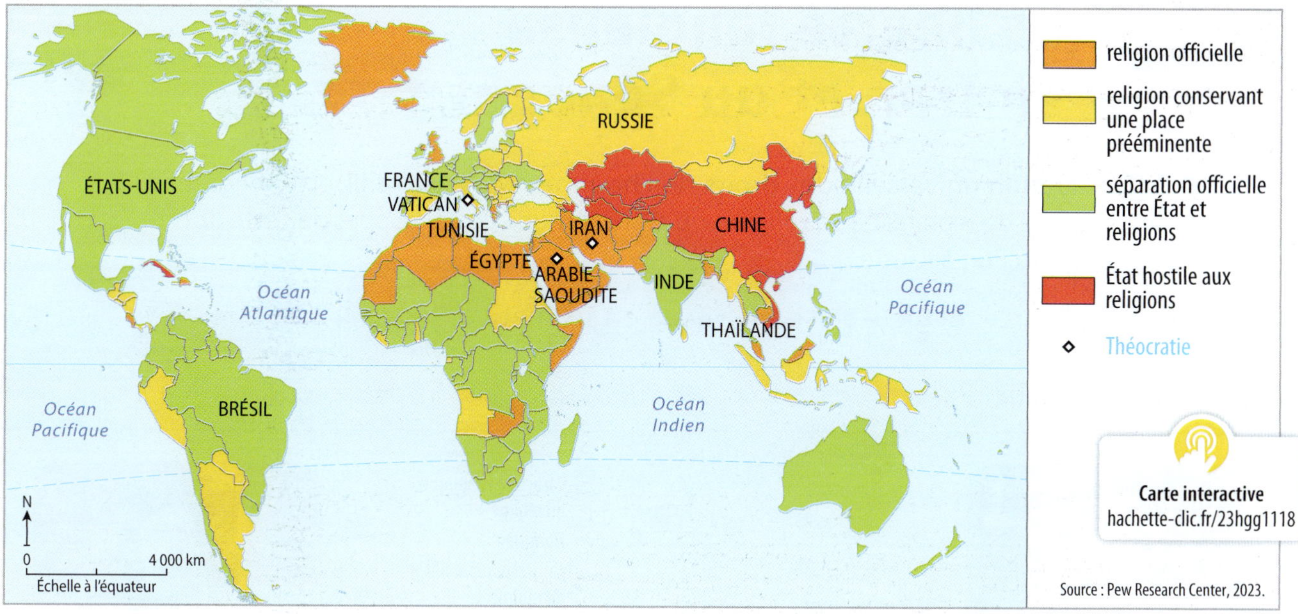

Source : Pew Research Center, 2023.

4 L'intolérance religieuse des États dans le monde

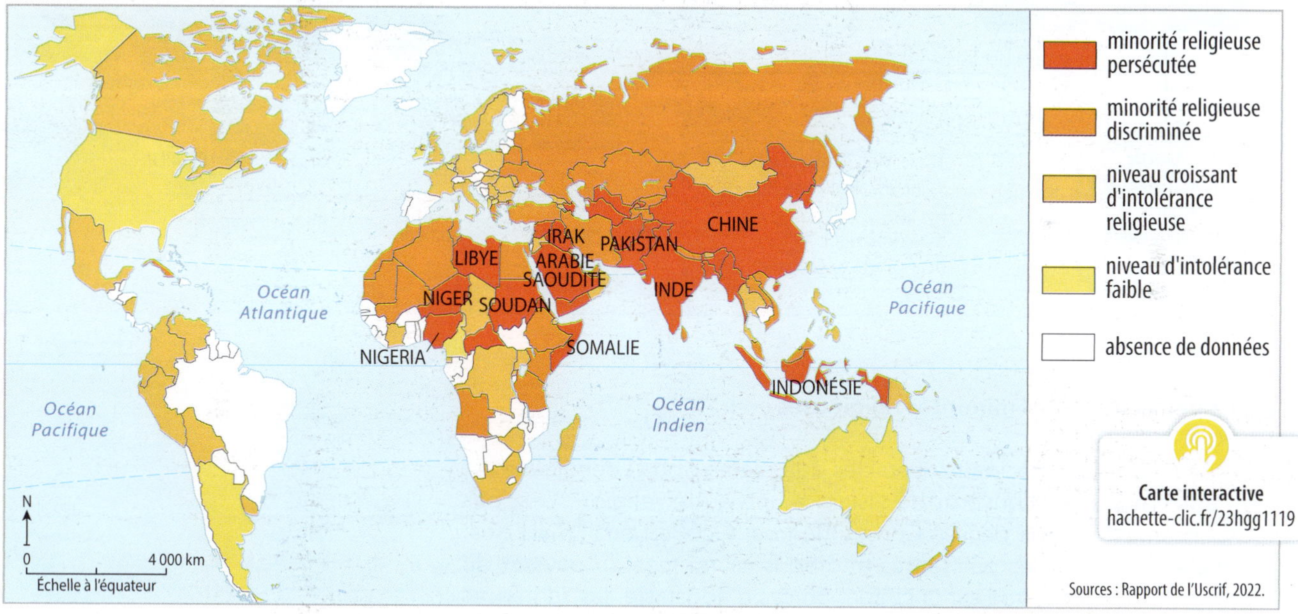

Sources : Rapport de l'Uscrif, 2022.

POUR COMPRENDRE

La diversité religieuse dans le monde est très importante. Les religions majoritaires dans les États cachent souvent une variété religieuse croissante et une part importante de la population ne se reconnaît dans aucune religion.

1. Identifiez et localisez les religions les plus répandues dans le monde. (doc. 1 et 2)

La reconnaissance des religions et la liberté de croyance au sein d'un État varient énormément à travers le monde.

2. À l'aide des doc. 3 et 4, identifiez des États où la séparation officielle entre État et religion n'est pas garante d'une tolérance religieuse. À l'inverse, dans quels États la présence d'une religion officielle permet-elle le pluralisme religieux ?

Focus La liberté religieuse en Iran et au Sénégal

En 1948, la Déclaration universelle des droits de l'homme reconnait la liberté religieuse. Tout individu est libre de manifester sa religion ou d'en changer. Or, le respect de cette liberté diffère fortement d'un État à l'autre.

▸ **Comment la liberté religieuse est-elle vécue en Iran et au Sénégal ?**

1 L'Iran, une théocratie

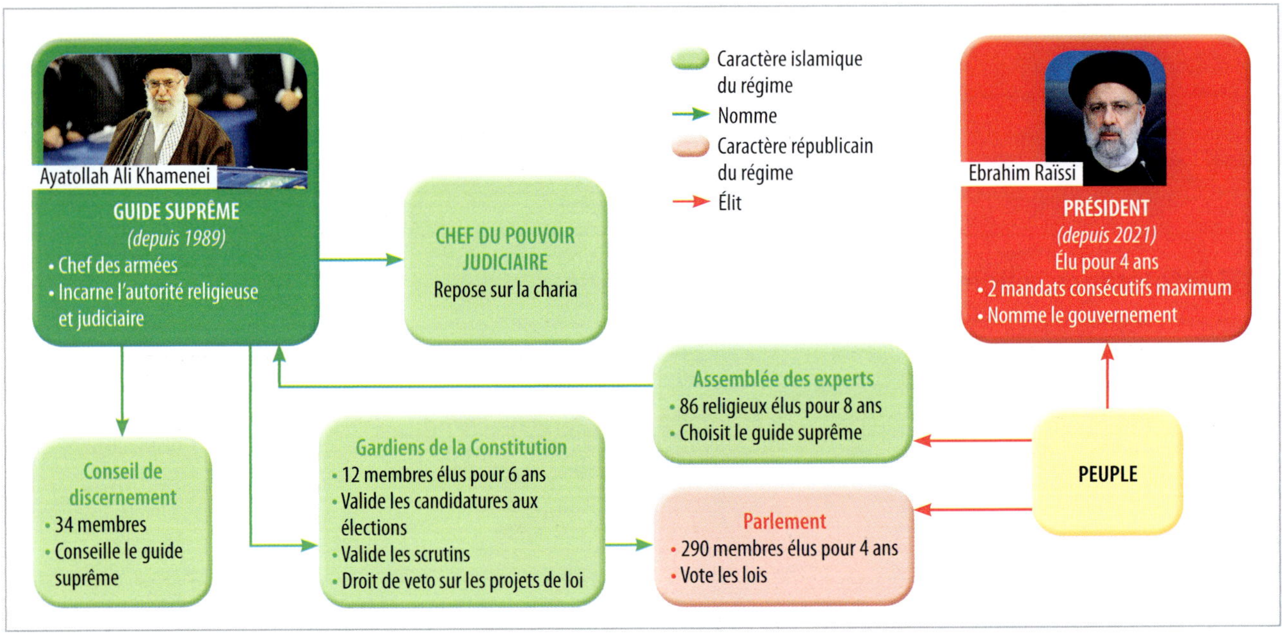

2 La persécution des minorités religieuses en Iran

En Iran, l'un des principaux obstacles à la pleine liberté religieuse est « l'apostasie ». Se convertir de l'islam à une autre religion n'est pas explicitement interdit dans la Constitution ou le code pénal, mais c'est difficile en raison des puissantes traditions islamiques du pays et du système juridique fondé sur la charia. En cas d'apostasie, les sentences sont fondées sur la charia et peuvent aller jusqu'à la peine de mort.
L'article 13 de la Constitution iranienne reconnaît les chrétiens, les juifs et les zoroastriens[1] comme des minorités religieuses protégées ayant le droit de pratiquer librement leur culte et de former des associations religieuses. Néanmoins, ils sont sous la surveillance permanente des organes de sécurité d'État. Toute activité destinée à répandre l'Évangile est contraire à la loi. Les chrétiens des Églises non enregistrées, en particulier évangéliques, sont considérés comme des ennemis de l'État et subissent des persécutions systématiques. Les convertis de l'islam au christianisme sont particulièrement confrontés à de graves menaces à leur liberté, à leur intégrité physique et à leur vie.

D'après le rapport 2021 de l'Observatoire de la liberté religieuse.

1. Adeptes de la religion basée sur les enseignements du prophète Zoroastre de langue persane.

Vocabulaire

Charia : loi islamique régissant la vie religieuse, politique, sociale et individuelle. Cette loi est appliquée de manière stricte dans certains États musulmans.

Confrérie : organisation religieuse regroupant des fidèles qui effectuent des exercices spirituels sous la direction d'un maître.

3 Une théocratie de plus en plus contestée

En 2022, de nombreuses manifestations ont agité l'Iran après la mort de Mahsa Amini, arrêtée par la police des mœurs pour avoir enfreint le code vestimentaire (port obligatoire du voile en public). L'État a été contraint de dissoudre la police des mœurs tandis que le Parlement et le pouvoir judiciaire s'engagent à étudier la question du port du voile obligatoire.

4 Extraits de la Constitution sénégalaise, 2019

TITRE PREMIER : DE L'ÉTAT ET DE LA SOUVERAINETÉ

Article premier : La République du Sénégal est laïque, démocratique et sociale. Elle assure l'égalité devant la loi de tous les citoyens, sans distinction d'origine, de race, de sexe, de religion. Elle respecte toutes les croyances.

Article 5 : Tout acte de discrimination raciale, ethnique ou religieuse (...) est puni par la loi.

DES DROITS ET LIBERTÉS FONDAMENTAUX ET DES DEVOIRS DES CITOYENS

Article 8 : La République du Sénégal garantit à tous les citoyens les libertés individuelles fondamentales, les droits économiques et sociaux ainsi que les droits collectifs. Ces libertés et droits sont notamment : les libertés civiles et politiques (...), les liberté religieuses [...].

RELIGIONS ET COMMUNAUTÉS RELIGIEUSES

Article 24 : La liberté de conscience, les libertés et les pratiques religieuses ou cultuelles, la profession d'éducateur religieux sont garanties à tous sous réserve de l'ordre public. Les institutions et les communautés religieuses ont le droit de se développer sans entrave. Elles sont dégagées de la tutelle de l'État. Elles règlent et administrent leurs affaires d'une manière autonome.

Vidéo : Sénégal, l'influence des confréries, France 24, 21 février 2019.

hachette-clic.fr/23hgg1120

5 L'influence des confréries musulmane sur la vie politique sénégalaise

À Touba, ville sainte de la confrérie des Mourides, les candidats à l'élection présidentielle recueillent les prières du chef religieux et lui présentent leur programme. Même si la confrérie ne donne plus de consigne de vote officielle, l'influence des chefs religieux sur les votes reste une réalité.

ACTIVITÉ Discuter et argumenter

À l'aide des documents, recopiez et complétez le tableau.

	en Iran	au Sénégal
Respect ou atteinte à la liberté et religieuse **(doc. 1, 2 et 4)**	...	...
Rapport entre l'État et les minorités religieuses **(doc. 2 et 4)**	...	...
Évolution de la liberté religieuse **(doc. 3 et 5)**	...	...

Bilan

À l'aide du tableau, rédigez une réponse organisée au sujet suivant : « **Comment la liberté religieuse est-elle vécue en Iran et au Sénégal** » ?

Leçon 1 États et religions aujourd'hui

Comment les relations entre États et religions montrent-elles des degrés variables de liberté ?

A L'adoption d'une religion officielle par de nombreux États

- **On compte moins de dix théocraties dans le monde.** Parmi elles, l'Arabie saoudite est une monarchie de droit divin appliquant la charia. En Iran, depuis la révolution islamique de 1979, le président de la République, élu par le peuple, est soumis à l'autorité du Guide Suprême, chef du pouvoir religieux. Le Vatican, où le Pape est le chef religieux, figure également dans cette catégorie.
- **42 États disposent d'une religion officielle.** Dans ce cas, il n'y a pas de séparation entre l'État et la religion et la législation du pays est en conformité avec les préceptes de la religion d'État. Les autorités religieuses peuvent disposer de pouvoirs politiques et les autorités politiques de pouvoirs religieux. En Angleterre, l'anglicanisme bénéficie de ce statut depuis 1534, d'où la présence de vingt-six évêques à la Chambre des Lords et du statut de chef de l'Église anglicane pour le Roi. Au Maroc, le souverain, en tant que « commandant des croyants », veille au respect de l'islam, qui inspire la Constitution.
- **Mais une religion officielle n'empêche pas le pluralisme religieux.** Ainsi, au Royaume-Uni, l'anglicanisme n'interdit pas aux sujets de bénéficier d'une totale liberté de conscience et religieuse. Ils sont libres de croire ou de ne pas croire et de changer de religion. La Constitution tunisienne garantit la liberté de culte même si l'islam demeure la religion officielle.

B La séparation entre l'État et les religions : une diversité d'interprétations

- **Certains États observent une séparation stricte entre le pouvoir politique et la religion.** Dans ce cas, la sécularisation de la société est forte et l'État, en garantissant la neutralité religieuse, assure la liberté de conscience et religieuse à tous les citoyens. Le Mexique observe cette séparation depuis le milieu du XIXe siècle. La France est un pays laïque depuis la loi de séparation des Églises et de l'État de 1905. Cette identité est affirmée dès l'article 1 de la Constitution de la Ve République.
- **La liberté de croyance et de conscience passe par le respect des particularismes des communautés dans une société multiculturelle.** Ainsi, au Canada, la notion d'« accommodement raisonnable » permet le port de signes religieux non ostentatoires par les agents de l'État afin de respecter les particularismes de chaque religion dans une société multiculturelle.
- **Les liens entre l'État et la religion majoritaire peuvent rester étroits.** Aux États-Unis, la Constitution de 1787 affirme la séparation de l'Église et de l'État mais le Président prête serment sur la Bible lors de son investiture et finit ses discours par l'expression « que Dieu protège l'Amérique ». Les Présidents américains participent ainsi à la mise en place d'une religion civile, facteur d'unité autour des symboles de la nation. En Norvège, la loi de 2012 fait de l'Église une entité autonome mais la Constitution précise que « l'Église de Norvège, évangélique-luthérienne, reste l'Église du peuple norvégien et bénéficie en tant que telle du soutien de l'État ».

1 En France, le Président est le garant du respect de la laïcité

Plantu, *Le Monde*, 15 octobre 2019.

Vocabulaire

Charia : loi islamique régissant la vie religieuse, politique, sociale et individuelle. Cette loi est appliquée de manière stricte dans certains États musulmans.

Laïcité : principe de séparation de la société civile et de la société religieuse.

Religion officielle : religion reconnue par l'État et disposant à ce titre d'un statut légal.

Sécularisation : processus de perte d'influence de la religion dans la société se traduisant par une séparation croissante entre le domaine religieux et le domaine public.

Théocratie : État dans lequel une autorité religieuse est à la tête du gouvernement et où les lois civiles et religieuses se confondent.

C Le maintien de tensions entre États et religions

La place croissante de certains mouvements religieux dans la vie politique fait débat. Aux États-Unis, des Églises évangéliques conservatrices et nationalistes mettent leur puissance financière au service de partis conservateurs. Ainsi, près de 92 millions évangéliques ont contribué à l'arrivée de D. Trump à la présidence en 2016. En 2022, le patriarche de l'Église orthodoxe russe a manifesté publiquement son soutien à la guerre menée en Ukraine par V. Poutine en échange de la restitution d'églises et de monastères confisqués pendant la période soviétique.

L'instrumentalisation des religions par le pouvoir politique constitue un facteur de tensions. En Turquie, le principe de **laïcité** est inscrit dans la Constitution depuis 1937. Or, le pays est dirigé depuis 2002 par un parti issu de l'**islamisme**. Le Premier ministre R. Erdogan utilise ainsi la question de l'autorisation du port du voile dans la fonction publique comme un moyen de s'opposer à ses adversaires politiques et de s'affirmer en leader du monde musulman face aux Occidentaux.

Certains États ont adopté des législations répressives à l'égard des religions. En Corée du Nord, l'État n'accorde aucune liberté de conscience, pour préserver le culte de la personnalité autour du Président. En Chine, les activités religieuses sont soit interdites soit contrôlées par le pouvoir politique. Ainsi, le peuple des Ouïghours, majoritairement musulman, est envoyé dans des camps de redressement depuis les années 2010.

2 Les Ouïghours, peuple persécuté à cause de sa religion

Les Ouïghours, peuple d'environ 12 millions de personnes, à majorité musulmane, sont victimes de persécutions en Chine. L'ONU accuse Pékin et dénonce de « graves violations » des droits humains.

SCHÉMA BILAN

Schéma interactif
hachette-clic.fr/23hgg1121

LES RELATIONS ENTRE ÉTATS ET RELIGIONS DANS LE MONDE AUJOURD'HUI

- **États ayant une religion officielle** *(Royaume-Uni, Grèce, Maroc)*
  - Religion bénéficiant d'un statut et d'une reconnaissance légale
  - Libertés de culte et de conscience accordées aux autres religions
- **États laïques** *(États-Unis, France, Sénégal)*
  - Libertés de conscience et de culte
  - Neutralité de l'État plus ou moins affirmée
- **États théocratiques** *(Iran, Arabie saoudite)*
  - Imbrication des pouvoirs religieux et étatiques
  - Restriction des libertés religieuses et persécution des minorités religieuses
- **États hostiles aux religions** *(Chine, Corée du Nord)*
  - Libertés de conscience et religieuses interdites ou fortement limitées
  - Persécutions des minorités religieuses

AXE 1

Pouvoir et religion : des liens historiques traditionnels

› Comment les pouvoirs politiques et les pouvoirs religieux se sont-ils influencés et soutenus mutuellement ?

1 En Russie, une Église orthodoxe très proche du pouvoir

Vladimir Poutine et le patriarche orthodoxe de Moscou, Kirill, 1er mai 2016.

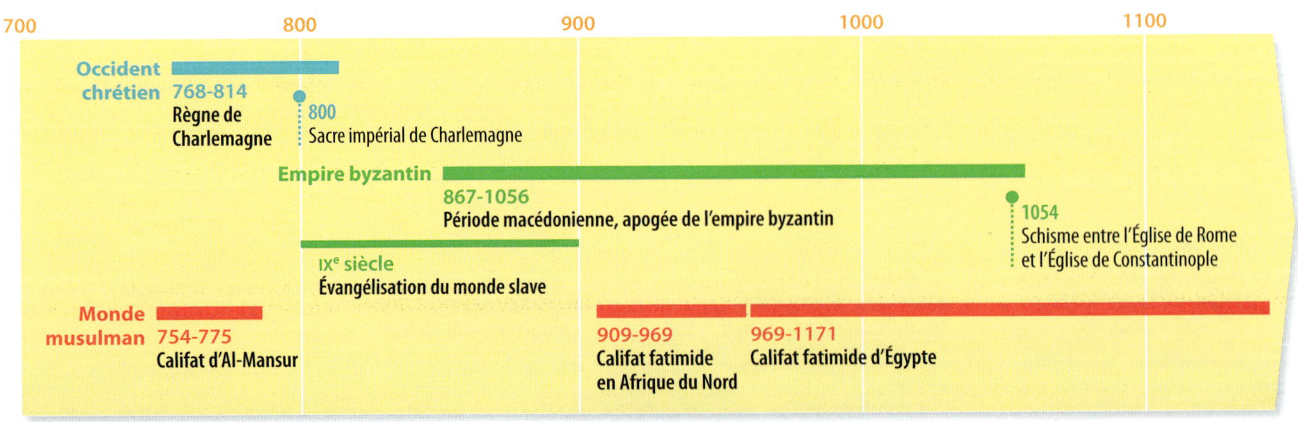

2 Charlemagne, l'association du pouvoir temporel et spirituel

Statue du IXe siècle représentant Charlemagne. Monastère de Saint-Jean-des-Sœurs, Müstair, Suisse.

Sur cette sculpture, l'empereur est représenté en tant que souverain avec sa couronne d'empereur et l'orbe crucigère dans sa main droite.

QUESTIONS

1. Pourquoi pouvoir politique et pouvoir religieux sont-ils souvent, et encore aujourd'hui, proches l'un de l'autre ? **(doc. 1 et frise)**

2. Montrez qu'un souverain comme Charlemagne revendique à la fois un pouvoir politique et une autorité religieuse. **(doc. 2)**

p. 328 > JALON ①
Le pape et l'empereur, deux figures de pouvoir : le couronnement de Charlemagne

p. 332 > JALON ②
Pouvoir politique et magistère religieux : le calife et l'empereur byzantin aux IXe-Xe siècles

Étude Le couronnement de Charlemagne

Charlemagne, roi des Francs, entretient depuis le début de son règne en 768 des relations étroites avec la papauté. En 800, il est sacré empereur par le pape Léon III à Rome. Il se place ainsi dans la continuité des empereurs romains, et entre en concurrence avec l'empereur byzantin. Mais il se veut aussi le garant de la protection de l'Église et du pape.

› Comment le couronnement de Charlemagne consacre-t-il l'alliance entre pouvoir politique et autorité religieuse ?

Charlemagne

(vers 742-814)

Charlemagne, ou Charles Ier dit « le Grand », de la dynastie des Carolingiens, est le fils de Pépin le Bref. Roi des Francs dès 768, il agrandit le royaume par de nombreuses conquêtes, notamment la Lombardie (774). En 800, il est couronné empereur par le pape Léon III, relevant un titre disparu depuis la chute de l'Empire romain d'Occident en 476.

1 L'extension du royaume des Francs sous Charlemagne

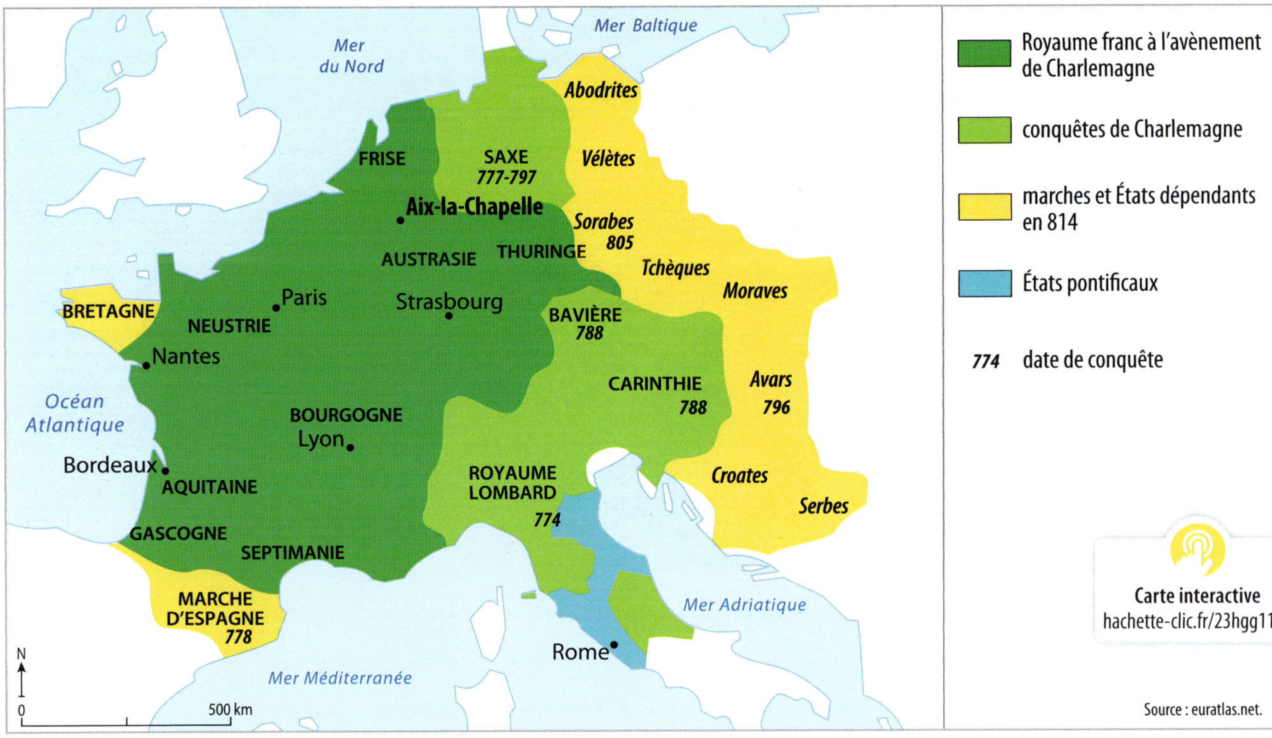

Carte interactive hachette-clic.fr/23hgg1122

Source : euratlas.net.

2 Charlemagne, le protecteur de l'Église

[...] De même que j'ai contracté avec votre prédécesseur un lien sacré de paternité[1], ainsi je désire former avec votre Béatitude le même lien de foi et de charité inviolable ; afin qu'avec la grâce de Dieu et par les prières des saints, je jouisse partout des effets de la bénédiction apostolique, et que je puisse défendre à jamais le Saint-Siège de l'Église romaine. Car c'est à moi, par le secours de la divine Piété, qu'il appartient de protéger au-dehors l'Église de Jésus-Christ contre les attaques des païens et les ravages des infidèles ; de la fortifier au-dedans, en faisant reconnaître partout la foi catholique. Et c'est à vous, Très Saint-Père, d'aider aux efforts de nos armées, en élevant les mains vers Dieu, comme Moïse ; afin que par votre intercession et par la grâce de Dieu, le peuple chrétien remporte toujours la victoire sur les ennemis de son saint nom, et que le nom de Notre Seigneur Jésus-Christ soit glorifié dans tout l'univers. Mais que votre prudence s'attache à suivre les canons ; que des exemples de sainteté éclatent dans votre conduite, que de saintes exhortations sortent de votre bouche. Ainsi votre lumière brillera devant les hommes de telle sorte qu'en voyant vos bonnes œuvres, ils glorifieront le Père céleste.

Charlemagne, Lettre au pape Léon III, 796, cité par J. Delperrié de Bayac, *Charlemagne, La Naissance de la France*, Éd. JC Lattès, 1976.

1. Le pape Adrien Ier a bénéficié de la protection de Charlemagne contre les invasions lombardes en Italie.

3 Charlemagne, le souverain suprême

Alcuin, moine anglo-saxon, est l'un des principaux conseillers de Charlemagne.

Jusqu'à présent, trois personnes ont été au sommet de la hiérarchie dans le monde. Le représentant de la sublimité apostolique[1], vicaire du bienheureux Pierre, prince des apôtres dont il occupe le siège ; ce qui est advenu au détenteur actuel de ce siège[2], votre bonté a pris soin de me le faire savoir. Vient ensuite le titulaire de la dignité impériale qui exerce la puissance séculière dans la seconde Rome[3]. De quelle façon impie, le chef de cet empire a été déposé, non par des étrangers, mais par les siens et par ses concitoyens, la nouvelle s'en est répandue partout[4]. Vient en troisième lieu la dignité royale que Notre Seigneur Jésus-Christ vous a réservée pour que vous gouverniez le peuple chrétien. Elle l'emporte sur les deux autres dignités, les éclipse en sagesse et les surpasse. C'est maintenant sur toi seul que s'appuient les Églises du Christ, de toi seul qu'elles attendent le salut, de toi vengeur des crimes, guide de ceux qui errent, consolateur des affligés, soutien des bons.

D'après Alcuin, *Lettre à Charlemagne*, 799, cité par G. Minois, *Les Grandes décisions de l'histoire de France*, Éd. Perrin, 1970.

1. Le pape.
2. Léon III a été victime d'un attentat à Rome le 25 avril 799.
3. Il s'agit ici de l'empereur byzantin, Constantin VI.
4. Constantin VI a été renversé par sa propre mère, Irène, qui lui a fait crever les yeux.

4 Le couronnement de Charlemagne

Couronnement de Charlemagne dans les *Grandes Chroniques de France*, début XIVe siècle, British Library.

5 La représentation de Charlemagne en empereur romain

Monnaie frappée à Mayence (Allemagne) vers 812-814, BNF, cabinet des médailles.

ACTIVITÉ

1. Montrez à l'aide des **documents 1 et 2** que Charlemagne se représente comme le protecteur naturel de la papauté.

2. Comparez les **documents 3 et 4** en soulignant comment ils envisagent différemment les rapports qu'entretiennent le pape et l'empereur.

3. Décrivez les deux faces de cette monnaie et relevez les éléments faisant référence à l'empereur et à l'Église. **(doc. 5)**

Bilan

Rédigez un texte argumenté et organisé pour répondre au sujet : **Comment le couronnement de Charlemagne consacre-t-il l'alliance entre pouvoir politique et autorité religieuse ?**

Étude GRAND FORMAT

Représenter le couronnement de Charlemagne

Contexte ➪ Le couronnement de Charlemagne est connu par de très courts extraits de chroniques. Malgré ce manque de sources, et alors que nous n'avons pas conservé de portrait de Charlemagne, de nombreux peintres, du Moyen Âge à nos jours, ont cherché à représenter l'événement. Mais chacune de ces œuvres doit être replacée dans son contexte.

➤ Comment un tableau peint plus de mille ans après le couronnement de Charlemagne donne-t-il son interprétation de l'événement ?

1 *Le Couronnement de Charlemagne* par Friedrich Kaulbach

Friedrich Kaulbach, *Le Couronnement de Charlemagne en l'an 800*, 1861, Maximilianeum de Munich, 3,82 × 5,24 m.

Le Couronnement de Charlemagne par le peintre allemand Friedrich Kaulbach, achevé en 1861, est une commande d'un prince de Bavière, catholique, en plein cœur du processus d'unification de l'Allemagne.

1 Charlemagne tenant son épée en tant que protecteur de l'Église 2 Le pape Léon III 3 Les évêques et le clergé 4 Luitgard, dernière femme de Charlemagne (pourtant décédée quelques mois avant le couronnement) 5 Les partisans de Charlemagne et le peuple romain 6 Irène, impératrice de Byzance, effondrée devant l'octroi du titre d'empereur à Charlemagne 7 Éginhard, historien de Charlemagne, rédige sa description de l'événement

Mise en perspective

2 Deux récits contemporains du couronnement

a. Le couronnement vu par un historien proche de Charlemagne, Éginhard

Les Romains poussèrent le pape Léon, qui avait été victime de nombreuses violences, ayant notamment eu les yeux arrachés et la langue coupée, à rechercher instamment l'assistance du roi. Il vint donc à Rome pour restaurer la situation de l'Église qui avait été complètement bouleversée, et il y passa tout l'hiver. C'est à ce moment qu'il reçut le nom d'empereur et Auguste. Dans un premier temps, il s'y opposa si fortement qu'il affirmait que ce jour-là, bien qu'il se fût agi d'un jour de fête, il ne serait pas entré dans l'église s'il avait pu connaître d'avance la résolution du pontife. Il supporta avec une grande patience la jalousie que lui valut le nom qu'il avait reçu : les empereurs romains s'en indignèrent en effet. Il vainquit leur entêtement par sa grandeur d'âme, qualité qui lui donnait de s'élever, sans doute aucun, bien au-dessus d'eux, en leur envoyant de fréquentes ambassades et en les appelant ses frères dans ses lettres.

Éginhard, *Vie de Charlemagne*, trad. M. Sot et Chr. Veyrard-Cosme, Les Belles Lettres, 2019.

b. Le couronnement vu par une source pontificale

Vint alors le jour de la nativité de notre Seigneur Jésus. Tous se rendirent à nouveau à Saint-Pierre. Le vénérable et bon prélat prit alors dans ses mains une très précieuse couronne et couronna le roi. Les Romains, conscients de la protection et de l'amour qu'il avait témoigné envers l'Église de Rome et son vicaire, s'exclamèrent sur un signe de Dieu et de saint-Pierre, porte-clefs du royaume du ciel : "À Charles, très pieux auguste, couronné par Dieu, à l'empereur grand et pacifique, vie et victoire !" Ensuite, devant la confession de saint-Pierre, l'invocation de nombreux saints fut répétée trois fois et il fut établi par tous empereur des Romains. Aussitôt après, le très saint pontife oignit Charles, l'excellent fils du roi de l'huile sainte en ce jour de la nativité de notre Seigneur Jésus-Christ.

Liber Pontificalis, trad. M. Aubrun, Brepols, 2007.

3 La couronne dite « de Charlemagne » forgée pour Napoléon Ier

Couronne aux camées, dite « couronne de Charlemagne », 1804, musée du Louvre.

Plusieurs couronnes servant au couronnement des rois de France ont porté le nom de « couronne de Charlemagne ». Elles sont cependant très postérieures au couronnement de 800. Napoléon Ier lui-même en fit forger une, quelques mois avant son propre sacre. Elle représente la continuité de la dignité impériale depuis un millénaire.

Site : *Le Sacre de l'empereur Napoléon*, tableau de David, L'histoire par l'image.
hachette-clic.fr/23hgg1123

ACTIVITÉ

Préparer l'analyse du tableau en s'interrogeant

1. Présentez le tableau en quelques lignes en vous demandant quelles sont les particularités d'une œuvre de commande. **(doc. 1)**

2. Faites des hypothèses pour expliquer ce choix de représenter au XIXe siècle un événement vieux de plus de mille ans.

Analyser le tableau

3. Soulignez les points communs et les différences entre les éléments du tableau et l'événement relaté par les contemporains. **(doc. 1 et 2)**

4. Comparez, selon les sources, la nature des relations entre le pape Léon III et l'empereur Charlemagne. **(doc. 1 et 2)**

Porter un regard critique sur le tableau

5. Montrez que le couronnement de Charlemagne est un événement revendiqué par différents souverains dans des contextes différents **(doc. 1 et 3)**.

Quel lien peut-on établir entre le royaume de Bavière au XIXe siècle et l'empire carolingien au Moyen Âge ? entre Charlemagne et Napoléon ?

6. À partir de l'ensemble de vos réponses, montrez que le couronnement de Charlemagne est un événement fondateur des relations entre pouvoir spirituel et temporel, dans des contextes différents.

Repères

Empire byzantin et États musulmans

1 L'expansion de l'Islam aux VIIe et VIIIe siècles

Carte interactive
hachette-clic.fr/23hgg1124

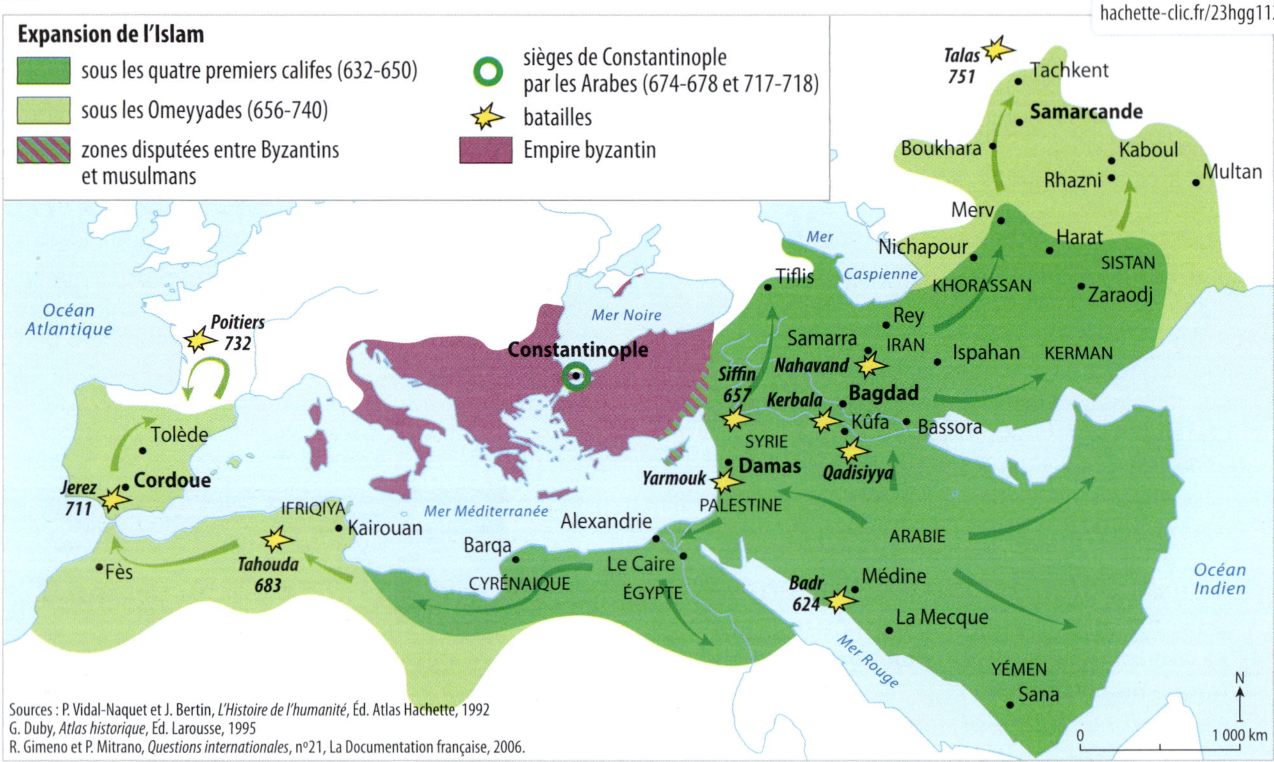

Sources : P. Vidal-Naquet et J. Bertin, *L'Histoire de l'humanité*, Éd. Atlas Hachette, 1992
G. Duby, *Atlas historique*, Éd. Larousse, 1995
R. Gimeno et P. Mitrano, *Questions internationales*, n°21, La Documentation française, 2006.

2 États musulmans et Empire byzantin aux IXe et Xe siècles

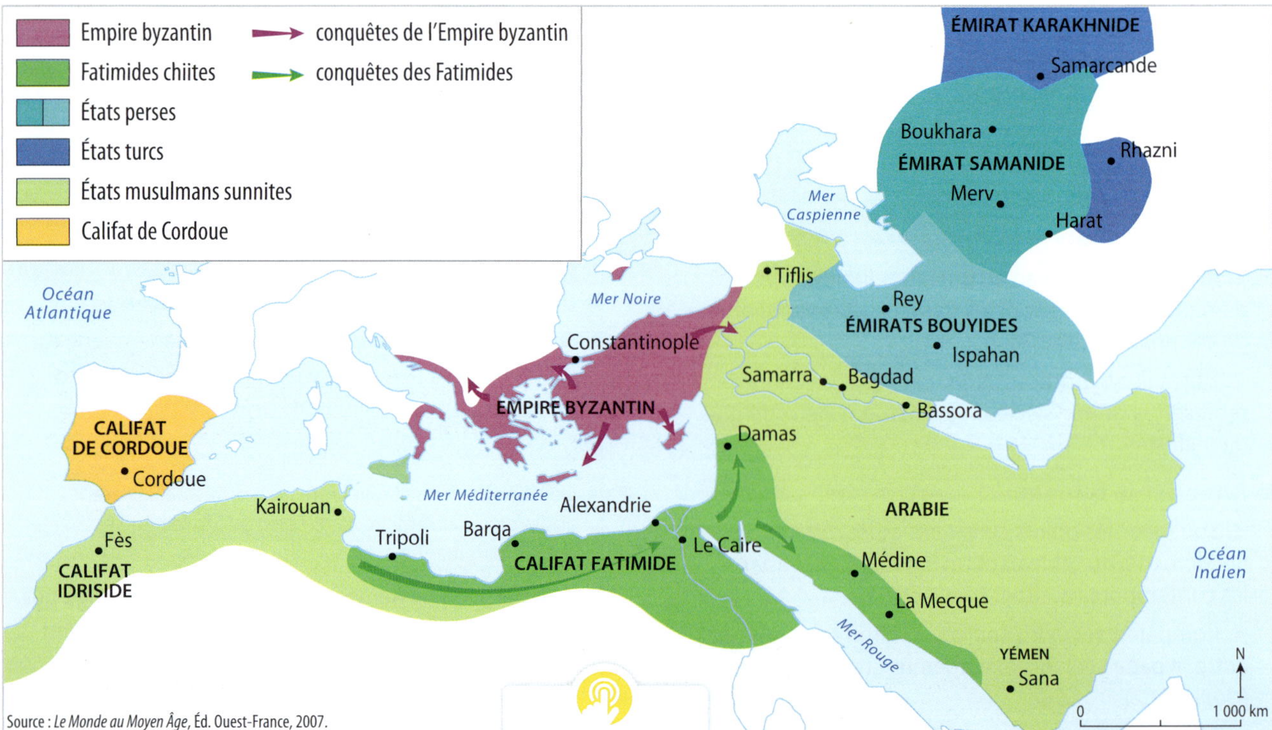

Source : *Le Monde au Moyen Âge*, Éd. Ouest-France, 2007.

Carte interactive
hachette-clic.fr/23hgg1125

3 La succession des califes

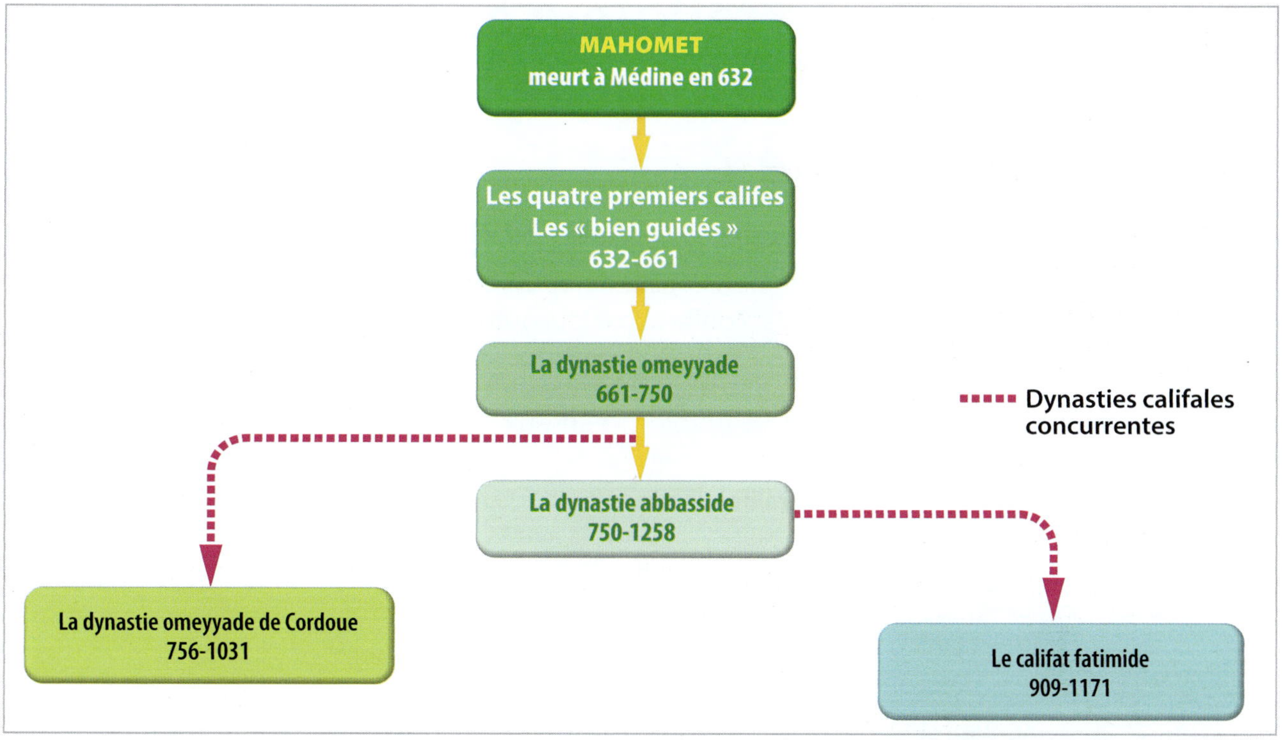

4 Organisation des pouvoirs politiques et religieux dans le monde musulman

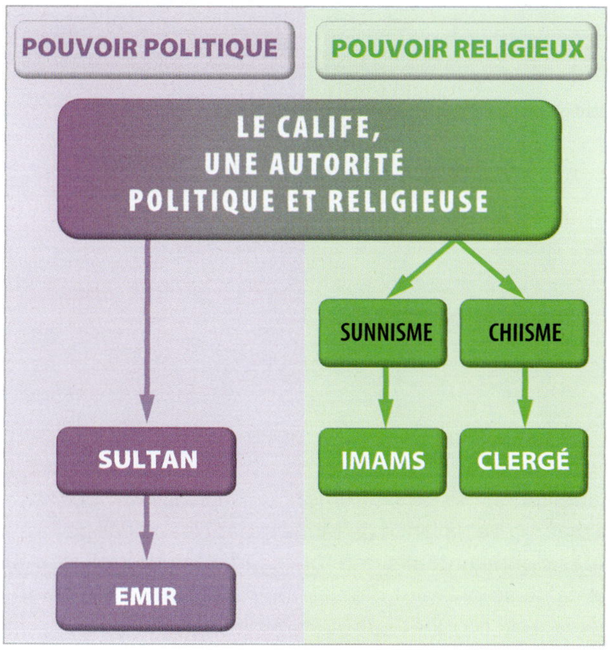

5 Les pouvoirs de l'empereur byzantin, un souverain théocratique

POUR COMPRENDRE

Au Moyen Âge l'Empire byzantin et les États musulmans évoluent, parfois en confrontation, principalement du fait de tensions internes.

1. Montrez la dynamique de division dans le monde musulman. (doc 1, 2, 3 et 4)

2. Identifiez les similitudes et les différences dans l'organisation du pouvoir central dans le monde byzantin et dans le monde musulman. (doc 4 et 5)

Étude L'autorité religieuse, une justification de la domination temporelle ?

Dans le califat abbasside comme dans l'Empire byzantin, les liens entre pouvoir religieux et pouvoir politique sont étroits. Ainsi, à Bagdad comme à Constantinople, l'espace est organisé autour du calife et autour de l'empereur, dont le pouvoir est conforté par leur autorité religieuse.

Comment le calife et l'empereur byzantin entretiennent-ils des rapports très étroits entre pouvoir politique et pouvoir religieux ?

1 Bagdad, une ville construite autour du calife

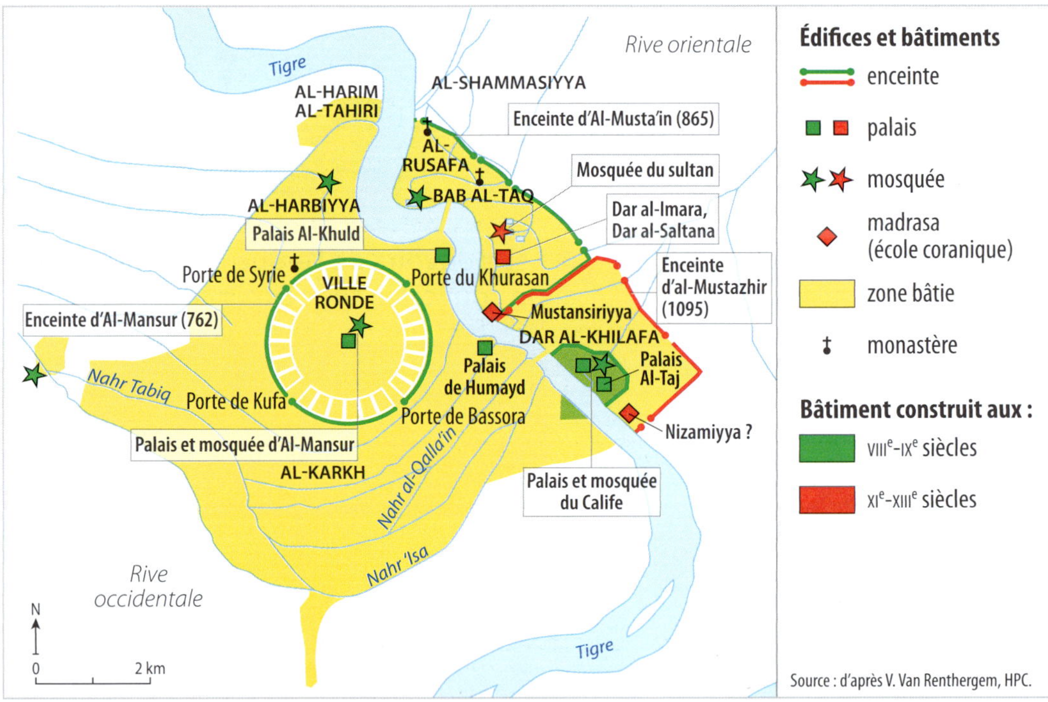

Source : d'après V. Van Renthergem, HPC.

2 Le calife, issu de la famille du Prophète

Dans les faits, à partir du milieu du IXe siècle, la transmission du pouvoir califal échut aux mains des notables de la cour, des hauts dignitaires et vizirs. Leur ascendant fut tel qu'ils pouvaient démettre un héritier désigné au profit d'un autre membre de la famille régnante qu'ils considéraient plus qualifié ou plus maniable. La légitimité du califat abbasside reposait sur trois arguments principaux :

- l'appartenance à la famille de Muhammad[1] ;
- la primauté de la lignée d'un oncle du Prophète (Abbas) sur celle de sa fille (Fatima), fût-elle mère de Hasan et Husayn, reconnus tous deux comme martyrs par les partisans d'Ali (cousin et gendre de Muhammad) ;
- le prétendu choix d'Abbas par Muhammad lui-même.

Par ailleurs, lors des cérémonies officielles, en portant le manteau et la lance de Muhammad, les califes abbassides donnaient un signe fort de leur légitimité.

Le calife se prévalut d'appartenir à la famille « élue et bénie » du prophète, tout en conservant le rituel de la « baya » (serment d'allégeance) omeyyade et en perpétuant le principe de succession des souverains dans la même lignée. Le calife désignait un fils ou un frère sans qu'il y eût aucun écrit pour ratifier cette décision et sans être tenu par une règle de primogéniture.

Marie-Thérèse Urvoy, « L'empire abbasside », dans *Sylvain Gouguenheim, Les Empires médiévaux*, Perrin, 2019.

1. Le prophète Mahomet.

3 L'empereur entouré de patriarches

Traités théologiques de Jean VI Cantacuzène, XIVe siècle, conservés à la BNF.

L'empereur byzantin Jean VI Cantacuzène présidant le synode de 1351, entouré de patriarches.

4 La réception d'ambassadeurs devant l'empereur byzantin

À côté du palais, il y a à Constantinople une maison d'une taille et d'une beauté admirable, que les Grecs appellent Magnaure. [...] Constantin ordonna de la préparer ainsi pour les envoyés d'Espagne qui venaient d'arriver auprès de lui, comme pour Liutefredus et moi. Était placé devant le siège de l'empereur un certain arbre de bronze doré dans les branches duquel se trouvaient plein d'oiseaux de différentes espèces, également en bronze doré. Les divers oiseaux émettaient des chants chacun selon son espèce. Le trône de l'empereur était agencé avec une telle habileté qu'à un moment il paraissait bas, et bientôt à un autre moment très haut dans les airs. Des lions semblaient monter la garde. Ils étaient de taille immense, soit en bois soit en bronze, je ne sais, mais assurément couverts d'or; [...] C'est ainsi que je fus conduit dans ce lieu, porté sur les épaules de deux eunuques, en présence de l'empereur. À mon arrivée, les lions rugirent, les chants des oiseaux retentirent, chacun selon son espèce. [...] Ainsi, pour adorer l'empereur, j'ai penché à trois reprises la tête. Et l'empereur que j'avais vu assis à une distance modérée du sol, bientôt vêtu d'autres habits je l'ai vu assis presque au plafond de la pièce. Je ne pus comprendre comment cela s'était produit, à moins que peut-être il n'ait été soulevé par un engin (argalio) du genre de ceux dont on se sert pour soulever les troncs d'arbres. Il était resté muet jusqu'alors, car s'il avait voulu parler, la grande distance aurait rendu la prise de parole inconvenante. Il s'informa de la vie de Bérenger et de sa santé par l'intermédiaire du logothète.

Liutprand de Crémone (évêque, ambassadeur et historien italien), Antapodosis, Xe siècle *dans Économie et société à Byzance (VIIIe-XIIe siècles)*, S. Métivier, La Sorbonne, 2007.

5 Le rôle du cérémonial de cour dans l'Empire byzantin

La parole de l'historien

La Cour est un somptueux mystère, dans lequel l'empereur s'efforce de jouer le rôle du Christ, accueillant douze convives à sa table [...], lavant à certaines occasions les pieds des pauvres soigneusement choisis. La réception des hôtes « étrangers » illustre parfaitement cette conception d'un pouvoir impérial chrétien qui se veut universel. Après une longue attente et la traversée de couloirs interminables, l'ambassadeur forcé par les gardes se présente devant l'empereur. Comme les sujets, il doit, en signe de vénération de la personne impériale, s'allonger de tout son long devant elle : c'est la proskynèse. Après quoi, il peut se relever. Le spectacle qui s'offre à lui est saisissant : le trône de l'empereur s'élève sous l'effet d'une machinerie, tandis que des automates font s'agiter des lions, des griffons et des oiseaux d'or [...]. Sans doute le visiteur en perd-il la parole mais, de toute façon, il n'a pas le droit de parler à l'empereur, qui ne s'adresse à lui que par un intermédiaire.

Michel Kaplan, *Tout l'or de Byzance*, Éd. Gallimard, 1994.

Vocabulaire

Calife : titre fondé par les successeurs du prophète Mahomet. Le calife détient les pouvoirs politiques et religieux.

ACTIVITÉ

1. Montrez que le pouvoir religieux est au cœur de la légitimité des souverains musulmans. **(doc. 1 et 2)**

2. Comparez le fonctionnement des États byzantins et musulmans : quel est le pouvoir des souverains ? **(doc. 2 et 3)**

3. Quel sens donner au cérémonial en vigueur lors des réceptions d'ambassadeurs à Constantinople ? **(doc. 4 et 5)**

Bilan

À l'aide des documents fournis, montrez que dans l'Empire byzantin comme dans le monde musulman, les pouvoirs politique et religieux sont étroitement associés.

Étude La place du religieux dans l'organisation des pouvoirs

Dans l'Empire byzantin comme dans le monde musulman, le religieux prend une place extrêmement importante dans l'organisation du politique. Mais si le divin légitime les souverains, il peut également être une forme de limite au pouvoir politique.

➤ Quelles limites le pouvoir religieux impose-t-il au pouvoir politique ?

1 Le couronnement de l'empereur par le patriarche de Constantinople

Enluminure de la chronique de Skylitzès de Madrid, bibliothèque nationale d'Espagne, Madrid, XIIe siècle.

Couronnement de l'empereur Michel Ier par le patriarche de Constantinople.

2 L'empereur et le patriarche

Titre II : De l'empereur

Article 1 : L'Empereur est l'autorité légitime, le bien commun de tous les sujets : il ne châtie ni ne récompense avec partialité, mais comme un bon agonothète[1], il distribue les justes prix.

Article 4 : L'Empereur a l'obligation de défendre et maintenir d'abord toutes les prescriptions de la Sainte Écriture, puis les dogmes énoncés par les sept Saints Conciles, ainsi que les lois « romaines » reconnues.

Article 5 : L'Empereur doit être excellent dans l'orthodoxie et la piété, éclatant dans son zèle divin, en ce qui concerne les dogmes relatifs à la Trinité, aussi bien qu'en ce qui concerne les décrets touchant l'économie selon la chair de notre Seigneur Jésus-Christ […].

Article 6 : L'Empereur doit interpréter les lois portées par les anciens, et d'après elles, trancher lorsqu'il n'existe pas de loi.

Titre III : Du patriarche

Article 1 : Le patriarche est la vivante image du Christ, ses actions et ses paroles expriment la vérité.

Article 3 : Le but du patriarche est le salut des âmes qui lui ont été confiées, vivre dans le Christ, être crucifié au monde.

Article 4 : Le patriarche a pour devoirs particuliers d'enseigner ; de traiter sans crainte sur pied d'égalité les puissants et les humbles ; d'être bienveillant quand il juge, mais de reprendre fermement les endurcis ; de s'exprimer sans peur devant l'Empereur quand il s'agit de proclamer et de défendre les dogmes.

Article 5 : Ce que les Anciens, les Pères et les Conciles ont ordonné et disposé, le patriarche seul doit l'interpréter.

Article 8 : L'État étant composé de membres et de parties comme le corps humain, les plus grands et les plus nécessaires sont l'empereur et le patriarche. C'est pourquoi la paix et le bonheur des sujets dans leur âme et dans leur corps résident dans la bonne entente et l'accord complet de l'empereur et du patriarche.

Epanagoge de Basile et Léon, après 880, cité par P. Riché et G. Tate, *Textes et documents d'histoire du Moyen Âge, Ve-Xe siècles*, Éd. Sedes, 1972.

1. Magistrat en charge des concours.

3 Le Caire des Fatimides, une capitale chiite

Al-Fustat[1] est une métropole dans toute l'acception du terme ; elle réunit en effet les services ministériels ; elle est le siège du gouvernement et abrite l'Émir des Croyants. Elle est à l'intersection du Maghreb et des territoires des Arabes. Le pays qui en dépend est vaste ; la population en est nombreuse. La région est florissante et son nom est illustre ; sa puissance est immense. C'est la métropole de l'Égypte. Al-Fustat a éclipsé Bagdad ; elle est la gloire de l'Islam et le centre commercial de l'Univers. Plus magnifique que Bagdad elle est le grenier du Maghreb et le lieu de transit de l'Orient [...].

Al-Muqadassi, *Les Régions de la Terre*, fin du Xe siècle, trad. partielle A. Miquel, *La meilleure répartition pour la connaissance des provinces*, Institut français de Damas, 1963.

1. Première capitale arabe en Égypte, située au Caire.

4 La mosquée al-Hakim au Caire

La mosquée al-Hakim a été construite par le calife fatimide al-Aziz entre 990 et 1002. Elle s'appelait à l'origine al-Anwar, « la brillante », liée à la symbolique de la lumière, importante dans l'idéologie chiite.

5 L'autorité religieuse, une forme de contestation politique

En 929, l'émir omeyyade de Cordoue, 'Abd al-Rahman III, revendique le titre califal et s'affranchit des souverains abbassides. Il choisit comme nom de règne « al-Nâsir li-Dîn » (« celui qui procure la victoire à la religion de Dieu »).

Que la bénédiction de Dieu soit sur notre prophète Mahomet. Nous sommes le plus digne de revendiquer notre bon droit et celui qui mérite de se parer des faveurs dont le Très Haut nous a investi [...], nous avons décidé que l'on nous appellerait désormais prince des croyants [...]. Celui qui l'utilise en dehors de nous se l'approprie indûment ; c'est un imposteur qui s'arroge un titre qu'il ne mérite pas. [...] En conséquence, et conformément à ces ordres, le prédicateur de Cordoue commença à prononcer l'invocation au nom d'al-Nâsir.

« Chronique anonyme de 'Abd al-Rahmân III », Documentation photographique, n° 8103, 2015.

Vocabulaire

Patriarche : titre donné à certains évêques titulaires de sièges importants, notamment à l'évêque de Constantinople

PARCOURS 1
Rédiger une argumentation

Rédigez un paragraphe d'une vingtaine de lignes défendant l'affirmation suivante :
« Pouvoirs politiques et religieux peuvent être complémentaires mais également sources de tensions ».
Pour vous aider, vous adopterez le plan suivant :

1. Dans l'Empire byzantin, si l'empereur est l'autorité suprême, il est également limité dans ses pouvoirs par la religion. **(doc. 1 et 2)**

2. La religion est une justification pour des pouvoirs concurrents comme chez les Fatimides chiites ou le califat de Cordoue. **(doc. 3, 4 et 5)**

PARCOURS 2
Défendre un point de vue à l'oral

En 3 minutes et en binôme, défendez l'affirmation suivante : « **Le pouvoir religieux, une forme de limite au pouvoir politique** ».

- Le premier montrera avec les **documents 1** et **2** que le souverain, même dans une théocratie, est limité dans ses actes par les préceptes de la religion qu'il représente.
- Le second, en utilisant les **documents 3, 4** et **5**, expliquera que l'argument religieux peut également être une justification pour le développement de revendications concurrentes du pouvoir.

Axe 1

Leçon 2

Pouvoir et religion : des liens historiques traditionnels

➤ Comment les trois civilisations méditerranéennes envisagent-elles la relation entre pouvoir politique et pouvoir religieux au Moyen Âge ?

A Un rapprochement imposé par les circonstances

- **Après la disparition de l'Empire romain d'Occident en 476, la politique du continent européen et du bassin méditerranéen est totalement bouleversée.** En Occident, à la fin du VIIIe siècle, Charlemagne, roi des Francs, s'impose comme le souverain le plus puissant. Les souverains de la partie orientale de l'ex-Empire romain, avec pour capitale Constantinople (autre nom de Byzance), se considèrent comme les héritiers des empereurs romains. Plus à l'Est, les souverains des populations converties à l'Islam depuis le VIIe siècle étendent leur domination sur le reste du pourtour méditerranéen, jusqu'en Espagne.

- **La question du contrôle de territoires immenses se pose.** Le morcèlement territorial de l'ancien Empire romain et la jeunesse des nouvelles entités politiques font que les souverains ont besoin de relais sur le terrain pour contrôler le territoire et les populations. Si dans l'Empire byzantin, la répartition du pouvoir entre l'empereur (le *basileus*) et le patriarche de Constantinople est bien établie, les choses sont moins évidentes entre les rois francs et le pouvoir religieux du pape. Quant aux califes du monde musulman, ils sont réputés être les descendants de Mahomet. Ils sont donc *de facto* « commandeurs des croyants ».

JALON 1 p. 328

- **Le pape est de son côté confronté à des menaces extérieures.** À la fin du VIIIe siècle, le pape est menacé par les Lombards et par l'Empire byzantin. Les Lombards étant combattus par Charlemagne, roi des Francs, on assiste au rapprochement de ce dernier avec le pape. Le 25 décembre 800, Charlemagne est sacré empereur d'Occident par le pape Léon III, à Rome. La papauté confère à l'événement une dimension religieuse forte. L'empereur s'impose ainsi comme le défenseur de l'Église chrétienne et de la papauté.

B Un renforcement mutuel

JALON 1 p. 328

- **Le rapprochement de Charlemagne et du pape illustre bien ce besoin d'appui réciproque.** La légitimité religieuse donne au nouvel empereur une aura qu'aucun autre chef ne peut lui contester. Quant au pape, il a avec l'appui de l'empereur une force politique et militaire qui lui garantit protection et capacité d'étendre son influence.

- **Les empereurs byzantins ont construit leur légitimité et le contrôle de leurs populations sur le même principe.** L'empereur est reconnu comme le représentant ou messager du Christ. Mais c'est le patriarche qui contrôle le clergé et reste de ce fait très influent, ce qui peut d'ailleurs susciter des rivalités.

JALON 2 p. 332

- **Cette complémentarité est la force des califes, à la fois détenteurs du pouvoir spirituel et temporel.** Leur légitimité en est renforcée sur la population, mais cela n'empêche pas les rivalités entre califats, du fait de l'immensité du territoire, ainsi que la contestation de certains émirs. Au Moyen Âge, on distingue trois principaux califats : celui des Omeyyades

1 Autorité spirituelle et pouvoir temporel

Mosaïque du VIIIe-IXe siècles, palais du Latran, Rome.

Saint Pierre conférant le pallium (étole), symbole de l'autorité spirituelle, au pape Léon III (à gauche), et la bannière impériale, symbole du pouvoir temporel, à l'empereur Charlemagne.

Vocabulaire

Chiites : adeptes du chiisme, courant religieux de l'islam qui regroupe de nos jours 10 % des musulmans, dont 90 % de la population iranienne.

Investiture : désignation par le pape d'un évêque.

Sunnites : adeptes du sunnisme, courant religieux de l'islam qui regroupe environ 90 % des musulmans. Ils sont parfois appelés les « musulmans orthodoxes ».

auquel succède la dynastie des Abbassides (sunnites). Le califat chiite des Fatimides, dont la capitale est Le Caire. Enfin, le califat de Cordoue, en Espagne, est proclamé en 929 mais démembré en 1031.

C Mais un risque de concurrence

JALON 1 p. 328

● **Le couronnement de Charlemagne par le pape ne doit pas laisser croire que les souverains occidentaux ont pu être en parfaite entente avec les souverains pontificaux.** En effet, si l'empereur représente une autorité temporelle et le pape une autorité spirituelle, lequel des deux possède une autorité supérieure à l'autre ? Aux XIe et XIIe siècles éclate la « querelle des **investitures** », qui pose la question de savoir qui du pape ou de l'empereur doit investir les évêques.

JALON 2 p. 332

● **Les concurrences naissent également entre les pouvoirs religieux eux-mêmes.** Ainsi en 1054, le légat du pape excommunie le patriarche de Constantinople. La concurrence entre les deux évêques (le pape est l'évêque de Rome, le titre de patriarche de Constantinople est donné à l'évêque de cette ville) est soutenue par la rivalité entre l'empereur byzantin et les souverains occidentaux. Cette situation de tension se retrouve au sein même du monde musulman où la division entre **chiites** et **sunnites**, apparue au moment de la succession de Mahomet est instrumentalisée dans la rivalité, à partir du XVIe siècle, entre l'Empire ottoman sunnite et l'Empire perse chiite.

2 La Kaaba

La Kaaba (le cube) à La Mecque est un lieu sacré du culte musulman. Les califes se veulent les défenseurs des lieux saints de l'islam.

SCHÉMA BILAN

Schéma interactif hachette-clic.fr/23hgg1126

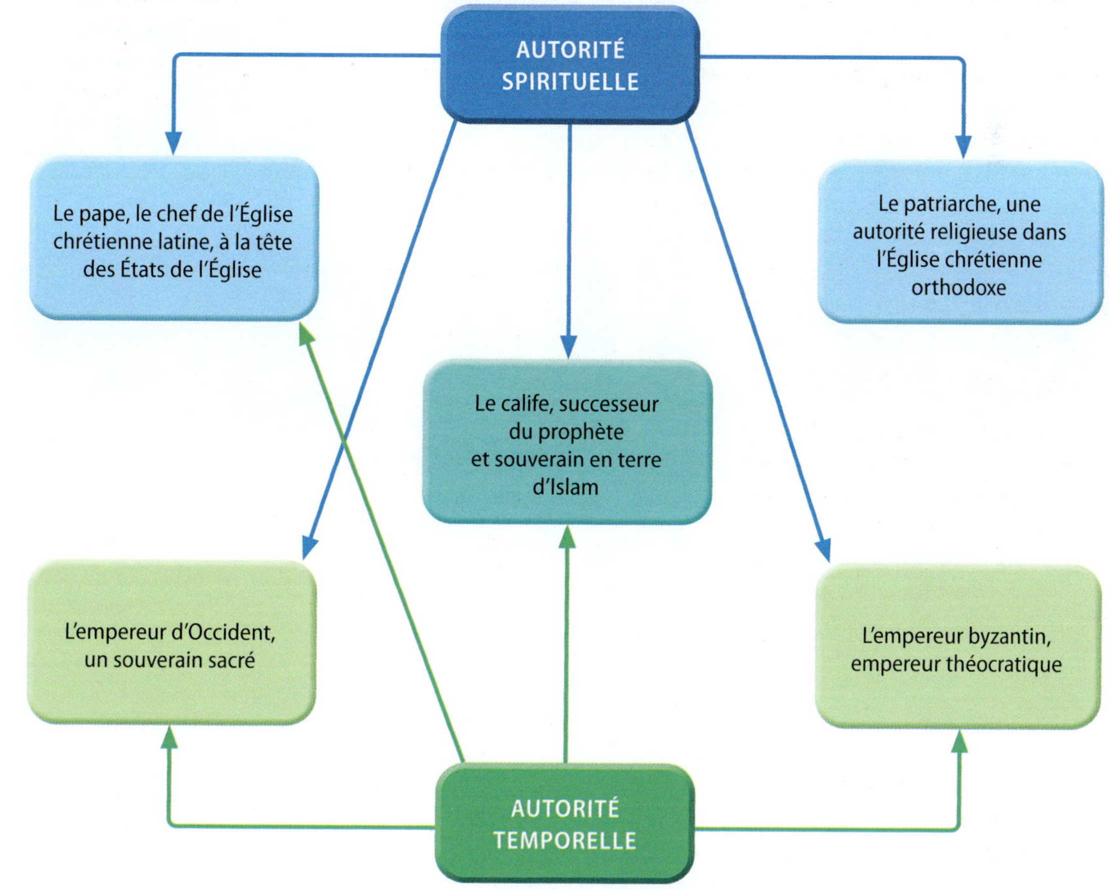

AXE 2

États et religions : une inégale sécularisation

» Comment les sociétés modernes redéfinissent-elles le rapport entre État et religions ?

1 **1905, la séparation des Églises et de l'État en France**

Caricature représentant Aristide Briand, initiateur et rapporteur de la proposition de loi séparant les Églises et l'État en France en 1905.

« Puisqu'il le faut, séparez-vous, mais tâchez de rester bons amis. »

1920 1930 1940 1950 1960 1970

- **1er novembre 1922** **Abolition du sultanat ottoman**
- **29 novembre 1923** **Mustafa Kemal** devient président de la République turque
- **3 mars 1924** **Abolition du califat**
- **1928** L'Islam n'est plus religion d'État
- **1937** La **laïcité** est inscrite dans la Constitution turque
- **1956** Adoption de la devise **« in God we trust »**
- **1961** Investiture de J. F. Kennedy, **premier président catholique** des États-Unis
- **1962** **Arrêt Engel contre Vitale** aux États-Unis : interdiction de la prière en classe

■ Turquie ■ États-Unis

2 La cérémonie d'investiture de Joe Biden, Président des États-Unis

Main sur la Bible, Joe Biden prête serment lors de sa cérémonie d'investiture en tant que Président des États-Unis, le 20 janvier 2021, à Washington.

QUESTIONS

1. Comment le **document 1** présente-t-il les rapports entre les Églises et l'État en France au début du XXe siècle ?

2. Quelle est la fonction de la Bible dans la prise de serment des présidents étatsuniens ? **(doc. 2)**

3. Montrez que ces deux images illustrent des relations très différentes entre le pouvoir civil et la religion. **(doc. 2 et 3)**

p. 342 > **JALON ①**
La laïcité en Turquie : l'abolition du califat en 1924 par Mustapha Kemal

p. 348 > **JALON ②**
États et religions dans la politique intérieure des États-Unis depuis la Seconde Guerre mondiale

JALON 1 La laïcité en Turquie : l'abolition du califat en 1924 par Mustafa Kemal

Étude L'abolition du califat

Au lendemain du démantèlement de l'**Empire ottoman**, Mustapha Kemal prend la tête d'un gouvernement qui met fin aux anciennes institutions pour construire un État moderne autour du peuple turc. Après avoir aboli le sultanat en 1922, il supprime le **califat**, l'institution religieuse suprême.

➤ Comment Mustafa Kemal met-il fin à la tradition religieuse héritée des Ottomans ?

1921 — 1922 — 1923 — 1924 — 1925

- 1er nov. 1922 : **Abolition du sultanat ottoman**
- 29 oct. 1923 : Proclamation de la **république de Turquie**
- 3 mars 1924 : **Abolition du califat**

1 Du califat ottoman sur l'islam à la Turquie laïque

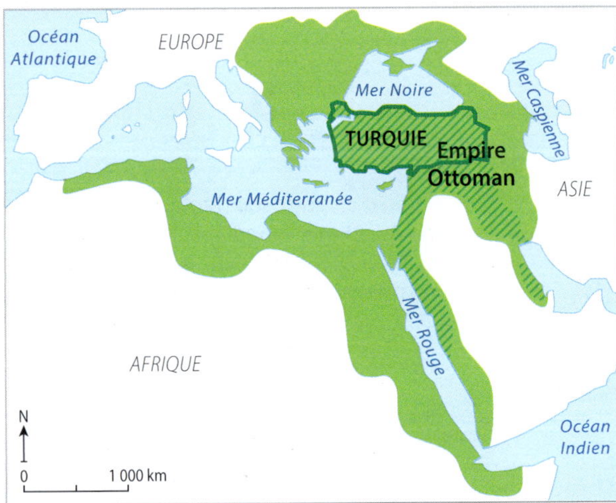

- califat à son apogée (fin du XVIIe siècle)
- califat en 1914
- Turquie en 1923

Source : O. Bouquet, *Pourquoi l'Empire ottoman ?*, Folio, 2022.

2 Une **sécularisation** amorcée au XIXe siècle

Carte postale de 1895 saluant la constitution ottomane de 1876. Le sultan y est présenté près de la Turquie (non voilée) et des représentants de toutes les communautés de l'Empire, désormais traitées de manière égalitaire.

3 Le 1er novembre 1922, l'abolition du sultanat ottoman

Le dernier sultan Mehmed VI, autorité politique et religieuse de l'Empire, quittant le palais de Dolmabahçe à Constantinople quelques jours avant l'abolition du sultanat, le 1er novembre 1922.

4 La question du califat vue par Mustafa Kemal

Le califat implique un calife dont l'autorité s'étend sur trois cent millions d'âmes, appartenant à des nations variées et résidant dans des continents différents, dont l'autorité s'étend sur l'ensemble de l'islam, devant prendre en charge les affaires de ces peuples musulmans et assurer l'exécution des prescriptions religieuses correspondant le mieux à leurs intérêts terrestres. Il a à défendre les droits de tous les musulmans et à concentrer entre ses mains, avec toute l'autorité nécessaire, les affaires du monde musulman. Ce souverain appelé *calife* est supposé devoir rendre la justice pour les trois cent millions de musulmans du globe.

Si le calife doit être investi d'un rang qui lui fait embrasser l'ensemble de l'islam, un fardeau écrasant pèserait sur la Turquie. Selon leurs déclarations, le calife-monarque aurait droit de juridiction sur tous les pays musulmans c'est-à-dire la Chine, l'Inde, l'Afghanistan, la Perse, l'Irak, la Syrie, le Maroc, le Soudan. On sait bien que cette utopie ne s'est jamais réalisée. Est-ce que la Perse[1] ou l'Afghanistan, qui sont des États musulmans, reconnaîtront sans discussion l'autorité du calife ? Le peuvent-ils ? Non et cela se justifie ; car ce serait en contradiction avec l'indépendance de l'État et la souveraineté du peuple. Puis je mets en garde le peuple lui disant : « l'erreur consistant à nous considérer les maîtres du monde doit cesser ».

D'après Mustafa Kemal Atatürk, texte établi par J.-P. Jackson, *Mémoires*, 1927, Éd. Coda, 2005.

1. Iran.

5 La Constitution turque de 1924 et ses amendements

Article 1 : L'État turc est une République.

Article 2 : La religion de l'État turc est l'islam, la langue officielle est le turc, la capitale est la ville d'Ankara.

Remplacé en 1928 par : « La langue officielle de l'État turc est le turc, la capitale est la ville d'Ankara ».

Article 3 : Le pouvoir, sans réserves ni conditions, appartient à la Nation.

Article 4 : La Grande Assemblée nationale de Turquie, étant l'unique et véritable émanation de la Nation, exerce en son nom le pouvoir.

Article 68 : Tout Turc naît libre et vit libre. [...] La liberté de chacun, qui est un droit naturel, a pour limites celles de la liberté des autres. Ces limites ne peuvent être déterminées et fixées que par la loi.

Article 75 : Nul ne peut être inquiété au sujet de sa religion, de son culte ou de ses convictions philosophiques.

Remplacé en 1937 par : « Personne ne peut être incriminé pour ses croyances philosophiques ou religieuses ».

Tous les rites qui ne sont pas contraires à l'ordre public, aux bonnes mœurs ou aux lois, sont libres. [...]

Constitution turque de 1924, trad. colonel Lamouche, 1934.

Vocabulaire

Califat : territoire sous l'autorité d'un calife, dont le titre fut fondé par les successeurs du prophète Mahomet. Le calife détient les pouvoirs politiques et religieux.

Empire ottoman : créé au XIIIe siècle par Osman, il mit fin à l'Empire byzantin. Les Ottomans régnèrent jusqu'au XXe siècle depuis Constantinople, devenue Istanbul. Leur défaite lors de la Première Guerre mondiale entraîne la partition de leur territoire.

Sécularisation : processus de perte d'influence de la religion dans la société se traduisant par une séparation croissante entre le domaine religieux et le domaine public.

ACTIVITÉ

1. Qu'est-ce qu'un califat ? Pourquoi est-il en recul ? **(doc. 1 et 2)**
2. Montrez que dès le XIXe siècle, le pays s'engage vers une séparation nette entre l'État et la religion **(doc. 2)**.
3. Par quels arguments Mustafa Kemal justifie-t-il la nécessité de l'abolition définitive du califat ? **(doc. 4)**
4. Montrez que le programme de Kemal est à la fois laïque et nationaliste. **(doc. 3, 4 et 5)**

Bilan

À l'aide des documents proposés, montrez que la sécularisation de la Turquie est un mouvement amorcé dès le XIXe siècle et accéléré par Mustafa Kemal.

Pour aller plus loin

Regardez cette vidéo puis montrez que l'abolition du califat est perçue comme une entrée dans la modernité.

Vidéo : herodote.net

hachette-clic.fr/23hgg1127

Étude GRAND FORMAT

La laïcité selon Mustafa Kemal

Contexte ➡ Au début du XXe siècle, Mustafa Kemal, dit « Atatürk », fait partie d'un groupe de militaires réformateurs qui veulent la fin de l'Empire ottoman et du califat et la constitution d'une Turquie moderne autour du peuple turc. Il engage donc une sécularisation de la Turquie, tout en gardant le contrôle sur les autorités musulmanes.

➤ Quelles sont les finalités de l'abolition du califat par Mustafa Kemal ?

Mustafa Kemal « Atatürk »

(1881-1938)

Mustafa Kemal est militaire de carrière. À la suite de la Première Guerre mondiale, il refuse de voir l'Empire ottoman être démembré par le traité de Sèvres. Inspiré par la Révolution française, il renverse le sultanat ottoman le 1er novembre 1922 et instaure un nouveau régime, une république laïque. Après avoir aboli le califat en 1924, il met en place un certain nombre de réformes pour transformer en profondeur la Turquie. À partir de 1934, il se fait appeler « Atatürk » (étymologiquement « turc comme l'étaient les ancêtres »).

1 Le discours de Mustafa Kemal

À Izmit, au cours d'une longue entrevue et conversation avec des journalistes d'Izmit et de Constantinople, la question suivante m'avait été adressée par l'un de mes interlocuteurs : « Le nouvel État aura-t-il une religion ? » J'avoue que je ne désirais pas du tout être appelé à répondre à cette question. […]

En effet, un État possédant parmi ses sujets des éléments appartenant à des religions différentes, qui est obligé d'agir avec justice et impartialité vis-à-vis de chacun d'eux, qui, par ses tribunaux, est tenu de dispenser une justice égale aux étrangers aussi bien qu'à ses sujets, un tel État, dis-je, est obligé de respecter la liberté d'opinion et de conscience. […]

Messieurs, la fermeture des tekkés[1], des cloîtres, des mausolées, ainsi que la suppression de toutes les sectes et de toutes sortes de titres tels que ceux de cheikh[2], derviche, disciple, tchélébi, occultiste, magicien, gardien de mausolée et autres, eurent lieu pendant que la loi sur le raffermissement de l'ordre était en vigueur. On appréciera combien l'application de ces mesures était nécessaire pour démontrer que notre entité sociale ne représentait pas une nation primitive vouée aux préjugés et aux superstitions.

Messieurs, c'est au cours de la même période dont nous parlons que furent élaborées et éditées les lois nouvelles qui promettent de fructueux résultats pour la nation dans les domaines social et économique et, en somme, dans toutes les manifestations de l'esprit humain… Le Code civil assure la liberté de la femme et consolide l'existence de la famille.

Discours du Ghazi Mustafa Kemal, octobre 1927, Éd. Leipzig, 1929.

1. Couvent dans la religion soufi. 2. Titre princier.

Mise en perspective

2 Mustafa Kemal entouré des dignitaires du Diyanet

Le gouvernement de Mustafa Kemal n'instaure pas de véritable séparation entre État et religion mais contrôle les nouvelles institutions religieuses à travers la Direction des affaires religieuses (Diyanet), créée en 1924.

3 Sainte-Sophie, un enjeu de la laïcité turque

En avril 2021, Sainte-Sophie, redevenue Mosquée.

En 1934, Mustafa Kemal décide de transformer la mosquée Ayasofya (ancienne basilique Sainte-Sophie) en un musée. Il fait décrocher les grands panneaux circulaires portant le nom d'Allah, de Mahomet et des califes. En 2020, Recip Teyep Erdogan a décidé de rendre à l'édifice son statut de mosquée.

4 La Turquie moderne et l'héritage de Mustafa Kemal

La parole du spécialiste

Il existe entre la France et la Turquie républicaine une différence essentielle : la laïcisation ne débouche pas en Turquie sur une séparation totale entre la religion et l'État. Les dirigeants turcs développent une conception de la laïcité dans laquelle, au contraire, l'État exerce un contrôle très étroit sur la religion, en attribuant notamment à la Présidence des Affaires religieuses, la *Diyanet*, rattachée aux services du Premier ministre, un rôle central au sein des institutions étatiques. Il faut en outre rappeler que si l'influence du modèle français est indéniable, il ne doit pas pour autant nous faire négliger l'histoire ottomane dans laquelle s'inscrit la République de Turquie. L'histoire ottomane est ainsi incontestablement celle d'une domination du pouvoir politique sur le pouvoir religieux qui trouve son aboutissement dans le kémalisme. En d'autres termes, ce dernier apparaît ainsi comme une nouvelle étape dans le processus de contrôle de l'islam par l'État. C'est ainsi que la Diyanet fonctionne comme une institution chargée de réguler et d'administrer toutes les questions relevant des croyances et des rituels. Elle régit le pèlerinage à La Mecque, organise et surveille l'activité des mosquées, nomme et rémunère les imams chargés du culte, statue sur le contenu de l'enseignement religieux et sur celui des sermons du vendredi. Les imams sont donc des fonctionnaires en partie instrumentalisés par l'État. La Présidence des Affaires religieuses symbolise toute l'ambiguïté d'un imposant appareil religieux qui a été créé pour protéger le principe constitutionnel de laïcité. Toutefois l'islam n'est pas en Turquie une religion d'État, l'islam officiel définit une religion réduite au minimum, c'est-à-dire se limitant à la seule pratique du culte sans interférence dans la vie politique, culturelle ou sociale.

Didier Billion, « Laïcité, islam politique et démocratie conservatrice en Turquie », *Confluences Méditerranée*, 2011/1.

ACTIVITÉ

Préparer l'analyse du discours en se documentant

1. Qui est Mustafa Kemal ? **(biographie)**

2. Dans quel contexte politique prononce-t-il son discours ? **(doc. 1)**

Analyser le discours

3. Comment Mustafa Kemal présente-t-il les religions dans son pays ? **(doc. 1)**

Utilisez vos connaissances sur l'essor de l'Empire ottoman (thème 2) pour expliquer le cosmopolitisme religieux de la Turquie.

4. Quels principes Mustafa Kemal met-il en avant pour justifier sa politique religieuse ? Dans quel objectif ? **(doc. 1 et 2)**

5. De quelles mesures religieuses Mustafa Kemal rappelle-t-il la réalisation ? **(doc. 1)**

Porter un regard critique sur le discours

6. Comment les **doc. 2** et **4** nuancent-ils la séparation de la religion et de l'État défendue par Mustafa Kemal ?

7. Par quels moyens Mustafa Kemal maintient-il le contrôle de la religion par l'État ? **(doc. 2, 3 et 4)**

Pour porter un regard critique, confrontez les propos du 3e paragraphe du discours avec le doc. 2.

Étude

La sécularisation dans la Turquie kémaliste

Suite à l'abolition du califat, Mustafa Kemal se lance dans une vaste réforme qui vise à séparer la religion et la sphère publique. C'est toute la société turque qui s'en trouve transformée.

Comment la sécularisation de la Turquie transforme-t-elle la société ?

1920 — 1925 — 1930 — 1935

- **1922** Abolition du sultanat ottoman
- **1924** Suppression des écoles religieuses
- **1925** Fermeture des monastères et des sanctuaires musulmans
- **1926** Interdiction de la polygamie
- **1928** L'islam n'est plus religion d'État
- **1930** Droit de vote des femmes aux élections locales
- **1934** Droit de vote des femmes aux élections nationales et éligibilité

1 Atatürk ou la naissance de la Turquie moderne

La parole de l'historien

Les dix années qui suivent [l'abolition du califat] apportent des bouleversements dans tous les domaines : institutions, droit, religion, enseignement, mœurs, vie quotidienne. Son action repose sur quelques idées-forces, énoncées après coup sous la forme de principes : les six « flèches » du Parti républicain du peuple – nationalisme, populisme, réformisme, laïcisme, républicanisme et étatisme. Résumé du « kémalisme », ces six flèches visent une seule cible : faire entrer la Turquie dans la « civilisation », selon l'expression même de Mustafa Kemal.
Un pays « civilisé » est d'abord un État laïque. Atatürk veut libérer les Turcs de l'emprise de l'islam, qu'il considère comme en partie responsable du retard pris par le pays dans sa modernisation. C'est ainsi qu'après la suppression du califat, on assiste à la fermeture des écoles religieuses, à l'interdiction des confréries dont les biens sont confisqués, à la mise sous tutelle par l'État des fondations pieuses. La loi religieuse est définitivement abandonnée au profit d'une législation de type occidental en ce qui concerne le droit civil, commercial et pénal. En 1928, la mention « l'islam est la religion de l'État » est supprimée de la Constitution et, en 1937, un amendement y inclut le principe de la laïcité.
Ce dispositif institutionnel s'accompagne d'un effort de laïcisation de la société et de la culture. L'adoption du Code civil entraîne la suppression de la polygamie, et assure à la femme une égalité complète en matière d'héritage. Tandis que les hommes se voient interdire le port du turban, symboles d'un Orient dépassé, les femmes sont fortement encouragées à abandonner le voile. D'autre part, elles acquièrent le droit de vote en 1934 – plusieurs femmes entrent alors au parlement d'Ankara –, soit 10 ans avant que les Françaises aient le droit de se rendre aux urnes. En outre, l'enseignement religieux disparaît peu à peu du système éducatif contrôlé par l'État.

D'après F. Georgeon, « Atatürk, ou la naissance de la Turquie moderne », *L'Histoire*, janvier 1997.

2 Mustafa Kemal introduit la mixité dans l'enseignement

Le 31 mai 1933, Atatürk fait la visite de l'Université d'Istanbul, après avoir introduit l'éducation mixte dans les collèges et universités du pays, interdite auparavant selon la loi islamique en vigueur dans l'Empire ottoman.

3 Une conséquence de la sécularisation : le droit de vote des femmes en 1934

Mustafa Kemal impose le droit de vote des femmes comme un élément essentiel de la laïcité turque.

4 L'arrestation du chef de la révolte kurde de 1925

En 1925, Cheikh Saïd lance une révolte armée contre la république turque instaurée par Mustafa Kemal, dénonçant notamment l'abolition du califat.

5 Aujourd'hui, une remise en question de la laïcité turque ?

Premier ministre de 2003 à 2014, Recep Teyyip Erdogan est depuis 2014 président de la Turquie. Il est membre de l'AKP, Parti de la Justice et du Développement, qui se revendique de l'islamisme modéré.

« À la fin des années 1990, on pensait que, si les islamistes prenaient le pouvoir, la Diyanet disparaîtrait », se souvient Jean Marcou, enseignant-chercheur à Sciences-Po Grenoble. « Or elle n'a pas disparu. Au contraire, elle s'est renforcée et a pris une dimension religieuse qu'elle n'avait pas jusque-là. » En juillet 2020, alors qu'un décret du Conseil d'État turc vient de décider de la réouverture de la basilique Sainte-Sophie au culte musulman, le président de la Diyanet, Ali Erbas, y prononce le premier prêche, sabre à la ceinture.

Recep Tayyip Erdogan s'est bien gardé de remettre en question la laïcité « à la turque » parce qu'elle sert ses intérêts. « Inspirée par la Révolution française et sa mise au pas du clergé, elle n'a jamais signifié la séparation de la sphère religieuse et de l'État : seulement la soumission de la première au second », rappelle Samim Akgönül. Pour cet historien et politologue, maître de conférences à l'université de Strasbourg, seul le discours change : « Autrefois, l'État poussait la société à se séculariser de manière autoritaire et l'appareil religieux tenait le même propos. Aujourd'hui, l'État pousse à la désécularisation et l'appareil religieux suit. [...]

Plus que la fin de la laïcité, la situation actuelle marque donc, pour Jean Marcou, « une nouvelle étape dans l'évolution des rapports entre État et religion en Turquie ». « En réalité, Erdogan est plus ottomaniste qu'islamiste », estime-t-il. « Ce qui l'intéresse dans l'islam turc, c'est la dimension nationaliste plus que religieuse. Idem pour la "oumma", la communauté musulmane dans le monde : elle l'intéresse à condition que les Turcs la dirigent ! »

La Croix, 2 février 2021.

PARCOURS 1

Rédiger un texte argumenté

Rédigez un paragraphe d'une quinzaine de lignes en discutant l'affirmation suivante : « **La mise en place de la laïcité turque transforme en profondeur la société turque** ».
Pour vous aider, vous adopterez le plan suivant :

1. Les principes de la laïcité selon Mustafa Kemal **(doc. 1, 2 et 3)**

2. Les transformations de la société et ses résistances **(doc. 2, 3 et 4)**

3. La potentielle remise en question des principes kémalistes aujourd'hui **(doc. 5)**

PARCOURS 2

Réaliser une présentation orale

En 3 minutes et en binôme, discutez l'affirmation suivante : « **L'entrée dans la modernité de la société turque passe selon Mustafa Kemal par sa sécularisation.** »

- Un élève utilise le **document 1** pour présenter les principes de la laïcité selon Mustafa Kemal.
- Le second exploite les **documents 2 et 3** pour montrer les transformations de la société.
- Puis, ensemble, à partir des **documents 4 et 5**, montrez les limites de la sécularisation en Turquie.

Repères États et religions aux États-Unis

1 Les religions aux États-Unis en 2023

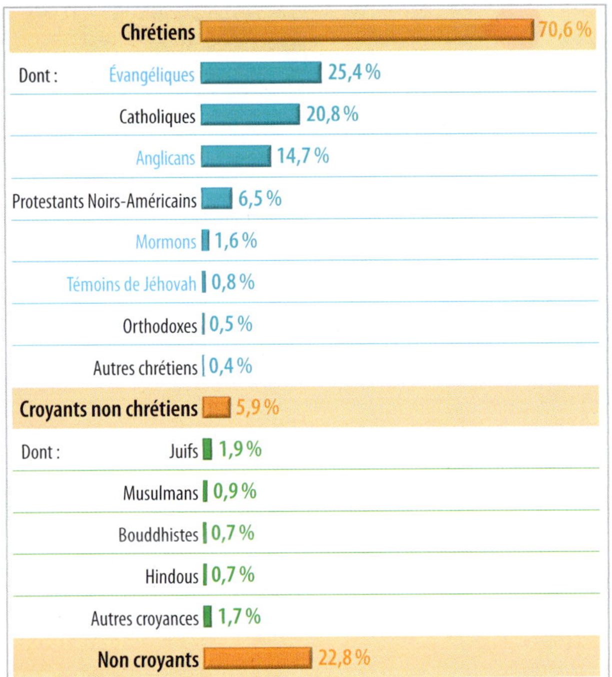

Source : Pew Research Center, 2022.

2 L'évolution de l'influence des religions aux États-Unis

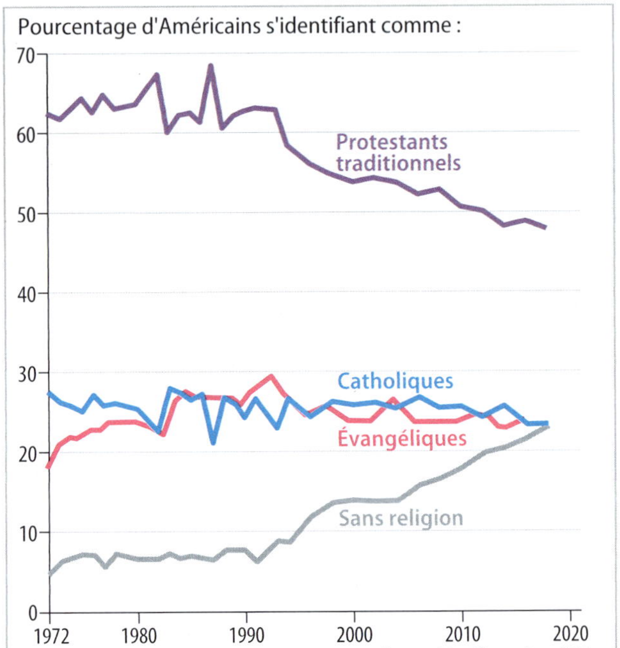

Source : Scientific american, 2017.

3 Une pratique religieuse encore vive mais en déclin

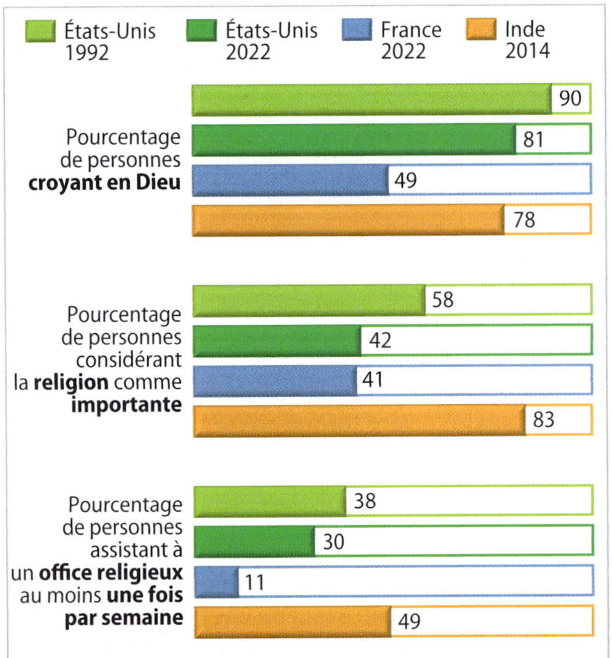

Source : Institut Gallup, enquêtes sur le rapport des Américains avec les religions, 2022.

4 Religions et élections américaines de 2020

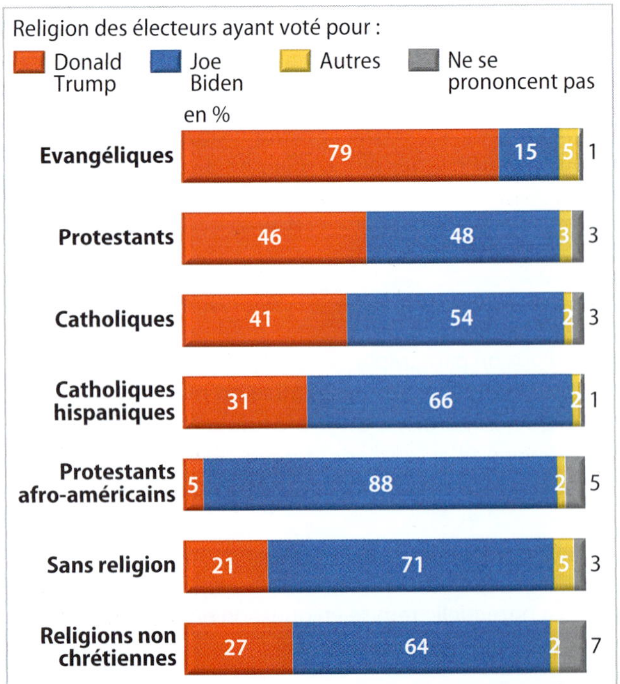

Source : Public Religion Research Institut (PRRI), 2020.

5 Répartition spatiale et impact politique des religions

Carte interactive
hachette-clic.fr/23hgg1128

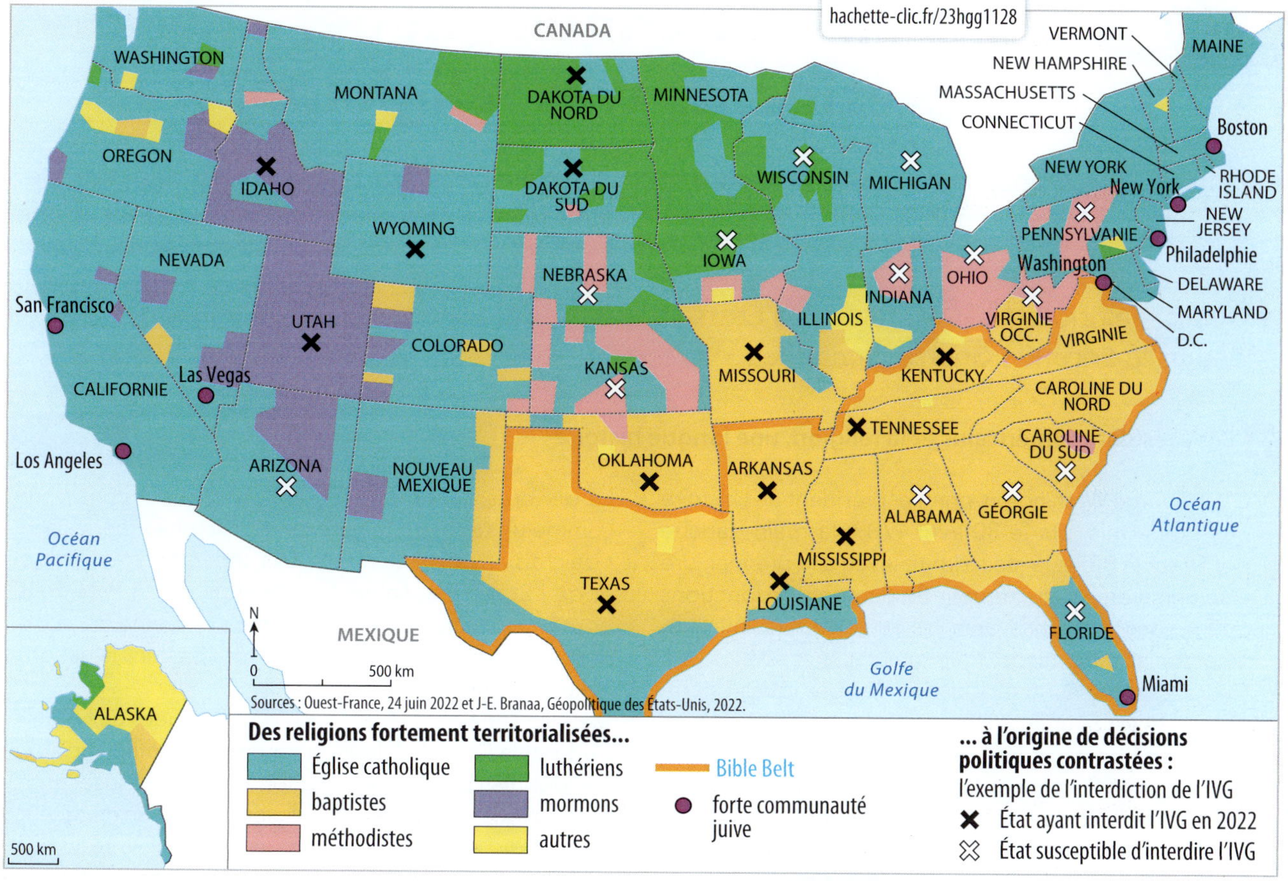

6 L'influence des évangéliques dans la vie politique américaine

LES ÉVANGÉLIQUES AUX ÉTATS-UNIS

Le poids du nombre
- La 1re dénomination protestante : 25,4 %
- Plus de 40 % de la population dans la Bible Belt

Un pilier de la droite américaine
- 25 % de l'électorat américain dont plus de 80 % ont voté pour le candidat républicain aux présidentielles de 2016 et 2020
- Influence au sein de la Cour suprême des États-Unis

La défense d'une Amérique conservatrice
- Défavorable à l'avortement
- Défense des valeurs familiales associées à la lutte contre les LGBT, etc.
- Lutte pour l'école

Un réseau influent au sein de la société
- Un groupe de pression via de nombreuses associations et ONG
- Influence dans les médias (télévangélistes, radios, chaînes TV...)
- Réseau d'églises et de *megachurch* (plus de 1 600 places assises)

Source : Amnesty international, 4 mai 2022.

Vocabulaire

Anglicans : membres de l'Église anglicane apparue en Angleterre au XVIe siècle après la rupture avec le pape.

Bible belt : « ceinture de la Bible », région des États-Unis connue pour la présence de nombreux adeptes du protestantisme rigoriste.

Evangéliques : mouvement religieux chrétien constitué de différents courants qui repose sur une lecture fondamentaliste de la Bible.

Mormons : apparu dans les années 1830, courant chrétien présent dans certains États et prétendant restaurer le christianisme des origines.

Témoins de Jéhovah : mouvement religieux chrétien apparu dans les années 1870 qui se caractérise par l'annonce de la fin prochaine du monde.

POUR COMPRENDRE

Aux États-Unis, les religions sont nombreuses et occupent une place majeure dans la vie politique et sociale.

1. Montrez qu'il existe une grande diversité religieuse et que les évolutions sont contrastées. (doc. 1, 2 et 3)

2. Pourquoi peut-on dire que les évangéliques ont un poids important dans la vie politique aux États-Unis ? (doc. 4, 5 et 6)

Étude Dans une Amérique laïque, des présidents très religieux ?

Garants de la séparation de la sphère religieuse et de la sphère politique, les présidents des États-Unis n'hésitent pas à faire part publiquement de leurs sentiments religieux dans leurs discours ou pour justifier leurs décisions.

Quelles relations les présidents des États-Unis ont-ils entretenues avec la religion depuis la Seconde Guerre mondiale ?

1 Les présidents américains et la religion, une longue histoire

La parole de la spécialiste

C'est George Washington, premier président de l'histoire des États-Unis, qui le 30 avril 1789, la main gauche posée sur la Bible, la main droite levée a le premier juré « solennellement de remplir fidèlement les fonctions de Président des États-Unis ». Il ouvre ainsi la voie à un cérémonial imité par presque tous ses successeurs […]. Ce geste devenu rituel – inspiré des pratiques britanniques – n'est pourtant en rien imposé par la constitution américaine, texte profondément laïc […].
Lorsque John F. Kennedy brigue la présidence, en 1960, il est conscient de son plus grand handicap : sa foi. Kennedy est catholique. Dans ce pays très largement protestant, les catholiques sont perçus avec méfiance […]. Alors que le nombre de catholiques a augmenté aux États-Unis, l'influence de cette communauté s'est accrue. John F. Kennedy met alors en place une stratégie : faire admettre que la foi est une croyance privée. Le discours qu'il prononce à Houston[1] est considéré comme un tournant majeur dans l'Histoire américaine : « Je crois en une Amérique où la séparation de l'Eglise et de l'État est absolue. […] Je crois en un Président dont les opinions religieuses sont du domaine de sa vie privée, et ne doivent être ni imposées par lui à la nation, ni lui être imposées […]. »
Mais les années 1960 et 1970 sont marquées aux États-Unis par la lutte des droits civiques, les conflits raciaux. Les débuts de la mondialisation créent une insécurité économique. En réaction, la religion devient un marqueur de la présidence de Ronald Reagan (1981-1989). Il saisit chaque occasion pour évoquer Dieu, la foi, les valeurs chrétiennes dont l'Amérique doit se souvenir.

Claude Guibal, « Washington, Kennedy, Reagan : trois visions de la religion à l'américaine », France Culture, 11 juillet 2020.

1. Discours prononcé le 12 septembre 1960.

2 La religion au sommet de l'État

Le président Donald Trump et des chefs religieux prient dans le bureau ovale de la Maison Blanche après la signature d'une proclamation appelant à une journée nationale de prière le 3 septembre pour les personnes touchées par l'ouragan Harvey à Washington, le 1er septembre 2017.

3 Joe Biden, un président qui revendique sa foi

Vidéo : Joe Biden déclare sa foi le 26 février 2020.

hachette-clic.fr/23hgg1129

ACTIVITÉ

1. Montrez comment J. F. Kennedy et Joe Biden entendent respecter le principe de séparation entre l'État et les religions, pourquoi ? **(doc. 1 et 3)**
2. Expliquez pourquoi l'attitude de Ronald Reagan et Donald Trump est très ambigüe. **(doc. 1 et 2)**
3. Pour quelle raison Joe Biden éprouve-t-il le besoin de revendiquer sa foi religieuse ? **(doc. 3)**

Bilan

Rédigez un article pour le journal du lycée dans lequel vous montrez les liens entre les présidents américains et la religion.

JALON 2

Étude Une singularité étasunienne : la religion civile

Dès la fondation des États-Unis, le lien avec la religion a été revendiqué par les premiers présidents qui ont néanmoins conservé leur liberté d'action. La notion religieuse reste néanmoins très présente notamment pour assurer la cohésion nationale autour d'une **religion civile**, quelle que soit la religion.

➤ Quel est le rôle et la place de la religion dans la vie civique américaine ?

1 La religion, un instrument patriotique dans la guerre froide

La guerre froide, selon Truman s'inscrivait dans une véritable guerre des civilisations opposant la « civilisation chrétienne » à l'« ennemi commun » (l'Union Soviétique). Quant à Eisenhower, il « ouvrait une nouvelle ère de religiosité publique aux États-Unis ». Mais cette religiosité avait une fonction politique : elle renforçait le patriotisme américain à une époque où les divisions internes et la menace externe des régimes communistes semblaient menacer la survie même de la démocratie américaine. Ainsi, Eisenhower affirmait que « la foi en Dieu est le fondement nécessaire d'une nation libre ». Il signa avec enthousiasme la loi du Congrès du 14 juin 1954 qui modifiait le contenu du serment au drapeau en lui ajoutant l'expression « *under God* » (sous l'égide de Dieu). Ce Dieu de la Guerre froide, introduit dans toutes les écoles du pays par la cérémonie du serment et inscrit, de surcroît, sur tous les billets de banque avec la devise *In God We Trust* légitimée par une autre loi du Congrès votée en 1956, servait particulièrement bien la campagne de renouveau religieux. Dans le contexte de l'époque, [cela] n'avait toutefois rien d'exceptionnel. Un sociologue réputé, Will Herberg, ne déclarait-il pas, lors d'une conférence intitulée « Le fondement biblique de la démocratie américaine », que « le conflit entre le communisme soviétique et le monde libre [était] un conflit religieux… une conquête pour l'âme de l'homme moderne. »

Critique internationale, 2010.

« *In God We Trust* » La devise « Nous croyons en Dieu » figure sur toute la monnaie américaine depuis 1956.

2 À l'école, un serment d'allégeance au drapeau

Si la prière est interdite dans les écoles depuis 1962, l'usage d'un serment d'allégeance au drapeau est approuvé par le Congrès en 1942. C'est en 1956 qu'y est ajoutée la référence à Dieu. La main posée sur le cœur, les écoliers déclarent : « Je jure allégeance au drapeau des États-Unis d'Amérique et à la République qu'il représente, une nation unie sous l'autorité de Dieu, indivisible, avec la liberté et la justice pour tous ».

Vocabulaire

Religion civile : ensemble de références religieuses favorisant le rassemblement autour de valeurs et de références communes sans privilégier une religion sur une autre.

ACTIVITÉ

Présentez en 180 secondes la place de la religion dans la vie civique étatsunienne.
Vous y montrerez que le développement de la religion civile américaine est très lié au contexte de la guerre froide. Puis vous décrirez comment cela se matérialise dans la vie quotidienne des États-Unis.

Pour aller plus loin

Regardez cette vidéo d'une conférence de Nathalie Caron (enseignante-chercheuse en histoire à La Sorbonne) sur le lien entre politique et religion.

Vidéo : ACTISCE
hachette-clic.fr/23hgg1130

Étude

Religions et émancipation des Afro-Americains depuis la Seconde Guerre mondiale

Même si l'esclavage est aboli aux États-Unis depuis 1865, la ségrégation raciale, notamment dans les États du Sud, se poursuit jusqu'en 1964 (*Civil Rights Act*). Les Églises chrétiennes jouent alors un rôle décisif dans le combat des Afro-Américains pour l'égalité des droits, tout comme l'islam représenté notamment par les *black muslims*.

Comment les religions ont-elles participé à la reconnaissance des droits afro-américains aux États-Unis depuis la Seconde Guerre mondiale ?

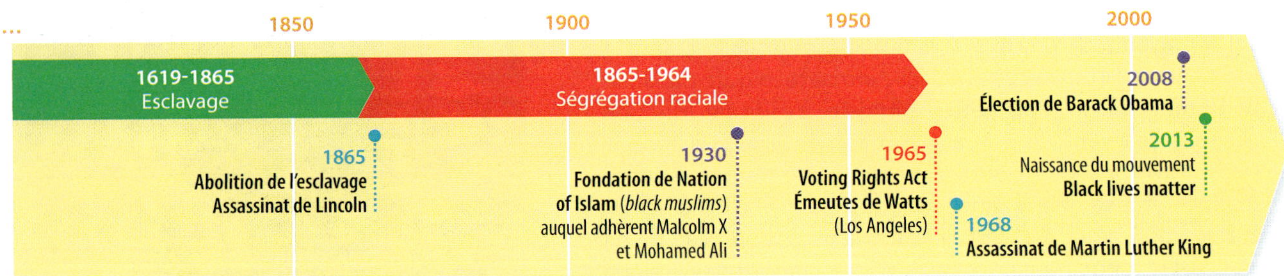

1 « *I have a dream* », le discours de Martin Luther King à Washington

Le 28 août 1963 a lieu à Washington la marche pour l'emploi et la liberté ; le pasteur Martin Luther King y prononce son discours historique « I have a dream ».

Il y a 100 ans, un grand Américain [...] signait l'Acte d'émancipation[1]. [...] Mais, 100 ans ont passé, et le Noir n'est toujours pas libre. Cent ans ont passé, et l'existence du Noir est encore tristement entravée par les menottes de la ségrégation et les chaînes de la discrimination. [...] Il est aujourd'hui évident que l'Amérique a manqué à cet engagement en ce qui concerne ses citoyens de couleur. [...]

Le moment est venu de tenir les promesses de la démocratie. [...] Le moment est venu de faire de la justice une réalité pour tous les enfants de Dieu. [...] Je vous le dis aujourd'hui, mes amis, quand bien même nous devrons affronter les difficultés d'aujourd'hui et de demain, je fais pourtant un rêve. C'est un rêve profondément enraciné dans le rêve américain. [...]

Je fais le rêve qu'un jour sur les collines rousses de Géorgie, les fils d'anciens esclaves et les fils des anciens propriétaires d'esclaves pourront s'asseoir ensemble à la table de la fraternité.

Je fais le rêve qu'un jour, même l'État du Mississippi, un État qui étouffe dans la fournaise de l'injustice, qui étouffe dans la fournaise de l'oppression, sera transformé en une oasis de liberté et de justice.

Je fais le rêve que mes quatre jeunes enfants vivront un jour dans une nation où ils ne seront pas jugés sur la couleur de leur peau mais sur la nature de leur caractère.

Je fais aujourd'hui un rêve ! [...]

Telle est notre espérance. Telle est la foi avec laquelle je repartirai dans le Sud. [...] Et quand cela arrivera, quand nous laisserons retentir la liberté, quand nous ferons retentir dans chaque village et chaque hameau, dans chaque État et chaque ville, nous pourrons hâter la venue du jour ou tous les enfants de Dieu, noirs et blancs, juifs et gentils, protestants et catholiques, pourront se prendre par la main et chanter les paroles du vieux negro spiritual[2] : « Libres enfin ! Libres enfin ! Béni soit le Tout-Puissant, nous sommes libres enfin ! »

M. L. King, discours de la marche à Washington, 28 août 1963, Éd. Points.

1. En 1865, le président Lincoln faisait adopter l'abolition de l'esclavage aux États-Unis.
2. Mouvement de musique précurseur du gospel.

2 Rassemblement du Ku Klux Klan (KKK), 1965

Le KKK, créé en 1865 pour dénoncer l'intégration des Noirs dans la société américaine, défend les WASP (White anglo-saxon protestant) contre les catholiques, les Noirs, les étrangers. Même s'il est moins actif qu'avant la Seconde Guerre mondiale, il compte 10 000 membres à la fin des années 1970.

4 Le rôle des Églises afro-américaines

La *Black Church* est une spécificité du protestantisme américain et représente environ 6,5 % de personnes dans le paysage religieux américain. Elle est d'abord une Église de lutte et d'émancipation, issue de la ségrégation. Elle devient ensuite le reflet d'un pays qui a très vite été divisé géographiquement, politiquement, et socialement sur la question raciale. Aujourd'hui, la *Black Church* tient lieu d'ascenseur social. C'est quasiment le lieu de passage obligé des grands leaders. Obama a beau avoir fait Harvard, c'est la *Black Church* qui l'a fait émerger. Les pasteurs de la *Black Church* ne sont pas seulement des figures religieuses. Ce sont des dirigeants engagés dans leurs communautés qui ont leur mot à dire, en particulier pour dénoncer une Amérique qui a failli à l'égard des Noirs : Martin Luther King, Al Sharpton... Il faut se dire que, sans la *Black Church*, les Noirs ne jouiraient pas aujourd'hui de certains droits civiques, que la ségrégation dans les écoles, dans les transports, serait encore dans les textes de bien des États. Le pasteur Clementa Pinckney, l'un des fers de lance du changement sur le plan local, est l'illustration parfaite de ces hommes religieux. Il est entré très tôt dans la vocation (pasteur à 18 ans) et dans la politique (élu dès 23 ans à l'Assemblée de la Caroline du Sud). Son assassinat[1], avec plusieurs de ses fidèles, vient s'ajouter à une longue liste de grands hommes (Lincoln, King, Kennedy) et de petites gens assassinés pour ce qu'ils représentaient. Bien évidemment, tout cela se fait dans un contexte de tensions raciales grandissantes, à laquelle s'ajoute le problème des armes aux États-Unis.

La Croix, 26 juin 2015.

1. Le 17 juin 2015, le pasteur Pinckney et huit fidèles sont assassinés dans une église lors d'une fusillade perpétrée par un suprémaciste blanc.

3 L'islam, une autre voie religieuse pour l'émancipation

Rencontre entre Mohamed Ali (à droite) et Malcolm X (à gauche) en 1964.

La conversion à l'islam de Malcolm Little, devenu alors Malcom X en 1952, et celle du célèbre boxeur Cassius Clay, devenu Mohamed Ali en 1964, illustrent l'attraction de cette religion dans la défense des Afro-américains.

Vidéo : C. Jamet, « La fabuleuse histoire d'Amazing grace », lefigaro.fr, 30 juin 2015.

hachette-clic.fr/23hgg1131

ACTIVITÉ Réaliser une fiche biographique

Dans la classe, formez des groupes de 4 élèves.

Comprendre un contexte

1. Comment les **documents 1 et 2** présentent-ils les clivages de la société états-unienne dans les années 1960 ?

Faire une recherche biographique

2. Dans chaque groupe, répartissez-vous l'un des quatre personnages évoqués dans les **documents 1, 3, 4 et 5** (Martin Luther King, Abraham Lincoln, Malcolm X...). Effectuez une recherche personnelle pour compléter les informations trouvées dans les documents.

Vous pouvez suivre le plan suivant :
- Donnez quelques éléments biographiques du personnage (naissance et origine sociale, éducation, parcours).
- Expliquez l'importance de cette personnalité par rapport à la question étudiée.
- Proposez l'étude d'une œuvre ou d'une contribution du personnage dans le cadre de la question étudiée (« I have a dream » pour Martin Luther King », par exemple).

Bilan

Rédigez un paragraphe répondant à la question :
« Quel rôle la religion a-t-elle joué dans l'émancipation des Afro-Américains aux États-Unis depuis la Seconde Guerre mondiale ? »

Axe 2

Leçon 3 États et religions : une inégale sécularisation

Comment évoluent les relations entre pouvoir politique et religieux depuis le début du XXe siècle ?

A Un mouvement de sécularisation ancien et rapide

Dans de nombreux pays développés au début du XXe siècle, on assiste à un mouvement de prise de distance de la part du pouvoir civil envers le pouvoir religieux. Ce phénomène de séparation plus ou moins progressive entre le domaine religieux et le domaine public est ce que l'on désigne par le terme de sécularisation. Après s'être soutenu mutuellement pendant des siècles, les pouvoirs civils profitent de ce mouvement de la société pour prendre définitivement leurs distances comme en France (1905) ou suscitent cette sécularisation en cherchant à contrôler la religion, comme en Turquie (1924).

JALON 1 p. 342

La Turquie veut se moderniser en limitant fortement l'influence religieuse. Le gouvernement turc de Mustefa Kemal, qui prend le pouvoir au lendemain de la Première Guerre mondiale, rompt le cadre politique du califat en 1924. Il veut moderniser son pays et entreprend des réformes sociales, économiques et politiques particulièrement importantes et rapides. Considérant que la tutelle religieuse pouvait être un frein à ce dynamisme et au nouveau pouvoir qu'il met en place, il crée une république laïque et s'emploie à restreindre l'influence religieuse, notamment en confiant l'enseignement à l'État. La loi islamique est abolie, les femmes obtiennent le droit de vote. L'influence de la religion dans la sphère publique est donc fortement limitée.

B Des liens qui restent souvent étroits

JALON 1 p. 342

En Turquie, un contrôle plus qu'une séparation. L'influence de la Révolution française et de la loi de 1905 qui sépare les religions et l'État en France est revendiquée par Mustafa Kemal. Mais la comparaison s'arrête là car loin de séparer strictement la religion et l'État comme en France, il cherche surtout à bien la contrôler, notamment par le biais de la Présidence des Affaires religieuses, la *Diyanet*, organisme placé sous le contrôle du premier ministre.

Si la séparation stricte est l'exception, la prise de distance est en revanche plus répandue. Là où les liens étaient forts, ils le restent comme en Angleterre où le souverain reste chef de l'Église anglicane, comme au Danemark ou en Grèce où la religion d'État perdure. Mais le pouvoir est de moins en moins influencé par la religion et les sociétés se sécularisent rapidement.

JALON 2 p. 348

La situation des États-Unis présente une autre voie. Le peuplement européen de l'Amérique du Nord au XVIIe siècle est en grande partie le fait de minorités religieuses persécutées, notamment protestantes. De cette origine est restée une volonté affirmée de garantir la liberté de pensée et d'expression et l'habitude d'afficher ses convictions religieuses. Une relation particulière entre l'État et les religions en est la conséquence. L'État garantit la liberté religieuse, octroie des subventions fiscales à celles qui respectent les lois fédérales mais n'en subventionne directement aucune ; la constitution ne fait pas référence à Dieu qui est pourtant souvent cité dans les discours et apparaît sur les billets de banque.

1 Au Maroc, des liens étroits entre État et religion

Le 10 juillet 2022, Mohammed VI, roi du Maroc, en prière avec son fils le prince Moulay Hassan à Salé, au Maroc.

Vocabulaire

Religion d'État : religion officiellement adoptée dans un État dans sa législation.

Sécularisation : processus de perte d'influence de la religion dans la société se traduisant par une séparation croissante entre le domaine religieux et le domaine public.

Théocratie : État dans lequel une autorité religieuse est à la tête du gouvernement et où les lois civiles et religieuses se confondent.

Dans nombreuses régions, des liens qui demeurent forts. En Asie, au Moyen-Orient et en Afrique du Nord, entre État et religions, les situations varient fortement d'un État à l'autre, et parfois le lien reste fort, jusqu'à l'existence de **théocratie**, c'est-à-dire de pays dirigés par des gouvernants qui sont d'abord des chefs religieux. C'est le cas de l'Iran notamment.

2 L'Iran, théocratie depuis 1979

Manifestation en faveur de l'Ayatollah Khomeiny à Téhéran en 1979.

C Des relations qui peuvent évoluer dans le temps

JALON 1 p. 342

Cependant la relation État/religion n'est pas nécessairement figée dans l'histoire. Ainsi, aux États-Unis, où les religions ont une influence assez marquée dans l'évolution de la politique américaine, celle-ci a pu varier dans le temps. Elle a accompagné des mouvements sociaux, comme l'émancipation des Afro-américains dans les années 60, et fut utilisée par certains présidents pour resserrer le sentiment national, notamment pendant la guerre froide, ou pour appuyer des politiques de contrôle social, comme lors de la présidence de Donald Trump. Souvent utilisée par les tenants de politiques opposées, la religion est un moyen de convaincre. Le fait que le nombre d'étatsuniens se déclarant sans religion augmente pourrait amoindrir le rôle de la religion sur la politique.

JALON 2 p. 348

Le cas de la Turquie met également en évidence la variation de cette influence. Très présente avant l'abolition du califat, la religion est mise à distance avant d'être de nouveau utilisée par le gouvernement actuel pour mieux asseoir son pouvoir et contrôler plus facilement la société.

D'autres pays connaissent des mouvements de retour du religieux. C'est le cas de l'Iran. La religion était mise à distance et contrôlée par le pouvoir du Chah jusqu'à ce que la révolution islamique de 1979 renverse son pouvoir et mette en place une théocratie qui contrôle encore le pays malgré de nombreuses protestation de la jeunesse (2022).

SCHÉMA BILAN

Schéma interactif
hachette-clic.fr/23hgg1132

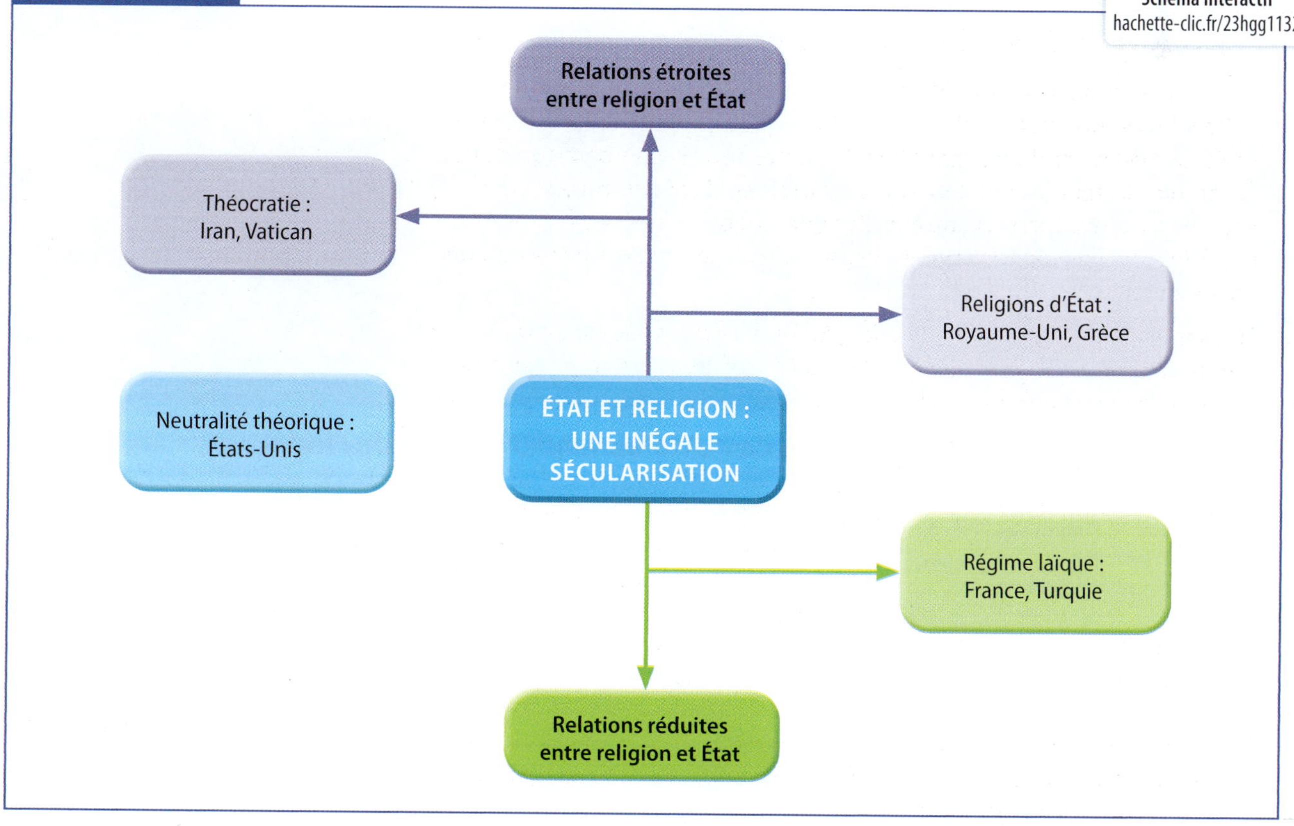

OBJET DE TRAVAIL CONCLUSIF

État et religions en Inde

Comment évolue le rapport entre État et religions en Inde, un pays marqué par une forte pratique religieuse ?

1 Pèlerinage hindouiste dans l'État de l'Uttarakhand (Nord-Est de l'Inde) en 2021

Le pèlerinage Kumbh Mela est considéré comme le plus important au monde et réunit tous les ans en avril des millions de personnes.

- **1947** Partition des Indes britanniques (création de l'Union indienne et du Pakistan)
- **1947-1948** 1re guerre indo-pakistanaise
- **1948** Assassinat de Gandhi
- **1949** Partition du Cachemire
- **1965** 2e guerre indo-pakistanaise
- **1971** 3e guerre indo-pakistanaise
- **1992-2008** Tensions religieuses marquées
- **2014** Victoire électorale du BJP (Modi devient Premier ministre)
- **Depuis 2016** Violences au Cachemire indien
- **2019** Victoire du BJP aux élections (Modi est reconduit dans ses fonctions)

2 Le Cachemire, une région disputée sur fond de tensions

Frontière indo-pakistanaise, près de Gurdaspur (sud du Cachemire), 2016.
Depuis 1947, la frontière sépare le Pakistan, musulman, et l'Inde, de tradition hindoue.

QUESTIONS

1. Montrez comment cette photographie illustre la forte religiosité des Hindous. (doc. 1)
2. Expliquez comment s'inscrit dans le paysage le problème indo-pakistanais (doc. 2).

p. 360 > JALON ① État et religions : « sécularisme » et dimension politique de la religion

p. 362 > JALON ② Les minorités religieuses

p. 366 > JALON ③ Des enjeux géopolitiques : l'Inde et le Pakistan

Repères

L'Union indienne, terre de religions

1 L'Union indienne dans son environnement régional

Carte interactive
hachette-clic.fr/23hgg1133

Source : B. Courmont, *Géopolitique des mondes asiatiques : 40 fiches illustrées pour comprendre le monde*, 2023.

2 Depuis 1947, une fédération d'États et de territoires autonomes

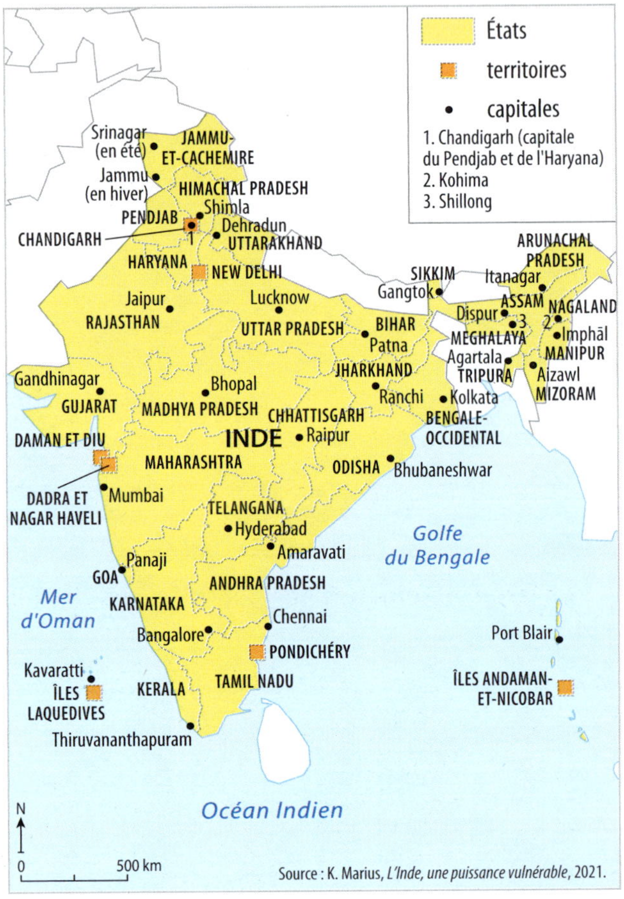

Source : K. Marius, *L'Inde, une puissance vulnérable*, 2021.

3 La diversité religieuse au sein de l'Union indienne

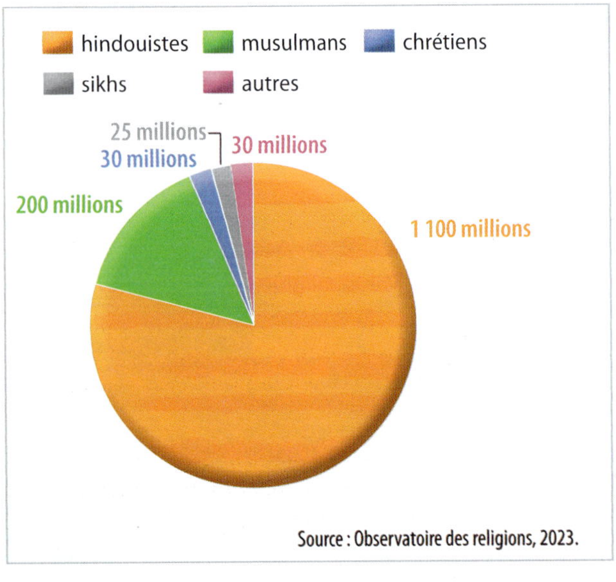

Source : Observatoire des religions, 2023.

Vocabulaire

Bouddhisme : religion et conception du monde apparues au Vᵉ-VIᵉ siècle av. J.-C. reposant selon la tradition sur la vie et l'enseignement du Boudha Siddhartha Gautama.

Fédération : réunion de plusieurs États ou régions en un État fédéral.

Hindouisme : religion polythéiste dominante en Inde, elle compte plus d'un milliard de fidèles dans le monde. C'est l'une des plus anciennes religions au monde. Ses adeptes sont dénommés hindouistes ou hindous.

Jaïnisme : religion apparue vers le Xᵉ siècle av. J.-C. Elle prône une vie austère.

Sikhisme : religion monothéiste originaire du nord de l'Inde apparue au XVᵉ siècle.

Taoïsme : ensemble de croyances, de pratiques et de textes philosophiques développés depuis le IIIᵉ siècle av. J.-C. et fondé sur un principe fondateur, le Tao. Cette philosophie s'est développée surtout en Chine.

4 Religions et territoires au sein de l'Union indienne

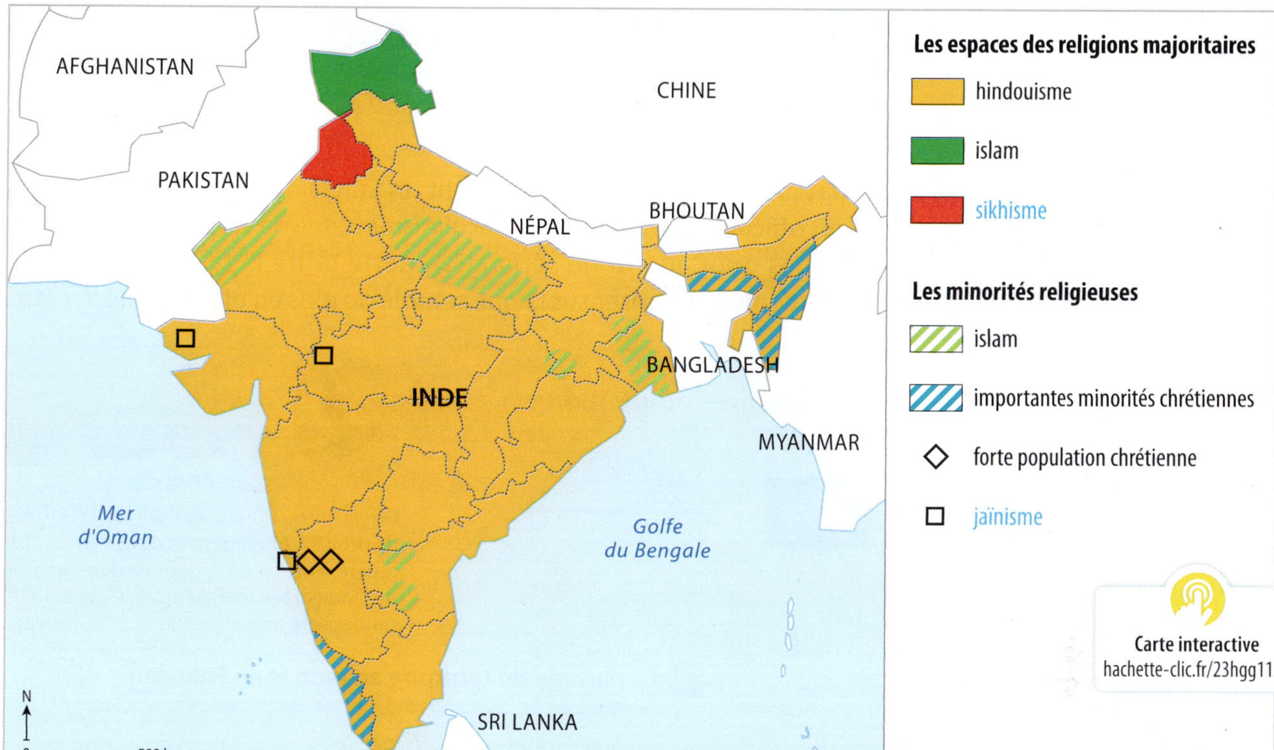

Carte interactive
hachette-clic.fr/23hgg1134

Source : O. Da Lage, *L'Inde, un géant fragile*, 2022.

5 La large victoire des nationalistes lors des élections de 2019

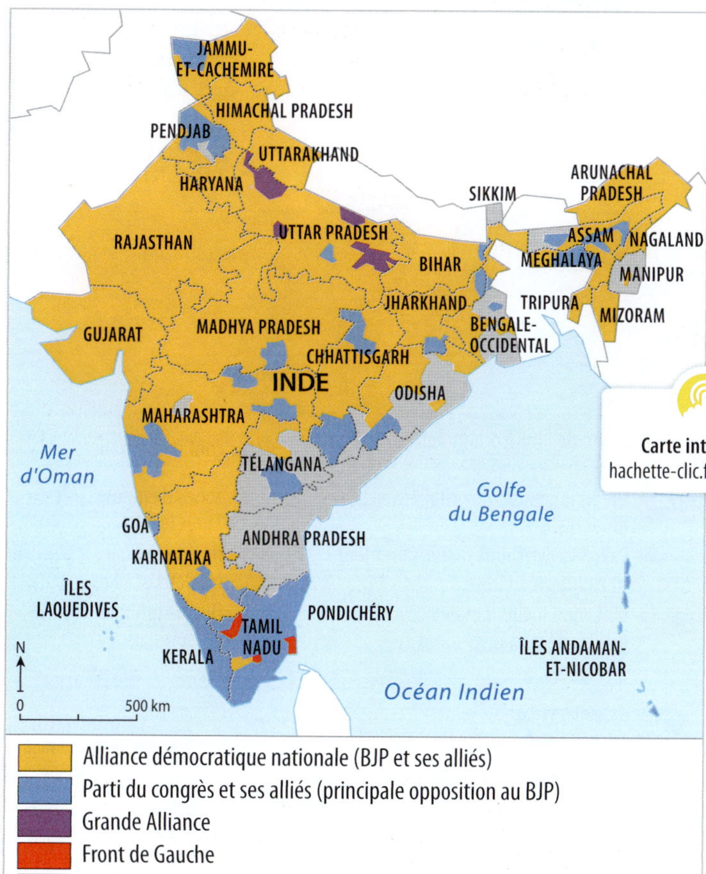

Source : Global Firepower, 2019.

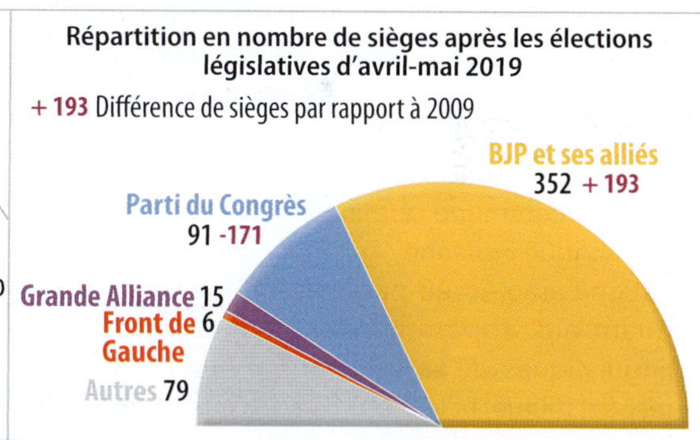

Source : Lok Sabha (basse chambre du parlement indien), 2023.

Carte interactive
hachette-clic.fr/23hgg1135

POUR COMPRENDRE

En 1947, l'Inde de Gandhi et de Nehru choisit le système fédéral. L'Inde est un État multiconfessionnel où coexistent de nombreuses minorités religieuses.

1. Présentez l'Inde dans son environnement géopolitique et son organisation politique. (doc. 1 et 2)

2. Expliquez pourquoi l'Inde est un État multiconfessionnel néanmoins largement dominé par l'hindouisme. (doc. 3, 4 et 5)

Étude Le « sécularisme », un compromis laïque indien ?

Après l'indépendance (1947), les fondateurs de l'Union indienne créent un État laïque, notamment pour se distinguer du Pakistan dont la religion officielle est l'islam. Le « **sécularisme** », terme désignant la relation entre religion et politique, n'impose pas pour autant de séparation nette entre l'État et les religions. L'Inde propose un modèle de tolérance, même si le consensus laïque semble de plus en plus difficile à mettre en œuvre.

➤ Sur quelles bases s'opère le compromis laïque indien ?

1 Aux origines du « sécularisme » indien

La parole du spécialiste

L'idée de « sécularisme », entendue comme volonté d'affranchir le gouvernement de l'influence de la religion, est absente de la tradition indienne. Le sécularisme indien a des racines occidentales et modernes incontestables qu'a transmises le colonisateur britannique. Mais ce serait faire une grossière erreur de conclure que le sécularisme indien serait le fait d'une réception passive. Bien au contraire, le sécularisme indien reflète les valeurs d'une longue tradition historique.

Au lendemain de l'indépendance (1947), marquée par le traumatisme de la partition meurtrière en deux États, et la tension résultante entre hindous et musulmans, une volonté commune domina la création de la République indienne : garantir l'union d'une nation caractérisée par une hétérogénéité quant aux appartenances religieuses et linguistiques de sa population. Assurer le respect mutuel et le bien vivre des différentes communautés fut une motivation centrale des bâtisseurs du jeune État. S'il est vrai qu'un mouvement traditionaliste hindou prôna à cette fin l'uniformisation culturelle du pays, c'est une conception pluraliste, inspirée de la pensée de Gandhi et de celle de Nehru, qui émergea et détermina la philosophie politique dominante. Ainsi, la tradition millénaire de tolérance fut renforcée par la reconnaissance équitable des différentes communautés considérée comme le meilleur garant de l'union.

D'après S. Leyens, « L'expérience indienne de la laïcité », *La Revue nouvelle*, septembre 2010.

Mohandas K. Gandhi (1869-1948)

Originaire du Gujarat, Gandhi fait des études de droit en Angleterre et devient avocat. Il œuvre, entre autres, pour l'indépendance de l'Inde grâce à sa méthode de désobéissance civile non-violente.

2 Le partage du territoire en Inde et au Pakistan

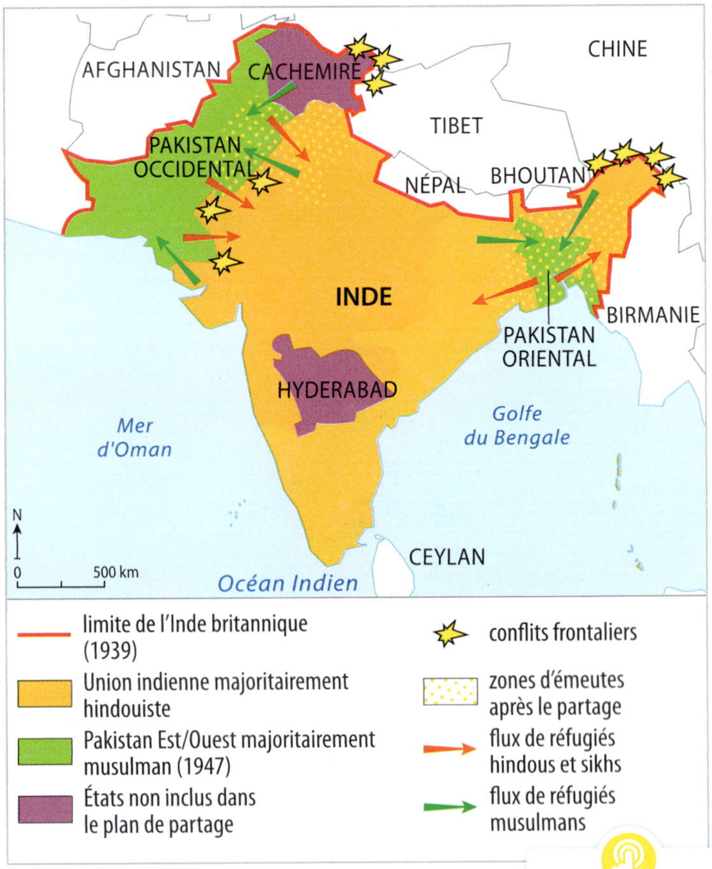

Carte interactive hachette-clic.fr/23hgg1136

Vocabulaire

« Sécularisme » : principe selon lequel les questions religieuses doivent être séparées de celles de l'État. La liberté de culte n'est pas remise en cause, mais les autorités religieuses ne doivent pas intervenir dans la politique.

3 La religion au quotidien dans une rue de Bénarès, cité sacrée de l'hindouisme

❶ Entrée d'un temple dédié à Shiva, dieu tutélaire de la ville ; ❷ Images de divinités ; ❸ Marchand d'offrandes.

4 Le « sécularisme », une conception indienne de la laïcité ?

La Constitution indienne de 1950 ne mentionne pas le terme de « sécularisme » mais comprend toutes les caractéristiques d'un État sécularistе. L'Inde ne reconnaît aucune religion d'État et aucune institution éducative financée intégralement par l'État ne doit dispenser d'éducation religieuse. Formellement, la Constitution ne confère à la religion aucun droit de regard sur les lois du pays. Toutes les lois pénales sont sécularistes. Une seule anomalie majeure persiste : une partie des lois civiles qui traitent de la famille, du mariage et de l'héritage relèvent de la religion. La liberté religieuse est garantie, ainsi que la liberté d'abjurer toute religion. Les personnes qui fréquentent un établissement d'enseignement ne sont en rien obligées de suivre l'éducation religieuse dispensée dans cet établissement, ni de participer aux cérémonies religieuses qui peuvent y être organisées. L'État a le devoir de s'abstenir de toute discrimination envers ses citoyens sur la base de leur religion, de leur race, leur caste, leur genre ou leur lieu de naissance. En 1976, le terme de « sécularisme » a été formellement introduit dans la Constitution et l'Inde a été déclarée une république sécularistе.
Le modèle de sécularisme de la Constitution indienne, établi conjointement par les hindous et les musulmans avant l'indépendance de l'Inde, tente de répondre aux besoins de sociétés aux croyances religieuses profondément diverses tout en respectant les principes de liberté et d'égalité.

D'après R. Bhargava, « Le sécularisme, ou la version indienne de la laïcité », mouvements.info, 31 mars 2014.

5 La position officielle du Premier ministre indien Narendra Modi sur les liens entre l'État et les religions

L'Inde a donné naissance à de nombreuses religions et courants spirituels. Certains d'entre eux ont même dépassé les frontières de l'Inde. [...] Le principe d'un respect et d'un traitement égal pour toutes les religions fait partie de nos traditions. C'est pourquoi il est intégré à la Constitution indienne. [...] Le monde connaît des divisions et une hostilité accrue dans le domaine religieux. Dans ce contexte, l'ancestral plaidoyer indien pour un respect mutuel de toutes les croyances commence à se faire entendre au sein du discours mondial. [...] Mon gouvernement assurera une complète liberté de foi à chacun et chacun a le droit indéniable de conserver ou d'adopter la religion de son choix sans contrainte ni pression. Mon gouvernement n'autorisera aucun groupe religieux, majoritaire ou minoritaire, à inciter à la haine contre les autres, de manière explicite ou implicite. Mon gouvernement sera le gouvernement qui respectera toutes les religions de manière égale.

Discours de N. Modi[1] lors d'une cérémonie chrétienne, New Delhi, 17 février 2015, trad. Documentation photographique, 2016.

1. Né en 1950, originaire du Gujarat, Narendra Modi est membre du parti nationaliste BJP et le Premier ministre de l'Union indienne depuis 2014. Ses décisions en matière de religions sont parfois éloignées du discours officiel.

ACTIVITÉ

À l'aide des documents, rédigez un texte répondant à la problématique : « **Sur quelles bases s'opère le compromis laïque indien ?** »

Pour vous aider, vous présenterez d'abord les origines du « sécularisme » indien **(doc. 1, 2 et 3)** puis vous expliquerez comme l'État se porte garant du sécularisme **(doc. 4 et 5)**.

Pour aller plus loin

Regardez cette vidéo et dressez une courte biographie de Gandhi, défenseur d'une Inde multiconfessionnelle.

Vidéo : Reportage TV5 Monde
La république indienne, histoire et religion.
hachette-clic.fr/23hgg1137

Étude Des minorités religieuses menacées ?

Depuis l'arrivée au pouvoir du Parti du peuple indien (BJP), dont est issu le Premier ministre Narendra Modi, les violences religieuses sont régulières. Le « sécularisme » n'est pas remis en cause au niveau fédéral, mais l'hostilité religieuse à l'égard des minorités religieuses est réelle dans de nombreux États de l'Union indienne.

Comment et pourquoi le « sécularisme » indien est-il mis en question ?

1950 – 1960 – 1970 – 1980 – 1990 – 2000 – 2010

- **1948** Assassinat de Gandhi
- **1980** Création du BJP
- **Depuis 2002** Tensions religieuses marquées
- **2014** Victoire électorale du **BJP** (Modi devient Premier ministre)
- **2019** Victoire du **BJP** aux élections (Modi est reconduit dans ses fonctions)

1 L'*hindutva*, au cœur de la politique du BJP

Le BJP, au pouvoir depuis 2014, se revendique de l'*hindutva*, « hindouité ». Cette théorie politico-religieuse a vu le jour avec la publication en 1923 d'un manifeste rédigé par Savarkar, alors emprisonné pour activités anti-britanniques. Sa thèse inspire aujourd'hui une large part de l'opinion indienne : les hindous, tirant leur nom de la terre qui est la leur (Hindoustan), doivent reprendre leur destin en main face aux étrangers qui les dirigent (les Britanniques) mais aussi vis-à-vis des musulmans et des chrétiens. De façon très surprenante au regard de la valeur constitutionnelle de la laïcité, l'hindutva est réactivée en décembre 2019 lorsque le Parlement adopte l'amendement CAA à la loi de 1955 sur la citoyenneté, permettant aux sans-papiers qui résident illégalement en Inde d'accéder à la naturalisation s'ils proviennent de trois pays du voisinage : le Pakistan, le Bangladesh et l'Afghanistan, à condition qu'ils appartiennent aux minorités religieuses hindoues, bouddhistes, sikhs, parsies, jaïnes et chrétiennes. Les musulmans ne sont pas nommés, pas davantage que d'autres voisins de l'Inde comme le Sri Lanka ou le Népal. Les protestations se multiplient alors et s'étendent au-delà de la communauté musulmane. La cause de cette mobilisation réside dans les promesses électorales du BJP de mettre en place un registre national des citoyens dans la foulée du CAA qui fait redouter que les musulmans indiens ne pouvant présenter les documents prouvant leur citoyenneté indienne en soient déchus.

Olivier Da Lage, *L'Inde, un géant fragile*, Eyrolles, 2022.

Narendra Modi

(né en 1950)

Originaire du Gujarat, il est membre du parti nationaliste BJP et le Premier ministre de l'Union indienne depuis 2014. Ses décisions en matière de religions sont parfois éloignées du discours officiel.

2 Quand les hindous proclament la « guerre de la vache »

L'Inde se divise entre les défenseurs de la vache, sacrée dans la religion hindoue, et les tenants de la laïcité. Les déclarations controversées de politiciens du BJP, parti militant pour la prohibition de l'abattage des vaches, ont attisé la polémique. La plupart des États ont durci leur législation et les peines ont été augmentées. Pour la militante laïque Kavita Krishnan, « la persécution des musulmans au nom de la protection des vaches relève d'un programme politique. Le gouvernement essaie de créer un climat de violences communautaires. » « Les tensions communautaires ne sont pas nouvelles », commente le sociologue Deepak Metha. « Mais l'impunité dont jouissent les groupes extrémistes est une nouveauté. » Aujourd'hui, la vache est devenue l'animal le plus politisé du sous-continent. L'État du Rajasthan, qui est dirigé par le BJP, a installé un « ministère de la Vache ». Au-delà de la guerre du bœuf, c'est la crispation identitaire qui inquiète.

Le Point, 28 octobre 2015.

3 Les minorités religieuses et le rôle ambigu du pouvoir fédéral

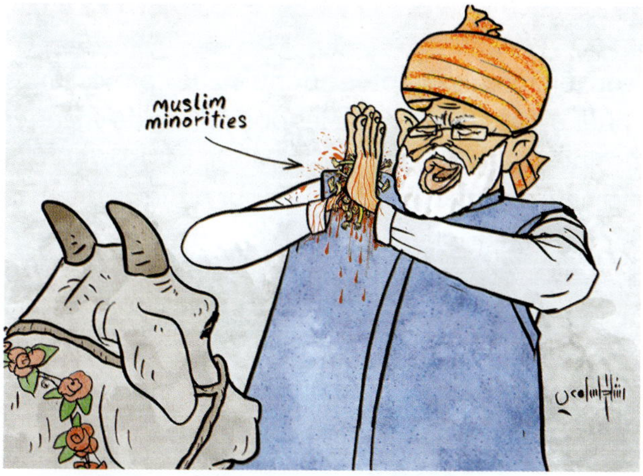

« Minorités musulmanes », dessin de Rashan Alsamei, sur le site du *Courrier International*, 17 juillet 2022.

Le Premier ministre Narendra Modi est représenté face à une vache, animal sacré dans l'hindouisme, malmenant la minorité musulmane.

4 Des affrontements à New Dehli

En décembre 2019, le ministre de l'Intérieur Amit Shah propose une loi prévoyant l'octroi de la nationalité indienne aux réfugiés afghans, pakistanais et bengali, à l'exception des musulmans. De violentes manifestations s'en suivent, notamment dans la capitale New Dehli.

PARCOURS 1

Lire et interpréter des documents

1. Comment l'hindouisme exerce-t-il son influence sur la société indienne ? **(doc. 1, 2 et 3)**

2. Pourquoi l'attitude du BJP et de Narendra Modi est-elle très ambigüe à l'égard des violences contre les minorités religieuses ? **(doc. 1, 2 et 4)**

Bilan

Rédigez un texte argumenté et organisé pour répondre au sujet : « **Comment et pourquoi le "sécularisme" indien est-il mis en question ?** »

Vocabulaire

Bharatiya Janata Party (BJP) : littéralement « parti du peuple indien ». Parti de droite nationaliste hindou.

***Hindutva* :** « hindouité » ou « indianité », idéologie du BJP reposant sur certains aspects de l'hindouisme utilisés à des fins politiques et idéologiques.

PARCOURS 2

Réaliser une présentation orale

À l'aide des documents, en binôme, préparez une présentation orale de 3 minutes maximum afin de répondre à la question : « **Comment et pourquoi le « sécularisme » indien est-il mis en question ?** »
Pour préparer votre exposé, recopiez et complétez ce tableau :

	L'essor du nationalisme hindou sur le plan politique	L'affirmation de l'hindouisme au sein de la société indienne
Acteurs	…	…
Actions mises en œuvre	…	…
Ambiguïtés du BJP et de Narendra Modi	…	…

Pour aller plus loin

Réalisez une fiche de lecture sur ce podcast traitant des violences inter-religieuses en Inde.

Podcast : France Inter.

hachette-clic.fr/23hgg1138

Étude GRAND FORMAT

Les lois anti-conversions en Inde

Contexte ➜ Les lois « anti-conversions », adoptées depuis 2015 par certains États de l'Union indienne ont pour objectifs de limiter les possibilités de changer de religion. L'actuel premier ministre indien, Narendra Modi, est issu du *BJP* (parti du peuple indien), le parti nationaliste hindou qui a pour projet la défense de l'identité indienne dont la religion hindoue est le pivot.

➤ Comment ces lois permettent-elles de comprendre la manière dont le pouvoir indien actuel utilise la religion dans un but politique ?

1 Éditorial paru dans le journal indien anglophone *The Tribune* le 6 septembre 2021

La parole de l'historienne

Prem Chowdhry

Elle est sociologue et historienne, professeure à l'Université de Dehli, membre du *Indian National Congress*. Il s'agit de l'un des principaux partis politiques indiens, très en pointe dans le combat pour l'indépendance. Il peut être actuellement situé au centre-gauche de la vie politique et se trouve donc dans l'opposition à l'actuel gouvernement (droite nationaliste hindoue).

À l'heure actuelle, quatre États ont adopté des lois anti-conversion allant jusqu'à interdire les changements de religions en vue d'un mariage. Alors que tous les États ont interdit la conversion par la force, la fraude ou contre de l'argent, seuls ces quatre États ont ajouté l'interdiction de se convertir pour le mariage.
Dans les médias, ces lois ont communément été appelées « les lois contre le djihad[1] d'amour ». [...] Le Premier ministre de l'Haryana a déclaré que cette loi est rendue nécessaire du fait de plusieurs incidents lors de mariages forcés et de conversions forcées dans son État.
Durant la colonisation, les lois restreignant les conversions religieuses ont été introduites par les États dirigés par des dynasties hindoues, particulièrement lors de la seconde moitié des années 1930, dans le but de préserver l'identité religieuse hindoue face aux efforts de conversions des missionnaires britanniques.
La Constitution consacre la liberté religieuse comme un droit fondamental. Cependant, malgré cela, au fil des années, plusieurs incidents ont entraîné des violences, notamment en 1984 lors des émeutes anti-sikhs à Delhi, dans les années 1990 avec les émeutes anti-hindous dans le Cachemire[2], en 2002 et en 2008 avec les émeutes anti-chrétiennes dans le Gujarat.
On peut remarquer que la loi fait référence à la conversion des femmes hindous vers l'islam lorsqu'elles se marient avec des musulmans. L'implicite de la loi présume que ces conversions sont le résultat de « la contrainte » ou de la « tromperie », et par conséquent, que les femmes hindoues doivent être « protégées » du danger de la conversion. [...] Il est évident que les femmes sont ainsi placées dans un système paternaliste qui suppose la nécessité de leur protection plus important que leur droit de prendre des décisions elles-mêmes quant à leur religion ou quant au choix de leur conjoint.
Dans la constitution existe également le *Special marriage act* de 1954 qui peut être invoqué par les couples inter-religieux et inter-communautaires. Il permet aux personnes qui le souhaitent de se marier civilement, et donc sans nécessaire conversion religieuse. La loi, cependant, exige un préavis public[3] de 30 jours auprès d'un magistrat pour être en mesure d'enregistrer ce type d'union. Lorsque les parties sont de différentes confessions, communautés ou castes, un tel avis rendu public peut être source de danger. Par conséquent, la seule possibilité qui s'offre aux couples inter-religieux est que l'un des deux se convertisse à la religion de l'autre. [...].

Prem Chowdhry (historienne, sociologue et militante politique dans un parti d'opposition au BJP), *The Tribune*, 6 septembre 2021.

1. Terme arabe signifiant littéralement « effort » ou « lutte ». Il est néanmoins compris dans le sens courant comme le combat mené par certains tenant d'un islam radical.
2. Région du Nord Ouest de l'Inde disputée entre le Pakistan et l'Inde. L'Islam est la religion majoritaire avec de fortes minorités hindou.
3. Déclaration rendue publique un certain temps avant la réalisation de l'événement, afin que chacun puisse être informé de l'évènement, ici le mariage civil.

Mise en perspective

2 Des couples hindous et musulmans avant leur mariage, à Surat, en décembre 2018

D'après une vaste enquête menée en 2019-2020 par le *Pew Research Centre*, toutes confessions confondues, plus de deux tiers des Indiens se disent défavorables aux mariages interreligieux.
Les hindous sont opposés aux mariages mixtes de femmes hindoues à 67 %, et d'hommes hindous à 65 %. 80 % des répondants musulmans y sont opposés pour les femmes de leur communauté, et 76 % pour les hommes.

3 Les nationalistes hindous veulent imposer un Code civil uniforme

Le débat est empoisonné, et beaucoup redoutent une nouvelle offensive de la droite indienne pour asseoir la domination des hindous sur les autres religions et minorités, principalement musulmanes. Plusieurs États indiens gouvernés par le parti au pouvoir, le Bharatiya Janata Party (Parti indien du peuple, BJP) ont décidé d'établir sur leur territoire un Code civil uniforme.
L'établissement d'une loi unique en matière civile constituerait une véritable révolution, car les règles régissant le droit privé de la famille – mariage, divorce, succession, tutelle et adoption – dépendent des communautés religieuses ou tribales. Les hindous, les musulmans, les chrétiens, les parsis, mais également les tribus – nombreuses en Inde – disposent de leurs propres règles et coutumes. Cette originalité remonte à l'époque coloniale. Pour éviter les conflits communautaires, les Britanniques avaient promulgué, à la fin du XVIIIe siècle, différents codes religieux.
Jawaharlal Nehru, le premier Premier ministre de l'Inde après l'indépendance s'était déclaré favorable à l'adoption d'un code civil universel : il en a inscrit le principe dans la Constitution, mais n'est pas allés plus loin, soucieux de ne pas froisser les communautés après le traumatisme de la partition des Indes en 1947, mais aussi parce que certaines pratiques religieuses étaient profondément enracinées.
Soixante-dix ans plus tard, le débat a radicalement changé. En août 2018, la commission juridique indienne avait jugé qu'un code civil uniforme n'était « ni nécessaire ni souhaitable à ce stade ». Les progressistes qui appelaient de leurs vœux l'uniformisation pour des raisons d'égalité sont désormais beaucoup plus réservés et ce sont les nationalistes hindous qui sont à la manœuvre, obsédés par l'unité et l'homogénéité autour de l'hindouisme. Le sujet, polarisant, est devenu une arme électorale pour le BJP.

D'après Sophie Landrin, *Le Monde*, janvier 2023.

ACTIVITÉ

Préparer l'analyse du texte en se documentant

1. Présentez l'auteur, la nature et la source du texte. **(doc. 1)**

2. Dans quel contexte politique ce texte est-il publié ?

Analyser le texte (doc. 1)

3. Dans quel contexte ces lois ont-elles été créées à l'origine ?

4. Que garantit la Constitution indienne pour les religions ? Est-ce suffisant pour éviter les violences ? Justifiez.

5. Pourquoi le préavis à tout mariage inter-religieux est-il une façon de limiter les unions de ce type ?

Porter un regard critique sur le texte

6. Quels éléments permettent de qualifier cet éditorial de « texte d'opinion » ?

7. Comment l'autrice démontre-t-elle que le gouvernement central utilise ces lois pour renforcer le nationalisme hindou ? **(doc. 3)**

8. L'état de l'opinion sur les mariages inter-religieux confirme-t-il la démonstration de Prem Chowdhry ? Jusitifiez. **(doc. 2)**

Pour aller plus loin

Regardez cette vidéo sur les violences contre les minorités.

Vidéo : Les violences anti-chrétiennes et la politique anti-conversion, France 24, 16 janvier 2023.

hachette-clic.fr/23hgg1139

Étude PROJET EXPOSITION

Inde-Pakistan, conflit inachevé, paix improbable ?

Depuis la partition des Indes britanniques en 1947, l'Inde, à majorité hindoue, et le Pakistan musulman, se sont plusieurs fois affrontés au sujet de la région du Cachemire. Mais au-delà des revendications religieuses et territoriales liées au Cachemire, de nombreux facteurs cristallisent les tensions entre l'Inde et le Pakistan. À la fois identitaires, géopolitiques et économiques, ces tensions sont alimentées par les grandes puissances, telle la Chine ou les États-Unis qui y voient une occasion d'étendre leur influence.

Pourquoi le conflit indo-pakistanais relève-t-il d'enjeux qui ne sont pas uniquement religieux ?

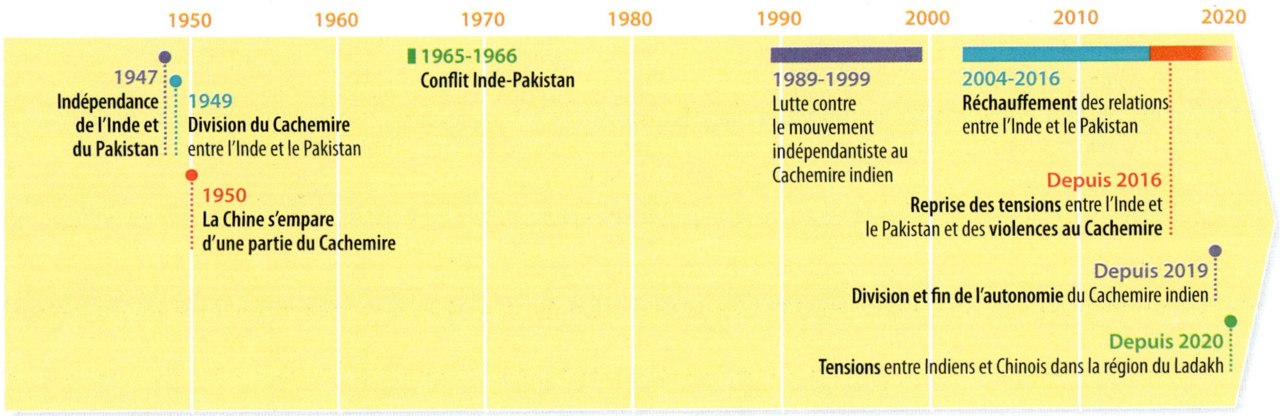

A Le conflit entre l'Inde et le Pakistan, un conflit multiforme

1 Des affrontements dans le Cachemire indien

La parole du géopolitologue

Créé il y un an, *The Resistance Front (TRF)*, un groupe rebelle séparatiste violent, a revendiqué diverses attaques après la décision du gouvernement central indien à l'été 2019 de diviser l'ancien État du Jammu-et-Cachemire en deux régions administrées par le gouvernement fédéral[1].

Dans cette région himalayenne multiconfessionnelle du Nord de l'Inde, des communautés musulmane, hindoue et sikh cohabitent depuis des siècles. La violence militante séparatiste meurtrit la population locale à partir de la fin des années 1980. Aujourd'hui, cette nouvelle vague de violence et d'assassinats ciblés est observée avec inquiétude, dans un contexte régional par ailleurs une nouvelle fois marqué par de graves tensions indo-pakistanaises.

Depuis plus de trois décennies, des groupes rebelles séparatistes pro-Pakistan mènent la vie dure dans la région du Cachemire administrée par l'Inde, aux soldats, policiers et responsables politiques locaux indiens, à la population locale, pressant notamment cette dernière de soutenir une insurrection devant mener à l'indépendance du Cachemire ou à la fusion de l'ensemble du territoire avec le Pakistan. Depuis 1989, ces violences ont *a minima* fait plusieurs dizaines de milliers de morts. Comme souvent, il est difficile – voire impossible – de séparer les éruptions de violence terroriste survenant au Cachemire indien et les accrochages armés violents de part et d'autre de la Ligne de contrôle, des tensions existantes entre New Delhi et Islamabad. Ces tensions ont été très crûment matérialisées par les récentes passes d'armes à la tribune de l'Assemblée générale annuelle de l'ONU.

D'après Olivier Guillard, « Cachemire indien : nouvelle éruption de violence terroriste en pleines tensions Inde-Pakistan », *Asialyst*, 16 octobre 2021.

1. Jusqu'alors, cet État disposait d'une assemblée élue, d'une Constitution et d'un drapeau propres. Ces changements permettent au président Modi de prendre le contrôle de la région et d'y limiter le rôle politique des musulmans.

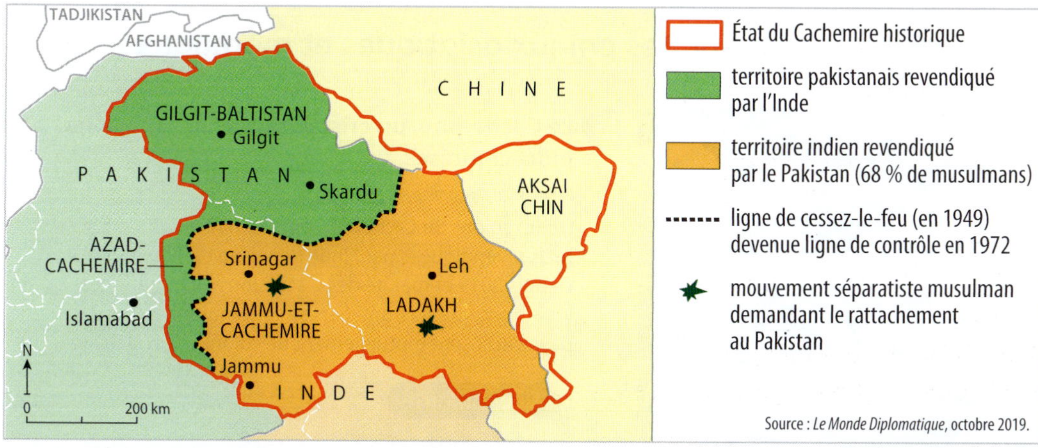

2 Le Cachemire, une région disputée entre l'Inde et le Pakistan sur fond de tensions religieuses

3 Une frontière fermée entre l'Inde et le Pakistan depuis 1949

Au poste-frontière de Chakothi, côté pakistanais. Sur la barrière, le drapeau vert pakistanais associe le croissant et l'étoile, symboles de l'islam.
La bande blanche représente les minorités religieuses.

4 Des tensions régionales pour l'accès à l'eau

Les eaux du bassin de l'Indus, qui naissent dans les montagnes himalayennes contrôlées par l'Inde, sont partagées entre l'Inde et le Pakistan depuis un traité de 1960. Cette division n'a jamais été violée, même pendant les trois guerres que se sont menées l'Inde et le Pakistan depuis lors.

Selon les termes de l'accord, New Delhi reçoit les eaux des trois rivières orientales de ce bassin, et Islamabad celles des trois rivières occidentales. Mais dans la pratique, l'Inde laisse en fait s'écouler 5 % de sa part vers le Pakistan : et c'est cette eau que New Delhi prévoit maintenant de s'approprier. Cela est dans son droit et était déjà prévu, car un barrage est en cours de construction pour ce détournement. Et Islamabad vient d'affirmer n'avoir aucune objection à ce plan.

En revanche, le ministre indien des Ressources aquatiques a également menacé d'empêcher « toute eau de couler vers le Pakistan », ce qui reviendrait à couper les trois autres cours d'eau. Cela serait catastrophique pour le Pakistan[1], qui reçoit les trois quarts de son eau par ces trois rivières. Une telle décision pourrait en soi être la raison d'une nouvelle guerre entre ces deux grandes puissances nucléaires.

Radio France Internationale, 22 février 2019.

1. 90 % de l'alimentation du Pakistan et 65 % de ses emplois dépendent de l'agriculture et de l'élevage.

ACTIVITÉ

1. Identifiez les raisons du conflit entre l'Inde et le Pakistan à propos du Cachemire. **(doc. 1, 2 et 3)**

2. Comment la religion est-elle utilisée par les différents acteurs dans un but politique ? **(doc. 1)**

3. Expliquez pourquoi l'eau est aussi une donnée importante du conflit au Cachemire. **(doc. 4)**

Bilan

Rédigez un texte argumenté et organisé pour répondre à la question suivante : « **Quelles sont les caractéristiques géopolitiques du conflit entre l'Inde et le Pakistan ?** »

B Un conflit Inde-Pakistan au cœur des enjeux asiatiques et mondiaux

5 Le Cachemire, un cristallisateur des tensions indo-chinoises

Carlos, *Mail & Guardian*, 19 juin 2020.

Deux régions du Cachemire sont administrées par la Chine mais revendiquées par l'Inde depuis sa défaite en 1962. Depuis 2019 et malgré des discussions diplomatiques, les affrontements frontaliers se sont multipliés. Les deux pays s'accusent mutuellement de colonisation illégale.

Vocabulaire

Corridor de développement : espace combinant infrastructures de transport et activités productives permettant le développement économique d'un territoire, qui traverse le plus souvent plusieurs pays qui, jusque-là, était en marge.

Zone économique spéciale (ZES) : territoire bénéficiant d'avantages fiscaux pour attirer les entreprises étrangères.

6 Un rapprochement sino-pakistanais stratégique

Gwadar est un élément central des projets de développement économique pakistanais et sa localisation stratégique n'a pas échappé à la Chine. Gwadar est une cité portuaire située sur le littoral sud-ouest du Pakistan, ouverte sur la mer d'Arabie. Son port en eau profonde ouvre des perspectives commerciales et stratégiques. En 2015, Islamabad et Pékin ont annoncé un projet conjoint et ont impulsé la valorisation de Gwadar avec le China-Pakistan Economic Corridor. Le corridor de développement et ses 3 000 km relient à grand renfort de nouveaux axes routiers et ferroviaires, jalonnés de centrales électriques, Kashgar dans le Xinjiang (province du Nord-Ouest chinois) à Gwadar, à travers l'Himalaya, le Cachemire, les plaines et des déserts. Gwadar est important pour la Chine : le port pourrait être utilisé pour l'accostage des bâtiments de la marine chinoise et les pistes et infrastructures de l'aéroport international de Gwadar, en construction, pourraient quant à elles être ouvertes aux appareils de la Force aérienne chinoise. Enfin, en 2016 a débuté la construction de la Gwadar Special Economic Zone (GSEZ) qui s'inspire du modèle des ZES développées depuis les années 1980 par la Chine. Sa construction procure un emploi à 40 000 Pakistanais.

D'après Olivier Guillard, « Les «Nouvelles Routes de la Soie», la Chine et le néocolonialisme en Asie du Sud, *Asialyst*, 22 janvier 2021.

7 Inde-Pakistan, une rivalité régionale au cœur d'enjeux mondiaux

Carte interactive
hachette-clic.fr/23hgg1140

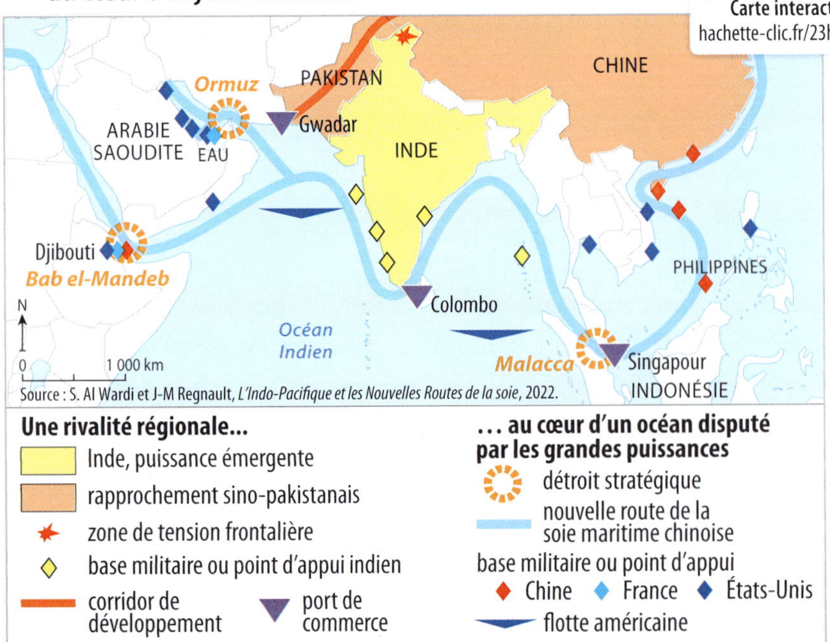

ACTIVITÉ

1. Pourquoi la proximité de la Chine renforce-t-elle les tensions ? (doc. 5)
2. Comment et pourquoi la Chine se rapproche-t-elle du Pakistan ? (doc. 6 et 7)
3. Justifiez l'affirmation suivante : le rapprochement sino-pakistanais accentue les rivalités dans l'océan Indien. (doc. 7)

Bilan

Pourquoi le conflit indo-pakistanais s'inscrit-il dans une géopolitique régionale et mondiale ?

PROJET Réaliser une exposition et son audioguide

Capacité S'exprimer à l'oral… pour restituer les enjeux d'un conflit

MISSION À partir de vos réponses aux questions posées pages 367 et 368, réalisez une exposition et son audioguide sur le sujet suivant : « Inde-Pakistan, conflit inachevé, paix improbable ? ».

Servez-vous des réponses aux questions p. 367-368. Vous pouvez les compléter par des recherches.

Vidéo : P. Boniface « La rivalité Inde-Pakistan ».

hachette-clic.fr/23hgg1141

Vidéo : « Cachemire, un conflit sans fin ? », *Le Dessous des Cartes*, 28 mars 2020

hachette-clic.fr/23hgg1142

Vous pourrez utiliser à la fois des documents du manuel et ceux issus de vos propres recherches.

étape 1 Préparer l'exposition

1. Classez les informations qui répondent au sujet dans le plan suivant :
- *les origines du conflit au Cachemire entre l'Inde et le Pakistan*
- *les formes du conflit*
- *les implications régionales et mondiales du conflit*

2. Décidez du nombre de posters nécessaires pour l'exposition.
Deux à trois posters peuvent être réalisés pour exposer chaque partie du plan.
Voici des exemples de posters à réaliser pour « les origines du conflit » :
- *le Cachemire, une terre de haute montagne*
- *le Cachemire, une terre multiculturelle*
- *les racines historiques du conflit*

3. Répartissez la classe en groupe de trois élèves. Chaque groupe réalise un poster.

4. Par groupe, sélectionnez des documents pour illustrer votre poster.
Le poster comprendra au minimum une image et un court texte.

Un audioguide s'écoute. Faites des phrases courtes et simples et pensez au lien à établir entre les documents.
Proposez une courte introduction (ce qui va être vu) et une conclusion (réponse à la question, intérêt du sujet…).

Vous pouvez vous servir des outils suivants : Audacity, Vidmore Screen Recorder, Aktiv MP3 Recorder, ou bien de votre smartphone…

étape 2 Préparer l'audioguide

5. Une fois les posters réalisés et numérotés, chaque groupe sélectionne les éléments de l'exposition qui feront l'objet d'un commentaire audio (quel document ? quel repère ? quel événement ?).

6. Au brouillon, présentez les documents retenus et montrez-en les aspects importants. Vous pouvez définir votre propre parcours d'exposition.

7. Enregistrez le texte de votre audioguide en commençant par le numéro de chaque panneau.

étape 3 Présenter l'exposition

8. Disposez les posters dans la salle en fonction de leurs numéros.

9. Chaque groupe de trois élèves écoute un audioguide réalisé par un autre groupe pour suivre l'exposition.

10. Chaque groupe réalise un bilan de l'audioguide écouté (apports, éventuels oublis). Il le présente aux camarades concernés.

OTC

Leçon 4 État et religions en Inde

➤ Quelle est la place des religions en Inde, État laïque où la pratique religieuse est très importante ?

A L'Union indienne, une démocratie laïque

- **Dans les années 1930, les indépendantistes sont nombreux au sein des « Indes britanniques ».** Des organisations, comme le Parti du Congrès de Nehru, ou des personnalités, comme Gandhi, souhaitent le départ des Britanniques. La Ligue musulmane d'Ali Jinnah refuse l'idée de confédération des anciennes colonies et souhaite un État musulman, craignant le sort d'une minorité religieuse dans un État hindou.
- **Des tensions ethniques et religieuses accompagnent la partition des « Indes britanniques ».** Favorable à une solution négociée, Londres accepte le 15 août 1947 l'indépendance de l'Union indienne de Nehru et du Pakistan d'Ali Jinnah. Immédiatement, hindous et sikhs fuient le Pakistan pour rejoindre l'Union indienne que quittent à l'inverse les musulmans. De 1947 à 1950, 15 millions de personnes migrent dans un climat violent (1 million de victimes) qu'illustre l'assassinat de Gandhi le 30 janvier 1948, par un extrémiste hindou.
- **La démocratie indienne opte pour un État laïque** afin d'apaiser les tensions, de respecter la religiosité des Indiens et de se distinguer davantage du JALON 1 p. 360 Pakistan qui affiche sa dimension religieuse. Elle adopte le **sécularisme** : toutes les religions sont traitées sur un pied d'égalité, et sont reconnues et autorisées. Inscrit dans la Constitution en 1976, ce principe garantit aux minorités religieuses leur liberté, et la possibilité de créer des écoles et de solliciter des subventions de l'État.

Jawaharlal Nehru (1889-1964)

Originaire du Cachemire, Nehru fait ses études en Angleterre. Dès son retour en Inde, il s'inscrit au Congrès national indien et participe à la lutte pour l'indépendance du pays. En 1947, il devient le Premier ministre de l'Inde.

B Une offensive contre le « sécularisme » et les minorités religieuses

- **Les pères fondateurs de la nation indienne, Nehru et Gandhi, optent pour un régime démocratique.** La longue tradition indienne de diversités culturelles et religieuses, et de pluralisme a permis au « sécularisme » de faciliter la cohabitation entre religions. Toutefois, depuis 1947, les tensions sont vives entre hindous et minorités religieuses et sont périodiquement sources de violences au sein de la société indienne.
- **L'hindouisme est de loin la religion dominante en Inde mais la diversité religieuse est réelle.** Ainsi, environ 200 millions d'Indiens sont musulmans (16 % de la population). Cependant, à l'exception du Cachemire, cette communauté est en situation de minorité dans les États indiens. Le pays compte aussi d'autres minorités : chrétienne (4,79 % de la population), sikh (1,8 %), bouddhiste, jaïniste.
- JALON 2 p. 362 **Aujourd'hui, le compromis sécularisme est remis en question** profondément par les nationalistes hindous qui estiment que l'hindouisme est inséparable de l'identité indienne. Apparu dans les années 1980, le Bharatiya Janata Party (BJP) porte ce discours et gouverne l'État fédéral depuis 2014 ainsi qu'une vingtaine d'États. Dans certains États, le « sécularisme » est mis à mal par des lois (lois sur les conversions, etc.). Des militants extrémistes n'hésitent pas à violenter les musulmans et les chrétiens. L'attitude ambiguë du pouvoir central semble mener l'Inde vers une « **démocratie ethnique** ».

Vocabulaire

Démocratie ethnique : expression inventée par les politologues pour décrire un régime démocratique qui favorise une partie de sa population.

Sécularisme : principe selon lequel les questions religieuses doivent être séparées de celles de l'État. La liberté de culte n'est pas remise en cause, mais les autorités religieuses ne doivent pas intervenir dans la politique.

C États et religions, un conflit inachevé entre l'Inde et le Pakistan

JALON 3 p. 366

Depuis 1947, la région du Cachemire est au centre de désaccords territoriaux entre l'Inde et le Pakistan. Majoritairement peuplé de musulmans, mais traditionnellement gouverné par des hindous, le Cachemire demande son rattachement à l'Inde (octobre 1947). Un premier conflit (mars 1948) oppose les deux pays et se solde par la délimitation d'une ligne de contrôle toujours en vigueur aujourd'hui. Deux autres guerres (1965, 1971) déstabilisent toute l'Asie du Sud d'autant que la Chine revendique également, depuis les années 1950, la région de l'Aksai Chin, partie orientale du territoire.

Les tensions sont régulières depuis les années 1980. L'Inde dénonce le soutien du Pakistan aux séparatistes cachemeris et renforce périodiquement son contrôle sur la région. En 2019, le Cachemire se voit retirer toute autonomie et se trouve durement occupé par le pouvoir central (interdictions de voyager, arrestations des opposants...).

JALON 3 p. 366

Le conflit est au cœur d'enjeux plus larges. Inde et Pakistan sont des puissances nucléaires de la région Indo-Pacifique dont les enjeux stratégiques sont au cœur de la géopolitique mondiale. Les rivalités de puissance, notamment entre Chine et États-Unis, ravivent ponctuellement les tensions. L'islamisme est un autre facteur important de déstabilisation (2 700 morts depuis les premiers attentats en 1979). La question des ressources, notamment l'accès à l'eau dans un contexte de réchauffement climatique, s'ajoute à une situation complexe.

1 La frontière entre l'Inde et le Pakistan

Tous les jours, depuis 1959, 8 000 personnes assistent en fin de journée à la cérémonie de fermeture de la frontière à l'unique poste frontière entre Amritsar (Inde) et Lahore (Pakistan).

SCHÉMA BILAN

Schéma interactif
hachette-clic.fr/23hgg1143

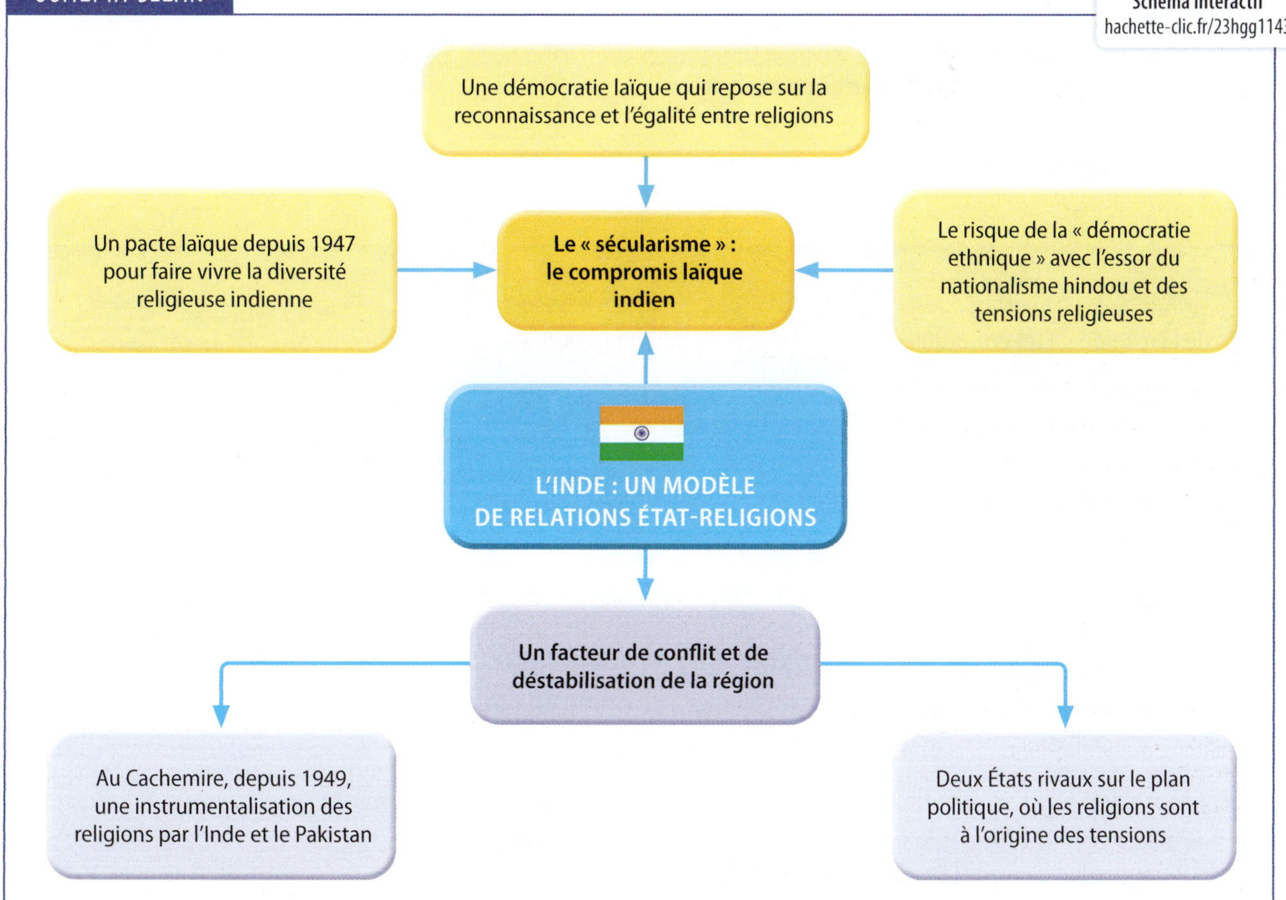

Méthode BAC Dissertation

Capacité Mettre en relation des faits de période et de localisation différentes

SUJET ➪ La sécularisation politique signifie-t-elle la fin des religions ?

étape 1 Analyser le sujet et préparer la dissertation

1. Complétez l'analyse du sujet, à l'aide de votre cours et du manuel. ➥ Méthode p. 90

La **sécularisation politique** signifie-t-elle la **fin des religions** ?

- À l'aide du lexique, définissez la notion de sécularisation.
- Montrez que l'adjectif « politique » est à prendre au sens large et qu'il n'implique pas uniquement les acteurs étatiques.
- Comment évoluent aujourd'hui les grandes religions ? Cette évolution s'explique-t-elle par la sécularisation ?

Listez des exemples de pays étudiés en classe où la sécularisation est/a été un enjeu.

2. Choisissez parmi les propositions suivantes la problématique qui reformule le sujet tout en y restant fidèle.

- La mise à distance progressive du religieux dans une société entraîne-t-elle sa perte d'influence ?
- Comment la mise à distance progressive du religieux dans une société conduit-elle à la fin des religions ?
- La fin des religions conduit-elle à la sécularisation politique ?
- Pourquoi la sécularisation politique conduit-elle à la fin des religions ?

Éliminez les questions qui, d'emblée, adoptent l'un ou l'autre des points de vue en débat dans le sujet.

3. Placez sur la frise chronologie les évènements liés la sécularisation.

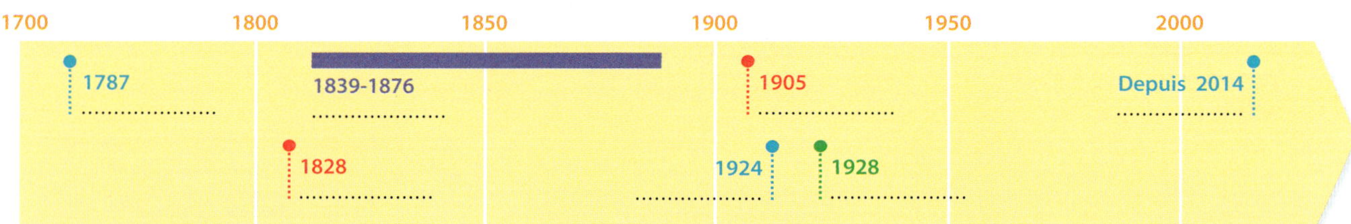

- Constitution des États-Unis
- fin de la religion d'État en Turquie
- loi française de séparation de l'Église et de l'État
- politique nationaliste hindoue
- abolition du califat en Turquie
- partition de l'Inde
- Tanzimat dans l'empire Ottoman

Point méthode

Mettre en relation des faits de période et de localisation différentes

✔ Mettre en évidence les permanences historiques, malgré des contextes différents, ou au contraire les ruptures.

✔ Mettre en évidence les points communs ou au contraire es différences.

4. Sur le modèle proposé, mettez en relation des faits de période et de localisation différentes.

Rôle actif de l'État	Exemples étudiés en classe :
Modernité conduisant la sécularisation	Inde
Modernité résultant de la sécularisation	États-Unis
Rôle des idées des Lumières	Turquie kémaliste
Respect des minorités	Autres exemples possibles :
Sécularisation menée sur le long terme	France
Sécularisation imposée à la religion majoritaire	Royaume-Uni

étape 2 Rédiger la dissertation

5. Terminez la rédaction de l'introduction suivante, à l'aide de la Méthode p. 238.

Alors que dans des pays comme l'Iran ou l'Arabie saoudite le religieux se confond avec le politique dans le cadre de théocratie, d'autres États, à des périodes différentes et dans des territoires différents, ont fait le choix d'une sécularisation. En effet, ...

Reprenez la problématique sélectionnée dans la question 2.

6. Rédigez les grandes parties de la dissertation en soignant les phrases d'introduction et de conclusion.

Plan possible :

1 – Une sécularisation voulue par l'État aux modalités contrastées ;
2 – Une sécularisation, cause et conséquence de modernité ;
3 – Des conséquences différentes (nouveau rapport entre politique et religion ; manière dont les religions réagissent).

Dans votre rédaction, définissez les notions suivantes : laïcité ; modernité ; sécularisation ; califat ; religion d'État ; religion civile ; pluralisme religieux ; nationalisme religieux.

7. Recomposez la conclusion en organisant les paragraphes dans l'ordre approprié.

Alors, il devient pertinent de s'interroger sur le modèle inverse, à savoir les théocraties qui n'autorisent aucune séparation entre la religion et l'État : la place de la religion dans la société y est-elle davantage préservée de la modernité ?
Au terme de cette réflexion, il apparaît donc que la sécularisation politique, si elle est en tout temps et en tout lieu impulsée par l'État, passe par des modalités contrastées. De plus, à la fois cause et conséquence de la modernité, cette sécularisation politique accompagne les changements de la société.
Pourtant, les conséquences sont variées selon les cas, tant dans les nouveaux rapports établis entre le politique et la religion, mais également dans la manière dont les religions réagissent.
En définitive, la sécularisation politique ne conduit donc pas à la fin des religions même si, en lien avec la modernité, elle en affaiblit le poids sociétal et politique.

Sujet d'entraînement

Expliquez le terme. Pensez aux différentes religions que l'on peut évoquer en exemple.

Expliquez la notion. Pensez aux États théocratiques ou aux États qui ont utilisé la religion pour s'affirmer (religion d'État dans certains pays, absolutisme de droit divin…).

La religion, une arme géopolitique pour les États, hier comme aujourd'hui

En quoi la religion peut-elle être utilisée par des États pour contrôler leur population, réprimer des minorités religieuses ou faire la guerre à d'autres pays ?

Variez les exemples, que ce soit dans l'actualité (Iran, Arabie saoudite, Israël / Palestine…) ou dans l'histoire (période des croisades et de la Reconquista, évangélisation de peuples jugés inférieurs pendant la colonisation…).

Méthode BAC Dissertation

Capacité Auto-évaluer sa dissertation

SUJET ➡ **Quelles sont les dimensions géopolitiques de la question religieuse en Inde ?**

étape 1 Analyser le sujet et construire un plan

1. Complétez l'analyse du sujet, à l'aide de votre cours et du manuel. ➡ Méthode p. 90

Quelles sont les **dimensions géopolitiques** de la **question religieuse** en **Inde** ?

- **dimensions géopolitiques** : Mobilisez la définition de la géopolitique donnée en début d'année dans l'introduction du programme pour cerner tous les enjeux du sujet (➡ p. 27).
- **question religieuse** : Pourquoi le pluralisme religieux indien est-il un enjeu politique?
- **Inde** : Cette précision indique l'État choisi pour traiter le sujet. Pourquoi faut-il néanmoins étudier ce sujet à l'échelle nationale (minorités religieuses), mais également internationale (relations avec le Pakistan) ?

2. Choisissez un plan parmi les propositions suivantes et justifiez votre choix.

Proposition 1
1. À l'échelle nationale, l'enjeu géopolitique des religions
2. À l'échelle internationale, la religion au cœur des tensions avec le Pakistan

Proposition 2
1. Le poids de l'hindouisme en Inde et ses conséquences sur la société
2. L'enjeu géopolitique des minorités religieuses en Inde

Proposition 3
1. L'histoire, à l'origine des tensions religieuses
2. Aujourd'hui, la religion au cœur des tensions avec le Pakistan

Vérifiez que le plan choisi permet de travailler le sujet à l'échelle nationale et internationale.

3. Sélectionnez les informations en lien avec le sujet et classez-les dans le plan sélectionné.

L'État indien représente une population de 1,4 milliards d'habitants ; Narendra Modi entretient depuis 2014 une politique nationaliste hindoue ; le Cachemire cristallise les tensions entre le Pakistan et l'Inde ; le sécularisme est l'attitude officielle de l'État indien ; l'Inde est un État fédéral découpé en 29 États ; l'hindouisme date d'au moins 1500 ans avant Jésus-Christ ; 1,6 % de la population pakistanaise est chrétienne ; les attentats islamistes se sont multipliés en Inde dans les années 2000 ; le Parti du peuple indien (BJP) défend le majoritarisme hindou qui reconnaît l'hindouisme comme la religion officielle de l'Inde ; les minorités religieuses sont exposées à des violences croissantes ; les discours religieux servent de discours pour couvrir d'autres motifs d'affrontements indo-pakistanais (ressource en eau, conflit frontalier…) ; Gandhi a lutté pacifiquement pour l'indépendance de l'Inde ; …

Complétez cette liste en insérant les notions utiles au sujet et des exemples ciblés.

étape 2 Rédiger la dissertation

4. Sélectionnez une des amorces proposées, en justifiant votre choix, et terminez la rédaction de l'introduction. ➡ Méthode p. 238

En septembre 2022, à l'issue d'un match de cricket, la ville anglaise de Leicester a été l'affrontement de la communauté musulmane et hindoue. Cet événement, bien qu'éloigné du sous-continent indien, atteste de ….

Chaque année, la fête hindouiste de Holi marque l'équinoxe de printemps. Cette fête des couleurs est spectaculaire car ….

La question religieuse en Inde comporte une dimension géopolitique. En effet, ….

Pour annoncer votre plan, utilisez les connecteurs logiques pour indiquer les parties du plan. Par exemple, « Dans un premier temps, il s'agira …. puis …. et enfin, …. »

5. **Rédigez les parties du développement en vous aidant du travail préparatoire mené dans les questions 2 et 3.**

Au début de chaque partie, rédigez une phrase annonçant ce que vous allez démontrer ; à la fin de chaque partie, rédigez une mini conclusion qui apporte une réponse à la problématique.

6. **Rédigez la conclusion de la dissertation.** ➡ Méthode p. 307

Appuyez-vous sur les mini conclusions écrites à la fin de chaque partie pour construire la conclusion.

étape 3 Auto-évaluer la dissertation

7. **En binôme, grâce à la grille de lecture, évaluez votre dissertation et celle de votre camarade.**

Point méthode

Auto-évaluer une dissertation

Capacités évaluées	Très insuffisant	Insuffisant	Satisfaisant	Très satisfaisant
Posséder et mobiliser des connaissances	Pas d'exemples ; uniquement une suite de propos sans notions pertinentes	Peu d'exemples ; pas de notions ou notions non maîtrisées	Exemples en lien avec le sujet nourrissant le propos ; présence de notions attendues dans le traitement du sujet	Notions et exemples particulièrement détaillés et maîtrisés ; bonne articulation des notions et des exemples
Construire un plan	Pas d'organisation en parties ; pas d'introduction ni de conclusion	Organisation en parties ne permettant pas une saisie globale du sujet	Organisation en parties offrant une saisie globale du sujet	Plan offrant une saisie totale du sujet ; forte cohérence des parties connectées entre elles par des transitions ; introduction et conclusion riches
Adopter une démarche réflexive et argumentée	Pas de réflexion personnelle	Peu de réflexion personnelle	Présence de phrases témoignant d'une réflexion personnelle au-delà de la restitution du cours	Réflexion soutenue ; problématique explicite et suivie comme fil directeur
Maîtriser la langue et formaliser sa pensée par écrit	Copie difficilement compréhensible	Copie à la syntaxe hasardeuse	Langue correcte et assurant la compréhension du propos	Langue riche et soutenue

Sujet d'entraînement

Vous pouvez organiser vos idées dans un plan en trois parties : un rapprochement imposé par les circonstances ; un renforcement mutuel ; le risque de la concurrence entre pouvoirs politique et religieux.

Quelles sont les relations entre pouvoirs politique et religieux au Moyen Âge ?

Vous analyserez les interactions entre ces différents pouvoirs en Orient et en Occident aux IXe et Xe siècles.

Pour comparer les relations entre pouvoirs politique et religieux en Orient et en Occident, il faut éviter le plan qui séparerait ces deux espaces dans deux parties différentes.

Capacités Conclure l'étude critique de documents – Auto-évaluer l'étude critique de documents

Méthode BAC Étude critique de documents

SUJET La laïcité en Turquie dans les années 1920

En analysant le document et en vous appuyant sur vos connaissances, montrez que la laïcité mise en place par Mustapha Kemal dans les années 1920 conduit au contrôle de l'État sur la religion.

La place de l'islam dans la République turque au début du XXe siècle

La laïcité telle qu'elle est mise en œuvre en Turquie est tout à fait différente de son interprétation française. Tandis qu'au début du XXe siècle, la laïcité française organise la séparation des cultes et de l'État, sa version turque assure un fort contrôle de l'État sur le champ religieux. Les réformes initiées par les kémalistes à partir des années 1920 visent notamment à limiter les marges de manœuvre des forces susceptibles de s'opposer à eux. Le capital religieux est ainsi dévalorisé, mais uniquement si celui-ci est perçu comme indépendant de l'État ou anciennement lié au Sultan. Il ne s'agit donc pas de lutter contre l'islam mais de s'assurer que l'État contrôle l'espace religieux. Ainsi, l'abolition du califat le 3 mars 1924, l'interdiction des *medrese* (écoles coraniques) la même année et des confréries l'année suivante, puis la suppression de toute mention à l'islam comme religion d'État dans la constitution en 1928 constituent davantage une modalité de nationalisation et de contrôle de l'islam qu'une séparation des champs étatique et religieux.

Par ailleurs, si la République s'interdit toute référence à la religion dans sa constitution depuis 1928, l'islam reste constitutif de l'identité nationale telle que la définit l'État. L'islam apparaît donc comme un bien symbolique très important dans un pays très majoritairement musulman. Face à cette situation, il faut noter que les minorités non musulmanes bénéficient d'une autonomie institutionnelle et financière bien plus importante. Mais les multiples pressions qu'elles ont subies depuis l'instauration de la République ont considérablement réduit leur présence en Turquie.

D'après Benjamin Gourisse, *20 idées reçues sur la Turquie*, Le Cavalier bleu, 2017.

étape 1 Rédiger l'étude critique de documents

1. Analysez le sujet et la consigne pour en comprendre les enjeux.

Recopiez le sujet et la consigne et définissez les notions.

2. Classez les informations du document dans le plan suggéré.

Plan suggéré

1 - L'abolition du califat, une rupture à l'égard de l'Empire ottoman
2 - Une sécularisation qui se traduit par la modernisation de la Turquie
3 - Une sécularisation qui renforce le contrôle de l'État sur les religions

Pour identifier les informations, associez une couleur à chacune des trois parties.

3. Rédigez l'introduction et les grandes parties de l'étude critique de document.

Utilisez vos connaissances personnelles pour expliquer les informations du document.

4. Terminez la rédaction de la conclusion de l'étude critique de document.

L'analyse de Benjamin Gourisse a permis de montrer que ...
....
....

Point méthode

Rédiger la conclusion

- Rappeler l'intérêt du(des) document(s) pour traiter le sujet en mettant en évidence l'apport spécifique de chaque document ;
- Rappeler les limites du(des) document(s) (oublis, subjectivité) pour traiter le sujet.

étape 2 Auto-évaluer l'étude critique de documents

5. **En binôme, grâce à la grille de lecture, évaluez votre étude de document et celle de votre camarade.**

Point méthode

Auto-évaluer une étude critique de document(s)

Capacités évaluées	Très insuffisant	Insuffisant	Satisfaisant	Très satisfaisant
Contextualiser	Aucune information personnelle	Connaissance approximative du contexte global ; informations extérieures inexactes	Connaissance du contexte global dans lequel s'inscrivent le(s) document(s) ; des connaissances personnelles mises en rapport avec le(s) documents.	Connaissance du contexte global mobilisée pour l'étude des documents ; mise en rapport soutenue des connaissances personnelles du ou des documents
Comprendre	Incompréhension de la consigne, ou du/des document(s) ;	Compréhension partielle de la consigne, ou du/des document(s) ; présence de contre-sens	Compréhension correcte de la consigne ; compréhension correcte des principales informations livrées par le(s) document(s)	Compréhension fine du/des document(s)
Confronter (dans le cas de deux documents)	Non exploitation d'un ou des documents	Pas de confrontation	Mise en rapport des documents pour dégager une évolution, confronter des points de vue, …	Confrontation des documents intégrant une dimension critique
Avoir une approche critique du/des document(s)	Pas de mention de la source ; non prise en compte du/des document(s)	Simple mention de la source en recopiant la référence	Source et nature du/des document(s) prises en compte dans l'analyse ; intérêt et limites du/des document(s) explicité(s)	Source et nature du/des document(s) nourrissant explicitement l'approche critique
Employer les notions	Pas de notion ou notions non pertinentes	Maîtrise inégale des notions utilisées	Présence des notions attendues	Organisation de l'étude critique à partir des notions précisément définies
Construire une argumentation	Pas de construction de plan	Construction partielle d'un plan	Paragraphes ayant une cohérence et témoignant d'une démarche méthodique	Construction cohérente permettant de répondre pleinement à la consigne
Maîtriser la langue et formaliser sa pensée par écrit	Copie difficilement compréhensible	Copie à la syntaxe hasardeuse	Langue correcte et assurant la compréhension du propos	Langue riche et soutenue

Sujet d'entraînement

Le couronnement de Charlemagne, l'association du politique et du religieux

En analysant le document et en vous appuyant sur vos connaissances, montrez comment le couronnement de Charlemagne consacre l'alliance du politique et du religieux en Occident au VIIIe siècle.

Utilisez les p. 330-331 pour étudier la représentation. (doc. 4, p. 329)

Méthode BAC Étude critique de documents

SUJET d'entraînement ➡ Les relations entre le politique et le religieux aux États-Unis depuis la fin de la Seconde Guerre mondiale

En analysant les documents, en les confrontant et en vous appuyant sur vos connaissances, montrez que l'image que les présidents américains ont donné de la laïcité est fluctuante.

1 Kennedy, la religion comme argument de campagne

John Kennedy est catholique. Et dans les États-Unis des années 1960, c'est un risque. Kennedy le reconnaît lui-même dans son discours d'acceptation de la nomination du parti démocrate lors de la Convention de Los Angeles le 15 juillet. Mais pour Ted Sorensen, son stratège, c'est une chance, à condition de ne pas s'aliéner le vote protestant. [...] Le risque est pourtant réel tant l'anticatholicisme est puissant chez les conservateurs protestants. Et dès l'investiture de Kennedy, le pasteur Billy Graham[1], un ami proche de Richard Nixon[2] organise en toute discrétion une rencontre de 30 leaders protestants pour définir une stratégie commune afin de barrer la route à Kennedy : en un mot, on ne peut être catholique et patriote.

C'est dans ce contexte tendu que Sorensen convainc Kennedy de faire une grande allocution sur la question religieuse. La date est fixée au lundi 12 septembre 1960 devant l'Association des Pasteurs de Houston. La pression est énorme dans le camp démocrate. Quelques jours avant le discours, Sorensen confie à un ami : « Nous pouvons gagner ou perdre l'élection lundi soir à Houston. »

« Je ne parle pas pour l'église, l'église ne parle pas pour moi. Je ne suis pas ici catholique, je suis démocrate », se défend Kennedy. Pendant onze minutes, Kennedy défend avec brio sa foi... dans les valeurs de l'Amérique et parvient à étaler au grand jour la contradiction de ses opposants, des pasteurs, qui, au nom du respect de cette séparation, ont eux-mêmes bafoué ce principe en appelant à voter contre lui. Finalement, Kennedy présente sa possible élection comme le signe du respect des principes posés par les Pères fondateurs. Un retournement génial pour Kennedy, qui sauve sa candidature.

D'après Thomas Snegaroff, « Il était une fois en Amérique : 1960, quand la religion se mêle de l'élection », francetvinfo.fr, 6 août 2020.

1. Pasteur et prédicateur évangélique proche des milieux républicains et conservateurs.
2. Candidat républicain lors des élections présidentielles de 1960.

Rappelez comment les présidents de la guerre froide ont lié patriotisme et religion.

Confrontez les deux documents en montrant comment la photographie illustre ou au contraire s'oppose aux conceptions de la laïcité exposées dans le texte.

2 Le soutien des chrétiens évangéliques à Donald Trump lors de sa campagne électorale en 2016

Lors de sa campagne électorale, le programme de Donald Trump a séduit près de 80 % des chrétiens évangéliques.

Utilisez votre cours pour expliquer l'attachement des chrétiens évangéliques au Parti républicain.

SUJET d'entraînement ➔ Les minorités religieuses en Inde

En analysant les documents, en les confrontant et en vous appuyant sur vos connaissances, montrez que les minorités religieuses en Inde font face à de nombreuses difficultés sans que les autorités politiques ne réagissent, posant ainsi la question du devenir du « sécularisme indien ».

1 Manifestation de chrétiens à Bangalore en 2021

En décembre 2021, l'État du Karnataka a voté une loi interdisant les conversions « forcées ». Dans un contexte de nombreuses violences contre les minorités chrétiennes, cette loi vise à limiter les mariages inter-religieux qu'elle considère comme des conversions forcées.

Quel indice de la photographie indique qu'il s'agit d'une manifestation de chrétiens ?

2 Hindous et musulmans en Inde

À Delhi, plusieurs centaines d'hommes vêtus de jaune safran, armés de sabres, de pistolets et portant des drapeaux ont sillonné les quartiers musulmans, à l'occasion d'une fête religieuse hindoue, aux cris de « Jai Shri Ram ! » (« Saluez le dieu Ram ! »), le chant de ralliement des extrémistes hindous. Ils se sont dirigés vers la mosquée. Des échauffourées entre les deux communautés ont alors éclaté. Plusieurs personnes ont été blessées, des magasins et des véhicules incendiés. Selon l'inspecteur dépêché sur place, il s'agissait « d'une manifestation pacifique » perturbée par des musulmans. Une vingtaine de personnes ont été arrêtées, des musulmans. Les représentants locaux du BJP ont, quant à eux, jeté de l'huile sur le feu en imputant la violence aux migrants illégaux « bangladais et rohingya » résidant dans la région.

Les attaques contre les musulmans se multiplient à travers le pays sans que le gouvernement et le premier ministre, Narendra Modi, interviennent d'aucune manière. Dans le Karnataka, un État du sud de l'Inde, le gouvernement dirigé par les nationalistes hindous a commencé par interdire l'accès des écoles aux jeunes filles portant un voile, puis il a défendu la décision de certains temples de bannir les commerçants musulmans pendant les fêtes religieuses. Au Gujarat, au Madhya Pradesh, au Jharkhand, au Bengale-Occidental, à Goa, les processions religieuses du Ram Navami, une fête hindoue, ont été l'occasion de démonstrations de haine.

L'opposition s'inquiète aussi de ce déchaînement de haine : « Une apocalypse de haine, de sectarisme, d'intolérance et de contre-vérité est en train d'engloutir notre pays, écrit Sonia Gandhi. Si nous ne l'arrêtons pas maintenant, elle endommagera notre société au-delà de toute réparation, si ce n'est déjà fait. En tant que peuple, nous ne pouvons pas rester sans rien faire et regarder la paix et le pluralisme être sacrifiés sur l'autel d'un nationalisme factice. »

Depuis la partition de l'Empire britannique, en 1947, les relations entre hindous et musulmans sont en effet fragiles, tendues, mais l'arrivée des nationalistes au pouvoir en 2014 a exacerbé les tensions communautaires. Le parti BJP de Narendra Modi dirige par la division et prône ouvertement l'hindutva, une idéologie suprémaciste visant à faire de l'Inde une nation hindoue en écartant les minorités religieuses, en particulier les musulmans, qui représentent 14 % de la population, soit environ 200 millions de personnes. Depuis sa réélection, en 2019, Narendra Modi a multiplié les décisions visant à faire des musulmans des citoyens de seconde zone.

D'après Sophie Landrin, « En Inde, Modi sans réaction face à un déferlement de haine envers les musulmans », *Le Monde*, 18 avril 2022.

Utilisez vos connaissances pour expliquer qui est Narendra Modi.

Confrontez les deux documents pour montrer que les violences concernent toutes les minorités religieuses.

Méthode BAC Prendre la parole en public

Comment l'épreuve du Grand oral se déroule-t-elle ?

Les trois temps de l'épreuve	La forme de l'oral	Les éléments évalués par le jury
Présentation de la question (5 minutes)	Prise de parole en continu pour justifier le choix de la question et y répondre	– capacités argumentatives – qualités oratoires
Échange avec le jury (10 minutes)	Prise de parole en interaction pour répondre aux questions du jury, préciser et approfondir sa pensée	– solidité des connaissances – capacités argumentatives
Échange sur le projet d'orientation (5 minutes)	Prise de parole en interaction pour échanger avec le jury sur le projet d'orientation	– capacité à mener une réflexion personnelle – preuve de curiosité intellectuelle – aptitude à exposer ses motivations

Quelles sont les règles de la prise de parole ?

La voix

- Le **volume** est important pour être bien entendu par le jury.
- La **diction** et l'articulation sont essentielles pour s'assurer de la bonne compréhension du propos.
- L'**intonation** est à varier pour éviter un propos monotone et souligner les éléments importants.
- Le **débit de parole** ne doit être ni trop lent, ni trop rapide pour permettre au jury de prendre des notes.

L'expression orale

- Le **vocabulaire** employé doit être riche et précis. Évitez le langage familier et les termes dont vous ne maîtrisez pas la définition.
- Les **structures de phrases** doivent garantir la clarté et la cohérence de votre propos.

La communication non verbale

- Les **silences** permettent de reprendre son souffle, de se calmer. Ils ont toute leur place dans un oral.
- La **posture**, le **regard** et la **gestuelle** jouent un rôle clé pour capter l'attention du jury.

Pour maîtriser ces règles, entraînez-vous régulièrement seul(e) ou en groupe, en classe ou hors de la classe.

Quel est le rôle de la communication non verbale ?

	À adopter	À éviter
La posture	Tenez-vous bien droit, les pieds bien ancrés dans le sol.	Ne vous balancez pas de gauche à droite, ne gardez pas les mains dans les poches.
Le regard et les expressions du visage	Regardez le jury pour entrer en contact avec lui et souriez.	Ne regardez pas vos chaussures ou la fenêtre ou ne restez pas le regard posé sur vos notes.
Les gestes	Pour appuyer votre discours, utilisez des gestes adaptés : – Levez le pouce, l'index et le majeur en annonçant « il y a trois idées à retenir » ; – Si vous comparez deux propositions, utilisez la main gauche pour parler d'une proposition et la main droite pour parler d'une autre proposition.	Évitez les gestes parasites liés au stress (jouer avec ses bijoux, craquer ses doigts…) et les tics de langage (« ben… », « du coup… », « en fait… »).

SUJET d'application ➪ Comment le christianisme est-il devenu la religion officielle de l'Empire romain ?

étape 1 Sélectionner des informations

1. **Cherchez les définitions des notions clés suivantes :** religion, religion officielle, christianisme, monothéisme, polythéisme, Empire romain, empereur et martyr.
2. **Sélectionnez des informations sur l'Édit de Milan dans un manuel d'histoire.**
3. **Construisez une biographie des acteurs suivants :** Paul de Tarse, Constantin et Théodose.

étape 2 Préparer un support

4. **Réalisez une frise chronologique sur le sujet en employant obligatoirement ces dates :** 313, 392 et 476.

étape 3 Préparer la prise de parole

5. **Entrainez-vous à la prise de parole en choisissant un des exercices suivants.**

Enregistrez-vous

Utilisez votre smartphone, le logiciel *Audacity* ou l'application Educadhoc sur votre ordinateur.

Réécoutez-vous et repérez :

- ✓ la diction : avez-vous des tics de langage ? sont-ils fréquents ?
- ✓ l'intonation : votre parole est-elle monotone ? mettez-vous de l'effet dans votre voix quand vous posez une question ?
- ✓ le débit de parole : parlez-vous trop vite ?
- ✓ le vocabulaire employé : avez-vous défini les concepts employés ? employez-vous des termes trop familiers ?

Notez vos remarques sur une feuille et entraînez-vous plusieurs fois.

Filmez-vous

Utilisez votre smartphone, le logiciel *Youcam* ou *Freecam* sur votre ordinateur.

Regardez-vous plusieurs fois et repérez :

- ✓ la posture : êtes-vous droit ou recroquevillé ? êtes-vous en mouvement ?
- ✓ le visage : que regardez-vous ? souriez-vous ou avez-vous un visage fermé ?
- ✓ les gestes : que faites-vous de vos mains ? jouez-vous avec un objet ou non ?

Regardez la vidéo d'un des lauréats du Concours de l'éloquence ou de Ma thèse en 180 secondes. Analysez leur posture, leur regard et leur gestuelle et tentez de les reproduire.

Vidéos :

hachette-clic.fr/23hgg1144 hachette-clic.fr/23hgg1145

Présentez votre oral à des camarades ou des proches

Testez votre prise de parole devant un auditoire.

Demandez à des proches et/ou des camarades de classe de jouer le jury. Ils ne sont pas là pour juger la qualité de vos connaissances, mais bien pour vous aider et vous conseiller dans votre prise de parole.

Sujet d'entraînement

Préparez l'un des sujets suivants et entraînez-vous à prendre la parole :

- Quels liens entretenait Henri IV avec le protestantisme ?
- Quels liens entretenait le fascisme avec l'Église catholique ?
- Quelle est la place de la religion lors de la Première Guerre mondiale ?
- Les croisades sont-elles une œuvre politique ?
- Pourquoi parle-t-on d'une déchristianisation de la France ?
- Comment Sainte-Sophie illustre-t-elle la mise en scène du pouvoir d'Erdogan ?
- Comment le Révérend Martin Luther King utilise-t-il la religion à des fins politiques ?
- La liberté religieuse existe-t-elle en Chine ?

Révision

Analyser les relations entre États et religions

Podcast de révision

hachette-clic.fr/23hgg1146

A Réviser en autonomie

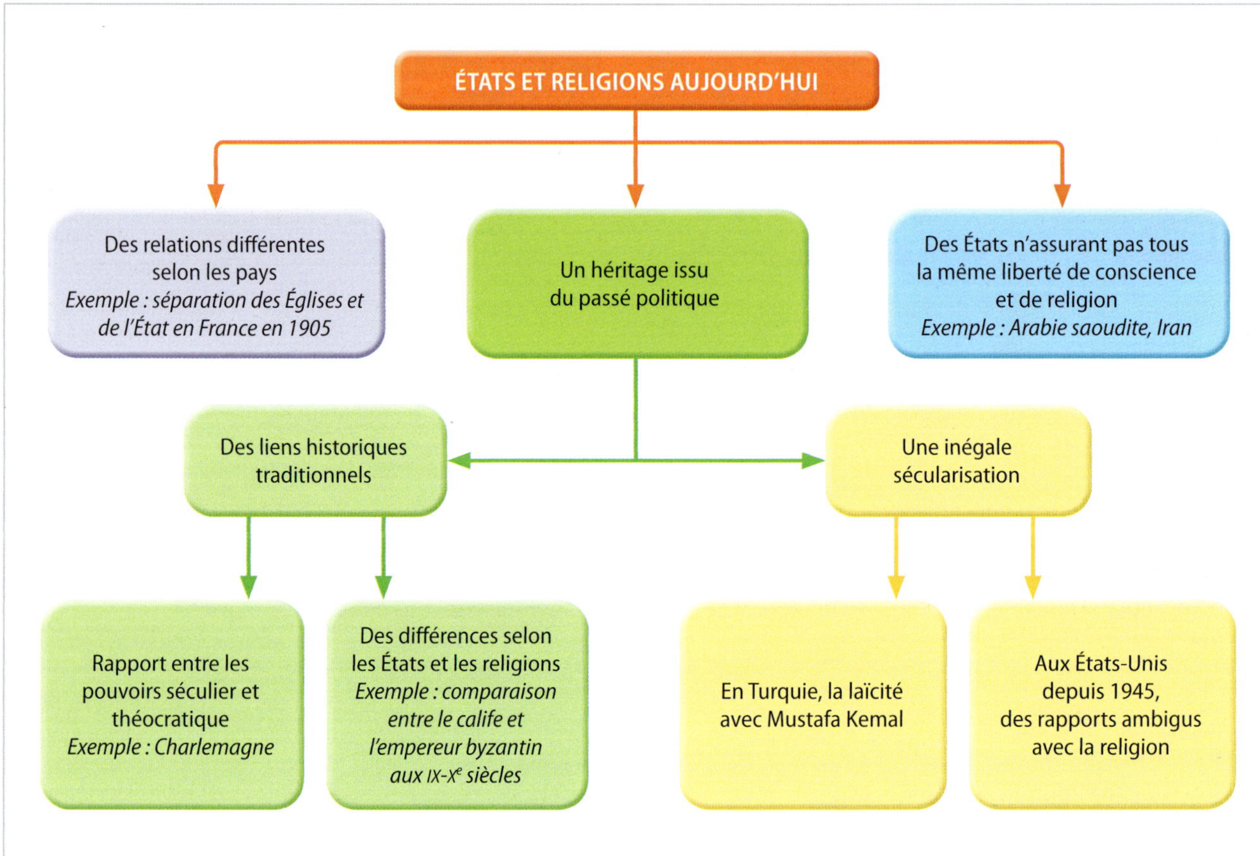

B Réviser en groupe

RÉDIGER DES PLANS DÉTAILLÉS DE DISSERTATION

étape 1 • Préparation

- En binôme, listez tous les sujets de dissertation qui vous semblent pouvoir être posés.
- Echangez avec votre partenaire sur la pertinence de ces sujets (trop restrictifs ? trop larges ?)

Exemples de sujets

- Quels sont les liens entre politique et religion dans le monde chrétien et dans le monde musulman au IXe et au Xe siècle ?
- La sécularisation politique est-elle un processus irréversible ?
- Quelles sont les dimensions géopolitiques de la question religieuse en Inde ?

étape 2 • Réalisation

15 min

- Pour chaque sujet, réalisez des plans détaillés 15 minutes en trouvant :
  - une problématique ;
  - des titres pour les 2 ou 3 parties du développement ;
  - 2 ou 3 arguments illustrés par des exemples pour chaque partie.
- Comparez avec vos camarades vos propositions. Prenez soin d'écarter tous les hors sujets et vérifiez que tous les aspects du thème sont abordés.

C Réviser en se documentant

À lire

- *Géopolitique des religions* de H. Billard, PUF, mai 2023.
- *Atlas des religions, Le Monde, La Vie*, Hors série, édition 2015.
- *L'essor des nationalismes religieux*, (dir.) O. Da Lage, Ed. Démopolis, 2018.

À voir

- Deux vidéos sur les enjeux du vote à l'élection présidentielle de 2020 aux États-Unis par rapport aux orientations religieuses des électeurs :
  – *États-Unis : les religions et l'élection présidentielle 2020*
  – *Évangéliques aux États-Unis : pour qui voteront-ils à la présidentielle 2020 ?*,
  source : « Le Tour de la question », *La Croix*, 2020.
- Comprendre le monde, *L'Inde : un géant fragile ?* Un tour d'horizon de la politique intérieure et étrangère indienne. Présenté par Pascal Boniface, un entretien avec Olivier Da Lage, journaliste à RFI et auteur de *L'Inde, un géant fragile*, Eyrolles, 2022.
- *Inde : le nationalisme ethnique au pouvoir.* Christophe Jaffrelot nous parle de la montée du nationalisme hindou en Inde. *FOCUS*, une production Science Po, 2022.

Vidéos
hachette-clic.fr/23hgg1147
hachette-clic.fr/23hgg1148
hachette-clic.fr/23hgg1149
hachette-clic.fr/23hgg1150

Sur le web

- Le rapport 2021 de l'Observatoire de la liberté religieuse dans le monde. Présente des données statistiques régionales sur les libertés religieuses et sur leur remise en cause.
- Le site *L'histoire par l'image*
  En perpétuel renouvellement, ce site présente des sujets précis sur la thématique de la religion.
- Le site *Religioscope*, riche en informations sur l'actualité des religions dans le monde.

Site internet
hachette-clic.fr/23hgg1151
hachette-clic.fr/23hgg1152
hachette-clic.fr/23hgg1153

D Aller plus loin en présentant une vidéo sous la forme d'un schéma

Pour les besoins télévisuels, cette vidéo présente très rapidement de nombreuses informations. Pour en retenir quelque chose, il convient de parvenir à la prendre en note sous une forme schématique pour faciliter l'apprentissage.

Vidéo : Arte, 2020.
hachette-clic.fr/23hgg1154

1. Écoutez une première fois la vidéo.
Inde - Pakistan les frères ennemis, histoire d'un conflit, *le monde en 5 min chrono*, Arte, 2020.

2. Effectuez plusieurs écoutes complémentaires en arrêtant autant de fois que nécessaire pour prendre en note les informations capitales que l'on peut classer en trois catégories :
– Les dates clés
– Les acteurs du conflit
– Le rôle de la géographie

3. Une fois tous ces éléments bien établis, effectuez une nouvelle écoute pour mettre en évidence l'instrumentalisation de la religion dans ce conflit.

4. Entraînez-vous sur un autre sujet en montrant que la religion est instrumentalisée par le pouvoir dans d'autres conflits comme celui entre l'Arabie saoudite et l'Iran.

Vidéo : Arte, 2020.
hachette-clic.fr/23hgg1155

Biographies

Salvador Allende
(1908-1973)

Médecin et homme d'État socialiste, il est président de la République chilienne de 1970 à 1973. Il parvient au pouvoir à la tête d'une coalition de gauche, l'Unité populaire, lors d'élections démocratiques. Il se suicide à la suite d'un coup d'État militaire le 11 septembre 1973. **58**

Aristophane
(444-vers 385 av. J.-C.)

Poète comique athénien, ses pièces critiquaient les dérives de la démocratie à Athènes alors mise en difficulté dans la guerre du Péloponnèse. **45**

Aristote
(384-322 av. J.-C.)

Né dans le royaume de Macédoine, il séjourne à Athènes en tant que métèque. Philosophe, élève de Platon, il étudie notamment dans *Les Politiques* le fonctionnement de la démocratie athénienne. **42**

Juan Carlos
(né en 1938)

Il appartient à la branche espagnole de la dynastie des Bourbons. En 1975, il devient roi d'Espagne et bénéficie d'une grande popularité pour son entreprise de démocratisation du pays. **65**

Jules César
(100-44 av. J.-C.)

Général et homme politique romain, Jules César repousse les frontières romaines jusqu'au Rhin en conquérant la Gaule. Il décrit ses conquêtes dans *La Guerre des Gaules*. Il parvint ensuite à s'emparer du pouvoir et se fait nommer dictateur à vie. **191**

Charlemagne
(vers 742-814)

Charlemagne, ou Charles Ier dit « le Grand », de la dynastie des Carolingiens, est le fils de Pépin le Bref. Roi des Francs dès 768, il agrandit le royaume par de nombreuses conquêtes, notamment la Lombardie (774). En 800, il est couronné empereur par le pape Léon III, restaurant un titre disparu depuis la chute de l'Empire romain d'Occident en 476. **328**

Benjamin Constant
(1767-1830)

Homme politique français né à Lausanne en 1767 et mort à Paris en 1830. Républicain engagé en 1795, il soutient le coup d'État de Napoléon avant de devenir député pendant la Restauration, chef de file de l'opposition libérale. En 1819, Benjamin Constant donne au cercle de l'Athénée Royale une conférence célèbre, « De la liberté des Anciens comparée à celle des Modernes ». Il oppose la liberté politique telle qu'elle existe dans la Grèce Ancienne et la liberté moderne, individuelle. **46**

Honoré Daumier
(1808-1879)

Graveur et caricaturiste français, dont les œuvres commentaient la vie politique et sociale en France au XIXe siècle. Il est surtout connu pour ses caricatures d'hommes politiques. **48**

Alfred Dreyfus
(1859-1935)

Officier issu d'une famille juive alsacienne, Dreyfus est victime d'une erreur judiciaire à l'origine de l'une des plus graves crises de la IIIe République : l'affaire Dreyfus. Sa condamnation reflète l'antisémitisme ambiant de son époque et les conséquences de liens trop étroits entre la justice et l'armée française. **276**

Boris Eltsine
(1931-2007)

Homme politique russe, Boris Eltsine a été le premier président de la Russie élu au suffrage universel en 1991. Malgré l'opposition des tenants de l'ancien régime communiste, il met en œuvre des réformes libérales. Affaibli, il démissionne en 1999 en faveur de son Premier ministre, Vladimir Poutine. **125**

Francisco Franco
(1892-1975)

Militaire et homme d'État espagnol, il s'installe à la tête de l'Espagne à la fin de la guerre civile en 1939. Il prend le titre de Caudillo (guide) et met en place une dictature. Il reste au pouvoir jusqu'à sa mort, en 1975. **65**

Mohandas K. Gandhi
(1869-1948)

Originaire du Gujarat, Gandhi fait des études de droit en Angleterre et devient avocat. Il oeuvre, entre autres, pour l'indépendance de l'Inde grâce à sa méthode de désobéissance civile non-violente. **360**

Gutenberg
(vers 1400-1468)

Originaire de Mayence, il invente un procédé d'imprimerie vers 1438 à Strasbourg à partir de caractères métalliques. De retour à Mayence, il fonde avec son associé Johann Fust une première imprimerie qui aboutit en 1455 à la publication de la première Bible imprimée, dite Bible de Gutenberg. **262**

Mustafa Kemal « Atatürk »
(1881-1938)

Mustafa Kemal est militaire de carrière. À la suite de la Première Guerre mondiale, il refuse de voir l'Empire ottoman être démembré par le traité de Sèvres. Inspiré par la Révolution française, il renverse le sultanat ottoman le 1er novembre 1922 et instaure un nouveau régime, une république laïque. Après avoir aboli le califat en 1924, il met en place un certain nombre de réformes pour transformer en profondeur la Turquie. À partir de 1934, il se fait appeler « Atatürk » (étymologiquement « turc comme l'étaient les ancêtres »). **344**

Helmut Kohl
(1930-2017)

Chef de la CDU (Union chrétienne-démocrate), il devient chancelier de la RFA en octobre 1982. Dès novembre 1989, au lendemain de la chute du mur de Berlin, il envisage une relation étroite entre RFA et RDA qui doit aboutir à une réunification. **210**

Nicolas Machiavel
(1469-1527)

Nicolas Machiavel est un grand penseur humaniste de la Renaissance. Théoricien de la politique, au service de la République de Florence, il a rédigé deux ouvrages majeurs qui ont fait sa renommée : *Le Prince* et *Discours sur la première décade de Tite-Live*. Pour Machiavel, le régime républicain permet de vivre à la fois libre et en sécurité. **50**

Narendra Modi
(né en 1950)

Originaire du Gujarat, il est membre du parti nationaliste BJP et le Premier ministre de l'Union indienne depuis 2014. Ses décisions en matière de religions sont parfois éloignées du discours officiel. **362**

Jawaharlal Nehru
(1889-1964)

Originaire du Cachemire, Nehru fait ses études en Angleterre. Dès son retour en Inde, il s'inscrit au Congrès national indien et participe à la lutte pour l'indépendance du pays. En 1947, il devient le Premier ministre de l'Inde. **370**

Biographies

Périclès
(vers 495-429 av. J.-C.)

Personnage central du « siècle d'or athénien » à partir de 461 av. J.-C., élu stratège sans discontinuer entre 443 et 429 av. J.-C. Il est à l'origine de réformes, sur la citoyenneté et le fonctionnement des institutions, qui permettent l'implantation durable de la démocratie. Il transforme la Ligue de Délos en un empire athénien et est à l'origine de la reconstruction de l'Acropole. Son influence illustre l'originalité politique de la démocratie et ses limites. **44**

Vladimir Poutine
(né en 1952)

Homme politique russe, il est actuellement dans son quatrième mandat présidentiel à la tête de la Russie. Avant sa première élection, il dirige le FSB, les services secrets du pays. À son arrivée au pouvoir en 2000, il entreprend d'importantes réformes pour restaurer la puissance de la Russie. **125**

Antonio de Oliveira Salazar
(1889-1970)

Antonio de Oliveira Salazar fut président du Conseil des Ministres du Portugal de 1932 à 1968. Il est la figure centrale de l'État nouveau (l'*Estado novo*) et dirige le pays d'une main de fer jusqu'en 1968, au moment où il se retire du Portugal à la suite d'un accident vasculaire cérébral. Son successeur, Marcelo Caetano, reste au pouvoir jusqu'à la révolution des Œillets en 1974. **64**

Edward Snowden
(né en 1983)

Après des études d' informatique, cet américain travaille six ans à la CIA (Agence centrale de renseignement) et à la NSA (Agence nationale de Sécurité). Il y découvre la surveillance de masse mise en place par ses employeurs. En 2013, il rend public ce qu'il considère comme des atteintes aux droits des citoyens. Inculpé pour espionnage et vol des données, il quitte les États-Unis et se réfugie en Russie où il vit encore. **296**

Soliman le Magnifique
(1494-1566)

Dixième sultan de la dynastie ottomane. Son règne (1520 à 1566) est marqué par de nombreuses conquêtes en Europe et le développement de la puissance ottomane. **117**

Alexis de Tocqueville
(1805-1859)

En 1831, Tocqueville, jeune magistrat, est envoyé aux États-Unis pour étudier le système pénitentiaire fédéral. Il est alors profondément marqué par la découverte de la démocratie américaine qui va lui inspirer les deux tomes de *De la démocratie en Amérique*. Ils lui valent la reconnaissance de ses pairs et lui ouvrent une carrière politique. Précurseur du raisonnement sociologique, Tocqueville réalise des travaux qui ont influencé la fondation de la science politique. **54**

Ursula von der Leyen
(née en 1958)

Après avoir été successivement ministre de la Famille, du Travail puis de la Défense en Allemagne, elle devient le 1er décembre 2019 présidente de la Commission européenne. **78**

Xi Jinping
(né en 1953)

Né en 1953, il est secrétaire général du Parti communiste chinois depuis 2012 et président de la République populaire de Chine depuis 2013. Il est réélu pour un nouveau mandat en 2018 et, la même année, modifie la constitution pour abolir la limitation des mandats présidentiels dans le temps. **138**

Émile Zola
(1840-1902)

Écrivain et journaliste qui connaît un succès considérable avec ses romans réalistes de la saga des Rougon-Macquart. En 1898, il se détourne du *Figaro* pour proposer son article « J'accuse… ! » au journal *L'Aurore*. Il devient l'une des figures des intellectuels engagés en faveur du capitaine Dreyfus. **276**

Lexique

A

ADSL *(Asymmetric Digital Subscriber Line)* : technologie qui favorise la diffusion d'Internet à haut débit.

Alliance française : établissement culturel français implanté dans le monde en vue de diffuser la langue et la culture.

Anglicans : membres de l'Église anglicane apparue en Angleterre au XVIe siècle après la rupture avec le pape.

Apartheid : « séparation » en afrikaans, système en vigueur en Afrique du Sud entre 1948 et 1991 dans lequel les populations étaient séparées en fonction de catégories raciales.

Arpanet *(Advanced Research Projects Agency Network)* : ancêtre d'internet, réseau d'ordinateurs créé en 1969 par le département de la Défense américaine pour relier des centres universitaires de recherche et des installations militaires.

Autocratie électorale : régime dans lequel, malgré l'organisation régulière d'élections, toutes les conditions de la démocratie ne sont pas réunies (pas d'indépendance de la justice ou pas de liberté d'expression, importance de la corruption…).

B

Bharatiya Janata Party (BJP) : littéralement « parti du peuple indien ». Parti de droite nationaliste hindou.

***Bible belt* :** « ceinture de la Bible », région des États-Unis connue pour la présence de nombreux adeptes du protestantisme rigoriste.

***Brain drain* :** attirance des « cerveaux » étrangers pour un pays offrant de meilleures conditions de travail et de salaires.

BRICS (Brésil, Russie, Inde, Chine et Afrique du Sud) : groupe de puissances ascendantes appelées à remettre en cause la domination des pays riches dans l'économie mondiale.

Bulle de filtrage : situation des internautes captifs d'une information paramétrée par des algorithmes ne leur proposant, sur les réseaux sociaux, que des contenus qui leur plaisent.

C

Califat : territoire sous l'autorité d'un calife, dont le titre fut fondé par les successeurs du prophète Mahomet. Le calife détient les pouvoirs politiques et religieux.

Calife : titre fondé par les successeurs du prophète Mahomet. Le calife détient les pouvoirs politiques et religieux.

Capacité de projection : capacité pour un État d'intervenir rapidement et massivement hors de ses frontières.

CDU : Union chrétienne-démocrate, parti ouest-allemand de droite crée en 1945. Durant la guerre froide, il a été au pouvoir de 1949 à 1969.

CEI (Communauté des États Indépendants) : association créée en décembre 1991 et regroupant la plupart des anciennes Républiques socialistes soviétiques devenues indépendantes, avec comme principal objectif la coopération économique entre ses membres.

Censure : limitation volontaire de la liberté d'expression et de la liberté de la presse.

Charia : loi islamique régissant la vie religieuse, politique, sociale et individuelle. Cette loi est appliquée de manière stricte dans certains États musulmans.

Chiites : adeptes du chiisme, courant religieux de l'islam qui regroupe de nos jours 10 % des musulmans, dont 90 % de la population iranienne.

CLPC (Commission des limites du plateau continental) : commission de l'ONU qui examine les demandes d'extension des ZEE sur la haute mer.

Comices : dans la Rome républicaine, assemblées du peuple, auxquelles tous les citoyens peuvent participer. Il faut les distinguer du Sénat, où seules les familles les plus illustres peuvent siéger.

Commission européenne : organe de décision central dans l'UE. Elle est composée de 27 membres (un par État) chargés de représenter l'intérêt général de l'Union.

Confrérie : organisation religieuse regroupant des fidèles qui effectuent des exercices spirituels sous la direction d'un maître.

Conseil de l'Europe : organisation intergouvernementale qui regroupe 46 États dont les 27 États membres de l'UE. Son rôle consiste à défendre les libertés fondamentales et l'État de droit en Europe.

Conseil de l'Union européenne : institution qui rassemble les 27 chefs d'État de l'Union européenne ou leurs ministres et a pour but de coordonner les politiques de l'UE.

Corridor de développement : espace combinant infrastructures de transport et activités productives permettant le développement économique d'un territoire, qui traverse le plus souvent plusieurs pays qui, jusque-là, était en marge.

Cosmopolite : qui rassemble des populations de cultures différentes.

Coup d'État : renversement du pouvoir par une personne ou un groupe d'individus investi d'une autorité, par exemple l'armée. Un coup d'État peut mettre fin à une dictature pour installer un régime démocratique, ou l'inverse.

Cour de justice de l'Union européenne : institution de l'Union européenne dont le rôle consiste à assurer « le respect du droit dans l'interprétation et l'application » des traités.

D

Démocratie déléguée : système politique dans lequel une partie de la souveraineté d'un État est déléguée, transférée, à une instance supranationale.

Démocratie ethnique : expression inventée par les politologues pour décrire un régime démocratique qui favorise une partie de sa population.

Démocratie populaire : régime communiste dont le parti au pouvoir estime défendre les intérêts du peuple. Contrairement à son nom, ce n'est pas une démocratie formelle (avec des élections libres).

Désinformation : technique de communication qui cherche à tromper ou influencer l'opinion publique.

Despotisme : régime dirigé par une seule personne qui possède tous les pouvoirs. Par extension, Tocqueville définit le « despotisme démocratique » pour évoquer le cas où un gouvernement exerce tous les pouvoirs au nom du peuple et après que le peuple a abandonné tout contrôle sur le gouvernement.

Destinée manifeste : idéologie née au XIXe siècle qui affirme la mission des États-Unis à répandre la démocratie et leur modèle de civilisation dans le monde.

***Devchirmé* :** système de réquisition forcée de jeunes gens, principalement chrétiens et originaires des provinces nouvellement conquises, convertis à l'islam et éduqués à Constantinople pour devenir les futures élites civiles et militaires de l'Empire ottoman.

Diaspora : dispersion d'une communauté ethnique ou d'un peuple à travers le monde.

Dicaste : juge des tribunaux populaires athéniens.

Lexique

Dictature : régime qui confie l'ensemble des pouvoirs à un seul homme ou à un groupe d'individus, au contraire de la démocratie.

Dictature des colonels : en Grèce, nom donné à la période de dictature militaire entre 1967 et 1974 suite à un coup d'État.

DMZ : zone démilitarisée et fortifiée entre les deux Corée, d'une longueur de 248 km sur 4 km de large, située de part et d'autre du 38e parallèle qui formait la ligne de démarcation intercoréenne avant le conflit.

E

Élargissement : processus par lequel l'Union européenne accompagne et accueille les pays qui souhaitent devenir États membres.

Empire : territoire et organisation politique où une autorité incarnée par l'empereur s'exerce sur un ensemble d'États et/ou de populations différentes.

Empire ottoman : créé au XIIIe siècle par Osman, il mit fin à l'Empire byzantin. Les Ottomans régnèrent jusqu'au XXe siècle depuis Constantinople, devenue Istanbul. Leur défaite lors de la Première Guerre mondiale entraîne la partition de leur territoire.

Erasmus : programme d'échange universitaire permettant notamment aux étudiants européens d'étudier un semestre dans un État membre de l'UE ou participant au programme.

Espace Schengen : espace de libre circulation des personnes entre les États signataires des accords de Schengen (1995).

Espace transfrontalier : espace situé de part et d'autre d'une frontière étatique caractérisé par de fortes relations et parcouru par des flux (population, marchandises…).

État : territoire délimité par des frontières sur lequel une organisation politique s'organise.

État de droit : système institutionnel dans lequel un État doit respecter des principes fondamentaux édictés par la loi et protégeant les citoyens.

État-nation : concept reposant sur la réunion d'un État en tant qu'organisation politique, et d'une nation, c'est-à-dire l'ensemble des individus liés par un sentiment commun d'appartenance.

« Étranger proche » : nom utilisé par la Russie pour désigner les 14 autres Républiques composant avec elle l'URSS.

Eurorégion : espace de coopération transfrontalière au sein de l'UE dont le statut administratif est variable. Il bénéficie d'aides européennes pour mener des politiques communes (transport, économie, protection de l'environnement).

Euroscepticisme : opposition à certains aspects de l'intégration européenne ou à l'Union européenne dans son ensemble.

Évangéliques : mouvement religieux chrétien constitué de différents courants qui repose sur une lecture fondamentaliste de la Bible.

F

***Fact-checking* (journalisme de vérification) :** activité consistant à vérifier systématiquement des faits, des affirmations ou des données chiffrées.

***Fake news* (ou infox) :** fausses informations visant à tromper ou à manipuler délibérément l'opinion publique dans des objectifs variés (diffamation, message politique…).

Fracture numérique : inégalités d'accès à Internet selon les territoires, les revenus ou l'âge des individus.

Francophonie : dispositif institutionnel organisant des relations politiques et de coopérations entre 88 États et gouvernements membres de l'Organisation internationale de la Francophonie (OIF), promouvant la langue française.

Frexit : mot formé sur le modèle de Brexit pour évoquer le retrait de la France de l'Union européenne envisagé par certains politiciens.

Frontex : agence européenne de gardes-frontières et de garde-côtes chargée de contrôler les frontières externes de l'Union européenne.

Front pionnier : espace en cours de mise en valeur par les hommes.

FTN (Firme transnationale) : entreprise possédant au moins une filiale à l'étranger.

G

GAFAM : acronyme désignant les firmes transnationales américaines dominant les technologies du numérique (Google, Apple, Facebook, Amazon, Microsoft).

Génocide : crime de masse commis dans l'intention de détruire, tout ou en partie, un groupe national, ethnique ou religieux.

Groupe de Visegrad : groupe de pays (Hongrie, Pologne, Tchéquie) défendant des positions communes (restriction de l'immigration, renforcement des souverainetés nationales).

H

***Hard power* :** capacité d'un État à imposer par la force sa puissance militaire, stratégique, économique ou financière.

***Hindutva* :** « hindouité » ou « indianité », idéologie du BJP reposant sur certains aspects de l'hindouisme utilisés à des fins politiques et idéologiques.

Hirak : mouvement populaire algérien s'élevant contre le projet d'un 5e mandat présidentiel pour Abdelaziz Bouteflika. Les revendications ont ensuite porté sur des réformes politiques démocratiques dans le pays.

I

Impérialisme : politique de conquête et de domination (politique, économique et culturelle) d'un territoire menée par un État.

Intangibilité des frontières : principe selon lequel, pour éviter tout conflit frontalier, les frontières reconnues internationalement ne peuvent être dénoncées et modifiées.

Intelligence artificielle (IA) : ensemble des techniques permettant à des machines d'imiter l'intelligence humaine via l'utilisation d'algorithmes appliqués sur des données numériques.

Interface : zone de contact entre deux espaces où la frontière est ouverte, permettant des échanges de flux (économiques, humains).

Interreg : programme européen encourageant la coopération entre les régions européennes par le développement de projets communs dans des domaines variés (développement économique, gestion de l'environnement...).

Investiture : désignation par le pape d'un évêque.

Isonomie : principe selon lequel les citoyens ont tous les mêmes droits et sont tous égaux devant la loi.

J

Janissaire : soldat d'élite de l'infanterie ottomane, issu du *devchirmé*. Les janissaires formaient la garde rapprochée du sultan en campagne.

L

Laïcité : principe de séparation de la société civile et de la société religieuse.

Lanceur d'alerte : personne qui, ayant

connaissance d'un danger, risque ou scandale, interpelle l'opinion.

Légion : unité de base de l'armée romaine composée d'environ 6 000 hommes. Au début de l'Empire, l'armée romaine compte 33 légions distribuées sur les frontières romaines.

LGBT : sigle qui désigne les personnes lesbiennes, gays, bisexuelles, transgenres.

***Limes* :** nom donné par les historiens à la frontière romaine. On peut la considérer comme une limite, mais aussi comme une route, qui mène vers les territoires récemment conquis.

Linotype : machine qui permet aux typographes de saisir une ligne entière, plutôt que d'assembler eux-mêmes les mots avec des caractères mobiles uniques.

M

Majorité qualifiée : suffrage prenant en compte une double majorité : celle des États (au moins 55 % des voix du Conseil) et celle des citoyens (au moins 65 % de la population).

***Mainstream* :** culture grand public (cinéma, fast-food…), à la fois enjeu économique mais aussi d'influence à l'échelle mondiale.

Marche : territoire frontalier d'un royaume qui, au Moyen Âge, a une fonction défensive confiée à un marquis.

Média de masse : média qui cherche à atteindre et à influencer un public très nombreux par des moyens de diffusion très larges, des informations et de la culture.

Métèque : étranger résidant à Athènes sans posséder les mêmes droits qu'un citoyen athénien.

***Misthos* (*misthoi* au pluriel) :** compensations monétaires journalières accordées aux citoyens athéniens les plus pauvres qui occupaient une fonction publique.

Mobinaute : personne qui utilise les services d'Internet à partir d'un smartphone.

Monarchie : régime dans lequel le souverain est désigné de façon héréditaire.

Mondovision : système de diffusion des émissions de télévision dans le monde par satellite.

Mormons : apparu dans les années 1830, courant chrétien présent dans certains États et prétendant restaurer le christianisme des origines.

Mouvement des Forces Armées (MFA) : en portugais Movimento das Forças Armadas. Mouvement révolutionnaire issu de l'armée qui fait tomber la dictature en 1974. Le MFA est principalement composé de jeunes capitaines de l'armée de terre ayant servi dans les guerres coloniales portugaises. Ils s'opposent à ces dernières et au régime dictatorial. Le mouvement est à l'origine de la révolution des Œillets qui ramène la démocratie au Portugal.

Multilatéralisme : mode de relations inter-étatiques visant à établir des règles communes. S'oppose à l'unilatéralisme.

N

Nouvelles routes de la soie : (en anglais *Obor* : *One Belt, One Road*) programme chinois dévoilé en 2013 visant à développer les infrastructures de transport entre la Chine et l'Europe grâce à des partenariats avec les États traversés. Il vise notamment à sécuriser l'approvisionnement énergétique chinois, faciliter ses exportations et renforcer son influence.

O

OCS (Organisation de coopération de Shanghai) : association de coopération économique et de sécurité collective de la zone eurasiatique, alliant entre autres la Russie et la Chine.

Oligarchie : régime politique dans lequel la souveraineté appartient à un groupe restreint. Dans les sociétés antiques, ce sont souvent les plus riches qui détiennent le pouvoir politique. Au Moyen Âge, la noblesse détient la réalité du pouvoir : on parle d'aristocratie.

ONU (Organisation des Nations unies) : organisation internationale créée en 1945 groupant, en 2023, 193 États. Ses objectifs essentiels sont la promotion de la paix et du développement dans le monde.

Opinion publique : ensemble des attitudes, pensées et jugements d'une société.

Ostpolitik (« Politique de l'Est ») : politique étrangère mise en œuvre par le chancelier Willy Brandt de 1969 à 1974, visant à normaliser les relations de la RFA avec les pays du bloc de l'Est.

Ostracisme : procédure permettant de bannir de la cité pour 10 ans des citoyens jugés dangereux pour la cité et la démocratie.

OTAN (Organisation du Traité d'Atlantique Nord) : alliance militaire qui regroupe les États-Unis, le Canada et les pays de l'Europe occidentale alliés des États-Unis, dont la France.

OTCS (Organisation du Traité de sécurité collective) : association de défense militaire comprenant la Russie, la Biélorussie, l'Arménie, le Kazakhstan, le Kirghizstan et le Tadjikistan.

P

Parlement européen : organe législatif de l'Union européenne. Il est élu au suffrage universel direct tous les cinq ans.

Patriarche : titre donné à certains évêques titulaires de sièges importants, notamment à l'évêque de Constantinople.

Politique européenne de voisinage : politique de coopération entre l'UE et ses voisins (Europe de l'Est, Maghreb, Proche-Orient). Elle vise à stabiliser les marges de l'Union européenne.

Populisme : discours politique tendant à opposer le peuple aux élites politiques, économiques ou médiatiques, fondé sur une critique du système représentatif.

Principe de subsidiarité : principe fondamental dans le fonctionnement de l'Union qui exclut l'intervention de l'Union lorsqu'une question peut être réglée efficacement par les États membres eux-mêmes.

Printemps arabe : ensemble de contestations populaires, d'ampleur et d'intensité variables selon les régions, qui se sont produites dans le monde arabe à partir de décembre 2010. Son nom fait référence au Printemps des peuples de 1848, pour son aspiration à plus de liberté et de démocratie.

Propagande : ensemble des moyens mis en œuvre afin d'orienter la pensée de la population.

Protectionnisme : politique visant à protéger l'économie d'un pays contre la concurrence étrangère, par exemple par une politique douanière ou de préférence nationale.

Puissance émergente : État exerçant une puissance récente et en cours d'affirmation dans le monde. Elle s'oppose à la puissance établie.

Puissance établie : État ou organisation (comme l'UE) exerçant une puissance ancienne, reconnue et majeure sur le monde. Elle s'oppose à la puissance émergente.

R

RCEP (Partenariat économique régional

global) : association économique créée en 2022 groupant les 12 États de l'Asie Pacifique (de la Corée du sud à la Nouvelle-Zélande).

RDA (République démocratique allemande) : nom donné à l'Allemagne de l'Est entre 1949 et 1990. C'est un pays socialiste qui fait partie du bloc de l'Est, tout comme la Pologne, sous l'autorité de l'URSS.

Référendum : vote qui permet à l'ensemble des citoyens d'approuver ou de rejeter une mesure proposée par le pouvoir exécutif. La réponse peut-être « oui » ou « non ».

Régime autoritaire : régime qui cherche à conserver le pouvoir en violant les principales libertés fondamentales, dont l'organisation d'élections libres.

Religion civile : ensemble de références religieuses favorisant le rassemblement autour de valeurs et de références communes sans privilégier une religion sur une autre.

Religion d'État : religion officiellement adoptée dans un État dans sa législation.

Religion officielle : religion reconnue par l'État et disposant à ce titre d'un statut légal.

République : régime dans lequel les citoyens sont représentés par des chefs d'État élus.

Réseau social : application ou site qui permet la mise en relation d'un grand nombre d'individus qui partagent les mêmes centres d'intérêt.

RFA (République fédérale d'Allemagne) : nom donné à l'Allemagne de l'Ouest entre 1949 et 1990, puis à l'Allemagne réunifiée depuis 1990. Elle fait partie du bloc occidental libéral proche des États-Unis.

Rotative : machine qui permet d'imprimer en continu les journaux sur des bobines de papier. Le nombre d'impression permet de faire baisser le prix des exemplaires.

Rumeur : information non vérifiée et à la source non identifiée.

S

Sécularisation : processus de perte d'influence de la religion dans la société se traduisant par une séparation croissante entre le domaine religieux et le domaine public.

« Sécularisme » : principe selon lequel les questions religieuses doivent être séparées de celles de l'État. La liberté de culte n'est pas remise en cause, mais les autorités religieuses ne doivent pas intervenir dans la politique.

Séparation des pouvoirs : principe selon lequel les pouvoirs de faire les lois (législatif), de les faire appliquer (exécutif) et de rendre la justice (judiciaire) ne peuvent être aux mains de la ou des mêmes personnes.

***Sharp power* :** capacité d'un régime autoritaire à imposer un comportement au niveau national et à manipuler l'opinion à l'étranger.

***Smart border* (frontière intelligente) :** zone frontalière équipée en haute technologie et mise en réseau par les mégadonnées.

Société civile : ensemble des acteurs, des associations, des mouvements, des organisations, non gouvernementaux, animés par les citoyens d'un État.

***Soft power* :** capacité d'un État à diffuser par la persuasion un modèle culturel, politique ou économique.

Souveraineté : autorité suprême de laquelle dépendent tous les pouvoirs délégués. Dans une démocratie, la souveraineté est nationale, c'est-à-dire que tous les pouvoirs émanent des citoyens.

Souveraineté nationale : principe selon lequel l'autorité suprême d'un État appartient à l'ensemble de la nation.

Souverainisme : doctrine politique qui défend la supériorité de l'autorité des États sur celle de l'Union européenne. Les élections sont le mode d'expression de la volonté nationale, afin de désigner ses représentants.

Suffrage censitaire : mode de suffrage dans lequel le droit de vote est réservé aux citoyens qui s'acquittent d'un impôt supérieur à un seuil, appelé cens.

Suffrage universel : mode de suffrage dans lequel le droit de vote est octroyé à tous les citoyens.

Sunnites : adeptes du sunnisme, courant religieux de l'islam qui regroupe environ 90 % des musulmans. Ils sont parfois appelés les « musulmans orthodoxes ».

T

Tanzimat (« réorganisation » en turc) : vaste mouvement de modernisation et d'occidentalisation mené par l'État ottoman entre 1839 et 1878. Ces réformes sont jugées insuffisantes par les libéraux et trop audacieuses par ceux qui souhaitent un pouvoir plus centralisé et autoritaire.

Témoins de Jéhovah : mouvement religieux chrétien apparu dans les années 1870 qui se caractérise par l'annonce de la fin prochaine du monde.

Théocratie : État dans lequel une autorité religieuse est à la tête du gouvernement et où les lois civiles et religieuses se confondent.

Théorie du complot : récit pseudo-scientifique, interprétant des faits réels comme étant le résultat de l'action d'un groupe agissant secrètement pour modifier les événements en sa faveur.

TIDM (Tribunal international maritime du droit de la mer) : tribunal international siégeant à Hambourg (Allemagne), créé par la convention de Montego Bay. Il règle les litiges maritimes.

Traité constitutionnel : traité qui devait mettre en place une constitution à l'échelle de l'Union européenne, mais qui a été abandonné suite aux référendums français et néerlandais en 2005.

Transistor : procédé technique appliqué à la radio en 1954, permettant de réduire la taille des récepteurs. Il rend la radio nomade.

TSF : télégraphie sans fil. Elle permet d'abord l'envoi de message en morse.

Tyrannie : gouvernement d'un seul individu guidé non pas par la raison mais par son seul intérêt selon la définition de Platon dans *La République*.

U

Unilatéralisme : attitude d'un pays qui agit sans chercher à obtenir l'assentiment ou la coopération des autres. S'oppose au multilatéralisme.

URSS (Union des Républiques Socialistes Soviétiques) : État fédéral formé de quinze républiques, créé en 1922 à la suite de la révolution d'octobre 1917 et qui prend fin en 1991.

Z

ZEE (Zone économique exclusive) : espace marin large de 200 milles marins (370 km) dans lequel l'État côtier dispose de droits exclusifs sur l'exploration et l'exploitation des ressources.

Zone économique spéciale (ZES) : territoire bénéficiant d'avantages fiscaux pour attirer les entreprises étrangères.

Crédits

Couverture
GettyImages-1140096230 Mural painting : Fréderic Soltan/Corbis/Getty Images
GettyImages-1198617190 New York : Prasit photo/ Getty Images

Introduction
22g Cecil Beaton/Camera Press/Gamma-Rapho ; **22d** The Crown, série TV créée par Peter Morgan, coll Christophel © Netflix - Left Bank Pictures - Sony Pictures Television Production UK ; **24g** Emily in Paris, série TV créée par Darren Star, coll Christophel © Netflix - Jax Media - MTV Studios ; **24d** Sofia Mazhar/PhotoPQR/Le Parisien/MaxPPP ; **26** Le Bureau des légendes, série TV créée par Éric Rochant, coll Christophel ©TOP The Oligarchs Productions/ Federation Entertainment / H Film ; **27** Chappatte pour Arte Télévision ; **28** The Handmaid's Tale, série TV créée par Bruce Miller, coll Christophel © Hulu - MGM Television» ; **29** SOPA Images/ LightRocket/Getty Images.

THÈME 1
30 Mei /REA ; **32** Tjeerd Royaards ; **33**Vernon Yuen/ NurPhoto/AFP ; **36** Jung Yeon-Je/AFP ; **37** KCNA/ KNS/AFP ; **38** Gérard Julien/AFP ; **39** Saul Loeb/AFP ; **40** Photo12/Alamy ; **41** Frédéric Dugit/PhotoPQR/Le Parisien/MaxPPP ; **42** Stefano Bianchetti/Bridgeman Images ; **43** akg-images /jh-Lightbox_Ltd./John Hios ; **44** Pictures from History/Bridgeman Images ; 45gMusée des Beaux-Arts de Dijon/François Jay ; **45d** Agostini Picture ; Library/Bridgeman Images ; **46** Photo12/Alamy/The Picture Art Collection ; **48g** CC0 Paris Musées/Maison de Balzac ; **48d** photo Etienne Carjat, CC0 Paris Musées/musée Carnavalet ; **50** Palazzo Vecchio (Palazzo della Signoria) Florence, Italy /Bridgeman Images ; **51** Sébastien Bozon /AFP ; **52** Photo12/Alamy/Peter Delius ; **54** Château de Versailles, France/Bridgeman Images ; **55** Joedson Alves/Anadolu Agency/AFP ; **56** Piérick ; **57** Gamma-Keystone/Getty Images ; **58** Pictures from History/Universal Images Group/Getty Images **59** Keystone-France/Gamma-Keystone/ Getty Images ; **60h** Sovfoto/Universal Images ; Group/Getty Images ; **60b** Bettmann/Getty Images ; **61** AFP ; **62** Mon ami Machuca, film d'Andrès Wood, 2004, Wood Producciones Tornasol Films ; **63** Bettmann Archive/Getty Images ; **64h** akg-images / Pictures from historie ; **65h** akg-images /Pictures From History ; **65b** Bettman/Getty Images ; **66h** Keystone/Getty Images ; **66b** Jean-Claude ; Francolon/Gamma-Rapho Getty Images ; **67** Atlantico Press/Alamy Stock Photo ; **68** Bettmann / Getty Images ; **69h** El Pais / DR ; **69b** RTVE / DR ; **70** Anis Belghoul/AP/SIPA ; **71** Peerapon Boonyakiat/SOPA Images/LightRocket/ Getty Images) ; **72** Council of Europe ; **73** European Union,2023 ; **75** European Union, 2023 ; **76h** Birute Vijeikiene / Shutterstock ; **76bg** Jean-Christophe Verhaegen/AFP ; **76bd** Pack-Shot/Shutterstock ; **77b** European Union, 2023 - missionspubliques. org ; **78** European Union, 2023 ; **80hg** John Thys/AFP ; **80hd** ; Birute Vijeikien/Shutterstock ; **80bg** Jean-Christophe Verhaegen/AFP ; **80bd** Pack-Shot/Shutterstock ; **81** Nicolas Vadot ; **85** Photo12/Alamy/SOPA Images Limited ; **86** Wojtek Radwanski/AFP ; **88** Erasmus Day ; **89** Toby Melville/Reuters ; **94** Bridgeman Images ; **103** Une démocratie en danger, 2019, real Petra Costa, Coll. ChristopheL © NETFLIX.

THÈME 2
104 Kevin Lamarque/Reuters ; **107d** Areion Group - Areion Publishing ; **107g** Paresh - pareshcartoons. com ; **109g** Nils Jorgensen/Shutterstock ; **109 mg** Matt Baron/Shutterstock 109 md Kristina Bumphrey/Shutterstock ; **109d** snapshot/Future Image/C ; Niehaus/Shutterstock ; **111h** Zsolt Szigetvary/AP/SIPA ; **111b** Stellina Chen ; **112** China Stringer Network/Reuters ; **113** Courrier International ; **114** Museo del Arte, Lima ; **115** Kremlin Press Office/Handout / Anadolu Agency AFP ; **116** Bibliothèque de L'Arsenal, Paris, France /De Agostini Picture Library Bridgeman Images ; **117** Kunsthistorisches Museum, Vienna, Austria Bridgeman Images ; **118** Roland and Sabrina Michau /akg-images ; **120** Coll. Kharbine-Tapabor ; **121** Bibliothèque Nubar de l'UGAB, Paris ; **122h** Georges Million ; **122b** David Brauchli/ AFP ; **124** STR/AP/SIPA ; **127** Chrisio Komar/ Cagle Cartoon ; **128** British Library Board. All Rights Reserved/Bridgeman Images ; **129** L'Histoire, n°416, octobre 2015 ; **130** PIB/AFP ; **131** Getty Images ; **132** Cambridge University Press ; **136** Chappatte dans Le Temps, Genève. **137** Martin Vidberg ; **138** Photocosmos1/Shutterstock ; **140** Saiyasane/Xinhua/MaxPPP ; **141** RebelPepper ; **142h** Li Qihua/XinHua/Maxppp ; **144** Nasa ; **145** Ben Horton/Getty Images for Madame Tussauds Hollywood ; **148** U. Baumgarten/Getty Images ; **149** AerialPerspective Images/Getty Images ; **151** Photo12/Alamy/Marcus Baker ; **152g** Jewel Samad / AFP ; **152d** Paresh Nath ; **154** John Shakespeare ; 157 Latuff ; **159** Latuff **160** Coll. Christophel © Walt Disney Studios Motion Pictures - 20th Century Studios - TSG Entertainment - Lightstorm Entertainment ; **166** Agostini Picture Library/Getty Images ; 167 Areion Group – Areion Publishing

THÈME 3
176 mural de Nicole Salgar, photo artists4israel. org ; **178h** Michelin/DR ; **178bg** Hindustan Times/ Getty Images ; **178bd** DR ; **180bg** Mandel Ngan / AFP ; **180bm** Thomas Coex/AFP ; **180bd** Marko Djurica / Reuters ; **181** Vision-Box ; **182** © CNES/ Geoimage/ACM, 2021 ; **183** T. Kitchin & V. Hurst / Getty Images ; **184** Maloff/Shutterstock ; **185** PhotoPQR/Le Dauphiné/MaxPPP ; **186** DeAgostini/ Getty Image ; **187** MEPL/ Bridgeman Images ; **188** Granger/Shutterstock ; **191h** Museo di Capodimonte, Naples, Campania, Italy / Bridgeman Images ; **191b** Chromprange – Photostock ; **191** Hajo Dietz ; **193** Archäologische Staatssammlung München ; **195** Coll. Kharbine-Tapabor ; **196** Coll. IM/Kharbine-Tapabor ; **198** Time Life Pictures / Getty Images ; **199** Bridgeman Images © Succession Picasso 2023 ; **200** Reuters ; **202** ESA/NASA–T. Pesquet ; **203** Bundesregierung - bundesarchiv. de ; **204** imageBROKER/Peter Giovannini/Getty Images ; **205** Pine Gap,série TV, créée par Greg Haddrick & Felicity Packard, Coll. Christophel © Screentime / Netflix ; **206** Photo12/Fine Art Images ; **207** FLHC 61 / Alamy Stock Photo ; **208hd** CDU/ DR ; **208bg** Deutsche Post der DDR / DR ; **210 D** ; **211** Walter Hane ; **216** Walter Hane ; **218** Saltram House, Devon, UK / National Trust Photographic Library / Bridgeman Images ; **218** Søren Madsen ; **219** MichMichal Dyjuk/AP/SIPA ; **223** PhotoPQR/ Le Parisien/MaxPPP ; **224** Chappatte ; **227** Javier Bernardo/AP/SIPA ; **228** Géoimages ; **229** Fadel Senna /AFP ; **231h** Cezary Aszkiełowicz/Agencja Wyborcza.pl ; **231b** European Union, 2023 ; **232h** René Mattes/hemis.fr ; **232b** clip image ; **234** Photo12/Alamy/Yelizaveta Tomashevska ; **235** Faro ; **240** akg-images /Interfoto/Pulfer ; **308h** Selv/ Bridgeman Images ; **308b** akg-images ; **310** Paul Schutzer/Getty Images ; **377** Pictures from History / Bridgeman Images ; **380** Mark Wallheise/Getty Images ; **381** Abhishek Chinnappa/ Getty Images.

THÈME 4
250-251 Michael Kappeler/DP/Picture Alliance/ AFP ; **253** Koko Kataoka/Yomiuri Shimbum/AFP ; **257** Brandan Reynolds ; **258** Deligne-Iconovox ; **259** Fabien Cottereau/Sud Ouest/MaxPPP ; **260** Musée Carnavalet/Roger-Viollet ; **261** Julien de Rosa/AFP ; **262** BNF/MaxPPP ; **263** BNF/MaxPPP ; **264** BNF ; **265** BNF ; **266** Roger-Viollet ; 267 SuperStock/Aurimages ; **268** L'OBS ; **271** Costfoto/ Future Publishing/Getty Images ; **272** Collection Kharbine-Tapabor ; Roxalach/Bridgeman Images ; **274** Keystone France/Gamma-Rapho ; **275** Nik Wheeler/Corbis/Getty Images ; **276** Collection NB/Kharbine-Tapabor ; Collection Kharbine-Tapabor ; **276** Granger / Bridgeman Images ; **276** Coll. Kharbine-Tapabor ; **277** Musée de la Ville de Paris, Musée Carnavalet, Paris, France / Archives Charmet / Bridgeman Images ; **277** Selva / Leemage / Bridgeman Images ; **278** Collection Kharbine-Tapabor ; **279** Collection Kharbine-Tapabor ; Collection Kharbine-Tapabor ; **280** France Presse Voir/AFP ; AFP ; **284** John Frost Newspapers / Alamy Stock Photo ; **284** Larry Burrows / Getty Images ; **284** Everett Collection / Bridgeman Images ; **285h** Nick Ut / AP / SIPA ; **285** Bettmann / Getty Images ; **286** CCIJP ; **287** Collection Dixmier/Kharbine-Tapabor ; **288** Le Parisien 16 janvier 2023 ; **289** Kastl Wolfram/DPA/ABACA ; **292** Emanuele Del Rosso ; **296** 306 Barton Gellman / Getty Images ; **298**

Crédits

Private Collection / Archives Charmet / Bridgeman Images ; **300** Riccardo Milani/Hans Lucas/AFP ; **302** Alfred Yaghobzadeh/ABACA ; **303** Chappatte dans NZZ am Sonntag, Zurich ; **310** Paul Schutzer / Getty Images

THÈME 5

316-317 Miguel Schincariol/AFP ; **318** Bandar Al Jaloud/Saudi Royal Palace/AFP ; **319** DPA/ Photononstop ; **322** Scott Peterson / Getty Images Zuma/ABACA ; **323** Stringer/Zuma Press/Zuma/ REA ; **324** Plantu ; **325** Peter Parks/AFP ; **326** Kirill Kudryavtsev/AFP ; **327** Agostini Picture Library / S. Vannini / Bridgeman Images ; **328** akg-images ; **329** Pictures from History / Bridgeman Images ; Photo Josse/Bridgeman Images ; **330** akg-images ; **331** Photo ©RMN-Grand Palais (musée du Louvre)/ Jean-Gilles Berizzi ; **335** akg-images ; **336** Biblioteca Nacional, Madrid, Spain / Bridgeman Images ; **337** Gérard Degeorge/akg-images ; **338** Granger / Bridgeman Images ; **339** SOPA Images / Getty Images ; **340** : Collection IM/Kharbine-Tapabor ; **341** Gripas Yuri/ABACA ; **342** Photo12/Alamy/ The History Collection ; **344** akg-images / Pictures From History ; **345** Murad Sezer/Reuters ; **346** DR ; **347** akg-images/TT News Agency/SVT ; Photo12/ Alamy/Archive PL ; **350** Nicholas Kamm / AFP ; **351** Valerii__Dex / Shutterstock ; Photo12/Alamy/H. Mark Weidman Photography ; **352** CNP / Getty Images ; **353** Hulton Deutsch / Getty Images ; Bob Gomel / Getty Images ; **354** SNRT Maroc/AFP ; **355** AFP ; **356** Prakash Singh/AFP ; **357** : Narinder Nanu / AFP ; **360** ullstein bild Dtl. / Getty Images ; **361** Atul Loke / Panos-Rea ; **362** Truba7113 / Shutterstock ; **363** Rashan Alsamei ; Danish Siddiqui/Reuters ; **365** Sam Panthaky/AFP ; **367** *Le Monde* (International) - Jacques Follorou ; **368** Carlos ; **370** Getty Images ; **371** Narinder Nanu / AFP.

Biographies

384 Pictures from History / Bridgeman Images ; Agostini Picture Library / Bridgeman Images ; S. Bianchetti /Leemage / Bridgeman Images ; Bettmann / Getty Images ; Museo di Capodimonte, Naples, Campania, Italy / Bridgeman Images ; akg-images ; Agostini Picture Library / M. Seemuller / Bridgeman Images ; DR ; Granger / Bridgeman images ; **385** Peter Turnley / Corbis / VCG via Getty Images ; akg-images / Pictures From History ; ullstein bild Dtl. / Getty Images ; Luisa Ricciarini / Leemage / Bridgeman Images ; DR ; Bridgeman Images ; Palazzo Vecchio / Palazzo della Signoria) Florence, Italy / Bridgeman Images ; Truba7113 / Shutterstock ; ullstein bild Dtl. / Getty Images ; **386** Pictures from History / Bridgeman Images ; Frederic Legrand - COMEO / Shutterstock ; akg-images / Pictures from history ; Barton Gellman / Getty Images ; Kunsthistorisches Museum, Vienna, Austria / Bridgeman Images ; Château de Versailles, France / Bridgeman Images ; European Union ; Photocosmos1 / Shutterstock ; Coll. Kharbine-Tapabor.

Atlas

Atlas

Carte interactive
hachette-clic.fr/23hgg1156

1 La transition vers la démocratie à la fin du XXe siècle

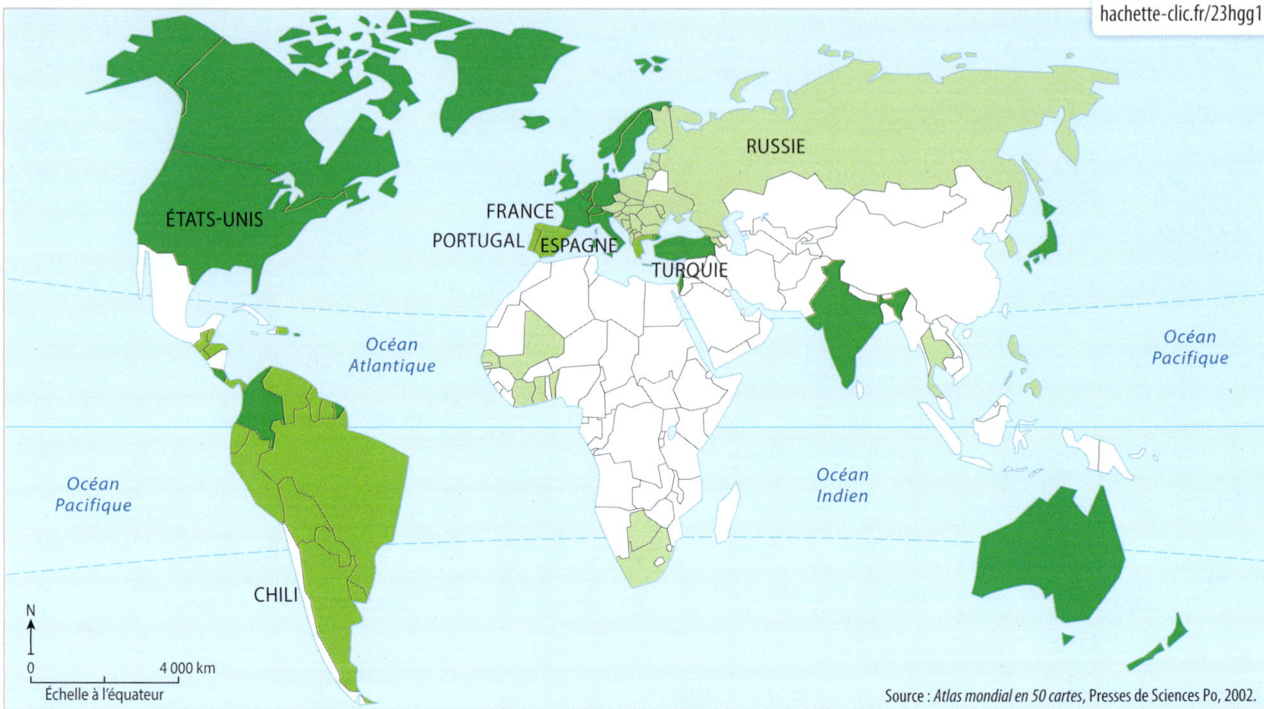

Source : *Atlas mondial en 50 cartes*, Presses de Sciences Po, 2002.

démocratie dite «historique» **Transition démocratique :** première vague 1970-1980 | début des années 1990

Carte interactive
hachette-clic.fr/23hgg1157

2 La situation de la démocratie dans le monde en 2022

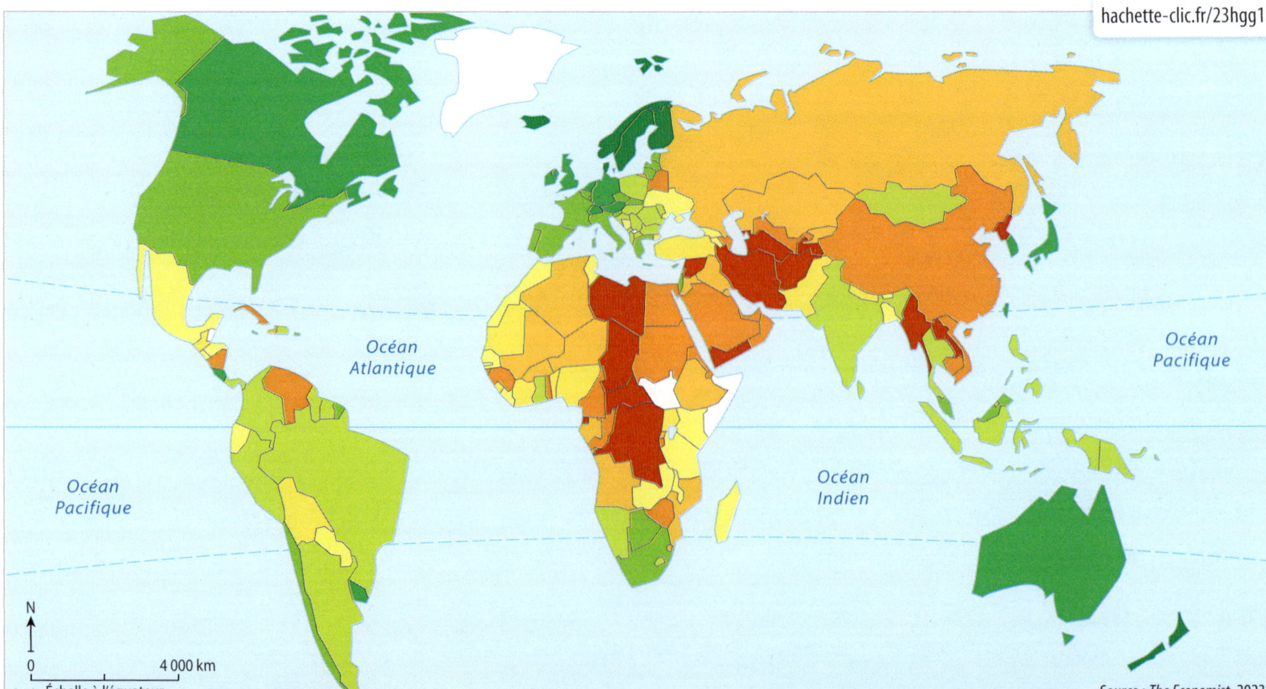

Source : *The Economist*, 2023.

Indice de démocratie en 2023 : régime autoritaire | régime hybride | démocratie imparfaite | démocratie aboutie | absence de données

3 Les dépenses militaires

Carte interactive
hachette-clic.fr/23hgg1158

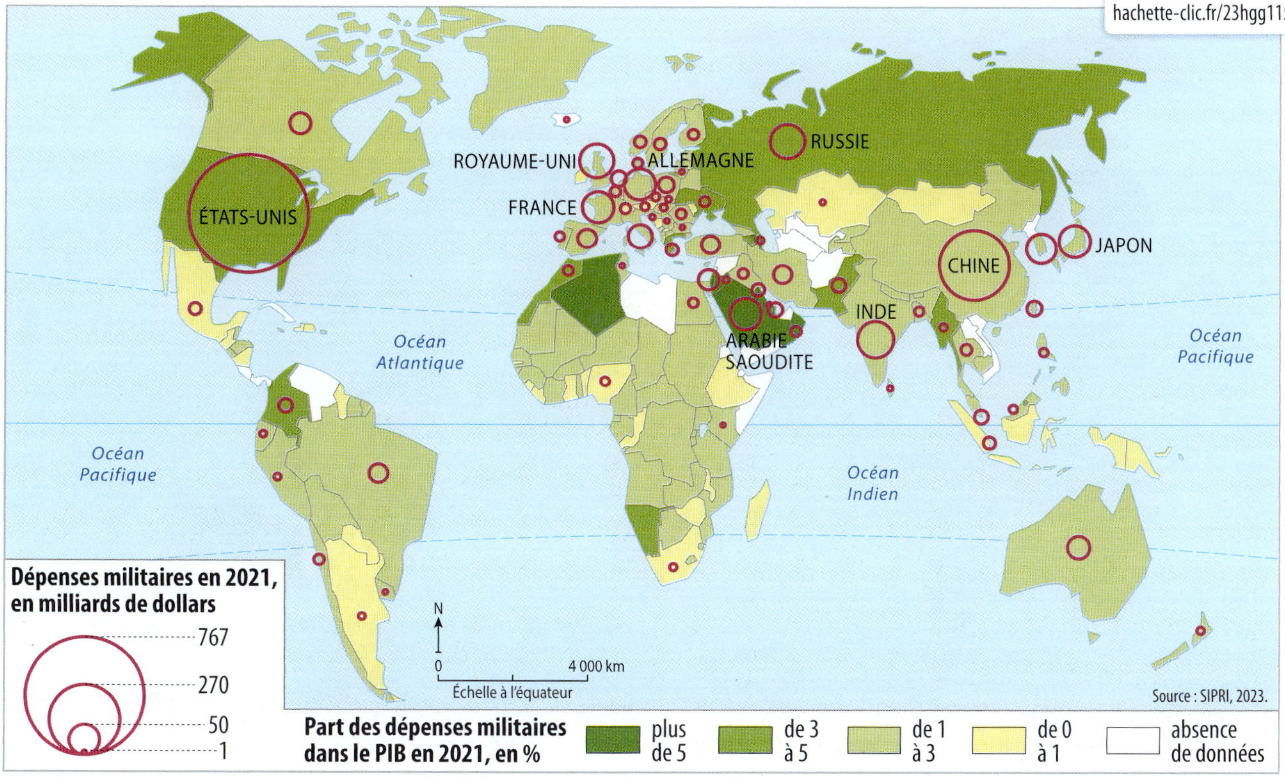

4 La richesse dans le monde

Carte interactive
hachette-clic.fr/23hgg1159

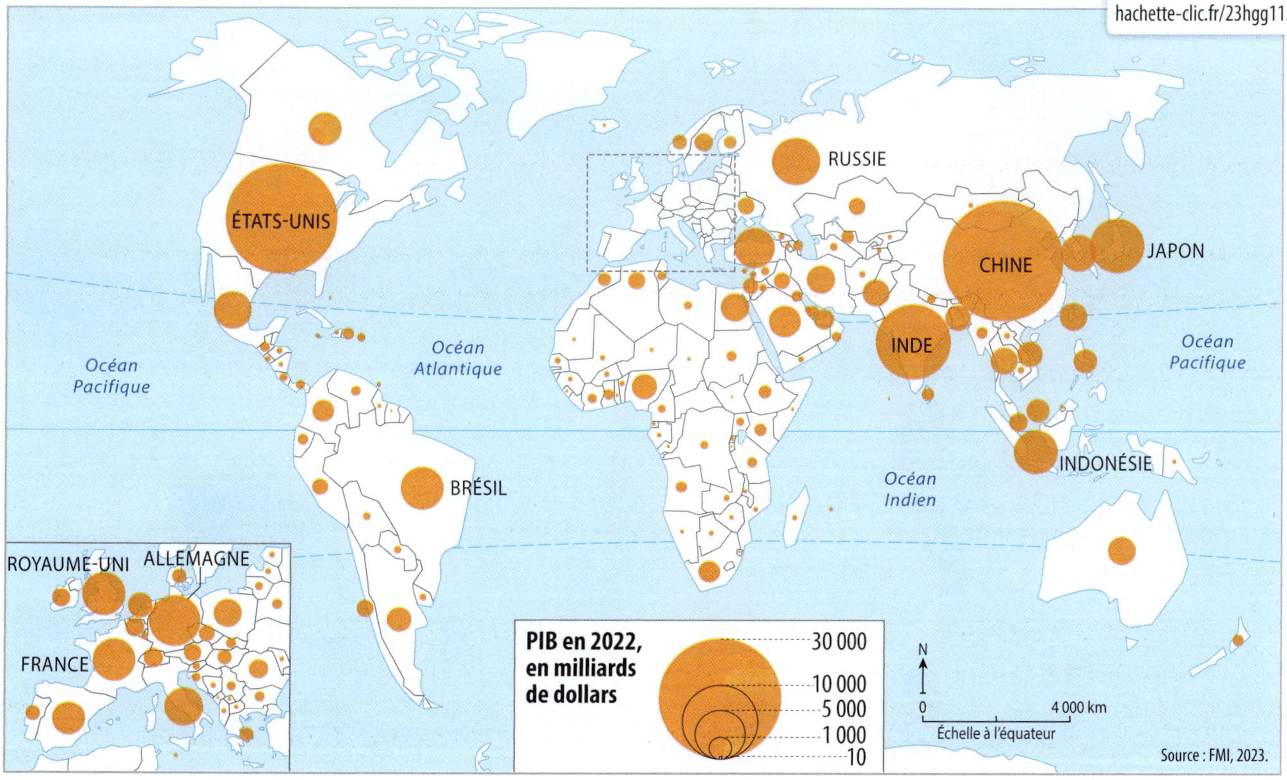

Atlas

Carte interactive
hachette-clic.fr/23hgg1160

5 La richesse par habitant dans le monde

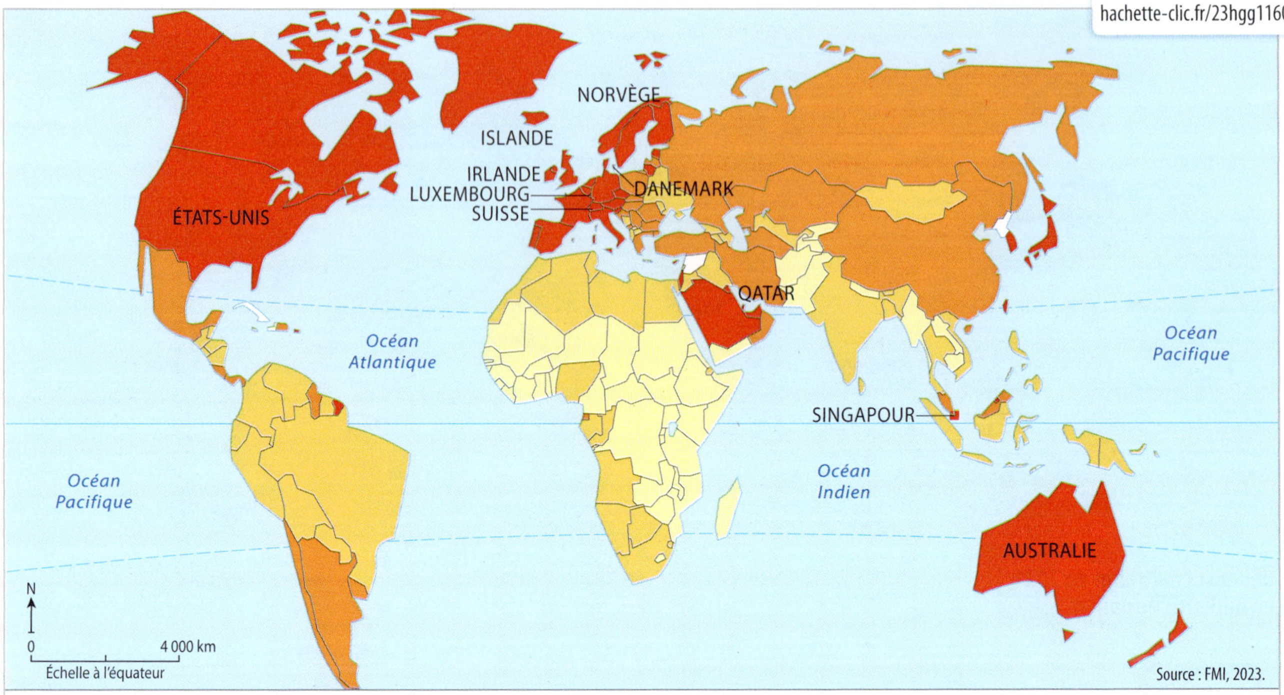

PIB par habitant en 2022, en dollars
- plus de 25 000
- de 10 000 à 25 000
- de 2 500 à 10 000
- moins de 2 500
- absence de données

Carte interactive
hachette-clic.fr/23hgg1161

6 Les langues dans le monde

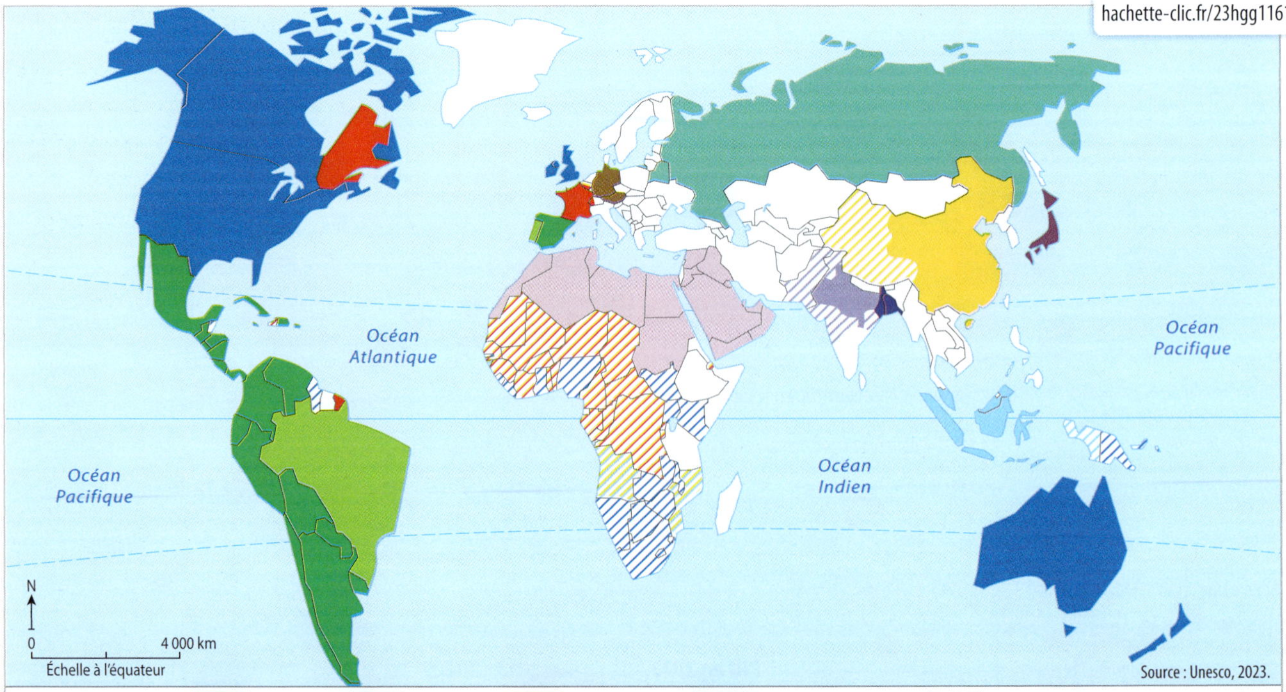

Langue parlée par la majorité de la population
- allemand
- anglais
- arabe
- bengali
- mandarin
- espagnol
- français
- hindi/ourdou
- japonais
- malais/indonésien
- portugais
- russe
- autre langue
- langue officielle différente de celle de la majorité de la population

7 Les étapes de l'élargissement de l'Union européenne

Carte interactive
hachette-clic.fr/23hgg1162

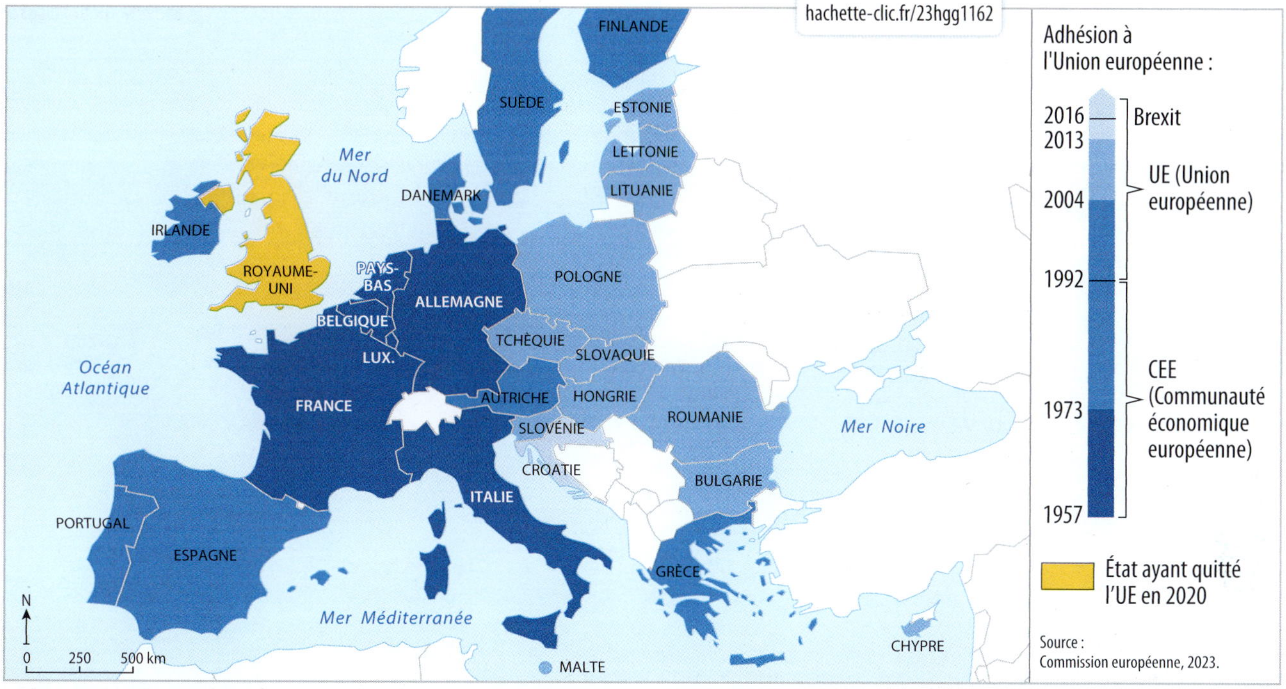

8 L'Europe politique aujourd'hui

Carte interactive
hachette-clic.fr/23hgg1163

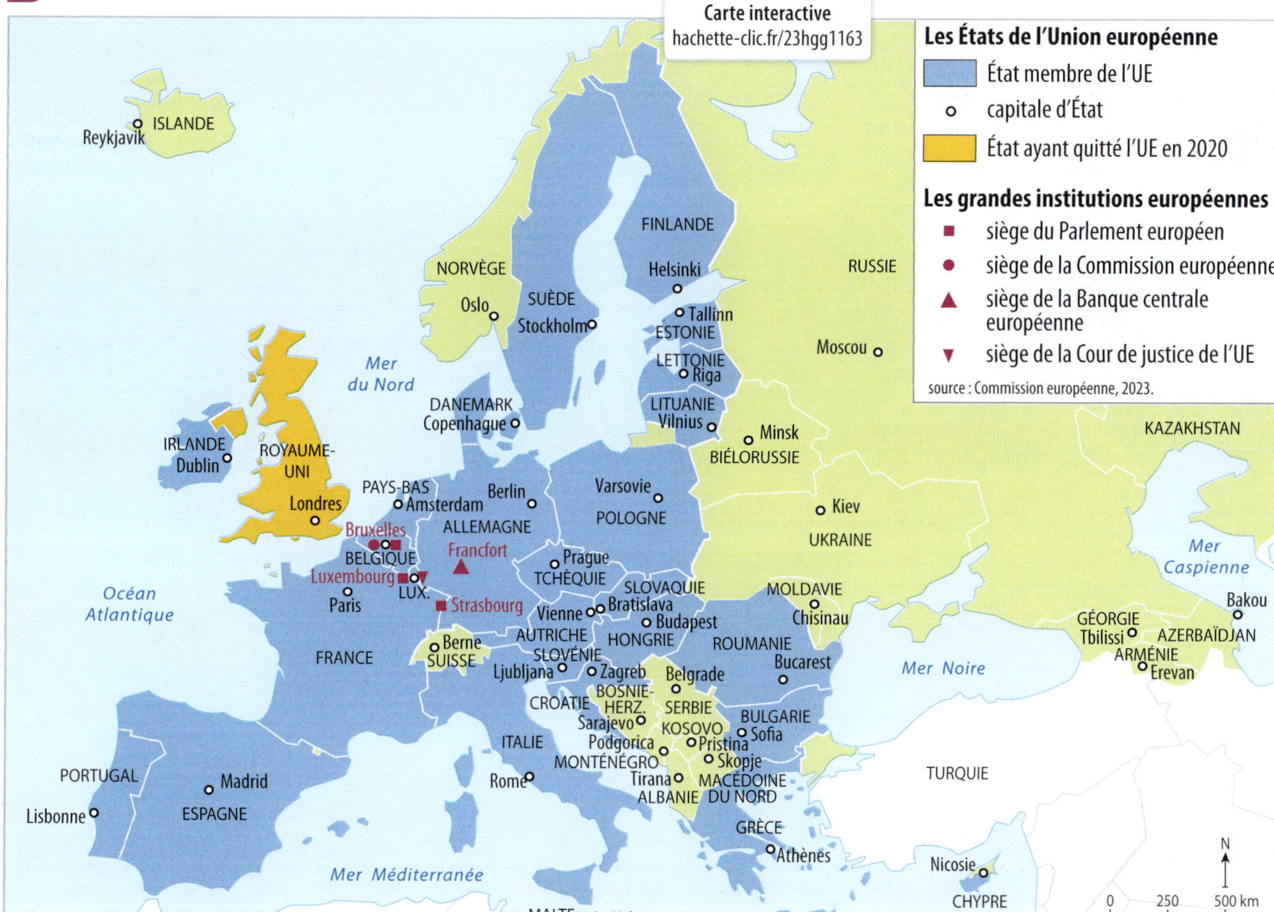

Atlas

Carte interactive
hachette-clic.fr/23hgg1164

9 Les frontières avant 1900

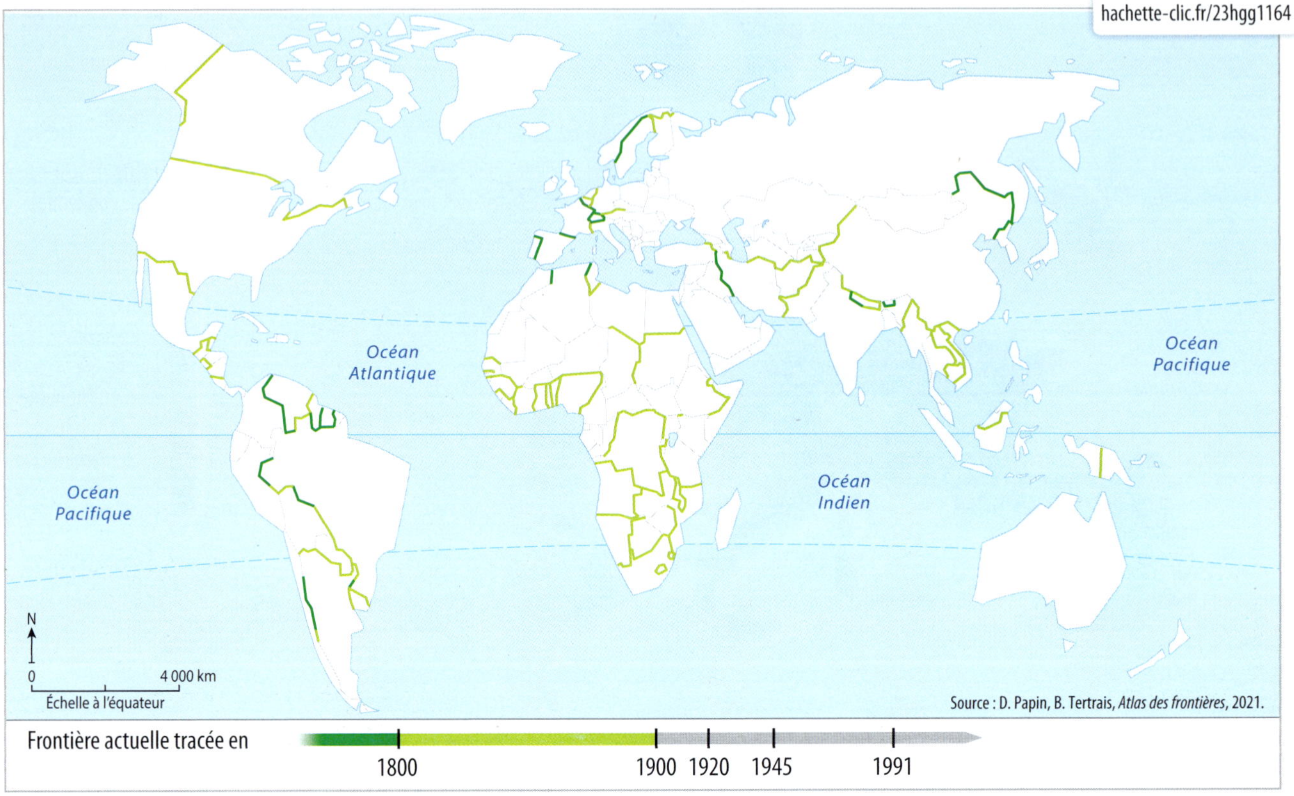

Carte interactive
hachette-clic.fr/23hgg1165

10 Les frontières entre 1900 et 1944

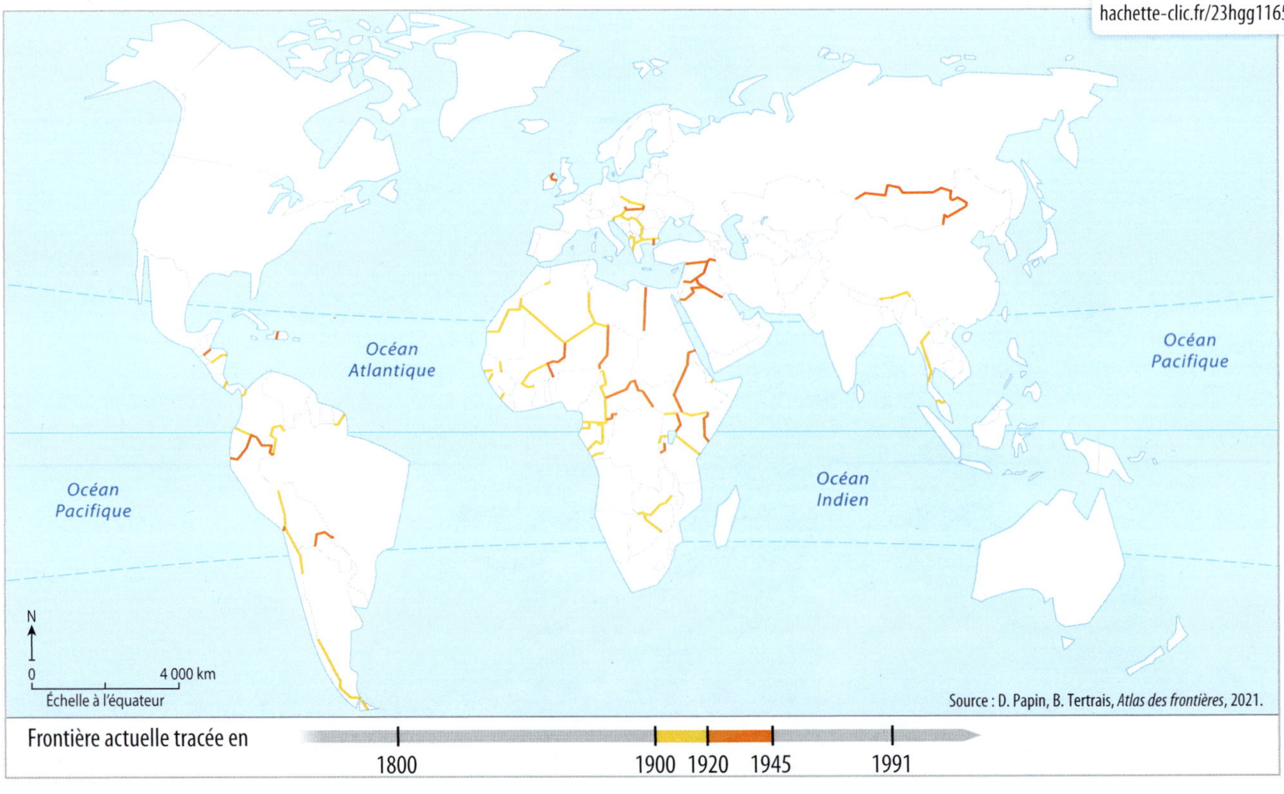

11 Les frontières après 1945

Carte interactive
hachette-clic.fr/23hgg1166

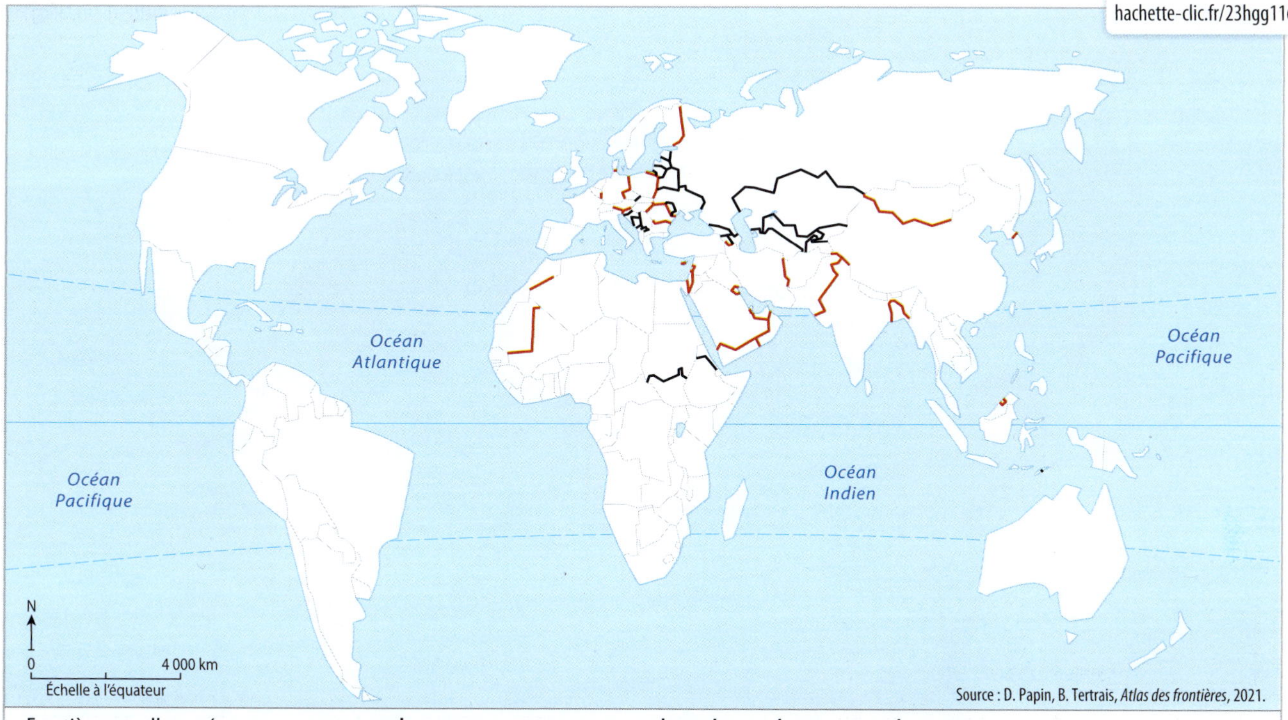

Source : D. Papin, B. Tertrais, *Atlas des frontières*, 2021.

Frontière actuelle tracée en : 1800 – 1900 – 1920 – 1945 – 1991

12 Les conflits dans le monde

Carte interactive
hachette-clic.fr/23hgg1167

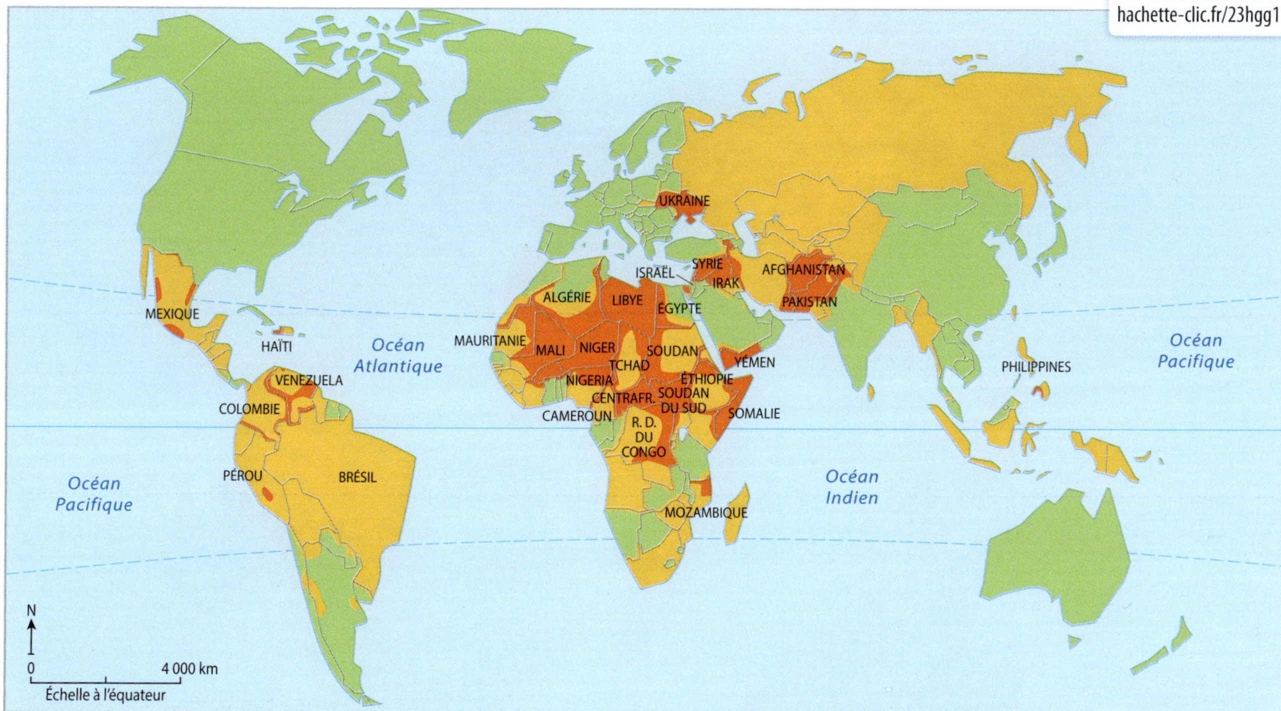

- faible risque de conflit
- conflit de basse intensité
- conflit de haute intensité

Source : Amarante, 2023.

13 La liberté de la presse dans le monde en 2022

Carte interactive
hachette-clic.fr/23hgg1168

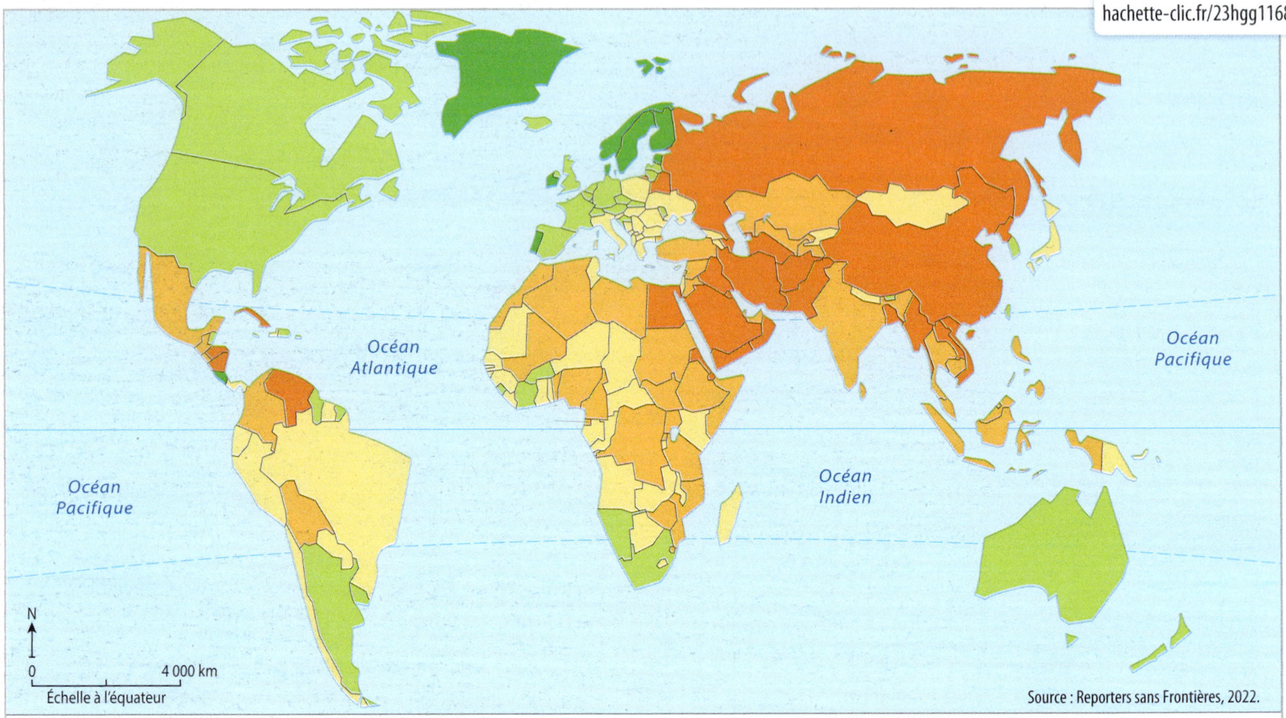

Situation de la liberté de la presse en 2022 : bonne ; plutôt bonne ; problématique ; difficile ; très grave

14 La liberté sur Internet dans le monde en 2022

Carte interactive
hachette-clic.fr/23hgg1169

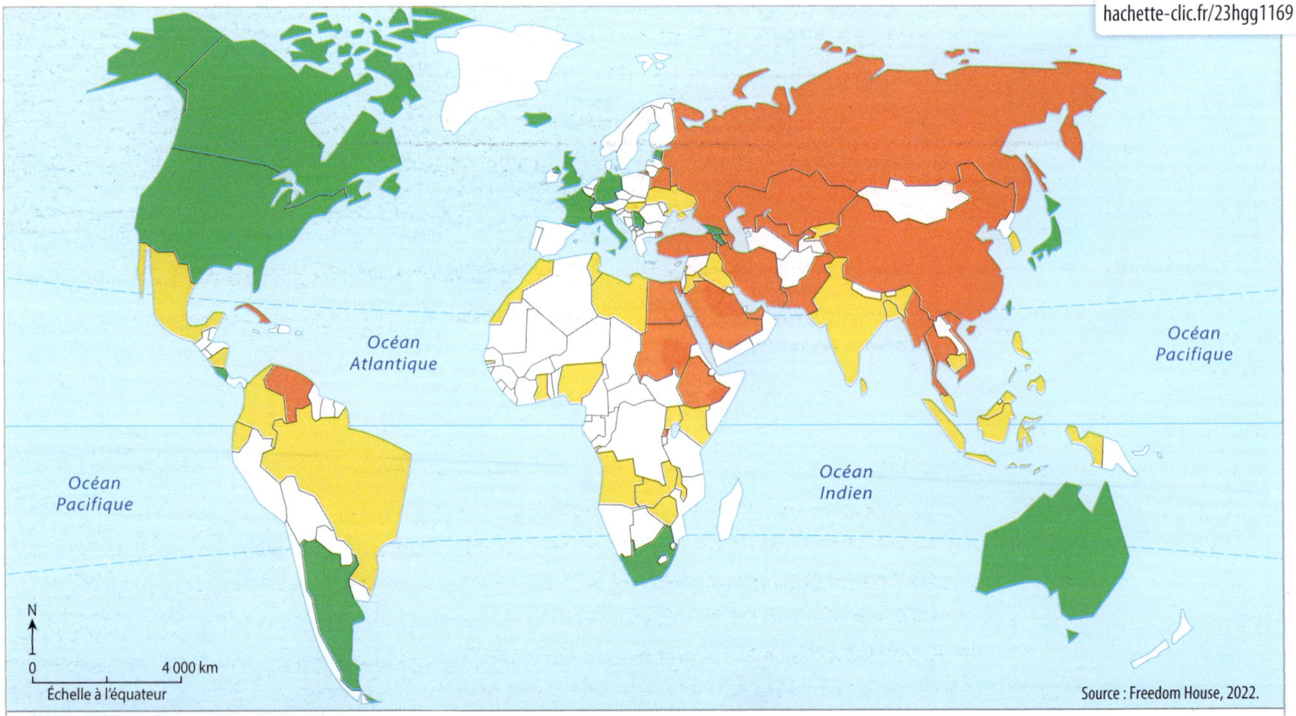

La liberté sur Internet dans le monde en 2022 : libre ; partiellement libre ; non libre ; absence de données

Achevé d'imprimer en Italie par Grafica Veneta en avril 2023
Dépôt légal : Avril 2023 - Collection 60 - édition 01 - 10/6196/5